侯建新 主编

欧洲文明进程

农民地权 卷

侯建新 著

图书在版编目（CIP）数据

欧洲文明进程 . 农民地权卷 / 侯建新主编；侯建新著 . —北京：商务印书馆，2023
ISBN 978-7-100-23015-5

Ⅰ.①欧…　Ⅱ.①侯…　Ⅲ.①欧洲—历史②农民—土地所有权—经济史—欧洲　Ⅳ.①K500②F350.11

中国国家版本馆 CIP 数据核字（2023）第 174972 号

权利保留，侵权必究。

本卷系国家社会科学基金重大招标项目
"欧洲文明进程研究"（批准文号：12&ZD185）最终成果之一

"十三五"国家重点图书出版规划项目

侯建新　主编
欧洲文明进程
农民地权 卷
侯建新　著

商 务 印 书 馆 出 版
（北京王府井大街36号　邮政编码100710）
商 务 印 书 馆 发 行
北京市十月印刷有限公司印刷
ISBN 978 - 7 - 100 - 23015 - 5

2023年12月第1版　　　开本 710×1000　1/16
2023年12月北京第1次印刷　印张 35½
定价：175.00 元

《欧洲文明进程》编委会

主　编　侯建新　天津师范大学　南京大学　教授
编　委（以姓氏笔画为序）
　　　　　王加丰　浙江师范大学　教授
　　　　　王亚平　天津师范大学　教授
　　　　　龙秀清　中山大学　教授
　　　　　刘景华　天津师范大学　教授
　　　　　沈　坚　华东师范大学　教授
　　　　　张殿清　河北大学　教授
　　　　　陈日华　南京大学　教授
　　　　　陈晓律　南京大学　教授
　　　　　赵文洪　中国社会科学院　研究员
　　　　　顾銮斋　山东大学　教授
　　　　　钱乘旦　北京大学　教授
　　　　　徐　浩　中国人民大学　教授
　　　　　徐　滨　天津师范大学　教授
　　　　　程汉大　山东师范大学　教授
　　　　　谢丰斋　天津师范大学　教授
　　　　　R. N. Swanson　英国伯明翰大学　教授

总　序

侯建新

在课题组全体成员孜孜不倦的努力下，春风夏雨，十年一剑，《欧洲文明进程》（16卷本）终于面世了。这部多卷本著作，通过追溯欧洲文明诞生以来的历史进程，旨在探索回答几代中国人的问题——何谓欧洲文明？它从不同的侧面描述和阐释，跨语境地感知和感悟，希冀离真相再近一步！作为课题主持者，也是分卷作者，回顾走过的这段路程，我有如释重负的快乐且怀有由衷的期望，但愿我们不负前贤无愧来者，交上一份合格的答卷。

历史上的欧洲文明即于今的西方文明，又称北大西洋文明，是当今世界主要文明之一，也是我们必须与之打交道的重要文明。这部书已从16个方面对欧洲文明做了专题性论述；"总序"则力图横纵结合、通达遂晓，从总体上探讨它——诸如欧洲文明的时空维度；欧洲文明形成的条件；欧洲文明确立的标志，即"文明元规则"的生成；还有，欧洲文明对现代世界深刻而复杂的影响等。希望"总序"对这部书的完整性有所助益；同时方便读者阅读和理解全书。末了，再介绍一下这个课题的来龙去脉。

何为西方文明的核心内涵，或者说西方文明是什么？这是本序也是本部书要回答的主题。在开始我们的主题前，暂且把目光收回，回首一下近代中国人对西方文明的认知变化。对欧洲文明的认识，总有一个循序渐进、由浅入深、由表及里的过程。无论如何，前人的经验、认识及研究成果，是我们继续研究的基础；况且，中国命运始终是我们探索欧洲文明的动力。

一、回首：近代国人欧洲观嬗变

从16世纪到18世纪，以利玛窦（Matteo Ricci）、汤若望（Johann Adam Schall von Bell）、南怀仁（Ferdinand Verbiest）等为代表的耶稣会士来华传教，同时扮演了欧洲文明传播者的角色。虽然他们带来的欧洲历算知识、火炮技术等，曾经被明朝和清朝政府部分接纳，不过未能触动传统的华夷文明观。以鸦片战争为节点进入近代后，国人对欧洲的认知大致可以分为三个阶段：

从鸦片战争到甲午战争。1840年的鸦片战争，是中国与西方世界碰撞的开始，也是国人了解欧洲文明的标志性起点。战争失败后，魏源的《海国图志》、徐继畬的《瀛寰志略》等一批海外舆地著作相继出现。作者介绍了欧洲各国的经济、社会、文化及民情风俗等，并强调欧洲在世界文明格局中的中心位置。魏源对欧洲文明印象强烈，"欧列国万民之慧智才能高大，纬武经文，故新地日开，遍于四海焉"[①]；徐继畬《瀛寰志略》亦有积极评价。两次战争的失败，使中国人意识到欧洲并非中国周边的"蛮夷"可比，尤其关注西洋船坚炮利之"长技"。因此，不久洋务运动启动，一批军工企业开始建立，声光化电等西学著作相继出版，使中国人进一步认识到欧洲科技和物质成就。

国门逐渐打开，动摇了部分士大夫的华夷文明观，一部分人开始承认欧洲文明的先进性。冯桂芬是洋务派代表人物之一，可他对西方的认知不止于"器物"，他说，"人无弃材不如夷，地无遗利不如夷，君民不隔不如夷，名实必符不如夷"，故应"惟善是从"。[②] 19世纪70、80年代，近代第一位驻外公使郭嵩焘和广东青年士子康

---

① 魏源撰、陈华等点校注释：《海国图志》，岳麓书社1998年版，第1103页。
② 冯桂芬：《校邠庐抗议》，上海书店出版社2002年版，第49页。

有为，也体会到这一点。康有为1879年游历香港后"乃始知西人治国有法度"。不过他们的看法总体上未突破中体西用的框架。

对欧洲文明的认识，也存在明显误读，甚至不无荒诞。一部分人承认欧洲文明的可取之处，可是认为所谓"西学"不过源自古代中国而已：西洋人的技术发明，其原理早已由中国上古圣人阐发，诸如电线、西医、火轮汽机等，都能在经典古籍中找到，或者出于《易经》，或者出于《墨子》等。西洋政教风俗同样源于中国，即所谓"泰西近古"说，诸如"在上下之情通，君民之分亲……实有三代以上之遗意焉"。[①]

从甲午战争到五四运动。甲午战争的失败，对中国知识界是一次前所未有的打击，也引发了中国人学习西方的热潮。不少人认为，洋务运动只学了西学的皮毛，策中国于富强，非"西政"不可。这一时期，以进化论为代表的新哲学，以及自由、平等、主权在民、男女平权等新观念，政治、法律等社会科学知识，以及小说、音乐等文学艺术，都开始进入中国。来自海外的各种信息空前丰富，推动中国思想改良，中国人对欧洲文明也有了新认识。严复称，西方社会"身贵自由，国贵自主"。他说："中国最重三纲，而西人首明平等；中国亲亲，而西人尚贤；中国以孝治天下，而西人以公治天下；中国尊主，而西人隆民。"[②]1900年，梁启超发表《立宪法议》，将欧洲君主立宪制度视为最合理的制度，强调宪法的根本法地位，"盖谓宪法者，一国之元气也"。

总之，在追求制度变革的背景下，欧洲文明和中国文明的地位出现反转，孙中山《三民主义》一书指出：义和团失败后，中国人"便明白欧美的新文明的确是比中国的旧文明好得多……要中国强盛，要中国能够昭雪北京城下之盟的那种大耻辱，事事便非仿效外国不可，不但是物质科学要学外国，就是一切政治社会上的事都要学外国"。

[①] 王韬：《弢园文录外编》，上海书店出版社2002年版，第89页。
[②] 严复："原强""论世变之亟"，王栻主编：《严复集》第1册，中华书局1986年版，第17、3页。

民国初年新文化运动，给予西方文明前所未有的肯定，具有一定的理论色彩。新文化运动的先进知识分子赞扬西方社会的价值观，号召个性解放，建立自主自由的人格。陈独秀将欧洲文明特征概括为"人权说""生物进化论"和"社会主义"，他说："科学之兴，其功不在人权说下，若舟车之有两轮焉。"[①]后来人们将西方文明归纳为科学与民主。李大钊《东西文明根本之异点》认为，东西方道德区别在于，"个性灭却"和"个性解放"，"东方想望英雄，结果为专制政治，……西方倚重国民，结果为民主政治"。

五四运动后到抗日战争。第一次世界大战爆发并使欧洲经济凋敝，引起西方世界的文化反思和悲观情绪，斯宾格勒《西方的没落》即在这个时期面世。与此同时，东方文明救世论在国内兴起，直接影响了国人的欧洲观。1920年，梁启超游历欧洲归国后，出版《欧游心影录》一书，态度大变，他不再说"中国与欧洲之文明，相去不啻霄壤"[②]，而是认为西方物质文明没有给人类带来幸福，却将人类带入深渊，因此西洋文明已经破产，需要东方文明来拯救。当年曾高歌"欧西文明"的梁氏尚且如此，何况一般人乎？国人对西方认知基础之脆弱，不言而喻。1935年，王新命等人发表《中国本位的文化建设宣言》，倡导新儒家的文化立场，虽然承认学习西方的必要性，但比照以前大打折扣，强调西方文明为物质文明，中国文明为精神文明。

与新儒家相对立的，是坚持全面学习西方的人物，他们继续抱有清末以来一些知识人士对西方的热情。1926年胡适指出，不能将中西文明概括为精神文明和物质文明，凡一种文明必有物质和精神两个因子，而且西方精神发展程度，"远非东洋旧文明所能梦见"。[③]同时胡适也提倡"整理国故"，他解释说他不是主张"全盘西化"，

---

① 陈独秀："法兰西人与近世文明""敬告青年"，陈独秀著、王观泉导读：《〈独秀文存〉选》，贵州教育出版社2005年版，第45、44页。
② 梁启超："论中国与欧洲国体异同"，张品兴主编：《梁启超全集》第1册，北京出版社1999年版，第312页。
③ 参见欧阳哲生编：《胡适文集》（4），北京大学出版社1998年版，第6、10页。

而是充分现代化。另一位代表人物陈序经在《中国文化的出路》一书中认为,西洋文化是现代的基础文化,是现代化的主体。西方文化并非尽善尽美,但中国文化在根本上不如西洋。[①]

我们力求客观、简约地表述近代国人欧洲文明观的大致轨迹,难免挂一漏万。近代中国人对西方文明的认识经过了一个不断丰富和深化的过程,有高潮也有低谷。他们出于济世救国情怀而关注和评说西方文明,时有切中要害的智慧点评,也出现了一些专业性研究成果。例如,陈衡哲的《新学制高级中学教科书·西洋史》(1924年),被称为一部开山之作;还有高一涵的《欧洲政治思想史》(1926年)、蒋百里的《欧洲文艺复兴史》(1921年)、雷通群的《西洋教育史》(1935年)等。不过,总体来讲,一直到20世纪中期,中国大学很少设置世界史、欧洲史课程,教育基础薄弱,研究机构几近于无。其次,即使一般的认知也限于知识精英,与普通民众几乎无关,而且,知识精英层对西方的认识也没有达成广泛的共识。但无论如何,近代中国人关于西方文明的心路历程,于今仍具有重要价值。

19世纪中叶,当中国首次与西方世界交手并初识这个陌生文明的时候,西方却正在重新审视自己:欧洲文明如何创生,肇始于何时,其本质特征是什么?整个20世纪都是这一认识不断深化的过程,至今没有结束;令人遗憾的是,长期以来国内学界对这些动态信息所知极不充分。

二、欧洲文明的时空维度

先从西方文明的时间维度说起。

历史学家认为,最初的文明诞生于5000年到6000年之前,自此人类历史上曾先后出现数十种文明形态,上古时代基本独立形成的文明被称为"原生型文明"。随着时光的流逝,一些文明凋零了,

---

[①] 以上参阅了田涛教授"近代中国对西方文明的认识"授课讲义,谨致谢忱。

一些文明得以延续或再生，当今世界的主要文明不过七八家，其中再生文明居多，它们又被称为"次生型文明"。次生型文明采纳一种或若干种原生型文明的某些成分，但已然是不同质的文明。笔者认为西方文明是次生型文明，与古希腊罗马文明有本质不同，尽管与它们有着某种联系。

然而，西方学界长期将西方文明与古典文明混为一谈。欧洲人何以形成这样的观念，需要回放一下当时的历史画面。

15世纪初叶，处于中世纪晚期的欧洲人，一方面对强势的基督教教会及其文化深感压抑，希望获得更自由的空间；另一方面随着更多希腊罗马古籍的发现，被其典雅富丽的文风所吸引，希望早已衰败湮没的古典文化得以"复兴"，"文艺复兴"（Renaissance）因此得名。殊不知，此时已届中世纪的历史转捩点，面临着划时代的重要突破，岂是古典世界可比？！"他（但丁）是中世纪的最后一位诗人，同时又是新时代的最初一位诗人"[1]，正是指的这一特殊历史时期。远方地平线透出丝丝明亮，人们渴望更多的光明与自由。罗素说，他们不过企图用古典人的威信替代教会的威信而已。[2]这些一心改善现状的人文主义者，无限美化遥远的古典世界，认为罗马帝国崩溃后的历史进入千年愚昧与沉睡，直到现在理性精神才重新被唤醒，因此"黑暗时代"（Dark Ages）、"中世纪"（Medieval, Middle Ages）等话语，一时大行其道，形成一整套话语体系。"中世纪"概念，最先出现在15世纪意大利历史学家比昂多的著作中，其含义不难发现，指两个文化高峰之间的停滞期、低谷期，带有明显的贬义。另一方面，将人文主义者与古典文明绑定，结果自然而然地将中世纪以来的欧洲文明与古典文明并为一谈，似成不刊之论。

三百年后，当18世纪爱德华·吉本撰写巨著《罗马帝国衰亡史》时，他仍然拜倒在古典文明脚下，将中世纪史看成一部衰亡、

---

[1] 《马克思恩格斯选集》（第1卷），中共中央马克思、恩格斯、列宁、斯大林著作编译局编，人民出版社1972年版，第249页。

[2] 参见〔英〕罗素：《西方哲学史》（下卷），马元德译，商务印书馆1982年版，第7页。

阴暗的历史。一直到19世纪中后期，不乏欧洲历史学家仍认为中世纪理智处于昏睡状态中，称之为"死海之岸"。[①]

文艺复兴时期的话语高调持续数百年，临近20世纪才出现拐点，因此对西方自身以及对全球学界的影响不可小觑。中国史学界亦不能幸免。地理和文化相距越是遥远，越是容易留住对方长时段、高分贝释放的声音。例如，翻开几年前我国中学历史教科书，历时千年的中世纪史内容聊胜于无，寥寥几笔便进入文艺复兴话题。也有不同的声音。据我所知，国内学者最早提出不同观点的是雷海宗先生，他在20世纪30年代即指出：欧西文化自公元5世纪酝酿期开始直至今日，是"外表希罗内质全新之新兴文化"。[②]近年也有学者明确指出，欧洲文明不是古典文明主体的延伸，而是新生文明。[③]当下国际学界，传统看法依然存在，然而文艺复兴时期的话语不断被刷新，被颠覆！尤其进入20世纪后，越来越多的学者认为，欧洲文明与古典文明具有本质性区别。

对传统看法最先提出挑战的代表性人物，是活跃在19世纪中后期的基佐。弗朗索瓦·皮埃尔·基佐（1787—1874年），是法国著名历史学家和政治人物，他在《欧洲文明史》一书中，明确区别了欧洲文明与古典文明，而且做了不失深刻的分析。基佐敏锐地发现欧洲文明有着"独特的面貌"，不同于古典文明，也不同于世界上的其他文明。他认为，大多数古代文明都有一种明显的单一性，例如在古希腊，社会原则的单一性导致了一种迅速惊人的发展。"但是这种惊人的腾飞之后，希腊似乎突然耗竭了。"在埃及和印度，这种单一性使社会陷入一种停滞状态。社会继续存在，"但一动也不动，仿佛冻僵了"。欧洲不一样，它存在着多样性，各种势力处于不断斗争

[①] Philip Lee Ralph, *The Renaissance in Perspective*, New York: St. Martin's Press, 1973, p. 5.
[②] 雷海宗：《西洋文化史纲要》，王敦书整理导读，上海古籍出版社2001年版。
[③] 参见侯建新："欧洲文明不是古典文明的简单延伸"，《史学理论研究》2014年第2期；侯建新："交融与创生：欧洲文明的三个来源"，《世界历史》2011年第4期；侯树栋："断裂，还是连续：中世纪早期文明与罗马文明之关系研究的新动向"，《史学月刊》2011年第1期；田薇："关于中世纪的'误解'和'正名'"，《清华大学学报》（哲学社会科学版）2001年第4期。

的状态，神权政治的、君主政治的、贵族政治的和平民政治的信条相互阻挠，相互限制和相互修正。基佐认为，欧洲的多样性为欧洲带来无限的发展机会。①

大约同时代的黑格尔，也表达了相近的观点。黑格尔认为，世界精神的太阳最早在东方升起，古希腊罗马文明是它的青壮年，最后，"太阳"降落在体现"成熟和力量"的日耳曼民族身上，实现了世界精神的终极目的。他特别指出，"在表面上，日耳曼世界只是罗马世界的一种继续。然而其中有着一个崭新的精神，世界由之而必须更生"②。黑格尔的"日耳曼世界"显然指中世纪开始的欧洲文明。不久，马克思在《经济学手稿》中，也将欧洲文明和古典文明明确作了区分。③

最早将这样的历史观引进职业历史学领域的，当数斯宾格勒（1880—1936年）和汤因比（1889—1975年），他们的作品《西方的没落》和《历史研究》，具有广泛的影响。斯宾格勒认为人类历史上主要有八种文明，其中"古典文明"和"西方文明"，都是独特的、等值的、自我本位的，都有不能抗拒的生命周期，虽然西方文明是最年轻的文明。这样的观点同样体现在汤因比的《历史研究》中，汤因比指出，古希腊罗马文明无疑已经完结，被两个接替者所取代，一个是西方文明，另一个是拜占庭文明。他特别指出，所谓神圣罗马帝国不过是一个幽灵，没有什么作用，不能因此便将西方历史视为罗马史的延伸。

对文艺复兴话语的致命冲击，来自20世纪以来中世纪研究的新成就。本来，从一定意义上讲，文艺复兴话语建立在贬损和虚无中世纪的基础上，人文主义者极力赞美的人文主义好像是从地下突然冒出来的，而不是中世纪发展的结果。随着原始文献解读和考古学

---

① 参见〔法〕基佐：《欧洲文明史》，程洪逵、沅芷译，商务印书馆1998年版，第20—40页。
② 〔德〕黑格尔：《历史哲学》，王造时译，上海书店出版社2001年版，第339—340页。
③ 参见《马克思恩格斯全集》（第30卷），中共中央马克思、恩格斯、列宁、斯大林著作编译局译，人民出版社1995年版，第465—510页。

发展，中世纪研究逐步深入，人们越来越不相信"黑暗中世纪"的传统描述；恰恰相反，中世纪是最不安分的、充满创生力的时代。

一批杰出的中世纪史学家，从实证到理论彻底颠覆了人们关于中世纪的认知。例如，梅特兰《英国宪制史》（1908年）、亨利·皮雷纳《中世纪的城市》（1925年）、费尔南·布罗代尔《地中海与菲利普二世时代的地中海世界》（1972年）、贝内特《英国庄园生活》（1938年）、马克·布洛赫《封建社会》（1935—1940年）、奥尔特"共同同意的村规"（1954年）、杜泰利斯《中世纪法国公社》（1978年）、雷诺兹《西欧王国与共同体，900—1300年》（1984年）、麦克法兰《英国个人主义的起源》（1978年）、弗朗西斯等《中世纪乡村生活》（1990年）、戴尔《转型的时代：英国中世纪晚期的经济与社会》（2005年）等。[1] 这些作品极大更新了人们头脑中中世纪生活的历史画面，令人震撼不已！

皮雷纳力主西方文明产生于中世纪，而且经历了漫长的过程。亨利·皮雷纳（1862—1935年）是著名中世纪学者，然而最终以其欧洲文明研究闻名于世，其论断被表述为"皮雷纳命题"（the Pirenne Thesis）。这位比利时学者认为古典文明是地中海文明，西

---

[1] F. W. Maitland, *The Constitutional History of England: A Course of Lectures*, Cambridge: Cambridge University Press, 1908; Henri Pirenne, *Medieval Cities: Their Origins and the Revival of Trade*, Princeton: Princeton University Press, First Printing, 1925; Fernand Braudel, *The Mediterranean and the Mediterranean World in the Age of Philip II*, Translated from the French by Siân Reynolds, New York: Harper and Row, First published in English, 1972; H. S. Bennett, *Life on the English Manor: A Study of Peasant Conditions, 1150–1400*, Cambridge: Cambridge University Press, 1938; Marc Bloch, *Feudal Society,* Translated from the French by L. A. Manyon, London and New York: Routledge, English translation, 1961, 1962; Warren O. Ault, "Village By-laws by Common Consent", *Speculum*, Vol. 29, No. 2 (Apr., 1954); C. E. Petit-Dutaillis, *The French Communes in the Middle Ages*, Amsterdam: North-Holland, 1978; Susan Reynolds, *Kingdoms and Communities in Western Europe, 900–1300*, Oxford: Oxford University Press, 1984; A. Macfarlane, *The Origins of English Individualism*, Oxford: Basil Blackwell, 1978; Frances and Joseph Gies, *Life in a Medieval Village*, New York: Harper and Row, 1990; Christopher Dyer, *An Age of Transition? Economy and Society in England in the Later Middle Ages*, Oxford: Clarendon Press, 2005. 20世纪上半叶中世纪史研究的经典作品还有：Norman Scott Brien Gras and Ethel Culbert Gras, *The Economic and Social History of an English Village, Crawley, Hampshire, A.D. 909–1928*, Cambridge: Harvard University Press, 1930; G. G. Coulton, *The Medieval Village*, Cambridge: Cambridge University Press, 1925; R. H. Tawney, *The Agrarian Problem in the Sixteenth Century*, London: Longmans, 1912, 等等。

方文明终结了古典文明，不过文明交替并非随罗马帝国崩溃而实现，而是及至750年到800年，欧洲文明才逐渐确立。①皮雷纳格外关注伊斯兰扩张对西方文明形成的影响，甚至说"没有穆罕默德，就根本无法想象查理曼"云云②，似乎有些夸张了，不过他从更广阔的视野分析罗马帝国与西方文明的消长，将历史时间要素和空间要素有机结合，颇富学术魅力。不止皮雷纳，不少学者都看到了伊斯兰世界对西方文明形成的刺激作用，如《西方文明简史》作者杰克逊·斯皮瓦格尔指出："在700年到1500年之间，与伊斯兰世界的冲突帮助西方文明界定自身。"③

哈佛大学法学家伯尔曼（1918—2007年）史论并茂地论证了西方文明诞生于中世纪。他集四十年心血写成的《法律与革命》，是一部探究西方法律传统形成的鸿篇巨制，明确界定了西方文明内涵和外延。伯尔曼指出，人们习惯上将西方文明与古典文明视作一脉相承，实为一种误读：西方作为一种文明，不仅区别于东方，而且区别于以色列、古希腊和古罗马。它们是不同质的文明。西方文明与它们之间存在着某些联系，然而，主要的不是通过一个保存或继承的过程，而是通过采纳的过程，它有选择地采用了它们，在不同时期采用了不同部分。他认为西方文明成形于11世纪到12世纪，"虽然直到美国革命时才贡献了'宪政'一词，但自12世纪起，所有西方国家，……法律高于政治这种思想一直被广泛讲述和经常得到承认"④。

在当代政治学家中，塞缪尔·亨廷顿（1927—2008年）因其世界文明研究而名动一时，他阐述了相似观点：随着罗马帝国崩溃，古典文明"已不复存在"，如同美索不达米亚文明、埃及文明、克里特文明、

---

① 参见 Henri Pirenne, *Mohammed and Charlemagne*, New York: Meridian Books, 1959, pp. 17, 144, 285。

② Henri Pirenne, *Mohammed and Charlemagne*, p. 234.

③ Jackson J. Spielvogel, *Western Civilization: A Brief History*, Vol. I, Wadsworth: Cengage Learning, 2010, preface, p. xxiv.

④ 参见〔美〕哈罗德·J. 伯尔曼：《法律与革命》（第一卷）：西方法律传统的形成，贺卫方等译，法律出版社2008年版，第2—3、9页。

拜占庭文明、中美洲文明、安第斯文明等文明一样不复存在。他认为西方文明成形于8世纪和9世纪，是次生型文明。①

20世纪中叶以后，这样的观念走进历史教科书，这是一个标志性的转变，1963年布罗代尔推出的《文明史纲》是代表作。费尔南·布罗代尔（1902—1985年），法国年鉴学派即20世纪最重要史学流派的集大成者，以其一系列奠基性研究成果蜚声世界。他指出，欧洲文明发展成形于5—13世纪，其中封建制确立和推行对欧洲文明形成意义重大，以至可称早期欧洲为"封建文明"。他认为：封建主义（Feudalism）打造了欧洲。11、12世纪，"欧洲达到了它的第一个青春期，达到了它的第一个富有活力的阶段"。这种统治是一种"原创性的政治、社会和经济秩序"。②关于封建制与欧洲文明内涵的关系，年鉴学派的另一位代表人物布洛赫在其享誉世界的名著《封建社会》中也做过经典论述。

问世于20世纪中叶亦广受欢迎的教科书《欧洲中世纪史》，开篇标题醒目而明确："欧洲的诞生，500—1000年"。作者认为新的欧洲文明在公元1000年左右臻于成熟，西方"是中世纪的产品"，欧洲文明与古罗马文明有着亲属关系，然而却是"迥然不同"的文明。③该书由美国历史学会主席C.沃伦·霍利斯特等著，至2006年该书已再版10次，成为美国数百所大学的通用教材。

布莱恩·蒂尔尼等在其六次再版的大学教材中指出，中世纪欧洲与罗马时期的社会图景完全不同，"'罗马帝国的衰亡'不仅仅可以被视为一种古代文明的终结，而且还可以视为一种新文明的开端"，"在11和12世纪，一种新的、独特的西方文化开始萌芽"。④

---

① 参见〔美〕塞缪尔·亨廷顿：《文明的冲突与世界秩序的重建》，周琪等译，新华出版社1998年版，第29、35页。
② 参见〔法〕费尔南·布罗代尔：《文明史纲》，肖昶等译，广西师范大学出版社2003年版，第294、296页。
③ 参见〔美〕朱迪斯·M.本内特、C.沃伦·霍利斯特：《欧洲中世纪史》（第10版），杨宁、李韵译，上海社会科学院出版社2007年版，第5—7页。
④ 参见〔美〕布莱恩·蒂尔尼、西德尼·佩因特：《西欧中世纪史》（第六版），袁传伟译，北京大学出版社2011年版，第2、131页。

总　序

　　正如广为中国读者熟知的《全球通史》的作者斯塔夫里阿诺斯强调，欧洲中世纪是崭新独特的生活方式，有几种新的罗曼语取代了拉丁语，服装、宗教、谋生之道等都发生深刻变化。他说，古典文明被永久湮没，被一种崭新的东西所代替。

　　至于"欧洲"一词进入欧洲人的实际生活，已到中世纪末期，此前只见于零星记载。据奥地利历史学家弗里德里希·希尔考证，"欧洲"这个概念在罗马帝国后期开始形成，"最初，它只是用以表明一种区别"。人们发现在罗马皇帝的军队中，来自帝国西部的"欧罗巴人"与东方的"叙利亚人"有显著不同。甚至到5世纪初，历史学家还交替使用"欧罗巴人"和"欧罗巴人军队"这两个词。据悉，这是"欧洲"一词能查阅到的最早的文字记载。[①]随着蛮族入侵，先后出现了一系列蛮族王国，法兰克是蛮族王国的主要代表，其加洛林王朝开始正式使用"欧洲"这个概念。

　　布罗代尔认为，751年建立的加洛林王朝就是第一个"欧洲"，标示为"欧罗巴，加洛林王朝统治"（Europa, vel regnum Caroli）。加洛林王朝的著名统治者查理大帝，被其后的宫廷诗人赞誉为"欧洲之父"（pater Europae）。后来十字军东征，在与阿拉伯穆斯林的冲突中，"欧洲"概念也曾浮出水面。不过，总的看，这个词在中世纪很少被使用，到文艺复兴时期，在但丁笔下还难得见到，不过彼特拉克、薄伽丘等人已一再地使用它。"欧洲"一词进入欧洲人的实际生活并且较频繁地出现在欧洲所有的语言中，则是15、16世纪的事情了。

　　显然，一个多世纪以来，西方学界关于欧洲文明时间维度的认知，取得了显著进展。可惜，对于这一不断变化的、内容丰盛的百年学术史，国内的介绍既不及时也不充分，更缺乏深入的研讨和分享。

　　欧洲文明的空间维度，似乎更加复杂。所谓欧洲，基本是文化意义上的欧洲，所以伯尔曼说，西方是不能借助罗盘找到的。地理上的边界有助于确定它的位置，但是这种边界时常变动，依从文化

[①] 〔奥地利〕弗里德里希·希尔：《欧洲思想史》，赵复三译，广西师范大学出版社2007年版，第1页。

内涵而具有时间性。这里说的欧洲是以西欧为代表的，中世纪以来即如此。南欧、中欧和北欧也属于这个文明圈，其地理与文化是重叠的，涵括大约从英格兰到中欧和从丹麦到西西里的诸民族。一部分东欧国家以及俄罗斯，虽然地处欧洲却不被认为属于这个意义上的欧洲国家。西欧某个特定时期的个别地区也是这样，罗伯特·罗伊指出，中世纪的西班牙被穆斯林统治了七百多年，其间西班牙的穆斯林统治者从不认为自己是欧洲人。①

显然，所谓欧洲，有一条看不见的文化边界，近代以来更加明显。"大航海"后欧洲移民在美洲和大洋洲建立起来的国家，如美国、加拿大、澳大利亚和新西兰等被认为是西方国家，虽远离欧洲本土，依然同根相连，叶枝相牵。西方文明的空间维度有一定的时间性和迁动性，未必与自然地理上的欧洲合一。

三、欧洲文明的形成：采纳、改造与创生

以往，我们习惯于将欧洲近代思想之源头，一则上溯于古希腊罗马，二则归因于17世纪自然权利观的出现，竟至低估了中世纪的贡献，低估了日耳曼人关键性的突破。欧洲文明诞生于中世纪，它与古典文明之间不是衣钵传承关系，而是拣选、采纳为其所用的过程。而且，欧洲文明采纳和改造的对象不单单是古典文明，还有日耳曼（Germanic）文化、基督宗教（Christian）、以色列文化等。事实上，入主欧洲的日耳曼人是创生欧洲文明的主体，对该文明形成具有能动的主导作用。所以萨拜因指出："在6世纪和9世纪之间，欧洲的政治命运永远地转移到了日耳曼侵略者之手。"②

日耳曼人是征服者，他们带着其世世代代生活方式的记忆，以

---

① 参见Robert Royal, "Who Put the West in Western Civilization?", *Intercollegiate Review* (Spring, 1998), p. 5.
② 〔美〕乔治·霍兰·萨拜因著、托马斯·兰敦·索尔森修订：《政治学说史》（上册），盛葵阳等译，商务印书馆1986年版，第242页。

不同程度的部落形式整体进入欧洲，开创新生活。在这样的过程中，他们与不同的文化相遇，并从不同的文明中吸取"灵感"，然而日耳曼诸蛮族没有变成吸取对象本身。他们与采纳对象之间的位格也不一样。如果说欧洲文明是一座大厦，古典文明、以色列文明和基督宗教等文化元素不过是石块、砂砾等建材，西欧民族才是建筑师。关于中世纪政治经济制度，人们总是争论罗马因素还是日耳曼因素更多，而忽视谁是创造欧洲文明的主体。后者是有意志、有能动性的人，他们不是古罗马人，更不是古希腊人，而是中世纪西欧诸民族。12世纪罗马法复兴运动中，意大利波隆那大学是重要策源地，那里的罗马法学家们不是古罗马人；文艺复兴运动的代表人物伊拉斯谟不是古希腊人。

西方文明并非由古典世界一直延续下来。相反，罗马文明在西罗马帝国灭亡前就已经被蛮族文明替代，高度发达、极其精致的罗马法律体系与日耳曼民俗法差异极大，距罗马最后一位皇帝被废黜很早以前，罗马文明在西部就已经被哥特人、汪达尔人、法兰克人、萨克森人以及其他日耳曼人的原始部落文明所取代。伯尔曼平实而贴切地描述了这种状况，他说，西方文明与古典文明的关系，"主要的不是通过一个保存或继承的过程，而是通过采纳的过程，即：西方把它们作为原型加以采纳。除此，它有选择地采用了它们，在不同时期采用了不同部分"①。

即使日耳曼传统文化本身，也要经过拣选和改造。显然，欧洲文明不是任何一个文明的复制品，它所采纳的其他文明有关部分也不是如法炮制，而是经过极其复杂的交汇、嫁接和改造，所以文明创生的主体性作用不可忽视。从这个意义上讲，"罗马因素"和"日耳曼因素"这样陈旧的话语模式可以被超越，也应该被超越。

日耳曼人来自欧洲北部多雾的海边，分为不同的部落，却有大致相近的传统、惯例和制度，最重要的是马尔克（Mark）村庄共同

---

① 〔美〕哈罗德·J. 伯尔曼：《法律与革命》（第一卷）：西方法律传统的形成，贺卫方等译，第2—3页。

体制度。如何理解他们的共同体（Community）呢？一方面日耳曼人的个体不够强大，不得不依附部落群体；另一方面，他们有着共同的观念，通过共同的行为来追求共同的目的。比较罗马法和日耳曼法就会发现，罗马家长权主要取决于一家之主的"意志"（will），相对应的日耳曼家庭父权制度主要取决于"关系"（relation），作为基本概念，指的是一种保护和依从关系。[①]因此，成员之间没有根本的隶属和支配关系，识别他们的标准是自治和自律。

村民大会和协作轮耕制是其典型标识。马尔克传统在日耳曼人的全部生活里扎下了根，不少学者认为，在整个中世纪里，在大部分欧洲土地上，它是一切社会制度的基础和典范，浸透了全部的公共生活，这并非溢美之词。村社组织并非"残余形式"，而是实际的存在，乡村实行庄园-村庄混合管理结构。[②]即使在农奴制下，村庄也没有丧失集体行为，一些村庄共同体还有自己的印章，甚至有旗帜。中世纪的庄园法庭，明显地保留了日耳曼村民大会的古老遗风。一切重大的安排、村民诉讼以及与领主的争端，都要由这样的法庭裁决。在乡村公共生活中，"村规"（by-laws）享有很高的权威，长期保持旺盛的生命力，受到乡村社会的高度认同。[③]再一个标志性遗产是著名的"敞田制"，强制性轮耕制和放牧制带有明显的"均平"主义色彩。

村民带着这种观念建立的中世纪城市，就是一个城市共同体。他们有自己的法律和法庭，享有一定自治权。一些法兰西和意大利城镇还自称为"城市公社"。城市手工业行会，简直就是村庄组织的翻版，商会亦然。大学被称为"中世纪最美丽的花朵"，人们仍然可以从其教师行会身上看到马尔克共同体的影子。

---

① 参见 Roscoe Pound, *The Spirit of the Common Law*, Francestown: Marshall Jones Company, 1921, pp. 26-27。
② 参见侯建新："西欧中世纪乡村组织双重结构论"，《历史研究》2018年第3期。
③ 参见 Zvi Razi, "The Struggles between the Abbots of Halesowen and Their Tenants in the 13th and 14th Centuries", in T. H. Astonetal, eds., *Social Relations and Ideas: Essays in Honour of R. H. Hilton*, Oxford: Oxford University Press, 1983, pp. 151-167。

总 序

上层统治架构也深受日耳曼传统的影响。按照日耳曼人的观念，政府的唯一目标就是保障现存的法律和权利，地方习惯法往往成为王国法律的基础。德国学者科恩指出，中世纪的政治思想与其说是中世纪的，不如说是古代日耳曼的，后者也是欧洲封建制得以创建的重要政治资源。① 即使法律本身也导源于日耳曼传统，生活中的惯例在法律中具有排他性和独占性。不难发现，不论是乡、镇基层还是上层政治架构，日耳曼的法律、制度与传统文化为早期西方提供了社会组织胚胎。

基督教是塑造欧洲文明的重要力量，欧洲文明甚至被称为基督教文明，其实基督教本身也必须经过中世纪的过滤和演化。一个平凡的事实是，同为基督宗教，在这边是天主教和改革后的加尔文新教，在拜占庭和俄罗斯等地就变成颇有差异的东正教。经过中世纪的采纳与认同，基督教潜在要素才得以显现。首先，它以统一的一神信仰，凝聚了基督教世界所有人的精神，这一点对于欧洲人统一的身份意识、统一的精神归属意识，具有无可替代、空前重要的意义。而这样的统一意识，对于欧洲人的身份自觉、文明自觉，又发挥了重大作用。布罗代尔指出，在欧洲的整个历史上，基督教一直是其文明的中心，它赋予文明以生命。

其次，它为欧洲人提供了完整的、具有显著的文明高度的伦理体系。基督教早期是穷人的宗教，其博爱观念在理论上（在实际上受很多局限）突破了家庭、地域、身份、种族、国家的界限。耶稣的殉难，以及他在殉难时对迫害他、杀死他的人的宽恕，成为博爱精神极富感染力的象征。博爱精神既为信徒追求大的超越、神圣，实现人生价值、生命意义提供了舞台，也为信徒践行日常生活中的道德规范提供了守则。当基督教出现之后，千百年来折磨人、迫害人、摧残人、杀戮人的许多暴虐传统，才遭遇了从理论到实践的系统的反对、谴责和抵制，以对苦难的同情为内容的人道主义才开始

---

① 参见 Fritz Kern, *Kingship and Law in the Middle Ages*, New York: Praeger Publishers, 1956, Introduction, p. xviii。

流行。它广泛分布的教会组织，对中世纪动荡、战乱的欧洲社会秩序重建，对于无数穷苦人苦难的减缓，起过无可替代的作用。

最后，它关于上帝面前人人平等的观念，无论高贵者还是低贱者皆有"原罪"的理念，导致对世俗权力的怀疑，为以后的代议制度孕育预留了空间。权力制衡权力的实践在罗马时代已出现，但基督教的原罪说才提供了坚实的理论依据，开辟了真正广阔的前景。在上帝救世说中，个人是"原罪"的承担者，而灵魂得救也完全是个人行为，与种族、身份、团体无关；个人的宗教和道德体验超越政治权威，无疑助益个体和个体观念的发展。这是古典世界所不曾发生的。

中世纪基督教会的消极影响也无可讳言，它在相当长的时间里、相当严重的程度上用愚昧的乌云遮蔽了理性的阳光，诸如猎杀女巫运动，对"异端"的不宽容，对"地心说"的顽固坚持，等等。更为严重的问题是，随着教会世俗权力的膨胀，教会也不能幸免自身的腐败。作为近代早期欧洲宗教改革的重要成果，基督教会逐渐淡出世俗，完全回归到心性与精神领域。

古希腊罗马文明是欧洲文明选择、采纳其元素为己所用的另一个重要对象，当然它也要以自己的方式予以改造。古典文明的理性思考，对中世纪神学、经院哲学和对自然科学产生深刻影响。雅典无疑开创了多数人民主的先河，不过我们也应清楚地看到，雅典民主有以众暴寡的倾向，不具备现代民主的气质。说到底，古典时代没有独立的个体，缺乏现代民主的基础。

古罗马对于欧洲文明最重要的贡献是罗马法。罗马法法律体系最初不为蛮族所接受，随着蛮族的成长，12世纪他们重新发现罗马法，采纳了罗马法一些"概念"和"范式"，并重新诠释，结果气质大变，与其说罗马法复兴，不如说再造。人们可能看到，12世纪意大利比萨自由市的法律制度，采用了许多罗马法的规则，可是，相同的准则具有极不同的含义。教会法学家们热衷于解读罗马法，表面上他们在不停地辨析和考证罗马法，试图厘清本意；实际上在不断输入当时的社会共识，表达一种全新的见解。中世纪法学家最杰出的贡献，甚至是唯一成就，就是他们对罗马法中"IUS"概念的重新解读和改造，逐渐彰显自然权利和个体权利，开拓了一种新的文明源泉，为建构欧洲文明框架提供了基本元素。

倘若对中世纪与古典文明有较为深入的把握，就不难发现二者基本气质如此不同，人们对国家和权力的心理，对超自然力量的态度，还有社会组织方式、城乡布局等，都不一样。古典时代没有独立个体或半独立个体，看不到个人权利成长的轨迹，个人融于城邦整体中，最终融于帝国体制中；城邦公民的自由限于参政的积极自由而没有抵御公权侵犯的消极自由。梅因指出，"古代法律"几乎全然不知"个人"，它所关心的不是个人而是家族，不是单独的人而是集团。①在这种情况下，他们只得依附于城邦，当庞大帝国形成时则依附于帝国，如同基佐指出，臣民那么容易地接受帝国的专制政治信仰和感情，对此我们不应感到惊奇。②尽管古典文明达到相当的高度，但是最终还是与其他古代文明一样，未能摆脱谋求强大王朝和帝国的宿命。

无论如何，罗马帝国覆亡以后，不同文明诸种元素熔于一炉，或者一拍即合，或者冲撞不已，更多则是改造和嫁接，形成了一种新的文明源泉。8世纪封建制的确立进一步推进了这一历程。欧洲文明形成要比通常认为的时间晚得多，其过程也漫长得多，正是在这看似无序的过程中，文明元素逐渐更生，至中世纪中期，欧洲文明的内核基本孕育成形。

学者们试图对西方文明核心内涵做出概括性阐释。例如，亨廷顿认为西方文明的主要特征是：古典文明的遗产、天主教和新教、欧洲语言、精神权威和世俗权威的分离、法治、社会多元主义、代议机构和个人主义。西方文明所有重要的方面，他几乎都涉及了，不过这些"特征"没有逻辑关系，甚至因果混淆，未能揭示西方何

---

① 〔英〕梅因：《古代法》，沈景一译，商务印书馆1996年版，第146页。
② 参见〔法〕基佐：《欧洲文明史》，程洪逵、沅芷译，第27—28页。

以成为西方的根本所在。

梅因的研究值得关注。他的目光回溯到文明早期,他承认每一种文明都有其不变的根本,他称之为"胚种",一旦成形,它的规定性是穿越时空的。他发现当下控制着人们行为的道德规范形式,都可以从这些"胚种"中找到根由。①也就是说,虽然欧洲文明不断变化,然而也有不变的东西,它所具有的原始特征,从初始到现今,反复出现,万变不离其宗。

无独有偶,著名的欧洲思想史学家希尔指出了同样的道理,他称不变的东西是欧洲精神版图上铺开的"重叠光环"。这些主题在欧洲历史中反复出现,直到今天还未失去它们的意义。下句话说得更明了:如果哪位读者首次看到它们时,它们已经穿着现代服装,那么我们不难辨认它们在历史上早已存在,虽然穿着那时的服装。②不论希尔的"重叠光环",还是梅因的"胚种",这些杰出学者的文明研究,都在探求特定文明的原始、不变的根本元素,颇似中华先贤屈原上下求索中发出的"人穷则返本"之呼唤!

四、欧洲文明确立的标志:"元规则"生成

笔者认为,12—14世纪形成的自然权利,标志着欧洲文明的确立,它是欧洲文明不变的内核,大概也就是梅因所说的"胚种"。自然权利在一定意义上相当于主体权利,③只是角度不同而已。关于自然权利的起源,人们通常认为自然权利观念如同内燃机一样,是现代社会的产物。所幸国际学界近几十年的研究成果不断刷新传统结论,越来越多的学者认为,自然权利观念起源于中世纪,而且逐渐在西方学术界占据了主流地位。

欧美学者将自然权利观追溯至中世纪教会法学家的贡献固然重

---

① 〔法〕梅因:《古代法》,沈景一译,第69页。
② 〔奥地利〕弗里德里希·希尔:《欧洲思想史》,赵复三译,"前言",第1页。
③ 参见侯建新:"主体权利与西欧中古社会演进",《历史教学问题》2004年第1期。

要，不过还应同时关注观念背后的社会生活，关注12世纪社会条件的变化。一种文明的诞生不会凭空而降，必须具备与之相应的个体与群体，特定的社会共识，相应的社会环境。再好的种子落在石板上，也不会发芽成长。

不难发现，到中世纪中期，个体发展与社会发展已经超越了古典时代，本质上不同于古希腊罗马。早在8世纪，欧洲封建制确立，创建一种原创性的政治社会秩序；同时，也是欧洲个体成长的一个重要节点。领主附庸关系蕴藏的信息相当丰富复杂：一方面领主与附庸关系是等级关系，是一种人身依附关系；另一方面领主与附庸双方都必须履行相应的权利和义务，并受到封建法保护。倘若一方没有履约，另一方可以解除关系，也就是说，领主可以抛弃违约附庸，附庸也可以离弃恶劣的领主，因此封建关系中的契约因素不言而喻。这不是说低贱者不受压迫和奴役，这里仅仅是说，他已根据某个法律体系取得了一种不可剥夺的权利——尽管是一种等级权利、低级权利，他却有条件坚持这种权利，从而获得某种程度的保护。耐人寻味的是，这样的法律条款也是封建法的一部分，几乎同时为统治者和被统治者承认，达到相当程度的社会共识。

封建法中的"准契约关系"，深刻影响了中世纪的经济社会生活。在社会上层，按照规定，附庸服军役责无旁贷，然而服役的天数受到严格限制，否则会遭到附庸质疑和抵抗。英国大宪章运动的根本起因，是男爵们不能忍受约翰王破坏封建法，一再额外征召兵役。在社会下层，在采邑里，领主不能随意提高地租，即使在通货膨胀的情况下也很难，所以"习惯地租"几乎成了固定地租的代名词。可见，不论封臣还是普通农民，虽然等级不同权利也不同，然而都有不可剥夺的权利，一种保护自己不被过分压迫和侵夺的权利。正是因为臣民手里有权利，才有维护权利的法庭博弈。

因此人们不难看到，因某个采邑的归属，一个伯爵可以与国王对簿公堂，理直气壮，声称是为了正义和法律的荣誉。同理，一个佃农，即使农奴，为了他的土地权利也可以依据习惯法与领主周旋于庄园法庭。所以中世纪很少发现农民保有地被无故侵夺的案例。实际上,一个农民同时具有三种身份,他是领主的佃户,同时也是村庄共同体成员和教会的教民,这种多元身份也是农民权利保障的重要条件。中世纪城市是封建领地的一部分,市民也有不可剥夺的权利,而且更多一些,颇有吸引力。如果农奴被迫逃亡城市,有被领主追回的危险,但是度过101天后,依据城市法逃亡者便成为一个合法市民,任何人不能威胁他,他在一个新的共同体里再次获得一种权利。

中世纪的乡、镇居民固然不是现代社会意义上的独立个体,然而与其以前世界中的自我相比,与其他文明如古典文明中的自我相比,已经发生了突破性的变化。是否称之为"准独立个体",才能更恰当、更充分地解释他们呢?这样的个体是中世纪走向现代社会不可或缺的角色,其中坚力量注定是最不安分的、最富有创新精神的人,是不竭动力的源泉。

"准独立个体"出现的历史意义不可低估。一个具有不可剥夺权利的人,一个不可任意奴役的人,一个能够依法自卫的人,一定会产生新的观念和新的语言,炼出新的品质,创造出新的社会关系和一个新的天地。古典世界是杰出的,但是毕竟没能做出本质性的突破,走向现代世界的突破是西欧民族做出的。个体和个体权利的成长,是欧洲千年发展史的一条主线,整个中世纪都可以理解为个体及个体权利成长的历史。正是在这个意义上,弗兰克·梅耶指出,在人类过去数千年的诸多伟大文明中,西方文明是独特的,不仅与古典文明有所区别,与其他所有文明都有所区别,而且是一种本质性的区别。[①]个体以及个体成长史,是欧洲观念、规则等产生的原点,也是欧洲文明产生的原点。

与古典文明及其他古代文明一样,欧洲中世纪不曾有独立个体(individual);不过,还须看到变化的一面,大约中世纪中期,欧洲

[①] 参见 Franks S. Meyer, "Western Civilization: The Problem of Political Freedom", *Modern Age* (Spring, 1968), p. 120。

已然出现形成中的独立个体，发展中的独立个体——"准独立个体"。历史从这里分流。

实际上，已经有学者用实证的方式描述这种个体的发展足迹。剑桥大学人类学家艾伦·麦克法兰将英国个人主义（Individualism）追溯到1200年；戴尔则认为英国自中世纪中期就启动了社会转型，开始从共同体本位逐渐转向个人本位。[1]正如布洛赫所描述的那样，在12世纪，"自我意识的成长的确从独立的个人扩展到了社会本身。……从民众心灵深处产生的观念，与神职人员虔诚追求交汇在一起"[2]。基于多元的文化交流和灵动的现实生活，在上至教皇、教会法学家、中世纪思想家，下至乡镇普通教士踊跃参与的讨论中，欧洲社会形成了颇有系统的权利话语及其语境，阐明了一系列权利观念，其中自然权利概念应运而生，被称为一场"语义学革命"（semantic revolution）。[3]一扇现代社会之窗被悄悄地打开。

欧洲学者首先将自然权利的渊源追溯到14世纪，这主要是法国哲学家米歇尔·维利（Michel Villey）等人的贡献，半个世纪后，即20世纪中叶，以布赖恩·蒂尔尼为代表的历史学家则追溯得更远，认为自然权利观念产生于12世纪。[4]彼时，一位意大利教会法学家格拉提安（Gratian），将罗马法学家注释学成果以及数千条教会法规汇编成书。为了纪念他的杰出贡献，后人称该书为《格拉提安教令集》（*Decretum of Gratian*，简称《教令集》）。在这部《教令集》中，格拉提安重新解释了罗马法中ius的概念，启动了这一概念中主体、主观的含义。继而，12世纪若干教会法学家不断推进，鲁菲努斯（Rufinus）是自然权利概念发展的关键人物，他指出，"ius

---

[1] 分别参见A. Macfarlane, *The Origins of English Individualism*; Christopher Dyer, *An Age of Transition? Economy and Society in England in the Later Middle Ages*.

[2] Marc Bloch, *Feudal Society: The Growth of Ties of Dependence*, Vol. I, London and New York: Routledge, 1989, pp. 106-107.

[3] Takashi Shogimen, *Ockham and Political Discourse in the Late Middle Ages*, Cambridge: Cambridge University Press, 2007, p. 154.

[4] 参见Brian Tierney, *The Idea of Natural Rights: Studies on Natural Rights, Natural Law and Church Law, 1150-1625*, Cambridge: Scholars Press, 1997.

naturale"是一种由自然灌输给个人的力量，使其趋善避恶。另一位学者休格西奥（Huguccio），被称为12世纪最伟大的教会法学家，也指出ius naturale是一种行为准则，其最初的意义始终是个人的一种属性，"一种灵魂的力量"，与人类的理性相联系。至此，自然权利概念逐渐清晰起来。

进入14世纪，著名学者奥卡姆的威廉（William of Ockham）明确将罗马法中的ius阐释为个体的权能（potestas），并将这种源于自然的权利归结于个体，正是在这个意义上，自然权利又称为主体权利，奥卡姆被誉为"主体权利之父"。他说，这种权利永远不能被放弃，实际上它是维持生命之必须。[①] 自然权利（nature rights）和主体权利（subjective rights）的出现，第一次确认了在实在法权利（positive rights）之外还有位阶更高的权利，突破了以往单一的法律体系。它们不是法庭上实际运用的权利，而是"天赋权利"，是所有时候都应该承认的权利，具有极其重要的引导和感召作用，成为欧洲深层次的社会规则系统生成的思想源泉。

生活中的实际存在，反复出现的个体与群体的行为，以及观念与话语，必须上升到抽象、系统的概念和理论表述，才能沉淀下来，存续下去，从而成为社会秩序的灵魂，也就是文明的核心要素。自然权利如同欧洲文明之胚种，埋下胚种，就要生根发芽、开枝散叶，12、13世纪的法学家们创造出许多源于自然权利的权利，发展出一种强有力的权利话语体系，衍化成相应的元规则，构成欧洲文明内核。

"元规则"（meta-rules）的定义是：某种特定文明首要、起始和关键的规则，决定规则的"规则"，被社会广泛认同并被明确定义，成为社会生活的基本准则。欧洲文明元规则内涵高度稳定，以至于渗入法律和政治制度层面，从而奠定西方文明基础，使西方成为西方。这个体系大致包括五个方面的基本内容，即"财产权利""同意权利""程序权利""自卫权利"和"生命权利"。它们源自自然，不

---

① 参见 Brian Tierney, *The Idea of Natural Rights: Studies on Natural Rights, Natural Law and Church Law, 1150-1625*, p. 122。

可剥夺，也不可让渡；它们是应然权利，是消极自由权利，却深刻影响着社会走向。五项元规则简述如下：①

1.财产权利（rights to property）。随着罗马法复兴，教会和法学界人士掀起了一场财产权讨论，而方济各会"使徒贫困"的争论第一次将财产权与自然权利概念联系在一起。

方济各会创建于1209年，宣称放弃一切财产，效仿基督，衣麻跣足，托钵行乞，受到历届教宗的鼓励。可教宗约翰二十二世在位时，却公开挑战"使徒贫困"论的合理性，他认为方济各标榜放弃一切所有权是不可能的。显然，教宗只是从实在法权利角度评判"使徒贫困"，而放弃了自然权利意义上的财产权。奥卡姆从"人法""神法"以及"自然权利"等大量权利概念分析入手，结合基督教经典教义，论证了他的复杂的主体权利思想。

奥卡姆承认方济各会士没有财物的实在法权利，然而他们来自福音的自然权利却不可剥夺，是无需任何契约认定的权利，而且位阶高于实在法权利。②结果，奥卡姆彰显了财产观中的自然权利，从而成功地捍卫了方济各会的合法性。

中世纪自然权利观念深刻地影响到社会的财产权利观。《爱德华三世统治镜鉴》(*Speculum Regis Edwardi III*)强调这样一个原则：财产权是每个人都应当享有的权利，任何人不能违背他的意志夺走其物品，这是"一条普遍的原则"，即使贵为国王也不能违反。社会底层人的财产权最易受到侵害，所以王室官员强买贫苦老农妇的母鸡是更严重的犯罪，"必将受到现世和来世的惩罚"。作者排除侵权行为的任何华丽借口，"不存在基于共同福祉就可以违反个人主体权利的特殊情况"。③

---

① 关于欧洲文明元规则论述，详见侯建新："中世纪与欧洲文明元规则"，《历史研究》2020年第3期。

② 参见 Brian Tierney, *The Idea of Natural Rights: Studies on Natural Rights, Natural Law and Church Law, 1150-1625*, pp. 121-122。

③ Cary J. Nederman, "Property and Protest: Political Theory and Subjective Rights in Fourteenth-Century England", *The Review of Politics*, Vol. 58, No. 2 (1996), pp. 332, 343.

13世纪初叶《大宪章》的大部分内容，都关涉到臣民的财产权利。依附佃农的财产权利也并非缺位，他们依照惯例拥有一定的土地权利并受到习惯法保护，权利是有限的却是很难剥夺的。有一定保障的臣民财产权，有利于社会财富的普遍积累。

2. 同意权利（rights to consent）。"同意"作为罗马法的私法原则，出现在罗马帝国晚期，进入中世纪，"同意"概念被广泛引申到公法领域，发生了质的变化，成为欧洲文明极为重要的元规则之一。

首先，"同意"概念进入了日常生活话语。按照日耳曼传统，合法的婚姻首先要经过父母同意，但至12世纪中期，年轻男女双方同意更为重要，并且成为一条基督教教义。同意原则甚至冲破了蛮族法的传统禁令，可见日耳曼传统也要经过中世纪社会过滤，此乃明证。教会婚姻法规定只要男女双方同意，即使奴隶与自由人之间的婚姻也是有效的，奴隶之间的婚姻亦然。

其次，同意原则成为公权合法性的重要基础。教会法学家认为，上帝授予人类拥有财产和选择统治者的双重权利，因此，不论世俗君主还是教宗，都要经过一定范围人士同意，才能具有足够的权威和足够的合法性。日耳曼诸蛮族入主欧洲，无论王国颁布新法典，还是国王加冕，无不经过一定范围的协商或同意。英王亨利一世加冕后写给安塞姆主教的信中说："承蒙你和其他人的忠告，我已经向自己与英格兰王国人民做出承诺，我是经过男爵们普遍同意而加冕的。"[①]

乡村基层社会亦如此，庄园领主不能独断专行，必须借助乡村共同体和村规，否则很难实行统治。这些"村规"被认为是"共同同意的村规"（Village By-laws by Common Consent）。庄园领主宣布决定或法庭判决时，一定宣明业已经过佃户全体同意，以彰显权威，而这些过程确实有佃户的参与。

最后，值得关注的是，在确立同意原则的同时，提出对"多数

[①] Austin Lane Poole, *From Domesday Book to Magna Carta 1087-1216*, Oxford: Oxford University Press, 1993, p. 10.

人同意"的限制。多数人的表决不是天然合理。其表述相当明确：民众的整体权利不比其个体成员的权利更高，对个人权利的威胁可能来自统治者，也可能就来自共同体内的多数派。显然他们已然意识到并直接排拒"多数人暴政"，中世纪即发出这样的警示难能可贵。13世纪初，特鲁瓦教堂多数派教士发动一场"财政政变"，试图强占少数派的葡萄园，结果，多数派的这一做法遭到教宗英诺森三世的否定，他的批示是：多数票决不能剥夺教士共同体中少数派的个人权利。可见，同意原则与古典时代判然不同，是民主程序，更是个人自然权利，后者不可让渡。同意原则不仅在观念上被广泛接受，在实践上也得到一定范围、一定程度的实施。

3.程序权利（rights to procedure justice）。中世纪法学家把坚持正当程序看作一个具有独立价值的要素，在他们的各种权利法案中，程序性条款占据了法律的中心地位，法律程序地位的高低被认为是法治与人治之间的基本区别。正当审判程序原则最早见于1215年英国《大宪章》：对于封臣，如未经审判，皆不得逮捕、监禁、没收财产、流放或加以任何其他损害。还决定推举25名贵族组成委员会，监督国王恪守《大宪章》并对其违规行为实施制裁。这些高度权威性的法条，从程序上明确规约政府公权力，使臣民免于被随意抓捕、监禁的恐惧，体现了程序正义的本质，筑起法治的基石。

实行陪审制的英国普通法，更有利于"程序正义"要素的落实，他们认为刑事审判属于"不完全的程序正义的场合"，即刑事审判的正当程序不一定每次都导致正当的结果，于是，"一种拟制的所谓半纯粹的程序正义"陪审制成为必要的弥补。陪审团由12人组成，与被告人身份相当，即"同侪审判"；犯罪性质全凭陪审团判定，且须陪审员一致通过，陪审团是真正的法官。判决后的案例（case）即成为此后类似案件审理的依据，所以他们不仅是法官而且还是创造律条的法学家！陪审制使得一部分司法权保留在社会手中，减少了司法权的官僚化和法律的僵硬化。

在欧洲大陆，审判程序也趋向严格和理性化，强调规范的诉答和完整证据,即纠问制(inquisitorial system)。13世纪以后逐渐产生了代表国王行使公诉权的检察官制度,理由是刑事犯罪侵害个人同时威胁公共安全。另一个重要发展是,不断出台强化程序的种种限定,以防止逮捕、惩罚等权力的滥用。如遇重要犯罪判决,还要征求庭外一些资深人士意见。由于僵硬的证据要求,为获取口供以弥补证据不足,刑讯逼供往往成为法官的重要选项,纠问制法庭的暴力倾向明显。

近代以后,英国普通法法系与大陆法系有逐渐接近的趋向。"程序正义"从程序上排拒权力的恣意,强调"看得见的正义""最低限度的正义"以及"时效的正义"等;对当事人而言则是最基本的、不可让渡的权利。人们往往热衷于结果的正义,而真正的问题在于如何实现正义以及实现正义的过程。

4. 自卫权利(rights to self-defense)。又称为抵抗权(rights to resist),即防御强权侵害的权利,在中世纪,指臣民弱势一方依据某种法律或契约而抵抗的权利。抵抗权观念主要萌芽于日耳曼人传统中,那时人们就认为,他们有权利拒绝和抗拒违规的部落首领。进入中世纪,他们认为,国王和日耳曼村社首领之间没有天壤之别,仅仅是程度上的差异。抵抗权利观念可谓中世纪最有光彩的思想之一。欧洲封建制的领主附庸关系,被认为是一种准契约关系,这不是说欧洲封建制没有奴役和压迫,而是说奴役和压迫受到了一定的限制。倘若一方没有履约,另一方可以解除关系,即"撤回忠诚"(diffidatio)。"撤回忠诚"是从11世纪开始的西方封建关系的法律特性的一个关键。

由于抵抗权的确立,国王难以掠夺贵族,贵族领主也难以掠夺农民,从而有利于生产和经营,有利于社会财富的良性积累,成为英国、荷兰等西欧国家农业经济突破性发展的秘密。人们不难发现,国王与某贵族对簿公堂,国王未必胜诉。在一桩土地权利诉讼案中,被告席上的伯爵这样表示:"如果我屈从于国王意志而违背了理性,……我将为人们树立一个坏的榜样:为了国王的罪恶而抛弃法律和正义。"①可见，如果受到不公正的对待，附庸可以反抗，理直气壮地反抗！

同时，国王不能侵害封臣领地，封臣完成规定的义务外，国王不能从封臣采邑中拿走一个便士。"国王靠自己生活"，即国王只能依靠王室领地收入维持王室生活和政府日常开支，只有在战争时期才能向全国臣民征税。在相当长一段时期内，西欧的国王或皇帝没有固定的驻地，他们终年在其所管辖的领地之间巡行，称为"巡行就食"，因为把食物运到驻地的成本过于昂贵。法兰克国王、盎格鲁-撒克逊国王、诺曼诸王、金雀花诸王无不如此。欧洲没有、也不可能有中国那样的"漕运"②。德皇康拉德二世1033年的行程是：从勃艮第巡行到波兰边境，然后返回，穿过香槟，最后回到卢萨提亚。直线距离竟达1 500英里左右！即使在王室领地上，国王的消费——所收缴租税的折合，也受到习惯法限制，国王随行人员数量、停留天数等都有具体规定。

同理，不论在王室庄园还是一般领主庄园，佃农的习惯地租基本是不变的。地租固定可以保证领主的收入，另一方面防止领主的过分侵夺。习惯地租被称为保护农民经济的"防波堤"（dyke），有助于土地增值部分流进农民口袋，促进小农经济繁荣。以英国为例，有证据显示，农业资本主义的成功是以小农经济的普遍繁荣为基础的。在二三百年的时间里，地租基本不变，佃户个体可以积累资金、扩大土地和经营规模，形成富裕农民群体（well-to-do peasantry），从中产生租地农场主或新型地产主，从而改变乡村社会结构。

人们普遍接受这样的理念——领主不能为所欲为，许多表面看来似乎只是偶然的起义，其实基于一条传统深厚的原则：在国王或领主逆法律而行时，人们可以抗拒之，甚至暴力抵抗之，这并不违背封建道德。附庸的权利得到法律认定，逻辑上势必导致合法自卫

---

① Fritz Kern, *Kingship and Law in the Middle Ages*, pp. 88–89.
② 漕运，指中国皇权时代从内陆河流和海运将征缴的官粮送到朝廷和运送军粮到军区的系统。漕运被认为是王朝运转的命脉，因此中国历代皇权都开凿运河，以通漕运。

权。附庸可以离弃恶劣的领主,是欧洲著名"抵抗权"的最初表达,被认为是个人基本权利的起点。自卫权没有终结社会等级之间的对抗,然而却突破了单一的暴力抗争模式,出现了政治谈判和法庭博弈,从而有利于避免"零和游戏"的社会灾难,有利于社会良性积累和制度更新。

英国贵族抵抗王权的大宪章斗争,最终导致第一次议会召开,开创政治协商制度的先河。近代美国1776年《独立宣言》、法国《人权宣言》等欧洲重要国家宪法文件,都不断重申抵抗的权利。人们不断地溯源,因为在这里可以发现欧洲文明的原始特征,布洛赫说:"西方封建主义虽然压迫穷人,但它确实留给我们西方文明某些至今仍然渴望拥有的东西。"[1]

5. 生命权利(rights to life)。生命权之不可剥夺是近代启蒙学者的重要议题,然而该命题同样产生于中世纪。教宗英诺森四世和尼古拉斯三世等,都同情方济各会士放弃法定财产权利的修为,同时支持会士们继续获得维持生命的必需品。他们同声相应,都在为生命权利观背书。进入14世纪,教会法学家更加明确指出,人们可以放弃实在法权利,但不可放弃源自上帝的自然权利,这是人人皆应享有的权利,方济各会士有权利消费生活必需品,不管是否属于他所有。[2]

出于上帝面前人人平等的理念,基督教对待穷人有一种特殊的礼遇。无论多么边缘化的人,在上帝的眼中,没有什么根本区别。甚至,可以原谅因贫穷而犯下的过错。他劝诫富者捐赠穷人,提倡财物分享,那样才是"完全人"。[3] 12世纪《格拉提安教令集》就有多篇文章为穷人权利声张,法学家休格西奥宣称,根据自然法,我们除保留必需之物外,余裕的部分应由需要的人分享,以帮助他人

---

[1] Marc Bloch, *Feudal Society: Social Classes and Political Organization*, Vol. II, London and New York: Routledge, 1989, p. 452.

[2] 参见 Brian Tierney, *The Idea of Natural Rights: Studies on Natural Rights, Natural Law, and Church Law, 1150—1625*, pp. 121-122。

[3] 《新约·马太福音》19:21。

度过饥荒，维持生命。当近代洛克写下"慈善救济使每个人都有权利获得别人的物品以解燃眉之急"的时候，生命权观念在欧洲已经走过了若干世纪，并且为社会捐献和贫困救济提供了最广泛的思想基础。

1601年，欧洲出台了现代历史上第一部《济贫法》，它不是教会也不是其他民间组织的慈善行为，而是政府颁布的法律文件，不仅济贫而且扶助失业劳动者。生命权元规则已外化为政府职能和政策，普遍、系统的社会福利制度得到极大发展，没有广泛和深入的社会共识是不可想象的。而它肇始于中世纪，其基本规则也确立于中世纪，被认为是中世纪向现代国家馈赠的最重要的遗产。

在极端需要的情况下穷人可以拿走富人余裕的物品，此之谓"穷人的权利"，由此生命权也是穷人革命的温床。13世纪教会法学家提出穷人在必要时有偷窃或抢劫粮食的"权利"，同时提出穷人索取不能超过必需的限度，否则即为"暴力掠夺"。在极端饥寒交迫的情况下，蒙难者采取非常手段获得维持生命的物品，如果腹的面包，或者几块取暖的木头是可以原谅的。可是，在实践中如何分辨"必要索取"与"暴力掠夺"？另一个悖论是，穷人的权利主张在现实生活中未必行得通，因为它们往往与法庭法律发生冲突。穷人为生存可以抢劫，这是自然权利使然；但按照实在法他们就是犯罪，要受到法庭制裁。中世纪法学家似乎给予自然权利更神圣的地位，他们认为，在法官眼里抢劫者是一个盗贼，可能被绞死，但在上帝眼里他仍然可以被原谅，如果他因生活所迫。

也就是说，即使法律禁止，主体权利本身仍然不可剥夺。[①]生命权利内含的平等观竟如此坚韧！欧洲是资本主义的策源地，殊不知它也是社会主义的故乡，发源于欧洲的空想社会主义思想的核心就是平等。不难看出，"元规则"对西方文明的影响既深远又复杂。

以上，并未详尽无遗地列出西方文明的所有元规则，这些元规

[①] 参见 Bede Jarrett, *Social Theories of the Middle Ages 1200–1500*, Westminster: The Newman bookshop, 1942, p. 123.

则也并非无一出现于其他文明之中，不过每个元规则皆植根于自然权利，而且自成体系，约束公权，笃定个体，激发社会活力，的确赋予西方文明以独有的秉性。自然权利、主体权利是欧洲文明之魂。越来越多的学者认识到，西方文明是独特的，不是普遍的，正是这些独特的内在规定性，使该文明有别于世界其他文明。经过几百年的发展，欧洲率先进入现代社会：英国1688年发生政权更迭，史称"光荣革命"，确立了君主立宪制；接着，美国、法国、意大利、德意志等也先后发生政治转型。经济上，欧洲培育出人类历史上第一个以工业为主要生产方式、城市为主要生活舞台的文明，彻底地改变了整个人类生产和生活模式。

"元规则"还有一个显著特征，它保持了足够的开放性。我们发现，欧洲文明是一条大河，在西欧诸民族主导下，凝聚了基督教世界所有人的基督教信仰，古典文明和以色列文明元素，还有他们自己的颇具个性的日耳曼传统文化，不断为它注入丰沛的水量，到中世纪中期形成了一种新的文明源泉。中世纪绝非"空档期"，恰恰相反，它是不同文化的汇通期、凿空期，更是开拓期，孕育确立新文明，循序趋近新纪元。正是在这样的基础之上，西方文明才形成近代以来浩瀚汹涌、汪洋恣肆、奔腾向前的大河景象。西方文明的发展历程雄辩地证明，一个文明要有伟大、持久的生命力，就要不断地从不同文明吸收营养，不断地自我革命，不断地开拓创新。

列出欧洲文明初创期确立的五项元规则，不意味着这些元规则总是存在并总是通行于西方社会。实际上，一些元规则所涵盖的基本权利最初只在有限的人群范围内和有限的程度上实行，虽然享有这些基本权利的人群范围在不断扩大。中世纪有农奴制，大部分农民丧失了一定的人身自由，那是领主对佃农的奴役。还有国王对臣民的奴役，基督教信徒对非基督教信徒的奴役，男人对女人的奴役，无论其范围大小、程度轻重，作为曾经长期存在于西方历史上的现象，无疑是消极、阴暗的。进入近代，还有殖民者对殖民地人民的暴行和奴役等等，不一而足。显然，欧洲文明元规则没有使西方变成一片净土。

此外，这些元规则本身也存在深刻的内在矛盾。例如，多数人权利与个人权利的关系、平等与自由的关系等，长期得不到妥善解决，反而随着民粹主义和民族主义的泛滥而更加复杂化。又如，依照"生命权"元规则，政府建立健全社会福利制度，全民温饱无虞而广受褒奖；另一方面，低效率、高成本的"欧洲病"①等问题又随之产生。生命权与财产权的抵牾之处也是显而易见的。欧洲文明其他元规则也出现不少新情况、新问题，它们的积极作用同样不是无条件的。"生活之树长青"，即使"天赋人权"旗帜下的主体权利，也不是推之百世而不悖的信条，历史证明，过度放纵的社会和过度压抑的社会，同样是有害的。

五、关于本书：《欧洲文明进程》（16卷本）

一个时期以来，有关"文明"的研究受到国内外学界的广泛关注，进入21世纪该因素越发凸显出来。欧洲文明是世界文明的重要组成部分，是欧美等发达国家的核心文化，是我们不可回避的一种外来文明。分析、评估欧洲文明利弊得失并消化其积极因素，乃是鸦片战争以来我国几代人的夙愿，也是我国学界不可推卸的一份责任。

"周虽旧邦，其命维新。"中华文明自古以来就以海纳百川、兼容并蓄的胸怀闻名于世，正是由于不断地汲取其他文明的精华才使我们得以生生不息，文脉永续。走自己的路，却一刻不能忘怀先贤"开眼看世界"的遗训。我们相信，西方文明是一个必须直面的文明，也是一个值得花气力研究的文明，无论这个文明之花结出的累累硕果，还是其行进过程中吞下的历史苦果，都值得切磋琢磨，化作我们"为往圣继绝学，为万世开太平"的有益资源。

就地域和文化差异而言，欧洲文明是距离我们较远的异质文明，

---

① "欧洲病"，指西方国家由于过度发达的社会福利而患上的一种社会病，其结果是经济主体积极性不足，经济低增长、低效率、高成本，缺乏活力。

是经过第二次或第三次发酵的再生文明，一种相当复杂的文明，理解、研究起来有一定难度，绝非朝夕之功。需要笃定不移的专业精神，代代相承的学术积淀，因此还需要长期安定、宽容、鼓励创新精神的社会环境。可惜，相当长一个时期，这些条件的供应并不充分，甚至短缺。鸦片战争以后的漫长岁月里，中国多灾多难，饱受内忧外患和战乱之苦，后来又有各种政治冲击，以至于"偌大国土放不下一张平静的书桌"。

前辈先贤的筚路蓝缕之功不能忘怀。令人欣慰的是，欧洲史乃至世界史研究，自20世纪80年代已有明显起色。在改革开放春风吹拂下，国门渐开，社会宽松，思想活跃，人心向上，尽管生活清贫，还是让老一代学者回归学术，更是吸引了一代年轻学人，追寻真知，潜心向学。经过改革开放四十年，他们已经成为这个领域承上启下的中坚力量。由于他们特殊的经历，对社会环境有着特殊的体验，因此他们格外感恩自己生命的际遇。毫不溢美地说，经过几十年的积累，我国的欧洲文明史研究取得了突破性进步，开土拓荒，正本清源，极大更新了以往的知识体系。为了夯实继续前行的基础，薪火相传，是否应该及时梳理和小结一下？

新世纪初年，我产生这个念头，并与学界和出版界几位朋友讨论，大家的看法竟是出乎意料地一致。更令人欣喜的是，当按照理想人选组成课题组时，所邀之士无不欣然允诺。当时没有什么经费，也没有任何项目名头，所邀者大多是繁忙非常的一线教授，可是他们义无反顾，一拍即合。本课题组成员以改革开放后成长起来的学人为主体，大多为"50后"和"60后"。雁过留声，用中国人自己的话语和方式，留下这一代人对欧洲文明的认知记录，以学术反哺社会是我们共同的梦想。2008年这个课题已经启动，2012年全国社科规划办公室批准为国家重大招标项目，则是四年以后的事了。

我们的学术团队是令人骄傲的，主要成员都是欧洲史研究不同领域的优秀学者。以天津师范大学欧洲文明研究院为依托，集中了国内外12个高校和学术机构的力量，他们来自北京大学、中国社会科学院、中国人民大学、南京大学、山东大学、山东师范大学、华东师范大学、浙江师范大学、中山大学、河北大学和英国伯明翰大学。这个项目颇具挑战性，因为每卷即是一个专题，承担者要打通传统断代分野，呈现来龙去脉，所以被称作"自讨苦吃"的项目。每个子课题大纲（即每个分卷大纲），在数次召开的课题组全体会议上，都要反复质疑和讨论方得通过。从每卷的主旨目标、框架结构，到重要概念，时常争论得面红耳赤，此情此景，令人难忘。"一年好景君须记，最是橙黄橘绿时"，此时此刻，我谨向团队学人同道致以由衷的敬意和感谢！

《欧洲文明进程》（16卷本）是中国学者撰写的第一部多卷本欧洲文明研究著作，分为16个专题，涵盖了政治、法律、经济、宗教、产权、教育以及乡村和城市等欧洲文明的主要方面。我们试图突破一般文明史的叙述方式，采纳专题史与年代史相结合的编写体例。每一卷就是一个专题，每个专题都要连贯地从欧洲文明肇始期讲到近现代；同时，各个专题之间相互补充，相辅相成，让读者通过不同的侧面逐渐丰富和加深对欧洲文明的总体认知。我们的原则是局部与整体结合，特定时段与历史长时段结合，历史细节与文明元规则结合。这是我们的愿望，效果还有待于读者诸君检验。

16个专题，也是欧洲文明16个重大问题，它们是：

1. 欧洲文明进程·民族源流 卷
2. 欧洲文明进程·农民地权 卷
3. 欧洲文明进程·司法与法治 卷
4. 欧洲文明进程·政府 卷
5. 欧洲文明进程·赋税 卷
6. 欧洲文明进程·基督教 卷
7. 欧洲文明进程·自由观念 卷
8. 欧洲文明进程·大学 卷
9. 欧洲文明进程·大众信仰 卷
10. 欧洲文明进程·地方自治 卷

11. 欧洲文明进程·生活水平 卷
12. 欧洲文明进程·贫困与社会保障 卷
13. 欧洲文明进程·市场经济 卷
14. 欧洲文明进程·城市与城市化 卷
15. 欧洲文明进程·工业化 卷
16. 欧洲文明进程·贸易与扩张 卷

2008年着手课题论证、体系策划和组建队伍，这样算来我们走过了十几个年头。自立项伊始，朝斯夕斯，念兹在兹，投入了可能投入的全部精力和时间，半日不得闲。蓦然回首，年华逝去，多少青丝变白发。眼下，课题结项，全部书稿杀青，《欧洲文明进程》（16卷本）即将由商务印书馆出版。感谢张椿年先生，他是中国社会科学院荣誉学部委员、世界历史研究所原所长，他满腔热忱地鼓励本课题的论证和立项，时常关心课题的进展。可惜椿年先生不幸溘然离世，未看到该成果面世。我们永远怀念他。感谢著名前辈学者、中国社会科学院原常务副院长、德高望重的丁伟志先生，他老人家数次与我长谈，提出许多宝贵的指导性意见，那几年常有书信电话往来，受益良多，至为感激。感谢天津师范大学原校长高玉葆教授，他信任我们并最早资助了我们，使本项目得以提前启动。感谢三联书店原副总编潘振平先生，他参加了本课题早期创意和策划。感谢商务印书馆原总经理于殿利的支持，感谢郑殿华主任、陈洁主任和杜廷广等编辑人员；感谢天津师范大学陈太宝博士以及欧洲文明研究院的其他同仁，他们为本成果的出版付出了辛勤的劳动。还有许多为本成果问世默默奉献的人士，我们心存感激，恕不一一。

2021年，春季，于天津

谨以此书纪念

我的母亲

张治云女士（1925—2019）

目 录

前言 ··· 1

第一编　庄园-村庄共同体时代（9—16世纪）··········· 7

第一章　财产权利观嬗变 ································· 9
一、欧洲产权观来源 ······································ 11
二、欧洲产权观形成 ······································ 20
三、欧洲产权观延伸 ······································ 26

第二章　王权与地权 ······································ 33
一、何谓欧洲封建主义 ···································· 34
二、"王"在王国中的位置：天下并非皆王土 ········· 55
三、国王难以侵犯封臣地权 ······························ 67

第三章　庄园-村庄混合共同体 ······················· 79
一、相关概念辨析 ·· 82
二、田制：两种要素的组合 ······························ 93
三、公共事务管理 ·· 101
四、村社与领主关系 ······································ 111

第四章　佃农与地权 ······································ 118
一、佃农土地保有权 ······································ 119
二、佃农地权的安全性 ···································· 127
三、保有地继承与流通 ···································· 137

第五章　农民自由程度及经济状况 …… 148
一、依附农群体形成 …… 150
二、农民自由程度分析 …… 162
三、领主权力受限：农奴制瓦解 …… 168
四、生产效率与消费水准提升 …… 180
五、农民形象改观 …… 190

第六章　大垦荒 …… 196
一、农民是垦荒运动先锋 …… 197
二、新垦区 …… 205
三、农民土地权利深化 …… 210

第二编　地权转型时代（16—18世纪）…… 219

第七章　封建保有地蜕变（上）…… 221
一、土地分类及自由保有地 …… 224
二、迈向市场的公簿保有地 …… 227
三、商业性契约租地兴起 …… 237

第八章　封建保有地蜕变（下）…… 250
一、习惯地租的历史沉浮 …… 252
二、大农经济崛起：决定性催化作用 …… 257
三、跨越习惯地租堤坝 …… 265
四、习惯地租"革命性"弱化与圈地 …… 272

第九章　圈地运动 …… 280
一、何谓圈地运动 …… 282
二、农民圈地 …… 289
三、大农-乡绅阶层是圈地主力 …… 300
四、领主凭据什么圈地？ …… 322

第十章　地权变革中的社会问题及对策 …… 345
一、圈地规模以及多少佃户被驱逐 …… 346
二、佃农抵抗及各类社会冲突 …… 361

三、流民问题与政府立法 ··· 379

第三编 现代土地产权确立（18—20世纪） ············ 391
第十一章 英国现代土地产权率先确立 ················· 393
一、现代土地产权立法 ··· 395
二、"议会圈地" ··· 404
三、圈地补偿原则及其他 ····································· 415
第十二章 革命与变革：法国土地确权 ················· 421
一、法国没有形成大农阶层 ·································· 423
二、农民土地权利缺失 ·· 429
三、大革命与私人土地产权确立 ···························· 435
第十三章 自上而下变革：德国土地确权 ·············· 446
一、普鲁士兴起 ··· 447
二、东西部农村异同 ··· 453
三、德意志私人土地产权确立 ······························· 463

尾论 ·· 472
参考文献 ··· 487
索引 ·· 508

前　言

　　本卷《农民地权　卷》阐释了欧洲农民土地产权的历史变迁，此乃欧洲文明进程的重要组成部分。农民与土地，在人类文明史上具有无可替代的地位，在前近代世界尤其如此。从中世纪到近代资本主义产生的漫长岁月中，土地产权的演化极其复杂，涉及一系列政治、经济、社会和观念的变量参数；一条明显的发展轨迹是：封土制度下的模糊产权被越来越明晰的私人产权替代，并成为普遍的制度安排。经过中世纪长期积淀，最先在英格兰，继而在西欧、北欧、南欧和中欧的大部分国家，先后实现了现代土地产权变革目标。农民土地模糊产权制度曾在不同文明、不同地区广泛存在，为什么欧洲最先终结了它？制度性变化出现在近代，根源却在前近代，从这个意义上讲，对于欧洲中世纪的解读变得重要起来。这正是本卷书致力于回答的问题。

　　多年以来，我们总是以欧洲历史为参照。实际上，与其他域外文明相比，欧洲文明即西方文明大概是距离中华文明最远的文明，不论地理和传统上，还是观念和历史过程，莫不如此。西方人将中国文史等方面的学问视为特殊、有相当难度的研究领域，称为"汉学"，我们解读欧洲文明又谈何容易？即便对于一件简单、具体事情的判断和描述，也可能似是而非，甚至张冠李戴。倘若以其昏昏使人昭昭，更是贻害无穷。要紧的是，潜下心来，进入他们的历史语境，把握历史真相，再跳出来，然后才能谈及判断、比较和互鉴，为我所用。认识、直面欧洲文明，存在着主客观种种障碍，时至今日，中西文明之间的理解和交流，仍是一项伟大的文化使命。

关于欧洲文明框架性问题，本部书"总序"已有系统阐释，此不赘述；在此，仅介绍若干专业性概念——与本部书最密切的，也是国人通常比较生疏的概念。概念已经不是历史现象，而是现象之间的内部联系，反映了客观事物根本属性的思维形式。读起来也许枯燥些，但是阅读本书不能不知，做些铺垫，实属必要。

农民地权问题牵一发而动全身。欲了解农民地权，须先知悉农民的社会环境，他与领主的关系、与王权的关系等，总之要对欧洲社会关系全景有个基本概念。鉴于此，就从严复的一句话说起吧。

"民往往知有主而不必知有王"

严复是20世纪初中国著名启蒙思想家，他说，欧洲中世纪社会，"民往往知有主而不必知有王"[1]，"主"即指领主。这句话颇有见地，表达了严复对欧洲社会的全景观察。随着蛮族王国建立，自8、9世纪，西欧社会形成以领地权力为中心的社会格局。公共权力极度衰弱，领主庄园有行政管理权、租役征收权、司法审判权等，俨然大大小小的王国。

面对域外文明，应竭力避免认知上以己度人的投射效应陷阱，以及只见树木不见森林的片面性。而是持有开放式心态，从当地实际生活出发，透过纷乱的历史现象，抓住其时社会制度框架的本质特征。也就是说，将历史表象与欧洲封建制联系起来思考，才能切中肯綮，深切体察一般的社会规则，诸如农民土地产权问题。

欧洲封建制的核心特征是领主与附庸关系，它是整个社会运行的纽带，也孕育着中世纪最深刻的内在矛盾：一方面，领主与附庸是不平等的，是人身依附关系；另一方面，它包含契约因素，"而且是双向契约。如果领主不履行诺言，他便丧失其享有的权利"[2]，因

---

[1] 〔英〕甄克斯：《社会通诠》，严复译，商务印书馆1981年版，第75页。

[2] Mark Bloch, *Feudal Society: Social Classes and Political Organization*, Vol.2, London: Routledge, 1965, p.451.

此，附庸一方有条件坚持自己的权利，从而获得某种程度的法律保护。从这个意义上讲，欧洲封建制不同于中国西周"褒亲亲，序骨肉，尊先祖"的分封制，更不同于秦汉以后的郡县制。

由于贵族领主具有一定独立性，只要他满足了规定的军役，王权就很难染指贵族采邑。随着时间的推移，采邑产权有固化的倾向，未经允许，国王甚至不能踏进附庸的庄园。很明显，国王不能实际控制全国所有土地，当然也没有全国统一的地租征收权，也就是说，王权与一般农民没有直接的人身统治和赋役关系。农民向庄园领主服役纳租，与领主打交道，所以民"不必知有王"。研究欧洲封建社会的重量级学者布洛赫说："在领主与其直接的臣民之间，人们绝不能容许，甚至设想插入一个外来者，哪怕他是国王。"[①]

"国王靠自己收入生活"

这个概念与前面内容密切相关。在欧洲封建制度下，法学家从来不认为国王拥有所有土地，国王只能支配他的直辖领地，即"王领"。只有在那里，农民与国王才有直接隶属关系，与其说是国王，毋宁说是领主。即使在王领，作为国王还要受到习惯法和村规制约，也不能予取予夺。国王有许多与其他领主共同的权利，作为最高领主（supreme lord）也有一些特别的权利，但这些特别权利比之一般领主权利并非截然不同。与别的贵族一样，王室消费主要源于自己领地，而从别的庄园一便士也拿不走，正所谓"国王靠自己收入生活"（the king shall live of his own）。这解释了为什么英、法、荷、德、意等欧洲王权在中世纪没有常备军，没有官僚机构，甚至国王或皇帝长时期没有固定驻地。

有的"王领"规模较大，如英国王领大约占全国耕地五分之一或七分之一。有的则较小，如12世纪法兰西卡佩王室，偏安于拉昂-巴黎地区，远不及相邻的封臣安茹伯爵，伯爵领地是王室的五

[①] 〔法〕马克·布洛赫：《法国农村史》，余中先、张朋浩、车耳译，商务印书馆1997年版，第146页。

至六倍，且拥有英格兰国王头衔！在欧洲，普天之下，未必王土，王权不能控制全部土地资源以及土地上的劳力，既没有管辖权也没有征发权，一旦有重大财政或军役需求，捉襟见肘的国王不得不求诸僧俗贵族，于是产生"贤人会议"，后来演化为"等级议会"。王权制度性财政短缺，形成对议会的真实需要，从而成为议会制度产生的重要原因。殊不知，著名中世纪协商制度与欧洲独特的土地产权制度之间，存在着深刻的内在关系。

"敞田制"及村庄共同体

敞田制（open field system），是中世纪欧洲农业土地存在和耕作方式。欧洲大部分历史学家认为，敞田制是古老的，从日耳曼村社时代演化而来，故而"均平"和"协作"遗迹浓重。尽管中世纪乡村叠加了领主权威，但就敞田制本身而言几乎没有被触动。

传统中国小农家庭经济，不管土地多寡，大致集中在一起，农户独自耕作和经营。敞田则不然。第一个特征就是每个村民土地分为若干条田（strip），或远或近，散落在不同的地块上。主要农事活动须听从村社统一安排。其二，实行轮耕制。春耕地、秋耕地和抛荒地轮流更替，所以佃户土地不仅分散而且不固定，土地年年轮换，人们总是指着一块地说，今年它是我的，明年就是别人的了。而现在是别人的那块明年则是我的。其三，村民享有在村庄周围荒地上放牧、拾柴、渔猎等权利。荒地又称共用地（common fields），顾名思义，村民共享，包括领主在内。大片的荒地、水塘、沼泽和森林，成为村民生活资源的重要补充。在广袤的田野上，没有任何永久性的地界，这就是所谓"敞田"。近代"圈地"相对"敞田"而言，圈地即是在明确属于自己土地的周围筑起篱笆，宣誓土地从此完全属于私有财产。敞田制后来被产权明晰、生产效率更高的新田制取代不可避免，那就是圈地运动。

在中世纪敞田制下，轮耕和共同放牧必须统一部署和周密安排，需要大量、经常性的组织工作，然而，敞田运转的中枢不是庄园，而是村社。村庄共同体（community）是另一个重要概念。村庄共同体具有悠久的马尔克传统，在中世纪也没有丧失集体行为，一些村庄共同体还有自己的印章，甚至有旗帜。中世纪的庄园法庭，明显地保留了日耳曼村民大会的古老遗风。没有村社的合作，领主难以管理，因此中世纪乡村组织可称为"庄园－村庄共同体"。后来的中世纪城市、工商业行会、大学，乃至财产信托组织等，都可以看到乡村共同体的身影。

当然，轮耕和共同放牧，还需要一个必要条件，那就是"条田"的存在，它是标准的土地单位。各地的条田面积略有差异，在英格兰大致相当于一英亩，"英亩"来源于此，大约是一天的耕作面积。

由于地形等因素，村庄的耕地分成许多天然地块，每个地块则分裂为并列的、狭长的条状农田，故称为条田。相邻的条田一定不属于同一个佃户，村民们的土地相互交叉，有利于减少歉收带来的风险。尽管定期轮耕，却不改变每个佃户保有地总面积；加之佃户在同一条田上劳动与收获，所以个人劳动与共同体协作在一定程度上并行不悖。

保有权

在欧洲，封建制下占有土地的权利被称为保有权（tenure）。在社会下层，与社会上层有着惊人的相似！鉴于欧洲封建制的契约因素，佃农土地权利具有一定独立性，因而其土地很难被吞并，犹如附庸采邑难以被国王剥夺一样。佃农和附庸的土地占有都用 tenure 这个概念表示，意味着稳固和不变，中文将 tenure 译为"保有"，颇为中肯。它不是"所有"，也不是一般的"占有"，以致后来欧洲人发展了 seisin 概念，以满足拥有保有权人的合法需要。一个保有土地的佃农，对任何"侵占"他土地的人，甚至其领主都享有一种诉权。有人将 seisin 译为"依法保有"，差强人意，仍然没有充分表达本义。坦白地说，中文里大概找不到完全对应的词汇，如同西文无法贴切地翻译"仁义"或"龙"等中文词汇一样，因为它们是独一无二的。

比之领主的权利，佃农的权利是弱势、低等的，却是不可剥夺的。欧洲封建制是压迫穷人的制度，不过，即使在农奴制最残酷的时期佃户也没有完全丧失权利，领主很难恣意妄为，生杀予夺。这样的封建制不完全属于意志和权力范畴，而是在对立双方间保持了一定张力。难怪著名法学家梅特兰如此重视"保有权"概念，以英国为例，他说："再没有任何其他比法定保有概念更为重要的了……它是如此重要，以至于几乎可以说，英格兰整个土地法就是关于土地的保有及其结果的法律。"①

农民土地权利是农民个体经济发展的基础，也是农村和农业发展的基础。中世纪晚期，西欧小农经济普遍繁荣，成为市场经济最早策源地，莫说它与土地产权变革没有干系。资本主义脱胎于西欧封建社会母体之中，其历史离我们很遥远，似乎又很近。历史学的魅力就在于，它可以帮助你解读生活。

以上，凡此种种，不一而足，希望有助于读者诸君阅读本卷书。

---

① P. Pollock and F. W. Maitland, *The History of English Law before the Time of Edward I*, Vol. II, Cambridge: Cambridge University Press, 1968, pp.30–31.

第一编　庄园－村庄共同体时代
（9—16世纪）

第一章 财产权利观嬗变

财产权利制度不是孤立的，它是社会整体结构的重要组成部分，而且与人们的观念和诉求息息相关，财产权利观念是财产权利制度的精神层面，可谓制度之魂灵！当然，它不是少数人的凭空想象，而是扎根在人们的生活过程和文化传统里，融化在世代相传的社会共识中。换言之，欧洲近代的财产权利观是内生的，深植人心。

欧洲财产权利观形成有着悠久的历史，可惜相当长一段时期受到"黑暗"中世纪说法的影响。以前西方百科全书和辞典总是认为，中世纪是沉沦上千年的"黑暗时代"，[1]直到启蒙运动才有幸产生近代财产权利思想和话语体系，彭宁顿（Kenneth Pennington）甚至宣称："权利和内燃机一样是现代的产物！"[2]

所幸国际学术界近几十年的研究成果正在帮助人们走出误区。关于中世纪以来欧洲财产权利观念演化的历史，受到许多历史学家、法律史学家的关注，诸如伯尔曼（Harold J. Berman）、麦克法兰（Alan Macfarlane）、蒂尔尼（Brian Tierney）、斯金纳（Quentin Skinner）、尼德曼（Cary J. Nederman）等著名学者。一系列历史档

---

[1] "Webster's Unabridged Dictionary", in Rodney Stark, *For the Glory of God: How Monotheism Led to Reformations, Science, Witch-Hunts, and the End of Slavery*, Princeton: Princeton University Press, 2003, p.129; *Webster's New World Dictionary*, New York: The World Publishing Company, 1966, p.373, "Dark Ages", in Owen Watson, ed., *Longman Modern English Dictionary*, London: Longman Group Limited, 1968, p.271.

[2] Kenneth Pennington, "The History of Right in Western Thought", *Emory Law Journal*, Vol. 47 (Winter, 1998), p.239.

案，特别是中世纪教会保留下来的原始文献，被系统地挖掘与深究，学者们发现，不少思想散论存在着内在的连续性，中世纪的观念与近代的观念并非相距千里，基于此，以往几乎断裂的财产权利观念史得到了必要的修正。①关于中世纪欧洲财产权利观念研究，国内史学界也有相应成果问世，同样应当引起中国学者的高度关注。②

现代欧洲是长期变革的结果，从基本层面讲，欧洲中世纪与近代不是断裂而是对接，并且是极其深刻、内在的历史对接。现代欧洲财产权利观念的每一个侧面几乎都可以在中世纪找到它的足迹。中世纪欧洲封建财产权的形成，是特定历史条件的产物，倘若就观念的承袭性而言，它渊源于日耳曼传统与习惯，同时滥觞于古典文明与基督教文化，是上述三元素的混合物，③本章就此逐一展开讨论，对近代以前的欧洲财产权利观念做整体性探讨，特别是分析主体权利概念发展与欧洲财产权利观的逻辑关系，显示思想和话语积淀的巨大的社会历史价值。此外，中世纪基督教世界关于财产权利的讨论，衍生了"穷人权利""少数人权利"等话题，同样在我们的讨论范围之内。

---

① Harold J. Berman, *Law and Revolution: The Formation of the Western Legal Tradition*, Cambridge and London: Harvard University Press, 1983; Alan Macfarlane, *The Origins of English Individualism: The Family, Property and Social Transition*, Cambridge: Cambridge University Press, 1979; Brian Tierney, *Religion, Law, and the Growth of Constitutional Thought, 1150–1650*, Cambridge: Cambridge University Press, 1982; Brian Tierney, *The Idea of Natural Rights: Studies on Natural Rights, Natural Law, and Church Law, 1150–1625*, Cambridge: Wm. B. Eerdmans Publishing Co., 2001;Quentin Skinner, *The Foundations of Modern Political Thought*, Vol. I, Cambridge: Cambridge University Press, 1978; Cary J. Nederman, "Property and Protest: Political Theory and Subjective Rights in Fourteenth-Century England", *The Review of Politics*, Vol. 58, No. 2 (Spring, 1996); Richard Tuck, *Natural Rights Theories: Their Origin and Development*, Cambridge: Cambridge University Press, 1978;对此观点学术界也有不同意见，见John Finnis, *Natural Law and Natural Rights*, Oxford: Oxford University Press, 2011。

② 参见赵文洪：《私人财产权利体系的发展——西方市场经济和资本主义的起源问题研究》，中国社会科学出版社1998年版；刘军："西方财产观念的发展"，《文史哲》2007年第6期。

③ 参见侯建新："交融与创生：西欧文明的三个来源"，《世界历史》2011年第4期。

一、欧洲产权观来源

日耳曼蛮族产权观

欧洲文明是日耳曼人入主欧洲后逐渐形成的,因此日耳曼人的传统及习惯法无疑是欧洲财产权观念的重要来源。在部落时代,日耳曼人的土地村社共有,村民个体耕作。牛羊等家畜,还有个人的武器、工具、家具、个人住房及其周围园地被视为私有财产。塔西佗说,"日耳曼人多以畜群的多寡相夸耀,这乃是他们所钟爱的唯一财富"。结婚前,男方向女方交纳的彩礼,通常是"一轭牛、一匹勒缰的马、一面盾、一支矛或一把剑",[①]显然都属于私人财产。因为存在私有财产和私有财产权利观念,因此也有遗产继承。继承者一般是自己的子女,如果身后没有子女,则遗产依次归兄弟和叔伯诸舅所有。日耳曼人喜欢离群索居,不容许住宅彼此毗连,而是零星分布,逐水草或树林而居。[②]

土地被视为共有,包括耕地、荒地、沼泽和森林。显然,村社时期的日耳曼人,接受财产共有间或私有相混杂的所有权观念。当日耳曼人迈进文明社会的门槛时,铁器已普遍使用,并很早就有一种个体主义的倾向,但是家族和共同体观念以及尊重惯例的传统仍然根深蒂固。梅因(Maine)对日耳曼早期财产史做过有价值的研究,他指出:"真正古代的制度很可能是共同所有权而不是各别的所有权,我们能得到指示的财产形式,则是些和家族权利及亲族团体权利有联系的形式。"[③]

酋长或军事首领与围护在他身边的年轻战士所结成的关系,称

[①] 〔古罗马〕塔西佗:《阿古利可拉传 日耳曼尼亚志》,马雍、傅正元译,商务印书馆1959年版,第57、64页。
[②] 同上书,第65、63页。
[③] 〔英〕梅因:《古代法》,沈景一译,第147页。

为亲兵制。在这里,血缘关系不能发挥作用,这是以荣誉、勇敢以及相互尊重为基础的军事组织,霍利斯特称之为"军事兄弟会"(military brotherhood)。①这些青年平时拥护首领的地位,战时保卫首领的安全;首领则向他们提供武器、给养以及一份战利品。"酋帅们为胜利而战斗;侍从们则为酋帅而战斗。"②对于军事首领的忠诚,以及他们之间的某种权益交换关系,在日耳曼人进入欧洲后仍然保留着明显的印记。

参战者平分战利品就是一种公认的权利,5世纪末叶的"苏瓦松花瓶"故事,即为一例。尚未皈依基督教以前,法兰克王国的奠基人克洛维曾率军队劫掠了不少教堂,其中有一只美丽的广口瓶,主教请求克洛维归还。为了取得教会的支持,克洛维有意归还,可他也没有决定财物归属的权力,他只是说:"跟我们到苏瓦松去,因为所有的战利品都要在那里分配。如果我抽签抽中了那只瓶子的话,我一定满足主教的愿望。"在苏瓦松,面对公开的全部战利品,克洛维国王说:"最英勇的战士们!我请求你们在我的那份东西之外,不要拒绝再让给我那只瓶子。"可是,对国王的请求并非一呼百诺,一个士兵高声拒绝道:"除了你自己抽中的那份东西以外,这只瓶子你一点也拿不到手!"对此,克洛维只得抑制住内心的愤怒。③从这个故事我们可以看出,即使至法兰克王国早期,财物仍然归共同体所有,并按照某种惯例分配;另一方面,共同体的财产不是统治者可以随意支配的。值得注意的是,这些观念和原则被人们普遍地接受,国王也绕不过去,不管高兴不高兴。

日耳曼人入主欧洲后,他们实际生活中的惯例大多来自日耳曼人的传统。所谓"蛮族法典",即指5—9世纪最早诉诸文字的日耳曼习惯法汇编。该法典已经相当重视个人动产及其保护,例如偷窃

---

① 参见 C. Warren Hollister, Judith M. Bennett, *Medieval Europe: A Short History*, New York: McGraw-Hill Company, 2002, p.38.
② 〔古罗马〕塔西佗:《阿古利可拉传 日耳曼尼亚志》,马雍、傅正元译,第62页。
③ 参见〔法兰克〕都尔教会主教格雷戈里:《法兰克人史》,寿纪瑜、戚国淦译,商务印书馆1981年版,第81—82页。

食物和家畜等被认为是严重的罪行——可能被绞死,对盗窃罪持如此严厉的态度,在古罗马社会里颇为罕见。①日耳曼人重视围篱的保护作用,因为围篱宣示私人地域,事实上的独自占有。《萨利克法》规定了围篱内葡萄园的保护问题,闯入葡萄园的家畜将遭宰杀,毁坏或拖走围篱的人会被处以15—62.5苏勒德斯的罚款。这是一笔相当可观的罚款,因为一个奴隶或一匹马的价值仅为12苏勒德斯,由此可以推想私人空间保护在日耳曼人心目中举足轻重。②关于这些"蛮族法典",古列维奇评论说:"(日耳曼)蛮族法律准则,主要涉及保护自由民的人身权利和财产权利,以及对侵犯这些权利的惩罚。"③

基督教产权观

基督教《圣经》不仅是一部宗教经典,也是一部道德律法文献,对欧洲人有极其深刻的影响;反过来看,鉴于"宗教是历史的钥匙"④,从中可以发现中世纪欧洲人的财产权利观念。翻开《旧约》或《新约》,通常可以发现对偷盗、诈骗等侵害私有财产的行为的遣责。"不可偷盗"列入摩西十诫,这实际上明确肯定了私人财产的合法性。一些圣经故事,表明个人拥有支配自己财产的合理性。《马太福音》葡萄园工人的故事中,葡萄园主人支付每个工人一个银币,虽然他们为他干活时间的长短不一样,有人为此抱怨,主人的回答是:"我愿意给那最后来的,就像我也给你一样。难道我不可以用我的东西,做我愿意做的事吗?"(《新约·马太福音》20:14、15)。

拿伯葡萄园的故事,则表明侵占他人财产必受严厉惩罚,不论

---

① 参见〔法〕菲利浦·阿利埃斯、乔治·杜比主编:《私人生活史Ⅰ:古代人的私生活》(从古罗马到拜占庭),李群等译,三环出版社、北方文艺出版社2007年版,第394—395页。

② 同上书,第406页。

③ A. J. Gurevich, *Categories of Medieval Culture*, G. L. Campbell, trans., London: Routledge & Kegan Paul, 1985, p.159.

④ Christopher Dawson, *Progress and Religion: An Historical Inquiry*, Washington. D.C.: The Catholic University of America Press, 2001, p.xiii.

你是什么人,即使贵为国王也不能染指他人财产。以色列王亚哈看上靠近自己王宫的一个葡萄园,该葡萄园属于一个名叫拿伯的人。国王最初要用另一个葡萄园交换或用银子购买,但遭到拿伯的拒绝。后来国王听从了王后的怂恿,置葡萄园主人于死地,强占了他人的产业。国王在万人之上,然而在上帝眼里国王侵犯别人财产同样是犯罪。上帝便派先知转告以色列王,上帝认定以色列王在"行耶和华眼中看为恶的事,耶和华说:'我必使灾祸临到你,将你除尽'……"(《旧约·列王纪上》21:20)。

另一个故事的含义就不那么简单了,反映了基督教关于财产共同使用和分享的观念:教众推崇"凡物公用",人人都出卖田产房屋,然后把所得银两放在使徒脚前,再按需分开。有一对夫妇卖了田产,所得银两截留若干后才放到使徒脚下,结果遭天谴而双双毙命。圣彼得质问亚拿尼亚时说道:"田地还没有卖(的时候),不是你自己的吗?既卖了,价银不是你做主吗?"(《新约·使徒行传》5:1—4)言外之意,出卖田地所得银两属于你的,如何处置你可以做主,也确是你做主,所以你要为自己的决定负责。该故事表达了基督教财产权利观的双重性,一方面承认个人财产,另一方面认为私人财产权不是无条件的,提倡财产的共同使用和分享。基督教认为,上帝才是一切财产的终极所有者,世人皆匆匆过客。

早期基督教会神学家们并不是一般地反对财产,也没有主张或反对私有制。但是他们曾在很多场合一再强调财产私有制的合法性。普瓦提埃人伊拉里(Hilary of Poictiers)曾说:"占有财富不是错误,错误的是占有品的使用方式……只占有不算犯罪,非法占有才是犯罪。"显然,他认为占有财富没有问题,关键是对待财富的态度。重要的两个字是"轻看",轻看财富,如同轻看这个尘世。早期基督教神学家圣·奥古斯丁说:"谁不知道占有财产并不是什么罪恶,只是爱财,指望占有财富,要财富胜过真理或正义才是罪恶呢。"[①]在后一种意义

[①] 以上见巫宝三主编:《欧洲中世纪经济思想资料选辑》,傅举晋、吴奎罡等译,商务印书馆1998年版,第334页。

上讲，私有财产起源于原罪，是非正义的，不应该存在于人类的理想社会中。①

对于中世纪业已存在的私有财产，又作何解释呢？奥古斯丁认为，上帝从同一块泥土中制造了穷人和富人，穷人和富人生活中同一片土地上。根据某项人法，可能有人会说这份地产是我的，那个仆人是我的，这所房子也是我的，其实这些财物不过是上帝通过各地君主分配给人类而已。②上帝创造一切，一切源于上帝，基督教思想给中世纪财产权观念打上了明显的印记："人不是人世间绝对的、不受限制的财产所有者，而是对上帝负责的管家。"③

轻看的态度和感恩的心态是联系在一起的。得到食物、衣服、住房等"世物"，以及得到朋友等，要能意识到这是在享受来自上帝的祝福。如果上帝没有给予那么多，也应该是快乐的，因为拥有"世物"不是人生中最重要的。"我已经学会了在任何情况下都知足。我知道怎样处卑贱，也知道怎样处丰富；在一切事上，在一切情况下，或饱足、或饥饿、或丰富、或缺乏，我都得了秘诀。"（《新约·腓立比书》4：11—12）这些言论描述了基督教的财富观，以及它们内在的逻辑关系。

13世纪神学家阿奎那与奥古斯丁一样，坚持认为私人财产权要建立在正确使用这些财富并使社会受益的基础上。④阿奎那同意关于私有财产更有效率的观点，并在阐述私有财产的合理性方面有所进步。⑤阿奎那认为，按照自然法，财产应该公有，可是私有财产依据的人定法并不违反自然法，而且是对自然法的补充，关键要建立在人的理性基础上。所谓理性，就是当社会或邻人需要的时候，财产所有者不可以

---

① 参见 Bede Jarrett, *Social Theories in the Middle Ages, 1200-1500*, London: Frank Cass & Co. Ltd., 1968, p.122。
② 参见巫宝三主编：《欧洲中世纪经济思想资料选辑》，傅举晋、吴奎罡等译，第332页。
③ 〔英〕彼得·斯特克、大卫·韦戈尔：《政治思想导读》，舒小昀等译，江苏人民出版社2005年版，第240页。
④ 参见巫宝三主编：《欧洲中世纪经济思想资料选辑》，傅举晋、吴奎罡等译，第347页。
⑤ 同上书，第339页。

无动于衷，否则社会可以提示他将财产用于正当目的。①

显然，基督教承认人一定的财产权利，然而这样的权利是相对的、有条件的，因为上帝才是财产的终极所有者。"天，是耶和华的天，地，他却给了世人。"（《旧约·诗篇》115：16）所谓给了世人，只是允许世人使用而已。因此"地不可永卖，因为地是我的，你们在我面前是客旅，是寄居的"（《旧约·利未记》25：23）。归根结底，"地和其中所充满的，世界和住在其间的，都属耶和华"（《旧约·诗篇》24：1）。总之，上帝才是天地万物的终极所有者，而人——不论穷人和富人，也都是上帝造的，人们的财富本该差不多的。显然基督教理论渗透着对私有财产某种限制的观念，甚至某种程度的均贫富思想。

《圣经》中有"禧年"的规定，每50年应该有一个"禧年"，也称"圣年"，这一年，"在遍地给一切的居民宣告自由。……各要归自己的产业，各归本家"（《旧约·利未记》25：8—12）。在同一章还指出，人们可以收回已经典卖过的祖业，倘若一时没有财力赎回，可以在禧年中无条件收回，届时"自己便归回自己的地业"（《旧约·利未记》25：23—34）。"禧年"概念再次表明基督教的私人财产权是有条件、有限制的，或者说世人终极的私人财产是不存在的，世人不过是"旅客"，对于财产占有是有时间性的。

大概出于这样的理念，基督教对待穷人有一种特殊的礼遇。首先，财富多寡不成为进入天堂的条件，耶稣对门徒说："倚靠钱财的人进神的国是何等的难哪！骆驼穿过针的眼，比财主进神的国还容易呢！"（《新约·马可福音》10：24、25）其次，是对社会弱势群体的怜爱，并使他们有尊严。不管是一个麻风病患者，还是放荡的妓女或流落街头的乞丐，在上帝的眼中，在来世的生命里，在最为重要的方面没有什么不一样。耶稣劝诫富者捐赠穷人，"你若愿意做完全人，可去变卖你所有的，分给穷人，就必有财宝在天上"（《新

---

① 参见〔意〕托马斯·阿奎那：《阿奎那政治著作选》，马清槐译，商务印书馆1982年版，第142—143页。

约·马太福音》19：21）。甚至，可以原谅因贫穷而犯下的过错。《圣经》中耶稣原谅了因饥饿难忍而偷拔麦穗的使徒，在此打开基督教世界穷人权利的重要话题。

为什么这里又原谅盗窃呢？因为极度的贫困，威胁到一个人的生命，生命乃上帝创造，为了生存可以采取非常手段因此也可以原谅非常手段。因此，在食物委实匮乏的情况下，穷人可以毫无罪过地取得维持生命必需的面包。当然，穷人的权利须受到严格限制。人们普遍认为，穷人可以取得维持生命必需的面包。然而只有在"他、他的妻子和孩子都可能受到饥饿威胁"的情况下才可以偷窃，且仅仅限于"面包或其他可以吃与喝的东西"，或者是"几块用来生火取暖的木头"。①

一百年后，另一位神学家安托里诺表述了同样的观念："……当你收割你土地上的庄稼时，你不要齐根割断；也不要采集留在地上的麦穗，也不要拾起掉在你的葡萄园中的葡萄串，而应留下它们给那些贫穷的和陌生的人。"②这是一种道德提倡，一些主张在现实生活中未必做得到、行得通，因为它们往往与现实的法庭法律发生冲突。穷人的权利，实际关乎个人生命权利，是欧洲文明元规则五大基石之一。③

古典文明产权观

在古希腊，曾长期陷于私有公有孰优孰劣的争论中。论者信心满满，他们绝对没有预料到，人类社会竟然就这个话题讨论数千年，似乎仍然莫衷一是。柏拉图在《理想国》中认为，为使人免于自私和贪

---

① 〔法〕若兹·库贝洛：《流浪的历史》，曹丹红译，广西师范大学出版社2005年版，第30页。
② Bede Jarrett, *Social Theories in the Middle Ages, 1200–1500*, p.127.
③ 欧洲文明成形于中世纪中期，其文明确立的标志是有着广泛社会共识、被明确定义并根植于自然权利的"元规则"：财产权利、同意权利、程序权利、自卫权利和生命权利。这些元规则自成体系，奠定了西方文明的基础，从而使西方成为西方。见本卷书"总序"；另见侯建新："中世纪与欧洲文明元规则"，《历史研究》2020年第3期。

婪之心，保持社会秩序，应当消除私人财产。在他的理想国中，除了从事经济活动的自由民阶层外，战士和哲学家都不应有私有财产，甚至不应该有家庭，从而实现社会的永久和平。如果私有财产的出现和发展不可避免，也要严格限制贫富差距（比如不准超过最低财产标准的五倍）。①

可是，其弟子亚里士多德爱老师更爱真理，不同意柏拉图将私有财产归于罪恶根源的观点，而主张有经济效率的、不可避免的私有财产。"一味企求齐一性的城邦将不再是一个城邦，或者虽然还是城邦，却差不多是不算城邦的劣等城邦，就像有人把和声弄成同音或把节奏弄成单拍一样。"②他指出财产公有不能解决争端，而且还会带来使人懒惰等新的问题。例如斯巴达，它限制私有财产、禁欲，可是没有达到目的，反而从另一个方面强化了两极分化，私下纵欲和官员腐败泛滥。③

从社会的实际情况来看，古希腊的城邦公民有一定的土地权利，但需注意的是，这种土地权利与城邦公民独有的特权的身份是严格绑定的，因此这份土地权利是城邦公民独有的特权。著名的凯法鲁斯在雅典是外邦人身份，他需要纳税，但却不能拥有土地权利。④城邦公民因其特定的身份而拥有一定权利和自由，而那样的身份制度使他们最终归属于城邦，因此他的财产同样最终归属于城邦。古希腊已经出现个体意识萌芽，但总起来看希腊城邦仍然是一个整体淹没个体的身份社会。亚里士多德对这种性质的希腊社会做过这样的描述："不能认为每一位公民属于他自己，而要认为所有公民都属于城邦，每个公民都是城邦的一部分，因而对每一部分的关心应当同

---

① 参见〔古希腊〕亚里士多德：《亚里士多德选集：政治学卷》，颜一编，颜一、秦典华译，中国人民大学出版社1999年版，第49页。
② 同上书，第40—41页。
③ 同上书，第57—63页。
④ 参见 M. I. Finley, *The Ancient Economy*, Berkeley: University of California Press, p.48。

对整体的关心符合一致。"[1]

古罗马的情况也差不多。虽然在法律上他们提出了所有权的概念（dominium），不过这种所有权本质上依然不等同于现代产权。而且，切不可误认为罗马时代所有人都享有这种权利。物权的保护严格限制在一定的社会范围内，即城邦公民的范围内，不包括外邦人，更不包括奴隶。在它那里，私有财产的保护和身份的认定同等重要，后者更重要。还有，罗马土地被赋予一定程度的集体财产性质，因此土地流转只能在集体内部实施。总之，在公元5世纪罗马帝国覆亡之前，现代明确、排他、普遍的私人产权在罗马历史上既没有观念诉求，也没有相应的实践。

说到底，古希腊和古罗马社会都是一种身份社会，整体主义社会。相对于社会或国家而言，没有独立自主的个体，以及相应的社会关系，就不会有真正意义上的现代产权观念。英国学者厄奈斯特·巴克（Ernest Barker）说："在希腊的政治思想中，个人概念并不突出，权利概念则似乎几近于从未形成过。"[2]因此，"真正的自由，个人之权利以及对个性的尊重，在希腊和罗马的文化里无处可寻"[3]。在这种大环境下，留给私人财产权利的空间毕竟是有限的。

应当承认罗马法是欧洲产权观念的重要来源。它为欧洲提供了一些概念原型和范式，然而它们只有经过中世纪的过滤、拣选和改造，才最终为欧洲财产权利观的形成提供某种资源。拜占庭帝国从反面证明了这一点。一般认为，东罗马帝国更多地继承了罗马帝国衣钵，在法律上并非没有作为，以其编纂的《民法大全》闻名于世，然而完整的私人产权仍然没有在实际生活中产生，反而进一步萎缩。

---

[1] 〔古希腊〕亚里士多德：《政治学》，颜一等译，中国人民大学出版社2003年版，第267—268页。

[2] 〔英〕厄奈斯特·巴克：《希腊政治理论——柏拉图及其前人》，卢华萍译，吉林人民出版社2003年版，第9页。

[3] 〔美〕施密特：《基督教对文明的影响》，汪晓丹等译，北京大学出版社2004年版，第239页。

二、欧洲产权观形成

首先，自然权利产生与当时社会生活的沃土不可分离。如蒂尔尼所指出的那样，自然权利、主体权利观念生长的历史土壤"不仅仅是一些特定时间和地点的事件"，还包括"一个社会从过去继承下来的整个思想和语言传统"。在欧洲，到12世纪时，人们的社会生活究竟发生了什么呢？

法兰西历史学家布罗代尔说，11和12世纪，在封建王朝的统治下，欧洲达到了它的第一个青春期，达到了它的第一个富有活力的阶段。[①]农业劳动生产率提高，城市兴起，大学出现，大规模的垦荒运动改变了整个欧洲的地貌。伴随着社会稳定、经济发展和多元社会的形成，不仅有法学的复兴，还有个体的发展和自我意识的成长。在12世纪的欧洲，出现了对个人意愿、个人同意的关注，并渗透到教会法的诸多领域，也渗透到一般社会生活中。个人的良心斟酌，伴之以个人信念，成为一般意义上的社会实践。到12世纪末，在婚姻法中，男女双方无需任何仪式，只要愿意，他们的婚姻就是神圣合法的；在合同法中，只要有缔约人的承诺，就产生具有约束力的义务。

年鉴学派创始人布洛赫指出："自我意识的成长的确从独立的个人扩展到了社会本身。"11世纪下半叶，促进自我意识发展的动力，来自于伟大的宗教"觉醒"运动，通常被称为格利高里改革。……这是一场极其复杂的运动，从民众心灵深处产生的观念，与神职人员虔诚渴望交汇在一起，特别是那些靠古代文献培育起来的修道士们。[②]人类学家麦克法兰等学者也有相关的论述："至少从13世纪开始，英格兰大多数平民就已经是无拘无束的个体了，他们在地理和

---

① 参见〔法〕费尔南·布罗代尔：《文明史纲》，肖昶等译，第294页。
② 参见 Mark Bloch, *Feudal Society: The Growth of Ties of Dependence*, Vol.1, London: Routledge, 1965, pp.106–107。

社会方面高度流动着，在经济上是'理性的'、以市场为导向追逐实利的，在亲属关系和社会生活中是以自我为中心的。"[1]社会的发展和社会需求，是欧洲财产权利观产生的基础，也是欧洲人重新发现和审视罗马法的前提。

"主体权利"概念萌生

蛮族统治西欧后，各蛮族王国实际上仍然使用自己的蛮族法，而将精细的罗马法束之高阁。罗马法被冷落几百年后，在12世纪却受到关注，这就是所谓的"罗马法复兴"。当时唯一掌握文化和知识的人群在教会，所以对罗马法的关注集中表现在教会人士对罗马法的整理与注释。历史学家普遍认为，自然权利概念产生源于教会法学家话语的发展，后者又与教会法学家对教会法规的整理和注释过程相关。

教会法学家试图将教会所有法律汇集到一部或若干部文献汇编中。大约1140年，一位名叫格拉提安的意大利教士在前人整理的基础上，借鉴罗马法注释学家的成果，收集、编辑、整理了数千条教会法法规，将其著作命名为《歧义教规之协调》（*Concordantia disordantium Canoum*）。为了纪念格拉提安修士的杰出贡献，从那时起，人们往往把它称作《格拉提安教令集》（简称《教令集》），这是欧洲历史上第一部全面的和系统的法律论著，是中世纪法学理论的重要文献之一。[2]

《教令集》影响颇大，很快成为其他学术团体参照的"范本"。它是12世纪罗马法复兴的一部分。格拉提安在对《教令集》的评注过程中，认定ius为神法或自然法，将其与人法区分开来，并认为它是人类共同遵守的律法："自然法对所有人来说都是共同的法，它是

---

[1] Alan Macfarlane, *The Origins of English Individualism:The Family, Property and Social Transition*, p.163.

[2] 参见 Harold J. Berman, *Law and Revolution: The Formation of the Western Legal Tradition*, p.142。

基于自然的本能，而不是基于制定法：例如，男女结合，养育后代，对物的共同占有和针对物的自由，从天空、陆地和海洋中获取物；归还寄存物，借债还钱，不同力量之间的相互排斥。"①

格拉提安不自觉地表述了欧洲业已存在的两大法律体系。与非基督教的其他地区不同，至少从那一时期起就存在着"神法"或"自然法"这些概念，与人类制定并实施的"人法"即"实定法"并立。这两种法有时能达成一致，更多的时候则存在分歧和距离。一方面，格拉提安认为自然法高于人定法，另一方面，他承认人法中个人财产的合法性，他说："无论是习惯法还是成文法，如果违反自然法，就无效。……依照自然法，所有财产归大家共有；依照习惯法或制定法，这件财物属于我，那件财物属于别人。"②"即使一个主教也能拥有他的私人财产。"③格拉提安的解释充满了不确定。

财产私有与自然权利的关系，成为后来的法学家无法逾越的一对矛盾。越来越多的学者发现，问题的关键在于对 ius naturale 含义的理解上。格拉提安的《教令集》中之所以出现上述矛盾，是因为该词具有多种含义，而且格拉提安没有从主体意义上思考 ius。

后来的法学家们在注释《教令集》时，ius 一词则普遍被赋予一定的主观的要求、道德的含义。1160年教会法学家鲁菲努斯的定义颇有影响，他指出："自然法是一种特定的力量，促使每个人在本能上趋利避害。自然法存在于下列三种状况中：命令、禁止和指示……命令和禁止是不可以有丝毫减损的，而指示可以有所减损，就其自然状态而言，它不同于命令和禁止，它倾向于善。并且

---

① Brian Tierney, *The Idea of Natural Rights: Studies on Natural Rights, Natural Law, and Church Law, 1150–1625*, p.59.

② Diana Wood, *Medieval Economic Thought*, Cambridge: Cambridge University Press, 2002, p.18. "格拉提安宣称任何与自然法相悖的人法都是无效的。"参见 Brian Tierney, *The Idea of Natural Rights: Studies on Natural Rights, Natural Law, and Church Law, 1150–1625*, p.60。

③ Brian Tierney, *The Idea of Natural Rights: Studies on Natural Rights, Natural Law, and Church Law, 1150–1625*, p.60.

这也同样适用于如今市民法的所有和共同财产的权利，这个奴隶属于我、这块土地属于我。"①自然法存在的三种状况中的"命令"与"禁止"都是自然法的传统概念，而"指示"的界定使得ius一词具有了主观的意义，它被鲁菲努斯理解为"宽容的原则"（permissive principle），因此，私人财产也可以被自然法所"宽容"。②这一时期的主流观念逐渐接纳私人财产权利了，如同菲利克斯·弗吕奇格（Felix Flückiger）指出的那样，"不再认为所有权是有害的"③。Ius naturale也有了主体含义和客体含义的区分，主体权利概念萌生。

显然，12世纪教会法学家和圣经学者发展了一种表达个人权利思想的语言。K.彭宁顿指出，至1300年，普通法法学家发展了一套坚实的权利语言，并创造了一系列由自然法衍生出的权利。1150年到1300年之间，他们界定了基督徒和非基督徒的财产权、自卫权、婚姻权和法律程序等权利根源于自然法而不是实在法。他们将这些权利完全置于自然法框架之内，"这些权利是不可让渡的"④。因此，他们理直气壮地宣称王公贵族也不能剥夺人们的这些权利。

不过，在12世纪的教会法学家讨论中，ius一词还是在这两种含义中来回摇摆的。⑤维利指出，不论主体权利概念还是私有财产的合法性的理解，注释法学家们的作品"充满了矛盾和迟疑，同时也表现了他们不惧挫折的不懈努力"⑥。

---

① Brian Tierney, *The Idea of Natural Rights: Studies on Natural Rights, Natural Law, and Church Law, 1150-1625*, p.62.
② 参见Brian Tierney, "Permissive Natural Law and Property: Gratian to Kant", *Journal of the History of Ideas*, Vol. 62, No. 3 (Jul., 2001), p.384。
③ 〔爱尔兰〕约翰·莫里斯·凯利:《西方法律思想简史》，王笑红译，法律出版社2010年版，第129页。
④ Kenneth Pennington, "The History of Right in Western Thought", *Emory Law Journal*, Vol. 47 (Winter, 1998), pp.243-244.
⑤ 参见Brian Tierney, *The Idea of Natural Rights: Studies on Natural Rights, Natural Law, and Church Law, 1150-1625*, pp.61-62。
⑥ 引自Brian Tierney, *The Idea of Natural Rights: Studies on Natural Rights, Natural Law, and Church Law, 1150-1625*, pp.56-57。

"主体权利"概念确立

两个世纪后，即14世纪欧洲重提财产权利话题，因为理论与实践的纠结没有真正解决：自然法宣称财产公有，可实际生活中又存在着私人财产。基督教会关于"使徒贫困"话题的争论，再次引爆了欧洲财产权利观的大讨论。令人感兴趣的是，这场论战不是致力于消除贫困，也不是直接论证私人财产权利的合法性，而是从一种形而上的角度探讨方济各修道会的"使徒贫困"思想是否具有正义性和神圣性。

12世纪中叶出现的方济各修道会，由意大利人方济各（Franciso Javier）创建，要求门徒仿效基督过清贫的生活，叫作使徒的贫困。他们身无分文，宣传清贫、节欲，否定私有财产，自甘穷困，认为财产是异教的概念。该会自诞生一直受到历届教宗的明确支持和维护。但是约翰二十二世成为罗马教廷掌门人后，态度迥然不同，为了迄今不明的原因该教宗公开质疑"使徒贫困"的合理性。约翰二十二世坚持认为，方济各宣称放弃一切所有权实际上是不可能的，因为他们生活中使用和消费任何一件物品时都无法与该物品的所有权分割。一位方济各使徒吃下一块面包，说他对这块面包没有权利是不可理喻的，因为只有物主才有权力消费他的物品。因此，方济各会成员不可能放弃一切所有权，为了生存他们必须消耗物品。[①]几年后，约翰二十二世颁布了贫困问题训令，再次阐释所有权的重要性。他将所有权定义为人生存必要的条件，是一种不能与人相分离的权利，断然否定方济各会修士的绝对贫困、摒弃一切所有权的理念。[②]约翰二十二世关于中世纪财产权利的思想一向被近代以来的学者所重视，更重要的是它进一步引发了自然权利和主体权利的探讨。

奥卡姆（约1285—1347年），经院哲学家，方济各会的重要成

---

① 参见 Brian Tierney, *The Idea of Natural Rights: Studies on Natural Rights, Natural Law, and Church Law, 1150-1625*, pp.94-96。

② Ibid., pp.104-105.

员，是教宗约翰二十二世主要论战对手。奥卡姆是英格兰人，由于与教廷不和，受到"异端"的指责，曾被押解至阿维尼翁教廷接受审查，后越狱逃出，辗转迁往德意志，得到德皇的庇护，定居在慕尼黑王宫中。在那里直到去世。奥卡姆写出大量的政治和哲学著作，成为一名杰出的辩论家，支持方济各会修士反对教宗约翰二十二世的权威。他留下的那些文字，至今还在吸引各国众多学者，被译成各种语言并不断地被诠释和研究。在整个辩论过程中，奥卡姆不是简单地回应所有权重要与否的问题，而是迂回证明方济各修士享受生活必需品的合法性，因此他论证的重点是自然权利和实定权利的区分，其实也就是ius的主体意义和客体意义的区分。

也就是说，继前人区分了"自然法"与"实定法"两大法律体系后，奥卡姆第一次明确强调了自然权利（natural rights）和实定权利（positive rights）的并立，进一步阐述了自然法和自然权利理论，强调主体权利的根源是自然和理性，一种"正义的理性"，一种把人类作为理性的、自由的和负有道义的潜在观念。凭借着这一信念，奥卡姆讨论了统治者权力的限度。他坚持认为每个人都有与生俱来的自然权利，继而将该思想与基督教福音派的自由权观念，成功地进行了一种新的组合。

他指出"实定权利"仅是物的外在的法定权利，是人们经协商而制定的或统治者规定的，当持有者发生某种罪错或外界发生某种变动时，该权利可以被剥夺，也可能被剥夺，尽管原权利持有者可以在法庭上申诉。[①]自然权利或主体权利则不然。奥卡姆强调指出，它是所有人都应该具有的权利，这种权利不是源于人定法，而是"源于自然"，因此，"这种权利永远不能被放弃，因为这种实际使用中的权利是维持生命之必须"（This right could never be renounced since the actual use of things was necessary to sustain life）。并且他

---

① 参见 Brian Tierney, *The Idea of Natural Rights: Studies on Natural Rights, Natural Law, and Church Law, 1150–1625*, p.121。

将这种权利归结为个体（individual）的人，而不是普遍的人。[1]至此，主体权利概念基本确立；奥卡姆被誉为"主体权利之父"。

奥卡姆的论战也就有了结论。物品所有权不过是实定权利，是人所规定的权利，在这个意义上方济各派修士是可以放弃的。而自然权利来自上帝，"源于自然"，是无法与人相分离的与生俱来的权能，尽管方济各修士没有实定的财产权，但是他们仍具有这种主体权利，所以他们可以使用和消费生活所需要的物品，不管这些物品是否属于他所有。奥卡姆既成功地辩护了方济各派"使徒贫困"的原则，又从自然权利视角论证了个人财产权利。

三、欧洲产权观延伸

穷人的权利

依照自然权利的观念，人有义务维持自己的生命，所以穷人在极端需要的情况下可以拿走富人多余的物品，这就是所谓穷人权利。[2]但穷人索取不能超过必需的限额，以至于富人无法生活下去。同理，富人有帮助穷人的义务，从一定意义上讲任何多余的财富都被看作匮乏者的共有财产。早在12世纪《格拉提安教令集》中，就有多篇文章为穷人权利声张，最有力量的一篇的作者，就是前面提到的鲁菲努斯，他写道："如果他所取的比需要的多，那么这就叫暴力掠夺。"（If he takes more than he needs, it is taken with violence）[3] 12世纪另一位法学家休格西奥（Huguccio）宣称，根据自然法，我们应该保留必需之物，余下的分发给需要的人，在饥荒

---

[1] 参见 Brian Tierney, *The Idea of Natural Rights: Studies on Natural Rights, Natural Law, and Church Law, 1150-1625*, p.122.

[2] 参见 Brian Tierney, "Natural Rights in the Thirteenth Century: A Quaestio of Henry of Ghent", *Speculum*, Vol. 67, No. 1 (Jan., 1992), p.65.

[3] Kenneth Pennington, "The History of Right in Western Thought", *Emory Law Journal*, Vol. 47 (Winter, 1998), p.244.

或有急需的时候尤其要这样做。

后来，教会法学家们扩展了休格西奥的思想，提出穷人在必要时有偷窃或抢劫粮食的"权利"。一如13世纪著名教会法学家霍斯蒂恩西斯（Hostiensis）指出的那样，他们这样做时，总是理直气壮的——"一个苦于饥饿的人似乎只是在使用他的权利而不是谋划一次偷窃"[1]。这样的话语在中世纪和现代早期思想家的阐述中颇为常见。以后不断讨论"多余"这个概念，关于施舍和捐献属于应尽义务的话题，从这里得到了延续。彭宁顿指出，当17世纪末约翰·洛克写下"每个人都有权利获得别人的物品以解燃眉之需"的时候，其早期思想已经在欧洲存在五个世纪之久。

可见，现代财产权思想与中世纪的思想传统存在着明显的联系，而且，中世纪权利话语中的财产权利观，不是单向、僵硬地强调物主权益，而是有着相当丰富的内涵。主体权利不是一个自私的、过分强调自我的资本主义社会的产物，14世纪的奥卡姆写道，"忽略公共权利（common rights）是一个罪过"[2]。主体权利对历史的影响是相当复杂的。

主体权利理论指导下的"穷人权利"，似乎产生了一种悖论：穷人为生存可以未经允许拿走他人的东西，这种行为是自然权利使然，但是按照实定法他们就是犯罪；也就是说，根据道德观念穷人享有权利，而在实际生活中很难实施。不过，中世纪法学家似乎给予自然权利更神圣的地位。蒂尔尼指出，如果他从富人的剩余中拿走他所需要的，在世俗法官看来他是一个贼，但在上帝眼里他仍然没有罪过，即使他可能被绞死。他们认为，人们对财产的自然权利是任何情况下都无法废除的一种绝对权利，当权利行使受禁于实在法之时，自然权利本身仍是不可侵犯的。[3]

---

[1] Kenneth Pennington, "The History of Right in Western Thought", *Emory Law Journal*, Vol. 47 (Winter, 1998), p.245.
[2] Ibid., p.247.
[3] 参见 Bede Jarrett, *Social Theories in the Middle Ages, 1200-1500*, p.123。

奥卡姆论断的影响颇为深远，成为近代欧洲财产权利理论的重要源头：财产权是一种自然权利，是不可剥夺的权利。法国学者米歇尔·维利对奥卡姆这位中世纪学者的创造性赞赏有加，称其主体权利思想（包括财产权在内）的建构是一场"语义学革命"[①]，如同"一场名副其实的哥白尼革命"（a veritable Copernican Revolution）[②]，在人类思想史上具有标志性意义。尽管奥卡姆哲学和神学著作不断引起讨论，人们的看法也不尽一致，但学者们普遍认为他是西方学界对主体权利原理进行概括的第一人。奥卡姆的理论建树，成为一个强有力的思想纽带，将12、13世纪的法学家和16世纪的思想家连接起来，从而使自然权利观念在现代社会之前就深深地扎根于欧洲大地。

防范强权侵害

奥卡姆观点引人注目之处，不仅在于将个人财产权利归于自然权利，还在于将财产权与选择政府的权利联系起来。这样，他的财产权利观念由生命权，扩展到选择统治者的权利，继而产生防范统治者的抵抗权，后者同样被认为是一种合法的乃至神圣的自然权利。[③]

奥卡姆宣称，统治者的权力是源自上帝并通过人民赋予的，因此，无论皇帝、国王还是教宗的权力，都要受到臣民权利的限制。实际上，11世纪既已颁布《教宗选举条例》，13世纪早期确立多数同意原则，[④] 13、14世纪之交产生收回赞成的权利，上述规定及其文

[①] Takashi Shogimen, *Ockham and Political Discourse in the Late Middle Ages*, Cambridge: Cambridge University Press, 2007, p.154.

[②] Arthur Stephen McGrade, "Ockham and the birth of individual rights", in B. Tierney, ed., *Authority and Power, Studies on Medieval Law and Government Presented to Walter Ullmann on His Seventieth Birthday,* Cambridge: Cambridge University Press, 1980, p.149.

[③] 参见 Francis Oakley, *Natural Law, Laws of Nature, Natural Rights: Continuity and Discontinuity in the History of Ideas*, p.105。

[④] 参见 J. H. Burns, ed., *The Cambridge History of Medieval Political Thought, c.350–c.1450*, Cambridge: Cambridge University Press, 1988, p.451。

献都体现了对统治者权力的限制。奥卡姆指出,虽然教宗是信众推举,但如果教宗成为异端的话,他一样要受到大公会议即世界性主教会议的审判。[1]

人们应当安全地享有一定的财产权,可是现实生活存在着各种挑战,最大的威胁来自特权阶层,有时则来自共同体内的多数派。所以,奥卡姆关于财产权的论证往往与统治者的权力联系在一起,与多数派的权力联系在一起,他对此保持高度警惕,坚持认为不论统治者还是多数人的表决,都不能随意剥夺一般教士和信众的财物,后者不论作为集体还是个体。

因此,奥卡姆强调两点,一是限制统治者的权力,二是限制多数人的权力。他说:"民众不能,也没有资格把绝对的权力授予君主;民众(在这里可理解为多数人。——引者)持有的权利不比其个体成员的权利更高。""民众"的权力不能侵害个体权利,"民众不能授予自己比实际占有还多的权力"。

为了证明这一点,奥卡姆引述了一条例证,后者来自一份教会法文本,一项涉嫌侵权的特鲁瓦教堂案例。该教士团教士划分为本地多数派和外地少数派。根据教会惯例,每一个教士应当享有同等的津贴,然而13世纪初本地多数派教士发动一场"财务政变",强占了教堂葡萄园,后者本属于外地少数派生活消费的来源。该案例最后提交到教宗英诺森三世。教宗判定,本地多数派的这一做法无效,教宗认为,"多数票决实际上不能剥夺教士共同体中少数派的个人权利(individual rights)"。该文献的原始旁注进一步阐明这一观点,"多数票决不是无条件的,只在特定、必要的情况下发生作用"。在一般情况下要考虑多数人的利益,但是也要考虑少数人的利益,从保护个人的财产权出发,他们实际上否定了"多数人暴政"。[2]这

---

[1] 参见 Paul E. Sigmund, *Nicholas of Cusa and Medieval Political Thought*, Cambridge: Harvard University Press, 1963, p.97。

[2] 参见 Brian Tierney, *The Idea of Natural Rights: Studies on Natural Rights, Natural Law, and Church Law, 1150–1625*, p.184。

样，由财产权利论证不仅延伸了"穷人权利"，还衍生了"少数人权利"和臣民的抵抗权等重大理论问题。

奥卡姆的思想不是孤立的，存在着广泛的社会基础。其实，在奥卡姆完成主体权利论述之前，英国贵族和教会刚刚在1215年联袂迫使约翰王签署了《大宪章》。如果说奥卡姆等经院哲学家完成了主体权利意义上王权与臣民关系的理论构建，那么《大宪章》则是在实践上确认将王权置于法律框架之下。《大宪章》总共63条款，是一份长长的关于贵族、教会和市民权利的清单，以具体的禁律条款防止王权任何形式的侵权。接近一半的条款关涉臣民的人身权利和人身自由，后者是财产安全的前提；超过一半的条款则是关于臣民的财产权利，诸如规范国王不能随意增加税收和军役等。臣民在这里不包括普通的佃农。《大宪章》的第61条特别规定，推举25名贵族组成委员会，监督国王遵守《大宪章》，一旦发现违规行为，他们有权力做出法律仲裁，也有权力组织对国王的抵抗。贵族委员会就是后来的议会上院。

对欧洲各国产生深远影响的《大宪章》发生在13世纪初叶不是偶然的，而奥卡姆的财产权利观也不是他一家之言，而是有着一定的社会基础。几乎与奥卡姆同时发声的另一份历史文献可以证明。英格兰教士威廉的《爱德华三世统治镜鉴》(Speculum Regis Edwardi III)，写于14世纪30年代，通篇是对国王的劝诫，威廉的表述与奥卡姆的学说有异曲同工之妙，清晰地表达了关于王权和财产权关系的见解。

在威廉对国王劝诫的话语中，涉及ius的含义与所有权（dominium），认为它是每个人都应当有的权利。他反复地且毫不含糊地强调这样一个原则：每一个人"都是他的物品的所有人，没有人能够违背他的意志而夺走他的物品。所有权意味着独自控制其财产的排他性权利，其他人无权干涉"。显然，威廉将罗马城邦公民拥有的所有权，扩及每一个人，而且将那种所有权加入排他性权能。他利用了罗马法的名词，又悄悄地抛弃了它，赋予了全新的内容。其排他性如此彻底，高高在上的国王也不能染指。

威廉声称，"在这个世界上，人们可以根据自己的意愿自由地对待他们自己和他们的所有物"。大概看到国王是尘世上最有权威的人，因而最有可能也最有力量对一般人的所有权造成威胁，因此，他话锋一转，指向国王，并由经济关系转向政治关系议题。他说，"一条普世的、有约束力的准则是：不能违背物主的意志剥夺他的任何物品"，任何人都不可以，"即使贵为国王也不能违反这一原则，否则就构成一种非正义的违法行为，必将导致其受到现世和来世的惩罚"。① 这实际对国王可能侵犯他人所有权的行为发出了警告，口气极其严厉，俨然正义在胸，天命在身，不容置疑。

威廉的所有权定义似乎超然物外，尤其关注社会底层人的所有权，不受当权者的侵害。"不论阶级和性别，所有权属于每一个人。穷困老妇人的母鸡（乃其所需鸡蛋的唯一来源）被王室官员强行购买，如同王权强占大封建领主的采邑一样，都是一种严重的侵犯行为。因此法律要求尊重贫苦农妇的所有权如同尊重权贵的所有权一样，或许还要更加尊重，因为她全凭国王支配，而富者及其财物还能得到王室保护。对威廉来说，财产权是一种明确的人权，由任何合法拥有物品的人所享有。个人财产权不可侵犯原则，对所有人一视同仁，无论其社会身份和政治等级。即便最贫穷的农民也享有几亩薄田的产权。"②

继而，威廉劝诫国王轻徭薄赋，像一般贵族那样，王室的消费主要依靠自己直属领地上庄园的收入。"慎重考虑这片土地上的臣民授予你的荣誉……不要忘记英格兰民众如何使你成为国王。因此，你要成为他们中的一员，我建议你应该生产自己所必需的食物、饮品和其他物品，就像其他人一样。"③

---

① 参见 Cary J. Nederman, "Property and Protest: Political Theory and Subjective Rights in Fourteenth-Century England", *The Review of Politics*, Vol. 58, No. 2 (Spring, 1996), p.332。
② Ibid., p.335.
③ Ibid., p.337.

最后，威廉进一步排除了国王侵犯臣民财产权的任何可能，不论他摆出多么华丽的借口。威廉指出，"不存在基于共同福祉就可以违反个人主体权利的特殊情况。这使其形成了更为确定的标准，即判断国王及官员何时超越了他们权力的限制"[1]。"一旦发生侵犯臣民财产权的情况，统治者必须承担起臣民反抗的全部责任"[2]。这实际明确承认和申明了臣民合法的抵抗权；更可贵的是，威廉发出这样的声音不是在近代，也不是在工业革命之后，而是在14世纪30年代，不能不让人震惊于思想观念的历史穿透力！

如果说奥卡姆从经院哲学的视阈论证了财产权利的合理性，那么威廉则从劝诫当权者的角度阐述了臣民特别是弱势人群财产自卫权的合法性。我们还可以列举出同时代更多的类似《爱德华三世统治镜鉴》文献或威廉一样的话语，因为他们的观念和话语不是孤立的，而是以其特定的传统和深厚的经济社会生活为基础的。随着经济与社会、物质与精神的进一步发展，近代出现洛克等思想家关于财产权理论的系统论述是完全可以预期的。显然，欧洲产权观起源于中世纪，而且中世纪与近代之间没有一道鸿沟；恰恰相反，它们一脉相承。

中世纪社会已经出现欧洲财产权利观念和话语，并早已进行了深入探讨，尽管大多局限于社会精英层次。不过，这些观念对现实生活发生怎样的影响；这些观念在多大范围内形成社会共识，并且在多大程度上实践了它，需要展开更为实证和更为丰富的历史画卷。

---

[1] Cary J. Nederman, "Property and Protest: Political Theory and Subjective Rights in Fourteenth-Century England", *The Review of Politics*, Vol. 58, No. 2 (Spring, 1996), p.343.

[2] Ibid., p.341.

第二章　王权与地权

不同文明视阈下的农民产权,是一个相当繁复的问题,一定要回到当时特定的社会环境中考察,才能得出合理的解释。文化传统不同,特定的历史背景不同,社会活动的个体与群体也不同,加之前工业化社会信息交流乏善可陈,怎么会有统一、神通广大的解释谱系呢?比如,要理解古代中国秦汉以来的农民和土地,一定要知道中国的皇帝制、郡县制和户籍制等;而要探讨欧洲文明中的农民与土地,首先就要理解采邑与庄园、封君封臣关系,领主佃户关系,即欧洲封建主义。

农民土地产权固然重要,但它毕竟是整体社会的一部分,不能无视它与社会全局的内在联系。在前近代社会,不论东方还是西方,王权象征最高权力,涉及社会的经济政治框架,只有大体把握之,才能真正理解农民与土地关系。

随着日耳曼人迁徙和罗马帝国覆灭,出现一系列蛮族王国。欧洲公共权力分散,内忧外患,在特定的历史条件下,社会产生了一种自下而上、以个人关系为纽带的军事防御体系,即欧洲封建制度(Feudalism)。该统治方式的特点在于,其基本关系不是国王与臣民,而是封君与封臣、领主与附庸。封君与封臣双方都有必须履行的权利和义务,均受封建法保护,作为封臣的贵族具有一定的独立性。采邑可以在家族内部世代传承后,贵族领主更加坚持自己的权利,更加警惕国王侵权和国王财政支出,积极参与协商。贵族群体的存在,以及贵族的独立权利和尊严,是欧洲社会独特的历史现象。

在这样的社会结构中，领主的采邑庄园俨然是一个个独立的经济和司法单位，农民主要与自己的庄园领主打交道。一百多年前的中国先贤严复就观察到这一点，他说，在西欧封建制下，"民往往知有主而不必知有王"[①]。国王法院无权深入庄园内部，庄园领主是农民直接面对的统治者，而国王被设想为"一个外来者"[②]。

在欧洲，为什么国王与封臣有统治、被统治关系，同时还有相互的权利与义务关系，以致产生具有一定独立权利的贵族团体？为什么国王只是作为一位最高领主（supreme lord）存在，其财政不得不求诸僧侣贵族，由此形成早期议会产生的结构性要求？为什么农民只面对领主，"而不必知有王"？凡此种种，都与王权和土地关系连在一起，显然，王权与地权关系，是中世纪政治与经济框架的脊梁。而这一切，还要从封建制说起——实际上，只有在欧洲封建主义语境下，这些问题才能得到令人信服的诠释。

一、何谓欧洲封建主义

"封建主义"这个术语，可以追溯到中世纪法兰克语中的fehu，意为牲畜、财产和某种恩惠等，后来它的意义局限于"采邑"或"封地"。最早出现在公元1000年左右的法兰克王国，随后从法兰克蔓延到欧洲所有受采邑制影响的地区，并作为一个专门的法律用语而存在，系指欧洲独特的依附性土地占有制度以及与此相连的权利义务关系体系。罗马帝国覆灭后，欧洲各地先后出现了以领主为核心的社会政治组织。为免受经常性的暴力侵害，人们纷纷将自己托庇于附近有力量保护自己的显贵，称他们为领主，接受他们赠与的某种恩惠（feudum，拉丁语），同时为之提

[①]〔英〕亚当·斯密：《原富》（上册），严复译，商务印书馆1981年版，第335—336页。
[②]〔法〕马克·布洛赫：《法国农村史》，余中先、张朋浩、车耳译，第146页。

供一定的义务,从而变成领主的"人",这是欧洲封建制最原始的情形。

进入近代后,封建主义概念有了新的理解。一个发源地在英国。克雷格(Thomas Craig)爵士在1603年出版的《封建法》中,将采邑法解释为一种政治统治体制。这是过去几个世纪都不曾见识过的看法。最典型的变化则发生在法兰西,18世纪法语中封建主义(féodalité)这一术语,开始从法学术语转变成带有历史哲学意味的制度类型概念。这是后话了。

本章旨在说明,欧洲封建制不是统治者的政治设计,也不是中央政府自上而下推行的某种制度,而是面对生命威胁、情急之下西欧社会颇有个性的应变,是在特定的历史条件下出现的一种自下而上的、以个人关系为纽带的军事防御体系,也是一种新的社会秩序。此点有助于理解欧洲封建制,自它诞生之日,就包含着强暴与自愿、压迫与选择等多种因素,以及保护者和被保护者即领主附庸关系中的双向权利与义务关系。

封建制何以发生

5世纪起,中央政府软弱,权力分散,成为西欧社会最明显的特征。蛮族入主欧洲后,在罗马帝国的废墟上,先后建立起一系列蛮族王国,法兰克王国是主要代表。到公元800年,查理曼统治下的法兰克王国达到鼎盛时期,其统治领域涵盖了后来西方文明的中心区域。不过,不同于罗马帝国,即使最强盛的时期,法兰克王国也是一个相当松散的王国。

查理曼死后,王国的统治力急剧衰落并分裂:它们是西法兰克王国——法兰西,后来法国的雏形;东法兰克王国——德意志,后来德国的雏形;中法兰克王国,后来意大利的雏形。从此,社会更加动荡不安。日耳曼人实际上是一个拥有武装、占据统治地位的少数族群,既野蛮又狂暴,软弱的政府不能有效地约束他们,整个社会为动乱所困扰。私人的仇怨总是通过武力方式解决,一队队全副武装的匪帮在乡村横冲直撞，所到之处烧杀劫掠，几乎无助的罗马人常常成为血腥袭击的对象，日耳曼普通民众同样不得安全。

在英吉利海峡的另一边，不列颠岛也充斥着暴力和无序。一首盎格鲁－撒克逊的诗歌写道：

> 善良战邪恶；青春战腐朽；生命战死亡；光明战黑暗；军队战军队；仇人战仇人。宿敌战事无休止，夺取土地报冤仇。且令智者细反省，此世争斗究为何。①

不仅内乱，还有严重的外患。那时候，从苏格兰的沼泽到西西里的山地，有一句祈祷语在基督徒中间广为流传："主啊，拯救我们吧，让我们免遭暴力的折磨！"9世纪的西欧，濒临被吞噬的威胁，三面同时受到攻击，饱受摧残。南面是信奉伊斯兰教的阿拉伯人，东面是马扎尔人，北面是包括挪威、瑞典和丹麦人在内的北欧海盗。

北欧海盗又称维京人（Viking），维京人即在海湾中的人，善于造船，还是了不起的水手，以劫掠为营生。他们从8世纪晚期到11世纪一直侵扰欧洲大陆沿海和英国岛屿，欧洲这一时期竟被称为"维京时期"（Viking Age）。起初，维京人劫掠后即撤离，后来袭击成功后便在当地定居下来。不列颠岛有维京人的定居区，称为丹麦法区（Danelaw），大约占英格兰三分之一的土地，当地人被迫缴纳巨额丹麦金。今天法国西北部地区的诺曼底（Normandy），曾是当年维京人的殖民点，故被称作诺曼兰（Norsemanland），意为"挪威人的土地"。其后法兰西国王不得不与其妥协，以法王封臣的名义建立了诺曼底公国。

---

① 转引自〔美〕哈罗德·J. 伯尔曼：《法律与革命》（第一卷）：西方法律传统的形成，贺卫方等译，第56页。

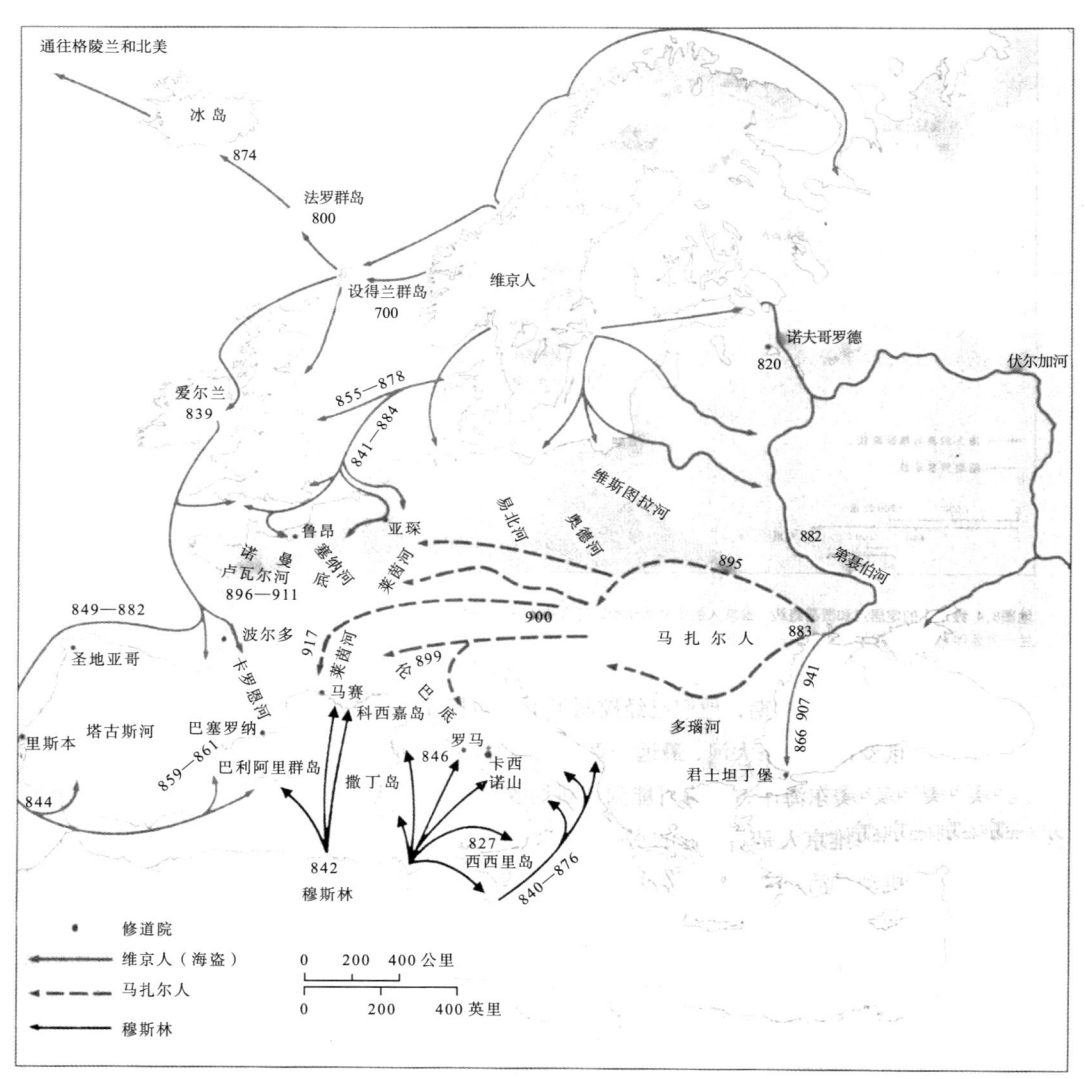

图2-1　9世纪欧洲的大入侵

资料来源：〔美〕约翰·巴克勒、贝内特·希尔、约翰·麦凯：《西方社会史》（第一卷），霍文利等译，广西师范大学出版社2005年版，第377页。

东方是马扎尔骑兵的不断袭击。马扎尔人来自中亚大草原，有人认为是匈奴人的遗族。大约从890年开始，他们跨过多瑙河，一路向西逼近，征服了意大利北部，强迫巴伐利亚和萨克森纳贡，骚扰莱茵河流域。马扎尔人实行恐怖政策，每袭击一个地方，就把那里的男女老幼杀光，一些年轻的女子和男童或许能留下，供其役使和享乐。在这种残酷手段的威慑下，手无寸铁的居民常常不战而降，或称臣纳贡。

在南部，则是穆斯林阿拉伯人的进攻与抢掠。第一个战场是意大利南部，846年他们曾洗劫罗马城。另一个战场是西班牙半岛，接着北上进攻法兰克王国。查理·马特的成功抵御战以后，穆斯林的威胁性相对减小，但依然是欧洲社会动荡不安的外部因素。暴力司空见惯，久久挥之不去，即使进入11世纪早期，沃尔姆斯的伯查德主教仍然惊骇道："谋杀每天都在发生，如同身处野兽之中。"[①]

维京人、马扎尔人和阿拉伯人的侵袭，一方面使西欧饱受蹂躏；另一方面则催生了一种新的社会组织形式——封建制。由于内部的社会秩序几近丧尽，来自王国外部的入侵又得不到有效的抵抗，结果，一种自发应变的社会组织应运而生：凡有能力的领主纷纷征召军队，抵御入侵，并在自己的领地内把控政权，这就是地方诸侯实权之来源。麦克尼尔说："在这样的进攻之下，查里曼的继承者们无法保持有效的中央政权，各地的伯爵和权贵只能尽其所能进行自卫；这样，一种相当有效的地方防御体系逐渐形成，它就是封建制。"[②]

下面史例表明，当时欧洲对外抵御，越来越多地依赖于地方贵族。

……在一个难以确定的日子里——大约在890年左右，一

[①] Hunt Janin, *Medieval Justice: Cases and Laws in France, England and Germany, 500-1500*, Jefferson: McFarland, 2004, p.125.

[②] 〔美〕威廉·哈迪·麦克尼尔：《西方文明史纲》，张卫平等译，新华出版社1992年版，第208页。

第二章　王权与地权

艘来自西班牙的阿拉伯人的海盗船被风吹到了普罗旺斯海岸，他们隐蔽在山高林密处，昼伏夜出，蹂躏附近村庄，杀害无辜居民，还将捕捉的俘虏带到西班牙市场上出卖。……河谷中星罗棋布的教堂，成为打家劫舍者的理想猎物。

维护阿尔卑斯山或普罗旺斯乡村的治安，为当时的各世俗政府的能力所不及。除了捣毁他们在梣树林堡的巢穴，别无良策。但这样又面临新的困难：如果不切断它的海上通道，阻止来自海上的援助力量，那么围剿这个堡垒就不可能真正奏效。当时不论西面普罗旺斯和勃艮第的国王，东面的意大利国王，都没有一定规模的船队，没有能力切断他们的海上通道。……这伙盗匪最后被解决，不是依靠政府，而是武装的贵族。972年，这伙盗匪俘虏了克吕尼修道院院长，这位院长是许多国王和贵族的朋友，特别是普罗旺斯伯爵威廉的训诲导师，神圣的座上宾。在那帮强盗打点回程的途中，威廉袭击了他们并予以重创。接着，威廉召集了罗纳河谷的许多贵族，摧毁了阿拉伯人的要塞。随后参战的贵族分得了罗纳河谷的耕地。①

862年，法兰西国王秃头查理曾颁布一道著名的诏令，描绘了令人可悲的混乱状态，承认自己无能为力，指令贵族建造城堡，尽一份社会义务。其实这完全是多余的话，地方领主不因其指令而建造，也不因其指令而拆除，社会已经可以不理会国王而自行其是。据统计，900年时，法兰西的公爵领和伯爵领有29个，到987年已

---

① Mark Bloch, *Feudal Society: The Growth of Ties of Dependence*, Vol.1, pp.5—8；〔法〕马克·布洛赫：《封建社会》（上卷），张绪山等译，商务印书馆2004年版，第41—44页。另，对于9世纪欧洲贵族城堡的防御作用，坦尼曾有生动的描绘。坦尼指出，在这战争连绵的时代里，只有一种统治是合适的，即以一群人的统治来面对敌人，而封建制度便是这样；我们单从这一特征就可判断它所防御的危险以及它所要求的服务。西班牙《编年通史》说："在那些日子里，国王、伯爵、贵族和武士，为了随时做好准备，把马匹放在房间里，在那里他们和他们的妻子一同睡。"子爵在他的塔楼里保卫着一个溪谷的入口处或一个渡头的通路，郡伯绝望地奔赴漫天烽火边境，枕戈达旦……他的住所仅仅是一个篷帐和躲避所。转引自〔美〕汤普逊：《中世纪经济社会史》（上册），耿淡如译，商务印书馆1997年版，第321—322页。

39

经增加到50多个世袭领地,即规模不同的公爵领和伯爵领,他们与法兰西国王仅在名义上保持着封君封臣关系。①

抵御外敌靠地方豪强,战争则进一步分裂领土,破坏王国的统一。这些公爵和伯爵往往再次分封土地,形成较低一级的封建主,一般称之为堡主(Castellans),城堡其实就是一个军事要塞,为寻求庇护的村民提供设防地。城堡不是国家公共权力之下的防御工事,而是由大小封建主建造并掌控的、地方性的私人防御体系。②城堡周围成为一个统治区,封建主依据公爵伯爵封授的或自己篡夺的权力,对辖区内的居民征缴劳役和捐赋。这样,城堡-庄园便成为新的社会基础。③

如同梅特兰所说:"封建主义在社会最底层运行和最高层的运行一样。当武装的封臣围绕在国王身边的时候,底层人物也将自己分别置于各类领主的保护之下,他们耕种领主的土地,而领主则进行必要的战斗。"④那个时期,人们最急切的需要是安全,人们接受甚至感激领主的保护,哪怕他们是残暴的、蛮横的,哪怕要付出自由的代价。汤普逊评论说:"农民的屈从农奴制,不是全部出于男爵的强暴;常常有乐于接受的。自由人的归入封建体系,也不是完全由于强者对弱者恐吓的结果。……它们遏阻了无政府状态,它们保护了生命和财产;正因为这样,它们代表着社会进步的现象而非社会衰退的现象。"⑤

为什么人们接受封建制,19世纪法国历史学家H.A.坦尼曾做了生动的描绘:

---

① 参见 Heinrich Mitteis, *The State in the Middle Ages: A Comparative Constitutional History of Feudal Europe*, Amsterdam: North-Holland, 1975, p.120。

② 参见 N. J. G. Pounds, *The Medieval Castle in England and Wales: A Social and Political History*, Cambridge: Cambridge University Press, 1990, p.300。

③ 参见 J. Aldebert, *History of Europe*, Paris: Hachette Livre, 1992, p.191。

④ F. W. Maitland, *The Constitutional History of England: A Course of Lectures*, Cambridge: Cambridge University Press, 1908, p.57。

⑤ 〔美〕汤普逊:《中世纪经济社会史》(上册),耿淡如译,第320页。

……由于这些勇士，农民得享安全。他们不再被屠杀，不再被牵去作俘虏，他同他的家属不再被赶在牛羊群里走着，颈脖被架入叉耙里。他敢于出门犁田、播种并依靠自己的收获；他知道万一遇到了危险，他和他的谷物、牲畜能够在炮台脚下的木栅圈内找得避难所。由于需要，主塔的军事首领（领主）与旷野的早期居民之间，逐渐有了默契，而这就变为一个公认的习惯法了。他们替他工作，耕种他的土地，代他运货，付他报酬，付若干房屋费，若干牲畜费，若干继承或出售费；他们被迫维持他的部队。但是当他享受了这些权利之后，如果出于骄傲或贪婪心，他还收取超出他所应得的东西，他就错了。

……当我们清楚地想象在那些日子里人类生活的状态之后，我们就能够了解为什么人们愿意承忍最可憎的封建权力……（由于种种缘由）大家爱护这世袭领，大家对它效忠。领地同领主以及他的家属遂混淆起来了，在这一关系上，居民引领主以自豪；他们乐于讲述他的武功；当他的马队通过马路的时候，他们拍手欢迎他，由于同情，他们为他的阔绰豪壮而欢欣鼓舞。如果他变为鳏夫而无嗣的话，他们将派遣代表团去希求他再娶，免得在他去世以后，国家将陷入因继承权而战争的局面，或受邻人侵犯。[①]

布洛赫将欧洲封建制分为两个阶段：从8世纪至11世纪中为第一个阶段；从11世纪中到15世纪为第二个阶段。也就是说，进入8世纪以后，领主附庸关系逐渐成为最重要的社会纽带。[②]

封建制的核心内容

欧洲封建制的核心内容是领主附庸关系。如果说安全受到威胁

---

① 转引自〔美〕汤普逊：《中世纪经济社会史》（上册），耿淡如译，第321—322页。
② 封臣制（vassalage）据认为可能源于日耳曼人的侍从（comitatus）或高卢-罗马人的庇护制（clientela）。见〔英〕佩里·安德森：《从古代到封建主义的过渡》，郭方、刘健译，上海人民出版社2000年版，第131页。

是催生封建制的外部原因,那么内在原因则是早已存在某些相应的元素。有学者追溯到罗马帝国晚期的"庇护"制,日耳曼部落时代的亲兵制度对封建主义形成的影响尤其巨大,那些蛮族首领企图将形成的私人关系模式纳入正在运行中的政治框架。①

　　从一定意义上说,封建社会最初是一种"军事性的社会"②。而随着法兰克王国的军事扩张,领主附庸关系逐渐成熟起来,影响范围也不断扩大。8世纪中叶前后,进入了封建制确立期,以采邑为中介将领主与附庸更规范有序地联系起来,即查理·马特采邑改革。马特废除了无条件分赠土地的制度,将骑士义务和采邑的封授联系在一起,地产被注入了更多的政治因素,不仅意味着最重要的财富,还意味着政治统治、司法管辖,以及身份与地位。马特还引进重骑兵,它是封建制确立的军事条件。从此,骑士逐渐垄断了军事,进而发展起欧洲特有的骑士精神;③另一方面,通过封臣制度进入了土地财产体系,著名的"骑士领"(knight's fee)即由此而来。

　　所谓重骑兵,就是拥有一套特定的装备和高大战马的武士。8世纪,东方传来的马镫和马蹄铁的使用,让人能够更好地在马上作战,他们头戴金属头盔,身披锁子甲,并使用新式长枪,从而成为重装防御力量。重骑兵的出现使骑兵取代原来的步兵,成为战略重点;同时产生职业军人,从而改变了武装队伍结构。职业骑兵即骑士(Knights)需要一定的财产,也需要大量的时间训练。据记载,一匹马的价值相当于六头牛,一副护胸甲与一匹马的价值相当,甚至

---

① 在塔西佗时代,酋长或军事首领与围护在他身边的年青战士结成亲兵制。这些青年为首领而战;首领则向他们提供武器、给养以及一份战利品。孟德斯鸠称其为中世纪欧洲领主附庸制度的来源。见〔法〕孟德斯鸠:《论法的精神》(下册),张雁深译,商务印书馆2004年版,第349—350页。另见〔美〕贾恩法兰科·波齐:《近代国家的发展——社会学导论》,沈汉译,商务印书馆1997年版,第24—29页。

② John P. Mckay and others, *A History of Western Society*, Vol. I, Boston: Houghton Mifflin Company, 1995, p.257.

③ 参见Richard Barber, *The Knight and Chivalry*, New York: Charles Scribner's Sons, 1970; Andrea Hopkins, *Knights*, New York: Artabras, 1990。

一副头盔都要价值半匹马。①在公元1000年，仅是一名骑士的盔甲的价钱就可以买一大块农田。②不仅马匹昂贵，护身的盔甲也极其厚重和复杂，还需一名武士随从。美国科技史学者林恩·怀特说："很少有发明能像马镫这样简单，却对历史产生了如此巨大的影响。"③李约瑟也指出马镫在欧洲的历史作用："我们可以这样说，就象中国的火药在封建主义的最后阶段帮助摧毁了欧洲封建制度一样，中国的马蹬在最初却帮助了欧洲封建制度的建立。"④

图2-2 新式骑士

资料来源：来自巴约挂毯（Bayeux Tapestry）局部，创作时间约1095年。描绘了1066年诺曼人征服英格兰的场景，现保存于法国巴约市挂毯博物馆。参见《不列颠百科全书》国际中文版，中国大百科全书出版社2001年版，第2卷，第287页。

从王室或领主的角度来看，分封土地是为了获得军事支持，以土地换取附庸提供骑士来打仗，因此封授采邑习惯上被称为骑士领。由封臣带领自己的全副武装的骑士来为国王打仗，是中世纪战争中常见的现象；而所需要战马、长矛、粮草等作战装备，则由骑士自

---

① 参见 Mark Bloch, *Feudal Society: The Growth of Ties of Dependence*, Vol.1, p.152。
② 参见 Georges Duby and Robert Mandrou, *A History of French Civilization*, New York: Random House, 1964, p.43。
③ Lynn White, *Medieval Technology and Social Change*, New York: Oxford University Press, 1974, p.38.
④ 潘吉星主编：《李约瑟文集：李约瑟博士有关中国科学技术史的论文和演讲集（1944—1984）》，辽宁科学技术出版社1986年版，第242页。

己准备。自10世纪起,欧洲三种社会身份理论得以流行:耕作的农民、作战的骑士和祈祷的神职人员。①从骑士个人的角度来看,除了效忠外,"骑士"也是一种职业。经过盟誓效忠,某个骑士开始在领主家服役,随时准备随领主参战,或被派往领主的上级领主那里作战。不过越来越多的情况是,骑士也可能被其领主授予一处采邑,还包括依附于土地的佃户,在这种情况下,他就变成一个领主。

1166年的《男爵领调查》(Carte Baronum)显示,多数骑士都有自己的采邑。例如,国王的直属封臣理查德(Richard de haia)在林肯郡有20个骑士,其中15个骑士被授予骑士领。国王直属封臣的封臣斯蒂芬(Stephen de Scalers)在剑桥郡有15个骑士,其中10个被授予骑士领。②随着骑士制度的推进,骑士领地越来越普遍,成为庄园制的重要基础。骑士和领主的关系,以及领主和他的上级领主的关系,都被称为领主附庸关系。骑士和贵族一样,在骑马作战方面训练有素,配备武器、装备、战马,脱离农耕或其他生产。他们的区别在于,贵族有爵位,拥有大片地产,而骑士没有爵位,多是非长子贵族后代,仅拥有一两个采邑;作战时,贵族是统帅,骑士必须服从命令,为领主冲锋陷阵。

领主附庸关系的形成是一个相当漫长的过程,查理·马特改革是一个标志性事件。732年,法兰克王国宫相查理在今法国境内罗亚尔河以南的图尔原野上,成功抵御了阿拉伯人的侵犯,因此名声大振,获得了"马特"(意为锤子)的称号。图尔之战,又称普瓦提埃之战,捍卫了法兰克王国的独立,宣告了穆斯林西欧战略的极限。马特成功在于推行采邑制。法兰克王国早期统治者常常分配战利品或贡品,有时土地也成为馈赠品,无条件地送给有战功者或近臣。

---

① 参见 Joachim Bumke, *Courtly Culture: Literature and Society in the High Middle Ages*, trans. by Thomas Dunlap, Berkeley: University of California Press, 1991, p.26。

② 参见 Hubert Hall ed., *Red Book of the Exchequer*, Rolls Series, 1896, pp.367-368, 390-391。转引自 Austin Lane Poole, *From Domesday Book to Magna Carta, 1087-1216*, Oxford: Clarendon Press, 1958, p.13。

这种土地被称为"恩地"。

马特废除无条件分赠土地的制度，将骑士义务和采邑封授联系在一起。恩地性质因此发生变化，由赏赐变为报酬，"恩地"转化为"采邑"。将没收叛乱贵族的土地和教会赠送的土地，封授给贵族，后者必须为国王服兵役，宣誓效忠；还规定采邑不得世袭，及身而止，如果受封者不履行义务或者死亡，封授者有权收回采邑，终止封授关系。封建（英文 feudal）源自拉丁文的采邑（feudum），马特被称为"封建主义的创立者"[①]。查理·马特改革，在后继人手中不断得到发展。到查理曼时期，查理曼帝国的领土版图扩大，王国内的土地不断采邑化，封建制得以最终确立。土地封授和军事义务紧密结合，以一对一的领主附庸关系为依托，给土地打上了人的依附关系的烙印。

领主附庸关系，或称封君封臣关系（lord-vassal relationship），是一种以采邑为纽带的个人效忠关系，不同于中国古代官僚制度中的"君臣"关系。欧洲的"封臣"没有官员的含义，其主要内涵是愿意为领主服军役并且被领主所接受的人。拉丁语"vassus"（封臣）一词起源于凯尔特语中的 gwas，意指年轻人或是仆人。现存最早的文献证明，进入8世纪以来，它开始用于"依赖于封君的自由人"[②]。米太斯指出，在加洛林时代，封君封臣是一种同级别社会群体中真诚的同伴关系。[③]总的看来，有权势的一方保护弱势的一方，后者成为附庸或侍从。当时还存在不少奴隶，但被排除在这种联系网之外。

领主附庸关系是欧洲封建主义的核心内容，关于"什么是封建主义"，一个有影响的结论是："从字面上说，封建主义可以被认为是一套制度，用于创立和规范臣服和服役的义务……一个自

---

① Hugh Trevor-Roper, *The Rise of Christian Europe*, London: Thames & Hudson, 1966, p.96.
② F. L. Ganshof, *Feudalism*, London: Longmans, 1964, p.5.
③ 参见 Heinrich Mitteis, *The State in the Middle Ages: A Comparative Constitutional History of Feudal Europe*, p.56。

由民（附庸）与另一个自由民（领主），领主有保护和维持附庸的义务。"①

查理曼时期，缔结领主附庸关系的行为越来越普遍，适时有一个仪式，在"臣服礼"上，个人行为的印记相当明显，在各种文献中被无数次记载和描绘，并出现在一些印章和画面上：二人相对而立，封臣脱去帽子，卸下武器，合掌置于领主的双手之间，有时以单膝跪地姿势加以强化。先伸出手的封臣发誓效忠，承认自己是他的"人"（homme, homo）。然后双方以唇相吻，表示封臣从此就变成了领主"嘴上和手中的人"。有学者说在一定意义上，它就像一种婚姻契约，事实上12世纪的法学家就把它比作婚姻契约。②后来这种仪式又增加了土地授予的内容：封臣盟誓效忠后，领主随后将一面方形旗帜、一撮土递交给封臣，象征性地封授采邑。

臣服礼的形式大概源自久远的日耳曼社会。曾有人描述了9世纪查理曼时代的一次臣服礼："蒙迪迪耶（Montdidier）的贝拉德（Bernard）来到查理曼面前，单膝跪地，变成他的人。查理曼搀扶他起来时，亲吻他的额头，通过一面白色的方形旗帜而给予保护的承诺。"③

757年的一次效忠仪式，大概是现有史料较早的一次记录。这一年，巴伐利亚塔西罗公爵三世成为了丕平三世的封臣，加洛林王室年鉴写道："塔斯罗，巴伐利亚公爵，来到这里置手于国王并委身成为国王封臣，他把手放在圣物之上宣誓，发誓忠诚于丕平国王及他的子孙们……，秉持法律，正直与忠诚，履行封臣应向领主履行的职责。"④宣誓旨在加强与巩固封臣的忠诚与可靠。

---

① 转引自〔英〕诺曼·戴维斯：《欧洲史》（上卷），郭方、刘北成等译，世界知识出版社2007年版，第292—293页。

② 参见Colin Jones, *The Cambridge Illustrated History of France*, Cambridge: Cambridge University Press, 1994, p.79.

③ 〔英〕诺曼·戴维斯：《欧洲史》（上卷），郭方、刘北成等译，第293页。另见F. L. Ganshof, *Feudalism*, p.25。

④ F. L. Ganshof, *Feudalism*, p.29.

第二章 王权与地权

臣服礼和以后出现的效忠礼，都是为了以土地授予换取军事义务，一年通常40天。随着时间的推移，封建义务被延伸，不仅提供军役，必要时候还须陪同领主出席法庭，为领主提供一定的建议；有时则出席涉及领主的法律案件的审判，因为领主的重要附庸可能也是贵族，当时同侪裁决才能有效。最后，附庸还要提供一定的协助金（aids），诸如领主长子封为骑士、领主长女出嫁、领主参加十字军之时，以及领主被俘虏时交纳的赎金。

1020年，法兰西沙特尔的主教富伯特曾将封臣的义务概括为六个方面，他在给阿奎丹的公爵威廉五世的信中写道："安全、可靠、诚实、堪用、温和、胜任。安全，指不可伤害封君的身体。可靠，指不可交出事关封君安全的秘密或城堡，从而使封君受到伤害。诚实，指不可做任何有损封君司法权之事，或损害关乎封君福祉的其他特权。堪用，指不可做损害封君财产之事。温和和胜任，指不可妨碍封君希望做的任何事，不可对封君想要成就的事情无所作为。"① 作为这些义务的回报，附庸获取土地，而且获取了这块土地上的治权。查理曼统治末期，一份骑士采邑（又称恩地）的规模通常为12份地（mansi）；王室封臣采邑至少为30份地。实际上有更大的，比如50、100、200或者更多份地。②

封建契约都以特许状和个人契约的形式记录下来，早期的契约保留下来的不多，下面是作为领主的法兰西香槟伯爵与博韦主教巴塞罗缪及其继位人达成的协议：

> 谨以圣父、圣子和圣灵的名义……我，路易，在法王国王的恩典下，向所有在场的人宣布，香槟伯爵亨利把萨韦尼（Savignv）的封地授予博韦（Beauvais）主教巴塞罗缪及其继位人。为了上述封地，主教答应为亨利伯爵提供一名骑士军役、司法服务……还同意未来的主教也履行同样的义务。契约缔结

① F. L. Ganshof, *Feudalism*, p.83.
② Ibid., p.37.

于曼蒂斯（Mantes），1167年……中书令休记录。①

显然，约定的内容是双方面的，而且在许多情况下是相当具体的，例如提供军役的骑士要自备马匹、武器，顶盔贯甲，骑士的数量以及军役的天数都有详细的规定。服役有约定的期限，如果超过约定的天数，封臣可以自动回家，否则封君就要支付额外报酬。

11世纪是西欧封建制度产生和发展的关键时期，在其后的一个多世纪中，封建主义作为一种制度在整个欧洲得以确立。②

欧洲封建主义"独创性"

领主附庸关系是整个社会运作的纽带，标志欧洲封建制的最原始特征，同时也孕育着欧洲封建制最深刻的内在矛盾。那么，何谓这种关系的内在特征呢，或者说何谓西欧封建主义的独特秉性？

在西方史学界，20世纪中叶颇为流行的一种见解认为，封建制的领主附庸关系主要是由经济利益决定的，也就是说，是由领主和附庸之间相互的物质支持与交换（exchange of material patronage）决定的，物质上的互利互惠是封君封臣关系的基础。③当代历史学家的著述中也不难发现类似的观点。④从20世纪晚期开始，一些史学家对这种观点提出有力的质疑，他们怀疑物质交换在领主附庸关系中是否真的具有那样的决定性作用。他们认为，中世纪的政治行为不仅取决于物质利益，也取决于普遍奉行的原则和理念，比如权力

---

① James Harvey Robinson, *Readings in European History*, Vol. I, Boston: Ginn and Company, 1904, p.178；转引自〔英〕诺曼·戴维斯：《欧洲史》（上卷），郭方、刘北成等译，第294页。

② 参见 Georges Duby, Robert Mandrou, *A History of French Civilization*, p.59; Georges Duby, *The Early Growth of the European Economy: Warriors and Peasants from the Seventh to the Twelfth Century*, Ithaca: Cornell University Press, 1978。

③ 参见 K. B. McFarlane, *The Nobility of Later Medieval England*, Oxford: Oxford University Press, 1973。

④ 参见 Chris Given-Wilson, *The Royal Household and the King's Affinity: Service, Politics and Finance in England, 1360−1413*, London: Yale University Press, 1986; Rosemary Horrox, *Richard III: A Study of Service*, Cambridge: Cambridge University Press, 1989; A. J. Pollard, *North-eastern England during the Wars of the Roses: Lay Society, War and Politics, 1450−1500*, Oxford: Clarendon Press, 1990。

和权利观念等。①表面上的政治行为常常是某种观念的显示。欧洲关于领主附庸关系的新近研究成果，是在一个新的背景下展开的，那就是更加重视早期中世纪的研究。他们正在从文明高度重新审视早期中世纪的历史，重新审视封建制中的领主附庸关系，从中发现欧洲封建主义的独创性。

显然，这是一种依附关系。首先是服从。11世纪20年代，普瓦图的威廉伯爵（Count William of Poitou）对他的附庸说："你是我的人，你的义务就是满足我的愿望。如果我命令你向一位农民致意，你的义务就是服从……"②颐指气使，溢于言表。其次，双方的权利和义务是不对等的，附庸总是付出的多，得到的少。而且双方关系一经约定不能自由解除，甚至世世代代不能解除。封土移交给附庸的下一代时，继承人要向领主再行臣服礼，表示对臣服关系的确认，人身依附关系世袭。最后，对双方的惩罚也不是对等的，例如，诺曼底的一项习惯法规定，如果封君杀死封臣或封臣杀死封君，一律处以死刑，封君和封臣都须为杀人付出生命的代价，不过，对封臣必须执行绞刑，作为一种屈辱性的刑罚。③

另一方面，欧洲封君封臣关系是封建契约关系，或者说，是契约条件下的人身依附关系。封君封臣关系不是暴力强制的结果，而是自愿的约定，此点可以从本章前面关于"臣服礼"仪式的描述中得到清晰的印证：二人相对而立，封臣"合掌置于领主的双手之间"，"然后双方以唇相吻，表示封臣从此就变成了领主"嘴上和手中的人"。

在理论层面上，已有相当充分的论证。西方学者普遍指出了封

---

① 参见 J. L. Watts, "Ideas, Principles and Politics", in A. J. Pollard, ed., *The Wars of the Roses*, Basingstoke: Macmillan, 1995, pp.234-247; Anthony Musson, W. M. Ormrod, *The Evolution of English Justice: Law, Politics and Society in the Fourteenth Century*, Basingstoke: Macmillan, 1999; Anthony Musson, *Medieval Law in Context: The Growth of Legal Consciousness from Magna Carta to the Peasants' Revolt*, Manchester: Manchester University Press, 2001。

② 〔英〕科林·琼斯：《剑桥插图法兰西史》，杨保筠、刘雪红译，世界知识出版社2004年版，第76页。

③ 参见 Mark Bloch, *Feudal Society: The Growth of Ties of Dependence*, Vol.1, p.228。

君封臣关系中的契约因素。梅因和布洛赫则直接称其为"契约"关系。梅因在19世纪时写道："最早的封建社会既不是仅仅由情绪结合起来的，也不是靠一种拟制来补充其成员的。把他们结合在一起的纽带是'契约'，他们用和新伙伴缔结一个契约的方法来获得新伙伴。……把封建制度和原始民族纯粹惯例加以区分的主要东西是'契约'在它们中间所占的范围。"① 布洛赫指出："附庸的臣服是一种名副其实的契约，而且是双向契约。如果领主不履行诺言，他便丧失其享有的权利。"②

在实践层面上，同样证明这是一种相互的权利和义务关系：封臣有义务为领主出谋划策，使他正确地处理事务；最重要是服军役，自备马匹、武器和粮饷，较大的封臣还要带上他的骑士。假若封君被俘，封臣要帮助缴纳赎金；封君巡游封臣的领地，封臣有义务款待。不过，任何义务都是有限定的。例如，军役是有固定天数的；又如，款待封君的巡行也有限定，包括一年的次数，停留时间的长短，甚至限定封君随从人员和马匹数量，以至规定出膳食标准。封君、封臣双方都有必须履行的义务，均受到封建法的保护，无论谁违背了所承担的义务都将构成一种重罪。特别11世纪后，附庸人身自由和经济自主性的发展趋势逐渐形成，使得领主-附庸关系"互惠性因素合法化"③。

笔者更倾向于泰勒的说法，称之为一种"准契约式关系"④，或者称之为封建契约。它毕竟不是现代契约，而是不同等级之间的不平等的约定。封建关系被认为是"准契约关系"，这不是说弱势方不受压迫和奴役，而是说，他已根据某个法律体系取得了一种

---

① 〔英〕梅因：《古代法》，沈景一译，第205页。
② Mark Bloch, *Feudal Society: Social Classes and Political Organization*, Vol.2, London: Routledge, 1965, p.451.
③ 〔美〕哈罗德·J. 伯尔曼：《法律与革命》（第一卷）：西方法律传统的形成，贺卫方等译，第300页。
④ 〔加〕查尔斯·泰勒：《市民社会的模式》，冯青虎译，载邓正来、〔英〕J. C. 亚历山大编：《国家与市民社会》，中央编译出版社1999年版，第12页。

不可剥夺的权利——尽管是一种低等权利，他却有条件坚持这种权利，从而获得某种程度的保护。

更有价值的是，封建主义的一些元素演化为欧洲文明的基石之一，那就是臣民合法抵抗的权利，即"抵抗权"或"自卫权"。布洛赫指出：它蕴含着约束统治者的契约观念，"给我们的文明留下了我们现在依然渴望拥有的某种东西"①。而基佐在19世纪就发现了它的价值，他说，反抗的权利进入欧洲生活，"我们应该归功于封建制度"②。

附庸的权利得到法律认定和保护，其逻辑的演绎势必产生维护权利的依法抵抗，即附庸抵抗领主、弱势抵抗强势的权利。换言之，抵抗权是检验附庸权利真伪虚实的试金石。正如德国著名法学家鲁道夫·冯·耶林指出："无论个人的权利，还是民族的权利，大凡一切权利都面临着被侵害、被抑制的危险——因为权利人主张的利益常常与否定其利益主张的他人的利益相对抗——显而易见，这一斗争下至私法，上至公法和国际法，在法的全部领域周而复始。被侵害的权利在国际法上以战争的形式加以主张，对国家权力的恣意行为和违宪，国民采取暴动、骚乱、革命的形式加以抵抗……合法地主张权利。"③

弗里德里克·海尔更具体地指出，附庸对封君的制约是契约因素的必然产物，是欧洲中世纪政治、社会和法律发展中的一个基本点。"有关抵抗权的整个观念就是这种存在于统治者和被统治者之间、高贵者和低贱者之间的契约概念所固有的。"④

抵抗权，这一现代社会的重要观念，被认为公民权利之首要，法治社会之必须，就是根植于欧洲中世纪的封建制度中，源远流长。早

---

① Mark Bloch, *Feudal Society: Social Classes and Political Organization*, Vol.2, London: Routledge, 1965, p.452.

② 〔法〕基佐：《欧洲文明史——自罗马帝国败落起到法国革命》，程洪逵、沅芷译，商务印书馆2005年版，第84页。

③ 〔德〕鲁道夫·冯·耶林：《为权利而斗争》，胡宝海译，中国法制出版社2004年版，第15页。

④ Friedrich Heer, *The Medieval World: Europe, 1100–1350*, New York: Praeger Publishers, 1961, p.36.

期日耳曼人就存在着类似的观念,"在日耳曼人的观念中,服从不是无条件的,毋庸置疑,如果受到国王不公正的对待,每位成员都有权反抗和报复"①。在7世纪西班牙托莱多基督宗教会议制定的教规中,法国学者基佐就发现了这种抵抗权观念。托莱多教规表明,当时人们的君王概念就遵循了他们先辈的至理名言:国君公正则立,不公正则废(Rex ejus, erissi recta facis, siautem non facis, non eris)。所谓公正就是"君权,如同人民,必须尊重法律",否则人们有权利抵抗之。②

查理曼统治时期出现了这样的规定:封臣不能轻易背离其封君,除非封君要杀死他,当众打他,侮辱他的妻女或剥夺他的遗产。③伴随着封建制形成期的步伐,附庸抵抗的合法性进一步发展。801—813年的法兰克王国敕令集中,明确载有这样的条款,如果证明领主有下列罪行之一,附庸就可以"背弃他的领主":

> 第一,封君不公正地奴役他;第二,封君想谋害他的生命;第三,封君和封臣的妻子通奸;第四,封君拔剑向他进攻企图杀死他;第五,封臣将自己的手交付给封君之后,封君未能向他提供应尽的保护。④

《圣路易斯法令》(Etablissements de St.Louis)中也完整规定了领主和附庸之间的关系:

> 领主和附庸之间的义务是相互的,双方必须以同样的关注来保持它:不履行义务或由于冒犯领主而有罪的附庸将失去他

---

① Fritz Kern, *Kingship and Law in the Middle Ages*, New York: Harper & Row, 1970, p.87.
② 参见〔法〕基佐:《欧洲文明史——自罗马帝国败落起到法国革命》,程洪逵、沅芷译,第174—175页。
③ 参见Henry Royston Loyn, John Percival, *The Reign of Charlemagne: Documents on Carolingians Government and Administration*, London: Edward Arnolnd, 1975, p.84.
④ David Herlihy, ed., *The History of Feudalism: Selected Documents*, London: Macmillan, 1970, p.87.

的封地；如果领主拒绝执行法庭的判决，或引诱附庸的妻子或女儿，那么附庸将免于义务。①

上述两条原始文献，虽然文字粗陋，语义也不无重叠，然而其表达的含义既明确无误，又具体可行。很明显，维系这样的臣服关系是有一定条件的，领主不得任意横行。人们普遍承认，附庸拥有离弃恶劣领主的权利，这就是欧洲著名"抵抗权"的起点。

在其后欧洲发展的历史长河里，人们不断地回溯之，因为在这里可以发现欧洲封建制最原始的特征。由此可以理解，许多表面看来似乎只是偶然性的起义，其实基于一条传统深厚的原则："一个人在他的国王逆法律而行时，可以抗拒国王和法官，甚至可以参与发动对他的战争……他并不由此而违背其效忠义务。"——此话出自《萨克森法鉴》。②"抵抗权"的观念，在中世纪早期的其他文献中，如843年《斯特拉斯堡誓言》及秃头查理与其附庸签订的协定中均有文字可查。

欧洲领主附庸关系的两个重要特征是，权利的互惠性和互制性，后者更重要，它使前者的实现成为可能。伯尔曼对于这种平行的制约给予高度评价，他说，附庸或领主基于足够严重的刺激均有权解除契约，"这不仅从理论的观点看是至关重要的，而且在特殊情况下也具有实质性的实际重要性。如果一方违背其义务并由此给另一方造成严重损害，那么另一方就有权通过一种称之为'撤回忠诚'（diffidatio）的庄严的蔑视性表示解除相互关系……撤回忠诚是从11世纪开始的西方封建关系的法律特性的一个关键"。伯尔曼将封建契约分为效忠契约（contract of homage）和忠诚契约（contract of fealty）。他指出，这两种契约都是一种获得某种身份的契约，效

---

① R. W. Carlyle, A. J. Carlyle, *A History of Medieval Political Theory in the West,* Vol.III, New York: Barnes & Noble, 1903, p.26.

② Maria Dobozy, *The Saxon Mirror: A Sachsenspiegel of the Fourteenth Century*, Philadelphia: University of Pennsylvania Press, 1999, pp.136–137。

忠契约上的"互惠是由这样的事实构成的,即封臣变成了领主的人,而领主则成了封臣的领主;这是一种由接吻加以确证的终身关系,它相当于——大致——婚姻关系"①。

约束是相互的,忠诚也是相互的。"由于行了臣服礼而封臣对封君有多少忠诚,则同样封君对封臣也有多少忠诚",所以,从原则上讲,如果某一方没有履行义务,封君可以宣布他不再是自己的封臣,封臣同样可以宣布他不再是自己的封君。

格兰维尔写于1187年的英格兰法律专著认为,除了尊敬这一点以外,一位封臣对他的领主并不比一位领主对他的封臣承担更多的义务;如果领主违背忠诚的义务,那么封臣就得以免除义务,"撤回忠诚"。始于11世纪末至12世纪上半叶,在法兰西与德意志西部,封臣放弃采邑并单方面解除领主附庸关系的情况,时有发生。②例如,1173年,雅克·阿维纳认为其领主鲍德温伯爵侵犯他的权利,经长期抵抗仍不奏效,是年,阿维纳宣布解除对领主的效忠。③有的则以领主未兑现协议中的承诺为由,发出解除关系威胁:特格尔恩湖修道院修士在写给领主的信中声称,倘若领主不兑现"恩地"的许诺,就要同意他自由选择新的领主。④

欧洲封建制是身份制度、等级制度,说到底是一种人身依附制度,这一点与近代以前世界上其他地区没有什么不同。不同的是,封建制不同等级的人们对于上一等级而言——包括国王在内,取得了某种有限的、却是不可剥夺的权利。耐人寻味的是,这样的法律条款也是封建法的一部分。也就是说,它几乎同时为统治者和被统治者承认,达到相当程度的社会共识。

有权利,才有维护权利的抗争,"谈判"与"妥协"才有可能成为解决社会冲突的选项。阶级斗争是普遍存在的,然而世界范围内

---

① 〔美〕哈罗德·J.伯尔曼:《法律与革命》(第一卷):西方法律传统的形成,贺卫方等译,第301页。
② 参见 F. L. Ganshof, *Feudalism*, p.98。
③ Ibid., p.99.
④ Ibid., p.98.

这样的合法抵抗斗争并不多见，近代以前尤为罕见。这是欧洲封建制一种特有的张力。贵族可以依据法律问责国王，同样，农奴依据习惯法也可以在庄园法庭与领主周旋。"大宪章"的斗争模式在以后欧洲不同历史时期不断出现，以不同形式反复出现，都不是偶然的。

附庸乃至农奴的依法抵抗，成为欧洲封建制一个十分显著而独特的特征。有兵戎相见的暴力，也有法庭斗争和谈判，这样的斗争结果，有利于避免"零和游戏"的陷阱，有利于普通民众及民权的发展，最终有利于整个社会物质和精神力量的良性积累。此乃欧洲封建主义的"独创性"。正如一百多年前著名法兰西政治家和学者基佐指出："封建制度输入欧洲社会的唯一的政治权利是反抗的权利，……封建制度所支持的和实施的反抗权利是个人反抗的权利……我们应该归功于封建制度，是它将这种思想感情重新引进了欧洲的生活方式中来，并不断公开地承认它、保卫它。"①

以领主附庸关系为核心的欧洲封建主义，是一份极为复杂的历史遗产，一方面人们对其糟粕批判与扬弃之，另一方面又不断地回顾与重温之，希冀从中发现某些对于未来的启示。布洛赫在《封建社会》封笔处，再次强调欧洲封建制所蕴含的约束统治者的契约观念——抵抗权，他写道："西欧封建主义的独创性在于，它强调一种能够约束统治者的契约观念；因此，欧洲封建主义虽然压迫穷人，但它确实给我们的文明留下了我们现在依然渴望拥有的某种东西。"②

二、"王"在王国中的位置：天下并非皆王土

权力结构分散

尽管欧洲中世纪王国形式各异，但普遍呈现出一种分散的权力

---

① 〔法〕基佐：《欧洲文明史——自罗马帝国败落起到法国革命》，程洪逵、沅芷译，第84页。
② Mark Bloch, *Feudal Society: Social Classes and Political Organization*, Vol.2, p.452.

结构。王权是世俗权力的代表，但它难以高高在上，声称代表上帝的基督教会分割了它的精神职能：一块大理石浮雕上，刻下了二者关系的历史遗迹——10世纪中叶的德皇奥托二世与皇后正跪于基督脚下，基督端坐在王位之上。（见图2-3）基督教世界的主张是，如果是好君主，民众应服从他；如果是坏君主即滥用上帝给予的权力的君主，人们就应不服从他，否则就违背了上帝的命定。君主应该受到惩罚，13世纪坎特伯雷大主教、《大宪章》草拟人斯蒂芬·兰顿（Stephen Langton）明确指出："当国王犯错时，他们尽应可能地抵制，如果他们不能，便犯罪了。"[①]

图 2-3

约980年的象牙浮雕，德皇奥托二世一家匍匐于耶稣脚下。现存于米兰斯福尔扎古堡博物馆。

[①] John W. Baldwin, "Master Stephen Langton, Future Archbishop of Canterbury: The Paris School and the Magna Carta", *The English Historical Review*, Vol.123, No. 503 (Aug., 2008), p.815.

中世纪教会剔除了王权神圣的光环，贵族则分割了国王的世俗权力。国王要分权给贵族，在自治城市兴起的地方，还要分权给自治城镇和商人。布洛赫指出：尽管公共权力的观念仍然存在，但封建主义是与国家的极度衰弱同时发生的，从而带来了所谓"封建无政府状态"。设防地与采邑制结合，成为实际上的政治经济中心，实际上，无数大小领主们在各自的领地上行使公共权力，王室反而不能干预。"特恩权"就是这样盛行起来的。

所谓"特恩权"实为豁免权（immunity），早在墨洛温王朝就已出现，是国王颁发给大封建主在其领地内免受王室系统官吏干涉的特权证书，实际上是不得不承认领主在自己的领地内取得治理权——独立行使政治、财政、司法、警察等国家职能。到加洛林王朝，这种观念和实践更为广泛。封建领主经常在领地接壤的中立地区会晤，以显示他们之间的友谊。在这些活动中，"每位王公都把自己当作一位君主，并把其权力控制下的那部分领地视为自己的附属物"。"权威之链在许多地方断裂了，留下许多权力的孤岛。"[①]

法兰西是封建制的策源地，庄园制和农民依附制先行一步。843年《凡尔登条约》后，法兰克王国分裂为东、中、西法兰克三部分，王系皆属加洛林家族，其实三个王国互不相属。自9世纪末，西法兰克的卡佩家族兴起，与加洛林家族争夺王位，987年建立卡佩王朝，取代加洛林家族，改称法兰西王国，虽然改朝换代，王权依然软弱。

法兰西乡村大地上，私人城堡或堡垒纵横交错，而这些军事设施的建造从未经过王权的允许。[②]到10世纪晚期，整个王国有50个以上明显的政治分区，6个基本实行地方自治的强权，它们是佛兰德、诺曼底、法兰西、勃艮第、阿奎丹和图卢兹公爵领或伯爵领。在有限土地不断赠与的过程中，以及贵族间私战不断的博弈中，贵

---

① 〔法〕菲利浦·阿利埃斯、乔治·杜比主编：《私人生活史Ⅱ：肖像》（中世纪），洪庆明等译，北方文艺出版社2007年版，第14页。

② 参见〔英〕佩里·安德森：《从古代到封建主义的过渡》，郭方、刘健译，第143页。

族势力有可能超越王权，甚至构成对王权的威胁。法兰西卡佩王室偏安一隅，位于拉昂－巴黎地区的一块弱小飞地，不得不面对比其还大得多的封臣的领地，例如安茹伯爵。后者本是英王亨利二世，因婚姻关系同时成为安茹伯爵。安茹伯爵在安茹、诺曼底、布列塔尼等地拥有大片领土，超过法兰西王室领地五六倍，且拥有英格兰国王头衔！"卧榻之侧，岂容他人鼾睡？！"然而法兰西国王抖不起东方君主的霸气，不但容忍别人在眼皮底下安然耸立，而且不能踏进附庸领地一步，也不能拿走一草一木，可见附庸权利之独立，封建权力之分散！

因为英王亨利二世在法兰西安茹等地拥有大量领土，所以此时英国史称安茹王朝。后来在法兰西的军事进逼下，英国在法兰西的领地逐渐易手，但仍保持着部分领地，包括富庶的佛兰德地区，对该地区的争夺成为"英法百年战争"的导火索，这是后话。

英格兰的封建制是从外部输入的。从8世纪到11世纪，英格兰遭到北欧海盗的几度侵扰，与欧洲大陆一样，外敌的军事压力，导致了委身制的强化和农民地位普遍下降。诺曼征服后，英王威廉一世将盎格鲁－撒克逊旧贵族的土地大部没收，自己直接控制可耕地的六分之一和大部分森林，成为全国最大的封建主，其余土地分为5000个采邑，分封给自己的诺曼底亲信。通过土地分封，建立起法兰西式的领主附庸关系，威廉还根据附庸所得土地多少授予他们贵族称号。由于英吉利海峡的阻隔，英格兰更多地保留了日耳曼因素，比之法兰西，英格兰封建王权相对强大。不过不应夸大这些区别，它与法兰西及西欧其他地区和国家均属于同一个文明圈。与法兰西国王一样，英格兰国王的消费主要靠自己的领地，在非王室领地的庄园里，同样不能为所欲为。

德意志则在欧洲演绎了另外一种方式，此时德意志基本限于易北河以西。易北河以东，几乎完全位于日耳曼－基督教文化疆域之外。在9—10世纪蛮族进攻的新浪潮中，法兰西三面受敌，而德意志人只遭到了马扎尔人的侵袭。外敌的威胁，促使分散的公爵们推出较强大的萨克森公爵为君主,后者纠合诸侯,在勒赫菲尔德战役中重创马扎尔人,从而产生萨克森王朝。12世纪封建制终于走进德意志:农民阶层陷进了农奴制,封建义务强制实行;另一方面,贵族附庸始终保持着独立的权利,任何形式的君主世袭制度都难以推行。

1356年卢森堡王朝的查理四世颁布《黄金诏书》,正式规定德皇由公爵贵族(称为"选侯")选举产生。中央权力弱小,形同虚设,各地独立或半独立性质的诸侯国、城市等政治单位多达数百个。19世纪著名学者托克维尔研究了英、法、德三国中世纪的制度,发现它们惊人地相似,进而说道:"从波兰边界到爱尔兰海,领主庄园、领主法庭、采邑、征收年贡土地、服徭役、封建义务、行会等,一切都彼此相似,有时连名称都一样。"[1]总之,地方贵族的自治权在欧洲大部分地区逐渐推广开来。

西欧王权特征显而易见,它不是统一的、强有力的统治。国内一些学者将封建主义与王权专制制度联系起来,这样的理解在欧洲是行不通的。如何描绘王权在欧洲封建社会中的位置?以往教科书总是以金字塔形来描述,国王位于金字塔顶端。牛津大学戴维斯教授表示异议,他说,人们发明了"封建金字塔"等概念来表述,"高高在上的是国家的统治者,下面是附庸、次附庸、次次附庸……直到最低层的农奴。这种模式由于人为地纯洁和对称而容易引起误导"[2]。戴维斯教授的见解是有根据的,"封建金字塔"的表述与事实不符,实际情况与之相差甚远。某附庸是国王的直属封臣,同时是国王的次属封臣;一位伯爵可能同时是另一位男爵的附庸。为了获得更多的采邑,甚至出现多重臣服的情况。从社会整体讲它是完全不系统、不规则的,其统治关系极其复杂多变,如一个附庸可能同时效忠两个领主甚至多个领主,而所效忠的领主之间又结成复杂的效忠关系。正如历史学家威尔斯强调的那样:"处在其鼎盛时期的封建主义什么都是,就是没有

---

[1] 〔法〕托克维尔:《旧制度与大革命》,冯棠译,商务印书馆1997年版,第55页。
[2] 〔英〕诺曼·戴维斯:《欧洲史》(上卷),郭方、刘北成等译,第295页。

系统性。它是粗略组织起来的混乱状态。"[1]

倘若一定寻找一个参照物的话，史学家曾提出网状物概念，汤普逊说："'纺织物'这个词可更好地描写出这一情况，因为诸阶级互相错综地交织着，构成了一个个紧密的社会集团，虽然类型不一。"[2]20世纪初中国史学家陈衡哲也有类似的比喻，她说封建制"如罗网一般，能把那个涣散的欧洲社会轻轻地维系着"[3]。它是无序中的有序，欧洲因此变得相对稳定了。这种统治方式的特点在于：它是不规则的，它的基本关系不是国王与臣民，而是领主与附庸。[4]

同样重要的是，领主附庸关系是在个人之间签订的，因此领主只对自己直接的附庸有一种统治关系，对附庸的附庸则无从置喙。中世纪法兰西的法学家让·德·布拉诺（Jean de Blanot，1230？—1281？）一句名言是"我封臣的封臣不是我的封臣"[5]。理论上，国王是最高统治者，臣民有服从的义务，但是在实践中，某个领主反叛国王的战争也会带上自己的封臣。[6]即使国王直属封臣也不是那么整齐划一地表示效忠。法兰西国王菲力一世（1060—1108年在位）在奥尔良即位加冕时，阿奎丹公爵、勃艮第公爵拒不效忠。此外，诺曼底公爵的威廉亦不愿向菲力一世宣誓效忠，后来他从诺曼底发兵征服英格兰，成为英格兰国王。

这位以征服者自居的英国国王，在1086年来到索尔兹伯里，全英国所有占有土地的人，不论是谁的封臣，也都来到那里，都成为国王的封臣，都向国王宣誓效忠，这就是索尔兹伯里誓约。[7]这里更多地表达王权强大的理念，象征性大于实践性；实际上，在封土制

---

[1] H. G. Wells, *Outline of History: Being a Plain History of Life and Mankind*, New York: Macmillan, 1921, p.608.
[2] 〔美〕汤普逊：《中世纪经济社会史》（下册），耿淡如译，第381页。
[3] 陈衡哲：《西洋史》，第130页。
[4] 参见 Rushton Coulborn ed., *Feudalism in History*, Princeton: Princeton University Press, 1956, pp.3-7.
[5] F. L. Ganshof, *Feudalism*, p.97.
[6] Ibid., p.31.
[7] 参见《盎格鲁-撒克逊编年史》，寿纪瑜译，商务印书馆2004年版，第241页。

度的政治框架下，国王统治力不能覆盖所有的附庸或骑士，更不要说所有庄园的村民。

封建社会是等级社会，但它不是以一点为中心辐射整个社会。与其说成金字塔形，不如说它更像一个不规则的"网状物"，而贵族领主则是网状物上的节点，国王不过是较大的节点或较大的节点之一。12世纪开始至14世纪，欧洲进入议会君主制，在一个新的起点上整合社会公共权力，然而贵族对土地的依法占有没有改变，不仅如此，还有逐渐深化的趋势。

贵族采邑世袭

领主附庸关系的内涵，势必影响到封建土地产权关系。一般说来，所有权涵盖占有权，也就是说，占有权不能脱离所有权而独立存在。然而在欧洲封建制度下，由于领主附庸的权利是各自独立的、受法律保护的，于是附加在土地上的占有权利相对凝固起来。

在封建土地保有制（land tenure）中，每一块土地都包含着封建等级中上级和下级的权利，也就是说每块土地都要受到两种或两种以上权利的限制。欧洲封建土地保有制中不存在绝对的不可分的所有权，伯尔曼指出："事实上，土地不为任何人'所有'；它只是在阶梯形的'占有权'结构中为由下至上直到国王或其他最高领主的上级所'持有'。"[①]而且随着时间的推移和臣民权利的稳定增长，土地产权重心出现向实际占有者转移的趋向。

一个实际占有土地并享有占有权的人，只要他按照约定履行了义务，土地就不能被暴力剥夺，即使他的领主也不能。在这里，占有权的概念扩展了，以至于原来占有或持有（hold）一词不足以表达对土地与权利占有的稳定性，于是一个新概念因此而生，即seisin，一般译为"依法占有"。不论中文还是罗马法中，没有等同于欧洲seisin的概念。这是西欧中世纪财产权利体系中的一个重点，

---

① 〔美〕哈罗德·J.伯尔曼：《法律与革命》（第一卷）：西方法律传统的形成，贺卫方等译，第307页。

也是难点。密尔松明确指出，不可以将"seisin"看作罗马法中的"possession"，他认为，一定要在封君-封臣关系的语境下来理解欧洲的"占有"（seisin）和"权利"（right）概念。①也就是说，如果不理解欧洲领主-附庸相互的权利和义务关系，特别是附庸一方相对独立的权利，就无法理解附庸对采邑的"占有"何以异乎寻常，不得不创造了一个崭新的法律概念"seisin"来表达。

西欧中世纪的土地财产关系，首先在附庸的采邑继承权问题上表现出来。最初，采邑封授及身而止，也就是说，采邑受封有效期以封君或封臣在世为限，任何一方死亡，这种关系即告终结。随着时间的推移，封臣对封地的占有越来越深化。到加洛林时期，已经显现出一种趋势，即封君对采邑的权力越来越小，土地一旦封授出去，就很难支配，也很难收回。如果封君因某种需要一定要收回那个采邑，往往要封给封臣另外一块相当的土地作为交换。查理曼曾经说过，伯爵们和其他封臣看待我封授给他们的恩地如自主地一般。②

采邑何时转为世袭土地并无明文规定，但877年西法兰克国王的《基尔西敕令》常常被提起，这是秃头查理远征意大利前的一个临时嘱托：他远征期间，倘若某个伯爵死亡，其子可以继承父业。其实，该规定并非改变了以往的做法，只是重申业已存在的采邑世袭继承权。这种情况反映在此前法兰西的史诗中。一首史诗表露，查理曼对其继承人的训诫之一是："好自为之，不要剥夺孤儿的采邑。"显然，即使在位高权重的查理大帝时期，采邑封授及身而止的禁令已然被打破。时间的推移，使得附庸经济自主性不断增大，对此布洛赫评论道：

在一个许多人既是委身之人同时又是领主的社会里，人们不愿意承认这样的事实，即：如果这些人中的一个人以附

---

① 参见 S. F. C. Milsom, *The Legal Framework of English Feudalism*, Cambridge: Cambridge University Press, 1976, pp.39-40, 43-44。

② 参见 F. L. Ganshof, *Feudalism*, p.37。

庸身份为自己争得某种利益，作为领主时他可以拒绝将这种利益给予那些以同样的依附形式依附于他的人。从旧的加洛林法规到英格兰"自由"的古典基石《大宪章》(Great Charter)，这种权力平等观从社会上层顺利地传布到社会下层，它将始终是封建习俗的最肥沃的资源之一。①

采邑世袭继承权具体实施时间在欧洲各地是不一样的，很长时期内取决于各力量的博弈。如前所述，早在加洛林王朝时代，就已经出现了有利于封臣后代继承采邑的趋势，然而，这个过程极其漫长，极不稳定，各地也极不平衡。其真正成为法令，大约要到11世纪中叶。以此法令为标志，11世纪中叶以后封建制度进入第二发展阶段。1037年《米兰敕令》(又称为《康拉德二世封建法令》)确立的原则是：任何领地，无论主教、修道院院长、侯爵、伯爵或其他任何人的领地，都不得被剥夺，除非他被法庭认定有罪，而且必须按照我们祖先的法令由同级领主集体做出裁决。倘若附庸认为受到不公正的对待，可以向王国最高法院上诉。此外，领地应由儿子或孙子继承，如无子嗣则可由同胞兄弟或同父异母的兄弟继承。②在法兰西，是时采邑这个词语本身就意味着世袭不动产。所以，1066年封建制传入英格兰时，采邑被认为可以传给继承人，在英格兰，采邑的继承权从没有发生过争论。

一旦采邑可以世袭，距离可以转移也就不远了。在加洛林王朝初期，认为附庸可以自由转移土地是不可能的，因为采邑不是附庸的财产，只是委托给他以换取军役。随着采邑占有程度的不断加深，附庸越来越倾向于认为可以自由处理采邑，就像自由处理自己的其他财产那样，不仅可以继承，还可以让渡。最初的让渡是部分出让，

---

① Mark Bloch, *Feudal Society: The Growth of Ties of Dependence*, Vol.1, pp.195−196;〔法〕马克·布洛赫:《封建社会》(上卷)，张绪山等译，第321—322页。

② 参见Oliver J. Thatcher and Edgar H. McNeal, *A Source Book for Medieval History*, New York: Charles Scribner's Sons, 1905, pp.383−384。

义务仍由原附庸承担；当采邑全部转让的时候，义务不得不由新的租佃人承担，这与附庸制精神产生了尖锐的矛盾。附庸制本是两个人一对一的约定，誓言相互忠诚，现在附庸一方突然变成一个陌生人，附庸的忠诚何以为继？"采邑世袭性传递方式所产生的矛盾于此被推向极限。人们可以以稍微乐观的情绪希望从同一门第连续几代人中得到一种固有的忠诚，但怎么能期望从一个不认识的人那里得到这种忠诚呢？"①土地可以转让，"忠诚"怎么转让？唯一的办法，是领主首先收回采邑，在与新的租佃人确认效忠关系后，重新授地给新人。事实上，新的封地仪式往往沦为纯粹的形式。与其说领主重新封授土地，不如说是采邑流转手续中的一个环节。事实上，领主无权拒绝举行新的封地仪式。

所谓"次分封"，即封臣将采邑直接转移给第三者，也是变相出售采邑的一种方式。次分封最初也须封君同意，但是从11世纪开始，在法兰西和德意志无须领主同意的次分封流行起来，继而是直接的货币交易。1189年，法兰西贵族安德烈获取60里弗尔现金，将一处采邑抵押给了教会，大概为准备第三次十字军东征筹资。②此前，1174年图尔奈的一名骑士以550马克出手了骑士领，后者原领自佛兰德伯爵。③1265年，勃艮第公爵为借得800里弗尔现金，出让一处封土给克昌尼商人，包括城堡及其司法权。④在塞纳河上巴尔地区也有类似现象。各地情况不尽一样，但是12、13世纪法兰西贵族采邑开始进入市场是不争事实。

根据英格兰一项调查资料，经过多次流转，许多男爵领地被分割成众多骑士领。例如，林肯主教按规定提供60个骑士，即领有

---

① Mark Bloch, *Feudal Society: The Growth of Ties of Dependence*, Vol.1, p.209；〔法〕马克·布洛赫：《封建社会》（上卷），张绪山等译，第340页。

② 参见 Achille Luchaire, *Social France at the Time of Philip Augustus*, New York: Henry Holt and Company, 1912, p.326。

③ 参见 F. L. Ganshof, *Feudalism*, p.147。

④ 参见 Georges Duby, *Rural Economy and Country Life in the Medieval West*, London: Edward Arnold, 1968, p.236。

60个骑士领，但到1166年已变成102个骑士领；埃克塞特主教领有17½骑士领，此时也成倍增长，分裂成35个骑士领。[①]采邑的碎片化不止如此，有证据显示，一份骑士领可以分割成1/2、1/4、1/5、1/6、1/10、1/20、1/40，甚至分成1/100。碎片化后的骑士领面积如此之小，以致没有能力供养一名合格的骑士。[②]原始骑士役在这样的土地转移中名存实亡。

整体看，英格兰封建大地产日渐衰落，中、小地产数量不断上升，而地产转移主要通过市场。倘若将1086年《末日审判书》和1279年的《百户区卷档》进行比较，便可发现，12世纪占有最显著位置的王室领地到13世纪末已大为削减。剑桥郡的60个地产中，王室领地本来占16%，但到1279年几乎全归一般封建主掌握。而且，非王室的市俗大地产也在减少。与此同时，封建小地产大量增加，特别是教会地产和骑士地产，如骑士地产在此期间增加两倍之多。[③]科斯敏斯基指出，在《末日审判书》里，克拉帕姆（Clapham）是最大的庄园之一，占地面积达30犁（每犁约为120英亩，共合3 600英亩），到《百户区卷档》时期已分裂为5个庄园。另一个较大的艾克莱顿（Ickleton）庄园，到1279年已分裂为10个庄园，其中7个庄园属于教会组织。[④]

封建地产转移的原因颇为复杂，或因婚姻与继承，或因国王没收及重新封授，最重要的原因是采邑的自由转移。13世纪初叶的《大宪章》已经公开承认封地自由买卖的事实。1217年版《大宪章》的第39条，有如下条款："今后自由人不得过度赠赐或出卖地产，以致地产不足以维持他作为附庸的义务。"[⑤]普拉克内特评论道，这是

[①] 参见 Austin Lane Poole, *From Domesday Book to Magna Carta, 1087−1216*, p. 13。
[②] Ibid., p.17。
[③] 参见 Edward Miller, John Hatcher, *Medieval England: Rural Society and Economic Change, 1086−1348*, London: Longman, 1978, p.170。
[④] 参见 E. A. Kosminsky, *Studies in the Agrarian History of England in the Thirteenth Century*, Oxford: Blackwell, 1956, p.148。
[⑤] 转引自 Theodore Plucknet, *A Concise History of the Common Law*, Boston: Little, Brown and Co., 1956, p.540。

英国法律史上第一次限制采邑买卖，也是公开承认和接受这一事实，所谓不得过度买卖"不过表达了一种难以实施的原则而已"[1]。

1290年，英王爱德华一世颁布《土地买卖法》（Quia Emptores），法律正式确认土地买卖合法化。该法令明确保障每个土地自由持有者（freeholders）土地买卖自由，同时规定财买者须承担该土地附着的封建义务。[2]据此，贵族及骑士的采邑合法进入市场，他们之间的土地交易都有大幅度增长的趋势。比恩的一项数据表明，经法庭允许，1280—1331年英格兰直属封臣土地转移数量增加九倍。[3]按照规定，地产交易限定在可继承的自由地产（fee simple）范围内，实际上《土地买卖法》的作用远远超过它所规定的范围。1290年后，庄园佃农包括依附佃农在内，其土地也越来越频繁地进入土地市场。市场流通已成为封建采邑转移的主要渠道，可见贵族封臣对采邑越来越强劲的支配权。如果附庸采邑权利受到侵犯，附庸会坚定不移地捍卫之，即使侵犯者是封授者——国王，事实上，国王时常陷入与贵族封臣的土地争讼之中。国王从来不具有全国土地的管辖权和租役征发权。

鉴于此，布赖恩·辛普森（A. W. Brian Simpson）指出："法学家从来不认为国王拥有所有土地。对法学家来说，注意到国王是领主，最终是所有封臣的领主，这就足够了。"辛普森继而指出：国王作为领主，他有许多与其他领主共同的权利，作为最高领主也有一些特别的权利。法学家们自然会区别这些特别权利，但这些特别权利比之一般领主权利并非截然不同，"国王只是一位最高领主"[4]。王权无法掌握王国全部的土地资源，既没有管辖权也没有征发权，其财政开支不得不求诸手握采邑、又有社会地位的贵族，由此形成等级议会产生的结构性需求。这是另外一个话题了。

---

[1] Theodore Plucknet, *A Concise History of the Common Law*, p.540.
[2] 参见 *The Statutes of the Realm*, Vol. I, Buffalo: William S. Hein & Co., Inc., 1993, p.106。
[3] 参见 J. M. W. Bean, *The Decline of English Feudalism, 1215-1540*, New York: Manchester University Press, 1968, pp.73, 100。
[4] A. W. B. Simpson, *A History of the Land Law*, Oxford: Clarendon Press, 1986, pp.47-48.

三、国王难以侵犯封臣地权

国王与封臣庄园

由于贵族独立的权利，因此贵族有一定的尊严。冈绍夫说，"封臣"演变为一种令人垂涎的身份，一种受人尊敬的标志。[①]欧洲封臣通常与贵族身份连在一起，贵族不仅意味着财富，也意味着荣誉，即使面对国王，贵族也能够保持他的尊严。欧洲封建制领主附庸关系原则，同样适用于国王与其封臣关系，而封臣权利置于法律保护之内。因此国王难以染指封臣庄园，否则贵族将与之对簿公堂。

也就是说，欧洲封建誓约体系包括国王在内。誓约制约体系不仅涵盖国王，国王还是该体系中的核心部分。国王的加冕誓词清楚地表明，国王的权力一样可以从一般的封君封臣的关系中得到解释。科尔曼指出，一般说来，国王的权力被认为是执行正义，自己也应服从法律，如果他没有做到，另一方可以废除约定。[②]正如兰顿指出的那样，对于好的君主，民众应当服从；对于坏的君主，民众有权利反抗，如果不反对反倒是一种犯罪。[③]布洛赫正是在这一点认定欧洲封建主义的独特性。他指出欧洲封建社会中的契约因素是全覆盖的，国王也不能例外。

布洛赫曾认为日本11世纪以后与欧洲有许多相似性，如政治权力的分割、职业武士等级的兴起、庄园的出现等，然而，"日本的附庸制是比欧洲附庸制程度高得多的从属行为，其契约性质则少得多"。更要害的问题是日本的誓约体系不是封闭的，"天皇的神圣权力处于各附庸誓约体系之外"，因此，他最终还是排除了对日本与欧洲社会

---

① 参见 F. L. Ganshof, *Feudalism*, p.19。
② 参见 Janet Coleman, *A History of Political Thought: From the Middle Ages to the Renaissance*, Oxford: Blackwell Publishing Ltd., 2000, p.16。
③ 参见 John W. Baldwin, "Master Stephen Langton, Future Archbishop of Canterbury: The Paris School and the Magna Carta", *The English Historical Review*, Vol.123, No. 503 (Aug., 2008), p.815。

的认同。在这里,"西欧封建主义获得了它的最原始的特征之一"[①]。可见,欧洲封建制原始特征的一个重要标志是贵族群体的存在,以及贵族的独立权利和尊严,孟德斯鸠曾将有无这样的贵族群体作为区分西欧社会和非西欧社会的标志,大概就是从这个意义上讲的。

国王和封臣在社会身份上没有什么不同,国王即是贵族之一而已。欧洲中世纪王权合法性需具备三个条件:血统,教会的承认,还须贵族们不同形式的认可或推举。德皇就是在七大选侯即七大贵族中推举产生的,即所谓"七大选侯"制度。英格兰国王亨利一世加冕后再次承诺保障封臣的权利,在他写给流放中的安塞姆大主教的信中说:"承蒙你的忠告与其他人的忠告,我已经向自己与英格兰王国的人民做出承诺,我是经过男爵们普遍同意而加冕的。"[②]

封臣这一方也持有相同的观念,他们尊重国王,但并没有将其视为至高无上、人神不分的君主,而是封建誓约体系中的一员。位于伊比利亚半岛的阿拉贡王国,其贵族效忠国王的传统誓言,可为佐证:"和你一样优秀的我们向并不比我们更优秀的你发誓,我们接受你为我们的国王,只要你遵从至高无上的上帝并恪守我们所有的法规和法律;如果你不接受的话,上述誓言无效。"[③]

《大宪章》明确主张"王在法下"。这一类法律文献,在中世纪欧洲反复出现,例如1222年《匈牙利黄金诏书》《耶路撒冷王国条令》《勃兰登堡贵族特权法》;1287年《阿拉冈统一法案》《布拉邦特的科登勃格宪章》;1341年《多菲内法规》;1356年《朗格多克公社宣言》。

封臣权利的重要内容之一,就是对土地的依法占有权。贵族的地位取决于世袭的爵位和土地,而不是他所担任的官职或与国王的亲疏远近;国王不能凭一己私利或一时好恶,剥夺贵族的土地和爵

---

① 参见 Mark Bloch, *Feudal Society: Social Classes and Political Organization*, Vol.2, chapter 32, 33;〔法〕马克·布洛赫:《封建社会》(下卷),张绪山等译,第三十二、三十三章。
② Austin Lane Poole, *From Domesday Book to Magna Carta, 1087–1216*, p.10, note 2, 3.
③ P. J. Helm, *History of Europe, 1450–1660*, London: G. Bell & Sons, 1970, p.54.

第二章　王权与地权

位。关于封臣采邑的依法占有权，封建法有明确规定，各种判例和法规也不断重申和补充这一原则。1215年《大宪章》明确声称：不能随意剥夺任何一个自由人的土地依法占有权，除非经过同等级人的合法裁判。[①]《大宪章》的成果之一，就是强制国王归还侵占贵族的土地。在第52、56条中，约翰王郑重承诺归还未经法庭审判就被他侵占的贵族土地、城堡，以及其他一些特权和私权。约翰王还向遭受其父和其兄长侵权的受害人做出类似承诺。

《大宪章》以前，贵族土地财产权就受到尊重和保护，否则就被视作非法的、不正常的。1193—1194年，因宫廷政治斗争，英王"狮心王"理查一世曾驱逐约翰的一些支持者并剥夺土地。待到约翰王继位后，这些支持者纷纷要求约翰王归还他们的土地。例如，1200年，威廉·布雷特（William Bret）要求王室归还其土地并赔偿损失。威廉·布雷特声称，这些土地自他父辈就依法占有，后来连同其他土地一起被前国王侵占。该案例复杂化在于，前国王已经将该土地另授他人——杰弗里·莫迪（Geoffrey Mauduit），后者事实上已经占有。于是布雷特不得不指控莫迪。尽管此案牵扯到前国王理查一世，但是国王法院还是受理了起诉。被告莫迪反驳说，该土地属他合法拥有，因为该土地来自于前国王理查一世，后者由于欠债而将该土地赐予他叔叔，为证明以上事实，他还购买了王室调查令状（a writ of an inquest）要求查证。这个案件让法官相当为难：是按照一般原则恢复布雷特的依法占有，还是按照前国王理查一世的决定维持杰弗里的占有？此案的最后结果是：由于莫迪在审理那天缺席——大概知难而退，法庭认为被告默认，所以判决原告威廉·布雷特恢复对土地的依法占有权，从而否决了"狮心王"理查一世对布雷特土地的剥夺。[②]

国王法院案卷中不乏贵族起诉国王侵占土地，并成功恢复土

---

① 参见 Carl Stephenson and Frederick George Marcham, eds., *Sources of English Constitutional History: A Selection of Documents from A.D.600 to the Present*, New York: Harper & Brothers, 1937, p.121.

② 参见 Ralph V. Turner: "The Royal Courts Treat Disseizin by The King: John and Henry III, 1199-1240", *The American Journal of Legal History*, Vol. 12, No. 1 (Jan., 1968), pp.6-7.

地占有权的案例。1208年，里士满治安法官罗纳德·菲兹·艾伦（Roald fitz Alan）起诉前国王亨利二世，侵占了他四处庄园与数处骑士采邑。他送现任国王100英镑和两匹马，请求他前来听审，以决定亨利二世是否非法侵占了他祖父的采邑占有权。法庭调查支持了艾伦的指控，亨利二世确实未经审判就非法侵占了其祖父依法占有的土地。艾伦最终恢复了土地的占有权。①

与现任国王对抗，并通过法庭成功恢复采邑占有权利的案例，莫过于法官休伯特·德·伯格伯爵（Hubert de Burgh）与亨利三世的司法博弈。1232年，伯格伯爵被亨利三世罢免法官一职并取消贵族爵位，投入监狱；两年后，亨利三世又将伯格等若干大贵族逐出英格兰，随后没收了他们的土地。但是国王的法令遭到了男爵们的一致反对，他们重申《大宪章》"王在法下"的原则，并利用库利亚大会形式审理亨利三世的专制行为，宣判亨利三世的行为违法。而伯爵并不感恩戴德，也不善罢甘休，而是立即向国王法院申请恢复他的地权，继而起诉土地当下的占有者。新的占有者罗伯特（Robert Passelewe）是国王坚定的支持者，他请求亨利三世以国王的名义担保他的地位和土地，可国王爱莫能助。法官认为，一旦对伯格伯爵的处罚无效，伯爵就有足够的理由恢复采邑占有权。显然，伯爵在与国王的对峙中胜诉。②

所以，人们不难发现国王与其他贵族因地权、地界问题产生争端，对簿公堂。一些诉讼有裁决结果，一些则被搁置，牛津伯爵指控亨利二世的案件即被搁置。约翰王在位期间的法庭档案，保存有起诉其父亨利二世侵占土地的法庭记录。牛津伯爵奥布里·德·维尔（Aubrey de Vere）指控亨利二世侵占土地，要求恢复某庄园的合法领有权：该庄园乃伯爵之父领自威斯敏斯特修道院院长，亨利二世在位时，因故罚没修道院院长土地并殃及该庄园地产；伯爵请求陪审团确认，其父

---

① 参见 Ralph V. Turner: "The Royal Courts Treat Disseizin by The King: John and Henry III, 1199–1240", *The American Journal of Legal History*, Vol. 12, No. 1 (Jan., 1968), p.8。

② Ibid., pp.15–16.

无辜，他的庄园被剥夺是不公平的，况且未经过任何审判程序。这个起诉似乎没有奏效，因为多年之后庄园仍然没有回到伯爵手里。①

另一个与威斯特敏斯特修道院有关的案件，也不了了之，该案件实际上也是起诉王权侵占土地。1211年，彼特·菲兹·赫伯特（Peter Fitz Herbert）——约翰王的著名政治盟友，起诉修道院：由于亨利二世剥夺原修道院院长职务及土地时，原告父亲被无故牵连，所以现任威斯敏斯特修道院院长的土地一部分本应属于他的家族。现任修道院院长不接受该说法，并出示亨利二世授予的土地证书。在约翰王的督办下，陪审团展开调查，发现原告父亲的依法占有权确实受到侵害，不过前任国王亨利二世侵权方式和情节，不能得到证明，于是最后判决也被束之高阁。②

起诉恢复采邑的占有未获成功，原因可能相当复杂，也许证据不足，也许较为粗糙的封建法本身就有相互抵牾之处。这些并不重要，重要的是证明了附庸与国王通过法庭解决争端的程序与史实，国王或前国王的侵权行为有可能通过法庭法律得到匡正。12世纪后期以后一些法学家认为，"封建依附关系是一种对双方都有约束而不只是约束附庸的契约"③。

因此，贵族在维护自己土地权利的时候，理直气壮。比如1233年，国王亨利三世指责伯爵理查德·马歇尔侵犯了王室领地，但伯爵宣称自己不是侵犯者，因为国王最先侵犯了他的土地。伯爵宣称，由于国王违约在先，根据相互的权利与义务原则，效忠关系自动解除，伯爵不再有效忠国王的义务。13世纪上半叶本笃会修士马修·帕里斯（M. Paris）也明确指出："为了国王的荣誉，如果我屈从于国王意志而违背了理性，那我将对国王和正义犯下更严重的错误。我也将为人们树立一个坏的榜样：由于屈从于国王的罪恶而抛弃法律

---

① 参见 Ralph V. Turner: "The Royal Courts Treat Disseizin by The King: John and Henry III, 1199-1240", *The American Journal of Legal History*, Vol. 12, No. 1 (Jan., 1968), p.7。

② Ibid., pp.7-8。

③ C. Northcote Parkinson, *The Evolution of Political Thought*, New York: The Viking Press, 1964, pp.99.

和正义。"[1]这位神职人员，也是中世纪史学家的陈词表明，在中世纪人的观念中，附庸的服从和义务不是没有条件的，如果受到国王不公正的对待，他有反抗和报复的权利。而且，不论在法律上还是事实上，天下并非皆王土，国王不能支配王国的每个庄园的土地，除非在他的王室自己的领地上。

国王无权征缴全国租役

西欧封建制是分散的权力结构，国王不能支配每一个庄园，所以中世纪王权没有全国统一的地租征收，也就是说，国王与绝大多数农民没有直接的统治关系。对于普通农民大众而言，经济政治的中心是采邑，他们向庄园领主服役纳租。布洛赫说："在领主与其直接的臣民之间，人们绝不能允许，甚至设想插入一个外来者，哪怕他是国王。"[2]

英格兰国王曾有临时的全国土地征税，但不久便被纠正了。9世纪，由于北欧海盗持续侵扰，英王抵挡不住，只得向维京人纳贡求和，而征收所谓"丹麦金"。诺曼征服后，丹麦金被废除，但后来的英格兰国王试图延续此项税收，增加王室岁入。该款项以郡为单位，每2海德[3]土地征收2先令，平均税率不高但总额不菲，对王室是一笔可观收入。然而，1163年，坎特伯雷大主教贝克特带头反对，使之无疾而终。贝克特指出，除非为了抵御外敌，征缴战费，否则没有什么正当的理由。

"征税不是为了取悦国王，"他义正词严地说道，"我的领主、国王，以尊敬的上帝名义发誓——你也曾以上帝名义发誓，你不能从我的土地与教会的权利中获得丝毫利益。"在贝克特仍然竭力抵制下，国王亨利二世最终放弃了征收新税种的想法。[4]12世纪中叶以

---

[1] Fritz Kern, *Kingship and Law in the Middle Ages*, pp.88-89.

[2] 〔法〕马克·布洛赫：《法国农村史》，余中先、张朋浩、车耳译，第146页。

[3] 海德：土地的丈量单位。

[4] 参见 Shepard Ashman Morgan, *The History of Parliamentary Taxation in England*, New York: Moffat, Yard and Company, 1911, pp.27-30。

后，《国库卷档》(Pipe Rolls)再没有关于丹麦金的记载。[①]事实上，除教会勇敢发声外，还有世俗贵族领主的抵抗，也是国王没有全国土地租役征缴权一贯原则使然。

贵族对国王也有义务，主要是军役。按照封建法，当国王需要的时候，国王的直属封臣必须带领他的骑士为国王服兵役，而且要达到一定的天数。随着战事减少和封臣作战热情的衰减，40天的兵役逐渐折合为现金交纳，被称为"盾牌钱"。12世纪中叶，英国国王开始征收盾牌钱，金额依其领地大小而定。国王用这项税款招募雇佣军，以代替原来临时应召服役的骑士。盾牌钱的征收促使骑士脱离军职，成为专营农、牧业的乡绅，对英国中间阶层的出现有一定影响。盾牌钱也就是封地费。封地费实为战费，为帮助国王打仗而征收，严格限用于战争开支，不能用于国王及王室的消费。

除了封臣的军役或盾牌钱，国王还可以以公共安全为由，在全国征收战费，在英国被称为"协助金"。然而，战费征收必须经过一定法律程序才能付诸实施。议会产生之前，国王必须征得贤人会议或贵族大会议同意，然后再与纳税人具体协商；议会产生以后则须经过议会批准，而且专款专用。曾经发生国王挪用战争税款的事情，但不是常态，因为不论征税批准还是税款开支都受到严格的监控，不论大臣还是国王本人，都不认为挪用战争税款具有任何合法性。一直到15世纪，英格兰议会还在重申王室消费来自王室领地的传统，只是做出一些补充规定，例如发生王子大婚、公主出嫁等特殊情况，一事一议，经议会批准拨专款补助。王室财政与国家财政的关系也在逐渐划清。

英格兰王权被认为较为强大，其实只是相对而言。1086年诺曼征服后，威廉一世统治达到顶峰。他下令对全国土地进行调查，将调查结果编定成册，称《末日审判书》，意指它所记录的情况不容质

[①] 参见 W. Stubbs, *The Constitutional History of England: in Its Origin and Development*, Vol. I, Oxford: The Clarendon Press, 1903, p.500.

疑，犹如《圣经》中所描述的"末日审判"一样的严厉。该文献又称《土地清丈册》《最终税册》，常常被认为是英格兰王权强大的重要证据。威廉的《末日审判书》，往往让国人联想起明朝朱元璋打下江山后，便在全国范围内实施大规模的人口核查，又对土地大规模的清理丈量，记录在案，制成《黄册》《鱼鳞册》。①实际上二者之间不可同日而语。"普天之下莫非王土"，绘制《黄册》《鱼鳞册》，是朱皇帝要彻查自己的家底，正如他告诫臣属的那样："民有田，则有租；有身，则有役。历代相承，皆循其旧。"

　　威廉的《末日审判书》着眼点不同，普查的主要目的是为了分清哪些是王室自己的地产，哪些不是；每年从位于各个郡的王室地产上国王"得到什么租税"。当然他也要知道贵族们各有多少土地。对此，《盎格鲁－撒克逊编年史》有明确的记载：

> 他派手下的人遍赴英国各地，进入每一个郡，要他们查明每个郡各有几百海德土地，国王本人在国内拥有的是什么样的土地和何种牲畜，他12个月内应该从各个郡得到什么贡赋。他还令人作了一份记录，载明他的大主教们、主教们、修道院院长们、伯爵们各有多少土地……他令人调查得如此详尽，乃至没有一海德土地，也没有一维格特土地，的确也没有……一头公牛、一头母牛、一头猪被遗漏而没有记录在案。

很明显，在12世纪的《盎格鲁－撒克逊编年史》里，国王本人的

---

① 《黄册》和《鱼鳞册》是明代租调赋役的主要依据，人口和土地档案，其中记录人口及其财产状况的叫《黄册》，绘制全国土地田亩的叫《鱼鳞册》。《黄册》登记的重要内容之一是"户籍"，除姓名、出生年月及详细地址外，更重要的是载有被登记者应服役的种类，在登记者的姓名之后，记有"军""民""驿"（从事公文传递）、"灶"（从事煮盐业）、"医""工"等身份。身份不同，所服劳役的种类也不一样，而且历代不允许更改。《黄册》登记的第二项内容是"事产"，即被登记者所拥有的田地山场。这些内容逐户登记好后，便将居民组成的单位——每一保或每一图的田地、坵段编为序号，标明每一号土地的质量等级、范围（东西南北"四至"）、大小、税额、户主姓名等——这其中的每一项内容，都另制一张小票，粘贴其上，状如鱼鳞，故称"鱼鳞册"。因此，《鱼鳞册》是官府掌握土地的重要文书。

土地和封臣的土地是明显分开的。英国国王关注自己的土地和牲畜,这关系到他一年从"各个郡得到什么贡赋"。同时,他也关注其他贵族的财产,他明知这些土地与他没有什么直接的关系,但他要知道"归谁掌有,值多少钱"。该《编年史》继续写道:"他统治英国。凭着他的机诈,他将英国作了如此仔细的调查,以致英国没有一海德土地他不知道归谁掌有,值多少钱,他将土地情况记录在案。"[①]

英王的权威高于大陆的国王,还表现在威廉一世接受了所有级别封臣的宣誓效忠。1086年,威廉国王在收获节到达索尔兹伯里,"他的议政大臣们也来到那里,全英国所有的占有土地的人,不论身份如何,不论他们是谁的封臣,也都来到那里。他们都服从于他,成为他的封臣,并且向他宣誓效忠,申明他们将忠于他而抵制所有其他的人"[②]。

"国王靠自己收入生活"

威廉名义上是英格兰最高土地所有者,全部耕地和森林尽归国王所有,而事实上,国王对土地和佃户的实际支配权仍然止于王室领地。王室领地估计占有全国耕地的五分之一或七分之一,其余的均依据一定条件分封出去。接受国王土地的封臣,被称为直属佃户(tenant-in-chief),大约有1400名,他们成为新的诺曼底贵族,取代了原来盎格鲁-撒克逊旧贵族。诺曼底贵族大多将土地再分封,受封者与其形成另一组领主附庸关系。无论一次分封还是多次分封,受封者只对他的直接领主负责;与此同时,领主仅在他的直属领地上有租赋征发权。国王也不例外。

国王可以有效地支配哪些土地呢?与法兰西国王一样,英格兰国王的消费主要靠自己的领地,即"王领",在非王室领地的庄园不能拿走一便士。直到1467年,爱德华四世依然对议会说:"我依

[①] 《盎格鲁-撒克逊编年史》,寿纪瑜译,第240、245页。
[②] 同上书,第241页。

靠自己的领地而过活，除了一些重大的和紧急的事件，决不向臣民征敛。"①所谓"国王靠自己收入生活"，就是王室消费主要依靠"王领"的收入，如同一位贵族依仗自己的庄园那样。国王政府经费结构性的短缺，从一个方面解释了，为什么英、法、德、意等欧洲王权在中世纪都没有常备军，没有官僚机构，甚至国王和皇帝长时期没有固定的驻地。编写于12世纪的《论国库的对话集》是一件盎格鲁－诺曼文献，它的作者记载了国王在他自己的庄园里征收实物租的情况：

> 据我们祖先的传说，在"征服"后的王国的初期，国王从他的庄园所收到的，不是黄金或白银的货币，而是实物的缴付……那些派去管理收款的官吏知道，每个庄园应缴付多少……我亲自碰到过那些曾目睹粮食在规定的时间从国王的庄园运到宫廷去的人们。

只有国王庄园里的农民才与国王发生联系，作为庄园佃户，他们主要视国王为领主，而不是一国之君。在同一文献里，描述了国王与他佃户的关系，如同一般贵族领主与佃户的关系没有多少差别，国王看起来远不是那么高远而不可及。其中谈到亨利二世在他的诺曼底庄园的境遇："那里时常有喊冤的村民涌进英王的驻地；而使他感到厌烦的，他们时常拦路喊冤，举起他们的耕犁作为标记。"②村民有时控诉一个不公平的管家，有时埋怨由于气候、战争或租役等造成的农业衰败。

这是国王在自己庄园的情景，走出自己的直属领地就不一样了。国王与那里的农民几乎没有任何经济关系，后者关心自己的领主远远超过国王。从国王方面而言，未经允许不得踏入别人的庄园，自

---

① Chris Given-Wilson et al. eds., *The Parliament Rolls of Medieval England, 1275-1504*, Vol 13, Edward IV 1464-1470, Woodbridge: Boydell Press, 2005, pp. 257, 354, 以及 *The Statutes of the Realm*, Vol. 1, pp. 158, 159.

② 转引自〔美〕汤普逊：《中世纪经济社会史》（下册），耿淡如译，第392页。

己附庸的庄园也不行。各个王国有所差异,至少在典型的封建庄园时代,大致如此。

即使在"王领"上,国王也不能任意而为,同样要依据庄园习惯法行事,庄园管理同样要借助村庄头面人物。王室生活消费依靠"王领"提供,国王政府(King's government)的日常开支,一部分也要来自"王领"。封建国王政府具有私人性质,起初国王官吏薪俸也由国王庄园收入中支付,一直到伊丽莎白时代都是这样。在中世纪,特别在货币地租以前,王室庄园提供的农副产品,不是被奉进"王宫",而是王室成员直接来庄园消费。像其他封建主一样,在相当长一段时期内,西欧的国王和皇帝终年在其所管辖的领地之间巡行,尽管当时交通相当困难。邻近的庄园可以将贡赋送到国王驻地,但路途较远,运输成本昂贵,而运费往往要国王支付。所以通常的方式是国王一行人前来庄园就地消费,称为"巡行就食"。法兰克国王、盎格鲁-撒克逊国王、诺曼诸王、金雀花诸王无不如此。欧洲没有、也不可能有中国古代那样的"漕运"。

这解释了国王直接管辖的庄园里为何大多都有一个临时住处,即使庄园让渡出去,仍保留一个居所。1033年,德皇康拉德二世的行程是:从勃艮第旅行到波兰边境,然后返回,穿过香槟,最后回到卢萨提亚。[1] 直线距离竟达1500英里左右!

王室领地一年为国王提供多少实物和劳役都有定量,如何接待巡行的国王也有具体规定。例如,一年款待国王一行几次,国王停留多久,随从人员数量和马匹数量,王室的膳食标准等,皆有规定。作为国王,也作为一个领主,他在庄园直领地(demesne)上拥有比较完整的土地权利。国王与佃农保有地、村庄周边共用地的产权关系就不那么简单了。如同封君与封臣的土地关系一样,作为领主也要承认佃农的保有权;在庄园周围的共用地上,同样也要承认每

---

[1] 参见 Mark Bloch, *Feudal Society: The Growth of Ties of Dependence*, Vol.1, pp.62–63。

个村民拥有的权利。

此外，在自己庄园内，国王还要面对管家体系之外的村庄共同体组织，努力协调与村庄共同体的关系。后者并非徒具虚名，而是有观念、有传统、有组织，享有合法地位，具有经济和政治职能的实体。所谓庄园，实为庄园-村庄双重元素嵌合的乡村组织，下一章专门讨论这个问题。

第三章　庄园-村庄混合共同体

考察农民土地产权，还须了解他们置身其间的乡村社会，具体说就是农民与庄园领主的关系，农民与村庄共同体的关系。庄园和村庄本是不同的概念，产生于不同的历史背景下，在中世纪它们各自仍然保持着不同的特质，二者之间存在着一定的紧张关系。不过在更多情况下，它们互相妥协和协作，共同组成乡村管理组织，形成一个混合共同体。

关于西欧中世纪乡村社会研究，欧洲史学界先后出现不同的两种倾向。起初，只讲庄园而漠视村庄。说到中世纪乡村组织，人们首先想到庄园、领主和教堂，认为庄园制度的性质和范围，是理解中世纪经济与社会的关键。它是一种政府形式，也是一种社会结构，一种经济制度。[①]该研究经历了长期的繁荣，成书于封建制盛期的《亨莱的庄园管理》格外受人青睐，19世纪末在英国皇家学会授意下坎宁安和拉蒙德将其整理、翻译后正式出版，[②]成为乡村研究模式的蓝本，进一步推动了庄园中心论，并在20世纪中叶达到高峰。

虽然阿什利爵士等批评以往庄园组织研究过于典型化，更为可

---

① 参见〔美〕汤普逊：《中世纪经济社会史》（下册），耿淡如译，第358页。
② 参见《亨莱的庄园管理》，无名氏撰写的《庄园管理》和《庄园总管的职责》，以及罗伯特·格罗斯泰特的《规则》，成书于13世纪。1890年，根据英国皇家学会理事会的决定，坎宁安与伊丽莎白·拉蒙德合作，将上述四部作品集结出版，书名为 Walter of Henly's Husbandry, Together with an Anonymous Husbandry, Senechaucie, and Robert Grosseteste's Rules。坎宁安为该书作了长篇序言。可参见中译本：〔英〕伊·拉蒙德、W. 坎宁安编：《亨莱的田庄管理》，高小斯译，商务印书馆1995年版。

信的庄园档案表明不同庄园的情况各异，各种称谓也混乱不清，不过批评者对庄园是中世纪乡村社会唯一中心的观点确信不疑，例如H. S. 贝内特关于庄园的描述颇为翔实，可对村庄共同体却不置一词。①当代史家戴尔评论说，村庄在那时历史学家的著作中往往被忽略，"村庄共同体仅如影子般存在"②。

然而，"二战"后欧洲学界的关注重点转向，大概与重视底层社会的大众史学有关，结果逐渐产生了另一种偏离，即认为不是庄园而是村庄共同体才是中世纪乡村经济社会的中心。从业已出版的关于中世纪乡村社会著作的目录中，很容易发现这一点。以英国为例，关于庄园的研究成果在20世纪中叶后明显萎缩，最后一部庄园研究的专著出现在1980年。相反，历史学家更多关注的是村庄共同体、共用地制度、农民群体的日常生活等，欧洲学者S. 雷诺兹、C. 迪塔伊、W. 奥尔特、C. 戴尔等都有大量的论述，③使隐藏在庄园档案后面的村庄共同体的面貌越来越清晰。近年"庄园"这个词出现的频率仍然没有回升的迹象。曾几何时，封建庄园这个备受关注的话题，眼下却鲜有问津，一些学者称这种现象为"撤离庄园"（the retreat

---

① 参见 H. S. Bennett, *Life on the English Manor: A Study of Peasant Conditions, 1150-1400*, Cambridge: Cambridge University Press, 1937。

② Christopher Dyer, "The English Medieval Village Community and Its Decline", *Journal of British Studies*, Vol. 33, No. 4 (Oct., 1994), p.407.

③ 参见 C. E. Petit-Dutaillis, *The French Communes in the Middle Ages*, Amsterdam: North-Holland, 1978; Susan Reynolds, *Kingdoms and Communities in Western Europe, 900-1300*, Oxford: Clarendon Press, 1997, C. Dyer, "The English Medieval Village Community and its Decline", *Journal of British Studies*, Vol. 33, No. 4 (Oct., 1994), pp.407-429; Warren O. Ault, "Village By-laws by Common Consent", *Speculum*, Vol. 29, No. 2 (1954), pp.378-394; H. S. A. Fox, "Co-Operation between Rural Communities in Medieval England", P. Sereno and M. L. Sturani, eds., *Rural Landscape between State and Local Communities in Europe Past & Present*, Alessandrie: Edizioni dell'Orso,1998; Henry E. Smith, "Semicommon Property Rights and Scattering in the Open Fields", *Journal of Legal Studies*, Vol. 29, No. 1 (Jan. 2000), pp. 131-169; Ken Farnhill, *Guilds and the Parish Community in Late Medieval East Anglia, c.1470-1550*, New York: York Medieval Press, 2001; Phillipp R. Schofield, *Peasant and Community in Medieval England, 1200-1500*, Basingstoke: Palgrave Macmillan UK, 2003; Christopher Dyer ed., *The Self-Contained Village? The Social History of Rural Communities, 1250-1900*, Hatfield (GB): University of Hertfordshire Press, 2007。

from the manor）。①

我国史学界以及不同类型的教科书，一贯将庄园看作中世纪欧洲乡村社会的中心，而村社在中世纪被认为是"原始公社的残余"，语焉不详。国内也有学者很早就关注了这个问题，近几十年来特别对中世纪村庄自治、农民群体等做了一些有益的探讨，不过还未见在乡村组织的总体框架下探讨村社，以及村庄与庄园之间关系的系统论述。

国际史学界先后出现的这两种倾向均由其片面性，不论漠视村社存在还是发现村社而"撤离庄园"，似乎都不足以解释西欧繁复的乡村社会史。着眼于整体的、长时段的乡村经济社会史，笔者提出"庄园-村庄混合共同体"概念，在厘清二者之间内在逻辑联系的基础上，建构西欧乡村组织双重结构框架，从而进一步靠近历史本来面貌。②

也就是说，经过长期博弈，二者达成一定的妥协，领主的权威被接受，同时村庄要素继续得以发酵，形成中世纪乡村组织新模式。在这一概念中，"庄园"和"村庄"是平行共存的两种成分，"混合共同体"是对这一组合的定性。实际上，封建制下的庄园并未吞噬久已存在的村社，二者没有一体化，也没有完全各行其是，而是有抗争、有妥协，形成一种独特的紧张关系，这种关系是乡村双重结构的基础，也是西欧乡村组织的显著特征。

以此为切入点，本章试图从田制、乡村公共事务管理、村社与庄园的权力关系等方面，探析双重结构下的西欧乡村组织，体察乡村社会和经济环境，力求更准确地认知农民土地产权的外在条件。

---

① Christopher Dyer, "Lords, Peasants and Villages in England, 700-1600", in Qian Chengdan & Miles Taylor, eds., *Proceedings of the British-Chinese History Conference*, London: University of London, Institute of Historical Research, 2011, p.69.

② "庄园-村庄混合共同体"这一概念系笔者首次提出，可参见侯建新："西欧中世纪乡村组织双重结构论"，《历史研究》2018年第3期。其中"村庄"在这里的全称是村庄共同体（village community）。在西文史学专著中，有时village本身就意指村庄共同体。为行文方便，本卷书有时用"村庄"或"村社"一词替代"村庄共同体"。

一、相关概念辨析

欧洲文明是与中国相距最遥远的文化之一，欧洲中世纪村庄与田制，尤其让人感到陌生与迷惑。鉴于此，似有必要做一些基础性表述，例如庄园和村社组织，敞田制相关的土地概念——保有地、共用地、条田和直领地以及耕作方式等，俾助下一步阅读和理解。

庄园

9—11世纪，欧洲庄园制度逐渐形成。封君与封臣、领主与附庸关系是封建制的上层，领主与农民佃户关系则是封建制的基层，他们之间的经济纽带就是土地。庄园是一种经济组织，又是一种政治组织，封建主义（feudalism）一词就是由通俗拉丁语"feodum"（封地、采邑）演化而来的。[①]"庄园"（manor）一词，在古英语中表示"厅堂"（hall），一幢又大又好的房子，领主一家人的宅邸，大概是庄园一词最初含义。法兰西、意大利和德意志的庄园最初也都意指领主的宅邸（法兰西的cour、意大利的corte、德意志的hof），[②]或者说都是以领主的住所来表示整个庄园，表示土地的领主权。

中世纪文献中，往往把庄园与地产等同。例如，1086年英格兰的《末日审判书》中，经常出现"某人领有若干海德的土地作为一个庄园（manerium）"，即指一块单独经营的地产。[③]梅特兰指出，那时庄园的含义和"地产"（estate）差不多，二者之间似乎没有一个明确的区分和界定。

近代历史学对庄园概念的认识不断深化。布洛赫这样描述庄园：

[①] 参见 F. W. Maitland, *The Constitutional History of England: A Course of Lectures*, p.152。
[②] cour、corte 和 hof 均为庭院的意思。
[③] 参见 Edward Miller, John Hatcher, *Medieval England: Rural Society and Economic Changes, 1086–1348*, p.19。

"从面积上看,它是按照使其土地大部分收入直接或间接地由一个占有者掌控的原则而组织的一个地区;从人口上说,该土地上的居民服从于一个领主。"[1]显然,布洛赫关于庄园的概念注入了政治和社会含义。维诺格拉道夫关于庄园的定义更明确,他认为,庄园应该具有财产、社会和政治三方面的功能,它是一块地产,是统治者与被统治者的一个结合体,同时也是一个地方政府。[2]汤普逊也持类似观点,他指出庄园是"社会结构中主要的和正规的组织细胞",是中世纪时代的"土地管理单位";也是"构成一个所有权兼行政权的单位"。[3]很明显,庄园不仅是一块地产,也是政治权力单位。作为一块地产,由于它凝结着各种社会关系和政治权利,其土地产权呈现出极其复杂的画面,任何其他时代和其他地区的财产关系都不可以简单地比附。这种极具个性的特征,既表现在社会关系层面,也表现在经济关系层面,二者紧密结合,才能真正理解欧洲庄园的土地财产关系。

关于欧洲庄园的起源问题,目前可获得的文献资料不多,含义又模糊。一个通常的说法是,中世纪的庄园是某种混合因素的产物,其因素来自罗马帝国晚期的庄园,也来自日耳曼马尔克村社制度。这样的结论似乎过于宽泛,倘若结合欧洲封建制兴起的背景来理解庄园现象的出现,就直接得多。庄园领主与佃户关系形成,可以在社会上层的封君封臣关系中得到启示。多普施说:"一个简单而显著的检验证明,在封建体制与庄园制度之间存在着某种联系,许多没有庄园的王国,如弗里斯兰、迪特马申(Ditchmarschen)、挪威,同时也没有封臣和采邑。"[4]在暴力和无序的威胁下,社会上层纷纷结成领主附庸关系,一方承诺提供安全保护,一方承诺效忠和服役。

---

[1] Marc Bloch, *French Rural History: An Essay on Its Basic Characteristics*, Berkeley and Los Angeles: University of California Press, 1966, p.64.
[2] 参见 Paul Vinogradoff, *The Growth of the Manor*, London: George Allen, 1911, p.307.
[3] 参见〔美〕汤普逊:《中世纪经济社会史》(下册),耿淡如译,第359—360页。
[4] 〔英〕M. M. 波斯坦主编:《剑桥欧洲经济史》(第一卷),郎立华等译,经济科学出版社2002年版,第234页。

底层社会也一样。

村民一般以家庭为单位投靠,整个村庄投靠某位"大人物"也经常可见。这位大人物不仅在该村有产有势,往往还拥有相邻的或不相邻的其他村庄的地产和佃户。从这个意义上讲,庄园可以理解为因投靠行为而聚集起来的大土地制。不排除胁迫和强制,更多情况下是自愿投靠。倘若一个村庄出现若干首领,谁最后成为领主往往经历竞争过程,也可能这个村庄分裂为几个庄园。领主的出身也是不一样的:

>……有两点问题应予特别留意:大部分这种潜在的庄园主看起来是比别人富的农民,而且更重要的是,他们是被一些追随者前簇后拥着共同住在设防的领地府邸里的人;其次,就他们的名称而言,常称他们为"村子里的首领",而不是"村子的首领",因为有时在同一地方,会有几个类似这样的家庭同时崛起,这几个家庭就会处于不断互相倾轧及至势力最强者最终压倒所有对手的过程中。
>
>……
>
>我们在大约为1110年的《比格雷的良心》中读到:……权力应属于那些本地最好的骑士,即那些家庭力量最强大、最富有、最受人尊重的人。我们也一定不会忘记,弗里斯兰的小村庄根据传统在几个"土皇帝"之间进行瓜分的情况。[①]

庄园自发形成,故此分布极不均衡,庄园最初的形式也是千姿百态。在远离法兰克王国的欧洲中部地区(塞纳-马恩省河和莱茵河之间),如果说存在庄园,也不多见,一些地区仍是自由农民耕种小块土地。关于11世纪的英格兰,伦纳德是这样评价的:在整个英格兰,一般说来大部分地区都已经庄园化;然而不是所有的地区的

---

① 〔英〕M. M. 波斯坦主编:《剑桥欧洲经济史》(第一卷),郎立华等译,第252页。

土地和农民都被组织在庄园之中。[1]所谓中世纪"没有无领主的土地",其实是一个神话。一些地区就是完全没有庄园,如尼德兰的弗里斯兰地区,还有挪威等地。欧洲的"庄园化",经历了极其漫长的过程,据西方学者晚近研究成果确认,直到11世纪,庄园经济才在欧洲占据主导地位。

关于单一庄园的土地规模,各地情况不一。根据《末日审判书》,一个庄园耕地总面积通常达到700英亩以上,[2]这还不包括草地、森林地和荒地在内。参照这份数据,再考虑到森林、荒地等非耕地,我们有理由相信一般庄园的面积达到1 000英亩是可信的。同期,一些个案资料显示庄园规模很不平衡:伍斯特郡,公认的骑士领面积为5海德(1海德大约相当于120英亩)。有的骑士领4海德,有的1海德。[3]圣奥尔本斯修道院(St.Albans)所属的6份骑士领,其中2份骑士领大约5海德有余,余下的骑士领分别是6、7、8海德不等。多塞特郡一份骑士领只有2海德,剑桥郡一骑士领竟达到27海德。[4]另根据1279年的百户区案卷,500至1 000英亩耕地的庄园,还被称为中等庄园,[5]可参考。

806—829年,一份法兰西圣日耳曼-代-普雷修道院文献,描绘了巴黎附近一处庄园,详细记载了可耕地、葡萄园、草场以及周围林地的面积。[6]如果折合为英亩,其规模可达数千英亩以上。近代

---

[1] 参见Reginald Lennard, *Rural England, 1086–1135: A Study of Social and Agrarian Conditions*, Oxford: Clarendon Press, 1959, p.236。

[2] 依据《末日审判书》,汤普逊提供了以下统计数据可作参考:第一组,包括14处庄园,每个庄园有32个农户;第二组,包括14处庄园,每个庄园有14个农户;第三组,包括14处庄园,每个庄园有11个农户。如果以每庄园15农户、每个农户的租地以30英亩计算,每个庄园佃户的耕地面积大约应有450英亩。领主的直领地一般占到全部佃户耕地的1/3至1/2,二者相加应在700英亩以上,这是庄园耕地总面积由来。参见〔美〕汤普逊:《中世纪经济社会史》(下册),耿淡如译,第374页。

[3] 参见Marjory Hollings, "The Survival of the Five Hide Unit in the Western Midlands", *The English Historical Review*, Vol. 63, No. 249 (Oct., 1948), p.455。

[4] 参见Austin Lane Poole, *From Domesday Book to Magna Carta, 1087–1216*, p.15。

[5] 参见E. A. Kosminsky, *Studies in the Agrarian History of England in the Thirteenth Century*, p.96; S. H. Rigby, *English Society in the Later Middle Ages*, London: Macmillan, 1995, p.45。

[6] 参见〔法〕乔治·杜比主编:《法国史》(上卷),吕一民、沈坚、黄艳红等译,第258—259页。

欧洲许多地区保留了旧村庄的界线，而这些村庄就是从中世纪庄园演绎来的，其面积很少低于1 000英亩。①1 000英亩相当于6 000多市亩，可见，即便仅仅拥有一个庄园的领主，其管辖的土地规模也是可观的。一些大贵族，公爵、伯爵和男爵动辄拥有十几座、几十座庄园，土地资源之阔绰，令人咋舌。温彻斯特主教法纳姆庄园以其面积广阔著称，据估算，该庄园覆盖了现在的整个法纳姆百户区，也就是25 000英亩。②

村庄是庄园形成的基础。一个村庄通常就是一个庄园，比如《末日审判书》中牛津郡220个有名字的村庄中，139个村庄与庄园吻合。而在很多情况下，一个庄园包含若干村庄。巴黎圣德尼斯修道院持有7个村庄，位于格洛斯特郡迪尔赫斯特百户区，7个村庄构成一个庄园。又如莱姆斯特庄园包含6个不同名字的村庄，总共有80海德土地，1066年有佃户230人。③也有一个村庄分为几个庄园的情况。所以，一个村庄可能：（1）就是一个庄园；（2）分为几个庄园；（3）一个庄园的一部分；（4）除一个庄园外，村庄其余部分属于其他庄园。④

村庄共同体

村庄共同体的英文表述是village community。在西文史学专著中，有时村庄（village）本身就意指村庄共同体。为行文方便，本文时常用"村庄"或"村社"一词替代"村庄共同体"。庄园无疑是欧洲中世纪重要的乡村组织，但是我们也绝不应该忘记村庄，著名史家维诺格拉道夫在20世纪初就曾经明确指出，村庄这种地域组织比封建制度远为古老，而且在封建制度下仍然充满活力。⑤

---

① 参见〔美〕汤普逊：《中世纪经济社会史》（下册），耿淡如译，第375页。
② 参见 Adolphus Ballard, *The Domesday Inquest*, London: Methuen & Co., 1906, p.47。
③ Ibid., pp.46-47.
④ Ibid., p.49.
⑤ 参见 Paul Vinogradoff, *English Society in the Eleventh Century*, Oxford: The Clarendon Press, 1908, p.475。

不过，人们的认识并非一向如此。在20世纪以前，国际学界除了梅特兰、维诺格拉道夫等少数西方学者做过相关的研究外，尚未发现更多学者涉足于此。一些学者认为欧洲村社主要受到罗马的影响，如1883年弗雷德里克·西博姆《英格兰乡村共同体》就表达了这样的观点。稍后问世的论文中，他进一步论证敞田制来源于领主制，而领主制又源于罗马庄园。维诺格拉道夫与梅特兰通过对农奴制的法律方面的研究，反驳了西博姆等人的观点。维氏在《英格兰农奴制》《庄园的发展》《11世纪的英格兰社会》等著作中，认为早期英格兰的自由村社是源于日耳曼的，而不是由罗马组织的村社。①当下，西欧村社研究再次受到历史学家的青睐，达到了一个新的繁荣阶段。②

笔者认为，中世纪乡村存在庄园与村社双重体制。对一个中世纪农民而言，他具有多重身份，既是领主的佃户，又是村社共同体村民，当然还是教区教民。就中世纪乡村基层组织而言，承认庄园组织的作用，也不能忽视村社共同体的存在。村民是被统治和被盘剥的弱势群体，然而，他们不是单个、无助的佃户，而是组织在一个共同体之中，有着不俗的表现。

西欧的村庄不仅是一个附有大片耕地和荒地的定居地（settlement），一个自然村落，还是一个有着悠久传统的社会组织，因此总是被称作"村庄共同体"或公社（commune）。它们大部分源自日耳曼人的马尔克村社，实行自治，有着相当稳定、顽强的理念和生活方式。如同罗赛讷（Werner Rösener）指出，只有在实际生活中表现出有关集体事务的权威，并且具有合法性时，才是一个真正的村庄共同体。③苏珊·雷诺兹（Susan Reynolds）对共同体概念做了更为系统的探讨，她指出，对于中世纪的民众来讲，村庄的

---

① 参见〔英〕亨利·斯坦利·贝内特：《英国庄园生活：1150—1400年农民生活状况研究》，龙秀清等译、侯建新审校，上海人民出版社2005年版，译者序，第3页。
② 参见本章第80页注释3。
③ 参见 Werner Rösener, *Peasants in the Middle Ages*, trans. by Alexander Stutzer, Urbana: University of Illinois Press, 1992, p. 150。

理想模式不仅仅是一个聚居地，也不仅仅有教堂矗立在土地、草场、牧场与森林的中间，更重要的，它是一个社会自治组织，而且有着独立的行为能力，她说："它好像是一个小型的王国，在这里面有属于自己的习惯、政府和身世。"[①]

闻名中世纪的公社运动正是以乡村共同体为基础。杜泰利斯（Petit-Dutaillis）在《中世纪的法兰西公社》一书中写道，共同体一般指一个村庄或城镇的全体成员。一个公社肯定是一个共同体，但共同体不一定是公社，也就是说公社具有更高程度的组织化。狭义上讲，一个公社就是一个基于誓约的团体。他说，公社本质上是"和平的制度"，目的在于自卫。[②]公社运动反映了西欧11—13世纪社会和政治发展的特点，在法兰西和意大利的表现尤为引人注目。

共同体是西欧一个相当独特的政治经济概念，它不是一个高高在上的威权，而是个体意志某种程度的集合，或者说，"是通过参与集合的实体（collective entity）来定义个体；正是这一点证明了个体的存在和他的社会、政治和法律权利的正当性"[③]。在整个中世纪，即使在残酷的农奴制下，村社共同体仍然具有抵抗的手段和行动的空间。无论一个佃户如何受控于领主，他同时处于村社共同体的权力之下，是其中的一员，受其保护，也受其制约。他们从未丧失集体行为，通常都是热情而认真的，并得到广泛的社会认同。

那么，何谓西欧村庄共同体特有的内涵呢？总体来说，可以归纳为如下几点：

其一，自我制定规则、有效执行规则和自我管理的自治因素。中世纪村庄在相当程度上独立管理自己的事务，有自身长期形成的习惯法即村法，有自身的权力机构村民会议，有自身的选举出来的管理人员，而且具有与上级权威机构打交道的合法地位，这种乡村

---

① Susan Reynolds, *Kingdoms and Communities in Western Europe, 900–1300*, p.249.
② 参见 C. E. Petit-Dutaillis, *The French Commune in the Middle Ages*, Amsterdam: North-Holland Publishing Company, 1978, p.35。
③ 〔英〕J. H. 伯恩斯主编：《剑桥中世纪政治思想史》（下册），郭正东等译，生活·读书·新知三联书店2009年版，第717页。

共同体的自治传统,是近代西欧地方自治的胚胎。

其二,一切经过法庭,"参与审判""同侪审判"以及陪审团裁决所表达的法治因素。依照他们的观念,任何过失都是对共同体的冒犯,因此共同体的成员既是公诉人,又是法官,享有出席法庭并依法裁决的权利;陪审制则是上述原则的发展,也是法庭确证方式的进步。"一切经过法庭"既是观念,也是实践,为欧洲上层司法体系构建奠定了广泛的民众基础。

其三,民众参与公共事务和参与推举的民主因素。村庄共同体的头领,也是庄园直领地的实际管理者,须经村民选举产生,至少须经佃户和领主共同承认。村规监督员(warden)、羊倌、牛倌、蜂倌以及护林员等亦由村民推举。民众参与公共事务和参与选举成为一种生活方式。

其四,共同体内部对济贫扶弱的互助理念达成广泛共识,成为中世纪济贫风俗和近代福利制度的重要源头。

最后,村庄共同体以地域而不是以血缘关系为纽带,成员具有共同理念和担当的集体意识。总之,乡村共同体理念影响极其深远,是理解中世纪社会的钥匙。其后的中世纪城市、大学以及各种组织和行业的联合体,诸如跨越国界的"汉萨同盟",都可以发现乡村共同体的底色。

"轮耕"与"条田"

从村社到庄园,变化多端,然而也有不变或基本不变的,其中之一就是著名的敞田制。欲了解敞田,须知轮耕制,以及与之不可分割的条田制。这里,我们重点了解一下"轮耕"与"条田"两个概念,为下一步的叙述做铺垫。

轮耕制是敞田制极为重要的环节。以三圃制为例,春耕地、秋耕地和抛荒地轮流更替,三年循环一次。一年之中,总有三分之一耕地轮为抛荒地,供集体放牧使用。收割完毕,还留有麦茬的庄稼地瞬时变成牧场,对所有村民开放,任各家牲畜自由放牧觅食。

实行轮耕制一个重要的前提是，佃户们的土地连成一片广袤的田野，其间没有任何永久性的篱笆，这就是所谓"敞田"。近代早期"圈地"相对"敞田"而言。圈地是在明确属于自己田地的周围筑起篱笆或挖下沟壑，表示该地是私有财产，不再轮耕；"敞田"则不然，某些土地这个季度归你管理和耕作，下个季度就归另一个人耕作，再下季度则变成人人皆可使用的公共牧场。土地的主人和土地的功用在不断地变动，每户的土地之间不允许有固定的障碍和标志。每个人占有田亩面积是固定的，自己耕耘的土地自己收获，但耕作土地的地理位置是变动的，随着季节性轮耕的节奏而变动。既要集体协作，又要保证个体劳动，各自享受自己劳动成果，可以想见，这需要多么巨大的组织工作。况且，什么日子轮耕，什么时间播种和收获，以及播种什么作物等等，必须有序进行、统一安排。毋庸置疑，轮耕制不仅需要村民有力地配合和广泛的共识，还需要一个坚强的组织，那就是村庄共同体组织。

为什么能够实行轮耕制？有一个要素条件，即标准的土地单位——条田。狭长、面积固定的条田是份地存在的基本单位，每位佃户的份地由数个乃至数十个条田组成，后者不是集中在一起，而是分散在远近不同的地块上，定期交换；佃户的土地面积以标准的条田计算，轮耕而不改变每个佃户保有地大小，才使轮耕制成为可能。

一望无际的田野上，没有树篱和壕沟，因地形等因素分成许多天然地块，每个地块则分裂为并列的狭长的条状耕地，这些条地又长又窄，故称为条田。这些属于不同农民的条田交错在一起，其间由狭窄的草陇间隔。条田也是基本的耕作单位，面积各地略有差异。在英格兰，条田一般是40竿长和4竿宽，即1弗浪①长和0.1弗浪宽，大致相当于1英亩，"英亩"来源于此，大约也是一天耕地面积。犁耕工作，一般要到中午结束，其后送耕牛到牧场进食。由若干公牛或马牵引的重犁，不便转弯，要一口气朝前犁去。每一条田

---

① 弗浪（furlong）：测量长度的单位，等于1/8英里（201米）。英格兰条田标准长为1弗浪即201米，宽为长度的1/10即20.1米，相当于1英亩，但实际上的条田大都不足此数。

也就是一个牛队一天的耕地面积，所以德意志农民又称其为"晨地"或"白天工作地"。条田尽头，叫作"头地"，此时人疲马乏，精疲力竭，似乎是劳苦一生终结前的象征，所以当人气息奄奄将要离世之时，常常被说成"正在耕他的头地"，即出于此。

每一户人家，无论你有多少条田，都不能彼此相连，而是要与邻居的土地交错，并且路程远近、土地肥瘦等各种条件，亦大体相当，均平主义倾向相当明显。1066年至1292年，英格兰马桑姆庄园的佃农从63户增加到了107户，共2 000多块条田，每户佃农均约20块，分散在庄园各处。①同样是出于均平目的，每隔几年各家的条田都要重新分配一次。在这样的田制下，每个家庭的劳作，不论耕地、播种、除草还是收获，都必须与其他家庭配合，通常要一起行动。当它是春耕地和秋耕地的时候，每块条田都有相应的佃户在劳作，庄稼也归他收获。庄稼收割以后，该土地或变成下一季耕作者的条田，或成为休耕地，成为所有村民的牧场。无论"条田""轮耕"，还是份地、共用地，都无可置疑地体现了村社共同体均平主义的风格和制度安排。

下面，让我们对中世纪庄园-村社面貌，做一个总体印象。

9世纪初的一份文献，藏于法兰西圣日耳曼-代-普雷修道院，描绘了巴黎附近一处领主庄园的情形（图3-1）：

在新城有一处领主庄园，包含住所和其他足够用的建筑。庄园有170博尼埃②可耕地，可播种800缪依③种子。葡萄园91阿尔旁④，人们从中可收获1 000缪依葡萄。草场166阿尔旁，人们从中可以收获166辆大车的干草。有三座磨坊，磨坊的使用税可带来450缪依麦子的收入。还有一座磨坊是不收税的。有

---

① 参见 G. G. Coulton, *The Medieval Village*, Cambridge: Cambridge University Press, p.41。
② 博尼埃（bonnier）：法国古代土地单位，每博尼埃约合1.4公顷土地。
③ 缪依（muid）：法国古代容积单位，数量依地区不同，1缪依少则200多公升，多则400多公升，甚至有高达700多公升的。
④ 阿尔旁（arpent）：法国古代土地单位，1阿尔旁约合20—50公亩。

周长为4古里①的一片林子里，可放养500头猪。②

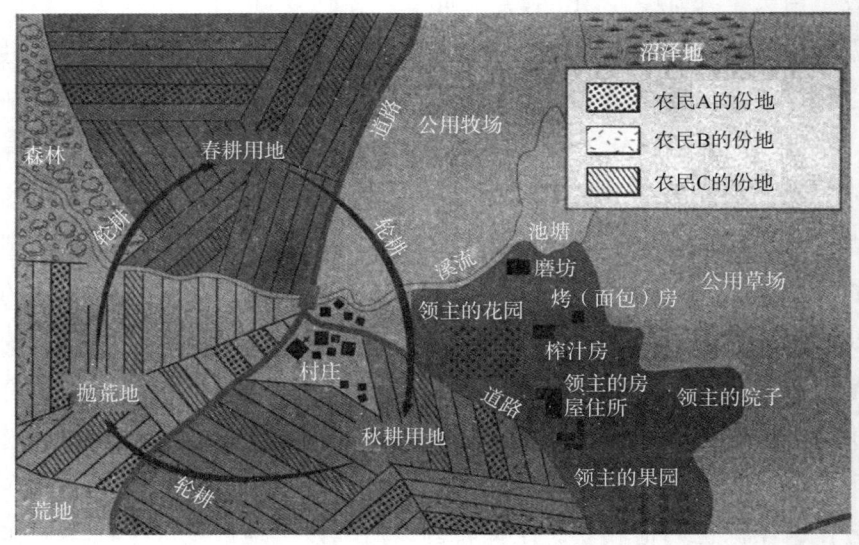

图 3-1

资料来源：〔美〕杰克逊·J.斯皮瓦格尔：《西方文明简史》（上册）（第四版），董仲瑜等译，北京大学出版社2010年版，第203页。

从上图可看出，核心地带是领主宅邸、佃户农舍以及磨坊等公共设施；四周是条状农田，春耕地、秋耕地和抛荒地轮流更替；再远则是村民共同使用的林地和荒地。

关于庄园－村庄的外貌，意大利史学家齐波拉曾有这样的描述：

> 最完美类型的村庄是处于开广田野的中心：所有各家各户的围墙聚集在一起形成单一的紧密集体，……在核心周围是一圈宽阔的适于耕种的土地……其间根本没有任何永久性的篱笆，因为除了当谷物在地里生长时外，个人的所有权是一个次要的考虑，而全部可耕地连成一片广袤的集体牧场。围绕在这片土

---

① 古里（lieue）：4古里约合16公里。
② 〔法〕乔治·杜比主编：《法国史》（上卷），吕一民、沈坚、黄艳红等译，第258—259页。

地外面的是荒地和森林，它们几乎完全由村社共同使用，这种农业制度广布于10世纪和11世纪的欧洲。[①]

二、田制：两种要素的组合

田制，这里系指土地产权结构和土地耕作方式两方面内容，它们是不同的指标，又有着内在联系。笔者以为，中世纪农村土地产权和耕作方式，都蕴涵着庄园和村社两种要素，只是程度不同而已。大抵上，基于不同类型的土地，庄园和村社要素有所侧重；而土地耕作方式和管理，基本延续了村社时代的制度。

土地注入领主权力

庄园佃户占有的土地称为保有地（tenure），又称为持有地（holdings），它占据庄园一半左右甚至大部分耕地。佃户，不论自由佃户还是农奴佃户都保有一块土地，因为持有条件不一样，所以他们对领主承担的义务不同。农奴佃户定期在领主直领地上服役，不过其大部分劳动时间还是在自己的保有地上耕作。

保有地又称份地，本意是村社时代可以供养一个家庭的土地。虽说份地有几分神秘色彩，不过它源自日耳曼村民自主地几无疑义。在日耳曼村社时代，份地又被称为自主地（allods，日耳曼语），指抽签方法分配得来的土地。所谓份地，就是村社时代农户的标准耕作面积。份地的计量面积在欧洲各地有所差异，名称也不同。在法兰西地区，最常用的词是曼塞斯（mansus），在德意志称胡符（hufe），在英格兰称海德（hide），在丹麦又叫波尔（bol）。这些词指代同一事物，背后的事实也相当近似。在英格兰，份地海德被描述为"一个家庭的土地"（terra uniusfamiliae）。在盎格鲁-撒克逊时期，一个标准的海德为120英亩，这是一个很大的面积，可见当

[①] 〔意〕齐波拉主编：《欧洲经济史》（第一卷），徐璇译，商务印书馆1988年版，第148—149页。

时土地宽裕，家庭规模也大，大概是几代人围绕着一个灶台共同生活。随着大家族分裂，份地也减缩为较小的单位。中世纪英格兰标准的份地单位称维尔盖特（virgate），1维尔盖特大约相当于30英亩，实际上许多佃农份地面积达不到这个标准。

这块土地本来就是村民自己的，在战乱的年代里为获得庇护，村民携小块土地一起投靠领主。一方面以劳役、货币或实物的形式回报领主；另一方面他一家甚至其后代，还有那块土地，都被打上了依附性的印记。土地仍然在他手里，仍然由他实际保有和使用，但被注入了领主的权力。这块土地有佃户个人权利、村社权利，现在又叠加了领主权利。理论上讲从领主那里领有这块土地，所以该土地被称为保有地。按照庄园习惯法，农奴死后其后代继承土地时，须向领主缴纳继承捐（又被称为死手捐），表示其后代再次从领主那里领受土地，并继续效忠。

由于人口增加和分化等原因，相当一批佃农持有半维尔盖特甚至更少的土地，份地均衡性逐渐有所破坏。例如，13世纪后半叶英格兰东南部的萨福克郡的威克斯，有76名自由持有农，其中7人持有116英亩土地；6人有家宅但无土地，其余63人每人拥有不到2.5英亩土地。又如，1279年剑桥郡的切本哈姆，143名佃农中（超过四倍于《末日审判书》中记载数量）的59人每人拥有不足2英亩土地，必须依靠打工维生。据科斯敏斯基对百户区案卷的研究，13 500个农民保有地中，46%只有1/4维尔盖特（约8英亩）或更少。[①]

就产权而论，保有地载有佃户和领主的权利，或者说至少两种或两种以上的权利，直至圈地运动等近代早期土地产权变革，才终结了这种土地模糊产权制度，从而使保有地成为市场化的土地，一种纯粹的可流通的商品。

共用地，顾名思义，其村社的成分显然更高些。它来源自村社制度，即使在庄园化时代也保持了原有的风格。是每个村民都

---

① 参见 H. C. Darby, ed., *A New Historical Geography of England before 1600*, Cambridge: Cambridge University Press, 1973, p.87。

有权利使用的资源，不论村民还是领主。共用地在可耕地的外围，村落的边缘地带，包括大片的荒地、水塘、沼泽和森林，在中世纪初期曾占据整个庄园面积的大半。按照村庄古老的惯例，农民世世代代利用它们，打柴、伐木、拾橡子、采蘑菇，更多是放牧牲畜和家禽。橡树、山毛榉和栗木一类的树林被禁止砍伐，因为它们的果实是猪的饲料。那时，不少小农的耕地不足以维生，大片的荒地林地成为他们重要的生活资源。一片森林的价值，是以它维持牲畜存活的数量来估计的，例如1英亩山毛榉地，一般认为可够养10头猪。

同时，共用地也是村民食物的重要来源，如野菜、水果、渔猎所得等，还有耕地所需要的肥料，等等。共用地的使用还是村民权利的标志，村庄共同体之外的人以及置于法律保护以外的人不可以使用。也就是说，只有份地的持有者即村庄共同体成员才有权享用共用地。即使少地的小农，同样拥有公共权利，在哈特菲尔德·蔡司地区（Hatfield Chase），穷人几乎可以依靠共用地大量繁殖的野兔为生，而不被认为是感受恩惠和慈善。①

共用地使用权是村民身份的重要标志，是本村村民共有的（commom）而不是公共的（public），也就是说，排斥村社以外的人使用资源的机会和强度。因此笔者译为"共用地"，而不采用"公地"的译法。按照惯例，村庄可能收留个别乞丐或移民，他们在共用地边缘建起极其简陋的茅舍，有时开垦出一小块土地，这些"茅舍农"就没有使用共用地的权利。近代早期圈地运动中，共用地被分割，茅舍农们也总是被排除在外。法国大革命也时常伴随着共用地在村民中间分割，同样不包括外来者，如茅舍农、流动来的雇工等。不少资料表明，即使在村民内部，由于每人持有的权利不同，享用共用地也是有差别的：持有庄园保有地才能

---

① 参见 Joan Thirsk, ed., *The Agrarian History of England and Wales, 1500–1640*, Vol. IV, pp.404–405。

享用共用地，而使用的权限如放牧多少头牲畜，与保有地大小有一定关系。①

直领地（mansus indominicatus, demesne）②不是源自日耳曼村社传统，而是与庄园同时诞生的、集中表现领主封建特权的土地。佃户的小块保有地，领主法理上有领有权，实际上很难染指；而大片的林地和荒地，领主和佃户都有公共权利，领主不得任意圈占，更难说独占。领主直接支配的土地，唯有直领地。其劳动力来自佃户强制性劳役，是庄园制最重要的标志和基础。如果说庄园是一个以领主为中心并使其获益的组织，那么领主的直领地便是庄园制度的核心。

关于直领地的来源，一种解释是，在成为村庄领主以前，那块土地已经是"固定在这一村落的领主家产"③。庄园的组成，是"领主家产"与原村社村民自主地的集合。这可说明：为什么盛行封建制时期的庄园里，领主的直领地从佃农的保有地中明显地划分出来。④当然，从封建法理上讲，采邑来自上级领主的封授；就产权关系讲，直领地也是模糊产权制度，尽管领主享有较高产权并实际支配那块土地，可是其间还包含着上级领主的领有权。上级领主可能是伯爵、公爵，也可能是国王。

一般说来，直领地在庄园土地中占有较大比例。直领地主要是耕地，有的也包括草地、果园和菜圃，面积大小不一。在法兰西，巴黎的圣日耳曼修道院的大庄园，其直领地可达到250公顷，而根

---

① 参见 Alan Crossley ed., *The Victoria History of the County of Oxford*, Vol. 10, London: Oxford University Press,1972, p.55。
② demesne，国内大多译为"自营地"，其实重要的不是"自营"，而是领主有高度产权的土地，译为直领地与原文更契合。
③ 〔美〕汤普逊：《中世纪经济社会史》（下册），耿淡如译，第372页。
④ 有时可发现，领主的土地有若干块夹杂在村民条田之间的直领地，汤普逊推测可能是"原来由领主勒索贡赋的残痕"，领主应该还有一块规模性的直领地。〔美〕汤普逊：《中世纪经济社会史》（下册），耿淡如译，第372页。这一推测不无可能，不过似乎也不能排除另一种可能，该领主由原村民大户演变而来。

特的圣彼得修道院，其直领地只有25公顷。[1]13世纪英格兰的数据表明，大庄园的直领地平均为416英亩，合算成中国市制单位，相当于2 500市亩，颇具规模。中等庄园232英亩，而小庄园92英亩。至于领主的直领地在庄园耕地总面积中所占有的比例，根据科斯敏斯基的统计，英格兰大庄园中，领主直领地占25%；在中等庄园中占35%，在小庄园中则占41%，几近一半。[2]

《剑桥欧洲经济史》对整个欧洲有一个更为宏观的估计，它说，领主直领地的面积"通常是所有佃户拥有土地面积的1/3或一半，有时甚至一样大小"[3]。领主直领地面积举足轻重，领主直接支配服劳役的佃户，这是一种强制性的人身压迫，集中表现了领主特权。一旦强制性劳役消失，直领地也不存在了，所谓庄园制度也就名存实亡了。

延用村社耕作方式

土地耕作方式和管理基本完全延续了村社制度。日耳曼村社时代耕作方式的核心是敞田制，在中世纪庄园里几乎完全没有被触动。

瑟斯克认为，敞田制有四个基本要素：其一，耕地和草地成条状分布，村民的份地以分散的条田形式保有；其二，收获之后的耕地、草地成为休耕地，作为公共牧场，要对所有村民开放，村民享有公共放牧的权利；其三，村民享有在前述公共牧场和村庄周围荒地上放牧、拾柴及采集其他生活用品的权利；其四，村民享有的公共权利由村民大会或庄园法庭来维护和保证。[4]格里格表达了相似的

---

[1] 私利奇·万·贝思：《西欧农业史》，第44页，转引自马克垚：《西欧封建经济形态研究》，人民出版社2001年版，第156页。
[2] 参见 E. A. Kosminsky, *Studies in the Agrarian History of England in the Thirteenth Century*, pp.99—100.
[3] 〔英〕M. M. 波斯坦主编：《剑桥欧洲经济史》（第一卷），郎立华等译，第211页。
[4] 参见 Joan Thirsk, "The Common Fields", *Past & Present*, No. 29 (Dec., 1964), p.3.

看法。①

19世纪法学家梅因指出，敞田制由来已久，它是日耳曼人村社土地所有制的历史延存。②另一位著名史家维诺格拉道夫也指出，就英国敞田而言，平均化色彩浓厚，显然是从撒克逊人的份地演变来的。③对于这种古老田制，经济学家的解释是，村民们的土地相互交叉，有利于减少歉收带来的风险。④学界也有不同观点，一些学者认为敞田制历史没有那么久远，最早出现于8世纪；⑤一些学者认为出现于9、10世纪，⑥甚至与封建化中领主的推动作用联系起来。不过就主流观点而言，敞田制属于村社，它在庄园制以前业已存在，敞田制是早期村民土地的存在方式，它与村民的"自主地"一样久远。

不难发现，佃农保有地和领主直领地"出身"各异，性质不同，可是为应对社会危机都卷入了封建化浪潮，形成中世纪新的土地关系。很明显，村庄共同体和庄园两种土地要素的结合，成为中世纪乡村土地制度的基础。村庄承认领主的权威，接受保护并履行佃农义务，然而村庄共同体没有被庄园吞噬，相反，村社大部分功能被保留并沿用，最显而易见的就是土地耕作方式。

耕作时，每块条田都有明确的主人，一俟收割完毕，所有的茬地，有时含领主的茬地（如果领主直领地也分散在敞田上），都必须开放为集体牧场。一旦转为公共牧场，共同体成员均有权利使用，不论贫富，而这一切都受到习惯法保护。斯达布斯在描述盎格鲁-

---

① 参见 David Grigg, *Population Growth and Agrarian Change: An Historical Perspective*, Cambridge: Cambridge University Press, 1980, p.70。

② 参见 Henry Sumner Maine, *Village-Communities in the East and West*, London: John Murray, 1876, pp. 65-99。

③ 参见 Paul Vinogradoff, *Villainage in England: Essays in English Mediaeval History*, Oxford: Clarendon Press, 1968, pp.398-404; Paul Vinogradoff, *The Growth of the Manor*, pp.174-179。

④ 参见 Donald N. McCloskey, "English Open Fields as Behavior towards Risk", *Research in Economic History*, Vol.1 (Fall, 1976), pp.124-170。

⑤ 参见 John Moreland, "The Significance of Production in Eighth-Century England", in Inge Lyse Hansen and Chris Wickham, eds., *The Long Eighth Century*, Leiden: Brill, 2000, p.82。

⑥ 参见 Della Hooke, "Early Forms of Open-Field Agriculture in England", *Geografiska Annaler*, Vol. 70, No. 1 (1988), pp.123-131。

撒克逊时期村民份地占有情况时指出，基于耕地年年轮换，所以人们只能指着一块地说，今年它是我的，明年就是别人的了。而现在是别人的那块明年则是我的。①

在当时人们的观念中，牧场总是作为公共财产，路易十四时代的一位学者欧塞伯·洛里埃尔说，法兰西的一般法律是，"土地只在庄稼生长时才得到保护"，一旦收获后，从一种土地权利的角度看，"土地成为所有人的共同财富，不管他是富人还是穷人"。②一些庄园档案表明，某些领主的直领地同样以条田方式分散在敞田上，其生产也须按照敞田制节奏运转，显然是讲领主也接受了村庄共同体。

倘若从领主的权益出发，彰显领主特权、获得佃农的劳动是目的，何必花费如此大的气力，考虑佃农的均平？因此，人们难以想象敞田制是领主独出心裁的设计，何况，敞田日常管理事无巨细，繁杂非常，那些养尊处优不事实业的贵族老爷甘心承揽吗？

只有乡村共同体才关心公平问题，事实上，中世纪敞田的日常管理始终属于村庄共同体，也只有他们才能承担这样的工作。条田交错，草陇分隔，没有永久性的篱笆，敞田制无疑凝聚着深刻的村庄集体协作的风格。一望无垠的田野上，因地形、土壤等因素分成或大或小的地块，每个地块又分裂为一定数量的标准条状田。条田面积是固定的，条田是轮耕的基本单位，也是份地的存在方式。每户人家，无论你有多少条田，都不能彼此相连，而是与邻居的土地交错。每一户土地的位置远近、土质优劣等大体相当；更重要的是，这样的田制使村民共同面对可能出现的任何挑战。

敞田制如此的精心设计，布洛赫将之归功于"这片土地的最早占领者"，显然指早期的村庄，排除了后来的领主。③戴尔也肯定了村庄共同体是敞田制的规划者，他说，一方面村庄有杰出的自治能

---

① 参见 William Stubbs, *The Constitutional History of England: In Its Origin and Development*, Vol. I, p.80。
② 参见〔法〕马克·布洛赫：《法国农村史》，余中先、张朋浩、车耳译，第62页。
③ 参见 M. M. Postan, ed., *The Cambridge Economic History of Europe*, Vol. I, Cambridge: Cambridge University Press, 1966, p.276。

力，另一方面"许多领主很少关注村庄日常事务，再加上1200年之前庄园管理体制不发达，我们确实可以认为有可能——确实有这种可能性，是村民负责规划村庄和管理田制，而非领主"[①]。显然，进入中世纪后，这种耕作方式植入庄园-村庄混合共同体，保持其重要的经济职能，继续存活了数百年。

　　琼·瑟斯克明确指出，所谓共用地，即村庄边缘荒地、水塘、沼泽和森林，属于敞田的一部分，其村社共同体成分不言而喻。[②]在领主权力形成较晚的地区，共用地完全由村社共同体控制。庄园制形成后，又加上了领主的权力，共用地产权变得复杂起来。各地的情况也不一样，据说，过着游牧生活的阿尔比斯人和比利牛斯人，领主对共用地的控制程度较为宽松。又如在北海沿岸地区，抽干湿地、预防海潮都需要村民的集体努力，因此集体凝聚力较强，对领主权力增长构成阻碍。但是在欧洲的大部分地区，共用地是领主权力扩张的重要对象。不少案例表明，如果有农民在共用地上垦荒种田，愿意交租纳税并得到领主的承认，通常被认为合法。

　　1236年英格兰墨顿法令规定，只要给村民留出足够的牧场，领主便可围圈、削减荒地，从而获利。[③]不过，领主对共用地的圈占，几乎没有一次不引起村民的抵抗，因为领主的侵占意味着村民共同体财产的损失，与公共权利体系产生冲突。在这种情况下，村民们总是理直气壮，义正词严，对自己的那份权利充满自信。严格说来，中世纪欧洲的土地并不真正属于任何一个人，由于共用地的特殊性，比之一般佃户保有地产权更加模糊，更加不确定。倘若将共用地也视作一块地产，人们发现不同产权的叠加达到了惊人的复杂程度，

---

　　① Christopher Dyer, "Power and Conflict in the Medieval English Village", in Christopher Dyer, *Everyday Life in Medieval England*, London: Hambledon Press, 2000, p.11. 在戴尔的叙述中，村庄即指村庄共同体。

　　② 参见 Joan Thirsk, ed., *The Agrarian History of England and Wales, 1500-1640*, Vol. IV, pp.404-405。

　　③ 参见 F. Pollock and F. W. Maitland, *The History of English Law before the Time of Edward I*, Vol. I, Cambridge: Cambridge University Press, 1968, pp.622-623。

以至于布洛赫说："要想找出谁是中世纪共用地的真正主人是徒劳的。"①村庄共同体系统和封建庄园系统均对其有一定管辖权，都受到习惯法保护。

当然，不论佃户保有地还是共用地，都不是村社制度的简单延续，它们保存了一定的村庄共同体因素，同时接纳了领主的权威和封建特权。1070年，西班牙巴塞罗那惯例簿记载，"流动的水和山泉，以及草场、牧场、森林、灌木丛生的荒地和岩石，属于男爵们"，然而同时指出，"但他们不能以完全所有权（enalleu）的形式拥有"。也就是说，在共用地上，男爵们只拥有属于他们的权利，他们还须顾及其他人的权利，"以便让其村民们不论什么时候都可以享用这些资源"。②

不难发现，不论敞田上佃农保有地还是共用地，都不是单一的庄园因素或村社因素可以回答的。领主与佃户、庄园与村社两种权利的复合和纠结，给法律上博弈留下空间，到圈地运动土地确权时矛盾愈发突出。

三、公共事务管理

从地域上讲，庄园与村庄密不可分，尽管它们不一定完全吻合。科斯敏斯基发现，在英国，超过一半的村庄与庄园完全对应，即过去的某个村庄就是当下的一个庄园。③一个村庄可能被一分为二，分别为两个领主占有；一个庄园包括两个或两个以上村庄的情况亦不少见。无论如何，村庄是庄园的基础，了解这一点，对于我们理解西欧乡村实际控制权不无裨益。不仅田制，乡村公共事务也离不开双重管理体制，二要素缺一不可。

---

① M. M. Postan, ed., *The Cambridge Economic History of Europe*, Vol. I, Cambridge: Cambridge University Press, 1966, p.282.
② Ibid., p.283.
③ 参见 E. A. Kosminsky, *Studies in the Agrarian History of England in the Thirteenth Century*, p.74.

领主借助村庄头面人物

庄园体系管理无疑以领主的经济和政治利益为核心，其重点在领主直领地的经营，领主的生计来源于此。大多数领主一般拥有几个甚至十几个庄园，一人很难有效管理，况且领主多不屑于乡村野夫的田间生活，于是产生了管家制度。作为领主的代言人，大总管（steward 或 seneschal）位居诸管家之首，通常拥有一定的地位，如骑士或领主亲戚。大总管督察各庄园直领地的经营，主持庄园法庭，负责领主年终岁入。如领主拥有庄园众多，还须按地区再设若干管家（bailiff 或 sergeant）以为大总管之佐贰。

欧洲历史学家把管家形容为"门外汉"，因为实际管理直领地经营的是土生土长的本乡人，精通农艺，对当地情况了如指掌，一般是家境殷实、在村民中拥有威信的大农。这个职位的称呼各地不一，在英格兰叫村头（revee）；在法兰西和德意志地区称长者，由"村里年长的人"担任；在爱尔兰，村头居然被称作"王"（king）。出任村头时不回避农奴身份，甚至要求必须是农奴身份。

村头不领年薪，领主给付一定的额外耕地和牧场，同时减免租役作为报偿。[①] 作为领主直领地的主要经营者，村头工作极其繁杂：（1）分派和监督农奴佃农履行劳役；（2）代理领主对外交易，负责采买领地用物，销售直领地所产农牧产品；（3）制订庄园账簿，登记租税、劳役和雇工，并接受领主的查账。领主专业查账员（auditor）的年终审查相当苛刻，若出现亏损，村头负责填补。此外，村头还负责接待巡行的领主和访客，如意大利某庄园档案就记

[①] 村头的经济状况高于一般佃农。如沃里克郡伍斯特主教的哈姆普顿·劳瑞庄园村头沃特，大概因欠领主债务过重（高达20英镑），1377年他从庄园出逃。沃特有全份地30亩，另外还有额外一块土地，播种面积共有36英亩。其中16英亩播种冬季作物（8英亩大麦、8英亩裸麦），20英亩播春季作物（7英亩豆类、12英亩青草、1英亩燕麦）。村头缴纳的地租可以得到减额，但他耕地上的亩产量比领主直领地高出近一倍，可见其收入不菲。参见 R. H. Hilton, *The English Peasantry in the Later Middle Ages*, Oxford: Clarendon Press, 1975, p.42。

第三章　庄园-村庄混合共同体

载了村头接待教宗的收税人、来访的僧侣和邻村村头。[1]

庄园管家和村头要对领主的利益负责，似乎属于庄园体系的执事人员，不过，仔细分析就会发现，两者的性质有很大差异。管家由领主聘任，"负责与庄园地产兴盛相关的一切事宜，他直接对领主负责"，而"村头则似乎是维兰（villan）的代表，对维兰利益负责"。[2]维兰是封建化后的依附农，其原意即村民（villager）。村头一般在每年的米迦勒节即秋收季节选举产生，任期1—2年，可连任（甚至可以长达二十多年）。选举可能会遭到领主的干涉，但村民的认可似乎更为重要。村民有时宁愿向领主支付一笔现金，也要坚持"选举自己的村头，不要未经他们选举的村头"，因为这是他们的传统权利。[3]

维诺格拉道夫也认为中世纪乡村"有两个权威人物"，一个是领主任命的管家，另一个是农民选举出的村头。[4]著名乡村史学家希尔顿也对村头和管家作了区分，他认为村头是农民共同体与领主之间的中介人，"没有他们的合作，领主就难以进行管理"，还有陪审员和什户长等，他们都是"村庄共同体的头面人物"。[5]

在意大利，罗马附近的内罗拉村庄，由抽签选出三个被称作"长者"的村头，服务期为两年，他们的职责是"负责与领主巴尔贝里尼的管家打交道"，[6]显然村头主要向村庄共同体负责，这与希尔顿的定位相当接近。笔者认为，上述历史学家的分析让人们注意到西欧乡村管理体制的双重性特征，即使领主直领地管理也不是单一的庄园成分。

---

[1] 如教宗派遣的收税人、僧侣或其他村庄的村头等。参见 Caroline Castiglione, "Political Culture in Seventeenth-Century Italian Villages", *The Journal of Interdisciplinary History*, Vol. 31, No. 4 (Spring, 2001), p.530。

[2] 参见 H. S. Bennett, *Life on the English Manor: A Study of Peasant Conditions, 1150–1400*, p.155。

[3] Ibid., p.170.

[4] 参见 Paul Vinogradoff, *Villainage in England: Essays in English Mediaeval History*, p.318。

[5] 参见 R. H. Hilton, "A Crisis of Feudalism", *Past & Present*, No. 80 (Aug., 1978), p.9。

[6] 参见 Caroline Castiglione, "Political Culture in Seventeenth-Century Italian Villages", *The Journal of Interdisciplinary History*, Vol. 31, No. 4 (Spring, 2001), p.530。

村民会议和庄园法庭

值得注意的是，不论村庄还是庄园，所有决定和对违法行为的判决，都要经过法庭，法庭是其治理乡村事务的基本平台。一般认为领主掌握司法权，但事实并非完全如此。有证据显示，庄园出现以前，村庄共同体就有自己的权力机构——村民会议，管理敞田和共用地，处理一切违规行为等。[①] 村民有自治传统，长期以来他们通常通过某种程序自己解决村民之间的纠纷。后来，领主似乎也理所当然地认为他们可以这样做，领主和佃户在这些问题上有一定的共识。

有不少实例证明了这种情况。12世纪初年，德意志汉堡大主教宣布了一个协议，是他与六名荷兰人（其中一位是教士）签订的。协议规定：作为佃户，荷兰人可以定居在本教区未开垦的沼泽地上，租金和什一税固定。从他们征得的什一税部分用于那位教士的生活费，使之服务于教区教堂。为了回报六名定居者每年交纳租税，大主教同意让他们自己解决内部争端，倘若仍有不平之事，再请主教出面，但是要收司法费，其中三分之一归主教。[②] 领主允许他们自己解决争端，这六名定居者大概是该教区最早的佃户。人们可能推想，村民参与公共事务是他们集体抗争的结果，领主不得已而为之；但并非全然如此，在一些情况下，领主不是被迫的，他们认为不过遵循某种惯例而已，他们接受这些惯例。

在同一个村庄包含几个庄园的情况下，各庄园领主和佃农们共同组成村民会议，这样的村民会议似乎更具有权威性。当相邻庄园地界发生混乱的时候，领主作为当事人往往手足无措。有证据表明，在这种情况下，村民会议的意向举足轻重。[③] 在莱斯特郡的怀莫沃德

[①] 参见 Montague Fordham, *A Short History of English Rural Life from the Anglo-Saxon Invasion to the Present Times,* London: George Allen, 1916, pp.12–14。

[②] 参见 Susan Reynolds, *Kingdoms and Communities in Western Europe, 900–1300,* p.126。

[③] 参见 Edward Miller, John Hatcher, *Medieval England: Rural Society and Economic Change, 1086–1348,* 1978, p.104。

村庄有三个庄园，大约1425年，那里举行村民会议，商讨如何处理共用地问题。他们认为，共用地使用须协商一致，要经过三位领主和"整个村庄的一致同意"①。

北安普敦郡的哈尔斯通村庄的村民会议参政的实例，更令人印象深刻。该村庄共同体涵盖六个庄园，联合村民会议大显身手，地位远高于领主。村民会议做出的公共道路规划，以及九人委员会体制，竟持续至少百年有效。据档案记载，1410年，参加村民大会的六名领主、"六个单独指定的人和其他公正之人，以及整个村庄共同体"，"共同决定了该村庄一系列事项"。如划拨土地以拓宽道路，检查和管理道路，发现和纠正有关耕地和草地的问题。为落实会议做出的决议，村民大会还推举了"哈尔斯通村庄的九位正直之人"，组成九人委员会负责督办和解决纠纷。九人委员会中，七人以领主的名义行事，两人以村庄的名义行事，领主一方似乎占很大优势，但这七名领主代表并非庄园管家，实际上还是村民。有档案资料证明，在亨利七世治下第二十年（1505年），人们再次发现了这份九人委员会名单。可见，这项规划实施至少持续95年，九人委员会体制也延续了下来。一次村民会议，竟然决定了一个村庄（含六个庄园）今后一个世纪的工作规划，可见村民会议的权威！②

庄园出现以后，在更多的情况下，村民会议与庄园法庭逐渐合一，所以维诺格拉道夫认为："庄园法庭实际是领主或管家主持下的村庄共同体的集会。"③开会日期，通常由神父、管家或某个村民知会众人。在荷兰的德文特省，如果举行特别会议，则吹响公牛号角来召集。在德意志中部的一些村庄，用一根刻有标记的木棍或者一块

---

① Edward Miller, ed., *The Agrarian History of England and Wales, 1348–1500*, Vol. III, Cambridge: Cambridge University Press, 1991, p.211.

② 以上参见 Joan Wake, "CommunitasVillae", *The English Historical Review*, Vol. 37, No. 147 (Jul., 1922), pp.406–409。

③ 参见 Paul Vinogradoff, *Villainage in England: Essays in English Mediaeval History*, Oxford: Clarendon Press, 1968。

金属，挨门挨户传递以召唤村民集会。①领主或管家仅仅是法庭主持人，做出判决的"法官"则是村庄共同体成员，被称作"诉讼参加人"（suitors）。一种流行的观念认为，任何过失都是对共同体的冒犯，因此共同体的成员既是公诉人，又是法官，享有出席法庭并依法裁决的权利。领主收取败诉人的罚款；领主或管家可以对侵犯领主特权的村民进行指控，也可以对判决施加影响，但却不能取代法庭做出判决。

法学家梅特兰说："在理论上，被告不是接受领主，而是接受法庭出席人全体的审判。"②这就是西欧中世纪法律体系中著名的"参与审判"或"同侪审判"的原则。③而法庭出席人之间一旦发生争议，无论控辩双方什么身份，均须依据法律在法庭范围内解决。有案例显示，即便是领主与佃农之间的案件，也必须遵循法庭判决。④不论土地财产争议，还是庄园直领地管理，领主都不能越过法庭直接处置佃农，使佃户免遭过分的侵夺和压迫。庄园法庭博弈，在一定程度上反映了乡村组织的双重结构特征及其带来的制衡效果；多元社会力量相互制衡，使法律的权威性成为必要并变得可能。

村社管理职能

如果说直领地管理主要依靠领主管家系统，那么，敞田上村民

---

① 参见 Jerome Blum, "The Internal Structure and Polity of the European Village Community from the Fifteenth to the Nineteenth Century", *The Journal of Modern History,* Vol. 43, No. 4 (Dec., 1971), p.553。

② F. Pollock & F. W. Maitland, *The History of English Law before the Time Edward I*, Vol. I, Cambridge: Cambridge University Press, 1968, p.624.

③ 12世纪后，陪审制逐渐盛行，陪审团由12名邻人组成，最初的职能类似于法兰克王室的宣誓调查团，替代决斗裁断和神明裁判；后来逐渐转变为审判方式，代表村民作为司法主体参与审判。据特纳的考证，陪审制起源于法兰克王室的宣誓调查，见 Ralph V. Turner, "The Origins of the Medieval English Jury: Frankish, English, or Scandinavian", *Journal of British Studies*, Vol. 7, No. 2 (May, 1968), p.1。

④ 如某案例，管家指控一个农奴装病不服劳役，法庭调查后指出管家的告发与事实不符，因此驳回指控。参见 H. S. Bennett, *Life on the English Manor: A Study of Peasant Conditions, 1150–1400*, p.174。

生产和公共事务管理，则主要依靠村庄共同体。维诺格拉道夫说："村庄这种地域组织比封建制度更为古老，而且在封建时代也没失去其活力和重要性。"①

村庄传统耕作制度在中世纪几乎完整地保存下来，村庄共同体继续承担着生产管理职能：定期分配和调整条田；当收割干草季节来临的时候，草地中的条田每年都抽签重新分配；确定犁地、播种、收割、打干草、收葡萄的时间及放牧事宜；规定每户在共用地上放牧牲畜的数量等。福特汉姆指出，盎格鲁－撒克逊时期村庄共同体就构成了社会底层，不是民众混杂组合，而是处理地方事务的有效组织，并通过村民会议施行。在这些会议上，推举村庄管理人员如"篱笆管理员"（hayward）、"草地划分员"（meadsman）、"护林员"（woodreeve）以及"牛倌"（oxherds）、"羊倌"（shepherds）、"猪倌"（swineherds）、"蜂倌"（beeherds）等。②公共放牧人须按照指定的时间工作。某些村庄的村民还要轮流为村庄提供种畜。③

14、15世纪，随着直领地出租和庄园管家体系淡出，村民会议的意义再次凸现出来。在德意志，村民会议不断推出新村规，任免村头以及处理一些公共事宜；法兰西也出现了相同的情况。④

庄园－村庄混合共同体的权力运作依据是习惯法，而习惯法基本来源于乡村惯例，被称作"村法"（by-laws）。所谓庄园法多以村法为基础，几乎涉及公共生活的所有细节，村民必须依规行事。⑤村

---

① Paul Vinogradoff, *English Society in the Eleventh Century*, p. 475; 另参见 Paul Vinogradoff, *Villainage in England: Essays in English Mediaeval History*, Oxford: Clarendon Press, 1968。

② 参见 Montague Fordham, *A Short History of English Rural Life from the Anglo-Saxon Invasion to the Present Times,* pp.11-13。

③ 参见 Jerome Blum, "The Internal Structure and Polity of the European Village Community from the Fifteenth to the Nineteenth Century", *The Journal of Modern History,* Vol.43, No.4 (Dec., 1971), p.542. 另见 B. H. Slicher van Bath, "Manor, Mark, and Village in the Eastern Netherlands", *Speculum*, Vol. 21, No. 1 (Jan., 1946), p.127。

④ 参见 Warren O. Ault, "Village By-laws by Common Consent", *Speculum*, Vol. 29, No. 2 (Apr., 1954), pp.392-393, 380。

⑤ 参见 Christopher Dyer, *Making a Living in the Middle Ages: The People of Britain, 850-1520*, New Haven: Yale University Press, 2002, p.23。

法与敞田制一样古老，遗憾的是，很少发现村庄独立的档案，只有借助于庄园、王廷和教会的相关档案窥测其部分踪迹。原因是早期的村法都是口耳相传，"后来才逐渐形成文字记载"①。英格兰的成文习惯法在13世纪中期出现。14世纪开始，一些村法在村庄共同体和领主的一致认可下被颁布出台，可见生命力依然旺盛。借助于庄园法庭，村法不断重申自己的原则和规定，具有不可抵抗的法律权威。几乎所有庄园法庭的决议文件，都以"经整个村庄共同体一致同意"，或者"经领主和全体习惯佃农、自由佃农一致同意"等作为开头语，以标榜权威性。②

在轮耕的条田地上，如何保护村民个体劳动成果，在村法中占相当大的比重。例如，严格限制收获时节其他村民牲畜进入庄稼茬地的时间。不少村民在庄稼运输完毕之前，就迫不及待地赶进家畜放牧，此举危害了耕作者的利益。因此，有村法明确规定"不能在未收割完毕的他人农田上放牧，违者罚款两先令"，甚至详细开列了禁放牲畜的种类和具体时间。③在诺福克郡和汉普郡的村庄，发现同样的规定："在整个村庄的庄稼运完之前，任何人不得到庄稼茬地上放牧。""任何马、公牛、阉牛、小母牛、奶牛或者小牛，在庄稼运走之前都不能进入庄稼茬地上放牧，确保它们被拴好或有人看管。"④有的规定了开放庄稼地的法定时间。例如，秋收截止时间为圣母玛利亚诞生节（9月8日），或者是圣米迦勒节（9月29日），⑤或者

---

① Frances and Joseph Gies, *Life in a Medieval Village*, New York: Harper & Row, 1990, p.132.

② 参见 W. O. Ault, "Village By-laws by Common Consent", *Speculum*, Vol. 29, No. 2 (Apr., 1954), pp.378-394。

③ 参见 W. O. Ault, *Open-Field Farming in Medieval England: A Study of Village By-Laws*, London: Allen and Unwin, 1972, pp.45, 90; W. O. Ault, "Open-Field Husbandry and the Village Community: A Study of Agrarian By-Laws in Medieval England", *Transactions of the American Philosophical Society*, Vol. 55, No. 7 (Jul., 1965), p.21。

④ W. O. Ault, "Open-Field Husbandry and the Village Community: A Study of Agrarian By-Laws in Medieval England", *Transactions of the American Philosophical Society*, New Series, Vol. 55, No.7 (Jul., 1965), p.21.

⑤ 参见 W. O. Ault, *Open-Field Farming in Medieval England: A Study of Village By-Laws*, 1972, p.42。

临时商定,"经全体村民一致同意",确定日期并鸣钟知会人们庄稼茬地放牧已经开始。①

又如,村规中经常可以看到有人偷割邻居庄稼而被处罚的案例,敞田制下一人庄稼肯定与另一人庄稼相邻,个体之间的收获物极易混淆,需要得到保护。1309年,在霍顿庄园,一村民被控告从领主地里偷走37捆大麦。由于偷盗者往往佯装拾穗人,所以对拾穗人进出庄稼地的道路做出明确规定,以便监督。我们发现1357年这样一条村规:"经全体佃农一致同意,任何一个拾穗者只能从四条主要道路离开田地。"

几年之后,在同一个庄园,又规定:"所有拾穗者除了通过国王大路(king road)之外,不能经由其他道路进入村庄。"四十年之后,法令还规定拾穗者"只能通过国王大路进入村庄,不能经由其他可能的路径进入";②同时,法庭还禁止日出前或日落后拾穗。总之,所有的庄稼必须在光天化日之下,通过指定的田地出口运出,为此,村民还必须要选举一个村规监督员,负责巡检。

村法里规定了拾穗一事的种种限制,尤其禁止陌生人拾穗,但是对穷人却充满同情。如果用长柄镰刀收割燕麦和大麦,会掉下很多麦穗;据说,有时候一个捡拾者与庄稼收割者的每天收获差不多。③听起来有些夸张,但拾穗者的收获比现在人们想象的要多是没有什么问题的。所以,拾庄稼好像成为中世纪乡村穷人的一项"福利",即所谓"拾穗权"。1376年,在拉姆齐庄园有这样一条村规:"在地里谷物收割后的三天内,任何人都不能放牧羊或猪。凡是穷人都可以去捡拾庄稼。"④在法兰西也有过相似的规定:"在收割以后的

---

① 参见 W. O. Ault, "Open-Field Husbandry and the Village Community: A Study of Agrarian By-Laws in Medieval England", *Transactions of the American Philosophical Society*, New Series, Vol. 55, No.7 (Jul., 1965), p.21。

② 参见 W.O. Ault, "By-Laws of Gleaning and the Problems of Harvest", *The Economic History Review*, Vol.14, No.2 (Dec., 1961), pp.215–216。

③ Ibid., p.212.

④ Ibid., p.214.

最初两天，不允许把牛赶入地里，以保证贫穷者捡拾庄稼。"①

此时，倘若有人急于放牧，没有给拾穗者留下足够时间，便会受到惩罚。按照惯例，要留够三天，有的地方更长。一些村法，还对贫困的条件做出规定，如"年幼的、年老的以及那些体弱多病而又不能去打工的人"②。又如，"在收获季节，凡有劳动能力，每天可以挣得一便士工资和食物的妇女，禁止捡拾庄稼，否则没收所捡拾的粮食。但是，如果获得管家和治安官批准，并有两位佃户一致证明，可以从收获季节一开始就捡拾庄稼"③。同样，在法国，一直到18世纪，那些有劳动能力的人仍然被禁止捡拾庄稼。④这些规定受到所有人的尊重，奥特指出，不仅一般村民，领主也要遵守村庄共同体的村规。⑤

希尔顿认为，领主庄园体系不可能单轨运行，村社特别是富裕农民代表人物的合作是不可或缺的，他说："实际上代表村庄共同体的都是乡村的头面人物；他们是富裕农民的杰出人物，没有他们的合作，领主就难以进行管理……我们读过许多描写庄园总管等执事人员的著作，但事实上农村共同体的管理权不在这些领主的代表们手中。庄园的或领主的法庭由富裕农民控制，他们解释惯例，解决争端，制定公共法则，颁布村规。"⑥

他们的权威只有在极罕见的情况下才受到抵制，而那样的抵制

---

① G. G. Coulton, *The Medieval Village*, p.479.

② W. O. Ault, "Open-Field Husbandry and the Village Community: A Study of Agrarian By-Laws in Medieval England", *Transactions of the American Philosophical Society*, New Series, Vol. 55, No.7 (Jul., 1965), p.14.

③ F. J. Baigent and J. E. Millard, *A History of the Ancient Town and Manor of Basingstoke in the County of Southampton*, Basingstoke: C. J. Jacob, 1889, p.217.

④ 参见 W. O. Ault, "Open-Field Husbandry and the Village Community: A Study of Agrarian By-Laws in Medieval England", *Transactions of the American Philosophical Society*, New Series, Vol. 55, No.7 (Jul., 1965), p.14, note 20。

⑤ 参见 W. O. Ault, "Open-Field Husbandry and the Village Community: A Study of Agrarian By-Laws in Medieval England", *Transactions of the American Philosophical Society*, New Series, Vol. 55, No.7 (Dec., 1965), p.13。

⑥ R. H. Hilton, "A Crisis of Feudalism", *Past & Present*, No. 80 (Aug., 1978), p.9.

被视为对整个村庄的冒犯。可见，在中世纪欧洲，村民不仅是领主的佃农，也是村庄共同体成员；庄园与村社组成混合共同体，村社组织职能不可或缺。①

四、村社与领主关系

村庄在王国的地位

村庄共同体本身具有合法地位和实际的管理职能，这是它与庄园合作并抗衡的基础。在庄园化以前，村庄共同体已经存在。

以英格兰为例，诺曼征服前，王权以下形成了郡——百户区——村庄三级行政管理体制，每一级都有相应的行政长官和会议，即郡会议、百户区会议和村民会议。村庄每年定期派出代表，出席郡法院巡回审判会和百户区法院审判会，其他大部分时间独立行使自己的职权。封建化后，国王政府以下的行政单位，依次还是郡、百户区和村镇，不是领主的领地（lordships）。②国王政府的税费税收，例如1297年赞助金征收，都以百户区为单位，并在村庄共同体协助下实施和完成。

爱德华一世（1272—1307年在位）开征赞助金时，每个村庄选择二到四名公正的男性村民评估村民财产，作为征税依据。到中世纪中晚期，整个村庄被认作一个征税单位，定出总额，由村庄共同体根据各户财力摊派。1332年亨廷顿郡海明福德村征税时，村民代表托马斯·乔丹与其他15名村民估税员（collectors）趁机渔利，遭

---

① 参见 W. O. Ault, "Open-Field Husbandry and the Village Community: A Study of Agrarian By-Laws in Medieval England", *Transactions of the American Philosophical Society*, Vol. 55, No.7 (Dec., 1965), p.13。

② 参见 Christopher Dyer, "The English Medieval Village Community and Its Decline", *Journal of British Studies*, Vol. 33, No. 4 (Oct., 1994), p. 409。

到庄园法庭陪审团指控，被罚款20先令。[1]这说明村社同样受到习惯法及其法庭制约，另一方面仍然被视为国王政府征税的基本单位，如同被视为王国普通法审判的基本单位。当百户区法院、郡法院开庭或国王巡回法院到来时，村庄代表出席法庭，可见村庄共同体具有与王国上级权威机关直接打交道的合法地位。[2]

村庄共同体与领主权威的关系，是中世纪西欧乡村组织的核心问题。从庄园法庭案例上分析，领主承认村庄共同体的独立地位。例如，英国贝德福郡塞吉霍村包含两个庄园，在1173—1174年封建内战中佃户相互侵占土地，造成两个庄园耕地边界混乱。结果，该村村民会议扮演了颇为重要的角色。他们首先动员村民交出全部土地，然后统一丈量，并在二位领主在场的情况下，重新调整和分配土地，解决了两个庄园的争端。[3]由此可见，领主承认村庄共同体关于重大事件的调解地位，往往还要借助村社权威平息事端。村庄共同体还可以作为一个独立主体，与领主达成协议。

1058年，意大利诺南托拉的伊米莉修道院，要求当地村民为其城堡修建一段城墙。作为交换，领主许诺未经法律程序，不逮捕、袭击、虐待和杀害任何村民；不得武力夺取或扣押居民财产；不得拆毁任何房屋，不得染指居民土地；每个村民都可安全继承家庭财产。面对领主强权，在许多情况下村民们集体行动。

有组织的村民团体

村庄共同体是有组织的村民团体，它可以代表村民与领主谈判，可以组织集体抗争，可以村庄共同体法人身份，与领主对簿公堂达数十年之久。

---

[1] 参见 J. A. Raftis, *Tenure and Mobility: Studies in the Social History of the Medieval English Village*, Toronto: Pontifical Institute of Mediaeval Studies, 1964, p.97。

[2] 参见 Christopher Dyer, "The English Medieval Village Community and Its Decline", *Journal of British Studies*, Vol. 33, No. 4 (Oct., 1994), p.408。

[3] 参见 Edward Miller, John Hatcher, *Medieval England: Rural Society and Economic Change, 1086–1348*, p.104。

第三章　庄园-村庄混合共同体

在13世纪的英格兰北安普敦郡王室领地金斯索普庄园，村庄共同体以60英镑租下了整个庄园和领主司法权，而后将土地分租给村民。又例如，当某些领主根据1236年的《莫顿法》要圈占村庄的部分荒地时，村社出面以交付罚金方式保住公共牧场。1294年，贝克郡的布赖特沃顿村庄，修道院领主独占了一块林地，村庄共同体与领主谈判后，领主宣布放弃另一块林地的放牧权作为村民补偿。戴尔认为，农民在谈判中可能处于糟糕的地位，但他们能够通过一致行动来保护共同利益，与领主讨价还价。[1]

当领主出租直领地时，通常租给一两个或若干佃农，然而有时佃农群体会共同面对领主。根据16世纪的一份庄园档案记录，领主直领地由22位农民承租，每人分得八英亩、三路德（roods）耕地，和一英亩草地。米克尔霍姆（Mickleholme）牧场由五位农民承租，每人分地一英亩。在诺森伯兰郡的一些庄园里，相关文献对当地习惯佃农保有地增加的数量有着非常详尽的记录，表明习惯佃农保有地的增加并非个人行为，很可能是集体谈判和分配的结果，即农民们以村庄共同体的名义与领主达成交易，而后在共同体内部分配，托尼诙谐地说："这里包含了一种实践共产主义（practical communism）因素。"[2] 有时村庄共同体利用集体的力量，干预领主权力范围内的事情，如1116年，意大利瓜斯塔拉的村民，经过谈判，从领主那里获得一份特许状：除非全体村民同意，领主不可转让自己的城堡。[3]

村庄共同体经常与领主讨价还价，当双方无法达成协议时，村民会采取集体行动，威胁领主。在布劳顿，为领主收割期间，佃农没有得到应得的餐食，他们要求"与过去相同大小的烤面包"，领主没有回复，结果"维兰在收获季集体离开麦田，从中午直到晚上都

---

[1] 参见Christopher Dyer, "The English Medieval Village Community and Its Decline", *Journal of British Studies*, Vol. 33, No. 4 (Oct., 1994), pp.410–411。

[2] R. H. Tawney, *The Agrarian Problem in the Sixteenth Century*, p.206.

[3] 参见Susan Reynolds, *Kingdoms and Communities in Western Europe, 900–1300*, pp.131–132。

没上工"。

在伍斯特郡的黑尔斯欧文修道院领地，领主与佃农之间发生权利纠纷，从1243年持续到1327年，佃农要求领主将所有劳役折算为货币，并多次向国王法院上诉，不少维兰以逃亡表示抗议。① 对峙中，村庄共同体通常扮演集体代言人角色，背后是全体村民——自由佃农和依附佃农。他们是有组织的团体，有集体行动和发声的能力。罗赛讷指出，在中世纪晚期，西欧村庄共同体往往有自己的印章，有时村民们佩戴作为村庄标识的盾形徽章，甚至还有本地的旗帜。村庄也是法人，村庄共同体经常作为诉讼人和当事人参与诉讼。②

尤其是进入13世纪，成文法出现，任何惯例都变得有据可查，企图任意改变惯例的领主们会发现自己陷入漫长的司法博弈，对手往往不是一个佃农，而是组织严密的乡村共同体。③ 事实上，如果与领主协商未能达成一致，村庄共同体常常以独立法人的身份走上法庭，与领主对簿公堂。比如，1300年，艾尔顿村民们控告领主管家围圈共用地，侵占邻人条田。还有一次，村民起诉管家阻挡公共道路通行。原告和12位陪审员抗议这种不公正行为，强烈反对领主索要四先令过路费的要求，谴责领主"非法勒索"。他们认为，本村的所有人，有权利在一年的任何时候拥有此路，能够自由地驱赶牲畜通过此路，不应遭到任何阻碍。陪审团据理力争，使得主持法庭的管家不敢轻下断语，以致中断了记录。④ 虽然不知此案结果如何，但法庭上佃农们与领主展开的激烈博弈确有据可循。

随着成文习惯法的完善，恣意改变惯例的领主经常会身陷漫长

---

① 参见 Edward Miller, John Hatcher, *Medieval England: Rural Society and Economic Change 1086–1348*, p.105。

② 参见 Werner Rösener, *The Peasantry of Europe*, Translated by Thomas M. Baker, Oxford: Blackwell, 1994, p.160。

③ 参见 John Gillingham & Ralph A. Griffiths, *Medieval Britain:A Very Short Introduction*, Oxford: Oxford University Press, 1984, p.76。

④ 参见 Frances and Joseph Gies, *Life in a Medieval Village*, pp.183–185。

的司法程序，他面对的不是一两个佃农，而是团结一致的村庄共同体。村庄共同体作为法人，可以起诉领主或其他村民的非法行为，并要求相应的赔偿。在法兰西，这类诉讼常常排满了法庭日程，由于这些诉讼常常被拖延——有时竟长达几十年，导致产生高额的诉讼费，并引起村民普遍不满。路易十四的某地方官员试图尽快结清这类案件以平息民怨，最终经他审结的以村庄共同体名义起诉的案例竟达2 400件，可见此类情况之普遍。[①]

苏珊·雷诺兹也发现了同样的事例，如在法兰西的林畔罗尼（Rosny-sous-Bois），农奴佃户们对他们领主的控告竟持续半个世纪之久。如此长时间地起诉某人，实际上只有法人才能做到这一点，而且"至少有一次他们还派代理人向罗马教宗申诉此事"，这足以证明村庄的法人地位。[②]正如布鲁姆所言，"欧洲的村庄共同体作为法人团体出现于中世纪"，他们以原告身份出席法庭，"指控并纠错本村领主或其他领主，指控并纠错市民或者其他农民危害共同体的行为"。[③]

综上，"庄园-村庄混合共同体"主要包含三层含义。

其一，封建化以后，庄园成为欧洲封建制的基础，封建制的基本特征内化于庄园日常生产生活，以人身依附关系为特征的农奴制依托于庄园存活数个世纪之久，并以直领地为核心形成领主的封建特权。另一方面，村庄共同体并非徒具虚名，也不是"原始公社的残余"，而是享有合法地位、具有经济和政治职能的实体。笔者提出"庄园-村庄混合共同体"概念，建构乡村组织双重结构的分析框

[①] 参见Jerome Blum, "The Internal Structure and Polity of the European Village Community from the Fifteenth to the Nineteenth Century", *The Journal of Modern History,* Vol. 43, No. 4 (Dec., 1971), p.545。

[②] 参见Susan Reynolds, *Kingdoms and Communities in Western Europe, 900–1300*, p.134。

[③] 参见Jerome Blum, "The Internal Structure and Polity of the European Village Community from the Fifteenth to the Nineteenth Century", *The Journal of Modern History*, Vol.43, No. 4 (Dec., 1971), p.545。

架,有利于厘清庄园与村社的内在关系,有利于揭示中世纪西欧乡村社会的独特历史特征。

其二,随着封建化的推进,西欧村庄接受了领主的封建特权,但没有失掉自我。日耳曼人的马尔克传统保留了下来,浸透了全部的公共生活,成为乡村政治模式的典范。而西欧封建契约观念,使领主在保证自己权益的前提下,有可能接受村社的存在,与之形成既协作又对抗的紧张关系。这种关系是西欧乡村组织双重结构的基础。

其三,双重结构下的乡村组织是一个混合共同体。欧洲封建制的权力是分散的,每一个封建领地独立行使司法、行政、财政和治安等特权,有一定的自治性。而村社的自治性更加鲜明,村社的西文表达即被直接称为村庄共同体。显然庄园和村社有一定的兼容性,因此二者联手后仍然是一个共同体。汤普逊在20世纪上半叶就指出,中世纪庄园是领主直领地与封建化的马尔克村社的"结合体",颇有见地。①

最后,二者既合作又保持着相对独立,因此近代后村庄共同体没有随庄园解体而消失,而是从混合共同体中剥离出来,与教会的堂区一类组织合作,继续在西欧乡村生活中发挥作用。基督教堂区,很早就是西欧乡村组织的宗教维度。

村庄共同体作为精神遗产则穿越了历史时空,影响深远。早在中世纪,共同体理念就经历了从乡村到城市、从农业到非农业的传播过程,这也是一种生活模式的扩散过程。村民带着这种理念建立起来的西欧中世纪城市,就是一个独特的城镇共同体,一些法兰西城镇甚至自称为"城市公社"。城市规模可能不过千人、数千人,可是他们的行为方式却是独特的:城市有自己民选的市长,自己的法律和法庭,还有自己成员的身份认定方式——在这个城市定居一年零一天,就可以成为该城合法居民并受城市法庭保护。工商业行会

---

① 参见〔美〕汤普逊:《中世纪经济社会史》(下册),耿淡如译,第372页。

简直就是村庄共同体翻版。中世纪大学，被称为中世纪最美丽的花朵，最初就是由教师组成的行会。欧洲"大学"一词的本义即指一个团体或行会，初期与中世纪城市手工业者行会或商人行会的性质一样，不同的是，大学是由教师或学生组成的保护自身权益的教育共同体。教育自主权、免赋税特权和司法特权体现了大学的自治地位。共同体理念与实践，可谓源远流长。

村庄共同体理念是理解中世纪欧洲乡村社会的钥匙，也是认识中世纪农民土地产权的重要路径。

第四章　佃农与地权

在中世纪财产权利体系中，没有比土地权利更重要的了。就农民而言，土地产权是个人独立发展的基础，对农村社会、农业经济以及以后的工业革命，都有着深远的影响。真实的历史是，在资本主义产生过程中，许多欧洲国家都先后经历了小块土地所有权那样的历史阶段，它是现代土地产权的过渡形式之一。不宁唯是，改造后的小农，即经营权和所有权合一的家庭农场，在现代世界里仍占据极为重要的地位。

英国率先确立了现代产权制度，因此，关于英国农业、农民和土地产权的研究成果相当丰厚，大致可分为三部分。

其一，将农民土地产权与社会过渡问题联系在一起，在关于传统社会向资本主义过渡问题的三次国际学术界大讨论中，许多学者都较深地涉及农民土地问题，[1]如美国学者斯威齐、布伦纳，[2]英国学者波斯坦、哈彻、希尔顿，[3]法国学者布瓦、拉杜里等。[4]他们的视角

---

[1] 参见 R. H. Hilton, "Capitalism: What's in a Name?" *Past & Present*, No. 1 (Feb., 1952); M. Dobb, "From Feudalism to Capitalism", *Marxism Today*, No. 6 (Sep., 1962); J. Merrington, "Town and Country in the Transition to Capitalism", *New Left Review*, No. 93 (Sep.-Oct., 1975)。

[2] 参见 P. Sweezy, "A Critique", *Science and Society*, Vol.14, No.2 (Spring, 1950); Robert Brenner, "Agrarian Class Structure and Economic Development in Pre-Industrial Europe", *Past & Present*, No.70 (Feb., 1976). 另见 Robert Brenner, "The Agrarian Roots of European Capitalism", *Past & Present*, No.97 (Nov., 1982)。

[3] 参见 M. M. Postan and J. Hatcher, "Population and Class Relations in Feudal Society", *Past & Present*, No.78 (Feb., 1978); R. H. Hilton, "A Crisis of Feudalism", *Past & Present*, No.80 (Aug., 1978); R. H. Hilton, *The English Peasantry in the Later Middle Ages*, Oxford: Clarendon Press, 1975; R. H. Hilton, *Bond Men Made Free: Medieval Peasant Movements and the English Rising of 1381*, London and New York: Routledge, 2003。

[4] 参见 Emmanuel Le Roy Ladurie, "A Reply to Robert Brenner", *Past & Present*, No.79 (May, 1978)。

不同，观点各异，但对于农民的土地产权与近代社会转型的内在关系均给予了高度重视。

其二，从经济社会史角度研究农民的土地产权问题，如托尼、科斯敏斯基、克里奇、戴尔、坎贝尔、瑟斯克、霍斯金斯、乔伊斯·扬和斯科菲尔德等。[1]他们密切关注日常经济生活、社会生活与农民土地产权的互动关系，对土地财产的继承和流动也给予了相当关注。

其三，从法学和政治学传统角度研究农民的土地问题，如伯尔曼、波洛克、霍兹沃斯、迪戈比、艾德金、辛普森、塔特等。[2]他们认为中世纪土地产权与欧洲封建制度联系在一起，既不同于古典罗马的所有权，也不同于现代所有权，而是特定意义上的土地产权关系。后者在中世纪晚期实现了重要突破，最终抖掉了身上的封建主义碎片，与现代产权制度接轨。

一、佃农土地保有权

中世纪农民的土地产权不是孤立的，它不仅涉及经济领域，而

---

[1] 参见 R. H. Tawney, *The Agrarian Problem in the Sixteenth Century*, New York: Harper & Row, 1967; R. H. Hilton, *The English Peasantry in the Later Middle Ages*, Oxford: Clarendon Press, 1975; E. A. Kosminsky, *Studies in the Agrarian History of England in the Thirteenth Century*, Oxford: Blackwell, 1956; E. Kerridge, *Agrarian Problems in the Sixteenth Century and After*, London: Allen and Unwin, 1969; C. Dyer, *Lords and Peasants in a Changing Society: the Estates of the Bishopric of Worcester, 680-1540*, Cambridge: Cambridge University Press, 1980; Jane Whittle, *The Development of Agrarian Capitalism: Land and Labour in Norfolk, 1440-1580*, Oxford: Oxford University Press, 2000; M. Campbell, *The English Yeoman: Under Elizabeth and the Early Stuarts*, New York: A. M. Kelley, 1968; Joan Thirsk, ed., *The Agrarian History of England and Wales, 1500-1640*, Vol. IV, Cambridge: Cambridge University Press, 1967; W. G. Hoskins, *The Midland Peasants: The Economic and Social History of a Leicestershire Village*, London: Macmillan, 1957; Phillipp R. Schofield, *Peasant and Community in Medieval England, 1200-1500*, New York: Palgrave Macmillan, 2003。

[2] 参见〔美〕哈罗德·J. 伯尔曼：《法律与革命》（第一卷）：西方法律传统的形成，贺卫方等译，法律出版社2008年版；F. Pollock, *The Land Laws*, London: Macmillan, 1896; W. Holdsworth, *An Historical Introduction to the Land Law*, Oxford: The Clarendon Press, 1927; K. E. Digby, *An Introduction to the History of the Law of Real Property: With Original Authorities*, Oxford: Clarendon Press, 1875; B. W. Adkin, *Copyhold and Other Land Tenures of England*, London: Estates Gazette, 1911; A. W. B. Simpson, *A History of the Land Law*, Oxford: Clarendon Press, 1986; Joshua C. Tate, "Ownership and Possession in the Early Common Law", *The American Journal of Legal History*, Vol. 48, No. 3 (Jul., 2006), pp.280-313。

且与政治、法律相关联，是整个封建经济和政治制度的有机组成部分。欧洲封建关系是制度，也是文化，呈现出一种弥漫型社会模式，无所不在。封建契约使贵族拥有独立的权利，并受到法律保护，因此国王难以侵犯封建采邑，否则贵族将与之对簿公堂。相对于社会上层的封君－封臣关系，则是社会下层的领主－佃农关系，土地保有权的概念亦如此。波斯坦说，在这一点上，"与社会上层有着惊人的相似"[①]！

佃农保有地内涵

村庄接受领主权威是欧洲封建化的重要部分，也是村民份地成为庄园保有地的开始，也就是说，大部分保有地来源于村社时代村民自主地。从8世纪加洛林王朝到12世纪，两种类型的依附形式随处可见。在社会上层，附庸将自己的地产交付给他的领主，然后又以采邑形式从领主手中取回，从此成为"领主的人"而受到庇护。在社会下层，人们发现与社会上层有着惊人的相似！

在一个充满暴力的时代，村民也纷纷寻求保护。王权和村庄共同体不足以保护他们，在维京海盗或其他入侵者暴力威胁之下，投靠地方豪强、获得安全显然是更好的选择。于是他们接受领主的权威，同时得到领主的保护，在大多数情况下意味着：村民将自己的份地献给某领主，再重新取回，但要背上交付钱物和提供劳役的负担。大约公元900年前，意大利布雷西亚的萨塔吉利亚庄园土地调查簿上写道："有14个自由人投靠领主庄园，交上自己的地产，还要履行每人每周做一天工的义务。"[②]

一个村民的份地上交后，一方面，土地存在形式没有变化，依然是村社敞田的一部分，依然实行集体轮耕制；另一方面，份地的性质和他的地位发生了变化：在法理上土地已经属于领主，他因保

---

① M. M. Postan, ed., *The Cambridge Economic History of Europe,* Vol. I, Cambridge: Cambridge University Press, 1966, p.266.

② Ibid., pp.266–267.

有土地而为领主服役,从此成为领主的佃户。1326年,汉普郡的亨利·维尔德和他的妻子爱丽丝为了寻求保护,与修道院副院长沃尔特达成协议,他们可以拥有修道院土地上的公共放牧权,在那里放牧所有家畜,除去猪和山羊;作为交换条件,亨利和爱丽丝将放弃他们在赛登尼16英亩土地以及在拉·拜迪尔顿土地上的公共放牧权。[1]在大多数的情况下,是整个村庄集体投靠到某个大人物的羽翼下,寻求保护,后者一般在该村有产有势,往往还拥有相邻或不相邻村庄的地产和佃户。

土地是不动产,该地区的村民是否都一致自愿投靠某一领主,有无一定程度的压迫和强制呢?一些资料支持了这样的说法。例如,圣米西尔教堂的一份合约中,就有洛兰村一个寡妇的苦难经历的记载。她家境尚殷实,拥有一块自己的土地,不曾有过任何负担,可附近的一个领主管家却让她为这块耕地交纳"免役租金"(quit-rent)。为躲避迫害,这位女士只好寻求修道院僧侣的保护。[2]以上,可以为佃农保有地的来源提供线索,也有助于解读庄园制下佃户何以稳定保有土地的问题:佃农那么稳定地保有土地,甚至取得对抗领主的诉权,固然与习惯法的保护有关,但也与那块土地的来源有关,那块土地本来就是他世代占有的。

在欧洲封建制度下,土地保有权具有特定内涵。由于附庸的权利是相对独立的,随着时间的推移,附着在土地上的保有权呈现出固化趋势。只要土地保有者按照约定履行义务,封君就不能暴力剥夺附庸的土地。领主对于普通佃农通常也是这样,即使他是一个农奴,同样有不可剥夺的权利。土地法定保有概念,集中体现了欧洲封建制中相互的权利和义务关系。梅特兰说:"再没有任何其他比保有概念更为重要的了……它是如此重要,以至于几乎可以说,英国

---

[1] 参见 Joan Thirsk, "The Common Fields", Past & Present, No.29 (Dec., 1964), p.17。
[2] 参见 M. M. Postan, ed., *The Cambridge Economic History of Europe*, Vol. I (1966), p.268。

整个土地法就是关于土地的保有及其结果的法律。"①

泰特（J. C. Tate）专门梳理了中世纪所有权和保有权概念，他的研究表明，保有权在中世纪处于更为凸显的位置。他认为中世纪法学家不会不懂得如何区分所有权和占有权，12世纪晚期，学习罗马法的学生几乎肯定会被告知"所有权"和"占有权"的区别。不过，在英国国王法院的早期记录中，更为常见的是另外两个词条：ius和seisina——权利和法定保有（seisin）。事实上，土地权利的拉丁语seisina，不同于罗马法中的"占有权"，也不同于其"所有权"。12世纪80年代，在教会法学家的《训导集》中，出现了所有权诉讼与占有权诉讼的明显区别。盎格鲁-诺曼教会学校的理卡德乌斯（Ricardus）写作的《秩序》（*Ordo*）一书，也将所有权和占有权区分开来，而且都是将占有权即保有权诉讼置于显著位置。②

法庭案例和教宗教令也表明，当争议发生时，保有权诉讼应在所有权诉讼之前，教职之争亦如此。1161年，一个名叫阿兰的人试图通过法庭恢复被夺走的教职。西奥博尔德大主教致信教宗说，阿兰最先提起保有权诉讼，遇阻后转向所有权请求，并在法庭提供了证据。该案例表明保有权诉讼在先。土地权利的诉讼也往往是先提起保有权诉讼。西奥博尔德任坎特伯雷大主教期间（1139—1161年），其辖区某庄园一个叫彼得的人要求恢复曾占有的土地，声称其父即占有这些土地，不过因不能提供相关证据而败诉，不得不就所有权问题起诉，并在程序上获得法庭同意。

这两个案件都明显区分了所有权和保有权诉求，并显示诉讼须从保有权开始，保有权恢复即胜诉，且保有权是所有权之诉的前提条件。很明显，保有权诉讼是重要的、独立的，与所有权没有必然

---

① P. Pollock and F. W. Maitland, *The History of English Law before the Time of Edward I*, Vol. II, pp.30-31.

② 参见Joshua C. Tate, "Ownership and Possession in the Early Common Law", *The American Journal of Legal History*, Vol. 48, No. 3 (Jul., 2006), p.292。

联系。[1]

其实，保有权概念首先在教会法中独立出来，继而被置于优先地位。比如，主教或修道院院长的位置时常发生纠纷，倘若一方用武力强行驱逐实际的占有者，教会法的原则是，在确定谁是最合法的权利主张者之前，先确保前占有者恢复原来的位置。

12世纪中期，著名教会法学家格拉提安提出"归还原则"（cannon redintegranda），他宣布任何人都有权恢复他被掠夺的任何东西，不论是土地、财物还是权利，也不论这种掠夺是通过武力还是通过欺诈手段获得的。"是否对被掠夺的东西一律恢复占有？"他的回答是肯定的。后来，"归还原则"不仅被认作确认性保护，而且适用于独立的诉讼程序，即"夺回之诉"（actio spolii）。[2]教会法的这套程序适用于教会，事实上也深刻地影响了世俗法律。

梅特兰认为教会法的"夺回之诉"启发了英王亨利二世（1154—1189年在位）颁布著名的"新近侵占之诉"，这两个程序均保护实际占有的财产，反对另一方掠夺，不论他是谁，即使是他的领主；暂且不论缘由，先恢复原状为是。也就是说，这是一种完全不依赖所有权的诉讼，在这种诉讼中，被告的所有权不能成为抗诉的理由。[3]基于现实生活中掠夺者往往是统治者一方，"夺回之诉""新近侵占之诉"一类的法律程序，显然更有利于保护普通农民，此说并非不经之谈。

佃农获得初级自卫权

大量的历史案例表明，这样的法律体系和法律程序，有利于普通农民，使之获得初级自卫权。强调和保护"保有权"的第一个权

---

[1] 参见Joshua C. Tate, "Ownership and Possession in the Early Common Law", *The American Journal of Legal History*, Vol. 48, No. 3 (Jul., 2006), p.293。

[2] 参见〔美〕哈罗德·J. 伯尔曼：《法律与革命》（第一卷）：西方法律传统的形成，贺卫方等译，第443页。

[3] 参见Joshua C. Tate, "Ownership and Possession in the Early Common Law", *The American Journal of Legal History*, Vol. 48, No. 3 (Jul., 2006), pp.290-291。

利令状（The writ of right），是亨利二世早期发出的法律令状之一，收录在1187—1189年的《格兰维尔》（*Glanvill*）一书中。令状的原则相当明确：甲保有领主的一块土地，如果该土地被乙夺走，令状要求领主"迅速做出正确裁决"，将被夺走的土地归还甲。令状警告道，如果领主没有这么做，那么郡长将"不再接受进一步的有关权利违约的控诉"。同时原告还可以通过"强制出庭令状"（writ of pone），上交国王法院。该令状的含义是，倘若领主不公正地对待失去土地的佃户，国王有权进行干预。

"权利令状"过于冗繁，促使新近侵占诉讼令（the assize of novel disseisin）出台，它是亨利二世最重要的司法改革。与权利令状不同，它将诉讼提交给郡长而不是原告的领主。该令状书面形式的最早证据也来自《格兰维尔》。在诉讼令中，国王告知郡长：

> 某甲抱怨某乙："在我上次去诺曼底旅行期间，不公正地、未经法律程序剥夺了我在某村自由保有的地产。"国王命令郡长先将夺走的土地以及相关动产复归原位，然后查证落实的结果："12个自由守法的邻居"即陪审员将查验现场，并将查验结果当面禀告国王或国王的法官。最后进行审判，可缺席审判，即使被告不出庭，审判也照常进行。[①]

有学者认为，新近侵占诉讼令是亨利二世"多次彻夜思考"的结果，更多学者则认为是关于土地保有权法律的逻辑延伸。无论如何，这套解决纠纷机制的创立，对英格兰乃至欧洲的历史产生了重大影响，不仅调整土地财产关系，而且向法律普遍性的发展迈出重要一步。

就土地财产关系问题，罗马法是否影响了欧洲早期的法律？如果认为欧洲法律是罗马法的移植或延伸，与历史事实不符。由于传统、风格差异等缘由，入主西欧的诸日耳曼蛮族王国，并没有采纳

[①] Joshua C. Tate, "Ownership and Possession in the Early Common Law", *The American Journal of Legal History*, Vol. 48, No. 3 (Jul., 2006), p.297.

罗马法，而是继续实行各自熟悉的蛮族法。他们以蛮族法为基础，在新的历史条件下形成独特的土地产权体系。历史事实是，在封建制度的框架下，欧洲建构起一种具有原创性的政治、社会和经济秩序，包括土地财产体系在内。

笔者赞同密尔松的意见，他认为，只有在封君－封臣关系语境下，才能理解中世纪土地占有（seisin）和权利（right）等法律概念，不能简单地与罗马法一些概念进行对接和对译，或看作罗马法相关概念的同义词。[①] 即是说，应该充分认识中世纪欧洲财产体系的独特秉性。

梅特兰多次谈到欧洲土地所有权被领主和附庸分割甚至多次分割的情况："土地的完全所有权在A和B之间分割；封臣可能再次封授自己保有的部分土地，于是土地所有权在A、B和C之间分割，C保有B的土地，B保有A的土地，如此循环往复。"[②] 随着层层封授，在同一块土地上便产生了多个保有关系，多层土地权利。例如：

> 在爱德华一世时期，罗杰保有罗伯特在亨廷顿郡的土地，而罗伯特保有理查德的土地，理查德保有阿兰的土地，阿兰保有威廉的土地，威廉保有吉尔伯特的土地，吉尔伯特保有戴沃吉尔的土地，戴沃吉尔保有苏格兰国王的土地，苏格兰国王则保有英格兰国王的土地。[③]

一块土地涵盖的权益关系，竟达九人之多！梅因谈到类似情况时，把领主的土地权利称为高级所有权，附庸的土地权利称为低级所有

[①] 参见 S. F. C. Milsom, *The Legal Framework of English Feudalism*, pp.39-40；另见 Joshua C. Tate, "Ownership and Possession in the Early Common Law", *The American Journal of Legal History*, Vol. 48, No. 3 (Jul., 2006), p.282。

[②] F. W. Maitland, *The Constitutional History of England: A Course of Lectures*, p.153.

[③] P. Pollock and F. W. Maitland, *The History of English Law before the Time of Edward I*, Vol. I, p.247.

权。①附庸可以继承采邑、自由转移采邑，更重要的是附庸可以依法抵抗领主的侵害。虽然附庸土地权利可谓之"低级所有权"，却是不可剥夺的权利。

伯尔曼索性排拒了罗马法的所有权概念，将中世纪产权认定为一种独立于所有权的特定权利体系。他认为，"实际占有"这一概念的重要性，在于它使法律因素和事实因素紧密结合，"它是一种独立于所有权和契约权的占有权——一种在日耳曼法和古老的罗马法中都未曾有过的概念"。②在社会底层，是佃农对土地的保有权，即实际占有权。

混合土地产权制度并非欧洲独有的历史现象，欧洲土地产权体系中最重要的特征在于：封建等级的契约性，附庸权利的独立性，抵抗的合法性。伯尔曼指出："西方封建财产产权体系在其有关各种对抗权利的相互关系的概念上，却是独一无二的。"③如同附庸稳定的采邑保有权一样，佃农对自己土地的保有权，同样不是可以随意剥夺的。一个依照习惯法实际占有土地的佃农，对任何"侵占"他土地的人，甚至对其领主都享有一种诉权，也就是说，依据一种法律体系，一个普通佃农的权利获得一定保障。

11世纪晚期和12世纪，"依法保有权"这一概念流传到整个欧洲，对西方法律理念和法律制度，以及财产权利体系的发展做出了贡献。如同1166年的"新近侵占之诉"一样，"在西欧每一个国家的法律中都有与此相类似的制度"。由此，封臣可以免受封君的强行侵夺；同样，佃户可以免受领主的强行侵夺。④与领主相比，佃农是卑下的，可能还是贫穷的，但他的土地通常却是安全的。

---

① 参见 Alan Macfarlane, "The Cradle of Capitalism: The Case of England", in Jean Baechler, John A. Hall and Michael Mann, eds., *Europe and the Rise of Capitalism*, Oxford: Blackwell, 1988, p.193;〔英〕梅因：《古代法》，沈景一译，第167页。
② 参见〔美〕哈罗德·J. 伯尔曼：《法律与革命》(第一卷)：西方法律传统的形成，贺卫方等译，第308页。
③ 同上书，第307页。
④ 以上见〔美〕哈罗德·J. 伯尔曼：《法律与革命》(第一卷)：西方法律传统的形成，贺卫方等译，第307—309、443页。

二、佃农地权的安全性

在欧洲封建制度下，附庸享有独立的采邑保有权，佃户对保有地同样具有稳定的保有权。封建法规范封君与封臣的关系，庄园法则规定领主与佃农的关系。这两种法律体系紧密相连，具有同构性。梅特兰指出，封建主义在社会底层和高层的运行相似：与武装封臣围绕在国王身边一样，底层村民也将自己分别置于各类领主的保护之下。[1]封臣获得采邑，村民获得保有地，有学者认为，农民对土地的保有往往比封臣对采邑的保有更为稳定，因为王权与贵族的政治斗争形成对农民有利的条件。[2]

佃农对所耕种的土地通常是可继承的，无限期占有的；后来出现有期限的土地占有，有的长达三代，有的只限于终身，甚至以若干年为期。[3]同时，存在着身份性的差异，即人身依附性较强的佃户（bondman）与相对自由的佃户之间的差异。无论哪一类佃户，都存在土地权利问题。哈德森指出，在佃户与领主的关系中，土地权的安全性、继承性和可转让性，反映了土地保有人的顾虑：他希望确保土地持有的安全；在他死后，其家人能够继续享有土地权利；他有权出售或者将土地赠送给教堂和个人。

土地权利三要素即安全性、继承性、可转让性，彼此密切联系，是同一问题的不同侧面，[4]其中地权的安全性无疑居于核心地位。

---

[1] 参见 F. W. Maitland, *The Constitutional History of England: A Course of Lectures*, p.57。
[2] 参见 J. C. Holt, "Politics and Property in Early Medieval England", *Past & Present*, no.57 (Nov., 1972), pp.3–52。
[3] 参见 John Hudson, *Land, Law and Lordship in Anglo-Norman England*, Oxford: Clarendon Press, 1994, pp.97–98。
[4] 参见〔英〕约翰·哈德森：《英国普通法的形成》，刘四新译，商务印书馆2006年版，第106页。

剥夺佃农土地很少成功

曾有学者认为，维兰[①]的保有地来自领主，按照领主的意志而保有的，领主可以随意处置。事实上，维兰那样的依附佃户拥有自己的家庭和财产，大部分人的土地权利是有保障的，既安全又稳定，即使在农奴制最残酷时期也是如此。土地的稳定占有，是他个人经济独立发展的基础，也是个人权利发展的基础。

在庄园里，习惯法——传统惯例，曾长期统治着人们的生活。布洛赫说："习惯法是一把双刃剑，它时而为领主所利用时而为农民所利用。"[②]最初习惯法的地方性较强，随着11世纪庄园经济在欧洲占据主导地位，大约11世纪中叶至12世纪中叶，庄园习惯法逐渐转变为庄园法律制度，并流行于欧洲大部分地区。"如同封建法的形成一样，庄园法的规范在该时期的客观性和普遍性也具有实质性的增加。"[③]庄园习惯法形成了法律体系，农奴制的法律概念第一次得到系统阐述。农奴被称为"束缚于土地上的人"（$glebae\ adscriptae$），这意味着，除非根据某些条件，他不能离开土地；同时也意味着，除非根据某些条件，不能将他们驱逐出去。佩里·安德森指出，当时"束缚于土地上的人"这一术语表明，此前几个世纪的经济和社会关系在法律上得到了确认，而且是一种非常"滞后"的确认。[④]只要他们履行了相应义务，不过分对抗领主，其土地就是安全的，很难被剥夺。

如果佃户拒服劳役，领主可以扣押乃至剥夺佃户的土地，但必须依据法律，在法庭上履行一系列的法律程序。正如《格兰维尔》所说："如果佃户对领主不忠诚，领主可审判佃户并扣押土地，但须

[①] 维兰本意是村民villager，封建化后下降为农奴。见Austin Lane Poole, *From Domesday Book to Magna Carta, 1087—1216,* p.40。

[②] 〔法〕马克·布洛赫：《法国农村史》，余中先、张朋浩、车耳译，第85页。

[③] 〔美〕哈罗德·J. 伯尔曼：《法律与革命》（第一卷）：西方法律传统的形成，贺卫方等译，第313页。

[④] 参见Perry Anderson, *Passages from Antiquity to Feudalism*, London: NLB, 1974, p.147。

按照法律，并通过法庭判决的方式进行。"[1] 当然，佃户的劳役和负担都受到法律限定，很难随意认定佃户是否违规，是否忠诚。13世纪上半叶，口口相传的习惯法逐渐用文字记载下来，变成成文法。越是把每一样东西都加以定义并诉诸文字记载下来，惯例就越能够被"冻结"在它们被写下来时的那种状态。这样，试图改变习惯法的任何努力都变得更加困难，而且惯例也可以更加有效地被用来保护权利的边界。

约翰·吉林汉姆等指出，在这个意义上，就连13世纪非自由的佃农也会比11世纪许多自由佃农更不容易遭受个别领主任意勒索的危害。13世纪想要任意改变习惯法的领主们经常会发现自己身陷漫长的司法博弈中，对手往往不是一个佃农，而是组织严密的乡村共同体。[2]

如果发生争议，包括发生土地纠纷，领主不能独断专行，而是作为原告诉诸法庭。接着，法庭对领主指控事实进行调查，并依照习惯法裁决原告的是非曲直。裁决者是庄园全体成员，上至领主和管家，下至农奴，他们都被称为"诉讼参加人"（suitors），对判决产生决定性影响。后来，裁决者演变为陪审团，由那些与被告地位相当的人组成。陪审团是事实上的法官，领主或管家不过是庄园法庭主持人。

或许有人认为，领主及其代理人的权力会对法庭判决产生影响。这种推论有一定道理，但实际情况不完全如此，许多判决结果并不保护领主的利益。例如，在一次诉讼中，庄园主试图剥夺一个农奴的某块地产，理由是该农奴保有地超过了限额。该农奴争辩说，其他佃户也有类似的情况，"他们此前一直保有几块地产，无需特许状，也未受罚和受指控"，被告农奴"准备通过佃户（即庄园的全体佃户）和其他必要的方法证明这一点"。这个案件记录的结果是：

---

[1] John Hudson, *Land, Law and Lordship in Anglo-Norman England*, p.28.
[2] 参见 John Gillingham & Ralph A. Griffiths, *Medieval Britain:A Very Short Introduction*, p.76。

"将这个问题搁置起来,直到达成更充分的协商。"①

该案件,还有许多类似案件都表明,如果发生争议,领主不能直接处置农奴的土地,不能随意驱逐佃户,必须经过法庭;而法庭不一定做出有利于领主的裁决,相反,抵制领主而援助佃户的案例并不少见。

即使法庭下达剥夺佃户土地的判决,与实际收回土地还有很远的路程。剥夺某人土地是一件相当严重的事情,在越来越严格的法律诉讼程序中,需要经过三个阶段:首先下传票提出警告;接着扣押动产,进一步提出警告;最后才是扣押、查封土地以至罚没土地。罚没土地之前必须举行法庭听证会,提供最后和解的机会。原告乐于表明他是一位好领主;被告佃户可以当场辩解,或做出某种妥协。②其实,不仅听证会,三个步骤中的每个环节,都为辨明原委和妥协提供机会。

领主起诉佃户,以警告、扣押大牲畜等动产和剥夺土地相威胁,目的在于使其就范,按约服役。领主深知没收土地是一件很例外的事情。佃户也不认为会轻易失去土地,土地已属他保有,是安全的,这种自信随占有时间的持续而益增。

哈德森总结道:"我们极少看到采邑内部发生过这种佃户失去土地的实例,这不仅仅是由于史料证据有限,也可能反映出当时确实很少实际发生佃户失去土地的情况。"③海姆斯也指出:"事实上,依附佃农在很大程度上享有土地安全,即使在13世纪也是如此。"④

土地受到国王法院保护

与农奴相比,自由佃户的土地更加安全,不仅受到庄园法庭的

---

① 〔美〕哈罗德·J.伯尔曼:《法律与革命》(第一卷):西方法律传统的形成,贺卫方等译,第321页。
② 参见John Hudson, Land, Law and Lordship in Anglo-Norman England, p.34。
③ 以上参见〔英〕约翰·哈德森:《英国普通法的形成》,刘四新译,第108页;另见John Hudson, Land, Law and Lordship in Anglo-Norman England, pp.33-34。
④ Paul R. Hyams, King, Lords, and Peasants in Medieval England: The Common Law of Villeinage in the Twelfth and Thirteenth Centuries, Oxford: Clarendon Press, 1980, p.49.

保护，还有国王法院的干预。如果自由佃户认为庄园法庭判决不公正，可以越过庄园法庭向国王法院申诉，后者正急于扩大自己的司法管辖权，因此总是设法援助佃户。自12世纪起，英国王权就介入自由佃户的案件审理。[①]前面提及领主扣押佃户土地前，先要扣押大牲畜一类的动产以示警诫，此时，如果他是一个自由佃户，即可求助国王法院，以期中断领主对他可能造成的侵害。

国王法院提出了一种称为"收回非法扣留动产之诉"的简单诉讼程序，根据这种程序，郡法院可以核准佃户是否履行了劳役，领主扣押其动产的理由是否成立；否则，郡长有权对领主采取强制措施。[②]

国王法院对自由佃户土地保有权的保护，在早期普通法中，最著名的当属新近侵占之诉等王室令状。该令状是国王发给某郡守，后者代表国王干预强占佃户土地的行为。《格兰维尔》曾经记述了该令状的一般形式和内容：

> 国王向郡守问候。命令N.毫无迟疑地归还R.在某村庄的一海德土地。R.向我控告N.侵占了他的土地：如果N.没有归还，则由合适的传召者传唤他，在复活节后的第一个星期天在某地点到我或我的法官面前，解释为何没有做到。务必使他和传召者带着此令状一同前来。证明人：兰纳夫·格兰维尔。于克拉伦登。[③]

亨利二世及其法学家根据教会法学家的"归还原则"，发展出新近侵占之诉，有利于保护封臣的权益，同样有利于农民保有地免受

---

① 参见 Frank E. Huggett, *The Land Question and European Society since 1650*, London: Thames and Hudson LTD, 1975, p.19。

② 参见 P. Pollock and F. W. Maitland, *The History of English Law before the Time of Edward I*, Vol. II, pp.605-606。

③ D. C. Douglas and G. W. Greenaway, ed., *English Historical Documents*, Vol. II, London: Routledge, 1981, p.496。

领主及他人的强行侵夺。"如果佃户的自由保有土地被不公正地侵占和剥夺，且未经审判，他便能够通过王室令状寻求救济：召集陪审团；在国王法官面前回答关于保有权利和侵占问题；最后对侵占问题做出判决，原告便可能恢复其土地财产。"①

诉讼中，只要原告证明先前的土地占有成立，原有的保有权就不会被改变。由于佃户独立的权利，还有对土地长期实际的占有，佃户土地权利本来就是稳定的，王权新的法律举措，对人们的观念、对相关争端的最后解决，都产生了进一步影响。12世纪末，一位叫萨姆森的修道院院长承认：他不得不依法处理此事，没有法庭的判决他不能对任何自由人保有多年的任何土地和收益予以剥夺，不管自由人的这种保有是合理的还是不合理的。如果他果真剥夺了自由人的财产，他将会受到国王巡回法庭的处罚。②显然，自由保有地产权难以撼动，自由持有农土地财产稳妥，自信且自尊，被认为是乡村农民社会的脊梁。

不乏领主侵害佃户土地权益的事件发生，但结果并非都能如愿。1198年，林肯郡某庄园领主与亚历山大庄园领主发生土地产权纠纷，亚历山大庄园领主答应把价值100马克地产让渡给对方。但亚历山大庄园两个佃户拒绝交出土地，并不再交付领主地租，以示抗议。领主诉诸国王法院，国王法院表示无可置喙，因为佃户坚称土地让渡事先没有与他们协商，所以是无效的。显然佃农权利不可被漠视。该案件被搁置七年之久，土地仍在两个佃户之手。③

又如，15世纪中期，拉姆齐修道院希林顿庄园领主侵占佃户土地。佃农将该情况告知国王复归"财产管理员"（royal escheator），王室便扣押了该土地，理由是拉姆齐修道院没有申请王室许可并支

---

① P. Pollock and F. W. Maitland, *The History of English Law before the Time of Edward I*, Vol.I, p.155.
② 参见〔英〕约翰·哈德森：《英国普通法的形成》，刘四新译，第205—206页。
③ 参见 Paul R. Hyams, *King, Lords, and Peasants in Medieval England: The Common Law of Villeinage in the Twelfth and Thirteenth Centuries*, p.9.

付相应款项，从而破坏了《没收法》（Statute of Mortmain）。最后，拉姆齐修道院不得不放弃对佃户土地的侵占。①这些案例均表明，农民依法保护自己保有地免受领主侵占是可行的，有效的。

随着农奴制的解体，原来的农奴佃户纷纷进入王权保护的范围。在英格兰，公簿持有农大多是维兰的后代，其土地是"凭法庭案卷副本而持有"（to hold by copy of the court roll）②，故称为公簿持有农（简称公簿农）。大约从15世纪中叶起，国王法院开始对公簿持有农的土地诉讼案开放，为他们的土地提供保护，从而确立了他们的法律地位。1467年，大法官法院（Court of Chancery）开始受理公簿保有地诉讼；1482年，普通高等民事法院（Court of Common Pleas）也开始受理此类案件。③

1467年大法官丹比（C. J. Danby）说：如果领主无故驱逐公簿持有农，他就错了，因为公簿持有农依据庄园惯例保有土地，与普通法意义上的自由保有地，没有什么区别。不久，大法官布里安（C. J. Brian）表达了同样的观点："如果公簿持有农按照习惯法履行了义务仍遭领主的驱逐，该佃户可以对领主提起侵权之诉。"④现代学者利达姆（Mr. Leadam）认为，自那时起，公簿持有农与自由佃农几乎没有什么区别，享有完全的法律保障。⑤

不过，阿什利（Ashley）认为，这样的看法过于乐观，由于习惯法对佃农强有力的保护已然衰落，土地占有并非那么安全。⑥萨文（Savine）也指出，15世纪大法官法院对公簿持有农命运的影响，不可夸大。大法官法院受理的诉讼案总数可达好几千件，其中公簿持

---

① 参见 P. D. A. Harvy, ed., *The Peasant Land Market in Medieval England*, Oxford: Clarendon Press, 1984, pp.213-215。
② A. W. B. Simpson, *A History of the Land Law*, p.161.
③ 参见 P. D. A. Harvey, ed., *The Peasant Land Market in Medieval England*, p.328。
④ E. Lipson, *The Economic History of England*, Vol. I, London: A. and C. Black, 1929, p.136; Paul S. Clarkson & Clyde T. Warren, "Copyhold Tenure and Macbeth", *Modern Language Notes*, Vol. 55, No. 7 (Nov., 1940), pp.483-493.
⑤ 转引自 R. H. Tawney, *The Agrarian Problem in the Sixteenth Century*, p.289。
⑥ Ibid., p.290。

有农的申诉数量颇为有限。[1] 托尼则持折中态度，他认为这两种观点都过于极端，公簿农的法律地位因每个庄园具体情况而异。[2] 各地公簿农受到普通法保护不是一次完成的，接受国王法院审理也要有一个过程，不过公簿农越来越受到普通法保护这一事实是没有疑义的。

生活于16世纪末17世纪初的爱德华·柯克（Edward Coke，1552—1634年），敏锐观察到公簿持有农的土地是安全的，他们可以通过大法官法院或侵害令状（writ of trespass）保护自己。[3] 只要符合习惯法保有期的规定，履行义务，没有违反惯例，他就是安全的，谁也奈何他不得！柯克这样描述道：

> 现在，公簿持有农地位稳固：他们无须顾虑领主的不满，他们对每次突然的盛怒不再战栗不安，他们安心地吃、喝、睡觉……让领主皱眉蹙额吧，公簿持有农全不在乎，他们知道自己是安全的，没有任何危险。[4]

需要指出的是，公簿农的土地契约并非千篇一律，每个庄园不一样，庄园内每个公簿农也不一样，所以土地被保护的期限也不一样。例如，有可以世代继承的公簿农，也有及身而止的终身公簿农，以及保有土地30年、20年不等的公簿农。这里所说的"安全"，是依法占有土地的安全，契约规定的有效期内，土地是安全的，受到庄园法庭也受到国王法院的保护。

"依法保有"（seisin）

不止在英格兰，在西欧的大部分地区，都先后援引和推行了同样的保护保有权的法律，为封臣，也为农民佃户的土地占有安全提

---

[1] 参见 Alexander Savine, "English Customary Tenure in the Tudor Period", *The Quarterly Journal of Economics*, Vol. 19, No. 1 (Nov., 1904), pp.33−80。

[2] 参见 R. H. Tawney, *The Agrarian Problem in the Sixteenth Century*, p.293。

[3] Ibid., p.289.

[4] 转引自 R. H. Tawney, *The Agrarian Problem in the Sixteenth Century*, p.291。

供法律保障。伯尔曼总结说："欧洲人发展了seisin概念，用以满足未从所有权中取得保有权利的合法占有人的需要。在英格兰、诺曼底、西西里、法兰西和德意志公爵领地以及其他地方，新侵占之诉以某种形式赋予合法占有人并也赋予具有保有权利的人以一种重新占有的权利，以防止对他的不公正侵害。"[1]

一直到中世纪晚期和近代早期，佃户合法土地权利不断得到重申。一份1567年的文件表明，温彻斯特大教堂与158名公簿持有农郑重地达成了协议，一致同意固定的地租、固定的税费以及可继承的公簿持有权，"从今以后永远被承认并得到尊重"[2]。埃尔斯韦克庄园的佃户曾就地产性质问题与领主对簿公堂，他们根据法庭记录逐项重申他们对土地的权利。法庭记录表明，法庭再一次给予了确认。[3] 不论可继承的公簿保有权，还是有期限的公簿保有权，每一种类型在承租期内都受到法律保护，都是安全的。具有继承权的公簿持有农，其土地世代受到法律保障，与自由持有农几无差别。

欧洲中世纪的"占有"概念，不仅是对不动产、动产和职位的实际占有和支配，还是对权利的占有和支配。英国等西欧国家的法律像教会法一样，既保护对财产的占有，也保护附属于占有的权利。因此，当一个人离开土地去参加十字军东征或朝圣时，仍然可以保持对土地的实际占有。即是说，当某人对其不动产持占有和管理权时，即使没有实际的占有相伴随，他的保有权仍然有效，并且受到法律保护。由此，我们可以理解庄园佃户对共用地的权利：对那些荒地、林地和沼泽，他们既没有所有也没有实际占有，可是依然拥有不可剥夺的权利，他们依规定利用它们，从中获取生活必需品，同样受到法律保护。即使圈地运动中分割共用地时，每个合法村民也可以分得一份，或得到相应的补偿。

---

[1] 〔美〕哈罗德·J. 伯尔曼：《法律与革命》（第一卷）：西方法律传统的形成，贺卫方等译，第444页。

[2] R. H. Tawney, *The Agrarian Problem in the Sixteenth Century*, p.295.

[3] Ibid., pp.295-296.

研究中世纪西欧农民土地产权观念和实践，有助于人们对整个中世纪历史及其发展前途的理解和预期。中世纪确实是强暴的，但它不是没有法律、没有权利，它是法律成长的时代。他们的物质生活仍处于颇为粗糙的时段，然而对权利的获得和丧失却极为敏感。历史学家、牛津学派创始人威廉·斯达布斯写道：

> 中世纪历史是一种关于权利与侵权行为的历史……权利或诸权利的观念，是中世纪时代的指导思想——所以如此，因为在这时期的最伟大的人物中，存在着一种提高法律地位的有意识的企图和一种遵守法律的意愿；同时，在劣等演员中即在下层的人群中，有着要维持他们既得权利的倾向；……中世纪时代……是法律成长的时代，……对于流血，没有什么害怕，但对于破坏权利倒有巨大的恐惧。①

斯达布斯概括了中世纪的历史，也指出了中世纪财产权的真谛，对此，著名史学家汤普逊高度评价，称之为"一段比近代任何一位历史家写得更精彩的文字！"②斯达布斯出色地概括了欧洲历史的独特秉性，颇具启发性；其中，占人口绝大比重的普通农民的土地维权斗争，无疑是创建这样历史的社会基础。

中世纪晚期，在庄园习惯土地（custom land）即封建保有地之外，还出现了新型租佃关系——租佃双方不是根据封建依附关系和庄园惯例，而是基于双方订立的市场契约。③双方签约自由，租期、租金等依据市场行情而协商，④承租者被称为契约租地农或契约农场主。土地租佃关系正在跨进一个新时代。农民土地产权改善，经济自主力增强，带来小农经济普遍繁荣，孕育了资本主义农业沃土；

---

① 〔美〕汤普逊：《中世纪经济社会史》（下册），耿淡如译，第332页。
② 同上。
③ 参见 B. W. Adkin, *Copyhold and Other Land Tenures of England*, p.65。
④ 参见 Bas J. P. van Bavel and Phillipp R. Schofield, ed., *The Development of Leasehold in Northwestern Europe, c.1200−1600*, Turnhout: Brepols, 2008, p.139。

身份性封建保有地，逐渐被卷入市场经济大潮，土地商品化的趋势不可阻挡。

三、保有地继承与流通

血亲继承之淡化

关于农奴的法律身份，中世纪法学家们的理论存在着悖论。一些人的观点是，一个农奴没有自己的任何财产，因此他不能自行处置土地，不能出售、出租和传承土地，甚至不能自由地离开土地；如果农奴离世，其土地应归还领主，领主再根据自己的意愿重新分配。然而实际情形并不是这样，除个别案例外，领主通常不会让另一家庭接手份地。依附佃农对土地有一定的支配权，后代可以继承土地，教会甚至认为农奴应该像自由人那样留下遗嘱，随个人意愿处置土地。[1]因此，领主通常让原来的佃户家庭继续占有这块土地及其附属权利；佃户方面则继续承担相应的依附农义务。当然，继承人要交纳继承捐，以表示继续效忠。整个过程都记入庄园法庭案卷，俾便查阅。

在领主同意授予佃户土地的契约里，总要说明该土地授予保有人"及其继承人"。"继承人"经常以复数形式出现，意味着不止一代、没有时间限制。[2]当土地保有人去世，只要佃户没有违约行为，领主总是接受其成年继承人的效忠关系，并确认其对土地的继续保有。此时领主唯一所获就是土地移交中的惯例税费。在佃户的土地继承问题上，领主几乎没有什么选择，除非土地保有人身后没有继承人，或者保有人被判有重罪。可惜，这样的情况极少发生。

---

[1] 参见 Cicely Howell, *Land, Family and Inheritance in Transition: Kibworth Harcourt, 1280–1700*, Cambridge: Cambridge University Press, 1983, p.238。

[2] 参见 S. E. Thorne, "English Feudalism and Estates in Land", *The Cambridge Law Journal*, Vol.17, No.2 (Nov., 1959), p.203。

12世纪的《格兰维尔》一书记载："成年继承人在其祖上去世后可以立即继承遗产；尽管领主可以将地产和继承人都控制在自己手里，可领主仍需谨慎行事，只要他们愿意向领主支付土地继承捐并履行其他合法的劳役，领主就不能暴力剥夺继承人对土地保有权，否则会遭到继承人的抗拒。"[①]很明显，佃农土地继承权受到法律的保护。而且，佃户合法土地继承权不断得到重申。

按照领主的愿望，继承人应当在佃户最近的血亲中产生。庄园制初期的保有地继承人多是原保有人的亲属，如子女、孙子女、兄弟或姊妹。一般要求土地完整地传给一个儿子；[②]实际上，血亲继承的形式往往是各式各样的。1543—1630年，在奥韦尔教区，有50份原始遗嘱被保留下来。这些遗嘱中，22份遗嘱涉及两个以上的继承人，其中10份遗嘱将土地交给一个儿子，同时把现金等财物分给其他子女；其余12份遗嘱将大部分土地留给长子，其余儿子也得到维持生计的小块土地。[③]

领主希望保有地被完整地继承，而且不情愿接受血缘关系较远或者没有血缘关系的继承人，最初的习惯法也支持这样做。1293年，纽英顿庄园发生这样一例案件：一个叫托马斯的人到庄园法庭诉称，其父母未经其同意，将他家半雅得（yerd或yard）土地永久转让给了外人约翰。原告指出，依照本村庄惯例，自己理应成为该土地的继承人。其父母被传唤出庭，一方面承认托马斯是他们儿子，一方面坚持否认他的继承权，但法庭仍然将土地判归原告。[④]该案件表明，尽管遭到挑战，家内血亲继承习惯仍占据上风。

大约从13世纪中叶以后，西欧的庄园制发展到顶峰同时出现跌

[①] G. D. G. Hall, ed., *The Treatise on the Laws and Customs of the Realm of England Commonly Called Glanvill*, Oxford: Clarendon Press, 1965, p.82.

[②] 参见 Jane Whittle, "Individualism and the Family-land Bond: A Reassessment of land Transfer Patterns among the English Peasantry, c. 1275-1580", *Past & Present*, No. 160 (Aug., 1998), p.30。

[③] 参见 Jack Goody, Joan Thirsk and E. P. Thompson, eds., *Family and Inheritance: Rural Society in Western Europe, 1200-1800*, Cambridge: Cambridge University Press, 1976, p.158。

[④] 参见 G. C. Homans, *English Villagers of the Thirteenth Century*, New York: Russell & Russell, 1960, pp.197-198。

第四章　佃农与地权

落的迹象：劳役制和敞田制松动，土地自由转让和交易活跃，农民土地市场逐渐形成，①传统继承惯例越来越难以约束佃户自由处置土地。结果，家庭土地继承的范围和性质都发生了变化，一个突出的现象是，在选择财产继承人的问题上，佃户个人意志得到了越来越明确的彰显。麦克法兰认为，土地财产权更多掌握在佃户而非领主手里，而且，是掌握在佃户个人手里而不是佃户家庭。②

基于佃户个人意愿，不乏佃户子女被取消继承权，并且得到法律确认。1225年，一个被父母剥夺继承权的人，上诉到国王法院，要求恢复其继承权，但遭到拒绝。可见国王法院支持保有人佃户的个人意志，从而拒绝传统的血亲继承。③在一份1444—1558年家内土地转移的统计表中，为了规避土地的惯例继承，农户用联合保有形式使夫妻之间的土地转移也占一定比例。④菲斯指出，尽管土地血亲内继承曾是农民社会的共同理念，但到13世纪晚期，尤其14、15世纪，这种理念动摇了，淡化了，甚至被抛弃了。先前的那些惯例和规则，已经不能反映村庄里实际发生的情况。⑤

在法兰西，子女平均继承土地的习惯流行，但佃户家长的个人意志同样不容忽视。比利牛斯附近上阿列日地区，家产不一定分给儿子，父亲可以选择继承人。勒华拉杜里指出：

> 每一代家长都享有指定或排除继承人人选的权利。……在上阿列日，父亲的意志占主导地位，他可以决定家族的大事和不公平的继承……阿列日和安道尔地区的习俗建立在家

---

① 见 P. D. A. Harvy, ed., *The Peasant Land Market in Medieval England*, "导论"部分。
② 参见 Alan Macfarlane, *The Origins of English Individualism: The Family, Property and Social Transition*, chapter 2&5。
③ 参见 Theodore F. T. Plucknett, *A Concise History of the Common Law*, p.529。
④ 参见 Jane Whittle, "Individualism and the Family-land Bond: A Reassessment of land Transfer Patterns among the English Peasantry, c. 1275-1580", *Past & Present*, No. 160 (Aug., 1998), pp.33-34。
⑤ 参见 R. H. Faith, "Peasant Families and Inheritance Customs in Medieval England", *Agriculture History Review*, Vol.XIV (1966), pp.86-87, 92。

长自由订立遗嘱的基础上。它旨在最大限度地保证家业不分化。……这些没有土地的子女只能在离家时带走一份陪嫁或"家产"。①

同样不容忽视的是,在欧洲许多地区,继承顺序并不严格按照惯例和习俗,而是基于更广泛的考虑而做出决定:按照年复一年对孩子能力和性格的考察结果,或者根据父母的个人利益。有的家庭在较早的时刻,就完成了土地的承袭手续。②正如简·惠特尔所说,这一时期庄园保有地的继承,大多是佃户根据自己的意志设计,从这个角度讲,的确是个人主义的行为。③

结果,土地保有者在世时的非家内土地转移,逐渐成为流行方式。史密斯汇总了萨福克郡雷德格雷夫庄园1295—1319年发生的土地转让,非家内转移已占半数,有时接近三分之二。④瑞夫茨研究了亨廷顿郡沃博伊斯庄园1288—1366年土地转让,在31件土地转让中,父母转让给子女的只占11件,非亲属转移占14件,其余6件情况不明。菲斯研究了伯克郡布赖特沃尔顿庄园1280—1300年土地转移,家庭内部转移占56%。1267—1371年在温彻斯特的奇尔博尔顿庄园,因土地转移而交付土地易主费共70笔,其中29笔为家内继承,占41%。⑤

戴尔通过分析1375—1540年亨伯里等四个庄园的卷宗,认为佃

---

① 〔法〕埃马纽埃尔·勒华拉杜里:《蒙塔尤》,许明龙、马胜利译,商务印书馆1997年版,第55—56页。
② 参见〔奥地利〕赖因哈德·西德尔:《家庭的社会演变》,王志乐等译,商务印书馆1996年版,第32—33页。
③ 参见Jane Whittle, "Individualism and the Family-land Bond: A Reassessment of land Transfer Patterns among the English Peasantry, c.1275-1580", *Past & Present*, No. 160 (Aug., 1998), pp.61-62.
④ 参见R. M. Smith, ed., *Land, Kinship and Life-cycle*, Cambridge: Cambridge University Press, 1984, p.185; Phillipp R.Schofield, *Peasant and Community in Medieval England, 1200-1500*, pp.66-67.
⑤ 参见Alan Macfarlane, *The Origins of English Individualism: The Family, Property and Social Transition*, pp.125-126.

户生前土地交易的比率逐步提高，以至超过家内继承。①简·惠特尔通过对黑文汉姆教区1274—1558年农民家庭土地转移统计，同样证明土地在非亲属之间转移的比例越来越高，保有者个人对土地的支配权在逐渐增强。②

即使子承父业，土地在血亲家庭内部继承，与以往也大不相同，明显地增进了契约因素。也就是说，子女继承保有地不是无条件的，而是在土地继承协议中附有许多义务条款。最具有代表性的证据，是西欧普遍流行的赡养协议，当然这也是生前转移财产的后果。由于家长年迈不能继续劳作等原因，将土地让与子女，后者负责赡养，并签下协议。在这些协议中，通行的内容包括家长的权利，以及承袭家产的继承人如何保障父母的衣食住行，一旦发生纠纷，可引为呈堂证供。

在法兰西南部地区，协议中时常规定，如果儿子另立门户，只能带走协议签订后本人劳动成果的一小部分；在西北欧一些地区，盛行的做法是家长按市场价格把家产变卖给子女，所得收入供养老之用。在英格兰，从13世纪晚期开始，签订赡养协议成为家庭土地继承的普遍形式。有时是父亲通过协议将保有地转让给儿子，有时是兄弟之间达成协议，极偶然的是佃户与领主签订协议。

大多数情况是父母与子女之间签订协议，赡养的对象往往是一个孤寡老人。例如，1281年，黑尔斯庄园，一个儿子和他的寡居母亲阿格尼丝达成协议，协议的基本内容如下：

> 母亲转让了她在村里和其他地方保有的全部土地，条件是只要她还活着，托马斯就应诚心诚意地、毫不保留地按如下条件赡养她。在米迦勒节的第二天，她从托马斯那里得到1夸脱

---

① 参见 C. Dyer, *Lords and Peasants in a Changing Society: The Estates of the Bishopric of Worcester, 680–1540*, pp.302–303。

② 参见 Jane Whittle, *The Development of Agrarian Capitalism: Land and Labour in Norfolk, 1440–1580*, p.120。

小麦、1 夸脱燕麦和 1 蒲式耳豌豆。在万圣节这一天（11 月 1 日），得到 5 车海煤。在圣诞节前八天，得到 1 夸脱小麦、1 夸脱燕麦和 1 蒲式耳豌豆；在耶稣受难节这一天，得到 1 夸脱小麦和 1 夸脱燕麦；在圣灵降临节这一天，得到 5 先令的现金；在施洗约翰节这一天，得到半夸脱小麦和 1 夸脱燕麦。

托马斯还要自己出钱为她建一间合适的房子，按墙内面积计算，房子长 30 英尺，宽 14 英尺，还要装上三个崭新的门和两扇窗。只要阿格尼丝还在世，托马斯就要忠实地履行上述协议。他还要把东西送上门，或者由他的家人送过来。

而且，托马斯还要对领主负责，承担属于土地的一切义务和劳役。如若托马斯手中没有现成粮食，就必须按照市场上上等谷物——种子除外——所能卖出的价钱，向她支付价值相当的现金。如果托马斯在协议期间有违约行为，母亲阿格尼丝凭借两个合法证人的证词，可以向修道院院长和修女院提起诉讼，诉讼费用半马克由托马斯支付，付给修女院。如果违约属实，阿格尼丝可以立即收回土地，对土地自行做出处理。

为了保证协议永久有效，根据双方当事人的意愿，将协议内容记入修道院地租册中，并在法庭上逐字逐句地宣读。

尼古拉斯（Nicholas），时任修道院院长；乔弗里（Geoffrey）兄弟，时任修道院司窖。[1]

赡养协议中规定了双方的权利和义务，被赡养人的申诉途径及实施处罚的办法，包括有权收回土地。协议须在庄园法庭当众宣布，有证人在场，最后存于庄园案卷，如此一系列程序无疑赋予赡养协议法律效力。倘若继承人一方违背协议，另一方可以据此保障自己

---

[1] 转引自〔英〕亨利·斯坦利·贝内特：《英国庄园生活：1150—1400 年农民生活状况研究》，龙秀清等译、侯建新审校，第 225—226 页。略改。

的权利。

1321年，埃塞克斯郡海伊斯特庄园，寡居的伊斯特拉达·内诺转与其女一份财产、一处宅院和半码地，双方签订了赡养协议。六年后，母亲却将女儿、女婿告上法庭，指控他们没有履行赡养义务。结果，寡母重新收回土地，与另一个没有亲属关系的佃户签订了新协议。[①]可见，虽然赡养协议是母女之间签订，同样受到法律的保障；可以在亲属之间签订赡养协议，也可以在非亲属之间签订。

戴尔认为，保有人"实际上是安排自己的子女购买他们的继承权"；当亲属购买时，不过享受一些优惠条件而已。[②]赡养协议及实施情况说明，土地归属权是明确的，而且得到家庭和社会的广泛承认，在一定意义上讲，赡养协议实质就是家庭成员之间的土地交易。

农民涉足土地市场

土地产权的明晰化势必导致土地自由交易，实现土地要素的自由流动。一般而言，在11世纪之前的欧洲大陆，领主对土地的控制力较强，未经领主许可，佃户不得转让土地。在英国，至13世纪初，土地保有人已经享有一定的土地转让权，但仍然受到一定的限制。1215年《大宪章》第39条规定："此后，任何自由人不得过多转让或出售自己的土地，要留有足够的剩余，以向领主履行义务。"[③]

13世纪中期之后，随着货币地租流行，封建人身依附关系衰落，法律逐渐默认了保有人自由转让土地的权利。布莱克顿（Herry de Bracton）明确指出："就受封者转让其保有物的权力而言，或许有人会认为他不能那么做，因为这样会使领主失去他应享之劳役；

[①] 参见 Christopher Dyer, *An Age of Transition? Economy and Society in England in the Later Middle Ages*, Oxford: Clarendon Press, 2005, p.47.

[②] Ibid., p.121.

[③] Harry Rothwell, ed., *English Historical Documents*, Vol. III, London: Routledge, 1996, p.336.

但事实并非如此……一般说来，实际发生的事实是，受封者可以将封授给他的财物或土地转让给他愿意给予的任何人，除非在当初的封授土地的文件中明确限定他不能这么做。"①这一论述说明，尽管土地转让行为给领主造成损失，但领主已无力阻止，只得听之任之。1290年颁布的《土地完全保有法》（Quia Emptores，即《土地买卖法》）未能完全脱去地产的封建政治附加成分，但毕竟承认了自由地产合法买卖。②1259—1300年，萨福克郡某庄园法庭领主的收益中，因土地市场交易取得的罚金占到四分之三。③可见土地市场的活跃程度。

1290年的土地买卖法中没有提到依附农佃户，实际上他们的土地也不同程度地进入了土地市场。中世纪法学家的禁令早已被实际生活突破，依附农的土地不经领主同意照样可以转租或买卖。波斯坦指出："他们能够购买任何土地而无任何障碍，还可以购买、出卖、抵押和租用家畜，可以取得动产并随意分割。"④科斯敏斯基也指出："虽然庄园制度还能保持其基本均衡的外观，它却不能在内部有效地阻止佃户保有土地的出卖、购买和出租的发展，这在很早的时候就已经开始。庄园法庭虽然谋求控制这些交易，然而相当大一部分土地逃脱了这种控制。"他还指出，在货币地租取得优势以后，农民对土地的买卖和出租尤其方便。劳役地租实行时领主更关心佃户份地的完整，后者与农奴的劳役密切相关。⑤

---

① K. E. Digby, *An Introduction to the History of the Law of Real Property: With Original Authorities*, p.162.

② 参见 Ernest F. Henderson, *Select Historical Documents of the Middle Ages*, London: George Bell, 1912, pp.149-150.《土地买卖法》明确规定："从今以后，每个自由人按他自己的愿望，出卖他的土地和保有物或其中的一部分，都是合法的，条件是封土承受人得按照他的封土授予人以前保有该项土地的那种义务和习惯，从同一封土的主要领主那里保有同一土地和保有物。"

③ P. D. A. Harvy, ed., *The Peasant Land Market in Medieval England*, p.344.

④ M. M. Postan, *The Medieval Economy and Society*, Berkeley and Los Angeles: University of California Press, 1972, p.144.

⑤ 参见 E. A. Kosminsky, *Studies in the Agrarian History of England in the Thirteenth Century*, p.212.

第四章　佃农与地权

在意大利也有类似的情况。当时机成熟时，意大利通过特许权赋予佃户转让土地的权利，使之与土地所有者几乎没有多少差别。起初大部分永久性保有地都是不能转让的，但是12世纪以后，尤其在城市领地内，领主们被迫同意了无法阻止的既成事实，承认了土地的合法出售。①

如若依附佃农保有地不能公开买卖，他们采用变相买卖的方式让渡土地，大多为小块土地转让。英国维兰农民转租和购进其他农民土地或领主直领地的案例，在庄园法庭档案中时常可见。莱维特在描述圣奥尔本修道院的法庭案卷时，将有关土地转移的案件放在首要位置，这些交易多是半英亩的小块土地，从1240年起充满了法庭登记人的账簿。又如1260—1319年，伍斯特郡里德戈拉夫庄园档案记载了2 756桩土地转移案例，皆属于非家庭继承，涉及1 304英亩，在庄园依附性土地中占有很大比例。②

实际生活中，依附佃农经常私下交易而不经过法庭，而避开法庭是可能的。例如，圣阿尔本斯修道院院长指控比塞的土地属于修道院的依附性土地。比塞辩护说，实际情况不是那么简单：他买自瓦特莱特，他还知道，瓦特莱特买自韦特，韦特领自布尔敦，布尔敦领自詹姆士，而詹姆士才领自修道院院长。③从这个案例可以看出，一块土地往往发生一系列的土地交易，都未取得领主同意，而是私下进行的。

另一方面，也出现了公开的土地买卖。随着货币地租流行和农奴制瓦解，土地更大规模地流入市场。④13世纪八九十年代，沃顿庄园的18份契约文献，保留了小块土地交易实录，土地购置费分别是10先令、20先令和40先令等，土地交易后几乎不保留地租和封

---

① 参见〔英〕M. M. 波斯坦主编：《剑桥欧洲经济史》（第一卷），郎立华等译，第352页。
② 参见 R. M. Smith, ed., *Land, Kinship and Life-cycle*, p.20。
③ 参见 M. M. Postan, *Essays on Medieval Agriculture and General Problem of the Medieval Economy*, Cambridge: Cambridge University Press, 1973, p.123。
④ 参见 R. H. Tawney, *The Agrarian Problem in the Sixteenth Century*, pp.90-91。

建义务。土地价格表明，这种交易属于零星土地买卖，遂使封建义务随之溶解在货币交易之中。史密斯的研究还表明，不同类型的土地的价格不一样，表明附属在土地上的产权之差异。如可继承的自由地产价格最高，接近商业性地价。①土地出租市场也相当活跃，一些地方还出现了土地转租交易的中介，受雇于那些富裕农民。②

至中世纪晚期，土地流通更加普遍。1377—1536年，在阿尔希伯里庄园，年平均土地交易达159起，在一代人的时间里，共进行了747起土地转移和交易。具体数据如下：家庭内部土地转移71次；土地保有人离世后家庭内部继承161起；土地保有人生前转移土地481起；保有人离世后向家庭外部转移34起。③显然，中世纪晚期土地转移频率和数量明显增加，土地市场稳定发展，土地的政治属性在逐渐淡化，经济属性增强，土地越来越被看作一种商品。

显然，佃农土地权利与土地市场化几乎同步发展，农民直接参与土地市场冲击着封建依附关系，对中世纪西欧社会产生了深远影响。土地买卖和租赁发生在佃户与佃户之间，也发生在佃户与领主之间。土地市场，特别是农民土地市场发展，破坏和侵蚀着庄园制度。由于土地不断转移，打乱了先前的封建秩序。许多农民的土地不是取自领主，而是取自其他佃户；而领自领主的土地又被卖给外来人，后者往往拒绝向领主交租。领主很难将他们从土地上赶走，有时连确切的保有关系都说不清楚，也不知道几经转手的地产位于何处，土地丢失的现象屡见于记载。④

与此同时，领主的直领地出现部分或整体承租出去的趋势，以麦切伯爵的地产为例：诺福克的伯彻姆庄园和萨福克的克莱特庄园直领地14世纪60年代出租了，不到十年，诺福克又有两个庄园出租，其他三个庄园到1400年也先后出租。教会地产亦如此。至16世

---

① 参见 F. Pollock, *The Land Laws*, London: Macmillan, 1896, pp.81-82。
② 参见 R. H. Tawney, *The Agrarian Problem in the Sixteenth Century*, p.81。
③ 参见 P. D. A. Harvy, ed., *The Peasant Land Market in Medieval England*, pp.216-217。
④ 参见 E. A. Kosminsky, *Studies in the Agrarian History of England in the Thirteenth Century*, p.80, note 1。

纪，在英国，领主直领地几乎完全出租，典型的庄园领主经济不复存在。

与之形成比照，在农民土地权利普遍发展的基础上，经过一两百年的发展，大农雇佣经济羽翼逐渐丰满，领主直领地大规模的出租，又为他们更进一竿提供了重要契机。承租者有商人、骑士，主要还是上层农民，他们懂得农业经营，又有资金垫付能力，是最有力的竞争者。例如，在威格斯顿，1200—1450年，伦道夫家庭通过市场积累了150英亩土地、拥有两三个农场以及大量资金。1432年一份契约称他为"理查德·伦道夫绅士"，此外，他还是一个杂货商。①

又如，佃户乔治·理查德森成为佩尔姆斯教区的执事后，开始聚集小块土地。在二十四年中不断扩大地产，有时一次购进一两英亩，有时购进50英亩以上的整块地产。1528年他去世时，他已保有297.5英亩土地。同时，他还在其他领主那里领有小块土地。②再如，15世纪在贝德福德郡的希林顿庄园，一位名叫沃德的佃户，1406—1450年进行了13次土地交易，积聚起4维尔盖特土地和12英亩零散的土地。③显然，通过市场，逐渐涌现出一批具有一定土地规模的资本主义农场主和租地农场主，乡村社会结构随之改变。

土地产权是个人独立发展的基础。农民土地产权的发展，是欧洲封建土地所有制解体所产生的普遍形式，也是农业资本主义发展的一个必要阶段。英国、法国、德国、丹麦和瑞典等西北欧许多国家，都先后经历了小块土地所有权那样必要的过渡阶段。在这样的过程中，模糊、混合土地产权，逐渐被清晰、确定的土地产权替代。

---

① 参见〔英〕M. M. 波斯坦主编：《剑桥欧洲经济史》第一卷，郎立华等译，第621页。
② 参见 Mavis E.Mate, "The East Sussex Land Market and Agrarian Class Structure in the Late Middle Ages", *Past & Present*, No. 139 (May, 1993), pp.46–65。
③ 参见 P. D. A. Harvy, ed., *The Peasant Land Market in Medieval England*, pp.205, 210–211。

第五章　农民自由程度及经济状况

一个无可争辩的事实是：只要统治者对臣民人身和财产有任意处置的权力，就不可能存在不可侵犯的财产权；换言之，一个人的自身安全都得不到保障，很难想象其财产权是安全的，不受侵犯的。从一定意义上讲，其财产受保护的程度，取决于他人身是否受到法律的保护，归根结底取决于他本身的自由程度。因此，评估中世纪农民土地产权的发展，一定要考察他们的法律地位与自由状态，考察他们如何逐渐摆脱人的依附关系的历史进程。

佃农的自由度，取决于在多大程度上限制了领主权力的专横性和任意性。中世纪相当一部分农民被称为受束缚的人（boundmen），又称农奴。欧洲历史学家认为，农奴制的本质在于领主的专横和任意，主要表现在对佃农人身役使，尤其是佃农负担的不确定性。领主权力任意性如何被限制，如何受到法律的制约？在这一历史演绎过程中，佃农合法抵抗具有无与伦比的价值。

在双方的博弈中，佃户的负担一旦被法律确定下来，实际上也就赋予依附佃农以法律人格，领主权力受到有效约束，同时佃农人身依附关系也就走到了拐点。本章以历史事实为依据，分析欧洲封建制语境下自由与非自由的差异，考察佃农在实际生活中自由程度与经济状况的普遍改善，从而为土地权利体系转型奠定坚实的基础。

关于西欧农奴制概念曾经存在误区。传统史学大多追随中世纪早期法学家意见，采用罗马法中奴隶的概念解释中世纪农奴制。例如12世纪法学家格兰维尔（Ranulf de Granville）和13世纪法学家布莱克顿，还有当时的一些拉丁文献的作者，都借用罗马法的观点定义农奴制。不过，到15世纪，法学家利特尔顿爵士（Sir T. Littleton）的观点已经有所变化，他认为，"除领主以外，维兰有权利对其他任何人采取对抗行为"（the rights of the villain to pursue every kind of action against every person except his lord）[1]；也就是说，维兰的非自由仅对其领主而言。

19世纪后期，以维诺格拉道夫和梅特兰为代表的法律史学家，通过对依附佃农实际法律地位研究，进一步反驳了中世纪早期法学家观点，厘清了一些法理与实际背离的误区，开现代农民学研究之先河。[2]

推动农奴制研究取得实质性突破，还是20世纪历史学。20世纪早期研究成果之一当属H. S. 贝内特、库尔顿等学者的实证主义史学作品；后来，法国年鉴学派和英国马克思主义史学贡献最为杰出。[3] 以档案文献为基础，这些作品采用白描式手法，娓娓道来，避免武断的结论，却对以往的农奴制概念产生强烈的冲击。H. S. 贝内特的作品如此富有生命力，以致如今仍是剑桥大学等历史系本科生的必读书目。在法国年鉴学派和英国马克思主义史学推动下，普通大众生活历史研究蔚然成风，经济社会史以及现代农民学应运而生。汤普逊《中世纪经济社会史》、希尔顿《中世纪晚期的英国农民》、拉杜里《朗格多克的农民》，以及波斯坦、科斯敏斯基、霍曼斯、哈彻尔、佩尔特莱特、勒高夫、杜泰利斯等，着眼农民日常生活，对其经济活动、社会交往、生活标准、观念信仰，以及农民与领主、农民与村庄共同体、农民与教区的关系，进行了多维度的研究，使中

---

[1] 见Paul Vinogradoff, *Villainage in England: Essays in English Mediaeval History*, pp.49-50。
[2] 参见Paul Vinogradoff, *Villainage in England: Essays in English Mediaeval History*, Oxford: Clarendon press, 1968; P. Pollock and F. W. Maitland, *The History of English Law before the Time of Edward I*, Vol. I, Cambridge: Cambridge University Press, 1968。
[3] 参见H. S. Bennett, *Life on the English Manor: A Study of Peasant Conditions, 1150-1400*, Cambridge:Cambridge University Press, 1937; G. G. Coulton,*The Medieval Village*, Cambridge: Cambridge University Press, 1926。

世纪农民的面貌越来越清晰。①

近期，英国学者戴尔、麦克法兰等人的研究成果具有代表性，美国学者伯尔曼将庄园制、农奴制置于西方传统法律的宏观框架中，注重佃农自由与权利的成长，尤其引人注目。②

我们应当从农民的实际生活过程出发，从历史事实出发，避免以原则为先导，陷入概念化和图示化的误区。并且，慎重看待教科书的一些结论，不管那些结论来自于中世纪法学家，还是近现代权威学者，一如库普兰警告的那样："再也没有比那一部分有关农奴的权威叙述危险更大。"③

一、依附农群体形成

从村民到依附农

封建庄园生产者中，最初还尚存一些"奴隶"（servi），人数有限，要么是战俘，要么是罗马帝国后期奴隶的后裔。生产者中的大多数则是原日耳曼马尔克村社村民。9世纪以来，随着采邑庄园制的发展，一方面奴隶的身份在淡化；另一方面大部分村民却逐渐陷入

---

① 参见 R. H. Hilton, *The English Peasantry in the Later Middle Ages*, Oxford: Clarendon Press, 1975; R. H. Hilton, "Freedom and Villeinage in England", *Past & Present*, No. 31 (Jul., 1965), pp.3-19; R. H. Hilton, *The Decline of Serfdom in Medieval England*, London: Macmillan Press, 1969; E. A. Kosminsky, *Studies in the Agrarian History of England in the Thirteenth Century*, Oxford: Blackwell, 1956; Jacques Le Golf, *Your Money or Your Life: Economy and Religion in the Middle Ages*, New York: Zone Books, 1988; C. E. Petit-Dutaillis, *The French Commune in the Middle Ages*, Amsterdam: North-Holland Pub. Co., 1978。

② 参见 Christopher Dyer, *An Age of Transition? Economy and Society in England in the Later Middle Ages*, Oxford: Clarendon Press, 2005; Alan Macfarlane, *The Origins of English Individualism:The Family, Property and Social Transition*, Cambridge: Cambridge University Press, 1979; Marc Bloch, *Feudal Society*, 2 vols, London: Routledge, 1965; Paul R. Hyams, "The Proof of Villein Status in the Common Law", *The English Historical Review*, Vol. 89, No. 353 (Oct., 1974), pp. 721-749;〔美〕哈罗德·J. 伯尔曼：《法律与革命》（第一卷）：西方法律传统的形成，贺卫方等译，法律出版社2008年版。

③ 转引自〔美〕汤普逊：《中世纪经济社会史》（下册），耿淡如译，第389页。

依附农地位，后者是我们考察的重点。

依附农群体的形成经历了相当漫长的过程，是与西欧封建制、庄园制连在一起的。维兰一词的原始含义就是村民，本是日耳曼村社自由村民，在安全情势逼迫下，他们将其自主地交给邻近领主，求得保护，同时身份发生改变。前面已经谈及，从8世纪中叶到11世纪，的确存在两种类型的投靠和保护：在上层社会，附庸寻求封君保护；在下层社会，村民寻求领主保护。农民将土地交付某个领主，尔后重新取回，获得保护，同时成为领主的依附佃农。也有一些人通过投靠而获得土地，这种情况多发生在教会庄园，因为当时修道院经常得到土地捐赠。[1]

一些观点认为，农民放弃自由投靠领主，是为了安全，也是为了换取基本生计。事实并非全然如此，投靠者贫富不一，各色人等，有的整村人一起行动，也有若干人或单个人投靠，没有统一的模式。多米尼克·巴泰雷米系统研究了法兰西马尔穆捷修道院特许状，该修道院地处图尔地区，他发现许多投靠者都有自己的职业，并非穷困的农民，一些人根本不是农民，而是酿酒师、厨师等。作者指出，马尔穆捷修道院的一些农奴拥有财产、家庭和工作，前景尚好。[2] 还有，因被任命为庄头而成为依附农，当然他也得到相应的回报，因此被称为"大依附农"（greater unfree）[3]。无论如何，由于身份的变化，他们处在自由人群体的边缘，或处于自由人向非自由人下沉的状态。[4]

英格兰封建制是欧洲大陆输入的，村民农奴化与封建化基本同步。关于早期庄园居民的成分，11世纪《末日审判书》的记载最为

---

[1] 参见 Paul Fouracre, "Marmoutier and Its Serfs in the Eleventh Century", *Transactions of the Royal Historical Society*, Sixth Series, Vol.15 (2005), pp.46-47。

[2] Ibid., pp.36-37。

[3] Robert F. Berkhofer III, "Marriage, Lordship and the 'Greater Unfree' in Twelfth-Century France", *Past & Present*, No.173 (Nov., 2001), pp.3-27。

[4] 在萨克森领地上有一种维兰索克曼（villain socmen），介于自由佃户和维兰之间，详见 Paul Vinogradoff, *Villainage in England: Essays in English Mediaeval History*, Chaper III: "ancient demense", pp.89-126。

详尽。19世纪上半叶，学者艾利斯爵士（Sir Henry Ellis）推出附有详尽索引的《末日审判书通论》①，被认为是关于《末日审判书》这一原始资料梳理和研究的权威之作。通过对当年全部调查数据的整理，艾利斯爵士罗列出1087年英国所有的社会身份，即使某种身份的家庭仅有十几户、几户，甚至只有一户，也照录不误，所以统计所及的社会身份大约百种，共涉及283 242户人家，列表达数页。②在艾利斯爵士研究的基础上，当代学者加尔布雷斯将《末日审判书》记录的社会身份做了合理的合并和约简，这一成果同样为国际学界所承认。加尔布雷斯归纳的各种社会身份及其户数如表5-1所示：

直属封臣，包括教俗贵族（tenants-in-chief）	1 400
次属封臣（under-tenants）	8 000
市民（burgesses）	8 000
维兰（villani）	108 000
边地农（bordarii）	82 600
茅舍农（cotarii and coscets）	6 800
自由佃户（liberi hominess）	12 000
教士（priests）	1 000
索克曼（socmen）	23 000
奴隶（servi）	25 000

资料来源：V. H. Galbraith, *Domesday Book: Its Place in Administrative History*, Oxford: Clarendon Press, 1974, p.132。

---

① 该书全称：*A general introduction to Domesday book; accompanied by indexes of the tenants in chief, and under tenants, at the time of the survey: as well as of the holders of lands mentioned in Domesday anterior to the formation of that record: with an abstract of the population of England at the close of the reign of William the Conqueror, so far as the same is actually entered. Illustrated by numerous notes and comments*。

② 参见 Sir Henry Ellis, *A General Introduction to Domesday Book*, Vol.II, London: G. Eyre & A. Spottiswoode, 1833, pp.511−514。

该统计中，最大的人群是维兰。梅特兰指出，维兰和边地农、茅舍农大致是一类人。①他们总共大约20万，占统计人口的70%，占农村人口的80%以上，显然是村民的主体。该数据实际上是20万户主（head of a household），按照梅特兰关于当时英格兰家庭平均4—6口人的意见，"若计算当时英格兰人口数量需乘以4—6倍"，即代表着一百多万人口。②

艾利斯爵士整理的《末日审判书通论》基本是可信的，不过从人口统计学看似乎有明显的疏漏。梅特兰指出，伦敦、温彻斯特等这些大城市居民数量未统计进去；而像贝里圣埃德蒙兹这样的大修道院，居住着一定规模的工匠和仆人，还有一些慕名而来的祈福者，都没有被统计进来。修道士（monks）、修女（nuts）以及男爵和高级教士（prelates）家眷也未被统计在内。③考虑到上述种种因素，人们有理由相信，《末日审判书》的统计实际代表着更多的人口数量，后者与现代人口学的估计基本是相吻合的。

梅特兰认为，11世纪中叶的维兰仍然是自由人，虽然是"最糟糕的自由人"（the meanest of free men）。④维诺格拉道夫认为《末日审判书》中的维兰"是一个自由与非自由因素皆可寻的混合体"（a composite group in which both servile and free elements are clearly traceable）⑤。当代学者戴尔指出，诺曼征服前的农民身份就存在着悖论，他们中的许多人享受着个人自由，却对领主承担着沉重的劳役和租赋。诺曼征服后，维兰身份的这种矛盾性延续下来，他们在法律上仍然是自由的。戴尔说："'维兰'，即村民，持有15—30英亩的土地财产，在《末日审判书》里，没有词语显示他们

---

① 参见 F. W. Maitland, *Domesday Book and Beyond: Three Essays in the Early History of England*, Cambridge:Cambridge University Press, 1907, p.31。
② Ibid., p.408.
③ Ibid., p.437.
④ Ibid., p.31.
⑤ Paul Vinogradoff, *English Society in the Eleventh Century*, p.470.

处于法律上的非自由状态。"①

至于奴隶，《末日审判书》中只有25 000户，连村民的十分之一都不到。奴隶和维兰不能混为一谈。起初"奴隶"任由主人买卖，而且不能结婚或拥有财产。在英格兰法律里，维兰和奴隶差别明显：法律以200先令的罚金保护维兰生命，而对奴隶生命的估价只作60先令。②然而，随着庄园化推进，奴隶与维兰的区别越来越模糊，实际上逐渐融合：一方面奴隶地位改善，实际情况与最初的含义渐行渐远，不少学者都指出这一点；③另一方面则是维兰地位下降，比之诺曼征服前他们承担着更繁重的劳役。④

相比"可怜的自由人"维兰地位下沉的程度，奴隶地位的改善更明显。用欧洲历史学家的话说，这种融合，从社会地位上讲，是按照折中、向上（而非向下）的指向来调整的。"这两个阶层的接触，甚至他们的融合，产生了这样的效果，就是，按照较高而非按照较低的身份来调整的。维兰拉上奴隶，达到了他们的地位；后来，两者一起转到了自由人地位。12到13世纪，很多奴隶通过释放而成为维兰。"⑤

《末日审判书》中记录的占人口约10%的奴隶，在随后的两代或三代中，他们中的大多数被授予少量土地，可以供养家庭。即使原

---

① C. Dyer, "Villeins, Bondmen, Neifs, and Serfs: New Serfdom in England, c.1200-1600", in Paul H. Freedman and Monique Bourin, eds., *Forms of Servitude in Northern and Central Europe: Decline, Resistance, and Expansion*, Turnhout:Brepols Publishers, 2005, pp.420-421.

② villein一般译为维兰，而不是贱农。见James Westfall Thompson, *Economic and Social History of the Middle Ages: 300-1300*, Vol. II, New York: Ungar, 1959, pp.746-747。

③ 参见Pierre Bonnassie, *From Slavery to Feudalism in South-Western Europe*, Cambridge: Cambridge University Press, 1991, pp.16-24; Guy Bois, *The Transformation of the Year One Thousand: The Village of Lournand from Antiquity to Feudalism*, Manchester: Manchester University Press, 1992, pp.13-33; Hans-Wenner Goetz, "Serfdom and the Beginnings of a 'Seigneurial System' in the Carolingian Period: A Survey of the Evidence", *Early Medieval Europe*, Vol.2, Issue 1 (March 1993), pp.29-51。

④ 参见C. Dyer, "Villeins, Bondmen, Neifs, and Serfs: New Serfdom in England, c.1200-1600", in Paul H. Freedman and Monique Bourin, eds., *Forms of Servitude in Northern and Central Europe: Decline, Resistance, and Expansion*, Turnhout:Brepols Publishers, 2005, p.421.

⑤ 〔美〕汤普逊：《中世纪经济社会史》（下册），耿淡如译，第384—385页。

来的奴隶,由于他们同时是基督教教民,在整个中世纪,都不能与穆斯林或意大利城市家庭内的异教家内奴隶(domestic slaves)混作一谈。① 希尔顿指出,至12世纪后半期,奴隶作为一个阶层在英格兰已经不复存在。② 波斯坦总结道:"从9世纪和10世纪初开始,各种层次的依附农民进入同化成一个阶级的过程,尽管最初他们的身份及其持有地差别多多。这个过程相当漫长。"③

在英格兰,至迟到12世纪中期以后,维兰逐渐与奴隶合而为一,被统称为依附农(bondmen),或笼统称为非自由佃户。显然,这一时期维兰身份和数量比末日审判时期都发生了很大变化。不过,关于农奴制鼎盛时期维兰所占比例,是一个有争议的话题,一些学者认为非自由的维兰佃户已经占据人口的主流,一些学者则有不同意见。哈彻尔认为,到13世纪,英格兰维兰接近农民总数五分之三。④ 希尔顿认为,大概占村民人口的三分之一到二分之一。⑤ 按照一般传统的估计也要达到一半左右。而戴尔认为这个估计过高,在最近问世的一篇论文中,戴尔认为非自由持有农仍然是少数人,虽然是"数量不小的少数人"(a substantial minority),而自由佃户比例更高。⑥ 也就是说,依附佃农的数量在增长,可是依然达不到农民总数的一半!此数据大概是欧洲权威历史学家关于英格兰维兰数量

---

① 参见 R. H. Hilton, *Bond Men Made Free: Medieval Peasant Movements and the English Rising of 1381*, London and New York: Routledge, 2003, p.57。

② Ibid., p.86.

③ M. M. Postan, ed., *The Cambridge Economic History of Europe*, Vol. I, p.253.

④ 参见 John Hatcher, "English Serfdom and Villeinage: Towards a Reassessment", *Past & Present*, No.90 (Feb., 1981), pp.7-8。作者根据大约10 000佃户调查,非自由持有农和自由持有农的比例不大于3:2,在丹麦法区北部,这个比例更小,自由持有农可以占到60%以上。在英格兰西北诸郡,非自由持有农少于20%。在中西部和边境的许多郡,非自由持有农常常占多数。然而东苏塞克斯边境地区甚至不存在维兰。因此作者估计,整个英格兰的非自由持有农占佃户总数不足五分之三。

⑤ 参见 R. H. Hilton, *Bond Men Made Free: Medieval Peasant Movements and the English Rising of 1381*, p.61。

⑥ C. Dyer, "Villeins, Bondmen, Neifs, and Serfs: New Serfdom in England, c.1200-1600", in Paul H. Freedman and Monique Bourin, eds., *Forms of Servitude in Northern and Central Europe: Decline, Resistance, and Expansion*, Turnhout: Brepols Publishers, 2005, p.425.

的最新估计。

西欧大陆的情况参差不齐,希尔顿估计,西欧其他国家自由持有农数量大概不比英国少,在一些地区的自由持有农甚至更多些,比如德意志北部、意大利中部和北部等。[1]有的地区则不然,例如,法兰西查塔斯地区,940—1030年,自由持有农在人口中的比例是80%,到1090—1130年下降为8%;在加泰罗尼亚(Catalonia,今西班牙东北部地区),10世纪末自由持有农占有土地的比例是80%,到11世纪最后25年下降到25%。[2]

中世纪法学家的"悖论"

在封建化、庄园化冲击下,维兰佃户地位下降是肯定的,然而,中世纪法学家的法律描述夸大了这种沉沦程度,与维兰的实际生活状况形成明显的悖论。

中世纪法学家受到拉丁罗马法的严重影响,套用罗马法的奴隶概念来描述维兰身份,并把维兰等同于他们心目中的奴隶(servus)。按照罗马法的规定,一个人既然属于某个主人,他就不可能拥有任何财产,所以12世纪格兰维尔坚称农奴无产可持,农奴属于他的领主,因此不可能赎买自己的自由。而实际情况是,经常出现这样的案例:某领主因收取维兰一笔现金而免除其维兰义务和身份。如何解决理论与实际之间的明显背离呢?格兰维尔只好假托一个第三者介入,"这个第三者实际上用农奴的钱但名义上却说用第三者的钱买下农奴"[3]。很明显,格兰维尔的农奴制理论难以自恰,H. S. 贝内特评论说:"格兰维尔的解释令人费解,无论是维诺格拉道夫,还是波洛克和梅特兰,都无法弄清楚格兰维尔解释中牵涉的法律问题。"[4]13

---

[1] 参见 R. H. Hilton, *Bond Men Made Free: Medieval Peasant Movements and the English Rising of 1381*, p.61。

[2] 参见 J. H. Burns, ed., *The Cambridge History of Medieval Political Thought, 350–1450*, p.196。

[3] P. Pollock and F. W. Maitland, *The History of English Law before the Time of Edward I*, Vol. I, p.451。

[4] H. S. Bennett, *Life on the English Manor: A Study of Peasant Conditions, 1150–1400*, p.286.

世纪中叶法学家布莱克顿仍然用罗马法解释中世纪依附农民，尽管他坚持认为农奴不可以自己赎买自由，可是他本人就记录了不少农奴用自己的钱赎买自由的案例。[1]他们难以自圆其说。

现代法学家认为，"自由"有确定的内涵和外延，然而现代社会以前它却是一个历史概念，考察中世纪的"自由"必须回到欧洲中世纪语境才能得到确切答案。考察佃户自由与非自由、身份与地位，不能从概念到概念，而应依据他们实际生产生活状况。

首先，中世纪的维兰拥有自己的家庭，人身不能被买卖，所谓领主出卖他们的农奴"像出卖公牛和母牛一样"，只是说说而已，没有史实支撑。[2]有人说维兰"除了肚子，他们一无所有"，不过是一些领主的空论，实际上维兰拥有自己的财产和财产权利，他们占有一块土地，并且世代占有那块土地。如果庄园被出售，他仍然保有他的土地，不过更换一个领主而已，原来的义务和权利不变。佃农既不会与其家庭分离，也不会沦为实物交易的物品。除非根据某些条件，他不能离开土地；也意味着，除非根据某些条件，不能将他们驱逐。"事实上，农民去世后其财产不能被没收"[3]，只要履行了相应义务，不过分对抗领主，他的土地就是安全的。

其次，按照规定，维兰的保有地不能买卖或转租，更不能设立遗嘱，实际上他们不仅有继承权而且还可以自由买卖。早在13世纪他们就可以分割动产或不动产，可以经过法庭或不经过法庭转移这些财产，即使农奴制最严酷的时期也是如此。基督教会主张，维兰应该跟自由人一样，可以留下遗嘱。[4]一些地方维兰订立遗嘱，要经

---

[1] 参见 H. S. Bennett, *Life on the English Manor: A Study of Peasant Conditions, 1150—1400*, p.286。

[2] 参见 J. E. T. Rogers, *A History of Agriculture and Prices in England*, Vol.1, Oxford: Clarendon Press, 1866, p.71。

[3] Paul Vinogradoff, *Villainage in England: Essays in English Mediaeval History*, pp.159-160.

[4] 参见 Cicely Howell, *Land, Family and Inheritance in Transition: Kibworth Harcourt, 1280—1700*, pp.238-239; A. E. Levett, *Studies in Manorial History*, Oxford: Oxford University Press, 1963, p.208; Jack Goody, Joan Thirsk and E. P. Thompson eds., *Family and Inheritance: Rural Society in Western Europe, 1200—1800*, p.118。

过庄园法庭检验，具有一定法律效力，例如圣阿尔本斯修道院法庭就留下不少维兰佃农订立的遗嘱。[1] 从大部分法庭卷宗看，维兰经过法庭订立遗嘱的情况不很普遍。

中世纪的法学家何以秉持那样的观点呢？原因极其复杂。他们受到罗马法的影响不言而喻，因为中世纪教会和官方书面语言是拉丁语，而"法学家喜欢纠缠法律定义"[2]；更有时人历史认知局限性。此外，王权与贵族的政治斗争，客观上也推波助澜。例如，英王亨利二世致力于扩大国王司法权，13世纪初曾出台一项专用于土地权诉讼的令状，规定任何村民，维兰除外，均可越过庄园法庭，直接向国王法院投诉。该令状本为国王法院招徕诉讼，无意间却将维兰列入另册，贬损了维兰地位。戴尔对此解释得明白：维兰佃户法律地位进一步下降，是王权政府扩张的"意外结果"（by-product），似乎是对贵族失去自由佃户司法权的让步。[3]

关于中世纪法律文献与实际生活的背离，J. F. C. 哈里森是这样说明的：

> 这些（法律）文献不是由农民写成的，虽然涉及的事情相关却不可能由农民而是由别人来呈现。……领主是推动者，而我们所看到的法律文献只能出自老练的法学人士之手。就农民自由而论，这些文件与事实远不相符。又由于新的盎格鲁－诺曼裔的法学家喜欢纠缠法律定义，其结果之一是，他们将1100—1300年间的农村人口划分为两个范畴：自由的（free/ liber homo）和非自由的（unfree/villanus）。为着明显的和切实

---

[1] 参见 A. E. Levett, *Studies in Manorial History*, Oxford: Oxford University Press, 1963, pp.208-223.

[2] J. F. C. Harrison, *The English Common People: A Social History from the Norman Conquest to the Present*, London: Croom Helm, 1984, pp.42-43.

[3] 参见 C. Dyer, "Villeins, Bondmen, Neifs, and Serfs: New Serfdom in England, c.1200-1600", in Paul H. Freedman and Monique Bourin, eds., *Forms of Servitude in Northern and Central Europe: Decline, Resistance, and Expansion*, Turnhout:Brepols Publishers, 2005, p.423.

的利益起见,"末日审判"之时农民群体经济的复杂性和法律上的差异性竟然都被忽略了,当然在这期间维兰地位也每况愈下。所有那些自由方面有缺陷的人都被宣布为维兰,与此同时,许多奴隶也上延为维兰。农奴与维兰变为同义词。这样,在诺曼征服后的大约三百年间,有一半以上的人口成为农奴。13世纪对农奴给出那个著名定义的法学家亨利·德·布莱克顿说:"农奴当天晚上不知道第二天所要做的工作是什么。"同样,伯顿的修道院院长在1280年残忍地告诉他的维兰说:"除了肚子,他们一无所有。"[1]

其实,许多中外学者早已指出,中世纪农奴制理论与农奴实际状况明显脱节。即使中世纪拉丁文献的作者布莱克顿也不得不承认,中世纪现实生活与法律之间有着某种断裂。[2]前提及中世纪晚期法学家利特尔顿已经质疑中世纪早期法学家,他认为,依附佃农一定程度的自由缺失,仅相对于领主而言,除此之外,与一般村民没有区别。

近代学者的批评更是不绝于耳。20世纪初,布洛赫就对中世纪盛行的自由和非自由的简单两分法提出批评:"仔细观察,这种明显的尖锐对照,用以反映五花八门的实际情况,是一种非常不准确的描述。"[3]依据翔实的史料,海姆斯对中世纪法学家关于维兰土地财产理论提出质疑,他说:"事实上,维兰在相当大程度上享有土地安全,即使在13世纪也是如此。"[4] J. F. C. 哈里森明确指出,那些中世

---

[1] J. F. C. Harrison, *The English Common People: A Social History from the Norman Conquest to the Present*, London: Croom Helm, 1984, pp.42-43.

[2] 参见C. Howell, "Peasant Inheritance Customs in the Midlands,1280-1700", in Jack Goody, Joan Thirsk and E. P. Thompson eds., *Family and Inheritance: Rural Society in Western Europe, 1200-1800*, pp.118-119。

[3] Mark Bloch, *Feudal Society: The Growth of Ties of Dependence*, Vol.1, p.256.

[4] Paul R. Hyams, *King, Lords, and Peasants in Medieval England: The Common Law of Villeinage in the Twelfth and Thirteenth Centuries*, p.49.

纪的法律文献的描述与佃农的实际生活"远不相符"[①]。

历史学家简·惠特尔不仅批评，还提出自己关于中世纪欧洲依附农群体的具体理解。作者没有笼统地认为他们是非自由的，或简单地贴上"农奴制"的标签，而是将其特征归纳为："他们的行动自由受到限制，其财富积累的能力也受到限制。"[②]这样的表述颇有分寸感，值得关注。

农奴制本质

什么是农奴的标志，在西方学术界是个颇有争议的问题。所谓农奴制，如同封建制的产生一样，在欧洲有着大致相似的背景，却没有统一的制度安排，因地域、时段乃至族群不同而异。当然，这不是说它们没有内在的统一性。

一般说来，维兰佃户标志性的义务是"周工"。所谓周工，即每周定期到领主直领地服役，劳役内容不确定。"周工"内容一般由庄头临时分派，一如布莱克顿所言：农奴制以一种不确定的、不明晰的义务为特征。在这里，晚上不知道翌日早晨安排什么活计，即"做领主要求他做的任何事情"[③]。劳役之不确定，表达了一种人身强迫性和任意性。与周工劳役几乎遭到同样憎恨的，是任意税（法语为 taille；拉丁语为 tallia, auxilium, precaria；德语和荷兰语为 Bede）。13世纪下半叶神学家和哲学家理查德·米德尔顿指出，塔利税（即任意税）是领主加于农奴的一项负担，不能带给共同体任何好处。[④]

其次是继承捐、土地易主费以及婚姻捐、迁徙捐。继承捐

[①] J. F. C. Harrison, *The English Common People: A Social History from the Norman Conquest to the Present*, p.42.

[②] Jane Whittle, "Individualism and the Family-land Bond: A Reassessment of land Transfer Patterns among the English Peasantry, c.1275–1580", *Past & Present*, No. 160 (Aug., 1998), p.46.

[③] Henry de Bracton, *On the Laws and Customs of England*, Vol. II, Cambridge: Harvard University Press, 1977, p.89.

[④] 参见 G. G. Coulton, *The Medieval Village*, p.482。

(heriot),意指维兰后人在继承家庭财产时须交给领主最好的一头牲畜和蜂群等。[1] 倘若维兰没有牲畜,则要以现金替代,例如14世纪初埃塞克斯郡博利庄园,没有牲畜的维兰须交纳2先令6便士。[2] 这笔钱远远低于一头牲畜的价格,由此可以推论,继承捐的实际数额可能会考虑维兰的实际财产状况。法兰西称之为死手捐,在那里和德意志也是交给领主一头最好的牲畜,表达一种依附关系的承袭。

后来,继承捐被称为易主罚金或易主费(entry fine或fine on entry)。为什么称作易主费呢?大概与土地越来越多地进入土地市场有关。早期土地发生变动,主要在家庭内部,原户主亡故或退出生产,后辈取而代之。后来,代际交替固然存在,同时因土地买卖发生变动的情况更多,所以产生土地易主费的概念。与继承捐一样,土地易主费重在宣示一种权力关系,与所要继承和接手的土地价值没有必然联系,土地价值仅仅是易主费的一个因素。[3]

接下来,易主费与土地价值越来越密切地联系起来,那是中世纪晚期的事情。这笔钱通常是持有地一年的收入,[4] 不过土地易主费依庄园惯例不同而异,而且数额不固定。由于数额不固定,圈地运动期间土地易主费成为地价飙升的突破口——易主费率先呈现土地市场价格,这是后话。

此外,不允许佃户女儿或寡居女性嫁到外庄园,以阻止本庄园劳动力流失。同理,也不允许自由迁徙到城镇或其他地区寻找生计。后来劳动力流动越来越无法阻止,佃户以交付婚姻捐(merchet)和迁徙捐(chevage)作为补偿。

---

[1] 参见Paul Vinogradoff, *Villainage in England: Essays in English Mediaeval History*, p.160。
[2] 参见E. P. Cheyney, "The Medieval Manor", *The Annals of the American Academy of Political and Social Science*, Vol. 4 (Sep., 1893), p.91。
[3] 参见E. B. Fryde, *Peasants and Landlords in Later Medieval England*, Gloucestershire: Sutton Publishing, 1996, p.16。
[4] 参见T. W. Page, "The End of Villainage in England", *Publications of the American Economic Association*, Vol. 1, No. 2 (May, 1900), pp.27-28。

至于自由持有农是否也交纳继承捐或土地易主费，则要分时段而论。按照古老的封建制传统，所有战士死亡后都要将武器归还领主，因为武器是领主提供的。随着时间的推移，也随着自由人与依附佃农的分野，自由人逐渐摆脱了这项义务。确实有自由持有农交纳继承捐记录：1300年，约克郡某自由农持有圣约翰修道院院长四波瓦特的土地，其后代继承土地时交纳了继承捐，大约占其所有财产的三分之一。①不过，相关记录越来越少见，有逐渐松弛的趋向。1315年，有法令明确禁止收取自由保有地这项罚金。②从此，继承捐或土地易主费通常被视为依附佃农的标志之一。

由于各地区、各庄园情况不同，习惯法也不一样，很难对农奴标志统一界定。不过，笔者以为至少两点可以肯定：其一，周工劳役制；其二，劳役量不确定性。正如维诺格拉道夫指出：在农奴制下，依附农劳役量和劳役种类，都是不确定的。③正是佃农负担不确定性，即领主统治的任意性和专横性，构成农奴制的本质。

二、农民自由程度分析

自由有差异，无根本区别

农民委身于领主，求得保护，同时为领主提供一定的义务。倘若交纳有限货币或实物，或只有轻微的劳役，他们通常是自由佃户（franc tenancier、free holder）。所谓自由佃户并不意味着没有领主，而是以一种相对宽松的方式投靠某领主。如果履行"周工"劳役，定期到领主直领地上服役，交纳继承捐等义务，他就会被认为

---

① 参见〔英〕亨利·斯坦利·贝内特：《英国庄园生活：1150—1400年农民生活状况研究》，龙秀清等译、侯建新审校，第124页。波瓦特（bovate），英国当时土地面积单位，相当于一头牛一年可犁耕的土地数量，根据当时的田制，为10—18英亩不等。

② 参见 J. M. W. Bean, *The Decline of English Feudalism, 1215–1540*, p.90。

③ 参见 Paul Vinogradoff, *Villainage in England: Essays in English Mediaeval History*, p.77。

是依附佃户。也就是说，保有土地条件不一样，身份也被认为不一样；反过来讲，由于履行那样的义务而持有土地，那块土地因而附着了身份印记，所以中世纪文献里经常出现"自由地"或"维兰地"（land in villenagio）字眼。土地一旦转移，新的土地保有人不仅接受了土地，同时接手附在土地上的义务，因此出现自由佃农接手"维兰地"而被质疑成为农奴身份那样的案例。①

一个佃农往往持有不同类型土地，同时持有自由地和非自由地，说明身份或土地性质的差异并非冰火两重天。档案清楚地记载，莱肯希思庄园的伊莎贝拉、福恩哈姆庄园的托马斯，就是分别持有两种类型的土地，而卡夫德庄园的亨利本是个维兰，却也持有自由地，于是他们的个人身份变得含混不清。②由此，经常引起身份争讼。

一个维兰佃户曾利用领主租约措辞疏漏而使自己获得自由。来自萨福克郡的领主罗伯特，租给其维兰佃户威廉·泰勒一块耕地，但未在租约里明确指明这是一块维兰地，却允许泰勒承担相当于自由保有地的义务（free service），据此，泰勒坚称自己已经是自由人。老领主罗伯特死后，他的继承人确认了这个租约，同时不得不确认了威廉·泰勒的自由身份。③该史事记载在布莱克顿的《札记》（Note Book）里，显然法学家也承认，根据附属于土地之上的自由服役，就可确认服役者的自由身份。这样，一个农奴人身属于领主的法理也就不攻自破了。身份有时与义务相连，有时与土地性质相连，人本身没有绝对的身份定义。所以汤普逊告诉我们，"不是法律的理论，而是保有地和所要求的服役的类别决定了农民的

---

① 参见 Paul Vinogradoff, *Villainage in England: Essays in English Mediaeval History*, pp.77, 80, 143–144。

② 参见 Mark Bailey, *A Marginal Economy?: East Anglian Breckland in the Later Middle Ages*, Cambridge: Cambridge University Press, 1989, pp.46–47。

③ 参见〔英〕亨利·斯坦利·贝内特：《英国庄园生活：1150—1400年农民生活状况研究》，龙秀清等译、侯建新审校，第256页。

身份"①。

由此，产生这样的疑问：农奴是一种社会身份吗？某人因承担特定义务而成为领主农奴，那么该身份对领主以外的其他人意味着什么？法学家霍兹沃斯和梅特兰都讨论过这样的问题。梅特兰认为农奴身份具有相对性，很难说是一种社会身份，更多是领主和农奴之间的一种关系。"对于领主来讲，农奴没有权利，至少按法理说来是这样；但是对于其他人而言，他具有自由人所有的或几乎具有自由人所有的一切权利。他对他们而言根本就不是农奴。"②所以有历史学家说："农奴在人身上是一个自由人，而在经济上是一个非自由人。"③

在实际生活中，所谓自由人和非自由人之间并没有一道泾渭分明的鸿沟，相反，在乡村共同体的活动中看不出他们有多少区别。例如，在经济生活中，维兰有权利和其他成员一起参与条田和草地的分配和轮耕，有权利使用公共牧场、荒地和森林。在社会生活中，他们和自由人一起参加教堂活动，出席庄园法庭，担任陪审员，参与自由佃户案件的审理。他们通常还是庄头一职承担者，是庄园的直接管理者，是佃户共同体与领主之间的中介人。在王国的行政体系中，庄头即村长，而村长之下的十户长等职务往往由维兰充任，负责村内的治安，维护"王国安宁"。维兰还可能成为郡法院陪审团人选。

在中世纪晚期的全国性税收中，并没有自由人和非自由人的区别，只有穷人和富人的区别，因为根据贫富程度征收不同的额度，一些被免征的穷人可能是自由人。要求富裕的农民武装起来维持地方治安，亦没有把农奴排除在外。1252年颁布的《武器管理条令》（Assize of Arms）允许维兰携带武器，认为维兰携带武器同样保卫王国的安全——一个真正蓄奴制社会不会允许非自由人携带武器。④

---

① 〔美〕汤普逊：《中世纪经济社会史》（下册），耿淡如译，第382页。
② P. Pollock and F. W. Maitland, *The History of English Law before the Time of Edward I*, Vol. I, p.438.
③ 〔美〕汤普逊：《中世纪经济社会史》（下册），耿淡如译，第381页。
④ 参见〔英〕约翰·克拉潘：《简明不列颠经济史》，范定九、王祖廉译，第133页。

还须指出的是,即使维兰与领主的依附关系,也不具永恒性。12世纪中叶西欧许多地区流行这样的规定,如果一个农奴逃亡或迁徙到城镇或另一个村庄,并且在那里住满一年零一天,那么法律将承认永远解除了他与原领主的关系,成为自由人。欧洲中世纪有一句谚语:"城市的空气使人自由",即源于此。

农奴未必贫穷

关于农奴制的另一个误读是维兰是最穷困的佃户。事实上,可能恰好相反。法国史学家杜比考察14世纪前夕英国农民和庄园后指出:"在英国一些乡村,许多富裕的维兰,与不断增多的贫穷的自由佃户形成强烈的反差。"[①]中世纪农民土地占有统计表明,农奴不一定是小农,自由持有农也不一定是大农,佃农身份与土地大小、贫富没有明显的对应关系。

科斯敏斯基研究了载于英格兰百户区卷档中22 000份农民地产统计,分别计算出13世纪末中部地区六个郡维兰和自由佃农占地比率。按照土地占有规模,他把村民分为上、中、下三等,可以看出:上、下等村民中自由佃户较多,而中等村民中农奴佃户较多。如果按户平均计算,自由佃户土地也不比维兰佃户的地产多。[②]利普森的考察认为,13世纪典型的维兰占有1维尔盖特土地(大约相当于20—30英亩),最少不低于15英亩,最高可达80英亩。[③]而且,维兰对土地世袭占有是安全的,其保障性完全可以与自由佃户匹敌。[④]

有学者考察了13世纪英国牛津库科斯汉姆村维兰的财产状况,表明该村维兰平均每家拥有12英亩(相当于75市亩)耕地、1处住

---

① Georges Duby, *Rural Economy and Country Life in the Medieval West*, p.283.
② 参见 E. A. Kosminsky, *Studies in the Agrarian History of England in the Thirteenth Century*, pp.216, 223。
③ 参见 E. Lipson, *The Economic History of England*, Vol. I, p.33。
④ 参见 John Hatcher, "English Serfdom and Villeinage: Towards a Reassessment", *Past & Present*, No.90 (Feb., 1981), p.10。

宅、1匹耕马、1头奶牛、1头猪和若干家禽。① 即使以现代观点看，该农民群体的财产状况也是相当可观的。少数维兰更殷实，经常使用雇工从事农牧业劳作，如果受雇者是自由佃农一点也不奇怪。西博姆认为，维兰佃户（tenant in villenage）可以划分为两种截然不同的阶层：少数维兰大农（villani proper），他们持有土地一海德、半海德、一维尔盖特、半维尔盖特等，耕作面积相当可观，② 而且拥有一定数量的耕牛，一家或几家就可以组成八头公牛的犁队（或马与公牛混合编队）。维兰小农的耕牛很少，通常持有五英亩左右的小块土地。③

在中世纪晚期的全国性税收中，纳税者没有身份差别只有穷富不同，一些因贫困只交纳二分之一、四分之一税甚至免纳税者，也许是个自由小农；而许多维兰承担全份额。不少富裕约曼都是维兰出身。

当然，拥有相近规模土地的维兰佃户比自由佃户通常要贫穷一些。波斯坦指出："自由人和非自由人之间真正的经济差异，并不完全归因于他们拥有地产多寡，还在于他们对于产品的控制权有所不同。非自由人不得不为了领主利益比自由人放弃更多的产品。"④ 在一些情况下农奴出现贫困化倾向。不过那样的影响有一定限度，没有因身份而造成贫富两个世界。

中世纪"自由"内涵

中世纪的"自由"更多地表示法律权利。丧失的权利越多越不自由，维兰不过是中世纪村民中丧失权利较多的群体而已。比如维兰不能随意离开庄园，否则领主可用强力迫其返回，可以理解为他

---

① 参见 Gene A. Brucker, *People and the Communities in the Western World*, Vol. I, Homewood: Dorsey Press, 1979, p.189。

② 1海德相当于120英亩（大约为800市亩）；1维尔盖特约相当于30英亩（大约为190市亩），面积相当可观了。

③ 参见 Frederic Seebohm, *The English Village Community: Examined in its Relation to the Manorial and Tribal Systems and to the Common or Open Field System of Husbandry*, Cambridge: Cambridge University Press, 2012, pp.76-77。

④ M. M. Postan, ed., *The Cambridge Economic History of Europe*, Vol. I, p.613。

没有迁徙的权利。标志农奴身份的三项捐税即婚姻捐、继承捐、任意税等都是这样，是非自由的标记，也是人身权利的缺失。

布洛赫指出，在中世纪早期，"享受所谓的'自由'在本质上就意味着拥有一种无可争议的权利"。罗马帝国覆亡后，作为征服者，法兰克人享有较多的权利，直到6世纪墨洛温王朝时期，法兰克人都是免于纳税的，所以法兰克人（populus Francorum）即意味着自由人。[①]法语中的法兰克人（franc），同时意指"自由的"（free）。[②]当时的人们就是这样认为的，结果"自由的"和"法兰克的"两个词语往往被视为同义词，长期互换使用。[③]

在中世纪欧洲人的观念里，权利与自由如此密不可分，英语"自由"（liberty）一词起初内涵是"权利"或"被允许的权利"，与rights或privilege含义一致，并且与freedom交换使用。在中世纪相当长的一段时间里，少部分上层人享有较多的权利和自由，所以中世纪的"自由人"（liber homo）又与"贵族"（nobilis）同义。[④]随着时间的推移，获得"权利"与"自由"的人群范围逐渐扩大并下移，越来越多的人因获得权利而获得自由。事实也是这样，农奴解放进程始终伴随着广大民众争取自己权利的斗争。经过各种形式斗争和货币赎买，维兰获得一项一项权利，逐渐消除非自由的印记，也就一步一步地将自己解放出来。所以，欧洲农奴是一步一步获得解放的，也几乎是一个一个地被解放出来的。

在欧洲中世纪的语境中理解了权利与自由的关系，才能理解自由的差异，才能理解西欧农奴制的内涵。前述及的利特尔顿、梅特兰等学者认为，农奴权利的丧失仅对其特定的领主而言，对于其他

---

① 参见 Chris Wickham, *Framing the Early Middle Ages*, Oxford: Oxford University Press, 2005, p.205。

② 参见 Walter W. Skeat, *An Etymological Dictionary of the English Language*, Oxford: Clarendon Press, 1910, p. 218; F. Kluge and F. Lutz, *English Etymology: A Select Glossary*, Strassburg: Karl J. Trubner, 1898, p.81。

③ 参见 Mark Bloch, *Feudal Society: The Growth of Ties of Dependence*, Vol.1, p.149。

④ 参见 R. H. Hilton, "Freedom and Villeinage in England", *Past & Present*, No. 31 (Jul., 1965), p.3。freeman (liber homo) 与 noble (nobilis) 含义相同。

人而言，他与自由人没有多少区别。美国学者布伦纳也称农奴制是农奴与领主之间的一种"权力关系"（a relationship of power）[1]。维诺格拉道夫明确指出："对于第三者而言，依附农和主人几乎一样。他可以出卖、让渡土地及牲畜，也可以由他的后代来继承……除去他的领主，农奴可以和任何一个人持对抗姿态。"[2] 对于特定的领主而言，维兰无疑丧失了一些权利；不过，即使对领主他也没有完全丧失权利，事实上，在庄园法庭上农奴起诉领主案例屡见不鲜。

"自由"概念要在中世纪特定语境下理解，它不同于古典世界，也不同于现代世界；中世纪语境下的依附农不是通常想象的那样地位低下，所谓自由人也并非享有完全自由。一般说来，几乎每个人都有权利和自由的缺失，只是依附农丧失的较多而已。

有鉴于此，晚近一些西方学者甚至认为，过分强调农民的法律身份意义不是很大，不如按照经济职能划分农民群体。德国学者格茨认为，农民"按照职能划分阶层……比按照法律等级划分重要得多"，为此，她将村民分为三个群体：一是有家庭、有保有地并且定期为领主服劳役的村民；二是没有家庭并随时听从领主支配的雇工；三是领主的管家及其助手，以及磨坊主、酿酒师、烤面包工、铁匠、守林人、羊倌和教堂里的教士等。[3] 对于这样的观点，笔者不以为然，但给予一定的理解。

三、领主权力受限：农奴制瓦解

从习惯法到庄园法

在中世纪，土地租役的征收者是庄园领主，而不是国王或国王

---

[1] Robert Brenner, "Agrarian Class Structure and Economic Development in Pre-Industrial Europe", *Past & Present*, No.70 (Feb., 1976), p.44.
[2] Paul Vinogradoff, *Villainage in England: Essays in English Mediaeval History*, pp.68-69.
[3] 参见〔德〕汉斯·维尔纳·格茨：《欧洲中世纪生活》，王亚平译，东方出版社2002年版，第157—159页。

政府。每个佃户依据不同的条件占有大小不等的保有地，同时向领主履行不同形式和份额的义务。庄园主具有司法权和征缴权，他不仅是庄园的统治者，在封建法理上还是整个庄园持有者，因此，无论依附农民还是自由农民，他们持有领主土地，向领主而不是中央王朝纳租服役。

大概与田制有关，最初欧洲农民大多通过服劳役，履行对领主的义务。耕地基本分为领主直领地和佃农份地，份地当然由农户自家耕作，领主直领地则靠佃户们轮流劳作。佃户持有领主土地，领主占有佃户劳动，并消费和享受直领地产品。在绝大多数庄园里，周工的内容颇为繁杂，如耕地、耙地、播种、打场、除草、运输，以及有关领主所需要的一应劳作。每个佃农负担的劳役量，是一个相当复杂的问题，与佃农身份、占有土地面积有关，也与庄园惯例有关。深受日耳曼马尔克传统影响，中世纪早期西欧各蛮族王国继续实施原来的蛮族法；村庄村民一直保持村法，又称习惯法。进入庄园时代后，村法成为庄园法的重要组成部分。加洛林时代的一份文献指出，惯例总是正确的，打破惯例的行为是令人反感的，甚至被认为是有罪的。

关于臣民的负担，不能不提到858年奎亚兹宗教会议，其间主教对东法兰克国王路易规劝道："要让你的管家小心，切勿要求佃户们的回报超过你父辈时代的索取。"[①] 这里所说的佃户其实就是国王的附庸，大部分是贵族，也有一部分骑士。这种观念势必影响到同构性的封建采邑内部，那里的佃户则是在土地上劳作的农民。欧洲历史学家指出，关于习惯法保护农奴的效果，我们容易做出过低的估计。

试举一例说明，即是905年发生的一件事：圣安布洛兹修道院农奴向大主教申诉说，修道院住持迫使他们接受新的强制劳动，这是超乎常规的。大主教回答道：他们是农奴，领主需要做什么，就

---

① M. M. Postan, ed., *The Cambridge Economic History of Europe*, Vol. I, p.253.

应做什么。农奴不否认他们非自由的地位，但争辩说住持没有权利要求超乎常规的额外义务。结果，大主教作了调查，在证明农奴所控确为实情后，大主教判决：住持不得征缴超出习俗范围的租税和劳役。①总的说来，11世纪以前农民日常生活是艰辛的，社会地位卑微，负担沉重，法律确定性也是不充分的。与此同时，不成文习惯法也显现了保护佃户权益的功效，包括农奴在内，领主不得要求无限度的劳役。

11、12世纪之交，随着军事活动的减少，以大规模垦荒运动、人口增长和新城镇出现等为标志，社会呈现了繁荣和发展，被认为"欧洲达到了它的第一个青春期，达到了它的第一个富有活力的阶段"②。11世纪之前，庄园习惯法是不成文法，缺乏规范性和普遍性。那些不成文的"惯例"，存在于人们的记忆中，存在于相传下来的口诀或歌谣里。当发生疑惑或争议时，便请教村里公认的"智者或长者"（WISER或SANER），由他们澄清惯例的细节，其后这些惯例被不断记载下来。

在英格兰，自从13世纪上半叶后25年，关于村法、法令（ordinances）和惯例的成文记载明显增多。它们一方面强调保护领主的财产权和征缴权，另一方面维护全体佃户共同体的权利。例如，每个佃农每周乃至全年应服役天数，应交纳物品和其他义务，都有明确、详细的规定，并载于庄头账簿和村规中。这些规定由庄园法庭代表村社共同体定期发布，口气不容置疑，往往以下列词语开头："全体土地所有者一致同意……""所有领主的佃户，不论自由佃户还是惯例佃户，同意……""领主和佃户达成协议，命令……"或"所有佃户意见一致并命令……"③这些词语表明，惯例是领主与村民

---

① 参见〔美〕汤普逊：《中世纪经济社会史》（下册），耿淡如译，第388页。
② 〔法〕费尔南·布罗代尔：《文明史纲》，肖昶等译，第294页。
③ W. O. Ault, *Open-field Farming in Medieval England: A Study of Village By-Laws*, pp.81-144; Mark Bailey, *The English Manor, c.1200-c.1500*, Manchester: Manchester University Press, 2002, pp.70-75; J. Z. Titow, *English Rural Society, 1200-1350*, London: Allen and Unwin, 1969, pp.145-150.

第五章　农民自由程度及经济状况

反复协商、共同确定的，史例不胜枚举。

下面的有关信息，来自12世纪诺森伯兰郡彼得伯瑞修道院地租簿。其中，关于比彻利庄园佃农应承担的封建义务，都有明确记载，从提供几次犁具和多少工作量，到交纳几枚鸡蛋。

本庄园有9名全份地维兰、9名半份地维兰和5名茅舍小农。全份地维兰每周须为领主服役3天，一直到8月份圣彼得节；此后到米迦勒节期间，依惯例每天都要服役；半份地维兰8月份内为2天。维兰佃农总共有8个犁队。在冬季周工日里，每个全份地维兰每日要犁、耙1英亩；在春季，除犁、耙地外还须依庄官安排播种。每个全份地维兰，在冬耕和春耕季节都必须犁、耙1英亩地，并且需要将种子去壳并播种。半份地维兰也要依上述折算标准完成应属于他的工作量。在冬、春季犁地期间，维兰佃农集体须3次出借犁具，为春季耙地还要出借1次。不仅如此，他们还必须在冬耕季节出借其犁队，3次犁地，春耕季节借出3次犁地、1次耙地。他们负责耕犁，还须负责该田地的收割及运输。

此外，全体维兰还要在圣诞节和复活节分别纳5先令，在圣彼得节纳32便士。磨坊主阿吉莫德为磨房和1码耕地纳26先令。在圣诞节，所有维兰共交32只母鸡。在复活节，全份地维兰共交20个鸡蛋，半份地维兰共交10个鸡蛋，茅舍农共交5个鸡蛋。在复活节，全份地维兰、半份地维兰和茅舍农分别纳20、10和5个鸡蛋。自由佃农维尔要为占有1码地纳3先令，阿泽纳5先令；神父要为教堂以及2码耕地纳5先令。自由人沃尔特为其半码地纳2先令。铁匠莱奥弗瑞克为其小块土地纳12便士。柯德林的艾吉尔瑞克为他租地纳6便士，布劳顿的艾吉尔瑞克纳12便士，兰伯特纳12便士。另外，4个茅舍农马丁、艾奥、奥尔弗和莱姆勃特各纳1便士。……[①]

[①] J. F. C. Harrison, *The English Common People: A Social History from the Norman Conquest to the Present*, 1984, pp.35-36.

可见负担量的规定相当详确，针对不同身份的每一个佃户，负担量具体到一个便士，甚至一只鸡蛋，都以文字记载于庄园卷宗。

庄园惯例簿实际是佃农劳役量记录簿。近年问世的一部中世纪庄园史专著，详细披露了兰开斯特郡的科克汉姆庄园档案，时间是1326—1327年。①佃农的义务量一旦辑入庄园惯例簿，领主和佃户双方都难以改动。不仅如此，每种活计的一天工作量都有详细说明，比如挖沟、运输、割草、割谷、打谷的一天工作量的规定都相当明确，并成为难以更改的惯例。据记载，领主的一名老年雇工，曾诉说胼手胝足拔小麦的情景，劳动是艰苦的，工作量却是明确的。H. S. 贝内特认为，在许多情况下，佃户和领主协商后的工作量并不饱满，"无论做什么，有一点是相同的：即它们实际上只相当于半天的工作量"②。

若劳役日遇雨，如何计算？由于工作量既不能增，也不能减，领主和佃农双方权益都不能损害，于是，围绕这类小问题，可以发现许多具体规定。温彻斯特主教地产上，一个庄园地租惯例簿是这样规定的：如果已经工作半日遇雨则相当于一天；如果工作不久遇雨，翌日须补上；如果再次受阻，便继续顺延，直到补上那一天的工作。③在另一个庄园惯例簿里，是这样说的："关于秋季运谷问题，协商后规定如次：假如下雨前已经运送了三担，那么他们就可以结束这一天的工作，假如运送还不足三担，那么须继续室内脱粒或干其他活计。"④

这些案例表明，佃农负担量确定不是简单的问题，生活是复杂多变的，远不是一纸规定能解决；文字记载下来固然重要，更重要的是人们心目中秉持契约观念，并且有合法渠道践行之。劳役量由不甚确定到逐渐确定，其间充满佃农与领主的博弈和较量。佃农讨价还价，

---

① 参见 Mark Bailey, *The English Manor, c.1200–c.1500*, pp.61–67。
② H. S. Bennett, *Life on the English Manor: A Study of Peasant Conditions, 1150–1400*, p.104.
③ Ibid., p.114.
④ Ibid., p.114, note 4.

实际上是一种抵抗，是对领主任意性和专横性的抵抗，最终是对非自由劳役制的抵抗。这种抵抗在合法和不合法的边缘上行进。

到11、12世纪，人们更加广泛地接受这样的观点：佃户的负担不能改变，并且在法律上规定下来，例如，限定每周工作不能超过几天，以及工作范围和数量；如果以货币折算，则规定货币数量和交纳时间。而且，一些人身限制，也以交纳货币的方式消弭，获得自由。例如，农奴结婚要经过领主同意的规定，同样可以折算为一笔税款予以破除。出身微贱的教宗哈德里安四世宣布，一个农奴的婚姻无论是否得到领主同意，都是有效的和不可解除的。

这样的做法，不仅适用于个别庄园和个别地方，而且适用于某地区和王国，在一些情况下，甚至适用于整个西方基督教世界内的所有庄园。伯尔曼指出："农民用规定的金钱支付代替劳役和其他义务，是全欧洲广泛流行的做法，这不仅反映了货币渗入到庄园经济，而且反映出该时期庄园法趋于客观性和普遍性。"[①]

法律限定负担

到12世纪和13世纪，法律限定农民负担以及农民负担货币化，使西欧包括农奴在内的农民都享有法律保护的权利。由于他们可以较好地支配自己的劳动力，更自由地支配劳动时间和空间，生产力得到释放，逐渐滋生起新型个体农民经济。后者完全不同于庄园经济，农奴制基础发生动摇。农奴制达到鼎盛期，同时也是由盛转衰的起点。

劳役量一旦固定，必然出现早干完早收工，或者一天干出两天活的情况。所以，一些庄园账簿上经常出现"在领主直领地上干一整天，按两个工作日计"的记载。[②]1318年，梅尔相庄园账簿记载

[①] 以上见或参见〔美〕哈罗德·J.伯尔曼:《法律与革命》(第一卷):西方法律传统的形成，贺卫方等译，第316页。

[②] 参见 H. S. Bennett, *Life on the English Manor: A Study of Peasant Conditions, 1150–1400*, p.104, and note 2。

道：领主直领地耕犁、播种共需82个工作日，但又补充说，"如果一个人干满一整天，就算他完成两个工作日"[①]。这样，名义上一周三天为领主干活，实际上往往一天半左右就结束了，农奴可以挤出更多的耕作时间到自己份地上。这种近乎定额化的劳役制度，无疑扩大了佃农自主活动的空间。

结果，周工很难规范地进行。克拉潘指出，根据现存记录，那种规范化的周工实际上很少实行。[②]经常的情况是，领主的代理人——一般是庄头，掌握着每个佃农依惯例而定的周工数，佃农服役定量而不定期。这样，佃农可能提前完成既定工作日，也可能拖后。若到年底仍未完成，领主或一次性蠲免，或折算为货币，称之为"卖工"（works sold 或 works acquitted），实际是货币地租的早期形式。劳役折算的直接原因是佃农怠工，效率低下，据斯通估算，劳役比雇工劳动效率低30%左右；[③]另一个让领主束手无策的问题，是庄头等管理者营私舞弊、中饱私囊，庄园经济入不敷出。倘若一个制度被普遍排拒，统治者一方也感到难以为继，大概一定要改变了！

货币折算替代劳役制，还需要一系列的内部和外部条件。从内部条件讲，就是劳役量成为不变量；农奴劳役的法律限定毕竟与农奴制本质相抵牾，实属不易。从外部条件讲，就是劳动力价格市场化、货币化，而这有赖于整个经济的市场化和货币化水平。内部、外部条件缺一不可，其中限制领主权力、限定劳役量最为关键。

写于13世纪的《无名氏的田庄管理》表明，当时市场经济有了相当程度的发展，所以农业劳动力的市场价格已经相当流行。该农书作者劝告雇主："要知道5个人一天大约能收割和捆扎好2英亩地

---

① Edmund King, *England, 1175–1425*, London: Routledge and K. Paul, 1979, p.59.
② 参见〔英〕约翰·克拉潘：《简明不列颠经济史》，范定九、王祖廉译，第135页。
③ 参见 David Stone, "The Productivity of Hired and Customary Labour: Evidence from Wisbech Barton in the Fourteenth Century", *The Economical History Review*, Vol.50, No.4 (Nov., 1997), pp.640–656.

的各类谷物，如果每人每天都拿2便士，1英亩你得付5便士。而如果4个人每天各拿0.5便士，第5个人拿2便士，因为他是捆扎者，那么，每英亩你必须支付4便士。"①这一记载，与当代学者对13世纪农业工资研究成果相当接近，可见经济发展不仅形成农牧产品价格，也形成了劳动力价格，稳定的雇工队伍的产生不言而喻。

人们发现，庄园劳役折算的价格随行就市，依劳动强度、技术和季节需求而浮动。例如，一个佃农平时日劳役折算为半便士，那么在较忙的夏季劳役折价每天一便士，而在秋收大忙时节则高达两便士。很明显，市场化、货币化，使佃农的劳役量进一步确定。劳役可以用货币兑换，意味着佃户与领主的人身依附关系正在货币化，难怪货币地租被称为封建地租的最后形式，也是解体形式。罗马帝国晚期和中国宋代都出现过货币地租，它们都没有使传统地租解体，货币地租本身也未能持续；欧洲货币地租却不可逆转地发展起来。

以往人们过于看重经济表象，而忽视非经济因素。殊不知，假如没有佃农的据法抵抗，对领主权力形成压力这样的背景，就没有负担量的法律确定，也不会有货币地租和货币经济的稳步发展。佃农抵抗的手段是多样的。14世纪70年代，领主阶层曾呈递英格兰下院请愿书，要求国王镇压农民反抗，其中透露出佃农多种抵抗方式，诸如逃离庄园、抛荒耕地、否认农奴身份、拒服劳役，并且拒绝扣押动产和不动产，还经常袭击和暴力威胁庄园管家，等等，使封建庄园秩序难以为继。②而1381年农民起义，则是这种反抗斗争的集中体现。同样，如果农民没有充分利用抵抗成果，有效地投入并不断扩大再生产，也不会有普遍的市场发育和繁荣，进而产生普遍的货币地租和雇佣劳动经济；也不可能使庄园习俗和惯例上升到法律层面，衍生为有一定普遍性的庄园法。

庄园法及货币地租实行无疑是欧洲历史重要里程碑，但离开生

---

① 〔英〕伊·拉蒙德、W. 坎宁安：《亨莱的田庄管理》，高小斯译，第63页。
② 参见R. H. Hilton, *The Decline of Serfdom in Medieval England*, p.29。

产者自由和权利的成长,离开相应的社会环境,这种经济现象就不可能得到合理的解释。不论马尔克村社传统,还是欧洲封建契约因素,虽然粗陋而简单,但在一定条件下无疑是法律成长的重要凭借。莫尔顿在谈到中世纪维兰自由与权利时指出:"甚至在最恶劣的情况下,庄园上仍存有使农奴为人而不为物的权利的核心,仍存有自由的残余作为取得新权利的起点。"①

佃户的负担由法律加以限定,一方面强化了领主征收权,保证领主的享用;另一方面增加了佃户抵抗的筹码,据理抵抗被赋予法律效力。奴役的内容和数量由法律限定下来,意味着农奴制仿佛是一种权利和义务关系,而不仅仅属于意志和权力问题。法律的明确规定看似强化农奴制,实际上在一点、一点地瓦解农奴制。为什么是这样呢?欧洲历史学家分析道:田户的负担越是给予规定并详细记录下来,使其"冻结"(frozen)在它们被写下时的那种状态,越是有助于限制权力的任意性,从而有利于经济的自主发展。随着生产效率提高、市场扩大,剩余产品增加部分更多地进入了农民口袋。如果我们深入了解庄园法庭,以及庄园习惯法的神圣性和双重性,就会知道这样的法律如何保护了小农利益。

持有土地的条件详细地记载下来,与其说是"冻结"佃农义务,不如说是"冻结"领主权力,遏制了领主权力的专横性和任意性。那么农奴制还剩下什么呢?希尔顿曾说,劳役消除是一个人获得自由的试金石。②笔者却以为,法律限定领主权力是更重要的标志,它意味着生产者获得法律上的人格。

历史可以证明。英国历史学家吉林厄姆等这样描述这一变化的结果:"在这个意义上,就连13世纪维兰佃农也会比11世纪许多自由佃农更不容易遭受领主任意强征勒索的危害。在13世纪,试图任

---

① 〔英〕莫尔顿:《人民的英国史》,谢琏造等译,生活·读书·新知三联书店1958年版,第86页。

② 参见 R. H. Hilton, "Freedom and Villeinage in England", *Past & Present*, No. 31 (Jul., 1965), p.13。

意改变惯例的领主,经常会发现自己陷身于漫长的司法程序,对手往往不是佃农一个人,而是组织严密的乡村共同体。"① 很明显,佃户的负担一旦被法律确定下来,任意性受到限制,人身依附关系也就走到了拐点。

农民获得人身自由

佃农的负担量限定,一旦具有法律效力,那么劳役可以折算成货币,"自由"也变得可以赎买,佃户可以不再是"领主的人"。13世纪中叶一份王室诉讼档案表明,维兰与领主直接对抗的诉讼占有相当高的比例,而且维兰大多为原告,他们通过法律程序声称自己是自由人。② 在文献上经常可以读到,一个农奴佃户,通过一次又一次的赎买,逐渐弥补权利缺失;或者一次性赎买,完全抹去维兰的痕迹。一次性赎买自由,通常要有个象征性的仪式如授予书面特许状,条件是交付一笔现金,还伴随着一系列谈判与博弈,甚至暴力相向。虽然赎买自由权并非总能一帆风顺,可还是有农奴因此获得解放。一般说来,佃户很少倾囊"求解放",他一定有一个核算,所支出不会高于农奴身份带来的损失,否则,宁可不要这份自由。值得深思的是,当"自由"变成可分解商品的时候,农奴制也就名存实亡了。欧洲奴役制度就这样逐渐消亡。

佃农的义务被法律限定,这并不是说,他们不贫穷和完全不受压迫,而仅仅是说,他已经根据一种法律体系取得了权利,被赋予了一种法律人格,即使他仍然滞留在庄园。农奴具有在法庭依法诉讼的权利,这本身就是对农奴制的挑战。事实也是这样:12世纪城市发出自由的呼吁,继而庄园农民发出自由呼声。依附佃农第一次强大到这种程度,逃离庄园到附近的自由城镇去,到比较自由的新垦区去,或者到他选择的任何地方去。这种呼声在14世纪进一步

---

① John Gillingham & Ralph A. Griffiths, *Medieval Britain: A Very Short Introduction*, p.76.

② 参见 R. H. Hilton, "Freedom and Villeinage in England", *Past & Present*, No. 31 (Jul., 1965), p.15。

高涨，不论英格兰，还是欧洲大陆部分地区，农奴制开始处于瓦解状态。

在意大利，解放运动由城市公社开始，早在13世纪中叶，波伦亚就解放了其辖区内的全部农奴，并宣布农奴制是人类堕落的结果，而应重归自由。法兰西也是如此，王室和领主解放农奴是为了从自由赎金中获得财政收入，也为平息农民骚乱。当时法兰西以及英格兰、意大利、西班牙等地区的农民起义此起彼伏，起义者宣称为了温饱，也为争取更多的自由与权利。实际上，他们的反抗最终都指向基本权利问题。14世纪初，法兰西国王率先解放王室领地的农奴，并使用了这样的语言：

> 根据自然法，人皆生而自由，……可是我们普通人中的许多人已经陷入奴役的枷锁之中，并处于颇令我们不快的各种状态中，鉴于本王国称作自由人的王国……我们已经命令……应恢复这些受奴役者的自由，对于生而受奴役、长期受奴役和最近由于婚姻和居住或诸如此类而沦为奴役状态的人们，应以良好和方便的条件赋予他们以自由。[①]

这是欧洲在14世纪初发出的声音，而且出自封建君王之口。这些非凡文字在其后的数个世纪不绝于耳，今日读来也不无震撼。当上至国王，下至最普通农民，都共同认为自由应当是所有人自然状态的时候，那么，任何一种奴役制度都不可避免地陷入穷途末路。可以说，到1450年，西欧大部分地区几乎都废除了农奴制，农民逐渐摆脱了人身依附关系，变得更加自由和自信。

人身依附关系的终结，伴随经济社会生活演变，也是依附佃户不断斗争、不断改变自己法律身份的结果，远不是一次农民起义或

[①] *Encyclopaedia Britannica*, 1969, ed., s. v. "serfdom and villeinage," pp.246-247 (Rodney H. Hilton). 转引并参见〔美〕哈罗德·J. 伯尔曼：《法律与革命》（第一卷）：西方法律传统的形成，贺卫方等译，第325页。

暴力革命能够完成的。一些封建依附关系存留下来，甚至出现一定程度反复和倒退，德意志东部的"农奴制再版"最为典型。即使最先获得解放的英格兰农民，也不能完全幸免，直至16世纪仍存在一定数量的维兰。萨文估计，到1485年时，英格兰至少还有500户维兰家庭；到伊丽莎白时期，应该还有250户。①

　　实际情况不止如此。在托尼研究涉及的16世纪118个庄园里，同样发现维兰存在：诺福克郡的庄园里有维兰；在威尔特郡和萨默塞特郡的庄园里维兰更多一些。1561年，一位城镇学徒承认自己是一个出逃的维兰；1568年，一位领主将庄园出租给一个农夫，该庄园还保留着为领主提供一些维兰义务的惯例。②维兰保有制在16世纪中期已经完全解体，但一些领主仍然徒劳地维持它，自恃而骄。1535—1544年，在九年时间里，巴斯伯爵从一个法庭到另一个法庭，向一个家族追索400英镑现金，因为该家族曾是他的维兰。可是佃农也不是好惹的，例如，一个庄园领主从他的维兰那里牵走一头牲畜，王室委员会（Royal Council）介入调查，判定领主退还；可维兰仍不肯罢休，要求领主补偿损失，否则拒绝结束诉讼。③

　　在法兰西，进入15世纪末叶，农民多数已不是农奴，而是自由身份的佃农。大多劳役不复存在，可以自由迁徙，婚姻不受限制。16世纪中叶，图卢兹的阿尔蒂加村，已走过一百多年没有领主的生活。④大概这是个例。在西欧大部分地区，人身依附制度走上了解体的进程，然而他们要想获得完全的、不可逆转的人身自由和土地财产自由，还有很长一段路程要走。

---

　　① 参见 Alexander Savine, "Bondmen under the Tudors", *Transactions of the Royal Historical Society*, Vol. 17, (1903), pp.247-248。

　　② 同时保留下来的还包括采石场和圣职推荐权。参见 R. H. Tawney, *The Agrarian Problem in the Sixteenth Century*, p.42。

　　③ R. H. Tawney, *The Agrarian Problem in the Sixteenth Century*, pp.42-43.

　　④ 参见〔美〕娜塔莉·泽蒙·戴维斯：《马丁·盖尔归来》，刘永华译，北京大学出版社2009年版，第24—25页。

四、生产效率与消费水准提升

生产效率和收入

单位面积产量是农业生产力的重要指标之一。英格兰和低地国家进步显著，先以英国亩产量为例作考察。

关于英格兰小麦亩产的最原始记录，当属13世纪问世的《亨莱的田庄管理》，据记载，种一英亩地需用两蒲式耳麦种，"如果庄园谷物的收获量，只是播种额的3倍，……你就没有任何收益了"①。该资料只是说到当时每英亩必须达到的最低产量，未提及一般产量。

近代以来，关于中世纪单位面积产量研究者，经常被提及的是19世纪英国历史学家罗杰斯，他对数以千计的英格兰庄园账簿进行统计，推算出13世纪每英亩产量是播种额的四倍。罗杰斯的贡献是，以自己的研究为依据调高了每英亩产量与麦种数额比例，但仍然没有给出一般的英亩产量。②

进入20世纪，贝佛里奇爵士的研究得到广泛的肯定。他依据温彻斯特主教地产案卷，获得了八个庄园的小麦英亩产量的记录，庄园分布在汉普夏、萨摩赛特、威尔特、牛津、白金汉和伯克等六个郡。通过研究，贝佛里奇爵士得出如下结论：在1200—1450年，平均每英亩产小麦9.44蒲式耳。③该计量单位是中世纪蒲式耳，比现代蒲式耳轻20%。M. K.贝内特核对并修正了贝佛里奇的数据，他认为，以温彻斯特数据作为全英格兰平均亩产量，显然过低了；按现代蒲式耳计算，1200—1450年每英亩产量10蒲式耳也不算高，保守的估

---

① 〔英〕伊·拉蒙德、W. 坎宁安编：《亨莱的田庄管理》，高小斯译，第50页。
② 参见 J. E. T. Rogers, *A History of Agriculture and Prices in England*, Vol. 1, p.56。
③ 转引自 M. K. Bennett, "British Wheat Yield Per Acre for Seven Centuries", *Economic History*, Vol. 3, No. 10 (February, 1935), p.20。

计是8—9蒲式耳。①

其后,人们对这项研究继续投入大量工作,杰出的代表有英国学者H. S.贝内特、美国学者N. S. B.格拉斯等。虽然他们依据的资料不同,结论却颇为接近。②其中,H. S.贝内特的估算博采众家之长,参照价值最高,其最后的估算结果是每英亩合9.12现代蒲式耳。③但依笔者所见,还需要做一点修正:与其他西方学者一样,H. S.贝内特估算亩产量扣除了田间直接上缴的教会什一税,实际成了入仓量。所以H. S.贝内特估算的亩产量应为9.12＋0.912＝10.032蒲式耳,约为209公斤。④这是13世纪英国典型庄园制时期的每英亩产量。

一般认为英国资本主义制度确立于16世纪,关于16世纪的亩产量,资料比较丰富,学者们的意见也更为接近。巴斯估算1500年种子与收获之比已达1∶7,按1英亩需2.4蒲式耳种子常规计算,可折合每英亩产16.8蒲式耳。P.克里德特关于英格兰1500—1549年和1550—1599年的种子与收获比分别是1∶7.4和1∶7.3,稍高于巴斯。⑤阿尔多·德马达莱娜根据巴斯的研究,估算16世纪前半叶英国和尼德兰小麦平均收获比例是1∶8.7,折合成每英亩产量就更高了。⑥所以,富塞尔相当肯定地说道:"到16世纪晚期,某

---

① 参见M. K. Bennett, "British Wheat Yield Per Acre for Seven Centuries", *Economic History*, Vol. 3, No. 10 (February, 1935), p.21.另,参考H. S. Bennett, *Life on the English Manor: A Study of Peasant Conditions, 1150−1400*, p.86。

② 参见H. S. Bennett, *Life on the English Manor: A Study of Peasant Conditions, 1150−1400*, Cambridge: Cambridge University Press, 1937; N. S. B. Gras and E. C. Gras, *The Economic and Social History of an English Village*, Cambridge: Harvard University Press, 1930。

③ 参见H. S. Bennett, *Life on the English Manor: A Study of Peasant Conditions, 1150−1400*, p.87, note 3。

④ 依据常用谷物品种国际单位换算标准,1蒲式耳大麦＝21.772公斤;1蒲式耳小麦＝26.309公斤;1蒲式耳燕麦＝14.515公斤。按H. S.贝内特混合计算的方法,将谷物总量在大麦、小麦、燕麦中平均分配,经混合计算后,1蒲式耳混合作物相当于20.865公斤。所以,10.032蒲式耳×20.865公斤≈209公斤。如果未经说明,以下蒲式耳与重量单位的换算均指谷物(即大麦、小麦、燕麦中平均分配)的混合计算。

⑤ 参见P. Kriedte, *Peasants, Landlords and Merchant Capitalists: Europe and the World Economy, 1500−1800*, Warwickshire: Berg Publishers Ltd, 1983, p.22。

⑥ 参见〔意〕卡洛·M.奇波拉主编:《欧洲经济史》(第二卷),贝煜、张菁译,商务印书馆1988年版,第297页。

些高产可偶尔获得，但英格兰小麦平均每英亩产量大概可达16蒲式耳。"①

英国以外的其他地区情况又如何呢？乔治·杜比指出，在法兰西，中世纪晚期"各地的产量都在增加"。法兰西岛的一些富裕农户已开始使用双轮"全铁制"的新犁。在勃艮第一个教区，1516年什一税收益为18桶，而此前1499年和1469年的数字分别为13桶和5桶。与此同时，土地价格不断上涨，例如，在巴黎地区南部，从查理八世时代到弗朗索瓦一世时期，耕地价格上涨七倍，草地和葡萄园上涨三分之一。"这种局面对生产者有利，路易十二时期（1498—1515年在位），农民业主的数目增加了；他们女儿的嫁妆里出现了银器和纺工精细的袍子，有的还向教堂馈赠遗产。"他们被称为"富裕的自耕农"。②关于这一时期法兰西农业生产效率，可以得出大致的概念，却难以得到基本的数据。原因是缺乏系统的资料，也很难准确地把握当时各地的度量衡。

通过比较播种量与收获量估算单产变化，不失为一种可行的方法，然而又遇上数据零散，收成数量变动巨大等问题。例如，在克吕尼阿两个非常接近的庄园，从12世纪中期的财产登录上判断，种子量与小麦收获量的比例各为1∶6和1∶2。勃艮第的同一个村庄，1380年的种子量与收获量比例是1∶10，1381年则为3∶3。在意大利佛罗伦萨的一块小地产上，收成比例从每年的平均1∶4或1∶5，到1348年跌至1∶1.6。

一个权威的评估来自意大利经济学家卡洛·奇波拉。他综合这些数据做出一个相对公平的估算：在13—14世纪前后，大部分欧洲农民的粮食收成可以达到所播种子的三倍与四倍；而在9世纪时平均收成很少能超过种子的两倍；也就是说，中世纪中期粮食单产比

---

① G. E. Fussell, *Farming Technique from Prehistoric to Modern times*, New York: Pergamon Press, 1966, p.94.

② 参见〔法〕乔治·杜比主编：《法国史》（上卷），吕一民、沈坚、黄艳红等译，第568—569页。

中世纪早期大约增加100%。①关于中世纪晚期和近代早期的情况，斯利歇尔·巴特做了大量的研究并绘制了数十页的统计表，显示了欧洲各国各种农作物的播种与收获之比。该统计表明，土地产出率的增长是显而易见的，仅以16世纪荷兰与比利时的小麦收获率为例，单位面积产量已比中世纪中期翻一番有余。②

另一位经济史家克里德特，提供了这一时期西欧各地区主要农作物的种子产出率，其数据与巴特的研究结果相当接近：16世纪西欧农作物产出率比13世纪增加一倍以上，而比9世纪则增加二至三倍以上，最先兴起资本主义的英格兰和荷兰明显地走在前头。③

生产效率提高，农牧产品增长，不断增长的农牧产品到哪里去了？基于佃农"习惯地租"（customary rent）基本稳定，我们可以肯定地回答，增长部分的相当大的比例流入农民自己口袋。所以，农民家庭有了一定的普遍积累。如果增产不增收，增产部分不进入农民口袋而被领主截获，那么增产肯定不会持续，甚至会跌回原点。这里，可以见证农民自由与权利进步，如何演化为财富的累积。

以英国为例，据笔者先前一项研究成果：13—14世纪，一个中等佃户一年大约可产谷物两吨，此外还有养羊业和农牧产品加工业的收入等；扣除自身消费和地租等支出，农户储蓄率可达15%。到15—16世纪，一个标准农户大约可年产谷物五吨以上；与此同时，进入农户口袋的收入相应增长，商品率和储蓄率有了质的跃升——因为农牧产品大部分推向市场。④最早的农业资本家就是这样产生的，个体资本以致社会资本就是这样积累起来，乡村社会结构随之改变。

托尼以其翔实的数据，对于佃农抑制领主过分侵夺的历史意义，

---

① 参见〔意〕卡洛·M. 奇波拉主编：《欧洲经济史》（第一卷），徐璇译，商务印书馆1988年版，第153—154页。

② 转引自〔意〕卡洛·M. 奇波拉主编：《欧洲经济史》（第二卷），贝煜、张菁译，第529页，附录表3。

③ 参见P. Kriedte, *Peasants, Landlords and Merchant Capitalists: Europe and the World Economy, 1500–1800*, p.22。

④ 参见侯建新：《现代化第一基石》，第二章"农业生产力考察"，天津社会科学院出版社1991年版。

给予极高评价。他考察了13—16世纪英国若干郡27个庄园地租情况，得出该时期习惯地租基本稳定的结论。他说，地租长期稳定，一个佃户地租往往长达200年或250年保持不变；即使有了一定的增长，领主也远不能吞掉农民增产的全部。托尼估计，他们每交给领主一个便士，就往自己口袋放进六个便士。地租与土地的产值之比，由劳役地租时的1∶3，发展到1∶5或1∶6，甚至1∶8。习惯法保护下的习惯地租明显地缩水。难怪农民个人财富能有普遍的增长，难怪英国农村能产生出约曼（yeoman）那样稳定的富裕农民阶层，其中一些人成为最早的农业资本家。为了打赢一场官司，他们从一个郡跑到另一个郡，在一些村庄里不无自信地说："他们中间的20人可以出20英镑，以斗垮一个不受欢迎的领主！"①

实际上，到中世纪晚期，不论在不列颠岛，还是在西欧大陆，不论普通个体农民，还是有一定土地规模的农场主，生产者的口袋都有了一定的积累。《泰晤士世界历史地图集》的编者，在概述这个时期欧洲农民一般经济情况时指出：1500年以后，绝大多数农民每年除养活自己一家、家畜和留作来年种子之外，大约还能多出20%的产品。②

个体农民生产效率和储蓄率的普遍增长，是富裕农民群体产生的经济社会基础。进入15世纪以后，对土地的占有变得对耕作者有利。波斯坦是这样描述整体状况的："在15世纪的大部分村庄，村民的平均地产都在增长，大地产变得更大，小地产减少。中等地产则有增有减。"③农民个体财产和乡村社会财富普遍呈现稳定、持续的发展。这意味着普通农民可以凭劳动和经营积累起家产，即使最寒微的佃户通常也会拥有一定的家畜。穷人依然存在，不过幸运的是没有走向普遍贫穷，因为他们也享有一定的权利，后者成为防止普

---

① R. H. Tawney, *The Agrarian Problem in the Sixteenth Century*, pp.117-121.
② 参见〔英〕杰弗里·巴勒克拉夫主编：《泰晤士世界历史地图集》，生活·新知·读书三联书店1982年版，第178页。
③ M. M. Postan, *The Medieval Economy and Society*, p.156.

遍贫困的安全阀。①

财产积累更直观的结果，是农民大众生活质量普遍改善，传统农业社会的消费结构和消费水准被不断刷新。

消费水准

长期以来流行这样一种观念，认为现代化总要排挤甚至牺牲农民利益，以农民的低消费为代价。这是历史的误读。近几十年国际史学界的研究成果表明，恰好相反，农业生产效率与农民土地产权发展密切相关，并伴随着农民消费水平的攀升。

先观察一下西欧农民饮食消费及其变化。欧洲人并非天生的肉食者，14世纪以前，他们与中国农民一样，饮食的主要成分是碳水化合物。多少世纪以来，一直把得到多少面包作为衡量生活水平的标尺。农民餐桌上除了又粗又黑、硬得像羊皮一样的面包外，很少发现小麦食品。面包原料是那些高产粗粮如大麦和燕麦等。农民也种小麦，但自己很少消费，而是拿到市场上换成货币以购买其他必需品和交纳地租。日常食品是：粗粮面包和麦糊、简单酿制而成的淡啤酒（像浓汤一样），还有少量豌豆、巢菜、蚕豆、洋葱头等。

然而14世纪，饮食结构发生变化。欧洲经济史学家奇波拉指出，在欧洲，先是富人，不久小康之家也跟随其后。"到14世纪时，甚至普通农民阶层在吃面包基本食品时，养成补充和增加肉类的习惯。一俟手头的资料让我们知道13世纪末前后的日常生活状况时，就发现社会中每一个阶层都重视混合搭配食物，如咸猪肉、咸鲱鱼、乳酪等，甚至农奴和受救济的人也是如此。到15世纪时，对动物食品的消费又有进一步普遍增加，当时每个城镇都已有它自己的屠户，所有屠户的业务都很兴旺：他们成了畜牧经济的新人物，也是它的绝对主人。"②

布罗代尔说，在14世纪，也可能更早些，法兰西的阿图瓦地区

---

① 参见 R. H. Tawney, *The Agrarian Problem in the Sixteenth Century*, pp.103-104。
② 〔意〕卡洛·M.奇波拉主编：《欧洲经济史》（第一卷），徐璇译，第151页。

用燕麦做成面疙瘩，农村居民吃得很多，布列塔尼亚地区还经常吃一种较稠的间或加牛奶煮的荞麦粥。①乔叟（G. Chauce，约1340—1400年）14世纪写成的《坎特伯雷故事集》"修女与神父"的故事中，农村穷寡妇吃的是黑面包与牛奶，有时也吃一点烤肉和一两枚鸡蛋。蛋白质类食品仍然缺乏，但已经常可见。

关于中世纪晚期西欧农民的饮食情况，中世纪史专家C.戴尔以其出色的研究成果，第一次提供了较为清晰的画面，且持之有据。资料主要来自13—16世纪农民家庭两代人之间达成的"赡养协议"，后者提供了原始、可靠的证据。英国中世纪就有这样的惯例：当儿子继承土地等财产后，要与家长签订具有法律义务的"赡养协议"，说明获得土地后对长者的回报。协议内容之一是长者应得的日常饮食，从而确切地揭示了他们餐桌上食品种类和数量。②

戴尔汇集了1240—1458年141个村民家庭赡养协议，赡养对象通常是一对年老夫妇或一个孤寡老人，富裕家庭还有一个家仆。从大多数协议可以看到，每人每年被保证供给谷物9—16蒲式耳大麦和小麦，多数12蒲式耳以上。戴尔认为，12蒲式耳大麦和小麦，折合每人每天混合食物约合1.5磅或1.75磅，这对于一个成年人来说足够了。现代饥荒救济中，每人每天1磅谷类食物被认为足可维持生命，1.75磅能产生大约2 000卡路里热量，③相当于1.6市斤粮食所产生的热量。

比较慷慨的赡养协议，给长者提供的食品有面包、浓汤和啤酒。1437—1438年，贝德福德郡的某村庄老人艾玛·德·鲁德，每年获得12蒲式耳小麦（每天2磅面包）、2夸脱麦芽（2夸脱相当于16蒲式耳，约合每天消费2.5品脱浓麦酒）、1配克的燕麦片（用于做汤）。又例如，1380年诺丁汉郡一位妇女，每三周就可获得1蒲

---

① 参见〔法〕费尔南·布罗代尔：《15至18世纪的物质文明、经济和资本主义》（第一卷），顾良、施康强译，生活·读书·新知三联书店2002年版，第156页。
② 参见 Christopher Dyer, *Standards of Living in the Later Middle Ages: Social Change in England, c.1200—1520*, Cambridge: Cambridge University Press, 1991, p.151。
③ Ibid., pp.152-153。

式耳小麦和2蒲式耳麦芽,这是一个较大的数量,小麦用于主食白面包,麦芽则用于酿造啤酒。显然,境况较好的农民可以定期喝到啤酒。①

较为拮据的赡养协议,不提供啤酒,只有面包和浓汤。农民饮食差别,不仅表现为有无啤酒,还表现为白面包还是黑面包。在埃塞克斯,农民食物以小麦为主,而在汉普郡和伍斯特郡小麦占比却很低。②总的看这一时期主食仍然是粗粮,不过小麦占据比例已属不低,根据统计可推出平均达到41.7%。

少数赡养协议中提到肉产品和乳制品。例如诺福克郡的农夫约翰·斯塔波,在1347年,他得到一口猪和四分之一头公牛,从而获得足够的肉食供应,每天食肉0.5磅(大约相当于0.5市斤)。当时农民理想的食物是咸猪肉、香肠和奶酪,这些受欢迎的食品,保存时间较长。保留下来的文字材料以及考古发掘表明,在有限的肉产品消费中,首推猪肉,其次是牛排和羊排,牛羊在不能提供拉力以及牛奶和羊毛之后,才被摆上餐桌。③总之,在14世纪黑死病以前,大多数农民还是以面包和浓汤等谷类食物为主,作为动物蛋白质重要来源的牛羊肉、猪肉和乳制品,消费有限,包括啤酒在内,较富足的农民才能经常享用。

在法国及欧洲大陆也是如此。在15世纪末叶以前,整个欧洲都谈不上讲究的肴馔。法国在烹调技术上富有创见,讲究口味,但食物肯定不属于大众食品。农民自己不吃最好的产品:"他吃小米或玉米,出售小麦;他每周吃一次腌猪肉,把家禽、蛋品、羊羔、牛犊送到市场销售……只有过节时的大吃大喝,才打破日常饮食的单调与不足。"④

---

① 参见 Christopher Dyer, *Standards of Living in the Later Middle Ages: Social Change in England, c.1200—1520*, pp.153.
② Ibid., pp.153—154.
③ Ibid., pp.154—156.
④ 〔法〕费尔南·布罗代尔:《15至18世纪的物质文明、经济和资本主义》(第一卷),顾良、施康强译,第217页。

中古晚期近代早期，欧洲普通民众的消费水平明显提高，饮食结构和饮食习惯发生改变，被认为发生一场"饮食革命"。主要表现为：第一，小麦消费增长，在农民日常餐饮中达到一定比例；第二，肉食增多，这使得乡村屠户的生意逐渐兴旺起来；第三，酒的消费成为大众饮食的一部分，农民可以定期喝到啤酒，村庄"永久性啤酒馆"（permanent alehouses）相当普遍。从营养角度看，膳食中面包提供的卡路里比例下降，在一些国家肉的消费占到食物结构的五分之一或更多，复有鸡蛋、牛奶等蛋白质含量高的食材，品种也丰富起来。

15世纪开始，在荷兰，人们普遍食用肉类。在德意志，萨克森公爵1482年发布敕令："晓谕众人，工匠应于午餐及晚餐时共计食用四道菜。不逢斋日，应得一汤、两肉、一素菜；如逢星期五斋日，应得一汤、一鲜鱼或咸鱼、两素菜。如需延长斋期，应得五道菜：一汤、两种鱼类和两份配菜。早晚外加面包。"另外还得加上清啤酒。农民的饮食还可以由下一实例得到证实：1429年在阿尔萨斯的奥伯赫格海姆，如果服劳役的农民不愿与大家在总管的农庄里进餐，总管必须把"两块牛肉、两块烤肉、一份酒及价值两芬尼的面包送达该农民家中"。1557年，一位观察家写道："猪肉是穷人，实实在在的穷人常吃的食物。至于工匠和商人，家境再差，只要不逢斋日，总想和富人一样吃鹰子和山鹑。"①

此外，牛奶、茶叶和糖的消费也在增长。而且，很久以来农民进餐开始增添一些礼仪，吃饭不完全为填饱肚子，还要求某种气氛和舒适感。饭桌上铺着亚麻布或粗帆布，仅有的一把椅子由男主人享用，其他人坐在餐桌两旁的长凳上。在较富有的家庭，饭前要洗手，使用金属盆和亚麻布的毛巾。较贫穷家庭的餐桌上，也摆着装饰性的陶瓶。他们认为，吃饭能维护家庭成员和睦，正像教堂里圣

---

① 以上参见〔法〕费尔南·布罗代尔：《15至18世纪的物质文明、经济和资本主义》（第一卷），顾良、施康强译，第221—223页。

灵降临节的啤酒能增强公众的社区意识一样。①

西欧农民服饰也在悄悄发生变化。起初,农民服装若干世纪没有变化。在乡村,通常情况下,人人都打赤脚,几乎不穿鞋。到13世纪,我们可以得到这样的印象:中世纪农民的衣料通常是亚麻布,一些农民有皮鞋和羊毛外套,但很少穿,当然羊毛长筒袜似乎也不总穿。

赡养协议中,较富裕农民一般每年得到的服装价值为四先令六便士:一件长袍三先令,鞋子六便士,亚麻布一先令。用于长袍的毛纺衣料每码八便士到一先令三便士,从价格可获知,农民的衣服并非由最廉价的材料制成,与某些乡绅家庭所用衣料没有多大区别。不过,农民在布料染色方面是很节俭的,所以他们经常穿"白色"即纯羊毛本色,或是黄褐色与灰色。②

14世纪40年代,一种新风格的服装风靡整个欧洲贵族,并逐渐渗透到社会其他阶层,农民服装也有明显的改观。男子的服装一下子缩短了,而长筒袜一仍其旧。至于妇女,她们的短上衣贴合身体。男女宽松的外衣一般包括带兜帽的斗篷。全新的变化使道德家们大为震惊。男子紧身衣是一种加衬的外衣,尽管比老式长袍短,可要两倍布料才能做成,赡养协议披露,这样一件加衬外衣需要四码布料。农民的保守性及低水平消费习惯,本该阻止这些变化,就像东欧农民那样,但西欧农民较高的购买力和生活情趣,使他们能够接受时尚,讲究穿着,享受更加舒适的衬里,色彩也更加艳丽。

与此同时,一般农民住房条件也得到改善,被称作"住宅革命"。其一,居住面积增加,出现了双层、多房间民居;其二,住宅内部形成相对独立的功能区,如卧室、厨房、储物间、起居室(厅堂)等;其三,起居室地位逐渐显现,表明住宅内区分了私人

---

① 参见 Christopher Dyer, *Standards of Living in the Later Middle Ages: Social Change in England, c.1200–1520*, pp.158–160。

② 参见 Christopher Dyer, *Standards of Living in the Later Middle Ages: Social Change in England, c.1200–1520*, p.176。

空间和公共活动空间。对乡下人而言，都是破天荒的，不仅知道了自由，还体会了生活的甜蜜。农民经济状况的改善，使他们更加自信和自尊。

近代早期英国乡村确实兴起了"住宅革命"，不过，不是每个村民都得以享用，实际上不少村民仍住在传统的茅屋里。如同欧洲大陆上大多数农民房屋一样，与其说是住宅，不如说是栖身之所，仅能满足人和家畜的最基本需要。在法国勃艮第，一份17世纪编制的财产清单上，标明这类住宅只有一间可住人的大房间，兼作厨房、卧室和起居室。我们还可以从那个时代的人所描绘的德国农民茅屋，获得大致印象。见图5-1。①

图 5-1

16世纪德国农村茅屋；近景有一小车及一口带桔槔的水井。塞巴斯吉安·蒙斯台尔著《寰球志》的木刻插图，1543年，纽伦堡国立日耳曼博物馆。

五、农民形象改观

中世纪欧洲农民是怎样的形象，以后又发生了怎样的变化，是一个值得回味的话题。

---

① 此处引文与插图参见〔法〕费尔南·布罗代尔：《15至18世纪的物质文明、经济和资本主义》（第一卷），顾良、施康强译，第322—323页。

在中世纪早期的文学作品中，农民的外貌特征是明显的，12世纪加林·德·罗莱茵的叙述诗中，一个农民儿子是这样的：

> 一个高大的家伙，有两条粗笨的胳膊，宽宽的臂和肩。两只眼睛的间距有手那么宽……头发蓬乱，脸又脏又皱，大概半年没有洗脸，唯一弄湿这张脸的也许只有雨水。

同一本书中，另一个农民是这样被描写的：

> 他有一个大脑袋，漆黑的头发，两只眼睛的间距比手还宽。他的面颊又宽又平，大大的鼻子张着两个鼻孔。隆起的嘴唇比烤肉还红，露出的大牙齿又黄又丑陋。①

这样的外表描述，大概有当时作者的等级偏见，不过也在相当大的程度上勾画出了当时田野劳动者的形象。他们与近代欧洲农民不仅在精神和物质上相距甚远，体貌特征也大不一样，英国人就是如此。据历史学家考证，土著英格兰人又黑又矮，随着迁徙和通婚范围的不断扩大，大概还有饮食结构的改善，他们的体貌特征也逐渐发生了变化，不过那已经是中世纪晚期近代早期的事了。

而且，这些农民看起来冲动而脆弱。法国历史学家埃马纽埃尔·勒华拉杜里，被称为微观史大师，他以中世纪法兰西南部一个山村为研究对象，于1975年出版的《蒙塔尤》为他带来世界性声誉。书中对这个村庄村民的举止做了实证性描述：当村民遇到一些事情都会伴随着哭泣和泪水，例如，朋友或盟友的背叛，本人遭遇拘捕，都会号啕大哭，没有得到别人帮助或遇到威胁而无助时也会痛哭。反之，当一个阿列日妇女见到来自家乡的牧民，并从他那里得到亲人的消息时，她会高兴得泪流满面。高兴的眼泪、复仇后激

---

① 转引自〔德〕汉斯·维尔纳·格茨：《欧洲中世纪生活》，王亚平译，第151—152页。

动的眼泪，还会伴随着感激的手势：两臂伸向天空，口中念道"感谢上帝"。有时则会双膝跪地，把两手举向天空。①

农民的装束须与骑士区别开来，不许佩戴长剑，不许留长发，那些都是贵族特权。不同等级表现在服饰上，也表现在观念上。人们尊重等级，认为等级不可逾越，否则注定要碰壁。13世纪下半叶，维尔纳在《庄头赫尔姆布莱希特》中，讽刺一个农民庄头的儿子异想天开。这个年轻人厌恶过农民的生活，幻想着宫廷里骑士一样的生活，以酒代水，以佳肴代米粥，白面包代替黑面包。他留起过肩的长发，用一个羽毛带子象征性地扎起头发，因为画面上查理大帝跟阿拉伯人作战时就是这样的装束。他还有一件银纽扣的礼服和一把剑。最后，他用四头母牛和相当于四舍费尔粮食价格买了一匹马。父亲警告他不会成功，他注定是种地的，但这个年轻人置之不理，离家出走。结果，他没有像其想象的那样成为骑士，而成了强盗头领，打家劫舍，终于被抓。九人被处死，他也被刺瞎双眼，砍下一只手和一只脚。他被父亲赶出家门，又去偷盗农民东西，最后被处以绞刑。

这个故事实际上是在告诉人们，社会等级难以逾越，试图改变社会地位、跨越社会等级是徒劳的。在奈德哈特·封·罗伊恩塔尔的诗歌中，母亲告诫她的女儿，不要拒绝庄头儿子的追求，而幻想一个骑士的出现。女儿回答说："一个农民怎能成为我的丈夫，他不是我爱的那种人！"结果被母亲一顿痛打。②这类故事显示不同等级之间的对立和差异，也反映了农民羡慕和模仿骑士的心态。

另一方面，欧洲文明肇始即中世纪早期，农民的劳动就受到一定尊敬，与古典时代不同，人们认为农民是值得描述的。圣经中亚当夏娃的第一个儿子该隐，被认为是第一个农民。12世纪末作品《穷人亨利》，把天堂描绘为一个农民的大庭院："劳动是生活中一种

---

① 参见〔法〕埃马纽埃尔·勒华拉杜里：《蒙塔尤》，许明龙、马胜利译，第195—197页及第八章。
② 参见〔德〕汉斯·维尔纳·格茨：《欧洲中世纪生活》，王亚平译，第152—153页。

必要的活动，一种适于天堂的活动。"在一幅12世纪画卷中，基督从云层俯下身子，握住耕地农夫的手，似乎在助其耕耘，表达了基督教对农民劳动的态度。①一些文学作品中，农民形象不完全都是粗鲁的、愚蠢的，相反，在农民和社会上层人物之间的比较中，农民是机智的，上层人物倒是愚蠢和骄横的。

例如，10世纪，最晚在11世纪，德意志下洛林地区流行一个贫穷农民的童话故事。他叫艾因奥克斯，只有一头公牛，"公牛"艾因奥克斯竟成了他的名字。失去这头牛后，他一无所有，最后连牛皮也卖掉了。在回家路上，艾因奥克斯意外捡到一袋银币。这袋银币引起他人怀疑，指责他是小偷，他不得不谎称这些银币是卖牛皮所得。司法监护官、领主总管和教士，村里这些大人物都想发财，于是他们都杀牛、扒皮，拿到市场上去卖。牛皮没脱手，还因索价过高，被带到法庭，结果以牛皮抵交法庭罚金。出于报复，他们要杀死农夫艾因奥克斯。农夫急中生智，把猪血涂在妻子身上，佯装杀妻状，然后当众吹响笛子，使妻起死回生。大家发现这个女人比原来还年轻、美丽。于是，他们重金买下笛子，各自回家杀了自己妻子，当然，谁都不能死而复生。当他们又要杀死农夫时，他又展示了一个"奇迹"，结果，引诱教士、司法监护官和总管自愿跳进大海。②

在这个故事里，农民是低调的，却是不好战胜的，这个故事显然是抨击那些藐视农民的"大人物"。

14世纪后诞生的"农夫文学"，不论是农夫还是雇工形象，轮廓描写的都相当清晰，尤其是农夫，总是作为一个重要的中心人物出现，即使他不受赞美的时候。一些作品中的农夫，颇有性格和魅力，如脍炙人口的传奇英雄罗宾汉，就是以"善良、自由的农人"自许！卓越诗人威廉·郎格兰（W. Langland）发表了韵体宗教长诗《农夫皮尔斯》，就是以农民为主角。皮尔斯颇有圣徒色彩，但是他从头到脚都是农民，集中表现了农民的思想感情。在作者笔下，皮

---

① 转见〔德〕汉斯·维尔纳·格茨：《欧洲中世纪生活》，王亚平译，第153、162页。
② 参见〔德〕汉斯·维尔纳·格茨：《欧洲中世纪生活》，王亚平译，第153—154页。

尔斯是智慧的、道德的，与其相伴的雇工是任性而高傲的。雇工是没有土地的青年农民，他们不愿吃隔天的饭菜，抱怨咸肉不够嫩，啤酒不够量，而要鲜猪肉，或煎烤的鲜羊肉，还要高工资！他们桀骜不驯，又不可缺少，"否则犁就会安静地站在那里"。①

乔叟撰写的《坎特伯雷故事集》被看作第一部现实主义杰作。他刻画的磨坊主、托钵僧、骑士、学者、厨师、商人、律师和农夫等形象栩栩如生，其中自由农的形象格外引人注目。乔叟笔下的农夫，"富有"且"威仪"，颇具绅士风采，反映了当时一部分上层农民的社会地位和历史风貌。

> ……他腰带边挂下一把短刀，一个绸囊，白得像清晨的牛奶一样。他长着幽雅的银髯，红润的皮肤，十分威仪和漂亮。一清早就酒杯在手，在乡间，他简直像个款待宾客的圣徒，像圣求列恩一样。他的面包和酒都是最上等的；谁也没有他藏酒丰富。家中进餐时总有大盘的鱼面糊；酒肴在他家里像雪一样纷飞，凡是人们想到的美味他都吃尽了。他的饮食跟着时节变换。他在笼子里喂着许多肥鹌鹑，鱼塘里养了许多鲷鲈之类。他的司厨如果烧出的汤不够辛辣，不够浓烈，或者器皿不整齐，这个司厨就倒了霉！他厅堂里的大餐桌是整天铺陈好的。他主持陪审团的审案会议，多次代表他的郡当选议员，还曾当过郡长和辩护律师。②

生于16世纪中叶的尼德兰画家彼得·勃鲁盖尔（Pieter Bruegel），一生以农村生活作为艺术创作题材，风格质朴而率真，有"农民的勃鲁盖尔"之美誉。他的画作《佛兰德农民在交谈》，给人们留下那个

---

① 参见〔苏〕阿尼克斯特：《英国文学史纲》，戴镏玲等译，人民文学出版社1980年版，"中世纪部分"。

② 〔英〕乔叟：《乔叟文集》（下卷），方重译，上海译文出版社1979年版，第340—341页。

时代最直观的农民形象，甚是难得。

图 5-2　佛兰德农民在交流

图片来源：〔法〕费尔南·布罗代尔：《15 至 18 世纪的物质文明、经济和资本主义》（第一卷），顾良、施康强译，第 372 页。

尽管是乡下人，可画面中农民的衣着、举止与体态，令人回味。随着农民自由、经济状况的改善，他们正在告别旧时维兰的"愚昧、迷信、残忍、鄙野和暴烈的"形象。[①]

法国历史学家 P. 布瓦松纳指出："一个乡村的优秀分子证明自己能够具有慷慨、挚爱、勇敢和大方的德行，不止一个农民表明自己在本质上是同士绅同样美好的。这些人获得了，特别是在英格兰和低地国家，一种对于他们自己价值的自负之感；一个歌谣说道：'法兰德斯的农民，当他喝醉时，认为世界是属于他的。'……一股新的力量产生了，中世纪社会起初并没有发觉到它的力量，但是它慢慢地显示了它自己，深刻地改变了西方的世界。"[②]

[①]　参见〔法〕P. 布瓦松纳：《中世纪欧洲生活和劳动（五至十五世纪）》，潘源来译，商务印书馆 1985 年版，第 150 页。

[②]　同上书，第 268 页。

第六章　大垦荒

即使在庄园制盛期，中世纪欧洲经济社会即已包含着庄园共同体经济的否定因素。随着个体农民经济的发展，他们总能在旧体制中杀出缺口。伴随着封建制确立，公元第二个千年初期，欧洲进入了它的第一个青春期。11—14世纪遍及欧洲的大垦荒运动，既是对人口增长、经济复苏做出的反应，更是欧洲乡村制度变迁的一部分。事实上，新垦土地的增长是与农奴解放、新兴城市兴起同步推进的。普通农民对自由劳动和自由土地的追求，成为垦荒运动最深沉、最持久的动力。大垦荒运动持续三个半世纪，一场史无前例的拓荒及移民，是欧洲历史上的重大事件，它永久性地改变了欧洲地貌。同时，冲击了敞田制，最先释放了土地私有产权变革的诉求，在家庭土地继承和流转等方面，促使土地个人权利不断深化。

依欧洲学界的一般观点，垦荒运动的直接原因，是人口快速增长带来的巨大压力。10世纪以后，西欧社会混乱的局面有所改善，随着社会和生产秩序的逐渐稳定，人口快速增长，为了满足粮食需求，开垦荒地和林地成为一个重要选项。[1]随着垦荒运动研究的推进，学者

---

[1] 参见 Wilhelm Abel, *Agricultural Fluctuations in Europe from the Thirteenth to the Twentieth Centuries,* London: Routledge, 1980; C. M. Cipolla, *Before the Industrial Revolution, European Society and Economy, 1000–1700,* New York: Methuen & Co Ltd, 1976; R. H. Hilton,*A Medieval Society: The West Midlands at the End of the Thirteenth Century*, Cambridge: Cambridge University Press, 2008; H. S. Bennett, *Life on the English Manor: A Study of Peasant Conditions, 1150–1400*, Cambridge: Cambridge University Press, 1937;〔美〕汤普逊:《中世纪经济社会史》（下册），耿淡如译，商务印书馆1997年版。

们的观察越来越多地超出了人口、土地等单纯经济层面。有学者指出，新垦地乃至"新垦区"与庄园制度几乎是完全不同的制度，在新开垦的荒地上，垦荒者感到他就是自己的主人的时候，垦荒就不仅意味着谷物种植的满足了。①还有学者指出，面对中世纪普遍实行的敞田制，新开垦的荒地被围圈起来的挑战与示范作用，不可忽视。②

事实上，垦荒带来新土地的增长，也推动了自由和货币地租的发展，而这"正是新的农业个人主义的证明"③。很明显，这些学者更加注重垦荒运动内在因素的分析，着眼于垦荒对旧田制的冲击，以及所释放的土地产权变革效应。在这样的视角下解释垦荒运动，无疑更贴近了问题的实质。

此外，谁是垦荒运动的主要参与者，也是一个重要话题。一些学者重视领主，特别是修道院教会领主，在垦荒运动中作用，因为这些人往往是大规模垦荒运动的组织者和资金投入者；然而也有人持不同看法，认为垦荒运动主要是农民发起的，千千万万小人物对自由劳动和自由土地的追求，成为垦荒运动最深沉也是最持久的动力。④前人研究成果是我们继续探讨问题的基础。

一、农民是垦荒运动先锋

垦荒运动的出现

欧洲进入公元第二个千年即进入11、12世纪后，逐渐摆脱了它

---

① 参见 H. S. Bennett, *Life on the English Manor: A Study of Peasant Conditions, 1150–1400*, p.51。
② 参见 R. H. Hilton, *A Medieval Society, The West Midlands at the End of the Thirteenth Century*, pp.19–21。
③ E. A. Kosminsky, *Studies in the Agrarian History of England in the Thirteenth Century*, pp.184–203; R. H. Tawney, *The Agrarian Problem in the Sixteenth Century*, pp.87–88；〔意〕卡洛·M. 奇波拉主编：《欧洲经济史》（第一卷），徐璇译，第150页。
④ 参见 Christopher Dyer, *Standards of Living in the Later Middle Ages: Social Change in England, c.1200–1520*; M.M. Poston, ed., *The Cambridge Economic History of Europe*, Vol.1, p.456; Edward Miller, John Hatcher, *Medieval England: Rural Society and Economic Change, 1086–1348*, pp.39–40。

历史上最痛苦的时期，诸如混乱和暴力，外族入侵骚扰和威胁，以及生产、商贸凋敝和文化荒芜等。伴随着欧洲封建制的确立，一种新的社会和生活秩序形成，并将其内在规则和理念不断外化为颇具个性的精神产品和物质产品，打上了欧洲文明的原始标记。

于是人们看到：一种新型的自治城镇不断涌现，第一批欧洲大学创立，建筑、雕刻、文学和法学复兴，即所谓第一次"文艺复兴"，同时，人口的逐渐繁庶与之相得益彰。据欧洲经济史学家统计，7世纪中叶欧洲人口为1 800万，11世纪为3 850万，增长到两倍以上，其中不列颠列岛人口增长到四倍。人口快速增长始于10世纪中叶的意大利，稍后遍及中欧和北欧。如意大利北部，在鼠疫来到之前，人口增长了三倍。在这段时期内，第一次出现两万人以上的城市，其中巴黎、伦敦、科隆、布拉格等都超过了三万人。[①]

农业经济得到复苏。轮耕制下的三圃制替代二圃制，并流行开来，耕地面积得到更充分的利用。犁具和挽力改进，谷物单位产量和总产量都有所增加。与此同时，商贸也日渐繁荣，甚至拉动了远距离海外贸易的增长。正是在12世纪，欧洲重新启动了南北海外贸易，在南方是亚得里亚海的航运，在北方是波罗的海和北海的航运。布罗代尔曾对这一时期欧洲发展给予相当高的评价，他认为在11、12世纪，在欧洲封建王朝的统治下，欧洲进入了它的第一个青春期，达到了第一个富有活力的阶段。[②]

在欧洲第一波的发展中，大规模的土地拓荒运动应当载入史册。法国历史学家布瓦松纳指出："这是历史上的重大事件之一，虽然历史学家们对它通常都不注意。"[③] 从11世纪至14世纪中叶，大约持续了三个半世纪。垦荒面积如此之大，触动了西欧大部分土地。布瓦松纳告诉我们，在此之前，西欧的大部分土地都是森林、荒地和沼

[①] 参见〔意〕卡洛·M.奇波拉主编：《欧洲经济史》（第一卷），徐璇译，第28—30页。
[②] 参见〔法〕布罗代尔：《文明史纲》，肖昶等译，第294页。
[③] 〔法〕P.布瓦松纳：《中世纪欧洲生活和劳动（五至十五世纪）》，潘源来译，第229页。

泽。在意大利，在基督教的西班牙，都只有很小一部分土地有人耕种。法兰西土地的一半或一半以上，低地国家和德意志土地的三分之二，英格兰土地的五分之四，都没有耕种。拓荒者是农村居民中的各个阶级，有领主，有僧侣，有自治团体，更有成千上万的普通农民。他们被财产和自由所吸引，走向荒芜的田野，走向人迹罕至的森林、山地和沼泽，进行了一场史无前例的拓荒及移民。西欧的整个面貌改变了，在近代欧洲征服世界以前，"历史上任何其他时期都还没有人想象过这样伟大的事业，并使它得到那么完满和成功的实现"①。

这一时期欧洲何以发生大规模的垦荒，主因是什么？笔者以为，除一般性的原因外，还应当考虑土地产权发展的内在效应：人们对自己的土地越感到安全，对土地预期利益越有信心，越渴望得到更多的土地。否则有荒地未必开垦，有耕田未必承租，甚至为逃避苛重的租税宁可抛弃已有的耕地。在西欧，一个不可忽视的基本事实是，几个世纪以来佃农自由状况不断改善，对土地实际占有权不断强化，无疑鼓励人们渴望占有更多的土地，不论贵族领主还是普通佃农，莫不如此。

人口增长、经济发展固然要求更多的土地，但是无论如何不能漠视土地产权发展与拓荒运动的关系。人们不仅要求更多的土地，而且要求更自由地支配土地，改善人与土地的关系，使契约关系逐步替代人身依附关系。垦荒运动的结果也印证了这一点：它拓展了耕地面积，改变了欧洲地貌；同时也挑战了庄园－村庄共同体之下的土地产权和田制。在新开垦出的土地上，不论普通农民还是领主，几乎都不约而同地抛弃了传统敞田制，代之以更自由、更接近市场的土地关系。可见，一旦生产者及社会环境具备了一定的条件，敞田制的瓦解是迟早之事。

欧洲文明进入公元第二个千年后，内力初显端倪：社会表现出

---

① 〔法〕P. 布瓦松纳：《中世纪欧洲生活和劳动（五至十五世纪）》，潘源来译，第229页。

一种特殊的品格——不断地为经济自主发展提供包容性空间。大垦荒与农奴解放、新兴城市涌现一样，是中世纪欧洲自由劳动大潮的三大运动之一；不仅如此，"大垦荒"还是日后私有产权运动的先声，其内在的逻辑联系不容忽视。

"小人物的事业"

垦荒运动的序幕在10世纪甚至更早时期就已经拉开，在法兰西的诺曼底，桑格莱森林的开垦可以上溯到10世纪。垦荒运动刚开始时，大多是农民们悄悄地开垦村边的荒地，乔治·杜比发现，垦荒地上往往先种饲草，为牲畜提供饲料，然后是放牧牲畜，再后来就是开辟成庄稼地。垦荒有多种类型，有时则是重新进入以前开垦过后来又抛荒的土地。①为成群的牲畜提供饲料，也为补充口粮的短缺，是垦荒的直接动力。

布罗代尔说："早在加洛林王朝时代，农民垦荒运动就已经热气腾腾地开展起来了。"②在法兰西，在一位堂区神甫大约写作于1220年的作品《列那狐故事》中，作者写道，几乎所有富有的农人在这个时期都有自己的"新开林地"③。在英格兰，有大量自由独立的农民垦荒者。1150年，一名骑士向诺丁汉沃灵威尔的一家小修道院捐赠土地，这块耕地由四块垦荒地构成，每一块都以土地开垦农民的名字命名。④另一个留下名字的农民拓荒者，其事业更宏大。波斯坦描述说："我们可以想见，在那些干劲儿十足的农民中，有人很富有，例如属于他自己的土地足足有五海德，有自己的礼拜堂和厨房，钟楼和关卡——这差不多是大乡绅的级别了。"⑤五海德当时大约相当于

---

① 参见 Georges Duby, *The Early Growth of the European Economy: Warriors and Peasants from the Seventh to the Twelfth Century*, pp.202, 203。
② 〔法〕费尔南·布罗代尔：《法兰西的特性：人与物》（上册），顾良、张泽乾译，商务印书馆1997年版，第121页。
③ 〔法〕马克·布洛赫：《法国农村史》，余中先、张朋浩、车耳译，第28页。
④ 参见 M. M. Poston, ed., *The Cambridge Economic History of Europe*, Vol. I, p.80。
⑤ Ibid., p.52. 卡门（burhgate）是古代英国一种防御要塞的大门。

几百英亩，已经是很可观的规模，靠一人之力肯定难以完成，因此他很可能是一位组织者，是联合了其他农民或雇佣劳工共同开荒拓土的结果。

透过国王森林法庭和庄园法庭档案可发现，在冲破庄园田制藩篱，成为拓荒先锋的队伍中，不乏普通农民的身影，他们的总体能量尤其不可忽视。11世纪中叶后的几个世纪中，英格兰国王在德比郡的大片林地和荒原，被周边村民不断蚕食，东一块西一块，不断地变荒地为耕田。垦荒者的行为受到王室森林法庭指控，所以法庭档案中留下不少记载。在亨利三世统治的前11年（大约1216—1227年）中，库姆斯地区大约有160英亩土地被开垦，并被20名农民私下占有；在亨利三世统治的前26年里，海菲尔德地区大约140英亩大小不等的地块被开垦为耕地。[1]

同期，法庭档案表明，有131人被起诉，并处以罚金，不过最终得到宽宥。[2]王室森林法本不允许侵占与分割林地，情节严重者可构成重罪，送上绞刑架，可如今王室森林与王室荒地、沼泽的命运一样，饱受自由劳动大潮的冲击，王权束手无策，王室森林法也失去了往日的威严。

一些领主向王室购买森林垦荒权，同时他们也在出卖自己森林或荒地的垦荒权。最通常的购买者是农民或农民团体，实际上是承认国王或领主的土地产权，并与之建立商业承租关系。这一时期许多庄园专门设立了林地租金账簿，柴郡等许多地方的《森林卷册和庄园劳役惯例簿》(Forest Rolls and Rentals) 提供了大量的证据，表明这些地区存在着垦荒、复耕和圈占活动。[3]这些租金数额从一马克到几便士不等，小数额租金占绝对优势，可见拓荒者多数是一般农民。每个农民开垦土地面积有限，但农民数量庞大，几乎没有农

---

[1] 参见 H. S. Bennett, *Life on the English Manor: A Study of Peasant Conditions, 1150–1400*, p.53.
[2] Ibid., p.54.
[3] Ibid., p.40.

民不渴望获得更多的自由土地，积少成多，集腋成裘，假以时日也是相当可观的。

沃斯特主教的一个佃户，林地拓荒颇有成效，几年时间就从茅舍农成为经营170英亩土地的大农。① 在巴特尔男修道院建立的50年间，僧侣及其佃户的耕地增长1 400英亩。据文献记载，在12世纪，英格兰大部分地区的林地都得到不同程度的开发，至少涉及林肯、汉丁顿、拉特兰、埃塞克斯、贝克和牛津等郡。② 整个沼泽地的开发虽然缓慢且艰辛，规模却相当惊人。如肯特郡的沃兰德沼泽地，12世纪期间有23 000英亩耕地和牧场被开垦出来。1170—1240年，艾尔奥和赫兰德分别有50平方英里和100平方英里荒地被开垦出来。③ 如此巨大的工程，没有广大农民的热情参与，是不可想象的。

另一方面，垦荒使领主地租收入明显增加。通常，侵占荒地是逐步发生的。一个佃户往往秘密地把一块额外土地添加到自己公簿保有地中，当被发现时，他已经占有一段时间了。大总管总是要求他们报告给领主，并且通过法庭，详细地登记在庄园法庭档案卷宗上。一块块开垦出来的土地，被添加到佃户公簿保有地产之中，这一过程清晰地显示在租金卷宗和法庭卷宗里。1256—1257年，英格兰伊利主教区的土地租金，由12世纪70年代的920英镑上升到1 920英镑，增加一倍以上；约克郡的阿普尔特里威克庄园的地租，则从1300年前的19先令上升到1324—1325年的21英镑。增收部分主要来自新垦地的商业地租。④

1422年，在阿什顿安德莱恩，某自由佃农和某公簿持有农已经

---

① 参见W. G. Hoskins, *The Making of the English Landscape*, London: Hodder and Stoughton, 1970, pp.70-71。

② 参见E. Searle, *Lordship and Community: Battle Abbey and its Banlieu, 1066-1538*, Toronto: Pontifical Institute of Mediaeval Studies, 1974, p.59。

③ 参见Edward Miller, John Hatcher, *Medieval England: Rural Society and Economic Change, 1086-1348*, pp.35, 36。

④ 参见J. L. Bolton, *The Medieval English Economy, 1150-1500*, London: J. M. Dent and Sons, 1980, pp.86-87。

第六章 大垦荒

圈占大量林地和荒地，并为部分土地支付多达13先令4便士和10先令地租。1324年，科恩庄园法庭（Halmote Court of Colne）记录显示，许多佃户为数英亩或半英亩荒地支付几便士地租。1287年，在耶特雷夫，有53名公簿持有农，几乎每个人的持有地都增加了新垦地。同一个庄园的奥尔德肖特十户区，一名佃户蚕食荒地达到52英亩。在克洛克哈姆，一名佃户新垦地63.5英亩，大大超过原持有的公簿保有地，原持有地不过半维尔盖特。在索思伍德，一名佃户持有新垦荒地16英亩。可见，蚕食荒地的情况非常普遍，虽然是渐进的，却是不可阻挡的进程。①

波斯坦等认为，林地的开垦，关于农民活动的证据比贵族的更多。在德意志的美因茨，农民向西格弗里德大主教施压，希望允许他们开垦鲁德谢姆荒芜的丘陵。主教同意开垦但坚持新垦地必须用于葡萄种植。最后，作为妥协，主教免除了新垦地地租并减轻什一税，"以使他们能更加心甘情愿地耕种土地"。在特利尔，一家小修道院附近的农民经常蚕食修道院的林地，变林地为耕地。按照森林法，开垦森林是非法行为，应予制止。大概受到了农民们的压力，大主教并未坚持旧章，而是承认既成事实，干脆取消森林法（forestalis lex）。这些史例显示农民们是何等热切地获取新土地；领主也从新垦地获利，所以乐见其成。②

在黑森林和阿尔卑斯谷地，人们开垦以前没人居住的高地。在山的低矮处，可见零落的住宅或村庄；而在山的高处，不乏高山牧场和牧人小屋。这些农民的房屋通常远离居住区，一开始就有极大的经济独立性，享有优厚的占有权甚至完全的土地所有权。因而，对于想要独立的农民来说，新垦荒活动颇符合他们的愿望。③权力统治的盲区，在欧洲中世纪从来都不罕见。

---

① 参见 R. H. Tawney, *The Agrarian Problem in the Sixteenth Century*, p.88。
② 参见 M. M. Poston, ed., *The Cambridge Economic History of Europe*, Vol. I, pp.68–69。
③ Ibid., p.82。

精英阶层参与

最初，佃户悄悄地开垦村庄周围荒地，以避开领主和管家的监视；进入12世纪，情况发生了变化，领主也裹挟进拓荒大潮，往往还成为组织者，特别是森林和沼泽地的开发。1347年，圣阿尔本斯修道院从国王那里获得许可证，以"改善前述及的荒地，为了它们的真正价值，授权出租这些荒地给任意佃户开垦"。大约在同一时期，海皮克森林中500英亩的荒地，由国王出租给三名佃户，尽管引起附近居民不满。[①]这是相当大的面积，三名承租者不是乡绅、贵族，而是大租地农场主，显然乡村精英阶层正在参与进来；王室也逐渐改变了垦荒态度。

在英格兰亨利二世在位时，王室森林法的适用范围不断扩大，所以国王森林面积一度占据相当大比例，并且受到王室森林法庭保护。到理查一世时期（1189—1199年在位），国王开始有限度地开放森林，允许人们赎买森林法豁免权（immunity from forest law），当事人交纳一笔现金后，可在指定范围内狩猎，甚至砍伐森林，不受森林法约束。1190年，萨里郡骑士为了使本郡大片林地脱离森林法，一次性向理查一世交付200马克。1204年，为了同样的目的，康沃尔地区领主和农民共同向约翰王支付2 200马克和200匹马。在德文郡，为获得达特和艾斯沼泽地的豁免权，则支付了5 000马克和5匹马。[②]臣民用货币赎买开垦权。

档案还记载了几笔由教会机构实施的交易：为获得森林法豁免权，1171年韦弗利男修道院支付882英镑；1203—1204年，斯康利修道院支付667英镑。[③]一笔笔自愿支付的数目不菲的资金，表明垦荒者对土地的预期收益相当乐观。国王允许别人在自己森林里有偿狩猎和砍伐，距离将其推至垦荒，也就不远了。在法兰西、西班牙

[①] 参见 R. H. Tawney, *The Agrarian Problem in the Sixteenth Century*, p.87.
[②] 参见 F. W. Stenton, *English Society in the Early Middle Ages, 1066–1307*, Harmondsworth: Penguin Book, 1952, p.109.
[③] Ibid.

和荷兰等地，教会领主和世俗领主都以不同形式参与垦荒活动。德意志也是这样，教会领主把垦荒视为一种美德。

谁是垦荒运动的主体？以往一些历史著述，容易使人们产生这样的印象：在这场垦荒运动中，国王、领主——尤其是教会领主的作用更突出，比如法兰西上千个修道院曾经是开辟荒地、排干沼泽的重要力量，功不可没。然而，倘若站在更高层面，从自由劳动大潮的历史视域观察，就会发现这股大潮的源头来自千千万万普通农民的能动性，来自他们对自由土地的渴望和市场经济大潮的推动。普通农民的基础性作用切不可低估，没有他们的广泛而持续的参与，连绵数百年的垦荒运动是不可想象的。

诚如米勒和哈彻尔指出："总起来讲，正如当时一句俗语所言，垦荒是'小人物的事业'（a small man's enterprise），……真正的先锋（pioneer）是自由农民和小土地所有者。"[①]《剑桥欧洲经济史》指出，教士、贵族、市民和骑士，所有这些阶层都参与了土地拓荒，"但是在整个垦荒运动中，农民是最有影响的，自始至终"，从易北河-萨尔河到博波河和奥得河；东部则从波美拉尼亚，到西里西亚和摩拉维亚北部都是这样。[②]

垦荒运动不仅使荒地变良田，还意味着开拓一种不同于庄园经济的新型土地制度。新垦区实际上预演了圈地运动后的乡村景观。

二、新垦区

随着林地、荒地和沼泽地的开垦，不断聚集起新的耕作者和管理者，同时出现具有一定规模的新垦区，亨利·皮朗称之为"新市镇"，这样称呼并非说它已经城镇化，而是说它呈现出的特征与庄园形成"极其强烈的对比"。皮朗指出：

[①] Edward Miller, John Hatcher, *Medieval England: Rural Society and Economic Change, 1086–1348*, pp.39–40.

[②] 参见 M. M. Poston, ed., *The Cambridge Economic History of Europe*, Vol. I, p.456.

他们熟悉庄园组织制度而小心地不去仿效，明显的理由就是他们认为那是不合于他们所要吸引的人们的愿望和需要的。无论在哪里我们也看不到老庄园和新市镇之间有丝毫的联系，也看不到有丝毫努力使新市镇依附于庄园的法庭或者是服从于它的司法权力。新市镇与旧庄园是彼此不相干的，就像两个不同的世界一样。①

在英格兰，12世纪末叶以来，涌现出相当一批这样的新垦区：居民几乎全部都是自由农民，每户耕作一二维尔盖特土地，没有庄园和庄园组织，村庄通常有一个领主，住在村子里。这种"村邑领主"，显然是最早开拓者的后裔。他们打下来最初的天地，又逐渐吸引了其他开拓者，后者承租一些耕地，或继续开垦荒地，结果形成了一个新的村落。波斯坦指出："它们不是政府做出的安排，而是个体农民的事业。"②

一些新垦区的出现，则应归于修道院的作用。许多修道院垦荒时，不是单打独干，而是招募许多农民——他们称之为"俗界弟兄"——帮助。开发后的农庄颇有规模，通常有500—700英亩耕地，不分割为小块份地，而在一个修道僧的监督下，由外面招募的农民来耕作，后者被称为"客籍民"（hotes）。新垦区对附近的庄园佃农，颇具吸引力。新垦区乐见更多的耕作者来投奔，皮朗说，他们吸引客籍民与19世纪美国西部招徕移民的手段有相似之处，甚至在具体细节的安排上都很相像，双方都在人和物两方面用最有利的条件来吸引移民，都使用了宣传的方法。"就像我们今天，对于一个正在形成中的市镇，报纸上常登载关于它将有多少资源、如何舒适等等美好的前景。"③

---

① 〔比利时〕亨利·皮朗：《中世纪欧洲经济社会史》，乐文译，上海人民出版社1964年版，第64—65页。

② M. M. Poston, ed., *The Cambridge Economic History of Europe,* Vol. I, p.80.

③ 〔比利时〕亨利·皮朗：《中世纪欧洲经济社会史》，乐文译，第64页。

第六章 大垦荒

这些被称为客籍民的垦荒者，如同这一时期奔向城镇的工匠和商人一样，他们多数是来自封建庄园的村民。一旦远离出生的庄园，他们原来的身份就难以辨认。即使农奴，在新垦区居住一年零一天，就可以取得当地人身份，成为自由人。所以，客籍民通常都具有自由身份，这里没有谁是他的主人，再也不会因自由身份缺失而受到胁迫。新垦区的治理模式不是人的依附关系，而是凭靠经济利益的交换与吸引。

新垦区的特征是自由劳动。艾利主教们在其所管辖的众多庄园里，依旧推行劳役制；但在他们沼泽地上的新垦区，居民几乎全部是自由承租者。①地租通常是根据市场行情支付的一笔现金，显然是商业地租，最多负担一点有限的劳役。旧庄园中封建主的那些特权，诸如继承税、结婚税、磨坊捐、迁徙税等，在新垦区闻所未闻。许多新垦区领主向客籍民保证，他们只需缴纳一笔租金，不仅获得耕地，同时获得房屋居住权。

12世纪法兰西洛里斯宪章规定，在新垦区定居的客籍民，每年每英亩土地缴纳六便士，便可以获得耕地和房产，而且免于钱物勒索和无故被拘捕的恐惧，人身安全受到法律保障。1155年，法王路易七世颁发给新垦区洛里斯居民权利宪章，将一条条的自由权利写在羊皮纸上，下面摘录部分条文②，以管窥豹：

（1）每位在洛里斯教区居有房屋的人，都应该为其住宅和耕地支付租金，但是每年每英亩土地租金，不能超过六便士。

（2）不能向洛里斯教区居民再次收缴通行费或其他税种，也不允许收缴农民谷物税。

……

---

① 参见 Edward Miller, John Hatcher, *Medieval England: Rural Society and Economic Change, 1086—1348*, p.192。

② Frederic Austin Ogg, ed., *A Source Book of Medieval History*, New York: American Book Company, 1907, pp.327-330。一些新垦区获得国王或领主特许状成为半城半乡的城镇，此情况还可参考 C. Warren Hollister, *The Twelfth-Century Renaissance*, New York: Wiley, 1969, pp.67-69。

（4）在通往埃唐普、奥尔良、米莉和默伦的道路上，不能向任何一个洛里斯居民收缴通行费。

（5）不论任何时候，洛里斯居民的财产都不允许受到侵害，除非该居民对我们或我们的宾客犯下罪行。

（6）在往返洛里斯集市和市场的路上，任何居民都不能被抓捕或受到非法妨碍，除非那天他触犯了法律。

……

（9）没有人可以任意征收洛里斯居民的过境税、滞留费和其他税费。

……

（15）洛里斯居民负责为王室运送葡萄酒，只到奥尔良，而非其他地方，一年两次，除此之外，他们不应该再向我们要求其他劳作。

……

（16）如果当事人能够为其缴纳保释金，他就不应该被拘禁在监狱。

（17）每个洛里斯居民，都享有在市场上出售自己产品的权利，都享有收到货款后自由离开市场不受骚扰的权利，除非他在本城触犯了法律。

（18）每个居民在洛里斯教区住满一年零一天后，……可以依照自己的愿望继续居住下去，不应受到任何骚扰。

同样重要的是，他们的田制完全不同于旧庄园。这里没有条田份地制度、公共放牧制度和强制轮耕制度。在庄园敞田制下，佃农耕作的每一个环节几乎都受到村社制约，什么季节放牧，什么时候播种，都取决于共同体的统一安排。显然，农民受到保护，同时受到极大的限制。

但在新开垦的土地上，完全不是这样，与旧庄园形成鲜明的对照。例如，特伦特河以北沼泽地，垦荒后别有一番景致：这里的土地常常是一小块一小块地开拓而成，土地分散，极不规则，其外貌与规范的庄园条田完全不同。起初，大概这些土地一年四季都用来放牧，后来才有一部分土地慢慢地变成可耕地。欧洲其他地方的新垦区也是这样，土地不再以条田为单位分散在敞田上，而是各自成为一个独立的耕牧地块。

随着时间的推移，个人之间的田界越来越清晰，出现了最早的圈地。人们在自己的耕地围起永久性的藩篱，防止邻居牲畜闯入。对于新垦区出现的这类现象，奇波拉评论道："这种离群独立的做法完全违背乡土的团结精神，可是这种做法似乎在13世纪的头25年以后逐渐普遍。……当时敞地制有可能开始让位给围田制。在这种制度下，土地用村篱分隔开——这正是新的农业个人主义的证明。"[①] 新垦地催生了围田制，奇波拉相当明确地将其与两百年后的圈地运动相联系，认定它是"新的农业个人主义"，完全不同于共同体下的敞田制。

敞田制是庄园–村庄共同体的经济基础，其中所包含的元素相当复杂，有领主的强制和压迫，也有村民自治和村庄共同体的均平主义，与之相匹配的是土地产权的不确定性和模糊性。显然，在敞田制中，个体权利是一个次要的考量。在一定意义上讲，敞田制保护耕作者，也使耕作者付出高昂的代价。一个持有30英亩土地的农民，他的土地分割为数十块条田，分散在村庄各处，首尾不得相顾。土地的碎化无疑影响耕作效率，一位近代英国学者考察德国仅存的敞田后，得到这样的印象："在收获季节，我见到了一块敞田：整个庄稼地简直就是一团乱麻！"[②] 他无法确切界定自己的地块，难免出现"错搭车"或"白搭车"现象。他持有的条田都夹在邻居的条田之间，有时候，一个农民一不小心就发现弄错了，跑到别人的田地里播种去了。

另一种情况是，有意或无意地吃掉别人的土地或收割别人的庄

---

① 〔意〕卡洛·M. 奇波拉主编：《欧洲经济史》（第一卷），徐璇译，第150页。
② H. S. Bennett, *Life on the English Manor: A Study of Peasant Conditions, 1150–1400*, p.49.

稼。中世纪文学《农夫皮尔斯》中那个农民坦白说："如果我去犁地，稍微一用力，就会带走邻居的一英尺或一犁沟土地，或者耕犁掉邻居的半英亩土地；如果我去收割，我会多收点儿（例如进入邻居的地里），或者收割些我从没有种过的作物。"[①] 更为致命的是，敞田制的封闭性和保守性。它排拒竞争，压抑生产力，在那样的田制下，不论试验新作物品种或实施土壤改良，几无可能。

持续了几百年的垦荒运动，表现了耕作者对土地及其新型土地关系的追求，也表露了对旧制度的不满和挑战；在一定程度上，垦荒运动是土地私有产权运动的预演。不难推想，在一定的条件下，自由劳动和产权变革运动，具有无限蔓延的趋势。

三、农民土地权利深化

改变欧洲地貌的大垦荒运动，影响深远。向外，人们走向森林、荒地和沼泽，将其对自由土地的渴望融进未开垦的处女地；向内，人们在家庭土地继承和流转方面，则追求保有人支配土地的个人意志，促使土地个人权利不断深化。在英格兰，到中世纪晚期，随着佃农人身解放，越来越多的公簿持有农，受到国王法院保护，其土地产权边界也越来越明晰。以佃户如何处置土地为例，可以看到佃户对保有地的实际支配力不可低估。我们先从"联合保有"（joint tenuve）方式的创建说起。

"联合保有"方式创建

按照封建庄园习惯法，佃户男性家长是土地保有人，他的名字记载在庄园法庭土地簿上，每个农户只出现一个名字，极少有例外，以保证佃农保有地完整和劳役规范。可是，进入15世纪以后，人们发现这样的惯例正在被打破，土地簿上经常出现两个名字。1444—

[①] H. S. Bennett, *Life on the English Manor: A Study of Peasant Conditions, 1150–1400*, pp.32–33.

1558年，一项英格兰家内土地转移的数据显示，二人联合保有的实例并不罕见。联合保有的另一个人可能是妻子，也可能是儿子。庄园档案表明，这样的做法获得了法庭认可，只要土地保有人携同选定的联合保有人一起到庄园法庭见证，更新法庭记录并缴纳一笔费用，即产生法律效力。从此，新加入的保有人与原保有人的名字并列记录在法庭档案中，具有同等法律意义。这样的保有形式被称为联合保有。

联合保有，是指土地保有人在世之时，自主选择某一位家庭成员加入联合保有土地名单，以保证户主离世后土地落入这位家庭成员手里。联合保有的意图不难分析，显然预定了身后的土地继承人。在法庭看来，联合保有人是平等的，双方对土地享有同样的权利，当第一保有人离开后，土地由第二人继续保有，并且变成唯一保有人。按照通行的长子继承制，长子是自然继承人，没有必要参与联合保有，所以联合保有者一定是家长看中的其他家庭成员。联合保有者大多是妻子，不是儿子，有数据显示，儿子和妻子参与联合保有的比例1∶6，有的地方比例更悬殊。①

将妻子设为土地联合保有人，是因为丈夫不满意庄园旧规。关于寡妻继承权习惯法，不同地区和庄园的差别很大。有些庄园，妻子可以继承亡夫的一部分土地，直到她再婚或死后才传给下一代；在多数庄园，妻子不能继承任何土地。为保证妻子的利益，土地联合保有模式得以创生。联合保有模式的主旨不是增添一人来分享地权，相反，是佃户保有人强调自己的土地权利，从而实现自己土地归属的主张。丈夫生前与妻子注册为联合保有，他去世之后妻子自动得到土地，规避所谓"寡妇产"的任何规定，也无需再经过法庭认定，或支付什么费用。倘若妻子再婚，土地任凭她处置。②

新的土地联合保有和继承方式，并非不二之选，传统土地继承

---

① 参见 Jane Whittle, "Individualism and the family-land Bond: A Reassessment of Land Transfer Patterns among the English Peasantry, c.1275-1580", *Past & Present*, No. 160 (Aug., 1998), pp.25-63。

② Ibid.

方式依然可行，不过增加一种选择而已。在相当长时期内，传统和新型的继承方式并行不悖，以表达保有人多方面的意愿。例如，1509年，在马沙姆村庄，佃户威廉·安德鲁斯有四英亩联合保有地、三英亩独立保有地以及一份"家宅"（messuage），他离世时没有留下遗嘱，由于四英亩耕地是威廉与妻子联合保有并完成了法律手续，所以这份土地划归妻子。另外三英亩独立保有土地和家宅的产权，则以惯例继承方式由长子接手。[①]

从"临终交付"到"遗嘱执行人"

按照中世纪的惯例，当土地保有人去世，继承人应在最近的血亲中产生，诸如子女、兄弟或姊妹。一般将土地完整地传给一个儿子，通常是长子，少数地方是末子。一直到中世纪晚期，继承人大多还是在血亲中产生，然而长子继承的规范性和单一性受到冲击。与此同时，出现了"临终土地交付"方式，赋予了佃户更多的权利和选择。

"临终交付"（deathbed surrenders），即佃户临终时拥有的处置土地的权利，是其后"遗嘱执行人"方式的先声。在"临终土地交付"方式中，佃农保持土地权利到最后一刻，接近生命临终之际，法律似乎授予他特殊时机，可将土地交付其心中意属之人，尽管有违长子继承制。获得法庭承认必须经一定的法律程序，例如，保有人须有正式的临终陈述，且有若干男性村民在场作证。俟法庭正式确认后，土地保有人姓名便正式变更。该方式享受了庭外土地流转的权利，法庭事后备案而已。

"临终交付"形式，通常发生在保有人遭遇意外，未及提前做出安排的情况下。此举是凸显对临终之人意愿的尊重，是一种临时的法庭安排，也是对既成事实的承认。这个事实就是，至少对一部分佃户而言，他们有权利决定谁继承其保有地。在英国这样一个浸润

---

① 参见 Jane Whittle, *Development of Agrarian Capitalism in England from c.1450–c.1580*, Oxford: University of Oxford Press, 1995, p.146。

着经验主义、尊重先例的国度里，法律几乎无不跟随实践之后，最初大概偶然为之，若是切合实际，形成共识，越来越多的人都这样做，也就成为惯例。他们的习惯法就是这样来的，其间，不排除佃户和领主之间的博弈。

不久，"遗嘱执行人"继承方式产生，它与此前的"临终土地交付"一脉相承，后者更加规范化。显然，保有人拥有确实的土地权利，所以才创造出土地继承的多种形式，做出符合自己意愿的安排；不论在什么情况下都能避免土地产权落入非属意人之手，保证土地保有人意志的实现。正是从这个意义上，历史学家简·惠特尔评论说，农民及其土地继承方式确乎是"以个体为本位的"（individualism）[1]。

最具有"个人本位"色彩的土地继承，当属遗嘱执行人继承方式，即保有人将土地先交付遗嘱执行人（executors），后者再把土地转移给保有人指定的对象手里。在这里，只要遗嘱人愿意，土地保有人可以将土地转移给他（她）所指定的家庭内的任何人，也可以是家庭之外的人。该继承方式已经突破血缘关系，从产权角度上讲，佃农对土地的个人所有权似乎只有一步之遥；或者说，在土地契约规定的范围内，佃农对土地具有几乎完全的支配权。

根据个人遗嘱继承土地，在英国经历了长期发展过程。H. S. 贝内特认为，13、14世纪，"在人们的心里就产生这样一种想法，除非是猝死，否则未留遗嘱的死亡是耻辱的。"[2] 早在14世纪就有维兰佃户订立遗嘱，并获得领主承认的实例，虽然不普遍，留下的资料也不多。到15世纪，在土地保有契约允许的范围内，据佃户生前遗嘱处置地产的多了起来。[3] 在这种情况下，土地继承不仅无须囿于

---

[1] Jane Whittle, "Individualism and the family-land Bond: A Reassessment of Land Transfer Patterns among the English Peasantry, c.1275–1580", *Past & Present*, No. 160 (Aug., 1998), pp.25–63.

[2] H. S. Bennett, *Life on the English Manor: A Study of Peasant Conditions*, 1150–1400, p.248; 另见 W. Holdsworth, *An Historieal Introduction to the Land Law*, III, p.535; P. Pollock and F. W. Maitland, *The History of English Law before the Time of Edward I*, Vol. II, pp.354–357。

[3] 参见 K. E. Digby, *An Introduction to the History of the Law of Real Property: With Original Authorities*, p.356。

血亲范围，还可以对土地继承人附加各种条件，比如要求继承人支付一定的现金回报等。固然，"遗嘱执行人"履行的法律程序更加严格，遗嘱涉及的土地以及相关情况，须一一核验，并经法庭确认，才能最后交给遗嘱执行人和接收人手里。①

佃户遗嘱文献已不难发现，1543—1630年，在奥韦尔教区，有50份原始遗嘱保留下来。这些遗嘱中，22份遗嘱涉及两个以上的继承人，其中10份遗嘱将土地交给一个儿子，同时把现金等财物分给其他子女；其余12份遗嘱将大部分土地留给长子，其余儿子也得到维持生计的小块土地。②与此同时，遗嘱继承因素渗入"联合保有"方式中。按照保有人意愿，从家内亲属联合保有到后来非亲属联合保有，甚至"若干非亲属联合保有"（joint tenures between groups of unrelated men），同样得到法庭承认。

随着农民土地权利的深化，保有人的意愿成分明显增进，不仅表现在土地继承人选定，还表现在地产以什么形式继承，以及一个继承人还是若干继承人等。如上面案例表明的那样，保有人往往分割土地或将土地兑换现金，然后传给一人或若干人。于是，一个新的地产继承形式出现——那就是遗赠。"遗赠继承"是遗嘱执行人继承方式的延伸。

遗赠继承以及土地流转

中世纪晚期大部分遗嘱里都提到土地的遗赠。例如，在包括137份遗嘱的一份文献里，竟涉及224桩土地遗赠，后者大大超过遗嘱数量，表明遗嘱人时常愿意分割遗产给不同的人，不是完全由一人继承。最常见的受赠人是遗孀，这个群体获得了36%的土地遗赠；第二大土地遗赠受益人是儿子，获得31%土地；女儿和女婿仅

---

① 参见L. Bonfield and L. R. Poos, *The Development of the Deathbed Transfer in Medieval English Manor Courts*, The Cambridge Law Journal, Vol.47, Issue 3 (Nov., 1988), p.425。

② 参见Jack Goody, Joan Thirsk and E. P. Thompson, eds., *Family and Inheritance: Rural Society in Western Europe, 1200–1800*, p.158。

获得6%的土地。[1]受赠人还有远房亲属等。可见，妻子和儿子是他们遗赠土地的优先选项；女儿女婿次之；最后是其他亲属。受赠人得到土地，或者土地变卖后的现金。

一般是保有人的财产一次性遗赠，在这种情况下家内成员多少都有份。另一种比较常见的形式是，父亲先将土地交给妻子，妻子过世再交给子女。不过接下来的事情并非都如期而至，遗孀可能交给子女，也可能再婚后交给新夫；还可能将土地出售，变成现金，这取决于遗孀的选择。

他们所以这样做，因为其时存在着一个相当活跃的土地市场。土地购买和出售都很方便，一些遗嘱人更倾向于将土地转换为货币，货币更易于分割，使用起来也方便。接收货币之人可以购买一份更合适的土地，或以此谋得一份其他生计。不少提及土地遗赠的遗嘱中，明确要求先将土地出售，后以货币形式交给受赠人。土地市场已经成为农民生活中不可或缺的一部分，与其他非货币继承和流转方式相比，许多农民更愿意通过市场获得新的保有地。[2]

值得注意的是，他们没有推翻中世纪土地惯例继承方式，而是在原来的基础上增加新的土地流转方式，并得到法律确认。新的土地继承方式更贴近现实生活，规避了传统僵硬的土地安排，法律也不断被更新。更重要的是，保有人个人意愿在土地继承中更加受到尊重，令人印象深刻。尽管在法理上佃农只有土地保有权，不具所有权，然而他的保有权却是颇具刚性的、不可剥夺的，这一点也在其土地流转中生动地体现出来。

到15世纪，土地市场已经不是什么新鲜事了。随着农奴制解体，对佃户限制放宽，多种土地流转形式得以广泛利用，土地流转频繁起来。与此同时，大部分维兰佃户成为公簿持有农，他们的土

---

[1] 参见 Amy Louise Erickson, *Women and Property in Early Modern England*, London and New York: Routledge, 1993, p.61. 埃里克森认为，相比之下，遗赠土地给女儿的现象在林肯郡和苏塞克斯郡较为多见，在约克郡则更为普遍。

[2] 参见 Jane Whittle, "Individualism and the Family-land Bond: A Reassessment of Land Transfer Patterns among the English Peasantry, c. 1275–1580", *Past & Present*, No. 160 (Aug., 1998), p.40。

地进入全国普通法的保护范围，一旦他们的土地权利受到侵害，将受到国王法院的干预。土地的人身依附印记逐渐消失，佃农土地权利更加确定，吸引富裕的城镇居民、神职人员甚至乡绅参与到农民土地市场中来。其中，有继承权的公簿保有地，与自由保有地几无差别，即使骑士购买这样的地产也不觉得有失体面。①

农民土地市场发展的一个重要标志是，非家内土地转移流行起来。以往，土地转移大多发生在家庭内部，土地保有人去世后，亲属按惯例继承土地（垂直的如父传子，平行的如兄传弟），现时土地转移则主要是市场交易。史密斯汇总了萨福克郡雷德格雷夫庄园1295—1319年发生的土地转让，市场交易占半数以上，有时接近三分之二。②瑞夫茨研究了亨廷顿郡沃博伊斯庄园1288—1366年土地转让，发现31件土地转让中，父母转让给子女的只占11件，另外14件是市场交易，其余6件情况不明。菲斯研究了伯克郡布赖特沃尔顿庄园1280—1300年土地交易，家庭内部转移占56%。1267—1371年在温彻斯特的奇尔博尔顿庄园，因土地转移而交付易主费共70笔，其中只有29笔为家内继承，占41%。③戴尔通过分析1375—1540年亨伯里等四个庄园卷宗，指出佃户土地市场交易的比率逐步提高，以至于超过家内继承。④

个人对土地的支配权增强是农民土地市场孕育并发展的基础。惠特尔通过对黑文汉姆教区1274—1558年农民家庭土地转移的统计，证明从中世纪一直到16世纪圈地运动发生，土地在非亲属之间转让的比例越来越高。

---

① 参见 R. C. Allen, *Enclosure and the Yeoman: The Agricultural Development of the South Midland, 1450–1850*, Oxford: The Clarendon Press, 1992, p.96。
② 参见 R. M. Smith, ed., *Land, Kinship and Life-cycle*, p.185。
③ 参见 Alan Macfarlane, *The Origins of English Individualism: The Family, Property and Social Transition*, pp.125–126。
④ 参见 C. Dyer, *Lords and Peasants in a Changing Society, The Estates of the Bishopric of Worcester, 680–1540*, pp.302–303。

表6-1 黑文汉姆教区1274—1558年土地转移情况

年份	转让数量（件）	依照习惯继承（%）	生前亲属之间的转让（%）	同姓间的转让（%）	通过遗嘱执行人转让（%）	非亲属间的转让（%）
1274—1299	230	17	13	8	0	63
1328—1343	119	13	9	3	0	75
1381—1399	128	15	16	5	0	64
1400—1416	158	21	7	3	0	69
1425—1443	220	5	5	3	0	87
1444—1460	153	3	8	7	3	79
1483—1497	142	4	12	9	2	73
1498—1512	141	11	15	11	4	58
1513—1528	112	7	16	6	3	68
1529—1543	95	5	26	1	3	64
1544—1558	96	10	28	5	0	56

资料来源：Jane Whittle, *The Development of Agrarian Capitalism: Land and Labour in Norfolk 1440-1580*, p.120。一些年份土地转让百分比加起来不是100%，该表格作者解释说，其中有"不明关系间的土地转让"没有列在统计表中，特此说明。

依照惠特尔的统计数据，13世纪晚期，保有地在非亲属之间转移达到60%以上；在15世纪的大部分时间里，非亲属之间的土地转移达到70%以上，最高时接近80%，非亲属之间的土地流转相当频繁，显示了圈地运动前存在着一个活跃的土地市场。这一数据与戴尔等学者的统计相当接近。根据伍斯特大主教的法庭档案分析，戴尔认为，在1377—1479年，只有23%的佃农在去世时持有超过一份地产，而1480—1540年，这一数字增长为47%。[1]圈地运动前佃农保有地多数已经在家庭之外流转的结论没有什么疑问。保有人对土地越来越明确地表达一种个人意志，势必影响到土地制度安排：一旦

---

[1] 参见C. Dyer, *Lords and Peasants in a Changing Society, the Estates of the Bishopric of Worcester, 680-1540*, p.312。

条件具备，便将自己名下的土地集中起来、围圈起来，显然是大势所趋。佃农对土地的实际支配权，支撑和活跃了农民土地市场，最终冲击了庄园－村庄共同体的传统田制。

16世纪下半叶，土地流转变化更加明显。据记载，在莱斯特郡，以十年为统计单位，16世纪60年代平均每年有30起土地交易，70年代有45起，80年代有60起，90年代有80起，17世纪的头十年有100起，由此可见土地交易逐年增多。[1]

此外，土地继承和流转中个人行为逐渐代替家庭行为，是值得关注的变化。（虽然中世纪佃农土地也可以买卖，然而他们的土地是家庭保有，所以土地交易也是家庭之间的交易。）按照封建土地保有关系概念，封建义务实际上延伸至整个佃户家庭，无论土地继承还是交易都是家庭行为。由家庭土地财产权逐渐过渡到个人财产权，简化了交易成本，也是土地财产权利史上的一个进步。见微知著，背后则是独立个体的成长。

农民社会中土地"联合保有"方式的创建，以及"临终交付""遗嘱执行人"土地继承方式的流行，表明个人土地权利进入了一个新的历史阶段。它要求土地权利边界更加清晰，土地归属更加明确，土地流转更加自由；封建保有地市场性蜕变的趋势已经相当明确。

---

[1] 参见 W. G. Hoskins, ed., *The Victoria History of the County of Leicester*, Vol.2, London: Oxford University Press, 1954, p.208。

第二编　地权转型时代
（16—18世纪）

第七章　封建保有地蜕变（上）

圈地运动是人类历史上第一次具有市场指向的土地改革运动，它缘起于英格兰，注定将私人土地产权替代封建土地模糊产权，并波及整个欧洲文明圈，从而筑牢现代新纪元的基础。布罗代尔在论述资本主义发生时指出：它大约始于1450年，延续到1620年或1640年。这也是欧洲学者所说的"延长的16世纪"（the Long Sixteenth Century），认为这是一个"富有意义的时间单位"。[①]圈地运动出现在16世纪，可是16世纪前土地性质及生产者身份已在深刻的蜕变中，与行将到来的土地变革密切相连。梳理和分析这样的土地蜕变过程，并将其归于圈地运动的阐释体系中，不可或缺。农业资本主义产生应给予更合理的说明。

15世纪中叶前后，英国农村和农业究竟发生了哪些重要变化？或者说，沉寂的庄园田制与看似突兀的"圈地运动"联系起来的历史链条是什么？遗憾的是，国内外史学界至今没有达成广泛的共识。一些人归结为国际贸易催生羊毛业，推动大量农耕地变成牧场而诱发圈地。一些人认为小农与生产资料相分离是经济转型的必然阶段，圈地运动通过暴力掠夺小农促进了这一过程；而领主的"贪婪"和"暴力"几乎成为圈地代名词。国外晚近的分析，或将圈地归于生产专业化的结果，所以共用地制度不再重要；[②]或归于人口增长和城市

[①] 参见〔美〕伊曼纽尔·沃勒斯坦：《现代世界体系》（第一卷），尤来寅等译，高等教育出版社1998年版，第80页。

[②] 参见 J. A. Yelling, "Rationality in the Common Fields", *The Economic History Review*, Vol. 35, No.3 (Aug.,1982), pp.409−415。

化的结果，后者刺激农牧产品消费；①或归于提高生产效率的需要，圈地推动土地私有化进而提升经济增长。②

虽然这些分析都有一定道理，但不尽人意，或过于疏阔，似是而非；或不得要领，有盲人摸象之感。事实上，不论单纯的羊毛业、人口与城市的发展，还是国际贸易、价格革命或领主贪婪和暴力，都让人得不到确切的与圈地运动息息相通的"历史链条"，不足以从根本上回答问题。笔者认为，"圈地"原因的探究最后要落在土地上，不能离开土地谈"圈地"。

"圈地"既相对于"敞田"而言，也相对于束缚在敞田上的佃农而言。曾几何时，庄园法描述农奴与土地关系的法律语言是这样的，称他们是"束缚于土地上的人"。这意味着，人是依附于领主的人；土地是附着身份和权力因素的封建保有地，不是市场意义上的纯粹的土地财产。

经过几个世纪的发展，随着佃农自由程度和经济状况的改善，也随着市场经济大潮的浸润，到圈地运动前夕，情况大变：原保有地的超经济因素历史性地衰退，土地、地租以及耕作者，正在被重新定义。这意味着，农民可以自由地离开土地，去他想去的任何地方，不必经过任何人和法庭同意，土地可以被出售、转租和抵押。也意味着，在某些情况下农民不得不离开土地，因为脚下土地不再是世袭保有地，而是有着商业契约成分的期限保有地，或者已是完全的商业契约租地。笔者认为，庄园盛期至圈地运动前夕，封建保有地和地租性质的"蜕变"，是解读"圈地"这一独特历史现象的直接依据。

封建保有地性质的变化，早就引起英国知识阶层的关注。例如，17世纪中叶，爱德华·柯克爵士关于公簿保有地及公簿持有农身份

---

① 参见 Chareles Wilson, *England's Apprenticeship, 1603-1763*, London: Longman Group Limited, 1965, pp.7, 10-11, 289。

② 参见 Donald N. McClosekey, "The Enclosure of Open Fields: Preface to a Study of Its Impact on the Efficiency of English Agriculture in the Eighteenth Century", *The Journal of Economic History*, Vol. 32, No. 1 (Mar., 1972), pp.15-35。

第七章 封建保有地蜕变（上）

的研究成果，[1]至今为历史学家广泛引用。到19、20世纪之交，对该问题的研究多起来，代表性的学者有梅特兰、艾德金、佩奇等。对普通法的研究中对此也有所涉及，如波洛克、赖特、霍兹沃斯等，他们记载下来的一些司法诉讼案例，反映了土地性质的变化过程。[2]大约20世纪中期以后，伴随着经济社会史学科兴起，人们致力于普通民众日常生活和长时段的历史考察，涵盖人与土地关系的考察，代表性学者有霍斯金斯、克里基、瑟斯克、希尔顿、戴尔、阿伦、弗里德、惠特尔等。[3]20世纪早期的一些先锋之作，也不能忘记，代表人物当属托尼。[4]

笔者试图通过土地市场化视角，揭示中世纪晚期近代早期欧洲农业变革发生的经济与社会条件。依附农与封建土地的历史性蜕变

---

[1] 参见 Sir Edward Coke, *The Complete Copy-holder*, London: E. Flesher. etc., 1673。

[2] 参见 F. W. Maitland, *The Forms of Action at Common Law*, edited by A. H. Chaytor and W. J. Whittaker, Cambridge: Cambridge University Press, 1976; B. W. Adkin, *Copyhold and Other Land Tenures of England*, London: Estates Gazette, 1911; T. W. Page, "The End of Villeinage in England", *Publications of the American Economic Association*, Vol.1, No.2 (May, 1900), pp.3–99; F. Pollock, *The Land Laws*, London: Macmillan, 1896; F. Pollock and R. S. Wright, *An Essay on Possession in the Common Law*, Oxford: Clarendon Press, 1888; W. Holdsworth, *A Historical Introduction to the Land Law*, Oxford: Clarendon Press, 1927。

[3] 参见 W. G. Hoskins, *The Midland Peasants: The Economic and Social History of a Leicestershire Village*, London: Macmillan, 1957; Eric Kerridge, *Agrarian Problem in the Sixteenth Century and After*, London: Routledge, 2006; Joan Thirsk, ed., *The Agrarian History of England and Wales, 1500–1640*, Vol. IV, Cambridge: Cambridge University Press, 1967; R. H. Hilton, *The Decline of Serfdom in Medieval England*, London: Macmillan, 1969; B. A. Holderness, *Pre-Industrial England: Economy and Society, 1500–1750*, London: J. M. Dent & Sons Ltd, 1976; C. Dyer, *Lords and Peasants in a Changing Society: The Estates of the Bishopric of Worcester, 680–1540*, Cambridge: Cambridge University, 1980; John E Martin, *Feudalism to Capitalism, Peasant and Landlord in English Agrarian Development*, London: The Macmillan Press, 1983; R. C. Allen, *Enclosure and the Yeoman: The Agricultural Development of the South Midland, 1450–1850*, Oxford: The Clarendon Press, 1992; E. B. Fryde, *Peasants and Landlords in Later Medieval England*, Gloucestershire: Sutton Publishing, 1996; Jane Whittle, *Development of Agrarian Capitalism: Land and Labour in Norfolk, 1440–1580*, Oxford: Oxford University Press, 2000。

[4] 参见 R. H. Tawney, *The Agrarian Problem in the Sixteenth Century*, Oxford: Oxford University Press, 1912。托尼和其研究成果的纪念论文集有：F. J. Fisher, ed., *Essays in the Economic and Social History of Tudor and Stuart England in Honor of R. H. Tawney*, Cambridge: Cambridge University Press, 1961; Jane Whittle, ed., *Landlords and Tenants in Britain, 1440–1660: Tawney's Agrarian Problem Revisited*, Woodbridge: Boydell Press, 2013。

是极其重要的历史节点，是通向圈地运动不可或缺的"历史链条"，却被学界长期忽略了。

一、土地分类及自由保有地

在英格兰，到1500年，维兰所代表的非自由的人身状态几近完全消失，封建保有制体系（又被称为惯例体系）已然残缺不堪。从法律意义上说，绝大多数带有人身役使性质的土地都已转变为公簿保有地（或公簿地），佃户被称为公簿持有农。因此霍尔德尼斯认为，从宏观上看，到16世纪英格兰的土地保有制只存在两种，一种是自由保有制，另一种是公簿保有制。[①]将当时保有地及佃户分为两类是不错的；倘若放眼16世纪全部耕地和村民，则不止两类，尤其不能忽视异军突起的商业性质的契约租地农。

英格兰庄园档案，为研究16世纪封建保有地提供了丰富的资料。比照五百年前《末日审判书》的情况，16世纪土地及农民变化明显：一是佃户分类的着眼点不一样，《末日审判书》关注村民身份区分，而16世纪佃农都获得了自由，因此更注重保有地性质的不同。不同的保有地意味着不同的土地财产关系，内在的区分相当复杂。有的持有者仅是名义，几乎无异于所有者；有的就是纯粹的承租人，即完全市场意义上的佃农。二是佃户主体发生了变化。《末日审判书》中，最大的村民群体是维兰。梅特兰指出，维兰及边地农、茅舍农大致上属于一类，共占农村人口的80%以上。[②]经过四五百年的发展，保有地和佃户结构发生了极大的变化。

托尼依据庄园原始档案，将16世纪佃农大致分为三个群体，即自由持有农（free holders）、习惯佃农（customary tenants）和契约租地农（lease holders）。这里的习惯佃农主要指公簿持有农。托尼

[①] 参见 B. A. Holderness, *Pre-Industrial England: Economy and Society, 1500–1750*, p.76。

[②] 参见 F. W. Maitland, *Domesday Book and Beyond: Three Essays in the Early History of England*, p.31。

解释说，这是一个颇为粗糙的划分，因为一类佃户与另一类佃户很难划出一道清晰的界限，每一类别内部的佃户差异又很大。一个佃户往往持有不同性质的土地，例如一个自由佃户可能同时持有惯例土地，而另一些习惯佃户同时持有自由地和商业契约地。为增加自己的耕作面积，自由佃户或习惯佃户还承租领主直领地或庄园的荒地等，后者是契约租地。

再有，各类佃户的地区分布不平衡，我们时时不能忘记英格兰及西欧从来不奉行大一统制度，而是封建制下的地方自治：各地区不一样，同一地区每个庄园也不尽相同，它们遵循不同的习惯法。比如，北部地区的诺森伯兰郡等，公簿持有农占绝对优势，而在萨福克郡等东部地区，自由持有农占多数。如果单独考察萨默塞特郡和德文郡的五个庄园，契约租地农的数量几乎是自由持有农的两倍。

考虑到英格兰各地情况不同，托尼统计了遍布12个郡118个庄园情况，获得如下数据：习惯佃户即公簿持有农大约占全体佃户的2/3，自由持有农约占1/5，契约租地农占1/8—1/9。

表7-1　16世纪英格兰12郡118个庄园佃农分类比例

	总数（人）	自由持有农	公簿持有农	契约租地农	不确定者
诺森伯兰郡6个庄园	474	26	436	12	……
兰开夏郡7个庄园和修道院土地	1 280	217	451	334	278
小计	1 754	243（13.85%）	887（50.57%）	346（19.73%）	278（15.85%）
斯塔福德郡6个庄园	356	44	272	23	17
莱斯特郡9个庄园	618	134	3 111	124	49
北安普敦郡7个庄园	531	100	355	66	10
小计	1 505	278（18.47%）	938（62.33%）	213（14.15%）	76（5.05%）
诺福克郡25个庄园	1 011	316	596	53	50

续表

	总数（人）	自由持有农	公簿持有农	契约租地农	不确定者
萨福克郡14个庄园	353	176	146	25	6
小计	1 364	492（36%）	742（54.3%）	78（5.7%）	56（4.1%）
威尔特郡、萨默塞特郡和德文郡32个庄园	1 102	149	817	136	……
汉普郡2个庄园	259	8	251	……	……
英格兰南部10个庄园	219	43	158	12	6
小计	1 580	200（12.6%）	1 226（77.2%）	148（9.3%）	6（0.3%）
总计	6 203	1 213（19.5%）	3 793（61.1%）	785（12.6%）	416（6.7%）

资料来源：R. H. Tawney, *The Agrarian Problem in the Sixteenth Century*, pp.24-25。诺福克郡有四人数据偏差，托尼特别说明。另，原表中按当时习惯称公簿持有农为习惯佃户，转引时直接称其为公簿持有农。

据此，从数量上看，我们得到公簿持有农占据主体的概念，其次是自由持有农。

先谈一下自由保有地的变化。自由持有农约占佃农总数的20%，由于无可置疑的自由的法律地位，他们实际上的能量和作用远远高于所占数量。在16世纪的农业变革中，一些自由持有农抱怨大租地农场主和领主圈占共用地，损害他们在公共牧场上的放牧权，因此经常可发现他们与圈地者的争讼案例。其实，总的看，不同于公簿持有农，自由持有农没遭受多少打击，数量也没有萎缩。相反，自由持有农的状况在16世纪获得了进一步改善。

霍尔德尼斯认为，自由保有地只需负担古老的军事义务，例如索克役（socage）和骑士役（knight service）。[1] 按照惯例，他们本应当出席庄园法庭并交纳货币地租，事实上领主很难严格地管控他们，他

---
[1] 参见 B. A. Holderness, *Pre-Industrial England: Economy and Society, 1500-1750*, p.76。

们的庄园义务明显地弱化了。由于货币贬值,自由保有地较轻的租金又在不断缩水。庄园收入记录表明,自由持有农交纳的货币地租仅占庄园领主收入的很小部分。大量案例显示,到16世纪末,"这笔地租收入实际上几近消失,或者变得微不足道,以致领主认为不值得去费力征收"[1]。庄园威权已经不能对自由保有地施加什么影响。"当土地应该收回时,找不到保有地在哪里;当租金被拖欠时,扣押财产几乎不可能,因为庄园大总管弄不清扣押的对象是谁。"[2]

当然,这不意味着自由佃农与领主处于完全对抗状态。一般说来佃户仍然保持着对领主的尊敬,表现为象征性的习惯做法,比如岁末送给领主一束康乃馨、一束红玫瑰、一磅胡椒或小茴香等。托尼指出:"至16世纪,至少在英格兰南部,自由持有农和庄园之间更多的是形式和情感上的联系,而非实质性的联系。事实上,自由持有农几乎呈现出现代风貌。"[3] 就土地性质而言,自由保有地与私有土地产权相差无几。

自由持有农的个体状况是不一样的,群体内部的分化相当明显。一些自由持有农仅拥有小块土地,居住也简陋,另一些拥有相当可观的一笔财富和相当高的地位,具有广泛的社会关系和社会交往。在西欧,特别在英格兰,以自由持有农为首的富裕农民群体成长起来,改变了乡村社会结构,他们与一部分新兴乡绅一起成为农村中间阶层(middle class),介于领主与一般佃户之间。

二、迈向市场的公簿保有地

公簿保有地是主体

16世纪人数最多的佃户是公簿持有农,也就是说,佃户土地的

---

[1] R. H. Tawney, *The Agrarian Problem in the Sixteenth Century*, pp.29-30。
[2] Ibid., p.30.
[3] Ibid.

主体是公簿保有地。1587年，W. 哈里森把公簿持有农称为"支撑王国并维持王国运转的基础力量"①。帕西家族在莱肯菲尔德和雷赛尔地产上的佃户，几乎都是公簿持有农，所占比例分别高达98%和90%。②在诺森伯兰郡，公簿持有农占到佃户总数的91%。③托尼关于12个郡118个庄园的统计告诉我们，可以肯定地说，在英格兰的绝大多数地方，公簿持有农已是佃户的主体。显然，公簿保有地是村民土地的主体部分。

公簿持有农已是自由人，他们多数脱胎于维兰。1558年，一项来自斯坦福郡鲁斯顿庄园的调查表明，该庄园28个公簿持有农，持有可继承土地，调查者补充说，"这些人曾经是旧时期的依附农（bondmen）"④。这样的情况具有普遍性。学界对于公簿持有农是维兰后代的判断，没有什么争议。早在14世纪，就有维兰转换成公簿持有农身份的记载："1361年，在南莫顿，四名佃农来到庄园法庭，支付了相当于一英镑的罚金，将他们及其土地从维兰制中解放出来，土地终身保有。"⑤

令人感兴趣的是维兰农奴的解放方式。他们通过抵抗斗争，获得一项项自由权利，同时不排除法庭诉讼和货币购买，二者被称为佃户手里的两大利器。法庭诉讼和货币购买的背后何尝不充满各种形式的较量。上述案例中的一英镑"罚金"，就是锱铢必较的结果。获得解放的条件因人而异，是双方谈判的结果，因此，农奴是一批一批，甚至是一个一个地解放出来的。请注意，就个体而言，维兰解放并非没有代价：不仅要支付一英镑罚金，还失去了对土地的无

---

① William Harrison, *Elizabethan England: From "A Description of England"*, edited by Lothrop Withington, with introduction by J. Furnivall, London: Walter Scott, 1876, p.120.

② 参见 Eric J. Fisher, *Some Yorkshire Estate of The Percies, 1450–1650*, Ph. D, Thesis, The University of Leeds (Department of History), October, 1954, Vol. II, Chap. V, p.6。

③ 参见 R. H. Tawney, *The Agrarian Problem in the Sixteenth Century*, p.25。

④ Alexander Savine, "English Customary Tenure in the Tudor Period", *The Quarterly Journal of Economics*, Vol. 19, No. 1 (Nov., 1904), p.50.

⑤ P. D. A. Harvy, ed., *The Peasant Land Market in Medieval England*, p.137.

限期保有。他们手持法庭案卷副本（tenant by copy of court-roll），有别于仅根据法庭案卷记录持有土地的佃户；而且其保有地被限定为终身持有，不再世代承袭。这意味着他们依附于领主仅限于一代，人身自由权利更有保障；另一方面，意味着土地保有权及身而止，同样限于一代。从此，佃农保有地注入了商业性的期限概念。

事实上，公簿持有农的权利得到越来越广泛的承认，从1439年起，王室衡平法院（High Court of Chancery）宣称公簿保有权受到尊重，并将公簿保有地纳入法律保护范围。不久，比较守旧的最高法院也开始给予同样的法律保障。经济史家克拉潘对公簿保有地的评论甚为中肯，他指出，这些措施没有使公簿持有农成为土地所有者，"可是却大大加强了他们的地位"。显然，公簿保有地的法律地位超越了庄园范围。① 公簿保有制大规模的推广，还是进入15世纪以后。

据考证，英国第一个公簿持有农出现在15世纪初叶，确切日期是1412年，一名土地继承者在伍斯特郡某庄园法庭获得法庭案卷副本，作为他持有土地的凭证。1452年一项调查表明，凯普西若干佃户持有法庭案卷副本，记载着他们所持有的土地及租金。同年，汉普顿路西的土地调查中，记载了两个佃户的副本。② 越来越多的佃农要求获得这样的副本，获得更加安全的土地持有，防范可能出现的挑战。"副本"来自法庭案卷，可是却握在佃农自己手里，心里更踏实；一旦出现争议，凭副本更容易找到相关的档案记录，省去在大量案卷中搜寻的麻烦。③

至15世纪末，王国普通法律师将"公簿保有权"（copyhold tenures）明确地纳入普通法保护范畴。1468年，普通法首次允许公簿持有农以侵害之诉（trespass）令状，起诉无端侵占其保有地的领

---

① 参见〔英〕约翰·克拉潘：《简明不列颠经济史》，范定九、王祖廉译，第158—159页。
② 参见 E. B. Fryde, *Peasants and Landlords in Later Medieval England*, p.231.
③ Ibid., p.228.

主，在普通法干预下，被侵占的土地可望得到迅速恢复。[1]1481年，托马斯·利特尔顿爵士完成了著名的《论土地保有制》(Tenures)一书，他确认"公簿保有权"在许多地产上业已实行，并被司法界接受，他说："人们要明白，不同领地和不同庄园，会有许多不同的习惯……大凡尊重理性，都会认可公簿保有权。"[2]

在整个英格兰，15世纪中叶以后"持有公簿副本的人"变得相当普遍。经与领主协商并达成新的土地契约，并从法庭取得该案卷副本，从此不再被称为维兰。他们人身受到法律保护，持有的土地也更加安全；一些人身依附关系的标志，如劳役、婚姻捐、任意税等基本消失。公簿保有地的身份因素所剩无几，商业化倾向明显。15世纪后半期和整个16世纪，持公簿地者，不仅有自由持有农，还有乡绅和骑士。即使牛津知名法律世家斯托那家族，也不以持有公簿保有地为耻。[3]人们发现，公簿持有人的名字，不时出现在自由地持有者、乡绅和骑士名字中间。

不过，他们身上的旧痕迹不是一下子消失的。虽然14世纪中期以后，劳役已经基本折算，但16世纪还可以发现劳役的残存形式。例如，在南纽顿，公簿持有农还须履行一项运输义务，将木材运到威尔顿的领主家中，称为"礼物性运输"(gift carriage)。持有一雅兰得(yardland)土地的佃户，须为领主割草，这些义务均有不确定性。又如，在牛津郡库斯汉姆庄园，直到15世纪末，公簿持有农要为领主奉献28个秋季"布恩工"(boonworks)，帮助领主收获庄稼。在诺森伯兰，属于泰恩茅斯修道院的一处庄园，修道院解散之时还有如下规定："每年，每个佃户要向修道院城堡提供一份干草；提供三个工作日(dayworks)割草；一个工作日耙地；三个工作日收割谷物。"[4]

---

[1] 参见 R. C. Allen, *Enclosure and Yeoman: The Agricultural Development of the South Midland, 1450–1850*, p.69。

[2] E. B. Fryde, *Peasants and Landlords in Later Medieval England*, p.227.

[3] 参见 R. H. Hilton, *The Decline of Serfdom in Medieval England*, pp.47–48。

[4] R. H. Tawney, *The Agrarian Problem in the Sixteenth Century*, pp.52–53.

在威尔特郡瓦施尼庄园，公簿持有农的劳役很难说是一种残余：直到1568年，每个持有1维尔盖特（约30英亩）土地的公簿持有农，"在冬季为领主犁地、耙地3.5英亩；还要剪羊毛、清洗羊毛；收割一英亩草地；还须收割一英亩小麦，负责捆扎、运输；另收割一英亩大麦"[①]。这似乎是一个例外，说明英格兰各地颇有差异。虽然16世纪劳役制在英格兰仅是残余形式，但劳役制转变为市场雇工体系经历了漫长的过程。

庄园制的旧痕迹，莫过于封建保有地即公簿保有地。公簿持有农自由了，可是他们的保有地依然分散在共同体的敞田中，耕作须纳入共同体统一安排。强制性轮耕，强制性开放牧场，同时享有习惯法给予的权利和义务，诸如使用共用地放牧权利，固定的习惯地租等，所以，庄园文献仍然称其为习惯佃户。有幸保存下来的文献证明，直至16世纪，公簿保有地还被称为"bond land"或"native land"，而"bond"或"native"本意是指维兰的。一份公簿持有农的名单上，明确将其土地定义为"依附性"土地："凭法庭案卷副本持有的依附地"（holding native lands by copy of court roll）[②]。

这些宝贵的法庭文献，披露了中世纪晚期英国农民的双重品格。人自由了，土地还未完全自由，如此明显的错位，意味着迟早要发生一场自由产权运动！

可继承与不可继承

农奴制时代佃农土地无条件世代承袭制，渐行渐远。公簿持有农及其土地处于分化中，或自愿或被迫，公簿保有地逐渐渗入商业时效性因素。封建保有地的蜕变，无疑是近代农业变革的重要基础。

关于公簿持有农概念，人们常常引用爱德华·柯克爵士的论述。柯克指出，他们已经摆脱了奴役身份的束缚，现在要去掉耻辱性名

---

① R. H. Tawney, *The Agrarian Problem in the Sixteenth Century*, pp.52-53.
② Ibid., p.51.

字，换上文雅称呼，因此他们被称为持有法庭案卷副本的佃户。柯克认为，公簿持有农概念包含三方面含义：其一，根据庄园法庭案卷记录，佃农占有那块土地，而且还手持法庭案卷副本。也就是说，人是法律承认的佃户，土地是受法律保护的土地，土地持有证副本来自档案、特许状、契约或其他形式的法律文件；其二，不同于维兰，也不同于按照领主意愿保有土地的意愿佃户，公簿持有农人身是自由的；其三，只要他们尽了义务和责任，履行了庄园惯例，他们的保有地就能够得到王室普通法保护。柯克说："习惯法是公簿保有地权利的生命和灵魂。"①

公簿保有地果然是安全的吗？回答是肯定的，不过是有条件的，即要在土地契约规定的范围内。各地习惯法不一样，土地保有期限不同，所以柯克说习惯法是公簿保有地权利的生命和灵魂。柯克所说显然是典型的、有继承权的公簿持有农。根据现有资料，16世纪公簿保有地大致可以分为两类，一类是可世袭继承的，另一类是有限期的保有。可继承的公簿保有地（copyhold of inheritance），又分为两种：无条件继承地产（fee simple，即自由地产），继承者可以是保有人指定的任何人选；限定继承地产（fee tail），继承者必须是保有人的子女。②二者区别不大。

按规定，可继承公簿保有地的转让（admittances），要经过庄园领主，但实际上领主作用不大。柯克说："领主并不被视作所有者，而完全是一个工具；接受土地的一方无需向领主承担任何费用或义务，领主也认为该地产属于那个公簿持有农的。"③如果发生诉讼，追溯到原公簿农，而不是领主。土地流转易主费也是温和的，据苏塞克斯郡一些庄园案卷记载，60英亩仅交20先令。④有继承权的公簿持有农，"有权力出租其地产的任何一部分，并依他的意愿确定租

---

① Sir Edward Coke, *The Complete Copy-holder*, pp.66-68.
② 参见 B. W. Adkin, *Copyhold and Other Land Tenures of England*, pp.44-45。
③ Sir Edward Coke, *The Complete Copy-holder*, pp.108-109.
④ 参见 Mavis E.Mate, "The East Sussex Land Market and Agrarian Class Structure in the Late Middle Ages", *Past & Present*, No. 139 (May, 1993), p.61。

期"。一般说来，租期很少超过21年，除非是建筑物租约，可发现99年甚至999年的案例。①按照庄园惯例，一旦拥有可继承权公簿保有地，具有永久的权利，几近纯粹的经济关系，没有人可以驱逐他们，几乎与自由持有权无异，即土地实际所有者。

然而，期限公簿持有农就不一样了。一些期限公簿保有地是不可继承的土地，长期保有者可达数代（copyhold for lives），通常为三代；短期者限于终身或若干年持有（for a term of life or years）。②及身而止的公簿保有地，多分布在伍斯特郡、威尔特郡、康沃尔郡等。按年头论租期的公簿保有地，通常是12年、21年等。租佃期满后，若续约，租佃双方须达成一致，佃户还要交纳一笔土地易主费。③霍尔德尼斯说，公簿持有农可以凭借"公簿"证明其身份，保证租期内的土地安全，但不保证租期以后的土地安全，既不能保障续约，也不能保障逾期后佃户不被驱逐。④这类公簿保有地与商业性契约租地难以区分。

如果说与契约租地存在一定区别，就是公簿持有农与领主协商的余地更大一些，毕竟他还是庄园-村社共同体成员，还没有完全剥离为纯粹的市场承租者。法律站在领主一方，习惯和传统观念站在佃户一方，比之契约租地农，一个被驱逐的公簿持有农更容易得到同情。在市场利益的驱动下，期限公簿保有地越来越多。表7-2大致反映了16世纪期限公簿保有地与可继承公簿保有地的比例。

表7-2　16世纪142个庄园公簿地保有期限

庄园数	可世袭承租	短期，可续租	短期，最长至终身	短期，不可续租
（A）82个庄园	25	17	40	—
（B）60个庄园	22	2	33	3

---

① 参见 B. W. Adkin, *Copyhold and Other Land Tenures of England*, p.35。
② Ibid., p.114.
③ Ibid., p.113.
④ 参见 B. A. Holderness, *Pre-Industrial England: Economy and Society, 1500-1750*, p.76。

续表

庄园数	可世袭承租	短期,可续租	短期,最长至终身	短期,不可续租
共142个庄园	47	19	73	3
可继承、不可继承土地（%）	47（33%）	95（67%）		

资料来源：在原文中（A）（B）分别代表萨文博士的数据、托尼的数据和二者的总和，详见 R. H. Tawney, *The Agrarian Problem in the Sixteenth Century*, p.300。百分比系笔者根据以上数据推出。

上面数据表明，只有33%的公簿保有地是可世袭承租的，也就是说，世代无限期的公簿保有地，在16世纪已经变为少数。

发生在1568—1573年的一些案例，可进一步说明这种状况。在萨默塞特郡、德文郡和威尔特郡的21个庄园里，只有一个庄园的公簿保有地是无限期继承土地。其他20个庄园皆为有限期的公簿保有地，其中一个庄园的保有期限为四代或更短；其余庄园期限为三代，或不足三代。[1]马丁（John E. Martin）提供的数据似乐观一些，可是没有继承权的公簿持有农还是达到了一半。[2]根据萨文的观察，及身而止或几代人的公簿保有制比较普遍，例如，英格兰南部汉普郡五个案例中，有四个是终身或几代人的保有制。不难发现，世代承袭的封建保有地在逐渐减少。

不能继承的公簿保有地，总有到期的那一天，届时，这些土地被领主收回，并入领主直领地；或转手以市场价格出租给任何人，如新兴大农和乡绅。随着时间推移，相当多的原本由旧式佃户保有的土地，变成了直领地或大农场一部分，这些土地落入领主或大农场地产主手里。萨文指出，这一过程"完全没有违反普通法和当地的习惯法"[3]。中世纪晚期领主权力并未中断，而是被不断地注入市场

---

[1] 参见 R. H. Tawney, *The Agrarian Problem in the Sixteenth Century*, p.298。

[2] 参见 John E Martin, *Feudalism to Capitalism, Peasant and Landlord in English Agrarian Development*, p.128。

[3] Alexander Savine, "English Customary Tenure in the Tudor Period", *The Quarterly Journal of Economics*, Vol. 19, No. 1 (Nov., 1904), pp.52-53.

经济因素，同样处于逐渐蜕变中；一部分领主与中间阶层即新兴农业资本家合流。生活正在静悄悄地发生变化。

公簿保有地性质介于传统与现代市场之间，因此充满博弈，由此引发的诉讼频仍，反映了佃农们不屈不挠的抗争。王室大法官不断接到佃农请愿书，佃农大多援引以往的惯例证明自己的权利，倘若得以查证，便可能胜诉。例如，克兰多庄园的公簿持有农群体，通过成功的谈判取胜。领主是温彻斯特大教堂主持，承认这些公簿持有农土地具有继承权和固定地租，并将其载入最终达成的协议中，从此佃农规避了从土地上被驱逐的危险。①

一些案例表明，公簿持有农并非总是幸运的。情况千差万别，不过总的发展趋势是肯定的，那就是随着庄园制衰弱，市场关系不断增进，催化世袭保有地转变成期限保有地。亨利八世时期即16世纪上半叶，在萨默塞特郡的布莱德福德庄园，佃农指控领主破坏庄园惯例，他们的保有地应该是可继承的，继承土地的易主费也是固定的。领主辩解说，情况不完全如此，根据庄园档案，一部分保有地可继承，一部分保有地仅仅终身保有，及身而止，不属于可继承土地。此外，按惯例，土地易主费应该由领主决定。双方互不妥协，上诉到国王法院，后者派出专员调查并取证。查阅庄园习惯法档案后，国王法院确认，一部分公簿保有地可以继承，另一部分则为期限公簿保有地，不可以继承。②

为了获得继承权，一些限期公簿持有农宁愿让渡给领主一部分土地和现金。例如，1531年，苏塞克斯郡威尔登地庄园的史蒂芬·霍克，他先让渡给领主两座屋舍和67英亩土地，后又支付现金五英镑，与领主重新签订契约，获得了那块公簿保有地无限期的继承权。实际上他是从领主手里购买土地的剩余产权。③

---

① 参见 R. H. Tawney, *The Agrarian Problem in the Sixteenth Century*, pp.295-296。
② 参见 Alexander Savine, "English Customary Tenure in the Tudor Period", *The Quarterly Journal of Economics*, Vol. 19, No. 1 (Nov., 1904), p.70。
③ 参见 Mavis E.Mate, "The East Sussex Land Market and Agrarian Class Structure in the Late Middle Ages", *Past & Present*, No. 139 (May, 1993), p.61。

总的趋势是，16世纪公簿持有农在村民中的主体地位，在该世纪下半叶逐渐衰减和分化，到17世纪其主体地位被契约租地农取代。与此同时，公簿保有地性质面临着市场性蜕变，一部分转为自由保有地，更大部分逐渐转化为契约租地，其权益随之并入契约租地的权利体系中。①而契约租地，实质上早已不是原来的封建保有地。在这一过程中，只有一部分公簿持有农，成为一定规模的农场主，进入乡村中间阶层。不论公簿保有地还是转化为契约租地，就产权关系而言都变得更加明晰和确定。

意愿保有地

16世纪庄园还有很小一部分佃户被称为意愿佃户（tenants at will），即按领主意愿持有土地。意愿佃农与公簿持有农佃户都来源于昔日依附农，不同之处在于公簿持有农获得了土地持有证，而意愿佃农的土地状况仍然仅仅记录在庄园法庭案卷中。意愿佃农大多是先前的茅舍农，其耕地多位于村落边缘，有别于正规的庄园敞田。他们几乎没有什么手段抵制领主的驱逐，习俗可能会阻止领主，但是不具有法律效力。欧洲历史学家常常抱怨庄园档案中佃户身份模糊不清，原因在于，同一个佃户在这块土地上是安全的，在另一块土地上是不安全的，驱逐的危险来自土地的性质而不是持有人的身份。倘若仅就法律意义而言，领主收回意愿保有地不应有什么障碍。托尼认为，甚至没有必要举例来证明意愿佃农被驱逐的可能性，因为依其保有条件领主可以随时收回土地。

其实16世纪初叶大部分意愿佃农已被驱逐，尚存者数量不多，所以很少见到关于他们的记载。下面是不多见的两个案例，位于威尔特郡。1554年，奈顿庄园被整体出租给一位农场主，原土地上的六个意愿佃农一并转移过去，当然意愿佃农可以选择离开。另一案例发生在多穆尔翰庄园，时在1568年，几乎所有土地都转归到三位

---

① 参见 Christopher Clay, "Life leasehold in the Western Counties of England, 1650-1750", *The Agricultural History Review*, Vol. 29, No.2 (1981), p.83。

大农场主手中，其中的意愿佃农颇感无奈，"仅仅是蹲在那里，如以往那样默默地忍受着"①。

假如田制不发生变化，意愿佃农依旧可以照例耕作原保有地。前一个案例，在承租协议中，领主特别关照了那六位意愿佃农，只要交足地租，就应当享有"和平"。不过，如果发生圈地，他们仍会被驱逐。协议在此处特别提到：假如意愿佃农试图起诉领主"侵占"，领主只需回答一句话便足够了，他们"是他的意愿佃农"（but his tenantry at wyll），因此土地可以随时被收回。②意愿佃农也是自由人，被驱逐是因其持有土地的性质。

随着时间的推移，意愿保有地大多变成逐年续租（tenant from year to year）的保有方式，更像契约租地农，进而逐渐加入他们的队伍。契约租地农最初是少数，不过发展迅猛，与自由持有农、公簿持有农并列，是16世纪三大佃农群体之一，17世纪成为多数。

三、商业性契约租地兴起

性质和来源

契约租地（leasehold）形式在11与12世纪之交即已出现，③作为庄园习惯保有地的补充形式。就租佃关系和产权法律逻辑而言，契约租地完全不同于庄园保有地。契约租地是有期限的出租地，期满交还，主佃之间没有人身依附关系。它们比较显著的发展是在黑死病以后，领主纷纷出租直领地，形成契约租地的重要来源。

进入16世纪，随着市场经济的推进，契约租地颇有方兴未艾之势。根据英格兰不同地区118个庄园的数据，16世纪契约租地农占

---

① R. H. Tawney, *The Agrarian Problem in the Sixteenth Century*, p.283.
② Ibid.
③ 参见 Georges Duby, *Rural Economy and Country Life in the Medieval West*, pp.179-180。

据佃户总数的12.6%。①在一些地区更突出一些。1568年，萨默塞特郡的四个庄园和德文郡的一个庄园中，有20%是小租地农。在北安普敦郡的两个村庄他们竟占据了多数，接近三分之二。1626年，在里奇达勒的一个大庄园中，契约租地农多达315位，其余是233位公簿持有农和64位自由持有农。②契约租地农在17世纪普遍占据了优势。

契约租佃，顾名思义，根据双方达成的契约确立租佃关系。其一，领主或地产主（landowners）和佃农自由达成契约，主佃双方身份不一定平等，但双方均有选择对方的权利。其二，土地租约有特定期限，从一年、两年到一两代人不等。在约定的期限内，双方履行各自的责任和义务。其三，也是最重要的，依据市场原则，租期、租金皆由供求关系决定，完全不同于庄园习惯法。也就是说，这种租佃关系已是一种完全的商业契约关系，其中蕴涵着对土地财产所有权概念的接受，因为真正的契约关系势必以明晰产权关系为前提。

霍尔德尼斯将这一时期规模性商业出租地即租地农场，划为自由保有地，当然，它是针对出租方而言。霍尔德尼斯指出，到1600年，自由保有地的比例占到英格兰土地三分之二。契约租地是自由保有地的主要经营形式之一，经营这些农场的承租者，往往是一些几乎没有固定资产的人，他们与地产主之间的关系已经变成了典型的契约关系。在这种关系下，承租者向土地所有者缴纳的那笔货币地租，带有回报固定资本（fixed capital）的含义，不再是某种依附关系的纽带。土地租期明确，租佃双方可以通过协商确定租期或变动租期。它标志着英格兰社会接受了"所有权"的观念，在限期合同（terminable contract）的基础上构建起一种新型土地关系。③

---

① 参见 R. H. Tawney, *The Agrarian Problem in the Sixteenth Century*, p.25。
② Ibid., p.284.
③ 参见 B. A. Holderness, *Pre-Industrial England: Economy and Society, 1500-1750*, pp.76-77.（这里的自由保有地包括领主的直领地。——笔者）

第七章 封建保有地蜕变（上）

托尼论述契约租地时，也表达了相近的观点，他说，在16世纪的庄园体系中，公簿持有农具有核心地位，他们不能脱离庄园而存在，因为他们持有庄园法庭土地档案的副本，并须履行交回土地和准入土地的手续。他们在基本层面上还是旧制度代表，所谓"古老的、不变的"（anitiquity and fixity），所以16世纪文献依然称他们为"习惯佃农"。而契约租地不同，后者在前者周围形成"更新的关系"（newer relationships）。①很明显，比之公簿保有地，契约租地具有更鲜明的市场印记，它在西欧封建保有制系统中撕开一道裂缝，不断扩张，注定成为今后几个世纪土地关系中的重要模式。

领主直领地是契约租地增量的重要来源之一。自14世纪中后期，领主直领地进入解体状态，一种方式是将其整体承租出去，各种类型的土地连同地上的建筑物。承租者并非轻易找到，他们须是善于经营的成功农夫，还要有一笔资金以维持农场运转。适合的人选可能在富裕农民阶层里，类似于约曼，甚至乡绅。②另一种方式是由小佃户分割，直领地被分成十几块、数十块土地，分别出租给不同的农民。不论直领地整体出租还是切割出租，都是契约租地；承租者被称为大小不同的契约租地农或租地农场主。

在萨默塞特郡库克林顿庄园，12位承租者联合租下250英亩土地和一座羊舍，租金八英镑，租期40年。同样，在萨默塞特郡，1568年，领主切德西的直领地被分割为小块土地，甚至以一两英亩为单位，全部出租给该庄园佃户，租期21年。在诺福克郡卡斯顿庄园也有这样的实例。③

16世纪庄园土地调查记录和地产图上，经常出现类似的记载，从中发现佃户们在平均分割领主直领地。北安普敦郡的布瑞斯托克庄园和米克尔霍姆庄园档案，有如下记录：

---

① R. H. Tawney, *The Agrarian Problem in the Sixteenth Century*, p.288.
② 参见 N. J. G. Pounds, *An Economic History of Medieval Europe*, London: Routledge, 1994, pp.216-217; C. Dyer, *Lords and Peasants in a Changing Society: The Estates of the Bishopric of Worcester, 680-1540*, p.211。
③ 参见 R. H. Tawney, *The Agrarian Problem in the Sixteenth Century*, pp.205-206。

布瑞斯托克庄园领主直领地由22位农民承租，每人得到八英亩和三路德①耕地，还有一英亩草地。米克尔霍姆庄园直领地草场，由五位农民承租，每人一英亩。②

诺森伯兰郡的一些庄园档案，同样详尽地记录了当地习惯佃农耕地的增加。这些记载表明，佃农承租直领地并非单纯的个人行为，往往是集体行动的结果，即佃农以村庄的名义与领主达成交易，继而在佃农中自行分租。通过农民共同体内部均衡的分配，虽然土地有所增加，但佃户之间并未出现明显的分化。③可见，面对新的市场环境，村社组织仍然在发挥作用。

市场经济正在成为主旋律，在庄园经济市场化、土地商品化的催生下，契约租地显著增加。其产生的途径是多样的，除领主出租的直领地，新开垦荒地亦属契约租地。垦荒运动持续了数百年，不论领主主导下的大规模垦荒还是农民个人垦荒，既不是庄园敞田扩张，也不是领主佃户关系的翻版。新垦荒地须经庄园法庭登记，却都不纳入维兰的习惯保有地，当然，也不受习惯法保护。

荒芜的或无嗣继承的土地，成为契约租地另一个来源。比如黑死病后，原来的一些保有地无人耕种，领主往往以契约租地方式重新推出。1352年，阿克林顿的依附农（bondage），每人保有土地16英亩，共有35份，其中9份土地因无人耕作而荒芜。到1368年，领主将这9份保有地以契约租地的条件租给村民。④

此外，佃户死后无子嗣继承的习惯保有地，领主收回后趁机变为契约租地，后者的产权性质显然有利于领主。在埃塞克斯郡的博尔德布鲁克庄园，14世纪中叶以后，不断有保有地被转变为契约租地，到15世纪初叶达到惊人的比例。据统计，1402年，该庄园25

---

① 1路德相当于0.25英亩，所以每个承租者获得8.25英亩可耕地。
② R. H. Tawney, *The Agrarian Problem in the Sixteenth Century*, p.206.
③ Ibid., pp.206-207.
④ Ibid., p.207, note 6.

份八英亩规模保有地，已有23份变成契约租地，租期分为若干年、一代，或者不定期的意愿保有地。4份四英亩规模保有地，已有两份变为契约租地，结果，习惯保有地仅剩下11%。[1]这种情况未必属个案，契约租地的增长态势毫无疑义。

14世纪黑死病时期，领主用承租方式分割直领地，或将习惯保有地转为契约租地，多为权宜之计。当时佃农一方也不反对，甚至认为摆脱习惯保有地就是消除了"维兰印记"。随着经济与社会条件变化，推动保有地转为契约租地，成为许多庄园主追逐的目标，甚至不惜使用利诱、胁迫等手段。一旦变性为契约租地，摆脱各类保有权束缚，土地实际上落入领主掌控中。羽翼逐渐丰满的大农和乡绅，也热衷于契约租地的扩张。16世纪这种倾向更加明显。

总之，封建保有地正在蜕变，封土体系面临瓦解，通过各种渠道，土地正在摆脱附着在它身上的社会关系，呈现其市场价值。

租期和租金

契约租地按照市场方式出租，租期可终止，有明确时间限定，因此，租期届满，耕者离开土地是合理合法的事情。传统欧洲封建保有地意味着"不变"和"固定"，不论贵族、骑士还是普通佃农，一旦占有它，便世代承袭，这个时代一去不复返。

契约地租期经历了一系列的变化。初期，通常若干年到一二十年不等。黑死病时期地多人少，领主急于招徕承租者，市场供求关系有利于求租者，故此地租固定，租期较长，终身承租也不少见，被称为"受惠承租人"（benefical leasee）。一些地区如诺福克郡契约地租期，甚至有延长的趋势。[2]与经济状况改善和土地市场发育有关，到14世纪末期尤其进入15世纪，一些地区契约租地的年限不断

---

[1] 参见 Phillipp R. Schofield, "Tenurial Developments and the Availability of Customary Land in a Later Medieval Community", *The Economic History Review*, Vol. 49, No. 2 (May, 1996), pp.256–257。

[2] 参见 Frances Gardiner Davenport, *The Economic Development of a Norfolk Manor*, Cambridge: Cambridge University Press, 2010, pp.76–77。

缩短。比如达勒姆修道院所管辖的庄园，14世纪中叶契约租地租期多为终身，进入15世纪后终身承租案例大为减少，租期九年及以下的占一半，到15世纪中期三年或六年最为普遍。

埃塞克斯郡的博尔德布鲁克庄园变化更明显：1350年之后，有五处契约租地租期12年，其中三处还有续约选择权。到1363年，租期缩短为九年，十年后缩短为七年，而且没有续约选择权。14世纪最后十年，大部分承租人都是短期佃农。[①]实际上，一年成为契约租地的典型租期。[②]不难发现，从14世纪后半期到15世纪初期，该庄园契约租地越来越多，租期也越来越短。见表7-3。

表7-3　1350—1409年博尔德布鲁克庄园契约租地的租期变化

年份	出租数量（个）	平均租期（年）	租期中间值（年）
1350—1359	6	17.5	12
1360—1369	3	18	9
1370—1379	7	11.37	
1380—1389	12	15.29	
1390—1399	13	10.63	

资料来源：Phillipp R. Schofield, "Tenurial Developments and the Availability of Customary Land in a Later Medieval Community", *The Economic History Review*, Vol. 49, No. 2 (May, 1996), p.259。

虽然16世纪契约租地租期为21年甚至长达三代的案例仍然不难见到，[③]不过可以肯定的是，随着市场供求规律作用越来越明显，商业时效性普遍注入土地租期，成为不争的事实。

契约租地的租金通常随市场而浮动。1489年，布里斯托尔的圣奥斯丁修道院领主出租直领地，租金60先令。时隔38年后，同一地

[①] 参见 Phillipp R. Schofield, "Tenurial Developments and the Availability of Customary Land in a Later Medieval Community", *The Economic History Review*, Vol. 49, No. 2 (May, 1996), p.257。

[②] 参见 Phillipp R. Schofield, *Peasant and Community in Medieval England, 1200–1500*, p.19。

[③] 参见 Eric Kerridge, *Agrarian Problem in the Sixteenth Century and After*, p.47。

产又租给另一个家庭，租金及租期均无变化。①这似乎仍属于"受惠承租"。但就大部分地区而言，特别是16世纪中叶以后，直领地出租基本都采用了商业租约，租金随市场浮动。出租有期限，一俟期满，领主即结束租佃关系，或者更新契约，提高租金甚至成倍提高租金，被称为"苛刻地租"（rack-rent）。后者回答了为什么领主热衷于习惯土地变为契约土地的缘由。

租佃双方接受高额商业地租，皆因它是市场价格，大势所趋。商定后的地租价格，记入租佃契约中，地租价格与市场行情相连，最终依据所租土地的市场价值。契约租地已经摆脱了封建保有地约束，那种约束根据封建惯例，而不是根据市场，下一章将专门论及。

契约租地农是自由人，自愿签约，也可以选择离开土地，即使租期未满，只要提前半年知会田主即可，可见承租、退佃都是自由的。此时没有人身依附关系，却不能不受到市场规则制约。基于当时土地市场供求关系，契约租地农往往处于明显的弱势，出租人在租佃条件等方面多是主导性角色。

一般说来，契约租地的承租者不受庄园习惯法保护。那么，契约租地农有无自己的权利，他们是否可以被随意驱逐？

契约租地受法律保护？

这不是一个能够简单回答的问题。从庄园共同体的角度看，契约租地不受习惯法保护。契约租地本质上是庄园体制之外的产物，佃农凭借市场租得土地，因而契约租地被置身于习惯法之外不无缘由。

如果从社会角度，或者从商业契约角度看，契约租地并非不受保护。承租者人身自由，摆脱了庄园共同体的羁绊，跻身于社会劳动力市场；他们虽然承受市场风险，却享受商业契约保护，保护契约租地的商业契约在16世纪首次纳入王国普通法范围，受到国王法院保护。

---

① 参见 Joan Thirsk, ed., *The Agrarian History of England and Wales, 1500–1640*, Vol. IV, p.317。

不过，契约租地曾受到习惯法保护，而且持续相当长一段时期。契约租地农是一步一步地迈入市场的，其中不少人来自习惯佃农，可能还持有一份习惯土地，很少一下子斩断与习惯法、与村社共同体的联系。16世纪是土地确权时代，大小地产权利人都在清点自己的地产，包括国王在内。国王专门派出土地调查员（surveyors），查访与王室相关的各处地产，尤其来自其直领地或共用荒地的出租地，以维护国王权益。国王和贵族领主担心年久失察，不知租期已到，任由佃户处置；或者地租被拖欠；或者租金与市场行情隔绝，长期没有调整，蒙受损失。下面这个案例表明，在相当长的一个时期内，契约租地并非完全不受习惯法保护和约束，国王也不能无所顾忌。

1562年，王室调查员查访王室领地上的希尔林顿庄园，在期限40年的契约租地上，意外发现黑死病时期临时实行的"缩水地租"，没有及时纠正，长期滞延，竟然两百年之久无人追究！这一重要疏漏当然要弥补，但令人感兴趣的是，该案例的处理，不是王室官员发号施令，而是经过庄园法庭协商；更重要的是，协商依据不是其时市场行情，而是依据习惯法——两百年前契约租地的惯例租金。也就是说，法庭只是恢复了两百年前的地租额度，让佃户补足差额而已，可见，习惯法对于契约租地农的保护，不是一下子消失的。根据庄园原始文献，此事的翔实表述如下：

> 1562年，王室调查员查访王室领地——希尔林顿庄园，旨在确定那里佃农的权利与土地。该庄园坐落在英格兰和威尔士的边境，调查显示，这些农民的租地期限40年，其后代且有续约选择权。王室调查员发现"年度租金数额今不如昔。早时这些土地每年向国王提供租金105英镑6先令，而眼下的年租明显缩减了"。租金缩水，"如庄园档案显示，起因于爱德华三世时期黑死病及人口大量死亡，也因为欧文·格兰道尔（Owen Glendower）起义造成的破坏和困难。……不少土地荒芜，佃户们的房子毁掉，于是国王被迫接受庄园大管家的建议，降低

第七章 封建保有地蜕变（上）

租金，虽然这些土地本应以更高的价格出租的"。问题是黑死病过去了200年，缩减的地租一直没有调回。发现此事后，一个委员会计算了这些佃户应缴纳租金的总额，一个便士也不能少，继而被授权纠正"上述缩水地租"造成的疏漏。庄园陪审员将这一事实记录在案，并决定了此后60年的租佃条件。经王室调查恢复了两百年前的地租额度，可谓"国王的权利不受时间流逝的影响"（nullum tempus occurritregi）。[①]

这是一个关于契约租地的案例，其中有租期概念，可证明契约租地的性质。原订租期40年，竟然200年之久无人问津，显然是庄园管理的疏漏。重新谈妥条件后还是有租期，又签下60年。从处理问题的程序上看，仍然依靠习惯法和庄园法庭，判定主佃纠纷的依据是契约，而且保存在庄园档案中。"纠正"后的租金数额也是由庄园法庭陪审员（jurors）记录在庄园档案。虽然锱铢必较，"计算到最后一个便士"，但上缴总额仅是"弥补消减的那部分"——仍然以黑死病前地租为依据。由此可见，在处理契约租地农的案例中，陪审团和法庭依然以习惯法为依据。显然，契约租金的商业性是逐渐形成的，契约租地农不是一下子走向市场的，习惯法的保护作用也是逐渐淡出的。

接下来，契约租地更多地受到商业契约保护，并且越来越明确地被纳入王室普通法范围。早在13世纪，国王法院就有保护租地农在租期内不被驱逐的令状，即"租期内逐出承租人令状"（quare ejecit infra terminum）。至14世纪60年代，救济手段出现了"侵占租地之令状"（de ejection firmae），普通法法院重申13世纪令状，

---

① 参见 R. H. Tawney, *The Agrarian Problem in the Sixteenth Century*, p.286。nullum tempus occurritregi，这是一条普通法格言，是布莱克顿的亨利（Henry de Bracton）13世纪50年代在其《论英格兰的法律和习惯》（*De legibus et consuetudinibusAngliae*）一书首先提出，意思是王权不受诉讼时效法规限制。1763年乔治三世在位时颁布一项法令，将国王的诉讼时效限定为60年。参见《元照英美法词典》词条 Nullum Tempus Act［国王诉讼时效法］。

并且扩大了该令状的使用范围。①进入16世纪，契约租地快速发展，纠纷也随之剧增，普通法法院关于承租者权益的判例大量涌现。请看16世纪30年代一份"租期内逐出承租人令状"：

> 国王向郡长致意。如果A就其诉讼请求提供担保，那么就应当传唤X参加审判，并向前述之A证明他为何要扣留位于特龙平顿的一所房屋及其附属建筑，而此房屋和附属建筑是M限期出租给A的，在租期尚未届满期间，上述M又将其出售给前述的X，结果X像A所说的那样，已（非法地）将他从住房中驱逐。朕命你派遣送达吏并执行此令，特谕。②

房产主M本已将不动产出租A，租期未满却又售给X，导致房客A被驱逐，于是国王下达令状，以维护租期内承租者A的权利。

同理，与房屋一样，土地占有亦受到法律保护。1500年，根据前述"租期内逐出承租人令状"，国王法院就某个土地诉讼案件明确判定：只要承租土地依然在租期之内，侵占者必须尽快退出，并向原告支付相应赔偿。③此后，王室普通诉讼法院的判例，多次确认国王法院的上述规则。1529年议会通过立法，无论出租人是否采取"共谋拟诉"手段，④承租人都可以凭前述"侵占租地令状"起诉，以抗拒无理驱逐，恢复占有。⑤

另据《驱逐法令》（Ejectment）规定，承租人可以依法抵抗外来者，甚至能够抵抗地产主本人，或者地产所有权的转移对象。1537年

---

① 参见 J. H. Baker, *An Introduction to English Legal History*, Oxford: Oxford University Press, 2019, p.318.
② 〔英〕梅特兰：《普通法的诉讼形式》，王云霞等译，商务印书馆2010年版，第137页。
③ 参见 J. H. Baker & S. F. C. Milsom, *Sources of English Legal History*, London: Butterworths, 1986, pp.179-180, note 2.
④ "共谋拟诉"即土地出租人为了谋求更高的土地租金，与第三人合谋，来驱逐租期内的承租人。
⑤ 参见 J. H. Baker, *An Introduction to English Legal History*, p.318.

的某一案例,土地出租期间,地产主将该地产赠送给第三人。庭审法官们讨论了土地出租期间地产主是否有权赠送他人,或者说第三人获得出租期间的土地是否合法,最后法庭一致认为,"在出租期间,出租人没有实际占有土地,倘若出租人转移地产,必须同时转移土地的占有,否则,侵害了当下土地承租人的权益"①。结果是,地产主不能如愿赠送,虽然他的土地属于自由保有权。地产主只能等待,等待土地租约期满,才能转移自己的不动产,不论赠送还是买卖。

上述案例表明,承租人承租期间的土地权利是相当稳定的。辛普森在讨论16世纪契约租地时指出,事实上,在土地占有的意义上讲,它们具有一种不动产的性质,在产权意义上讲仅有动产的性质,可以说"它们一半是不动产,一半是动产"②。不难看出,法律切实保护租地农在承租期间的土地权利,以致契约租地带上了某种不动产的色彩。从更广阔的视野看,法律保护双方当事人的权益,核心在于保障契约的实行。法律保护他不被驱逐,因为土地处于契约所规定的承租期内;倘若承租期结束,租地农逾期不归还土地,法律将站到出租人一方,强制佃户离开土地。

租地农和地产主的权利,已经划分得相当清晰。领主或乡绅地产主可能期待着某块出租地并入自己的大农场,或者期待着成倍提高地租,倘若租期尚未结束,他将毫无作为,尽管这是他的土地,托尼说:"他唯一所能做的只有等待着租期结束。"③因为租期内的土地,佃户的承租权受到契约法律保护。一个没有继承权的公簿持有农,当租期届满时也须离开土地,习惯法同样不能给他提供什么。所以,一个持有30年租期的租地农与一个终身持有土地的公簿持有农,看不出有多少不同。④继农民人身获得普遍解放后,16世纪土地性质改变更加凸显出来。与其说不少公簿持有农转变为契约租地

---

① A. W. B. Simpson, *A History of the Land Law*, pp.247-248.
② Ibid., p.249.
③ R. H. Tawney, *The Agrarian Problem in the Sixteenth Century*, p.286.
④ Ibid., p.23.

农，不如说公簿保有地转变为契约租地，以致17世纪持有契约租地的农民占据优势。也就是说，保有地逐渐契约化、市场化，这与圈地运动的节奏完全一致。

身份已经无足轻重，某个人可能同时持有不同类型的土地，往往来自几个庄园，谁能说清楚他是什么身份，归哪个庄园管辖？早在15世纪中叶，一个叫黑根沃斯的农民，经营着123英亩公簿保有地，分别来自三个不同庄园的14个农户。他还从不同的领主那里领有自由保有地。

另一个叫理查德森的农民，兼任佩尔海姆斯教区执事，不断聚集小块土地，1528年去世时，他已是297.5英亩土地的地产主，同时还是个佃户，因为他还持有两个领主的保有地，每年所付租金达30先令5便士，这笔可观的租金表明他承租的土地面积也不小。[1]还有一些案例表明，一个村民同时兼具承租人和地产主的角色。[2]很明显，与庄园盛期相比，不仅封建保有地在蜕变，封建佃农概念也变得面目全非。

综上所述，我们不难发现，英国乡村经济与社会正在经受着市场大潮洗礼，变化极其深刻，虽然是静悄悄的，却非同小可，16世纪大规模的地产变革呼之欲出。

其一，佃农基本摆脱了奴役，成为可以随意迁徙的自由劳动者和经营者。其中，自由持有农获得了进一步发展，即使他是一名小农，但由于地权稳定，独立、自尊、富有活力，在乡村中的地位同样难以撼动。此时，佃户主体不再是世袭保有土地的维兰，而是公簿持有农，他们依然被归类于习惯佃农，但已是自由身，合法权益受到普通法保护。公簿持有农及其土地在不断的分化中。一部分有继承权的公簿农，与自由持有农相差无几；保有地有期限的公簿农，不论十年、三十年还是终生，则与契约租地农没有多少不同。不论哪一类公簿农，其保有地权限都越来越清晰地被界定，并具有法律效力。

---

[1] 参见Mavis E.Mate, "The East Sussex Land Market and Agrarian Class Structure in the Late Middle Ages", *Past & Present*, No. 139 (May, 1993), p.55。

[2] Ibid., p.59.

其二，领主直领地在庄园土地中举足轻重，被出租以后，仍是领主的自由持有地；对承租者而言，却是租期可终止的契约租地。领主与承租者，双方依据市场供求关系而不是封建关系和惯例。由于领主直领地和荒地出租，商业性出租土地所占比例越来越大；土地的时效性，使土地适时回到领主或其他产权人手中成为可能。同样重要的是，在市场经济和契约关系的深刻渗透下，公簿保有地也向期限出租地转化，传统世代继承的保有地数量趋向衰减。当公簿保有地保有期限届满，这个公簿持有农有被驱逐的可能。土地的性质更重要，"身份因素"正在让位于"契约因素"。至此，圈地运动的发生变得可以理解。

其三，随着经济社会生活变化，习惯法乃至王国普通法也不断更新，逐渐与市场经济秩序相衔接，重在保障各类土地契约的实施。封建保有地在蜕变，然而法律没有废弛，仍然受到人们的尊重，只是因势利导，不断更新。很明显，历史正在翻开新的篇章。

在庄园制盛期，佃农稳定占有土地并世代相承，这种土地保有权的积极作用不可低估；不过它毕竟是庄园时代的产物，说到底，这种土地占有与封建人身依附关系联系在一起。随着市场经济原则深刻渗透于生产与生活，也随着生产者争取自由的斗争，土地的身份与权力印记逐渐淡出。自由保有地率先成为真正的土地财产。接着，15世纪中晚期后，国王法院介入公簿保有地保护，[①]可继承的公簿保有地更多地被视为独立的土地财产，更多的公簿地转化为契约租地。公簿保有地转化过程复杂且漫长，不过土地市场化的总趋势是没有什么疑义的。

在中世纪，佃农保有地本是人身依附关系的纽带，领主超经济统治的凭借；如今却正在变成可流通、可抵押的具有市场属性的地产，这不能不说是一个进步，尽管它要付出一定的代价。而封建保有地，还有下面论及的封建地租，它们的蜕变势在必行，是资本主义私有土地产权确立的前奏曲。

---

① 参见 P. D. A. Harvy, ed., *The Peasant Land Market in Medieval England*, p.328.

第八章　封建保有地蜕变（下）

封建地租是封建保有地的延伸。封建保有地以及耕作者身份，都发生了市场性蜕变。那么，封建地租，又称习惯地租，这个盛行欧洲几个世纪、曾让领主甚至国王都奈何不得的地租模式，还能安之如常吗？习惯地租在中世纪晚期一路飙升而广受诟病，也是圈地运动的直接诱因。习惯地租蕴涵着日耳曼人深厚的历史传统，其丰富而曲折的演变历程，表现了欧洲文明特有的张力。

进入16世纪前后，英格兰地租一时成为社会热点话题。为什么地租如此膨胀？领主的"罪恶"是那个时代的答案之一，托马斯·莫尔"羊吃人"的控诉广为人知。拉蒂默（H. Latimer）主教向爱德华六世布道中，也多次怒斥"领主的贪婪"。[①]他指出，地租上涨使得面包等价格上涨，百姓基本生活成本增加，苦不堪言。[②]那个时代斥责领主贪婪的著名篇章还有《霍林谢德编年史》(*Holinshed's Chronicles*)，由教士W. 哈里森等根据亲历的见闻写成。[③]

问题在于，领主何以贪婪，以前就不是吗？将地租上涨完全归于领主贪婪的看法当时就有异议，例如作家约翰·诺登（John Norden）就指出，地租大多通过市场协商的方式议定，租佃双方自

[①] 见 C. H. Williams, ed., *English Historical Documents*, Vol. V, London:Routledge, 1967, pp.272–273, 274–276, 338–356, 426。

[②] 参见 C. H. Williams, ed., *English Historical Documents*, Vol. V, p. 272。

[③] 参见 William Harrison, *Elizabethan England:From "A Description of England"*, edited by Lothrop Withington, with introduction by J. Furnivall, London: Walter Scott, 1876, "Forewords"。

愿,"难道地产主不可以凭据自己的意愿和能力来追求他们的利益吗?……我想,如果他们拒绝佃户同意的出价,倒是愚蠢至极了"①。诺登所说似在情理之中,可是主佃双方为什么能够在那样高的价位上达成协议,却没有回答。其实,一个简单的事实是,地租上涨并非权力强制而是市场指向,土地已经被卷入了市场经济范畴。

有人将地租急遽上扬归于价格革命,亦难以成立。从时间顺序上看,地租上扬在先,在价格革命明朗化之前。其次,从价格的增长幅度来看,地租一路遥遥领先,并未完全依随价格革命的节拍,而是超常性增长。当代一批英国历史学家对圈地运动期间的地租增长做了专题研究,克里奇以地产档案为依据,论证16、17世纪地租数倍增长,明显超过小麦、羊毛等一般商品价格增长幅度。②艾贝尔、怀特等也持相似看法。③

诺贝尔奖得主美国学者诺斯等也指出,英国地租指数是所有价格中增长最迅速的,上涨幅度竟超过500%以上!④踏上不归之路的地租上涨,颠覆了传统的习惯地租模式,冲击了人们的社会关系,一部分人陷入痛苦与贫困,人们却无可奈何。

19、20世纪之交的历史学家J. H. 朗德指出:"尽管这样的变化看起来多么不受欢迎,然而土地效益最大化的趋势难以阻挡,即使立法也阻挡不住。"⑤可见地租飙升有其深刻的经济社会原因。显然,封建地租正在改弦易辙,经历着转向市场的过程,这一过程是痛苦的、极其复杂的,也是难以避免的。它是理解英格兰乃至欧洲土地

---

① Wilhelm Abel, *Agricultural Fluctuations in Europe from the Thirteenth to the Twentieth Centuries,* p.125.

② 参见 Eric Kerridge, "The Movement of Rent, 1540-1640", *The Economic History Review*, New Series, Vol. 6, No. 1 (1953), p.28。

③ 参见 Wilhelm Abel, *Agricultural Fluctuations in Europe from the Thirteenth to the Twentieth Centuries,* pp.123-128; Jane Whittle, *The Development of Agrarian Capitalism: Land and Labour in Norfolk, 1440-1580*, pp.72, 74。

④ 参见〔美〕道格拉斯·诺斯、罗伯特·托马斯:《西方世界的兴起》,厉以平、蔡磊译,华夏出版社1999年版,第134—137页。

⑤ J. H. Round, *Studies in Peerage and Family History*, London: Longmans Green & Co., 1901, p.283.

变革的重点，也是难点。

英国历史学家克里奇等指出地租变化与圈地的关系无疑是正确的，不过他们未能就地租大幅度上浮的缘由给出有说服力的解释，因此没有建构起地租与土地蜕变、进而与"圈地"之间的逻辑联系。"历史是一件无缝的天衣"①，笔者认为，关于地租高涨问题，必须从长时段历史联系中说明问题，从封建制母体因素的转化中得到解释。

一、习惯地租的历史沉浮

所谓"地租高涨"，是相对于庄园时代平稳的习惯地租而言。习惯地租意味着固定、不变，这个曾让领主奈何不得的地租模式，现在却面目全非，地租高涨成为圈地的重要诱因。习惯地租的制约力何以"失灵"，无疑是理解圈地运动发生的另一条重要线索。

习惯地租是西欧封建地租的别称，即依据习惯法交纳地租，如同领主的佃户被称为习惯佃农、封建保有地被称为习惯保有地一样，仅从语义学上即可发现习惯法在封建庄园制中的重要作用。习惯法就是惯例，又称庄园法和村法，同时也是英国最高法律普通法的基础。在中世纪英国人的观念里，任何存在了相当时期的事情，人们便推定它是合法的、合理的。各级法庭所依据的习惯法，就是建立在这种假定之上的，所以，C. H. 麦伊尔文称中世纪日耳曼人的法律是"发现"（found）的而不是"制定"（made）的。②萨拜因几乎使用了完全一样的语言，表述了同样的观点，可见这样的判断在欧洲学界形成了广泛的共识。③

在英国，王室颁布的普通法大约自13世纪开始通行，其实普通

---

① 〔英〕约翰·克拉潘：《简明不列颠经济史》，范定九、王祖廉译，第257页。
② 参见 C. H. McIlwain, *The Growth of Political Thought in the West*, New York: The Macmillan Co., 1932, p.193.
③ 参见 G. H. Sabine, *A History of Political Theory*, New York: Dryden Press, 1973, p.197.

法也是建立在村庄或庄园的习惯法基础上的，国王及其有关机构将发现的惯例整理后置于"法令"或"条例"里，以期人人皆知，人人皆行，因此英国中世纪的法律基本上是一部习惯法。西欧封建制是人身依附制度，同时在封君与封臣、领主与佃户的关系中存在双向制约因素、契约因素，久为学界所公认。笔者认为，习惯地租是欧洲封建主义历史条件下的特定产物。

习惯租助益小农经济繁荣

由于封建契约因素，领主与佃户关系一旦确定下来，就受到习惯法保护，很难改变，正是在这个意义上习惯地租几乎是固定地租的代名词。

地租固定可以保证领主的收入，有利于维持庄园秩序。如果佃户拒服劳役或拖欠租金，领主将起诉至法庭，经陪审团查证后，法庭将按照法律程序迫使佃户按约交租。若佃户仍不服从，则强制扣押大牲畜等动产，甚至扣押、查封保有地，并以没收土地相威胁。关于佃户怠工、拒服劳役、拖欠租金的诉讼和处罚，充斥于庄园档案；按照惯例，违法者须交纳罚金，而罚金归领主，所谓"司法获大利"（justice is great profit）。习惯法保障领主的政治统治和经济收入，所以庄园法庭又被称为领主法庭不无道理。

同时，人们发现，习惯法、习惯地租防止领主的过分侵夺，被称为保护农民经济的"防波堤"（dyke）。庄园时代，习惯地租对领主贪欲的遏制，有助于土地增值部分流进农民口袋，促进小农经济繁荣。有证据显示，小农经济的繁荣是从15世纪开始的，小农持有土地的规模和农业耕作中的自主性都有所增长，所以亨利七世在位的15世纪被视为小农的黄金时期。到16世纪，习惯地租仍然有助于抑制土地收益过快转向地产主及资本主义租地农场主，缓解市场竞争压力。

当然，习惯地租"不变"的特性既不是天然使成，也不是天然不变，它源于传统，更缘于佃农群体不懈的抵抗，因为领主对这道

"防波堤"总是虎视眈眈。抵抗有时是法庭的,有时是非法庭的,甚至是暴力的。佃农的习惯地租是"不变量",而随着时间推移和生产能力提升,自己获得的部分却是"可变量"。小农经济的发展得益于佃户负担的确定,其中佃户的抵抗、习惯法及庄园法庭提供的法律程序,都发挥了极其重要的作用。①

习惯地租的稳定对农村经济繁荣做出的贡献,一向为史学界公认。托尼研究了英格兰若干郡的27个庄园的档案,统计了自13世纪末叶至16、17世纪之间的佃户租金变化。该数据表明,尽管某些庄园的地租有一定的增长,但从长时段来看,大多数庄园的地租还是相当稳定的。一些佃户的地租竟能二百多年保持不变。早期货币地租往往也伴随少量劳役,后者在统计中没有显示,这些劳役逐渐折算到后来的租金总量里,所以托尼说实际租金可能比上述数据更稳定。②按照一般规律,物价的增长或快或慢,但在一个长时段内总趋势是增长的,倘若没有一定力度的强制限定,习惯地租在二三百年中的稳定状态是难以想象的。

许多案例都可以证明,这一时期农业自然增值流向佃农的事实。下面表8-1中三个案例,来自王室土地调查员记录,分别显示了习惯地租与佃农纯收益之间的比例及其变化:

表8-1 习惯地租与佃农纯收益之间比例及其变化

年份	庄园	习惯地租	佃户年纯收益	比例
1608	安布勒庄园	16英镑5便士	93英镑4先令4便士	1∶5.8
1608	黑克斯哈姆庄园	126英镑4先令8.25便士	624英镑4先令1便士	1∶4.9
1636	巴克比庄园	11英镑8先令7.5便士	215英镑1先令6便士	1∶18.6

资料来源:R. H. Tawney, *The Agrarian Problem in the Sixteenth Century*, p.119。

---

① 详见侯建新:"法律限定负担与英国农奴身份地位的变动",《历史研究》2015年第3期。

② 参见 R. H. Tawney, *The Agrarian Problem in the Sixteenth Century*, Table VI, pp.115-117。

以上案例表明，这一时期佃农实际收入相当于交纳地租的5—18倍。

习惯地租与市场地租的差额如此之大，以致出现佃户索性将其习惯保有地二次出租——当然按照市场价格出租，从中获取二者之间的差价。罗奇代尔庄园属王室领地，该领地的习惯佃农就通过这样的活动获利。据该领地档案记载，在庄园的一部分地段上，转租1英亩地获得差额2—6便士；在另一地段，大概土质更好一些，差额利润8便士；有的竟达到10便士。[1]

在1549年出版的《英格兰本土公共福利对话集》(Discourse of the Common Weal of This Realm of England)一书中，反复提到习惯地租滞后于当时市面流行的价格，致使地产主贫困。[2]后来价格革命发生，物价普遍上扬，但习惯地租还是不变，实际相当于不断萎缩，越发明显地加剧了与市场地租的落差，使问题变得更加尖锐起来。消除这样的落差无疑是市场经济发展的要求，也是土地呈现市场价格的要求。

习惯地租的稳定性推动整个乡村经济社会发展的历史作用，不可低估。佃户负担受到习惯法限定，从而享有经济自然增长的大部分成果。起初佃农每交给领主一便士放入自己口袋三个便士，后来每交给领主一便士就能放入自己口袋四便士、五便士或更多。英国历史学家评论说："我们不要忘记，如果一个佃农的地租能够200年或250年保持不变，而且在经过农业革命之后只需把自己租地获得利润的1/5、1/6甚至1/18上交即可，这样的状况连现代的农场主也会嫉妒不已。无论佃农有什么其他方面的劣势，他至少有一个助其成功的条件。他不会被高额地租所击垮。"[3]

习惯地租最终阻碍现代地权变革

习惯地租主要是佃户与领主之间的一种政治关系，也就是说，

---

[1] 参见 R. H. Tawney, *The Agrarian Problem in the Sixteenth Century*, p.119。

[2] 参见 Eric Kerridge, "The Movement of Rent, 1540–1640", *The Economic History Review*, New Series, Vol. 6, No. 1 (1953), p.16。

[3] R. H. Tawney, *The Agrarian Problem in the Sixteenth Century*, p.120.

地租不仅是占有土地的代价，更是佃户与领主人身依附关系的表征，意味着佃户的效忠与服从，所以地租与市场是脱节的，甚至是背离的。事实上，习惯地租轻重与佃户保有地面积大小并非对应，一个自由地保有者可能占有相当大的保有地，而劳役却较轻，只有偶尔的劳役，或交付少量的实物以示效忠。依附佃农保有地不一定比自由持有农的大，然而劳役却重得多，这是身份决定的。即使在依附佃农中间，地租与保有地的价值同样不是完全对等：早期庄园档案告诉我们，倘若惯例规定维兰佃户"周工"天数一样，并不意味着这些佃户保有地大小一样；反过来，"周工"的增减与佃农保有地大小同样不一定发生联系。总之，封建地租份额，不是由市场而是特定的人身关系和惯例所决定。

货币地租代替劳役地租，在历史上被称作"劳役折算"（sold work）。英国货币地租在14世纪下半叶已经占据主流，这是农村市场经济发展的重要标志，可这种货币地租仍是习惯地租，不是商业地租，也就是说货币地租依然与土地市场价值没有直接关系。货币地租是劳役的替代物，可谓劳役量之折算。

翻阅科伦多尔庄园档案，在1287年庄园管家地租册中，人们发现习惯保有地租金计算方法简单而粗陋。凡佃户，不论承租土地的面积大小，都须首付9.5便士，称作"pondpany"。接下来，虽然佃户所付租金不一样，但看不出佃户持有的土地面积差异与租金之间的关系。例如，一块22英亩保有地付2先令10便士，一块32英亩保有地也付同样的租金（二者相差10英亩即60多市亩。——引者）。另一块29英亩土地则要付2先令2便士。此外，12.5英亩、16英亩和18.5英亩保有地一律付2先令。而且，这些保有地在同一个地块上，即是说，土地质量和位置没有差别。答案只有一个，那就是货币地租不是基于土地的经济价值，不是市场价格，而是以前劳役的简单折算，货币地租不过是劳役地租的替身，所以仍然称其为习惯地租。货币地租的人身依附性有所减弱，不过仍然具有超经济因素，与土地可能产生的收益没有直接关系，无关市面价格下跌还是上扬。

在二三百年的时间里，物价在波动中不断上浮，地租却基本不变，远远低于一般物价上涨的幅度，所以佃户个体可以积累资金，购买土地，扩大保有地，甚至成为租地农场主或新型地产主的历史现象变得容易理解了；产生富裕农民群体（well-to-do peasantry），从而改变乡村社会结构也变得容易理解了。同时，习惯地租与市场脱节的原因和后果也得到阐释。

人们发现，习惯地租的历史沉浮表明其双重作用：它抵御领主、助益农民财富积累，同时也阻隔了市场调节。所以，习惯地租价格与市场价格存在着明显"落差"，此乃特定的历史条件下的产物，它为16世纪地租急遽上涨埋下伏笔。说到底，习惯地租毕竟是封建制产物，具有超经济因素，它阻隔市场，最终阻碍现代土地产权变革，最终退出历史舞台的命运不可避免。

二、大农经济崛起：决定性催化作用

一般说来，封建保有地和习惯地租的蜕变，离不开商品经济的推动，然而，很少被提及的是生产结构变化的基础性作用。一个重要的历史事实是，大农经济即富裕农民雇佣经济的成长。它不仅推动流通领域的动产和不动产交换，并且在世界历史上首先启动了生产领域的资本主义，逐渐改变农业生产模式，为"圈地"做了最重要的制度安排。通行上千年之久的封建土地和封建地租走上不归之路。

击溃领主经济

富裕农民依靠新型资本主义雇佣经济起家。资本主义经济需要积累，而稚嫩的农业资本主义既需要积累，更需要保护，因此，脱胎于封建母体的大农经济，不论怎样都与庄园习惯法和习惯地租不可分割。西欧庄园习惯法，对佃农和领主双方都有制约作用，正如布洛赫所言:"它时而为领主所利用时而为农民所利用。"[①] 习惯地租以其稳定性著称,一方面保证领主收入,另一方面抑制领主的过分侵夺,使产品增值的大部分流入普通农民的口袋。三年五载,不一定能看出什么名堂;倘若积年累月地如此这般,而且在一个文明圈内普遍实行并持续保持这样的状态,不难推想,一定会引发社会力量的深层变化,形成不同凡响的社会效应。

英国就是这样,或者说它率先出现了这样的社会变化。经过二三百年的积累,随着生产率和商品率的提升,个体农民经济得到普遍发展。前已述及,到16世纪一个典型农户每年可产五吨谷物,还有养羊业等农副业收入,除满足自家消费外,大部分农副业产品进入市场,因此他们中的大多数人与市场建立了稳定的联系。英国和低地国家生产力水平和市场水平已经位于欧洲前列。中世纪农村是自给自足的小农经济,然而此时的农业生产不止满足于家庭消费,相当数量的农民也不再是传统小农,一部分杰出佃农成为大租地农场主或农业资本家,与乡绅仅一步之遥,有时甚至难分高下。

大农占有越来越多的土地,实行雇工经营,让土地产出越来越多的农牧业产品,满足多方面的需求。同时积累更多资金,扩大生产,形成一定的经济和社会势力,从而与领主直领地经济形成对峙状态。劳役折算后,领主直领地也实行雇佣劳动。在一定条件下,以市场为背景的农民经济、特别是大农经济崛起,从根本上威胁了庄园经济。先是富裕农民经济挑战领主直领地雇佣经济,继而将其排挤出生产领域。

之前,随着劳役制解体,领主得到货币地租,旋即雇佣劳工,直接经营直领地。贵族领主素来不屑于经营实业,亦不善此道。在面向市场、依靠工资劳动者的经营方式中,庄园管理体制极不得力,利润空间非常狭窄,甚至无利润可言,又遇上富裕农民经济强有力的竞争,直领地往往入不敷出,常年亏损。相反,在新兴市场经济

---

① 〔法〕马克·布洛赫:《法国农村史》,余中先、张朋浩、车耳译,第85页。

中，富裕农民如鱼得水，付得出辛苦，也出得起大价钱招徕好劳工。虽然议会颁布《劳工法》限定劳工工资，并规定劳工首先受雇于领主，试图助力领主、压制富裕农民经济，可是成效甚微。在整个14世纪，人们发现庄园查账官年终报账时总是说："今年又亏了！"他们的建议是，与其亏本经营，不如将土地出租出去。兰开斯特郡公爵领地的查账员在1388年报告说，鉴于海厄姆费雷尔和朗兹的庄园都在亏本运营，建议"应当像其他地方一样把直领地出租出去！"①究其亏本原因，鲁特兰公爵的管家在账本里写得相当直白："土地在领主手中，故无利益可言。"②

领主的一些地产甚至出现抛荒。玛尔塔姆直领地14世纪百年间，播种面积、用工数量和生产效率等节节衰退，难以为继。③于是，改弦更张，将直领地出租，成为封建主们纷纷效仿的做法。以东英格兰麦切伯爵地产为例：诺福克的庄园伯彻姆、萨福克的伍德豪尔、克莱特等的直领地，于14世纪60年代中期出租。不到十年，诺福克郡的沃尔辛厄姆和赫特福德的庄园又出租了，其他三个庄园到1400年也先后出租。教会地产亦如此。坎特伯雷大主教在14世纪80—90年代，至少有18个庄园直领地出租，余下少数几个庄园的直领地到1450年也全部出租。④

一些人将直领地出租归因于黑死病引起的劳力匮乏，颇为片面。实际上，领主直领地的削减早在黑死病前一个世纪就开始了，黑死病加速了这一进程。在14世纪的变化，是另一例证。戴尔根据伍斯特主教直领地耕夫和挽畜数量，推算出犁具数量变化，从而窥探出14世纪领主直领地惊人的缩减幅度。数据表明，伍斯特主教直领地在14世纪百年间减少近70%，其中38%的庄园已将直领地全部商业

---

① Edmund King, *England, 1175-1425*, p.62.
② Ian Blanchard, "Population Change, Enclosure, and the Early Tudor Economy", *The Economic History Review*, Vol. 23, No. 3 (Dec., 1970), p.436.
③ 参见Bruce M. S. Campbell, "Agricultural Progress in Medieval England: Some Evidence from Eastern Norfolk", *The Economic History Review*, Vol. 36, No. 1 (Feb., 1983), pp.26-46。
④ 参见Edmund King, *England, 1175-1425*, p.62。

性出租，传统的领主经济不复存在。①

在新兴富农雇佣经济压力下，庄园领主的财富观念和行为方式都发生了变化。在典型的西欧封建社会，土地本是维系领主与佃户人身依附关系的纽带，领主财富和地位的标志是服役佃农的数量，而此时一种流行的财富观念认为，货币数量远比佃户和土地数量更重要，土地价值在于从中获得的最大利润。历史学家高度评价这一理念的变化，认为它是英格兰现代观念与传统观念的分界线，也是英格兰与爱尔兰及欧洲其他国家的分界线。②土地正在变得商业化。基于观念的变化，也是形势所迫，越来越多的庄园领主乐于出租自己的直领地，一般以商业模式出租。在本质上，这完全不同于传统土地保有制。

直领地的分割

领主直领地出租最初经常在佃户中间分割。我们把目光投向14、15世纪的档案可以发现，在许多庄园，直领地被分割为小块土地出租，租期多为数年。1325年，王室土地调查员发现，在特柯福德庄园，有48英亩直领地分别出租给佃户。1328年，在诺森伯兰郡的阿布勒庄园，被称为"福兰德斯"的直领地，由依附佃农们（bondage tenants）分割与承租；九年后，其中4个依附佃农又分别租得另外2—4英亩直领地。1436年，在阿姆布勒斯伯里庄园，直领地上的2卡勒凯特耕地③、8英亩草地，还有400英亩牧场，分别租给不同的佃户。同年，在温特伯恩庄园，直领地上的2卡勒凯特耕地、6英亩草地以及300英亩牧场，也被分租。④

直领地出租在15世纪相当普遍，到16世纪中期几乎全部出租。有时，领主将直领地出租给契约租地农或公簿持有农，有些情况下

---

① 参见 C. Dyer, *Lords and Peasants in a Changing Society: The Estates of the Bishopric of Worcester, 680-1540*, p.122。
② 参见 R. H. Tawney, *The Agrarian Problem in the Sixteenth Century*, p.2。
③ 卡勒凯特（carucate）：旧时英国的土地丈量和估税单位，约合100英亩。
④ 参见 R. H. Tawney, *The Agrarian Problem in the Sixteenth Century*, p.94。

整体转移给一两位大户,承租者也许是个乡绅、骑士或是个庄头,许多时候就是一个富裕农民。直领地进入市场,让有钱、又有经营能力的家庭来购买或承租,是大农等中间阶层发家致富的重要机遇。他们可能觊觎这些土地很久了,承租土地完全为了扩大生产规模,赢得市场利润,他们实际上就是资本主义租地农场主。

领主直领地在庄园耕地中占据相当大的比例,通常一半左右,甚至更多,而且是最肥沃、最令人羡慕的土地。16世纪的直领地,已不再是庄园经济中心,也不是习惯佃户履行义务的中心,而成为体量巨大的商业出租地,对土地和地租市场化的作用非同小可。如果说劳役制解体是人身依附关系衰落的标志,那么领主直领地分割则开启了传统共同体耕作体系的解体进程。在其他一些欧洲国家,比如德意志,领主直领地的解体则是很晚以后的事情。

与此同时,荒地的开垦和出租,加快了界定土地产权的进程,也进一步推动了土地商业出租模式。事实上,很可能小块垦荒地的出租最先使用了商业契约承租模式。

在圈地运动兴起二三百年前,一片又一片的荒地或被分割,或被蚕食。[①]最初,佃户悄悄地开垦村庄周围荒地,以避开领主和管家的监视,因为这是违背习惯法的。垦荒还时常遭到一般佃户的抵制,他们抱怨共用地的减少损害了他们的放牧权。广袤的英格兰国王森林延绵不绝,并受国王特别森林法庭保护,然而在拓荒者(包括贵族开荒者)的压力下,再加上货币的诱惑,王室也逐渐变通了森林垦殖的禁令。王室森林如此,一般庄园的林地和荒地的情况可想而知。人们出资承租荒地,实际上是承认王室或一般领主的土地产权,并与之建立商业租佃关系。随着一块块荒地林地被开垦,这一时期许多庄园专门设立了荒地林地租金账簿,使得领主收入成倍增长。出租垦荒地回报丰厚,领主乐见其成。领主出租垦荒地的方式与直领地出租方式相互借鉴,共同推进了商业契约租地的发展。在新垦

---

① 参见 Georges Duby, *The Early Growth of the European Economy: Warriors and Peasants from the Seventh to the Twelfth Century*, pp.199-210。

地上，租佃双方签约自由，不过土地的租期是有限的、可终止的，租金随行就市，是可浮动的，完全不同于封建保有方式。

商业土地租期长短不一。1411年的考文垂大教堂地产档案，提供了11个庄园直领地商业出租的信息，它们分布在沃里克郡和莱斯特郡，租期分别为8年、22年、60年、14年、3年、12年……还有三块意愿保有地，为不定期出租。诺福克郡的福塞特庄园的直领地，先是大块土地的出租，后来是零碎的出租。大约1400年之后，租期6年或7年，之后是12年或40年。[①]或长或短，然而总有租期终止之时，这是直领地和荒地租约的重要特征，也是典型商业出租的特征。在直领地出租的初期阶段，领主为了吸引佃户，很可能低价出租，甚至低于惯例租金，如1378年福塞特契约租地的租金，平均每英亩仅10.75便士，而同时期习惯地租平均每英亩要支付24便士，相差一倍以上。

因此，14世纪末期和15世纪，在那些习惯保有义务繁重的庄园，佃户大规模地涌向契约租地，而契约租地多源自直领地和荒地。商业租地的租金和租期，完全根据市场需求灵活调整，土地利用率和生产效率得以提高，显示了旺盛的生命力。[②]

商业地租渗透习惯地租

在这种新型商业租地影响下，越来越多的习惯佃农同时承租商业租地，所以许多公簿持有农同时也是契约租地农。以前，领主直领地和佃户保有地泾渭分明，佃户定期在领主直领地上服役同时持有自己那块保有地，后者受习惯法保护，在这个意义上保有地称为习惯地，佃户称为习惯佃农。14、15世纪后，一部分习惯佃农先后承租直领地或荒地，一个重要结果是，市场化模式进入习惯佃农

---

① 参见 R. H. Hilton, *The Decline of Serfdom in Medieval England*, p.45.
② 参见 Jane Whittle, *The Development of Agrarian Capitalism: Land and Labour in Norfolk, 1440–1580*, p.71. 福塞特契约租地的租金在15世纪20年代更是跌至7.75便士，大概是一个特例，见该著第71页，注释118。

的租地关系中。

传统佃户保有地，大多是世代保有。后来承租的直领地和垦荒地则不同，几乎完全比照商业租地方式，所承租土地通常有固定年限。结果，一部分习惯佃农的面目变得复杂起来：他们依然是持有法庭卷宗副本的公簿持有农，可新近持有的、来自直领地或荒地的土地，却是商业化契约租地，其租地条件和性质不再是保有地，而是商业性契约租地。土地对于他们不再像以前的习惯佃农那样世代占有，亘古不变。

1568年，土地调查员从庄园账簿发现，在西部地区的六个庄园里，直领地多年前就已经变成公簿持有农的商业租地。同样的事情发生在诺森伯兰公爵的庄园里，由于领主直领地出租多为公簿持有农接手，所以他们的商业租地面积明显增长。在英国其他地方也有类似的情况发生。期限性商业租地增多，势必强化土地流动性，庄园敞田制整体性进一步被打破。

商业租地方式如此盛行，以致直接冲击和改变原来的习惯保有地，一旦遇到时机，习惯保有制（customary tenure）即变成商业性契约租佃（leasehold tenure）。一些地区维兰佃户的人身解放，与习惯保有地变性为商业契约租地联系在一起。在贝克郡，维兰制存在时间较长，一直到15世纪上半叶，还有不少维兰佃户通过赎买等方式消除非自由的标记；与此同时，维兰保有地变成终身契约租地。希尔顿指出，这一时期，"实际上，终身保有已在习惯保有地中变得非常流行"[1]。终身保有，即佃户与领主的依附关系及身而止，也就是说，佃农土地保有权具有时效性，当事人离世后，其后代与领主不再具有人身依附关系，同时也不能继续占有土地。实际上已与商业契约租地没有什么区别。从16世纪的情况看，习惯保有地向契约租地的转移对领主有益，因为商业地租能够上浮，而习惯地租

---

[1] R. H. Hilton, *The Decline of Serfdom in Medieval England*, p.47.

原则上是固定的。[①]

习惯地租是受习惯法保护的，由于习惯法根深蒂固的历史地位，所以习惯地租仍然难以撼动，即使进入16世纪后依然如故。克兰多庄园有158位公簿持有农，显然是一个较大的村庄，曾因习惯地租和土地继承权问题产生争端：1567年，领主——温彻斯特大教堂住持，与全体公簿持有农"集体谈判"（collective bargain），最终达成协议：依照习惯法，佃农享有固定地租，还享有固定的土地易主费和公簿保有地的继承权。协议书包含这样的文字：从今以后，应当永远接受并认可，领主和习惯佃农共同尊奉的那些公正、确定、古老的习惯法……；并且，从今以后，大教堂住持及其继任者与庄园其他利益相关方达成的协议继续有效，直到永远。[②]显然，此为佃农取得成功的案例，他们坚持了传统权利。

在领主的威胁、利诱下，佃农败诉也不少见。例如达拉谟的教会地产（Durham Cathedral），领主要求改变习惯佃农土地可继承的保有条件，但佃农们拒绝签订新租约，引起旷日持久的诉讼。尽管保有制转换进展缓慢，最后还是以大部分佃户变成契约租地农告终。[③]商业地租和习惯地租相差甚大，一旦改变保有地的性质，流进地产主口袋的租金就会成倍增长。初期的契约地租金可能不高，不免还带有习惯地租的痕迹，但与习惯地租已有本质的不同，因为合法提升租金的大门已经打开，租约到期，领主可伺机更改契约，依市场行情提高租金。

总的看来，早期商业地租运用在垦荒地和直领地上，它们成为商业地租试行的最初平台。一般佃户保有地仍然实行习惯地租，由于习惯法的顽强保护很少变化。16世纪主体佃户是公簿持有农，他

[①] 参见 Jane Whittle, *The Development of Agrarian Capitalism: Land and Labour in Norfolk, 1440–1580*, p.72。

[②] 参见 R. H. Tawney, *The Agrarian Problem in the Sixteenth Century*, p.295。

[③] 参见 Jean Morrin, "The Transfer to Leasehold on Durham Cathedral Estate, 1541–1626", in Jane Whittle, ed., *Landlords and Tenants in Britain, 1440–1660: Tawney's Agrarian Problem Revisited*, Woodbridge: Boydell Press, 2013, pp.117–132。

们获得了人身自由，然而仍然生活在庄园－村庄共同体内，大多交纳习惯地租。很明显，习惯地租是阻遏土地市场化的最后堡垒。

三、跨越习惯地租堤坝

"一般地租"产生

"一般地租"（the general heading of rents），这个地租新概念诞生于中世纪晚期，它不是商业地租胜似商业地租。封建保有地蜕化为商业租地的同时，习惯地租也基本完成了市场化进程，只是完成的方式颇费周折。

"一般地租"是针对习惯地租而提出的一种策略性地租，表面上仍然维护习惯地租不变的惯例，实际上交付地租总额度显著提升，与商业地租即"竞争性地租"（competitive rents）并无二致。15、16世纪的庄园里佃农并非都交纳习惯地租，持有土地的性质不同，地租也不一样。自由保有地和自由持有农一样，在英格兰乡村具有不可撼动的地位。他们名义上需要负担古老的军事义务，[①]而事实上中世纪晚期的领主很难管控他们，其庄园义务明显地弱化了，他们的地租有的已经取消，有的只是象征性地送上一朵紫罗兰，或是一磅土茴香，中世纪痕迹正在逐渐褪去。庄园领主的直领地也属于自由保有地，他与上级领主或国王还有封建关系。就土地性质而言，自由保有地与私有土地产权相差无几，无论自由持有农、乡绅还是领主，自由土地持有者几乎就是实际上的地产主。

自由保有地出租，则参照市场行情，如前述直领地的地租就是那样。在垦荒地（assart）上，开垦者交付租金给领主，这种地租亦为商业地租。实际上，荒地等共用地的产权颇为复杂，虽然名义上属于领主，事实上其中不同的土地权利交叉：领主权与庄园－村庄

---

① 参见 B. A. Holderness, *Pre-Industrial England: Economy and Society, 1500—1750*, p.76。

共同体权利交叉，每一个村民使用权又与共用权交叉，所以圈地运动时因共用地发生争端的案例时常可见。最为复杂的是习惯佃农的土地产权，"一般地租"提出即是针对他们的习惯地租而言。所谓"一般地租"，就是越过以往的习惯地租，从而实现了地租商业化的目标。

受习惯法保护的习惯地租，在16世纪仍然难以撼动。不过形势比人强，这个时代的地产主及其律师总能想出各种办法，他们重点在易主费上做文章。

到中世纪晚期，公簿持有农仍被称为习惯佃农，他们主要交纳习惯地租和土地易主费。习惯地租即原来的周工劳役，后来折算为货币，其数量受习惯法保护。土地易主费发生在保有地继承或流转时，由中世纪农奴交纳的继承捐演化而来。它源于一种古老的惯例，根据该惯例，佃户在死亡后必须归还原本由领主为其提供的作战工具。① 随着时间的推移，自由人摆脱了交纳继承捐的义务，但是习惯佃农仍然要继续交纳，通常是一头最好的家畜或物件。中世纪晚期，继承捐大多折算成货币形式，逐渐演变成易主费形式。易主费有时是固定的，有时是任意的，习惯法通常没有严格规定，一般很少高于一块土地一年或至多两年收入的价值。②

习惯地租和土地易主费本是不相关的两笔租费，此时合并计算：放过受习惯法保护的偏低的习惯地租，而提高以往不受习惯法重视的土地易主费，于是产生一般地租的概念，即习惯地租加上上涨后的土地易主费。这样既遵循了习惯法，表面上不触动习惯地租，又达到了商业地租的水准。商业地租，又称为竞争性地租，在圈地运动前已经广泛实行，不仅运用于契约租地，此时也

---

① 参见〔英〕亨利·斯坦利·贝内特：《英国庄园生活：1150—1400年农民生活状况研究》，龙秀清等译、侯建新审校，第44页。

② 参见 Joan Thirsk, ed., *The Agrarian History of England and Wales, 1640–1750*, Vol. V, Part II: *Agrarian Change*, Cambridge: Cambridge University Press, 1985, p.200。

变相挤进习惯保有地，从而大大抬高地租，实质上实现了习惯地租市场化。

英国具有悠久的法律传统，以及深厚和广泛的社会共识。倘若无视法律和法律程序，试图一次性推翻既有社会秩序，无论你出于什么动机，都会遭遇社会顽强的抵抗。时代的趋向浩浩荡荡，在这样的社会条件下，避免与既定的习惯法正面冲撞，采取迂回战术不失为明智选择。不难发现，地产主们第一个迂回战术是绕开习惯保有地，极力扩大契约租地，实行商业地租。直领地和一部分荒地就是这样变成契约租地的，后者可以获得接近市场行情的高额租金。商业地租的拓展，正好与直领地出租和拓荒运动结合起来。直领地一般占据庄园耕地的半壁江山，还有不断开垦的荒地和林地，所以商业租地规模迅速膨胀，第一个迂回战术取得的成果是巨大的。

地产主们另一个重要的迂回战术是，表面上不触动习惯地租，而大幅度提高土地易主费，实际上整体提高了地租总额，从而产生"一般地租"概念。土地易主费发生在更新土地合同之时（最早发生土地继承时）佃户向领主缴纳的一笔费用。土地易主费金额是否固定，各地惯例不一样，由于不是常年发生的租税，不像习惯地租那样受到高度关注，结果为其后的膨胀留下空隙。从大量的庄园案例可发现，15世纪中期后，土地易主费的诉讼案不断增多，沉重的土地易主费已成为迫使佃户离开土地的重要威胁。

一些庄园的土地易主费是固定的，例如伊丽莎白一世时期，王室领地易主费大多固定，但数额又因地方不同而有所区别，有的是临时裁决，有的是一年或两年的地租总额。在1609年，泰恩茅斯郡12个庄园的佃户要求法庭确认一条惯例，即限定土地易主费，其中六个庄园的家内土地继承支付两英镑，家庭外交易则支付四英镑。其余六个庄园家内为一年地租租金，家庭外则为二年地租租金。[①] 一

---

① 参见 R. H. Tawney, *The Agrarian Problem in the Sixteenth Century*, p.299。

些庄园土地易主费是浮动的，数额差异也很大，很难找到什么规律，完全取决于业已实行的惯例。比如，在英格兰西南部多塞特郡斯皮威克庄园，佃农 J. 布特持有 33 英亩耕地和 1.5 英亩草地，支付土地易主费 6 先令 8 便士；而 N. 斯克威尔 18 英亩可耕地和 1 英亩草地，却支付 100 先令。①

总之，习惯地租是固定的，难以改变的；而土地易主费很多时候是不确定的，也是极不统一的。于是，绕开每年的习惯地租，提高土地易主费的做法，不仅可行，而且有效。进入 16 世纪，浮动的土地易主费有增无减，额度普遍抬高，致使佃农支出不断增加，反对声也从未间断。来自克洛里佃农的集体抱怨，以及 1536 年约克郡农民和 1549 年肯特郡农民的反抗，都涉及沉重的易主费。然而，抱怨和反抗似逆势而动，效果不彰，于是，习惯地租与商业地租的差额逐渐被高额易主费填补，从而使地租总额不断向市场价格靠拢。

拉高易主费的过程并非一帆风顺，有聚众反抗，还有法庭博弈，领主或地产主未必胜算在握。1538 年，法恩登庄园领主与村民就土地易主费发生争执，由于公簿持有农亨利·塞尔比拒付高额易主费，领主穆尔什起诉到星室法院（Star Chamber）。该佃农受到村民公共诉讼费资助，所以能够在星室法院和衡平法院上据理抗争，拖欠易主费竟达十二年之久。衡平法院要求被告让步不果，相反，基于庄园法庭上被告得到村民和陪审团支持，法庭最终否决了领主高额易主费的诉求。②

地租商业化很难一蹴而就，许多博弈僵持不下，久拖不决，达拉谟教区就是如此。1541 年开始，主佃双方经过半个多世纪的较量，习惯保有制才最终让位于契约租佃。事情是这样的：一方是约曼、

---

① 参见 Alexander Savine, "English Customary Tenure in the Tudor Period", *The Quarterly Journal of Economics*, Vol. 19, No. 1 (Nov., 1904), p.55。

② 参见 Roger B. Manning, "Patterns of Violence in Early Tudor Enclosure Riots", *A Quarterly Journal Concerned with British Studies*, Vol.6, No. 2 (Summer, 1974), p.127。

农夫和乡绅，他们交付习惯地租，世代承袭保有地，并拒绝订立有租期的新租约；另一方是教会领主，不承认他们的权利，坚持限期承租。保有制商业化的过程相当缓慢，为此教会在1548年开始采取强制手段，一度中断土地承租关系，除非原佃户支付一笔较大款项赎回土地。佃农们曾起诉到枢密院，未果；1576年又发生冲突，再次上诉枢密院。枢密院提出两种方案：一是契约出租，交纳高额土地易主费（相当于原易主费四倍），租期内土地自由继承，不按时交租则遭驱逐；二是指令性出租，土地易主费比前者稍低（相当于原易主费三倍），不过继承范围受限，否则领主收回土地，租金迟付者加倍惩罚。[①]法庭的倾向明显，不论哪一种方案都是限期承租，大幅度地增加土地易主费，从而提升地租总量。

其后，该案件反反复复，总不能一下子了断，最后领主主张占据上风：大部分佃农接受了契约承租形式，租期越来越短，甚至最多七年就要重新签约。重新签约之际，也是根据土地市场行情收取易主费的良机。[②]在这个问题上，市场往往站在领主一边。

商业地租成势

攻破了土地易主费，地租实际上越过了习惯地租堤坝，迅速膨胀为竞争性的商业地租。俟租期届满，期限保有地上的佃户可能续约，也可能在高额竞争性地租压迫下离开土地。在这样的情况下，唯有世代继承权并交纳固定土地易主费的公簿保有地（copyholds by fines certain），才可以避开高额地租；这样的公簿保有地，实际

---

① 参见 Jean Morrin, "The Transfer to Leasehold on Durham Cathedral Estate, 1541–1626", in Jane Whittle, ed., *Landlords and Tenants in Britain, 1440–1660: Tawney's Agrarian Problem Revisited*, p.125。

② 参见 Jean Morrin, "The Transfer to Leasehold on Durham Cathedral Estate, 1541–1626", in Jane Whittle, ed., *Landlords and Tenants in Britain, 1440–1660: Tawney's Agrarian Problem Revisited*, p.130。一直到17世纪早期，一些庄园法庭卷档仍然记载了这样的内容，即将习惯保有制转化为契约租地制度。1631年克莱顿教区卷档显示，领主爱德蒙·弗尼，他的儿子拉尔夫，管家威廉·罗德斯，以及牧师约翰·阿瑞斯，曾经策划将公簿保有地转化为契约租地，然后将教区圈围。John Broad, *Transforming English Rural Society: The Verneys and the Claydons, 1600–1820*, Cambridge: Cambridge University Press, 2007, p.50。

上接近于自由保有地。在市场大潮冲刷下，随着各项权益时效性不断界定，交纳固定易主费的公簿保有地越来越少，一项统计数据表明了这一点（见表8-2）。该统计涉及的范围颇为广泛，包括三个地区的147个庄园，结果表明，实行浮动土地易主费的庄园占据多数，高达63%以上。

表8-2　16世纪浮动与固定土地易主费之比例

庄园数	固定易主费	浮动易主费	半固定半浮动易主费
（a）86	28	58	…
（b）61	25	35	1
总计147	53	93	1

资料来源：统计表格中的（a）（b）分别代表萨文博士的数据和托尼教授的数据，表达方式与原文略有改变，参见 R. H. Tawney, *The Agrarian Problem in the Sixteenth Century*, p.300。

根据马丁的估算，将近三分之二公簿持有农交纳浮动土地易主费，与上面的数据相当接近。马丁指出，根据其时的佃农结构，除去20%自由持有农，大部分是公簿持有农，其中大约一半公簿持有农仅拥有土地终身持有权，或几代人的持有权，而没有永久继承权。①这意味着，大约二分之一到三分之二公簿持有农交纳"一般地租"，即实际上的商业地租。很明显，16世纪，随着直接和间接的地租膨胀，小农的黄金年代消逝，农牧业产品的增量部分越来越多地流入地产主的口袋。

依据海温汉姆教区法庭档案，1530年前后，单位面积土地价格急剧上涨：在1513—1528年，每英亩土地平均价格为27先令8便士；而到1529—1543年，每英亩土地平均价格上涨为48先令8便士；到1544—1558年，每英亩平均价格进一步上涨至114先令4便

---

① 参见 John E Martin, *Feudalism to Capitalism, Peasant and Landlord in English Agrarian Development*, p.128。

士。① 土地价格与地租价格密切相连。拉蒂默主教向亨利六世的一次布道中，提及其父承租一块地，以前每年交租金3—4英镑，现在已经上涨到16英镑，甚至还要上涨。② 此前二十年，威廉·罗伊（William Roy）就抱怨地产主抬高了一半的租金，还索要高额土地易主费。

在16世纪最后25年，地租增长得更快了。根据克里奇的研究，在1590—1600年和1640—1650年，农田租金增加了六倍，而草地和牧场增加两倍或三倍。③ W. 哈里森认为，1578年，租地农场主交付的一年地租相当于过去六七年的地租总额，在那个时期旧地租可能从4镑涨到40镑甚或更多。他还指出，土地易主费则涨到两倍、三倍甚或七倍。④

浮动的土地易主费不排除领主漫天要价，趁机逼迫佃户离开土地，不过一般说来还是遵循一定的准则，即市场准则，否则行之不远。那就是将土地易主费与地租并联考虑，整体作为土地资本的回报。艾贝尔指出，土地易主费取决于三方面因素：该土地租期长短；该土地的地租高低；该土地的产出能力。⑤ 可见土地易主费实际上参照了一般的市场行情，不完全由地产主单方面决定。实际上，在许多情况下，土地易主费是租佃双方讨价还价的结果。例如在某案例

---

① 参见 Jane Whittle, *The Development of Agrarian Capitalism: Land and Labour in Norfolk, 1440–1580*, Table 3, pp.111-112。需要注意的是，不是所有涉及货币交易的情况都会被记录下来。现存的1444—1558年庄园法庭卷档显示，平均每年有1—2起货币交易。

② 参见 C. H. Williams, ed., *English Historical Documents*, Vol. V, p.272。在拉蒂默向亨利六世的一次布道中，描述了务农父亲的生活。其父是一位约曼，没有自己的土地，承租了一块农场，租金每年至多三四镑。他辛勤耕作，养活着六口人。他牧养了100只羊、30头母牛，母亲负责挤奶。其父送拉蒂默上学，给几位女儿每人五镑的嫁妆。他善待贫穷邻舍，常给予他们救济。现在这块农场年租金涨到了16镑，甚至还要涨，他已无力为家庭再做上述那些事情，甚至不能为穷人提供一杯水酒。

③ 参见 Wilhelm Abel, *Agricultural Fluctuations in Europe from the Thirteenth to the Twentieth Centuries*, p.124。

④ 参见 Eric Kerridge, "The Movement of Rent, 1540–1640", *The Economic History Review*, New Series, Vol. 6, No. 1 (1953), p.16。

⑤ 参见 Wilhelm Abel, *Agricultural Fluctuations in Europe from the Thirteenth to the Twentieth Centuries*, p.124。

中，佃户威廉·波顿愿意出价300英镑，作为99年租期的一块土地的易主费，而领主约翰·泰勒则要求450英镑。佃户上调到360英镑，领主则要400英镑，最后，两人以370英镑成交，租金分四期支付。① 显然，最后价格是接近市场的价格。

商定土地易主费同时考虑地租高低，说明人们已然将二者绑定，由此产生"一般地租"的概念。尽管每年交付的习惯地租不易改变，不过已经不再重要，如果地租低于市场价格，易主费则补齐。英国学者E.克里奇指出，这一时期，"对于大多数地产而言，土地易主费在支付租金总额中所占比例越来越大，甚至成为租金的主要部分"②。通过这种方式，即合计地租和土地易主费的方式，习惯地租实际上蜕变为商业地租，趋向于市场价格。

四、习惯地租"革命性"弱化与圈地

地租飙升揭秘

"一般地租"，包含地租、土地易主费等，还有一些实物或少量劳役，一应在内。根据"一般地租"概念，克里奇对16世纪至17世纪中叶地租变化做了专项研究，他认为，该项研究最好的材料是庄园调查记录。相比较而言，这一时期领主赫伯特地产上诸庄园提供的档案资料最为理想，由于该地产一直保持庄园管理方式，土地继承或转移时的记录完整地保留下来，"是可靠的研究基础"。根据原始档案，他做成两副统计表格，并且表示更倾向于第二副表格，后者根据同一地区获得的所有调查记录，其囊括范围更加广泛，如表8-3所示：

---

① 参见 Wilhelm Abel, *Agricultural Fluctuations in Europe from the Thirteenth to the Twentieth Centuries*, p.124。

② Eric Kerridge, "The Movement of Rent, 1540–1640", *The Economic History Review*, New Series, Vol. 6, No. 1 (1953), p.23.

表8-3　1510—1659年赫伯特新接手土地租金变化
（根据同一地区所有调查记录）①

年代	新接手土地案例数	土地总面积（英亩）	租金总金额（便士）	每英亩地租金额（便士）	指数
1510—1519	8	472	3 096	6.562	100
1520—1529	10	406	2 534	6.235	95
1530—1539	75	4 041	53 679	13.283	202
1540—1549	109	3 623	499 89	13.796	210
1550—1559	103	5 225	105 501	20.192	308
1560—1569	111	6 016	137 785	22.902	349
1570—1579	30	1 938	55 320	28.551	435
1580—1589	29	1 225	26 441	21.577	329
1590—1599	35	1 455	52 263	35.927	548
1600—1609	39	1 890	83 302	44.070	672
1610—1619	90	3 550	193 123	54.405	829
1620—1629	105	4 132	189 536	45.867	699
1630—1639	79	3 205	185 360	57.838	881
1640—1649	67	2 811	119 655	42.572	649
1650—1659	92	3 786	209 911	55.447	845

资料来源：Eric Kerridge, "The Movement of Rent, 1540-1640", *The Economic History Review*, New Series, Vol. 6, No. 1 (1953), p.25。

　　领主赫伯特的地产，位于北安普敦郡蒙塔古地区，克里奇指出，根据该地产资料，1545年至1546年，畜栏和家宅租金增长了50%；1547年，磨坊租金从43先令增长到4英镑；1552年，其他租金从4英镑16先令8便士增长到10英镑。总之，从16世纪中叶到17世纪中叶，地租上涨了四倍；如从16世纪初到17世纪中叶计，租金竟上涨八倍之多。② 其他地产的租金增幅也相差不多。他说，关于地租变

---

① 在计算土地面积总数与地租金额总数时，均取最接近的整数。表中所选年份都是有收成记录的年份。表中第5、6列的计算结果，得自于第3、4列的数据。

② 参见Eric Kerridge, "The Movement of Rent, 1540-1640", *The Economic History Review*, New Series, Vol. 6, No. 1 (1953), p.25。

化趋势的计算仅取其近似值,可以肯定的是:第一,这项统计展现了一百多年间地租的一般变化趋势;第二,资料证明,"我们应该没有高估地租的增长幅度"。

接着,克里奇比较了地租价格和小麦、羊毛价格增长幅度,他认为有理由推断,从整个增长趋势看,土地租金涨幅高于一般物价。[①]这一数据有力地证明:将地租增长完全归于价格革命是不能成立的。

艾贝尔也持相似看法。艾贝尔指出,16世纪英格兰地租急剧上涨是无可争辩的事实。[②]艾贝尔还将自己数年研究成果显示在图8-1:16世纪20年代和70年代之间,地租(rents,指租金加上土地易主费)上涨了四倍;16世纪80年代有小幅波动,而后又继续上涨两倍。如图中小麦和羊毛价格曲线所显示的那样,地租上涨幅度轻易地超过了小麦和羊毛的价格的上涨幅度。

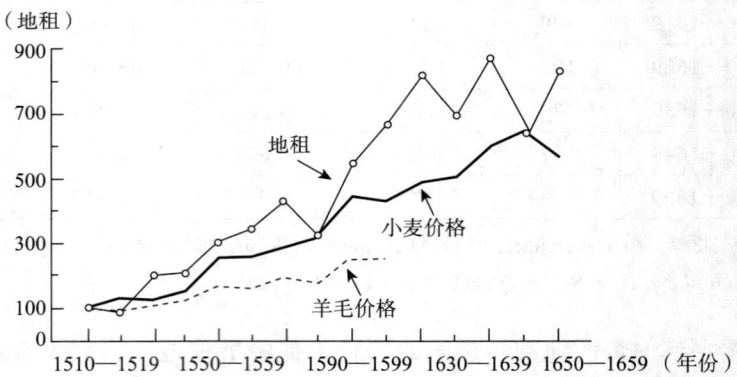

图8-1　16—17世纪中叶英格兰南部地租和主要产品价格变化曲线

资料来源:Wilhelm Abel, *Agricultural Fluctuations in Europe from the Thirteenth to the Twentieth Centuries*, p.125。

行文至此,16世纪英国地租急遽上涨,高于一般物价上涨幅度及其原因也就有了答案。该问题必须回溯到中世纪的生产生活中,

[①] 参见 Eric Kerridge, "The Movement of Rent, 1540-1640", *The Economic History Review*, New Series, Vol. 6, No. 1 (1953), p.28。

[②] 参见 Wilhelm Abel, *Agricultural Fluctuations in Europe from the Thirteenth to the Twentieth Centuries*, p.124。

第八章 封建保有地蜕变（下）

回到封建制。西欧封建制中的原始契约因素，内化为习惯法和习惯地租，对领主的强权和贪婪有一定制约作用，挡住了领主的过分侵夺；同时也使习惯地租置身于市场行情之外。历经二三百年，相对不变的习惯地租与一般性商品如小麦、羊毛、牲畜等价格相比，存在明显的"落差"，恰似一笔潜伏的历史欠账。以习惯法作防波堤的习惯地租，压抑领主贪婪盘剥，客观上成为培育近代市场经济的推手，借助习惯地租的不增长，土地增值部分大多流进佃农口袋，促进小农经济增长与繁荣，从而促进了市场经济发展。几代人过来，农民的经济和自由状况普遍改善，富裕农民群体兴起，乡村经济社会发生了质的变化。一个十分有趣的历史现象是，正是习惯地租客观上推进的市场经济发展、大农－中等阶层雇佣经济崛起，先是击败领主直领地经济，继而迫使领主直领地出租，并大规模地采用商业模式，从而使不变的习惯地租面临极大的挑战。最终，"一般地租"应运而生。换言之，习惯地租最终否定了自身。

"一般地租"就是商业地租，它弥补了习惯地租与市场地租的"落差"，同时也吞噬了习惯地租对佃农的优惠。托尼指出，在这种情况下"佃农地位近乎革命性地下降了"。他说，庄园习惯曾经保护他们免受向下竞争的压力，并且实现了佃农和庄园经济的繁荣；现在，通过提高土地易主费等路径，"以往领主未能获取的增益部分从佃户转到领主手中"。[①]需要对这一时期的"领主"概念说明一下，以对托尼所言做出更完整的理解。英国学者的研究告诉我们，大多数圈地的庄园领主，其实是新兴约曼和商人，他们通过土地市场成为乡绅，进而成为庄园领主。[②]大农－乡绅阶层是圈地的主力，其实也是封建土地及其商业化的主要推手。表面上看，土地商业化取得的增益部分从佃户转到领主手中，确切地说，是转到大农－乡绅手里，农业资产阶级手里。

---

① 参见 R. H. Tawney, *The Agrarian Problem in the Sixteenth Century*, p.310。
② 参见 L. A. Parker, "The Depopulation Returns for Leicestershire in 1607", *Leicestershire Archaeological Society,* Vol. 23 (1947), p.238。

高额地租诱导圈地

实行商业地租的土地表明，该土地已经产生了单一的地产主，意味着圈地的基本条件已经具备。如果地租是商业地租，土地是契约期限租地，显然出租者拥有完整的土地产权，一旦租期届满，只要地产主立意圈地，立时可以实现，而且是合法圈地。在这里，封建土地和地租的蜕变，习惯地租转变成商业地租，以及实现市场价格后出现的地租上扬等，这一系列历史事实与圈地运动的内在联系，显而易见。

先变成商业土地和商业地租，土地有了唯一的产权归属者，在此基础上进行圈地，这是圈地的主流方式。也有先圈地，再解决产权交叉和赔付，进而获得商业地租。不论哪一种方式，圈地意味着离弃习惯地和习惯地租，也是离弃敞田制；不论哪一种方式，圈地前或圈地后地租肯定演变成商业地租，因而出现明显的价格上扬。

据《维多利亚郡史·诺丁汉郡》记载，诺丁汉郡圈地前，即1500—1544年，统计了14块土地的平均地租，每英亩耕地6.25便士，每英亩草地1先令5.75便士。1541年，该郡的莱顿庄园圈地，圈地后地租成倍增长：每英亩耕地3先令4便士，草地4先令5便士，牧场3先令8便士。① 圈地相当于土地实现市场价格，使圈地者获益，因而对圈地运动产生极大的内在推动力！

土地和地租市场化，对整个土地价格，包括敞田土地价格在内，都产生了巨大影响。亨利八世时期（1541—1547年），修道院地产被拍卖，97.5%按照市场价格出售，而且随市场价格浮动。② 1539年，地产价格相当于土地年净收益的20倍，当年王室获6 000英镑地产收益。随着地价上涨，下一个十年即16世纪40年代，地价由土地年收益额的20倍上升到25倍，以后又升到30倍。到16

---

① 参见 William Page, ed., *The Victoria History of the County of Nottingham*, Vol. 2, London: Constable and Company Limited, 1910, p.282。

② 参见 W. G. Hoskins, *The Age of Plunder: King Henry's England, 1500–1547*, London and New York: Longman, 1976, p.134。

世纪末叶，地价上升到土地年收益额的40倍。[①]

海文汉姆主教区土地价格研究表明，土地的市场价格如潮水一般不可阻挡，不论已圈土地还是未圈土地。根据海文汉姆主教区法庭案卷，惠特尔统计了15世纪中叶至16世纪中叶佃户之间土地交易的价格，土地价格平均上涨三倍，虽然这一时期庄园收入没有明显增长。

表8-4　1444—1558年海文汉姆主教区土地价格和土地交易数量

支付协议方面	1444—1460年	1483—1497年	1498—1515年	1513—1528年	1529—1543年	1544—1558年
记录在档案的支付协议	21	30	27	25	22	19
包含住宅的比例	76%	83%	74%	64%	64%	84%
可统计的协议数量（以下简写QPAs）	19	30	27	25	18	16
平均每英亩土地价格	36先令4便士	30先令	25先令4便士	27先令8便士	48先令8便士	114先令4便士
小于4英亩的QPAs的比例	68%	43%	41%	60%	72%	88%
4英亩以下的QPAs中，平均每英亩土地的价格	59先令8便士	58先令	94先令4便士	61先令	98先令	198先令4便士
4英亩及以上QPAs中，平均每英亩土地的价格	25先令4便士	27先令	21先令	24先令	24先令8便士	51先令8便士

资料来源：Jane Whittle, *The Development of Agrarian Capitalism: Land and Labour in Norfolk, 1440-1580*, p.112。

在庄园经济体制走向解体的进程中，习惯地租与市场价格"落差"的消除只是时间问题。又适逢价格革命，物价普遍上扬，习惯地租

[①] 参见 H. J. Habakkuk, "The Market for Monastic Property, 1539-1603", *The Economic History Review*, New Series, Vol. 10, No. 3 (1958), pp.372-374。

要补足历史欠账，还要跟进价格革命的一般物价膨胀，双重涨幅叠加，上扬显得格外突出，地价高于一般物价增长的曲线也就不足为奇了。

"一般地租"的推行，是英国习惯地租变相上扬的方式，它回避了与习惯法正面冲突，另辟蹊径，在有序的环境下同样实现了封建地租的市场化。土地、地租双双进入市场运作轨道，农业、农村和农民注定发生翻天覆地的变化。

一方面，土地成为有时效性的不动产，不再是世袭相承的保有地；地租商业化后可以随行就市，告别固定化的习惯地租模式，无疑加大了地产主的权限。不论公簿持有农还是契约租地农，他们手里的租约大多已具有时效性，在租约规定期限内，他们的土地权利受到法律保护，因此是安全的。卡特勒指出，即使租期是几代人那样的长期的土地出租，领主也要等到最后一代承租人去世或租约期满才可终止合同。①可是，一旦租约届期，佃农就不再受到法律保护，地产主可以收回土地围圈；也可以更新租约，大幅度提高地租。在后一种情况下，佃农可能因无力负担高额地租，被迫放弃土地。地产主的这些做法并不违法。土地、地租的市场化与圈地运动之间的链条关系，不言自明。

另一方面，圈地后的经济利润反过来进一步刺激地租市场化进程。将圈围的耕地或牧场出租，可以获得远远高于圈地之前的租金利润。②地租市场化是圈地的直接推手。在严整敞田制下难以想象的"圈地"，至此似水到渠成，而且一发而不可收。地租的市场化不是偶然的。经过几百年的物质和精神积累，已形成了不可逆转的社会环境，至15、16世纪之际，市场经济大潮"如同驱动磨坊水车的激流，

---

① 参见 W. H. R. Curtler, *The Enclosure and Redistribution of Our Land*, Oxford: Clarendon Press, 1920, p.119。

② 例如，在沃里克郡的韦斯特科特庄园，1444年一个没有圈围牧场的租金一年四英镑而已；到15世纪末，圈围的牧场的年租金竟然涨到13英镑6先令8便士。Christopher Dyer, *Everyday Life in Medieval England*, p.41.

所有旧式的经济标准尽被淹没"①，保有地、习惯地租与整个庄园制一样，都走到了历史的尽头！

综上所述，我们可以发现三层含义。

其一，"圈地运动"看似突兀，其实与中世纪乡村经济社会的积淀和演进存在着深刻的内在联系。一如资本主义地租与习惯地租不无联系。欧洲封建制的原始契约关系，使其社会结构中存在着自我否定因素，在习惯法的作用下，中世纪习惯地租是封建的，但同时具有市场要素发展的某些条件，不可或缺的条件——小农经济被保护必要的，而小农经济普遍繁荣是资本主义农业的温床。欧洲资本主义地租脱胎于封建社会母体，显然，封建契约关系具有一定的现代性，土地和地租商业化离不开契约和法治环境，否则不可想象。

其二，随着市场经济不断成长，难以撼动的习惯地租最终被打开缺口，地租与可变动的土地易主费合并计算，形成"一般地租"，不断趋向市场价格；适逢价格革命，双重涨幅叠加，一路飙升，社会饱受冲击，一部分小农尤其痛苦。不过地租市场化无疑是颠覆中世纪田制不可或缺的必要条件，是从"敞田"到"圈地"的重要铺垫。

其三，受习惯法保护的习惯地租，曾有助于中世纪农民经济繁荣，为市场经济时代来临奠定广泛的基础；而发育起来的市场反过来吞噬习惯地租。人们想方设法，迫使习惯地租不断趋向市场价格，为庄园经济画上句号。这是习惯地租的历史宿命。

历史有其自身逻辑和原则，似乎不在意谁参与了农业资本主义的孕育。这大概就是破茧成蝶之痛吧。

---

① R. H. Tawney, *The Agrarian Problem in the Sixteenth Century*, p.198.

第九章　圈地运动

　　16世纪前后是西欧资本主义确立的时代，传统史学更关注地理大发现、文艺复兴或英国革命、尼德兰革命等，并将其视为欧洲乃至世界近代史的开端。这样的观点无可厚非，但我们还须看到大事件背后更深厚的背景。封建保有地产权的变化，是长时段的，甚至是静悄悄的，显赫的革命却与之不可分割。从这个意义上讲，伴随16世纪这个富有意义的时间单位的启动，在欧洲的核心区域，最具有深远历史影响的事件，莫过于英格兰圈地运动。

　　圈地运动不是国王政府的设计，相反，一度甚至遭到政府的阻止，然而这场有着深厚历史和社会基础的、自下而上的土地产权明晰化运动，能量巨大，不是政府能遏制的，实际上它裹挟了社会所有力量加入其中，从农民、领主到国王，包括政府在内。诺斯指出："所有权的演进，从历史上看包括了两个步骤，先是把局外人排除在利用资源的强度以外，而后发明规章，限制局内人利用资源的强度。"[1]也就是说，先是庄园-村庄共同体内外有别，排斥共同体以外的人使用资源的强度；后是限制共同体内部使用资源的强度，也就是以个体为本位，在庄园-村庄内明确土地产权的边界。

　　中世纪乡村共同体有一定程度的自治、法治与互助因素，同时

---

[1] 〔美〕道格拉斯·C.诺斯：《经济史上的结构和变革》，厉以平译，商务印书馆1992年版，第85页。

第九章 圈地运动

意味着服从、隔绝与狭隘，圈地运动正是所有权历史演进的第二个步骤，[1]即在市场化和社会化的条件下，庄园共同体内甚至在家庭内明确私人土地产权。

最早从事都铎时期圈地运动研究的学者，是德国波恩大学的历史学家纳西（E. Nasse）。纳西的学术专著《中世纪农村共同体与16世纪英格兰圈地运动》[2]于1871年被翻译为英文在英国出版发行，此书引起学界对都铎时期圈地运动的关注，推动这一问题更为深入、系统的研究。继纳西之后，1887年，剑桥大学出版了斯克拉顿（T. E. Scrutton）的《平民与公地》一书[3]。不过，至19世纪末20世纪初，对都铎时期圈地规模研究，才引起学界广泛关注，代表人物是英国历史学家利达姆和美国历史学家盖伊（Edwin F. Gay）。盖伊的研究显示，这一时期的圈地规模并不大，[4]打破了人们对圈地运动的传统印象。在利达姆和盖伊之后，学界兴起了对圈地运动的第一次研究热潮，主要代表有约翰逊（A. H. Johnson）、托尼（R. H. Tawney）、冈纳（B. C. K. Gonner）以及卡特勒（W. H. R. Curtler）等。[5]这一时期的都铎圈地运动研究，重点放在了圈地与农民、圈地与公地以及对圈地运动的整体考察上。20世纪中叶以后，随着经济与社会史学科的兴起，英国史学界再度掀起研究圈地运动的热潮，主要代表有瑟斯克、克里奇、耶林（J. A. Yelling）和帕利泽（D. M.

---

[1] 参见 Phillipp R. Schofield, *Peasant and Community in Medieval England, 1200—1500*, p.71。

[2] E. Nasse, *On the Agricultural Community of the Middle Ages and Inclosures of the Sixteenth Century in England*, London and Edinburgh: Williams and Norgate, 1871.

[3] Thomas Edward Scrutton, *Commons and Common Fields*, Cambridge: Cambridge University Press, 1877. 斯克拉顿从历史和法律的角度研究英国的公地以及圈地运动，他用以往历史学家对公地权利的描述作为参照来检验公地权利起源的法律理论是否准确，并通过描述公地转变为私人土地的历史过程来追寻相关立法和实践的发展演变轨迹。

[4] 参见 Edwin F. Gay, "Inclosures in England in the Sixteenth Century", *The Quarterly Journal of Economics*, Vol.17, No.4 (Aug., 1903), pp.586—588。

[5] 参见 A. H. Johnson, *The Disapearence of the Small Landowner*, Oxford: The Clarendon Press, 1909; R. H. Tawney, *The Agrarian Problem in the Sixteenth Century*, New York: Burt Franklin, 1912; E. C. K. Gonner, *Common Land and Inclosure*, London: The Macmillan Press, 1912; W. H. R. Curtler, *The Enclosure and Distribution of Our Land*, Oxford: The Clarendon Press, 1920。

Palliser）等。[1]这些学者进一步拓宽了都铎时期圈地运动的探讨范围，研究扩展到圈地与人口、圈地与暴力，以及圈地与约曼；圈地与普通农民土地产权研究尤其引人注目。20世纪80年代之后，一些学者再次对盖伊的圈地规模研究提出异议，包括约翰逊、托尼、沃迪和马丁等。迄今为止，圈地运动尚有一些公案未达成广泛共识，对圈地运动的历史形象有着或明或暗的巨大影响，有必要给予新的关注。

在前人研究的基础上，笔者这里重点提出普通农民圈地的基础性效力；大农－乡绅阶层圈地的骨干作用；何以区分合法圈地和非法圈地，以及合法圈地是否成为圈地运动主流等。为此，本章拟从四方面展开论述：何谓圈地运动，农民圈地，大农－乡绅阶层是圈地主力，以及领主凭据什么圈地。

一、何谓圈地运动

欲知圈地是什么，先须明了圈地不是什么，它相对何物而言。

"圈地"与"敞田"

敞田主要由一个庄园分散成数百乃至更多狭长状的条田所构成，条田之间仅用草垄分割，没有永久的围垣；休耕时则成为所有村民皆可使用的公共牧场。关于敞田制的基本特征，瑟斯克归纳为四个主要方面：一是佃农的耕地不是集中在一起的，而是分散为不同地块上的条田；二是轮耕制；三是共同放牧制；四是上述敞田制的基本规则由庄园法庭负责实施。[2]不难看出，敞田具有明显的村社共同体背景，

---

[1] 参见 Joan Thirsk, *Tudor Enclosure*, London: Historical Association, 1959; Eric Kerridge, *Agrarian Problem in the Sixteenth Century and After*, London & New York: Routledge, 1969; J. A. Yelling, *Common Field and Enclosure in England, 1450–1850*, London: The Macmillan Press, 1977; D. M. Palliser, *The Age of Elizabeth: England under the later Tudors, 1547–1603*, London and New York: Longman, 1983。

[2] 参见 Joan Thirsk, "The Common Field", *Past & Present*, No.29 (Dec. ,1964), p.3。

村民之间有相当程度的协作：每个人占有土地面积是固定的，但土地的位置是变动的，因为耕地年年轮换，所以人们指着一块地说，今年它是我的，明年就是别人的了。而现在是别人的那块明年则是我的。[1] 狭长的条田是轮耕的基本单位，每个佃户的持有地分布在各处，并与其他佃户的条田相交错。在英格兰一条田相当于一英亩，大约就是一个牛队一天的耕地面积。所谓"圈地"，在形式上就是将自己分散的条田集中起来，宣示圈地者对这块土地的权利，并提升生产效率。

此外，敞田还包括庄园周围大片的荒地、水塘、沼泽和森林，每一位村民都有使用它们的权利，所以被称为共用地。按照古老的惯例，农民世世代代地利用它们，砍柴、伐木、放牲畜、拾橡子、采蘑菇以及渔猎等，是农民经济生活的重要资源。

共用地的使用不仅有经济意义，还标志着使用者的公共权利，村庄共同体之外的人不可以使用共用地。名义上领主管辖的土地包括共用地，实际上远不是那么简单。大约1070年，一份西班牙巴塞罗那海关文献明确指出，贵族领主对于共用土地和山泉、灌木等资源，不能完全拥有，只拥有属于他们的那份权利，"作为领地的一部分，还要让其村民们随时都可享用这些资源"。[2] 共用地的产权边界颇为模糊，所以圈地中引起的争端最多。经过圈地运动，不论佃农个人持有地还是共用地，传统的土地混合、模糊所有权正在演化为排他性的私人所有权。

"圈地"也相对于佃农及其保有地产权而言，后者是敞田的主体。在习惯法的保护下，佃农土地占有权稳定，世代承袭，其积极意义不可低估，同时也须承认它仍然局限在封建庄园制的框架下：人是束缚于土地上的人，最终是依附于领主的人，而保有地明显承载着身份和权力的强制因素。几个世纪以来，随着佃农自由程度和

---

[1] 参见 William Stubbs, *The Constitutional History of England: In its Origin and Development*, Vol. I, p.80。

[2] 以上参见 M. M. Postan, ed., *The Cambridge Economic History of Europe*, Vol. I, pp.212-313, 282-283。

经济状况的普遍改善，市场经济逐渐培育起来，佃农及其保有地内涵被重新定义，到中世纪晚期尤其明显。16世纪佃农主体已是公簿持有农，其前身是依附性的佃户维兰。公簿持有农可自由迁徙，到他喜欢去的任何地方就业；他的土地权利不仅受到庄园法庭而且受到王国普通法保护，土地可合法出售、转租和抵押。

与此同时，虽然公簿持有农仍统称为习惯佃农，保留着封建关系的外壳，实质上与领主已经不再是人身依附关系，主要是商业性的租佃关系，因此其土地权利获得了一种市场范畴内的法律时效性，世袭封建保有地走到了尽头。所谓"公簿"，就是佃农持有的土地权利证书副本，根据法庭确认的租约条件，公簿上记载着不同的土地权利。一部分土地具有世代继承权，大部分则是有期限的权利，其中较长期的可达数代，通常三代持有；短期者限于终身或若干年持有。[①]承租者在租约有效期内受法律保护，一旦租约期满须离开土地，或重新商谈续约条件。当然佃农也可以买断土地，自己成为地产主。人身已经自由，距离自由财产仅一步之遥。

在个体农民普遍发展的基础上，英国率先出现依靠雇佣劳动经济的富裕农民群体，他们与一部分乡绅携手形成乡村社会的"中间阶层"，即后来"第三等级"的主体。他们积极参与土地交易和圈地，成为圈地运动中不可替代的中坚力量，其中一些人成为新型地产主。"圈地"即在属于自己土地的周围筑起篱笆或挖下沟壑，表示该地是私有财产。"圈地"不仅在形式上从敞田中切割出来，在产权上也与之不同。

"圈地"与习惯地

习惯地的租金实为封建地租，意味着佃农按照封建条件持有土地、交纳地租，也意味着在习惯法约束下地租基本不变。"圈地"终结习惯保有地，势必先要终结世代不变的习惯地租，后者被纳入市

---

① 参见 B. W. Adkin, *Copyhold and Other Land Tenures of England*, p.114。

第九章 圈地运动

场价格体系，成为商业地租。

习惯地租的稳定对农村经济繁荣做出的贡献，一向为史学界公认。习惯地租遏制了领主的贪欲，有助于土地增值部分流进农民口袋，促进小农经济发展。有证据显示，小农的经济繁荣是从中世纪中晚期开始的，他们持有土地的规模和农业耕作中的自主性都有所增长，以致亨利七世在位的15世纪被视为小农的黄金时期。从历史长时段来看，通货膨胀趋势难免，假如没有一定力度的限定，习惯地租二三百年保持稳定状态是难以想象的。这种强制限定作用包含封建契约因素，也包含农民共同体的顽强抵抗。不过，也须清醒地看到习惯地租的两面性，即对领主的贪婪和地租市场走向的双向制约，二者之间的矛盾到16世纪愈加凸显。

也就是说，长期稳定的地租无疑有利于佃户财产的普遍积累，另一方面则是地租与市场价格的背离，表现在习惯地租和佃农纯收益之间的差距越来越大。来自王室土地调查员记录表明，一般都达到4倍或5倍，有的竟达到18倍，说明习惯地租严重背离市场价格的事实。①

地租因习惯法限定而不变，然而佃农来自土地的收益却不断增长，并通过市场获得。其时，与习惯地租并存的还有日益发展的商业地租。由于习惯地租与商业地租的差距如此明显，一些佃户将其习惯保有地二次出租——收取市场价格地租，同时按习惯地租上缴，从中获取二者之间的差价，有时一英亩地租差价竟达10便士。②问世于1549年反映社会问题的一本专著，多次提到习惯地租滞后于市面流行价格，致使社会经济出现严重的不平衡。③习惯地租本是保护

---

① 参见 R. H. Tawney, *The Agrarian Problem in the Sixteenth Century*, p.119。
② 罗奇代尔庄园属王室领地，由于习惯地租与市场地租的差额明显，以致佃户索性将其习惯保有地按照市场价格二次出租，从中获取差价。据该领地档案记载，在一部分地段，转租一英亩地获得差额2—6便士；在另一地段，差额利润是8便士；有的竟达到10便士。R. H. Tawney, *The Agrarian Problem in the Sixteenth Century*, p.119。
③ 参见 Eric Kerridge, "The Movement of Rent, 1540-1640", *The Economic History Review*, Vol. 6, Issue 1 (1953), p.16。

农民经济的"防波堤",谁想此时成为阻断土地与市场经济联系的最后一道障碍。习惯地租与习惯保有地一样,毕竟是一种中世纪超经济因素地租,迟早要淘汰。

受习惯法保护的习惯土地和习惯地租,源于欧洲封建制的契约因素,然而却有利于中世纪农民经济繁荣和市场经济发育,而发展起来的市场反过来对习惯土地及地租提出挑战,迫使其逐渐纳入市场经济节奏,进而为庄园经济画上句号。总之,随着社会和经济各方力量博弈,产生了初步具备现代观念、现代诉求和力量的新兴人群,以及相应的社会环境,当新旧力量消长达到一定程度的时候,势必出现历史性转捩点,这就是圈地运动。不难看出,西方资本主义私人土地产权的形成是相当复杂的,它脱胎于封建社会母体最终又否定了那个母体,它是经济和社会长期蕴化的结果。

对圈地运动的曲折认识

长期以来,英国都铎时期圈地运动被描绘为"羊吃人"运动,这与托马斯·莫尔(Sir Thomas. More)等人当年对圈地的描述和控诉有很大关系。他们认为,随着羊毛价格猛涨,养羊业有利可图,整个英格兰的土地都被领主圈占起来养羊;而且,圈地运动充满暴力与混乱,随着耕地变为牧场,大量农民被驱逐出土地。在《乌托邦》一书中,托马斯·莫尔写道:

> 你们的羊……一向是那么驯服,那么容易喂饱,据说现在变得很贪婪、很凶蛮,以至于吃人,并把你们的田地、家园和城市蹂躏成废墟。……贵族豪绅,……使所有的地耕种不成,把每寸土都围起来做牧场,房屋和城镇给毁掉了,只留下教堂当作羊栏。……佃农从地上被撵走,为的是一种确实为害本国的贪食无餍者,可以用一条栏栅把成千上万亩地圈上。有些佃农则是在欺诈和暴力手段之下被剥夺了自己的所有,或是受尽冤屈损害而不得不卖掉本人的一切。这些不幸的人在各种逼迫之下非

离开家园不可——男人、女人、丈夫、妻子、孤儿、寡妇、携带儿童的父母,以及生活资料少而人口众多的全家,因为种田是需要许多人手的。[1]

莫尔为底层民众发声,广受同情、颇具鼓动性和社会影响力,在很长一个时期,这些言辞成为圈地运动的不刊之论,造成了人们的一种思维定式,即圈地运动就是领主剥夺农民土地的血腥运动。

然而,随着更为翔实史料的逐渐发现和研讨,国际学界早已提出质疑。一百多年前就有研究者认为,那个时代的人们夸大了圈地的规模和圈地造成的损害。盖伊指出,那个时代的宣传小册子和政论作品的特征是"歇斯底里的抱怨并浮夸成风","其夸张程度应该受到谴责"[2]。

至于谁是圈地运动的主要角色,历史的本来面目也逐渐清晰起来。领主无疑是圈地运动的重要参与者,不过这仅仅是整个画面的一部分;事实上佃农也在圈地,富裕农民更是举足轻重。

其实早在16世纪就有学者注意到农民圈地的历史史实,例如,著名农业史学家安东尼·菲茨赫伯特(Anthony Fitzherbert)和政府官员、议员约翰·海尔斯(John Hales)均有论及,可惜没有引起更多的关注。17世纪初作家约翰·诺登和该世纪中叶的约瑟夫·李(Joseph Lee)也都指出,除了庄园领主圈地,同时有佃农圈地运动;约瑟夫·李还出版小册子为正当的圈地辩护,表达了与莫尔不同的意见。普通佃农圈地目标是把分散条田变为紧凑型的土地(compact field),用篱笆将自己的土地围圈起来,并逐渐消除公共牧场和荒地,从而增加小麦产量,提高土地价值。[3]

19、20世纪历史学家深化了上述被忽略的历史观察,巴林顿·摩尔关于大农是农业变革"真正先驱"的观点,尤其应当引起

---

[1] 〔英〕托马斯·莫尔:《乌托邦》,戴镏龄译,商务印书馆1996年版,第21—22页。
[2] W. H. R. Curtler, *The Enclosure and Redistribution of Our Land*, p.246.
[3] 参见 R. H. Tawney, *The Agrarian Problem in the Sixteenth Century*, pp.151-152。

关注。19世纪末叶利达姆出版《圈地末日审判》，该书根据都铎政府圈地调查报告写成。他明确指出，圈地运动分为两种类型，即领主圈地和佃农圈地，并认为两种类型圈地各占一定比例。[1] 20世纪初叶的盖伊，其后的沃勒斯坦和摩尔皆持相同的观点。摩尔特别重视大农的开拓作用，他认为推动农业变革的"真正先驱"，恰恰是这些大土地承租人和富裕的个人资产拥有者，而不是"那些被追捧的少数有进取心的领主"。[2]

关于都铎圈地运动的专门研究，从托尼到惠特尔，不断有精品力作推出，不断推进这一持久不衰的话题。[3]可惜，这些颇有见地的学术见解，在国际学界没有更充分更广泛的论证，没有发出足够分贝的声音，限于书斋芸窗；在中国学界，他们的成果以及披露的原始资料，几乎完全没有得到分享和交流。人们依旧囿于早期坊间皆知"圈地印象"，将极其复杂历史过程简单化、图式化，也就不足为奇了。[4]

---

[1] 参见 I. S. Leadam, *The Domesday of Inclosures, 1517-1518*, 2 Vols, London: Longmans, 1897。

[2] 参见 Immanuel Wallerstein, *The Modern World System I: Capitalist Agriculture and the Origins of the European World Economy in the Sixteenth Century*, New York: Academic Press, 1974, p.249；〔美〕巴林顿·摩尔：《专制与民主的社会起源：现代世界形成过程中的地主与农民》，王茁、顾洁译，上海译文出版社2012年版，第25页。

[3] 参见 R. H. Tawney, *The Agrarian Problem in the Sixteenth Century*, New York: Harper & Row, 1967; W. G. Hoskins, *The Midland Peasants: the Economic and Social History of a Leicestershire Village*, London: Macmillan & Co., Ltd., 1957; Eric Kerridge, *Agrarian Problems in the Sixteenth Century and After*, London: Allen and Unwin, 1969; Joan Thirsk, ed., *Agrarian History of England and Wales, 1500-1640*, Vol. IV, Cambridge: Cambridge University Press, 1967; R. H. Hilton, *The Decline of Serfdom in Medieval England*, London: Macmillan, 1969; B. A. Holderness, *Pre-Industrial England: Economy and Society, 1500-1750*, London: J. M. Dent & Sons Ltd, 1976; C. Dyer, *Lords and Peasants in a Changing Society: the Estates of the Bishopric of Worcester, 680-1540*, Cambridge: Cambridge University Press, 1980; John E. Martin, *Feudalism to Capitalism: Peasant and Landlord in English Agrarian Development*, London: The Macmillan Press, 1983; R. C. Allen, *Enclosure and the Yeoman: The Agriculture Development of the South Midlands, 1450-1850*, Oxford: The Clarendon Press, 1992; E. B. Fryde, *Peasants and Landlords in Later Medieval England*, Gloucestershire: Sutton Publishing, 1996; Jane Whittle, *The Development of Agrarian Capitalism: Land and Labour in Norfolk, 1440-1580*, Oxford: Oxford University Press, 2000。

[4] 参见程西筠："关于英国圈地运动的若干资料"，《世界史研究动态》1981年第10期。这是将国际学界圈地运动研究动态传递给国内学界最早、最有内容的一篇文章。

圈地运动究竟是怎样一个历史进程？一个观点的提出是重要的，然而系统而周详的论证更重要。何况观点须经受史料的检验，其能否确立最终取决于史料和数据的支撑程度；也就是说，结论不该是研究的先导，而应当在充分、实证性的史料研读分析之后。

二、农民圈地

农民整合条田

到中世纪晚期，佃农普遍的愿望是，把敞田上分散的条田变为紧凑型的地块，同时分割村民共同使用的草地、荒地和林地，将属于自己的土地置于自己的直接掌控下。在中世纪田野版图上，佃户条田保有地散落在敞田上，彼此之间相距很远。一个人的条田总是与其他村民条田参差交错，而且在强制轮耕制下，土地耕作的空间位置也不固定。随着经济与社会的发展，人们越来越不满意这样的村庄共同体耕作制度。为了摆脱共同体习惯规则的束缚，为了在独自占有并独自耕作的土地上投入更多劳动，增加小麦产量，提高土地的价值，将分散的条田集中在一起成为佃农们的普遍愿望。

或通过协商调换条田，或通过土地买卖和转租，佃农分散的条田逐渐走向集中。比如，以前相邻的条田A、B、C、D分别属于不同的佃农，眼下只属于佃户A。佃户A持有的土地面积也许没有变化，不过土地组合方式不一样了。地理位置固定，佃农对自己土地的亲近程度也不一样了。对于共用地的使用也是一样，佃农放弃了他们在荒地和共用牧场所享有的权利，得到了属于自己的草地和牧场，也就是说，把大片土地上的共同行使的权利转变为小块土地的个人行使的权利。地块整合的流行趋势不可遏止，岁月看似在静悄悄地流淌，然而千百万农民参与下的农田改造，却留下了不可逆转的痕迹。与两百年前相比，到15世纪末叶，不论佃农土地的产权状况，还是乡村田间的耕作方式，都发生了深刻的变化。

这一时期的庄园法庭案卷中保留了大量的佃农之间互换条田的案例。例如，在肯特郡的哈瑞斯海姆庄园，某人拥有三英亩耕地，其中一条田在另一个佃农的土地的中间，后者耕地时犁过了地界，实际上将这块土地划归己有，为此发生诉讼。结果双方达成协议，为了避免这种不确定情况的再次发生，受害一方将分散的三英亩条田全部交给对方，同时接收对方在另一地段提供的三英亩的整块土地，实际上通过交换整合了土地。① 又例如，1548年，沃顿庄园法庭档案记载，经协商，农场主亨利·朗和该庄园的若干佃农达成协议，亨利圈占了若干佃农所持有的条田，共14英亩，作为交换，上述若干佃农圈占了亨利分别位于两处共14英亩的土地。领主同意了这桩土地互换，并记录在法庭卷宗。② 佃农互换条田，通常要获得领主的首肯，并履行相应的法庭手续。

当时佃农持有地性质和状况依然有差异，假如互换条田的价值有所不同，便需要有一定的经济补偿。比如一方是限期公簿保有地，一方是世代承袭的自由保有地，前者持有人在互换条田时要给自由地持有人补足两块土地之间的市场差额，并将补偿条件记录在法庭案卷备查。③ 可见农民的条田交换是自愿的，也是经过法律程序认定的，而且总是考虑到土地的产权因素和市场价格因素。当土地性质的差异可以用货币抵偿时，表明中世纪土地产权中的超经济因素几近消失殆尽。交换条田是农民整合地块的通常方式，跨越庄园和地区交换条田的情况也不少见。④

土地买卖是整合条田的另一个重要渠道。一部分佃农很早就开始买卖土地，通过土地市场扩大自己持有地规模，富裕的大农就是这样形成的。后来佃农们发现土地买卖、租进租出等方式还可以达到土地整合的目的。佃农把条田合并成田块的过程无疑经过深思熟

---

① 参见 R. H. Tawney, *The Agrarian Problem in the Sixteenth Century*, p.223。
② 参见 Eric Kerridge, *Agrarian Problems in the Sixteenth Century and After,* pp.112-113。
③ Ibid., p.112.
④ 参见 M. Campbell, *The English Yeoman: Under Elizabeth and the Early Stuarts*, pp. 100-101。

第九章　圈地运动

虑，他们往往根据自己已持有土地情况来安排土地流转，逐渐达到目的。例如，在萨福克郡的格勒斯顿庄园，一个习惯佃农将自己持有地12英亩的一半分租给八个人，同时从另外八块持有地中购进相应的土地。又例如，在科隆达尔庄园，理查德通过不断蚕食的方式极大地扩充了自己的半维尔盖特田块，同时却把自己的两英亩半条田转租给了另一个佃农。亨利承租了佃农理查德的土地，同时把自己持有地中的八英亩卖给了另一个佃农。显然这些活动目的不完全在于扩大土地面积，而是通过土地交易调整自己条田的地理位置。正如我们已经看到的，一位佃农出让部分土地，同时取得对方或他方的另外土地，交易完成后该佃农持有土地面积变化不大，只是地块更紧凑、更易管理，更直接地处于自己掌控之下。一个毋庸置疑的事实是，16世纪的持有地比13世纪更加紧凑，这样基础性的变化，使得较大规模的圈地成为可能。①

　　个人持有地散落在敞田上，是庄园农业经济的典型画面，进入16世纪，许多庄园还保留或部分保留着这种状态，同时出现一种新景观与之并行：经过合并条田的紧凑化运动，佃农个人保有地不再相隔很远，而是彼此相连，形成一定规模的地块或若干地块。那些土地调查册（surveys）留下来的地图显示，制图人用大括弧将相邻的条田包含在内，表示新的变化即这部分条田已属某个人所有。土地调查员之前描述佃农持有地的用词是"位于土地A和土地B之间"，现在的新词汇则是"已经连在一起"（lying together）。时常，地图上大括弧里的12个或20个条田属于同一个人；有时土地调查员则指出16英亩或20英亩位于一处。又如莫顿文献（Merton documents）记载，"托马斯·斯科特的9英亩土地已经连在一起，位于……"，"约翰持有16英亩土地已经连在一起，位于……"，等等。② 据估算，10英亩土地规模足以负担筑篱或掘沟的费用，下一步，将连成一片的土地围圈起来，可能性极大。

---

① 参见 R. H. Tawney, *The Agrarian Problem in the Sixteenth Century*, p.165。
② Ibid., pp.163-164; 163, note 3.

不过，在分散条田和较紧凑地块并行的情况下，局部圈地会产生不少麻烦，两种不同的耕作制度同时运行肯定产生不可避免的混乱和冲突，比如按照轮耕制和公共放牧的原则，敞田上佃户的牲畜时常会进入庄稼收获后的圈地里，后者则认为邻居的牲畜不可进入圈地。可是情况正在发生变化，"个体佃农不再感觉圈地是不可能的"[①]，他可以不断与邻居们协商，事实上，敞田上不难发现一块块被围圈的土地。

1590年索尔福德庄园部分地图，可以印证农民整合条田过程中参差不齐的情景。索尔福德庄园，位于贝德福德郡，圈地启动较迟，16世纪晚期还处于农民整合条田、准备圈地阶段。王室土地调查员记载了这一过程，并绘制成庄园地图，该地图来自原始档案，对于我们理解普通农民在圈地中的地位，极富价值。见图9-1。

农民零碎圈地

瑟斯克指出，在都铎时代庄园里，一二英亩荒地被圈围，或者敞田中某地块被孤零零地圈围，时常可见。在人口稀疏，存在大量荒地，实行分散耕作方式的地区，也能发现很多佃农圈地的实例，例如在北部的奔宁地区，"圈地往往是个体佃农自主推动的，也没有遇到什么反对的阻力"[②]。

佃户零碎圈地（piecemeal enclosure）是什罗普郡的圈地特点。根据圈地调查委员会记载，1504年，有7处圈地总共才18英亩，可见是零星圈地。在帕斯洛百户区，农民圈地面积稍大些，在55处圈地中，有33处是20英亩左右。该郡佃农圈地面积最大80英亩，1513年出现在肯利庄园。这些圈地没有造成骚乱和人口减少。[③] 在克雷文庄园，领主对圈地不感兴趣，一些佃农小规模地圈占了部

[①] R. H. Tawney, *The Agrarian Problem in the Sixteenth Century*, p.164.
[②] Joan Thirsk, *Tudor Enclosures*, London: Routledge and Kegan Paul, 1959, p.8.
[③] 参见G. C. Baugh, ed., *The Victoria History of the County of Shropshire*, Vol. 4, London: Oxford University Press, 1989, p.85。

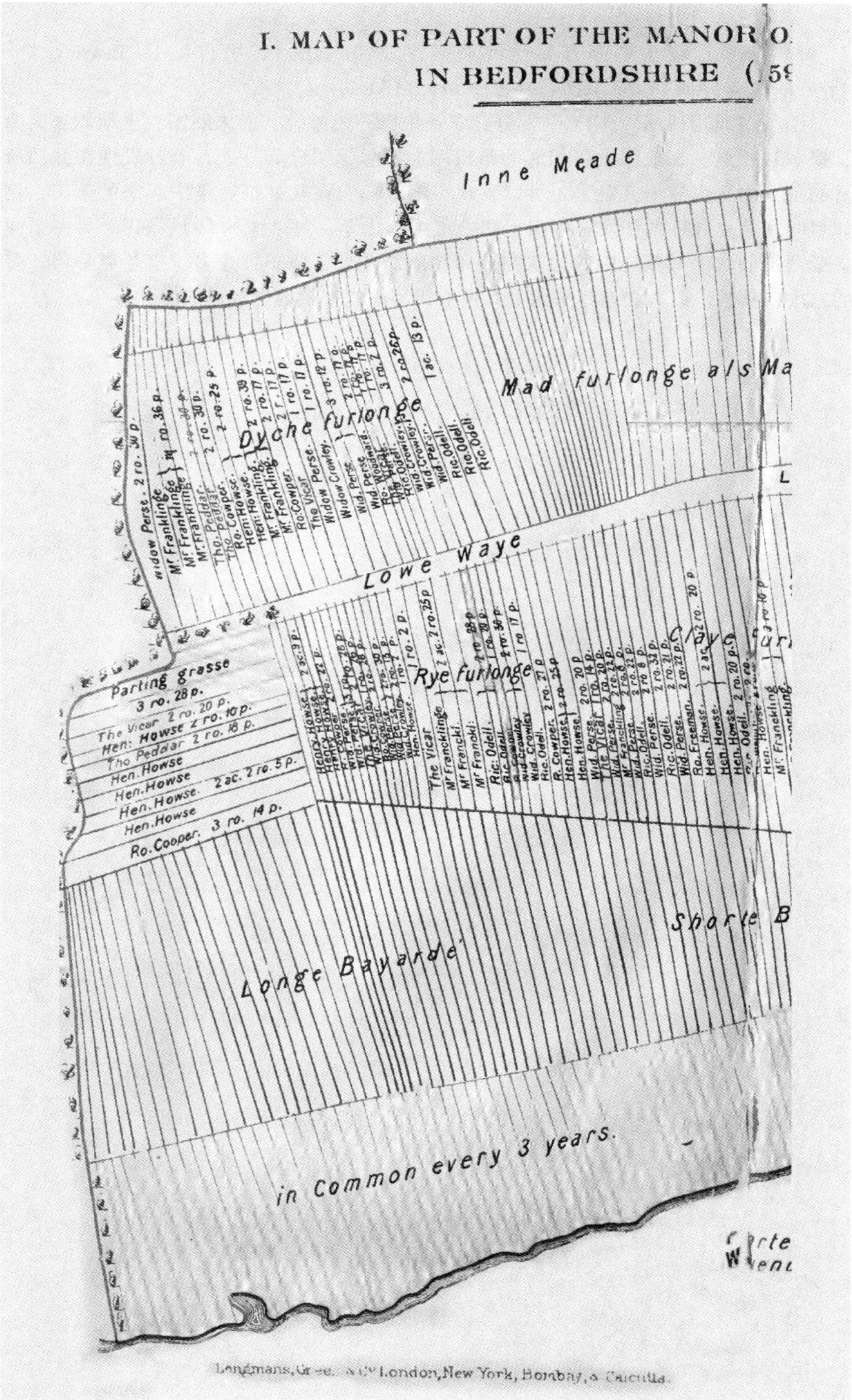

图9-1　贝德福德郡索尔福德庄园地图（1590年）

资料来源：藏于牛津万灵学院档案室庄园地图，转引自R. H. Tawney, *The Agrarian Problem in the Sixteenth Century*, MAP I。

注意：1.如图所示，相当一部分佃农条田已开始整合，尚未圈围，土地调查员为了提示这一点，在地图上将相邻的条田用大括号标明已属一人，笔者发现在截图所及的范围内至少有十几处。2.可以发现一部分佃农在几处都有集中起来的条田，例如名叫富兰克林格的佃农在敞田上四处集中起土地，每处大约10块条田。另一个叫亨豪西的佃农，其整合中的地块亦分布在敞田各处，条田数量多于富兰克林格，有的地块初具规模，大农崭露头角。3.领主朗福德的直领地已经连成一片。

分荒地。奥斯维斯庄园则不然，1602年圈地调查报告显示，共有669.25英亩荒地被圈占，"其中大部分是由习惯佃农和自由持有农零星圈占的"①。

在拉特兰郡，农民零碎圈地同样普遍，在奥克姆百户区，一个名叫亨利·杰维斯的农民，是白金汉公爵的佃户，在过去的四年里，他把11.5英亩耕地围圈成牧场；还是这个佃户，在艾格里顿教区又圈占2英亩林地。在贝尔顿教区，佃农理查德·泰勒圈占了被称作"露恩特"的土地，大约8英亩，还围圈了另外14英亩土地。在伊宾赫姆教区，乔治·麦克沃思将6英亩草地变为牧场，盖伊·埃德蒙兹将23英亩耕地变为牧场，这些圈地者全部是一般佃农。②

其实，佃农零碎圈地早在垦荒运动时期即已启动，可谓圈地运动的先声。③佃农侵占荒地通常是蚕食性的，这样做有违庄园习惯法，通常悄悄地避开领主管家。随着圈占荒地越来越多，垦荒逐渐被承认并纳入庄园管理系统，新垦荒地被视作领主的契约租地，这一过程清晰地显示在庄园租金卷宗和法庭卷宗里面。例如1422年，在阿什顿安德莱恩庄园，自由持有农和公簿持有农圈占了大量林地和荒地，并为其中的部分土地分别支付租金13先令4便士和10先令。④

另根据1564年一份特许状记载，佃农主导了翰布勒顿和霍尔德尼斯两个庄园的圈地，通过协议圈围了一处荒地。⑤小规模圈占共用地一直在持续，茅舍农圈占一两英亩荒地的情况，时有发生。⑥1608年，兰开郡利瑟姆庄园32个佃农，获得领主同意，每人按照保有地的大小在共用地上获得了同等面积的土地，同时支付相应地租；这些佃户还获得并分割了另外100多英亩荒地。与此同时，领主圈占

---

① G. C. Baugh, ed., *The Victoria History of the County of Shropshire*, Vol. 4, p.12。
② 参见 William Page, ed., *The Victoria History of the County of Rutland*, Vol. 1, London: Archibald Constable, 1908, p.221。
③ 参见侯建新："圈地运动的先声：中世纪西欧大垦荒"，《史学集刊》2018年第5期。
④ 参见 R. H. Tawney, *The Agrarian Problem in the Sixteenth Century*, p.88。
⑤ 参见 Barbara English, *The Great Landowners of East Yorkshire, 1530–1910*, New York: Harvester Wheatsheaf, 1990, p.182。
⑥ 参见 G. C. Baugh, ed., *The Victoria History of the County of Shropshire*, Vol. 4, p.127。

剩余的荒地，继而将其转租给佃户。也有庄园佃农与领主协商后，每人无偿圈占三英亩共用地，可牧养两头奶牛，无须支付地租或费用，大概与那里的土地宽裕有关。[1] 这类共用地上的零星圈地，一般都比较分散，很少引起较大的争议。

然而，在耕地中围圈条田就不那么简单了，可谓牵一发而动全身。敞田制下的村民生产活动，有着强烈整体性和协调性：土地是个人保有的，然而其土地的位置定期轮换（强制轮耕制）；佃农耕作与放牧时间也由村社统一安排。一旦某人将敞田中一块耕地周围竖起篱笆或挖下沟壑，不论大小，都会使他立刻陷入与其他村民的冲突中，因为他影响整个田制运行。由于公共放牧权涉及佃户群体利益，村民很容易被煽动，甚至对圈地者暴力相向。

在诺福克郡的布雷斯特德庄园，佃农罗格斯在其围圈条田的北部边界竖起树篱，引起他人不满，于是领主叫来了堂区教士并聚集二十多个佃农，夜半时分拆除围篱，痛殴圈地者罗格斯。罗格斯吓得不敢回家，抱怨领主要驱逐他并剥夺其土地继承权。与之类似的情况是，在卡布鲁克庄园，在实行轮耕制的敞田上，佃农佩恩突然用树篱和沟渠圈围三英亩公簿保有地，此事成了他与其他村民争执的焦点。出于对自身安全的担心，他从国王那里取得一张和平令状，并通过治安官转交给领主，领主的回答是："上帝为证，……我才是这片土地的领主！"言外之意，我的地盘我做主，国王又怎样？！庄园法庭做出终止圈地的明确判决，该佃农拒绝出庭，结果领主呼来七八人强行拆除了圈地栅栏。[2]

尽管单方面圈地常常引起纠纷甚至诉讼，可是佃农零星圈地慢慢地还是多了起来。庄园法庭越来越多地处罚圈地的案例，可以证明个体佃农进行的小规模圈地多么普遍。1405年，福赛特庄园的一些习惯佃农被罚款两先令两便士，因为"他们违反庄园惯例，将自

---

[1] 参见 Joan Thirsk, ed., *Agrarian History of England and Wales, 1500–1640*, Vol. IV, p.83.

[2] 参见 Roger B. Manning, "Patterns of Violence in Early Tudor Enclosure Riots", *A Quarterly Journal Concerned with British Studies*, Vol.6, No.2 (Summer, 1974), pp.123–124.

己在敞田中的土地圈围起来,致使其他佃农无法在庄稼收割后进入放牧"。另一个案例也有类似的问题,收获后本应开放牧场,佃农却围圈起来播种耕作,阻止其他村民进入。1418年,卡斯尔库姆庄园法庭指控三个佃农,未经领主允许在公共牧场上播种。按照轮耕制规定,此时应该允许全体村民放牧,可他们却独占了这块土地。①

由于农民围圈条田普遍化,一些庄园法庭逐渐默许了圈地,但是要经过一定程序并收缴一笔费用。据记载,该案例发生在1448年,在布莱廷顿教区大修道院领地的科克拉夫特庄园,圈地佃户自愿支付一笔费用给教堂和领主法庭,金额根据圈地大小核计。当时该庄园总共有12块圈地,每块圈地支付的费用从16便士到6先令8便士不等,总计达34先令。②一个世纪后,仍有农民小规模圈地的记载:在莱斯特郡的布鲁姆金斯索普庄园,约曼农鲁丁和达内特,二人一致行动,在1561年7月的一天圈占28英亩敞田。可见,农民零碎圈地在持续进行。这类圈地规模不大,却影响不小,《维多利亚郡史·莱斯特郡》作者指出,圈地统计数字证明,这类零碎圈地数量和后果不可小觑。③

庄园领主们实际上已默许佃户零碎圈地行为,只有那些未经领主许可的圈地行为才会被诉诸庄园法庭,所以我们看到的圈地案例不足以反映农民圈地的全貌。按照规定,佃农圈地要经领主和其他佃户同意,单方面圈地常常会招致严重后果。1579年,在舍瑞弗哈尔斯庄园法庭,那些未经许可圈地的所有佃户都被起诉,判决结果是,除非获得领主的许可,否则已经围圈的土地须重新开放。④《维多利亚郡史·牛顿郡》记载一案例,对违规圈地者不可谓不严厉:一个叫巴斯的佃农,被描述为"佃户中的破坏者",除了课以罚款,

---

① 参见 R. H. Tawney, *The Agrarian Problem in the Sixteenth Century*, pp.161-162。
② 参见 Mary D. Lobel, ed., *The Victoria History of the County of Oxford*, Vol. 5, London: Oxford University Press, 1957, p.314。
③ 参见 W. G. Hoskins, ed., *The Victoria History of the County of Leicester*, Vol. 2, p.203。
④ 参见 G. C. Baugh, ed., *The Victoria History of the County of Shropshire*, Vol. 4, p.121。

还被逐出房舍与土地，因为他的"圈地造成了对邻居的危害"。[1]

零碎圈地通常是个人行为，后来往往是若干佃户联合行动。在贝德福德郡索尔福德庄园，大部分土地仍然处于条田制之下，不过八个佃农还是圈围了大约51英亩土地，每人圈围2英亩到17英亩不等。在北安普敦郡的威登韦斯顿庄园，除了直领地承租者围圈了大片土地以外，三个较大的佃农围圈了28英亩，分散在几处，被记载为"在几处地块上圈围"。此外，庄园中部的一些土地，其性质不明，14个佃农将其分割并围圈，每块地少则二三英亩，多则15英亩或20英亩。

佃农零星圈地取得很大的成功，当以这两个庄园为例，它们地处米德尔塞克斯郡埃奇韦尔和金斯伯里。从1597年绘制的地图上，没有人能猜出那里曾经存在过敞田，每个佃农的小块土地都是各自集中在一起的，用篱笆彼此分隔。不再是旧式"蛛网"布局，而是不规则的棋盘式现代农业。[2]这样的田制景观绝非朝夕形成，相当一部分成效应该归功于广大佃农。一系列案例表明，圈地逐渐被人们所接受，零碎式是早期圈地的重要方式，是小规模的，却逐渐突破了庄园共同体耕作惯例。

农民"协议圈地"

除了交换条田、零碎围圈，农民圈地另一种重要形式是由村民共同体协商决定，可称为"协议圈地"（enclosure by agreement），颇具力度。在这个过程中，所有佃农利益都得到考虑，并且有机会充分协商，其合理性明显高于个人零碎圈地方式。

1589年，约克郡布拉德福德庄园的村民，拟对附近荒地围圈，在荒野上举行村民大会，所有佃农都参加了，基本达成分割共用地并围圈之的一致意见。[3]在诺森伯兰郡，圈地运动开始后，比较顺利

---

[1] 参见 Mary D. Lobel, ed., *The Victoria History of the County of Oxford*, Vol. 5, p.314。
[2] 参见 R. H. Tawney, *The Agrarian Problem in the Sixteenth Century*, pp.155-156。
[3] 参见 Joan Thirsk, *Tudor Enclosures*, pp.6-7。

地终结了相当一部分敞田，协议圈地是其重要方式。该郡的莱斯伯雷庄园，1597年12月6日，所有佃农在庄园法庭集合，经协商决定："从今天起到翌年3月1日期间，……每个佃农要把自己土地围圈起来。"①1567年，该郡的塔盖尔庄园，布莱福德家族的土地几乎全部围圈，该家族掌握了该村大部分土地，不愿意与其他佃农继续沿用古老的共同耕作方式。他们也是采用协议方式，经领主许可，该村佃农一致同意，切割共用地并分别围圈，至此该村大部分土地摆脱了中世纪敞田制。英国学者格雷称，这是伊丽莎白时代典型的圈地方式。②

在牛津郡布莱廷顿教区，1539—1596年，通过佃农间的合作与协商，碎片化条田土地状况被系统地改造，其中大约780英亩土地被围圈，占据该教区可耕地40%以上。1610年，牛津郡李弗隆庄园，经佃农协商围圈了大约360英亩共用牧场。围圈后的共用地分属于不同的佃农，这些获得荒地的佃农宣称，从此他们可以"从自己的土地上"获取薪柴了。③1576—1594年，兰开斯特郡沃勒教区一块共用地曾被比邻的三个村庄村民共享，现在经由三个村庄协商，即克莱顿－勒－莫尔斯、阿尔汉和阿克林顿协议后分割。④

来自16世纪圈地调查委员会的报告显示，一些地区圈地的推动者不是领主，也不是佃农个人，而是村庄共同体协议运作。庄园文献提供了村庄共同体推动共用地圈占的许多细节，通常程序是先以共同体名义占有牧场和草地，然后经协商后在佃农之间分割，每人分得的土地面积参照了其持有地田亩，一如当年佃农在共用地上放牧牲畜数量与其持有地面积成一定比例，可见惯例原则仍然在发生作用。

共同体协议方式也运用在条田整合和围圈。在多塞特郡尤尔尼庄

---

① H. L. Gray, *English Field Systems*, Cambridge: Harvard University Press, 1915, p.207.
② 参见 H. L. Gray, *English Field Systems*, pp.207-208。
③ 参见 Mary D. Lobel, ed., *The Victoria History of the County of Oxford*, Vol. 6, London: Oxford University Press, 1959, p.64。
④ 参见 Joan Thirsk, *Tudor Enclosures*, p.6。

园，经佃农协商并得到领主的许可，人们将分散的条田合并成紧凑的持有地。①尽管有一些地产主反对，林肯郡北凯尔西教区为了改变土地分散状况，自由持有农与领主协商后，还是自1591年启动圈地进程。他们关注到贫困小农利益，在圈地中对茅舍农给予了一定的补偿。②

在一些情况下，佃农与领主的双方意愿一时难以达成共识，村庄共同体总是组织佃户与领主反复交涉，讨价还价，双方多次妥协后才能达成协议。据布莱姆希尔庄园法庭案卷记载，1578年，领主爱德华·贝顿同意佃农圈占共用地，佃农之间也可以互换条田，不过圈地佃户每年要向领主交纳大豆，每雅兰得土地交纳一蒲式耳。另一方面，领主贝顿及其继承人不得在庄园共用地上放牧。③这类圈地协商中，可明显看出双方妥协的痕迹，村社共同体的作用显而易见。

还有一种情况是，共用地已经被佃农们逐渐蚕食，有的种庄稼，有的放牧，相当零散，这是常年零星圈地的结果。为了更有效地使用共用地资源，村民们决定协议后重新分割。

莱斯特郡斯克曲利庄园即属此类情况。这是个仅有六户人家、400英亩耕地的小村庄，其领主肯特伯爵不居乡。在庄园领主没有参与的情况下，佃户们达成一致意见并拟定书面协议书：佃农之间通过相互交换已占有的土地，使自己在共用地上的土地集中起来。由于交换后自己土地可能变成别人的，为了保护地力，协议规定交换前须限制牧场过度使用，每户放牧牲畜数量至少减少三分之一。事情虽小，却反映农民共同体考量问题的理性和周全。

其中一个叫怀特曼的佃农，无视已达成的协议，拒绝与别人交换土地，妨碍了实施进程。1604年，村民们将其起诉到衡平法院，寻求法律手段迫使其就范。虽然法庭记录残缺不全，不过还是可以看出，起诉怀特曼以前，共用地围圈已经开始；根据协议，村民们

---

① 参见 R. H. Tawney, *The Agrarian Problem in the Sixteenth Century*, p.157。
② 参见 William Page, ed., *The Victoria History of the County of Lincoln*, Vol. 2, London: Archibald Constable, 1906, p.326, note 4。
③ 参见 Eric Kerridge, *Agrarian Problems in the Sixteenth Century and After*, p.113。

一方面交换土地，另一方面让种上庄稼的土地退耕还牧，如杰克退耕2英亩，泰勒和里德退耕2英亩，一位不具名佃户退耕13英亩，另有两位不具名佃户退耕4英亩。被告怀特曼承认曾参与讨论圈地计划，但否认同意圈地，他以坚持传统共用地权利为名，一拖再拖。而其他村民态度一致，也很坚决，他们认为"共用地制度已经变得难以让人接受……"，到了终结它的时候了。①毫无疑义，村民圈地完全是自发的，并依照法律程序处理问题。令人感兴趣的是，村民圈地起诉对象不是领主，也不是大农，而是与他们一样的普通佃农，因为他没有遵守大家议定的圈地协议。

通过协议方式使敞田解体，显然是最合理的方式。协议圈地只是把在一大片土地上的共同权利，转变为小块土地上的单独权利。佃农放弃了他们在共用地、草地和牧场所享有的份额，得到了更小的但属于自己的耕地、草地和牧场。后者的价值比前者要高得多。②

农民和领主，谁主导的圈地的比例更高？各庄园情况不一，牛津郡一则史料明确显示，农民圈地的作用更大。1543—1544年，牛津郡布莱廷顿教区的一份调查显示，领主和佃农都有圈地，领主文森特·珀尔围圈直领地，而佃农围圈了42处耕地和草地。文献资料没有提供领主和佃户圈地面积，不过列出了二者的租金数额，当时人们更看重土地价值而不是面积。《维多利亚郡史·牛顿郡》说："以土地价值来看，领主围圈的直领地的耕地和草地，每年租金4英镑4先令10便士；而其他农民围圈草地和耕地，每年租金高达34英镑9先令。"显然调查者意在强调，散见在庄园各处的佃户圈地面积更大，价值更高，相当于领主圈地价格的八九倍。③我们有理由相信这种情况绝非个案，可也难以估计有多大代表性。

农民圈地的意义不在于数量，而在于明确地表明：农民普遍的

---

① 参见 L. A. Parker, *Enclosure in Leicester, 1485–1607*, Ph. D. Thesis, London University, 1948, pp.131–132。

② 参见 R. H. Tawney, *The Agrarian Problem in the Sixteenth Century*, p.153。

③ 参见 Mary D. Lobel, ed., *The Victoria History of the County of Oxford*, Vol. 6, p.62。

诉求与圈地运动方向并行不悖。总的看，他们自发地改造田制，是圈地运动不可或缺的重要组成部分。没有农民广泛参与地块整合运动，圈地运动是不可想象的。如此缓慢的、累进式的圈地，主要目的是改善耕地旧貌，提高生产效率，从而以土地单独耕作制（arable severalties），[1]替代共同体耕作制度，而后者正是中世纪的社会基础。

普通农民的圈地一直在持续，不论零碎圈地还是协议圈地，对于圈地运动的作用绝不可低估。试想，16世纪英国人口的绝大多数仍然是农民，一半以上的土地控制在他们手里，倘若耕作者中的多数人厌倦了旧田制，那么条田制瓦解只是时间问题，中世纪的社会基础注定被动摇了。

三、大农-乡绅阶层是圈地主力

严格说来，圈地运动自中世纪晚期即已启动，普通农民自发地整合分散条田，对旧田制具有基础性的颠覆作用。农民的目标是把敞田上分散的条田变为紧凑型地块，同时分割公共放牧权，试图直接掌控自己的土地。随着富裕农民群体的出现，富裕农民即大农在圈地中的中坚作用不可忽视，16世纪中叶后这种作用愈发凸显出来。

《维多利亚郡史·莱斯特郡》作者指出，在新的经济社会背景下，社会上层已经不能垄断获得利润的机会，"农民逐渐成为圈地的主要参与者"[2]。这里农民主要指大农，当然还有乡绅，正如作者接下来指出的那样，他们通过圈地获得利润，不断扩大农业经营。[3]农业资本家就是从这些人中产生，他们如鱼得水，正在拥抱自己的时代。

"大农-乡绅阶层"概念

大农是圈地的中坚力量，这与富裕农民经济的自身性质有关。

---

[1] 参见 W. G. Hoskins, ed., *The Victoria History of the County of Leicester*, Vol. 2, p.192.
[2] Ibid., p.201.
[3] Ibid.

众所周知，在中世纪农民自由和经济状况普遍改善的基础上，经过若干世纪积累，出现了一批大农，他们经营一定规模土地和羊群，不再仅仅满足自家消费，主要为市场提供农牧产品，因而与市场有着相当密切联系。他们使用的劳动力也来自市场，实际上，富裕农民经济已经具备资本主义经济的基本特征。

他们在与领主直领地经济的博弈中初露锋芒。劳役折算、实行货币地租后，领主也雇工经营直领地，因此与大农经济形成竞争对手。大农不是靠资金和经济规模，更不是靠身份地位，而是靠勤奋的经营、锱铢必较的计算，以及对市场行情的了如指掌；凭借自己摸索出来的生产与交易一体化模式，在市场经济的搏杀中游刃有余，充满活力。[1]大农经济与封建领主争市场、争劳工，最终竞争生产效率，使领主经济遭遇到极大的压力，总是入不敷出，常年亏损。[2]领主直领地经济的最后结局，几乎都是被迫出租直领地，封建领主退出生产领域。

就新型农业经济而言，土地不再仅仅为了糊口，也不是政治身份的凭据，如封建采邑那样，而主要是攫取市场利润的平台。圈地可以提高土地效益，远远高于分散的条田，因此可以有把握地说，没有人比具有一定经济实力、又最先从市场经济杀出的大农更热衷于扩张土地、围圈土地，更急于摆脱共同体田制束缚。他们是圈地的直接推动者，没有富裕农民经济的形成和发展，持续几百年的圈地运动是不可能的。

到中世纪晚期，一部分富裕农民与乡绅已然相当接近。16世纪起社会阶层的流动性增强，富裕农民即约曼与乡绅之间相互渗透和交

---

[1] 在大农经济中，田间生产、管理和市场交换是密切结合的，马丁称之为"结合经营的经济结构"（economic structure of the integrated enterprise），而将领主的领地经济称之为"脱节经营的经济结构"（economic structure of the dislocated enterprise），后者势必让位于前者。J. E.Martin, *Feudalism to Capitalism, Peasant and Landlord in English Agrarian Development*, pp.18-24. 参见侯建新：《现代化第一基石——农民个人力量增长与中世纪晚期社会变迁》，天津社会科学院出版社1991年版，第六章"英国农村社会结构的创新"。

[2] 参见 Edmund King, *England, 1175-1425*, p.62。

叉，他们之间的界限更加模糊。许多所谓乡绅，不久之前还是约曼。例如，1551年莱斯特郡一个叫赫福德的约曼，从乡绅阿什手里买下一个500英亩的庄园，1577年该约曼去世后其孙子继承家产，并于1597年开始圈地，十年后，一份圈地报告中该约曼继承人的身份已经是乡绅。①这种情况并非个案。罗斯说，"约曼有时比他们的乡绅邻居还要富有"②，他们和乡绅经济社会地位如此接近，以致出现了"宁为约曼头，不做绅士尾"那样的英格兰谚语。二者还有着共同的价值取向，"他们改革耕作，约曼与乡绅一样是农业改革家，也一心追逐土地利润"③。

基于这种交融，英国在贵族与普通农夫之间出现了强有力的中间阶层；尤其是这个阶层中的大农，是农业资本主义生产方式的最早开创者，从而使英格兰有别于欧洲其他国家。16世纪末叶，英国牧师兼历史学家富勒（Fuller）曾自豪地赞赏这一社会结构的变化，并与法兰西、意大利和德意志做了比较。他说，在英格兰，"一位杰出的约曼，就是一位款步而至的乡绅，而且这样的现象越来越普遍。而法国和意大利，好像是这样的骰子，在五点与一点间没有别的点位，如同他们那里除了贵族就是农民。德国有一类农民（boors）似乎与我们的约曼相似，但受到古老家族贵族的专横侵吞，他们的社会等级不可能有什么变化。在英格兰，荣誉的圣殿不对任何人关闭，只要你能迈过它的门槛"④。富勒的比喻相当形象，他说其他国家的社会结构如同这样的骰子，只有五点与一点，即只有贵族与农民；然而英格兰非同凡响，在二者之间产生了中间阶层。

为什么会这样呢？因素很多，笔者以为最重要也是最直接的原因是，在英格兰，以雇佣经济大农为基础形成了中间阶层，他们如此强大，以致上层社会的大门无法关闭，也就是说，王权和贵族无

---

① 参见 L. A. Parker, "The Depopulation Returns for Leicestershire in 1607", *Leicestershire Archaeological Society*, Vol. 23 (1947), p.240。

② A. L. Rowse, *The England of Elizabeth: A Structure of Society*, London: MacMillan, 1950, p.231。

③ Ibid., p.231.

④ 转引自 R. H. Tawney, *The Agrarian Problem in the Sixteenth Century*, p.36。

法形成垄断性力量，不能垄断整个社会。显然，这也是为什么圈地运动——土地产权变革，首先发生在英格兰的原因。

现代历史学家沃勒斯坦肯定了英格兰社会结构的这种变化，并指出新阶级的属性，他指出："16世纪，特别1540—1640年之间，是一个阶级，一个农业资本家阶级已经形成的时期——这个阶级的上层是'乡绅'，下层则是'约曼'。"[①]约曼即大农，可称他们为"大农-乡绅阶层"[②]，即乡村中间阶层，以后还有投资土地的商人等加入，其实就是农业资产阶级，也是第三等级的主体。他们有着新理念、新品质和新诉求，正在打造一种新的生产和生活方式，其中大农在农业资本主义生产领域的开拓性作用，尤其应当给予充分重视。他们是圈地运动的中坚力量，事实上，圈地运动前大农-乡绅阶层土地占有优势已经相当明显。

为攫取利润而圈地

为了获得土地利润，首先要将土地集中起来。值得注意的是，15、16世纪英格兰土地不是集中在封建领主手里，也不是集中在土地投机商手里，而主要集中在热衷于土地经营的大农手里。托尼告诉我们，在1500年左右，如果你有机会作为陪审员问询乡村长者一些土地问题，你很容易得到下面的回答：这里一直存在着大量土地买卖，主要是习惯佃户所为，土地总的趋势，是条田地合并以及持有地的集中。长者会说道，"祖父时期的若干维尔盖特耕地"，"它们曾分别属于佃户A、B、C、D，现在则单独属于佃户A。过去每人占有一块保有地，现在则占有两三块"。

一维尔盖特或半维尔盖特，即30英亩或15英亩，过去曾是佃农的标准份地单位，眼下这些词汇已然没有什么意义了。"过去每个人

[①] Immanuel Wallerstein, *The Modern World System I: Capitalist Agriculture and the Origins of the European World Economy in the Sixteenth Century*, p.256.

[②] 这里的乡绅是指从事资本主义农业经营的乡绅，社会狭义上的"乡绅"不在此列。也就是说，这里所指乡绅不是仅凭纹章院授予的名头，更要看他们经营土地的方式和实际的社会作用。

303

都有一块持有地，而且是分散的……现在尽管原来持有者古老的名字还在，但是这些家族名字与当下实际拥有那份财产的家庭已是两回事了。例如富兰克林购买了达兰特、甘特和布莱克的土地，维特斯购买了帕里的土地，与此同时，另一个佃农布莱克威尔则收购了更多佃农的土地——佃农裴诺、普伯和霍金斯的耕地和草地，以及前述布莱克剩余的保有地。"①牛津万灵学院档案室文献的上述记载，生动显现了土地正在流向大农手里。借助空前活跃的农民土地市场，土地资源在这部分农民手中不断地调整，成为乡村土地整合的重要环节。

戴尔采用抽样方式，将15世纪农民保有土地的情况与13世纪末做了比较，表明农民占有土地的情况发生了明显的变化。见表9-1：

表9-1　1299年和15世纪英国农民保有土地的比较

庄园	年份	大份地数	中份地数	小份地数	不确知土地	份地合计
克里夫	1299	10（11%）	29（31%）	40（42%）	15（16%）	94（100%）
	1474—1475	16（30%）	13（24%）	21（40%）	3（6%）	53（100%）
翰伯雷	1299	0	36（42%）	17（20%）	33（38%）	86（100%）
	1410	12（20%）	10（17%）	11（18%）	27（45%）	60（100%）
	1466	19（36%）	4（8%）	4（8%）	25（48%）	52（100%）
哈特伯雷	1299	57（50%）	23（20%）	29（26%）	4（4%）	113（100%）
	1479—1483	44（67%）	4（6%）	10（15%）	8（12%）	66（100%）
亨伯雷	1299	32（24%）	55（42%）	37（28%）	8（6%）	132（100%）
	1419	49（36%）	40（29%）	26（19%）	22（16%）	137（100%）

资料来源：C. Dyer, *Lords and Peasants in a Changing Society: the Estates of the Bishopric of Worcester, 680-1540*, p.300。

① 以上记载取自牛津万灵学院档案室的埃奇韦尔庄园地图，该地图制于1597年。见R. H. Tawney, *The Agrarian Problem in the Sixteenth Century*, pp.59-60。

我们看到，与13世纪末相比，15世纪大份持有者明显增多，大份持有地在全部佃农土地中的比例也在增加，如在哈特伯雷庄园，大份持有地所占比例竟然达到67%，增长17%。令人感兴趣的是，小土地并没有随之增加，反而减少了11个百分点，中份持有土地也随之减少。克里夫庄园、翰伯雷庄园和亨伯雷庄园的发展趋势与之相近，只是程度不同。很明显，大农新增土地很多来自农业转移人口，后者由于在其他生产领域或城镇找到更适宜的生计而放弃土地，也就是说，市场行为的土地集中是与经济社会的整体发展同步的，大农的土地集中不一定以挤压一般佃农为代价，所以数据显示小土地不但没有增加反而减少。土地集中未必总是哀鸿遍野。总体来看，圈地运动前大土地持有者数量增加了，而随着劳动力转移，佃户总数却远少于两百年前。从另一个角度看，土地集中的脚步加快，势必伴随着大农经济的繁荣和发展。该时期大农的表现不同凡响。

土地市场无疑是土地流通和集中的重要渠道，进入16世纪后大农没有停下聚集土地的脚步。1544年的一项调查报告，提供了大农从修道院土地拍卖中获益的事实。例如，一个叫戈德斯通的佃农，除已经围圈的土地外，还购置地产214英亩；一个名叫奥斯内的农夫，也拥有圈地，同时购置77英亩；另有一位佃农姓名不详，进账约48英亩自由保有地。[①]理查德森可成为另一个典型案例，他是大农，还是佩尔姆斯教区执事，数十年中不断购买和承租土地，大小不拒，有时一二英亩，有时则一次购进50英亩以上，到1528年理查德森去世时已坐拥297.5英亩土地，相当于2 000市亩。不止这些，他还承租领主托马斯·怀斯特等一部分土地，为此支付30先令5便士租金。[②]显然，大农的胃口比15世纪更大。

有证据显示，16世纪土地合并的趋势持续发展，"出现了持有大片土地的富裕农民阶层，最富裕的和最不富裕的农民之间的差距也

---

① 参见Mary D. Lobel, ed., *The Victoria History of the County of Oxford*, Vol. 6, p.64。
② 参见Mavis E. Mate, "The East Sussex Land Market and Agrarian Class Structure in the Late Middle Ages", *Past & Present*, No. 139 (May, 1993), p.55。

越来越大"。许多习惯佃户占有土地规模达到80、90或100英亩，大多数土地原属不同的佃户。由此，有的习惯佃户甚至成为其他佃户的领主。在亚特雷庄园，一个公簿持有农拥有20个次级佃户（subtenants），可见集中的土地之多，这在16世纪并不少见。[1]且不说大手笔的土地交易，很难想象交易者就是一个农民：伊丽莎白一世时，农夫巴利斯顿出资2 050英镑买下一个田庄；一个叫奥斯丁的约曼，则以5 000英镑买下一个400英亩的庄园。[2]

领主土地也流向大农。在市场打拼中逐渐崭露头角的富裕农民，很久以来就在整合和聚集小农地块，后来承租领主大面积的直领地，他们手里的土地急剧增加。苏塞克斯郡一则文献显示，大农在许多地区成为领主直领地承租人的主体。1570—1649年，67个庄园直领地承租者如下：约曼30人，其次是绅士18人，商人12人，农夫3人。[3]在领主直领地的承租人中，约曼和乡绅占75%以上，其中约曼最多。大农承租直领地的事例不胜枚举，此不赘述。有时，大农还可能一次性买断领主的土地。1586年，有位领主出售的土地和草场，位于两个地区，全部落在一个大农手里。[4]总之，不论来自小农还是来自领主，土地在大农-乡绅阶层手里逐渐集中起来。他们可能再次出租这些土地，更多的情况是，他们直接经营这些土地。大农承租领主直领地后就积极推动围地，面向市场，从而实现自主、有效的管理，提高土地利润。

毋庸置疑，扩张土地、围圈土地的愿望，大农比任何人都更强烈。而且，他们手里本来就聚集了一定规模的土地，为圈地做了准备。例如，莱斯特郡的塞丁沃斯庄园，大农布罗卡斯通过各种方式聚集土地，有的从领主和其他佃户手里购买，有的通过婚姻和继承

---

[1] 参见 R. H. Tawney, *The Agrarian Problem in the Sixteenth Century*, p.70。
[2] 参见 M. Campbell, *The English Yeoman: Under Elizabeth and the Early Stuarts*, p.217。
[3] Ibid., p.81.
[4] 领主出售两个地块以及一雅兰得耕地和轮作草场，分别位于两个地区。Alan Crossley, ed., *The Victoria History of the County of Oxford*, Vol. 10, p.241.

方式获得,到16世纪晚期其控制的土地达40.5维尔盖特,[①]占整个村庄土地的80%以上。1586年后,布罗卡斯征得了其他自由土地持有农的同意,基本完成了该村庄全部土地的围圈。[②]又据《维多利亚郡史·牛津郡》记载,1496年,大农库珀承租了哈德维奇庄园的领主直领地,随即开始圈地,将其整合成了一个围圈起来的农场。他又购买了村庄其他的小块自由保有地,两种类型土地混杂一起,当他1513年离世时,已购自由保有地与承租地之间的界限变得模糊不清。[③]

牛津郡的另一则史料,也表明大农的经济活动相当活跃。在卡索普庄园,1617年,四个自由持有农围圈了他们共同拥有的36雅兰得草场,显然属零散圈地。由于他们在维克汉姆庄园还持有土地,故此还要求享有该庄园的公共放牧权,引起该庄园领主不满,发生诉讼。教区法庭决定约束他们一下,一方面禁止这些自由地持有人继续圈地;另一方面,限制他们在维克汉姆庄园的公共放牧权,每人每雅兰得土地仅允许放牧20只羊,低于一般佃农放牧的数量。显然,富裕农民农牧兼做,胃口越来越大,在不同的庄园拥有耕地或牧场,并且渴望更多的土地,更进一步的圈地随时可能发生。[④]

大农之所以热衷于圈地,是因为圈地后利润可观。17世纪的作家诺登曾指出:"1英亩圈地价值等同于1.5英亩敞田土地。"[⑤]另据17世纪一位土地调查员提供的数据,二者之间的价值比是1∶2,即利润提升100%。例如,1636年在沃里克郡有一块30雅兰得的土地,其中22雅兰得被围圈,其余8雅兰得仍在敞田中。圈地前,两部分土地的单位价格相同;圈地后,每雅兰得上升为20英镑,而敞田上的土地价格仍为10英镑。[⑥]莱斯特郡的一项记载支持了土地调查员

[①] 1维尔盖特大约相当于30英亩。
[②] 参见 L. A. Parker, *Enclosure in Leicester, 1485-1607*, pp.113-114。
[③] 参见 Alan Crossley ed., *The Victoria History of the County of Oxford*, Vol. 10, p.55。
[④] Ibid.
[⑤] R. H. Tawney, *The Agrarian Problem in the Sixteenth Century*, p.151, note 1.
[⑥] Ibid., p.169, note 2.

1∶2的估计。莱斯特郡南端考特斯巴赫庄园，土地结构在16世纪一百年里没有根本性变化，但是1603年至1612年因土地被圈围而产值明显提升，领主的收入翻了一倍。①

有案例表明，圈地后土地价值提升不止一倍。根据白金汉郡、北安普顿郡、牛津郡和沃里克郡九个教区的圈地资料，利达姆统计出圈地后的牧场相比敞田制下的耕地，其价值提高了123%。②也有一些估计更乐观，16世纪一位农业专家图瑟尔（Tusser）认为，圈地是条田地生产能力的三倍。③亨利·贝特说得更具体，他是埃姆斯维尔的农场主，也是著名的1642年农书的作者，他对圈地的益处确信无疑。他说，在他父亲刚获得这个牧场时，出租给自己的佃户和其他农民，每块土地租金二先令，之后是二先令六便士；而后是三先令；现在土地被圈围，土地租金相当于之前的三倍。④18世纪的学者对圈地后的生产效率评估则更高。⑤

这些估计的准确性难以评判，不过圈地后价值增高，经营者获利丰厚是没有异议的。大农因追求利润而圈地，又因圈地而更加发达起来，格斯特洛是其中一例。理查德·格斯特洛是富裕约曼家庭的第三个儿子，居于牛津郡皮斯康特庄园。1592年他从达沃尔斯家族手中获得了直领地的第一份租约，随之圈地，明显提高了土地的质量和价值。以后不断续约并不断扩张土地，依靠经营围圈的土地，这个约曼佃户成为牛津郡的一户旺族，持续二百年，其农场被人们描述为"以前圈围的、罕见的、肥沃的并养活了相当多人口的土地"。

---

① 参见 Joan Thirsk, ed., *Agrarian History of England and Wales, 1500–1640*, Vol. IV, p.234。
② 参见 I. S. Leadam, *The Domesday of Inclosures, 1517–1518*, Vol. 1, London: Longmans, 1897, p.66。
③ 参见 Thomas Tusser, *Five Hundred Points of Good Husbandry*, London: Allen & Co., 1812, p.140。
④ 转引自 Barbara English, *The Great Landowners of East Yorkshire, 1530–1910*, pp.183–184。
⑤ 1776年克里斯托弗·赛克斯对塞尔德密尔地区的土地价值做了评估，分为三组对比：没有圈地的土地，已经圈围的土地以及圈围十五年后的土地，这一评估显示了最贫瘠的土地每英亩从一先令六便士上升为四先令至五先令六便士；其他一些土地也比未圈地前上升了三四倍。Barbara English, *The Great Landowners of East Yorkshire, 1530–1910*, p.186。

《维多利亚郡史·牛津郡》作者认为,"早期的圈地为格斯特洛家族带来了巨大的财富"①。

斯宾塞家族出身于佃农,其圈地和经营土地的过程,也是一部发家史,经过一个多世纪的奋斗,最后竟演绎了一个农夫晋身贵族的真实故事!在15世纪晚期,斯宾塞还身份低微。家族财富奠基人是约翰·斯宾塞,其名字最早出现在1497年11月26日的一份契据中,身份是牧场主。大约1500年他开始零碎圈地,将购进或租进的土地围圈,并转型为资本主义牧场。1512年,围圈沃里克郡两个庄园,继而围圈北安普敦郡一块土地。与此同时,获得了沃里克郡和北安普敦郡若干鱼塘的自由饲养权。同年2月20日,将上述沃里克郡两庄园的另外40英亩耕地主动撂荒,拆除自家的一处宅院;12月,将撂荒的这40英亩耕地和另外40英亩林地等围圈,并使之与已有的另一牧场相连,成为一个颇具规模的大牧场。几年后,斯宾塞又购买了上述两个庄园的一块围圈地,此地原属一位已故侯爵,大约半犁地;并将其变为牧场,致使四人离开土地。

斯宾塞家族逐渐发达起来,后来为了购买国王的一块领地,一掷千金,不惜投入2 000英镑。17世纪初罗伯特·斯宾塞晋升为贵族。②这个农夫变贵族的真实故事不是孤立的。个人或家族凭借某种机遇飞黄腾达,在其他社会里也有发生。这个故事则不然,斯宾塞家族不仅运气不错,更重要的是凭借一种从未有过的社会机制,所以历经百年经久不衰。

英国以及欧洲正在进入一个新时代:普通人依靠经营土地等实业,不仅致富,还可显贵——货币力量正在淹没社会旧规则;"身份"不再那么神圣和灵光,社会晋身的通道在更新和拓宽。

圈地发起人和推动者

大农-乡绅阶层的圈地实际上影响了整个的田制改造。乡绅哈

---

① Alan Crossley, ed., *The Victoria History of the County of Oxford*, Vol. 10, p.209.
② 参见 C. H. Williams, ed., *English Historical Documents*, Vol. V, pp.264-266。

斯汀斯家族在一个世纪内围圈了整个布劳斯顿庄园，他是分步骤缓慢推进的，①这样的史例不胜枚举。下面，我们依次分析四个较为典型的案例，旨在说明大农－乡绅阶层不仅是圈地骨干，还是圈地运动发起人和不懈的推动者。

考特斯巴赫（Cotesbach）庄园圈地，是乡村中间阶层主导圈地的案例之一，该案例比较翔实地披露了如何实施圈地，依据什么圈地。中间阶层有一定的财富，可是并没特别的政治权力，没有超经济的力量，所以他们圈地的手段颇令人感兴趣。该庄园坐落于莱斯特郡的南端，16世纪初叶领主直领地已被围圈，约200英亩，相当于庄园耕地的五分之一，其余土地一直还是条田状态。1596年该庄园落到约翰·夸尔斯手里，后者是一个伦敦商人，从国王那里购买了这个庄园。由于该庄园曾发生产权纠葛，购买后该庄园并没有到夸尔斯手里，直至1601年才归还给他。庄园在外漂了几年才拿到手，夸尔斯一心要"弥补这份损失"。如何弥补？他决心圈地。②理由很明显，条田的价值远远落后于市场土地行情，只有圈地并实行农场经营才能创造利润，弥补损失。圈地盈利是一个公认的事实。

夸尔斯已经买下来整个庄园，可是对他来讲"圈地"并非一件随心所欲、予取予求之事。经历数百年市场经济大潮冲刷，习惯保有地逐渐蜕变为商业土地和商业地租，可是在新的历史条件下，佃农土地权利仍然不可小觑。夸尔斯感到幸运的是，"此时，一些佃户租约早已过期"，佃农的土地权利失去时效，租约到期是收回土地或调整租金的机会。这些佃农的身份大概是期限公簿持有农，于是夸尔斯先"向这些佃户提出每雅兰得土地五英镑租金的新条件"，显然大大超出原租金。佃户们拒绝新租约，也就面临被驱逐的危险。

---

① 参见 W. G. Hoskins, ed., *The Victoria History of the County of Leicester*, Vol. 2, p.203.
② 夸尔斯1596年就购买了这块地产，该地产是王室领地，大概为偿还该庄园前领主的债务，国王趁土地易手之机，夺走这块地产若干年，直到1601年、1602年才归还约翰·夸尔斯，所以他感到吃亏了，决心要弥补这份损失。见 Joan Thirsk, ed., *Agrarian History of England and Wales, 1500–1640*, Vol. IV, p.234.

第九章 圈地运动

对于自由保有地，夸尔斯的对策是赎买或协商。该庄园共有四位自由持有农，夸尔斯区别对待，买断其中一人的土地，与另外两人达成协议，或土地置换或货币补偿。第四位自由持有农仅有二英亩，夸尔斯补偿了一些土地。其余是若干逾期的契约租地农，夸尔斯也是先更新租约，提高租金，结果也"遭到了这些契约租地农的拒绝"。夸尔斯的下一步举措就是迫使不接受新租约的佃农离开土地，包括契约租地农和公簿持有农，以期圈占整个庄园。

1603年，圈地取得国王同意，佃户诉状也被法庭驳回，"佃户们除了接受新的租约或者离开村庄之外别无选择"。最后，有些人选择留下，不过由于租金上涨，他们一时没有能力承租原田亩，土地减少了；一些茅舍农放弃原来的保有地，仅仅保留一定的放牧权，可每头牛还须支付六便士。"其余拒绝新租约的佃户，最终离开了村庄，村庄佃户人数下降了一半"，不满情绪相当强烈。[①]"圈地"导致村庄人口数量下降一半，这样的情况不多见，所以夸尔斯圈地成为一个著名的案例，时常被各种教科书和著述引用，作为圈地中野蛮驱逐佃户的明证，只是对个中缘由以及圈地是否合法少有交代。

该案例确实是大农等中间阶层圈地的典型。夸尔斯双管齐下，一方面货币赎买，与自由持有农等小地产主成交；另一方面利用租约逾期的时机，以更新租约、抬高租金的手段，胁迫佃农离开土地，考特斯巴赫庄园就这样变成了围圈地。这个庄园的土地结构在此前一百年里没有根本性的变化，然而，1603年至1612年，所有一切因圈地而被改变，传统敞田消失，庄园主的收入也提高了一倍。[②]

有的大农或乡绅已经控制了庄园的大部分土地，倘若加以货币赎买或土地置换等手段，庄园变围圈农场，仅一步之遥。莱斯特郡的塞丁沃斯庄园即属此例。威廉姆·布罗卡斯家道殷实，大概是一位介于大农和乡绅之间的人物，1576年，他从领主以及其他所有者手中购买了28.5维尔盖特土地，这是一笔相当大的地产。他妻子伊

---

① 参见 Joan Thirsk, ed., *Agrarian History of England and Wales, 1500–1640*, Vol. IV, p.234.
② Ibid.

丽莎白·德克斯特手里已有6.5维尔盖特土地；岳母玛丽·德克斯特拥有5.5维尔盖特土地，1586年去世前以遗嘱方式赠与这对夫妇，这样布罗卡斯实际上拥有了40.5维尔盖特土地，占整个村庄土地的84%，该村庄总计不过48维尔盖特土地（大约相当于1 400英亩）。其余土地分散在七位自由持有农手中。为了进一步集中地产，经协商，七位自由持有农让渡了土地，表面上是货币与"良好价值租约"（leases of good value）的交换——自由持有农们授予布罗卡斯的租期是1000年，实际上出卖了他们的土地。于是，"布罗卡斯的圈地预期得以成立，并且取得相关方面的同意"。①该庄园和前述考特斯巴赫庄园圈地有共同之处，也是大农-乡绅阶层圈地的显著特征：货币是他们手中的一大利器。

  乡村中间阶层主导圈地的另一种重要模式，是若干大佃户集体协商，从而推动整个村庄圈地。诺森伯兰郡的几个庄园都有类似的行为，其中考彭（Cowpen）庄园最有代表性。

  1619年，这个庄园自由地持有农经协商后，试图分割敞田上的耕地、草地以及部分共用地，他们先将所涉佃户的土地混合在一起（一些土地已有所围圈），然后按照既定原则重新分配。这次圈地动作较大，还留下圈地佃户协议书，后续活动也被翔实地记载在诺森伯兰郡史上。协议签订日期是1619年11月15日，这些自由佃农宣称，"为了改进和有效利用庄园土地"，决定使自己控制的土地从旧体制的禁锢中解放出来。协议书开头处写道："在我们的詹姆士国王统治第17年的11月15日，诺森伯兰郡考彭庄园几位土地所有者和经营者，就我们的若干处地产和保有地转让和分割，做出相互承诺，一致达成如下协议……"参与协议的成员属于典型的"大农-乡绅阶层"，他们是：一位骑士拉尔夫·德拉瓦尔；四位乡绅包括罗伯特·威丁顿、路易斯·威丁顿、崔斯特瑞姆·芬威克和马丁·芬威克；还有五位大农，包括小约翰·普勒斯顿、老约翰·普勒斯顿、

---

① 参见 L. A. Parker, *Enclosure in Leicester, 1485–1607*, pp.113–114。

库斯伯特·沃森、威廉·斯托里以及罗伯特·史密斯。协议主要内容是:

> 其一,聘请若干有经验和可靠的土地勘测员,对所涉土地实施勘察、检验及丈量,然后将土地分成两部分,即北部和东部地块。其二,遵循合理和公平的原则将上述土地重新分配。"不应占有所有最好的土地,也不应占有所有最坏的土地,每个人都拥有公平的权利,充分考虑所分田地的数量和质量,权衡适度。"其三,根据上述原则,上述成员分得不同地块的土地(详见表9-2。——引者)。其四,所聘勘测员的工资和费用,要由上述成员共同承担,出资份额与每人分得土地数量和质量相当。此外,具体指定了一位名叫马修的为土地勘测员,他来自纽卡斯尔;同时一致同意从外面聘请托马斯·瑞都等五人组成圈地委员会,其间有一名骑士和两名乡绅,负责土地分割,并裁决所有的分歧。[①]

这份考彭庄园佃户圈地协议书令人印象深刻。村民曾有村庄公共生活的长期训练,显示了相当的自治能力。圈地协议中有明确的土地分割原则和实施步骤,还有专业人士和第三方参与。分割原则强调公正与权利,例如,尽管土地打散后重新分配,但是原来土地的数量、质量和位置要充分考虑。又如圈地协议人负责支付土地勘测员的报酬,由于分得土地数量和质量不一样,每人出资亦不同,即使细节上也力求合理。还有,土地勘测和丈量人员、负责仲裁的五人圈地委员会均来自第三方,且由佃户共同推举产生,以保障公平公正。

[①] H. H. E. Craster, ed., *A History of Northumberland*, Vol. 9, London: A. Reid, 1909, pp.325–327. 这些成员的身份有乡绅、骑士,多数是自由地持有农,《维多利亚郡史·诺森伯兰郡》作者统称他们是佃户,是相对领主而言的佃户。托尼在其著作也引用这条资料,也将他们归于自由持有农圈地。参见 R. H. Tawney, *The Agrarian Problem in the Sixteenth Century*, p.157.

最后，该协议特别提到因圈地引起的损害及补偿问题。上述佃农罗伯特·威丁顿（乡绅）在考彭庄园有个煤矿，因圈地受到影响，因此要对"煤矿原有权利和利益"做出补偿。同时这位矿主有义务给两名原矿工安排工作，"因为他们及其祖辈一直在此工作"。此外，不能因圈地影响各方村民原有的公共权利，包括"采掘条石或石块的权利，以及村民们使用共用道路的权利"。还有，"在池塘和河流渔猎等权利，继续有效，保留给各位成员及其后代"。该协议1619年11月15日签订并予以公示，三个半月后生效，即1620年3月1日开始土地分割和围圈。《维多利亚郡史·诺森伯兰郡》记下了协议签订的日子，以及上述佃户得到的土地状况和具体位置（见表9-2）：

表9-2　1619年诺森伯兰郡考彭庄园大农协议圈地的土地分配

佃农	土地分配和位置	牧场和耕地（英亩）	草场（英亩）
东部区域			
拉尔夫·德拉瓦尔	草场11英亩；东边的耕地60英亩；某围田53英亩；某围田中的66英亩；某围田中的80英亩；东部围田中的104英亩；某围田中的188英亩；南部荒原区的耕地和草场104英亩	594.225	71.6
中部地区			
路易斯·威丁顿	东边的草场11英亩；某房后的耕地13英亩；与之相邻另一块耕地11英亩；某围田中的牧场19英亩；某荒地24英亩；南部荒原牧场27英亩	93.825	11.25
小约翰·普勒斯顿	除了其他地方，南部荒原区的耕地23英亩	192.825	23.125
老约翰·普勒斯顿	除了其他地方，东边的耕地和草场11.5英亩	93.825	11.25
罗伯特·史密斯	……	20.7	2.5

续表

佃农	土地分配和位置	牧场和耕地（英亩）	草场（英亩）
西部区域				
罗伯特·威丁顿	南边的草场17.5英亩；高地的耕地37英亩；磨坊附近耕地55英亩；某牧场54英亩	145.955	17.5
库斯伯特·沃森	北边的草场11英亩；高地耕地4英亩；高地附近的牧场4英亩；某地附近牧场62英亩；某地的部分耕地24英亩	93.825	11.25

资料来源：H. H. E. Craster, ed., *A History of Northumberland*, Vol. 9, p.327。

《维多利亚郡史·诺森伯兰郡》作者评价说："通过这一过程，考彭庄园被分割成独立的耕作地块，总的看来与今天的农场完全相同。"[①]在一般农民交换条田、整合地块的基础上，大农主导下的协议圈地大规模地更新耕作方式，明确产权归属，使中世纪敞田彻底改变了面貌。16世纪大农的这类协议圈地，为18、19世纪的议会圈地提供了先例和经验。它们与议会圈地的相似之处是，尊重并延续以往的土地权利和其他权利，以一种法治精神和契约的谨慎方式，荡涤和改造旧农业体系；不同之处是，"这种圈地是佃农自发协议的结果，而不是立法的结果"[②]。

不过，也不可将大农主导下的协议圈地理想化。马丁指出，尽管协议圈地是个进步，但在实际过程中往往不能完全尊重佃户的利益，即使小佃户不愿圈地也不得不被卷入其中。所以协议圈地也不能避免人口减少，并引起小农的反抗。马丁研究了莱斯特郡六个圈地案例，虽然都是协议圈地，但也发生了对抗和人口减少。[③]

[①] H. H. E. Craster, ed., *A History of Northumberland*, Vol. 9, p.327.

[②] R. H. Tawney, *The Agrarian Problem in the Sixteenth Century*, p.158.

[③] 在莱斯特郡六个圈地案例中，平均每个教区有十所农户房屋损毁。大部分发生圈地骚动的中心地区，包括1607年米德兰起义在内，协议圈地都以一定的人口减少为代价。1600—1675年，衡平法院记载了莱斯特郡21个协议圈地案例，北安普敦郡16个，沃里克郡13个，都因为圈地发生诉讼，一些农民强烈抵制。见John E. Martin, *Feudalism to Capitalism: Peasant and Landlord in English Agrarian Development*, pp.138-139.

有时，大农主导下的圈地会遇到领主阻挠，但往往不能奏效，也没有减少农舍和人口，最为典型的案例发生在卡索普（Caythorpe）庄园。一反人们的一般印象，圈地的主要反对者不是别人而是领主。这个颇具细节的史料，出自17世纪一个目击者手稿，珍藏在林肯郡凯斯蒂文教区档案馆，直到20世纪中期才被发现。"该手稿是独一无二的"，记录者拉尔夫·滕斯托尔时为教士，是圈地的亲历者，生动地展现了三个世纪前该教区圈地运动的图景。①

卡索普庄园曾为萨福克伯爵所有，伯爵因陷入经济困境急于出手土地，于是佃农们纷纷买断保有地，大农是主要买家。到了1650年，庄园土地主要由大小自由持有者所支配，一些大农吵着圈地，他们抱怨说"……实在厌倦了无效率的耕作方式，希望改良自己的土地"。茅舍农等担心共用地消失后造成生活困难，可他们没有足够的力量阻挡，"只得沉默、屈服"。

庄园领主小爱德华却明确反对圈地，表示"即使承受压力也要反对圈地，……与圈地者缺少共同的利益"。大农们不退让，裹挟小农和雇工参与进来，威胁集体起诉领主，通过法律手段迫使领主就范。"他们预见圈地能使圈地者获得财富和声望"，所以鼓动整个村庄承担诉讼费，小农和雇工也被迫掏腰包，"因为他们受到圈地者们耳目的监视，一旦被告上法庭，代价更大。就这样，所有人都参与其中了"。很明显，大农们精心策划，广泛动员，使用了各种手段。在强大的攻势下，年轻的领主勉强同意了。在组建的圈地委员会中，一些代表领主，一些代表村民，还指定了土地调查员，拟写规章和条款指导圈地。土地再次丈量，并被重新分割，继而挖沟渠，栽篱笆，圈地有序地推进。几年后圈地基本完成，虽然曾遭到部分人的异议而被起诉，但没有影响圈地进程，基本上是平静的，因为"圈地并没有摧毁卡索普的小土地所有者"。这是大农圈地没有导致人口减少、房屋毁坏发生的一个例证。

---

① 参见 W. H. Hosford, "An Eye-Witness's Account of a Seventeenth-Century Enclosure", *The Economic History Review*, Vol. 4, No. 2 (1951), p.215。

保留下来的1665—1666年的壁炉税账目证明，圈地八年之后，卡索普庄园仍然保存有59处房舍，这与圈地前的宅院、房屋、农舍的数量一样。此外，圈地中，由于村民从萨福克伯爵那里买断了自己的保有地，不少契约租地农因此变成自由持有农，即小地产主。圈地前的一份调查资料记载道"在这个堂区没有几个自由持有农"，却有63个契约租地农。圈地后自由持有农至少有55人，分布情况如下：男爵、骑士各1人，乡绅2人，铁匠1人，雇工1人，木匠1人，石匠1人，蜡烛商1人，裁缝1人，牧师2人，织工1人，皮革商1人，约曼29人，其他9人身份不详。自由保有地几近私人地产。小农没有减少，但贫穷居民失去了在共用地和荒地上的权利。[①]

以上，我们看到大农-乡绅阶层圈地的基本模式，货币赎买、产权交换和协商等显然是他们的通常手段。由于他们的经济实力，为了追求更大利润，圈地中往往不惜一掷千金。不过，倘若租约规定的租期未到，他们很少强行运作，大概也没有强制行为的能力。他们本身也是佃户，是稼穑田间、奔走市场的新兴农场主，至少上一两代人还是普通佃农甚至是个农奴。与领主的关系也是这样，圈地尽量取得领主的同意，以符合法律程序。上面卡索普庄园案例中，大农已经完全掌控村庄局面，甚至采用种种手段向领主施压，然而他们还是在领主同意后才行动，以取得圈地的合法性。

重要的是，大农圈地最坚定。农业资本主义是富裕佃农启动的，"圈地"是这种经济发展的结果，从这个意义上讲，大农是圈地运动的发起人是符合历史逻辑的，也是历史事实。卡索普庄园领主几经劝导才同意圈地，其母和一位地产委托人说道："尽管这种改善措施不能带来多大好处，但终究是一种改善。"[②]此话颇有几分勉强的味道，道出他们的心态。显然，圈地所推进的市场经济方式，并不是传统领主所熟悉的，也不是他们想要的生活。在这场农

[①] 参见 W. H. Hosford, "An Eye-Witness's Account of a Seventeenth-Century Enclosure", *The Economic History Review*, Vol. 4, No. 2 (1951), pp.215−220。

[②] Ibid., p.216.

业产权革命中，领主不过是被"逼上贼船"，不得已而为之；而富裕大农才是圈地运动最积极的发起人和推动者。英国学者惠特尔也持相似看法。[1]

沃勒斯坦指出，那个时代有两种类型的圈地，在为了有效耕作而合并小块土地的那种类型的圈地中，"约曼农扮演了主角"[2]。其实，大农岂止在一种类型的圈地过程中扮演主角？！在新旧经济与社会跨时代的更替中，大农－乡绅阶层扮演主角事出有因，顺理成章，下面的史实和数据也完全可以证实。

大农－乡绅阶层圈地比例

大农－乡绅阶层圈地所占比例几何？学界虽然普遍认同大农圈地，然而获得他们圈地的确切数据却并非易事。

翻开关于这一时期的历史文献，农民圈地的史料信手拈来，可是难以发现有说服力的普遍数据。[3]19世纪末叶问世的利达姆《圈地末日审判》，整理和分析了1517年和1607年的都铎政府圈地委员会的调查报告，认为16世纪有领主圈地和大农等其他阶层的圈地，可是给出的数据过于零碎，难以得出一个整体概念。比如在剑桥郡、格洛斯特郡等领主圈地面积所占比例较高，而另外一些地区佃农在圈地中起到的作用较大。例如，在伯克郡，1485—1517年农民是圈地的主体，包括自由持有农、公簿持有农、契约租地农等，而庄园领主圈地仅占该郡圈地总面积的9.6%。[4]利达姆《圈地末日审判》的另一个问题是，其数据分析年代范围有较大局限性，不能覆盖16

---

[1] 参见Jane Whittle, *The Development of Agrarian Capitalism: Land and Labour in Norfolk, 1440–1580*, Oxford: Oxford University Press, 2000。

[2] Immanuel Wallerstein, *The Modern World System I: Capitalist Agriculture and the Origins of the European World Economy in the Sixteenth Century*, p.249.

[3] 例如莱斯特郡霍尔斯特德庄园,1559年开始圈地就是由领主和佃户共同推动的。W. G. Hoskins, ed., *The Victoria History of the County of Leicester*, Vol. 2, p.203.

[4] 根据原文表格，伯克郡世俗领主圈地586英亩，教会领主圈地50英亩，合计636英亩，圈地总数为6 615英亩，领主圈地占9.6%。I. S. Leadam, *The Domesday of Inclosures, 1517–1518*, Vol. II, London: Longmans, 1897, p.529.

世纪圈地的主要时间维度。

帕克关于1485—1607年莱斯特郡各社会阶层的圈地数据值得关注。其一，在资料来源上，他参考了当年圈地调查委员会的报告，但是没有完全依赖它，帕克开辟了自己的史料来源，而且在时段上基本覆盖了这次圈地的时间维度，从1485—1607年。其二，在地区选择上，帕克采取典型取样的方法，选择了莱斯特郡，它位于米德兰平原中南部，是这次圈地运动重点区域。都铎时期的圈地运动并不是全面开花，主要发生在米德兰地区，因此有相当的代表性。

此外帕克将圈地分为两个阶段，第一个阶段1485—1550年，总圈地面积达到13 812英亩，圈地者有乡绅、国王、世俗贵族和教会贵族即修道院。没有一般农民零碎圈地的统计是个疏漏，大概受到资料来源的局限。其中，乡绅圈地所占比重最高，占58.4%，考虑到乡绅可能在统计的"身份不明者"中占一定比例，乡绅圈地达到60%左右应该没有什么问题。参见表9-3：

表9-3　1485—1550年莱斯特郡各社会阶层圈地比例

1485—1550年	
乡绅	58.4%（8 067英亩）
教会领主	17.6%（2 420英亩）
世俗领主	12.1%（1 668英亩）
国王	2.1%（303英亩）
身份未知者	9.1%（1 354英亩）
总计	99.3%（13 812英亩）

资料来源：L. A. Parker, *Enclosure in Leicester, 1485-1607*, p.83。

圈地第二个阶段即1551—1607年，统计中的社会身份增加了农民（peasantry）和商人，去掉了国王和教会领主圈地。该时段圈地增加农民和商人，表明圈地力量组成的新变化；去掉教会领主也是有根据的，因为这个阶段修道院被强令解散，地产已经悉数拍卖。拍卖土地大部分流入了约曼、乡绅手里，后者最渴望得到土地，购买力最旺盛，而领主尤其教会领主进一步受到重创。因此在这一时段大农-乡绅阶层圈地比例越来越高，应在意料之中。不过王室领地没有圈地记录似不应该，也许将其归类于贵族，或受到资料来源限制。作者承认他的资料来源受到一定限制，例如对莱斯特郡村落圈地统计，他只能覆盖67%。无论如何，帕克对这一时段圈地者的成分还是提供了相对完整的数据：乡绅圈地占72.5%，再加上商人的，中间阶层圈地达到79%，占据绝对优势，比之前一阶段大约增加20个百分点。统计中农民圈地数据肯定包括一部分大农，这里未计算在内。无论如何，大农-乡绅阶层成为圈地主力愈发明显，无可置疑。参见表9-4。

表9-4　1551—1607年莱斯特郡各社会阶层圈地比例

圈地者	圈地面积（英亩）	百分比
贵族	190	1.7
乡绅	8 273	72.5
农民	2 165	19.0
商人	780	6.8
合计	11 408	100

资料来源：L. A. Parker, *Enclosure in Leicester, 1485–1607*, p.149。

还可以引证中部地区白金汉郡的相关数据，进一步说明中间阶层在圈地中的作用。白金汉郡相距莱斯特不远，所圈土地大部分变为牧场，[①]一般说来领主掌控的土地规模较大，更容易转为牧场。这里的圈地主力是否是领主呢？都铎政府圈地委员会的调查报告显示，1485—1517年，该郡领主圈地的确占据了相当大的比例，达到圈地总面积的45.6%，然而其余皆为农民围圈，后者才是圈地者的多数。他们是自由持有农、契约租地农（含租地农场主）和公簿持有

---

① 1485—1517年，白金汉郡共圈地8 985英亩，其中7 323英亩为牧场，1 662英亩为耕地，即牧场占圈地的81.5%。I. S. Leadam, *The Domesday of Inclosures, 1517–1518*, Vol. I, p.606; William Page ed., *The Victoria History of the County of Buckingham*, London: Archibald Constabl, 1908, Vol. 2, p.62.

农，其中仅仅自由持有农圈地即占该郡圈地总面积31.0%。[1]这样的史例还能引证很多，问题是时段过短，如上述白金汉郡统计仅涵盖32年，不能反映圈地运动全貌。相比之下，帕克的数据难得，也相当有说服力，时间跨越122年（1485—1607年），覆盖圈地运动全过程；而且莱斯特地处圈地重点地区，其数据具有代表性。加之前面一系列典型性个案分析，在整个延长的16世纪，如果说大农-乡绅阶层即农业资产阶级是圈地中坚力量，应该是可以成立的。

大农-乡绅阶层同样有非法圈地，因损害佃农群体利益而受到谴责和抵抗。在德比郡的贝克威尔庄园，乡绅约翰·夏普采用非法圈地的方式扩展自己的保有地，1542年米迦勒节，该庄园刑事法庭（courtleet）和封臣法庭推举13名佃户组成陪审团审理此案，陪审团认为夏普非法圈围了两处公共牧场，以及若干佃农的保有地，甚至还非法圈占另一个乡绅乔治·弗农的一部分土地。此外，夏普还被指控圈围部分国王大道——从皮克城堡到德比郡。这些行为显然"违反了该庄园的法律和习俗"。庄园法庭下达拆除圈地、恢复公共牧场和国王大道的命令，夏普拒绝执行，结果陪审员们强行推倒围篱并重新打通国王大道。然而，夏普没有就此罢休，1545年，他再次被控"暴力"圈围30英亩荒地，侵害该庄园佃农们的公共放牧权。另一方面，佃农一直抵抗夏普的非法圈地。星室法院的一桩案例表明，一些佃农坚称树篱损害他们一直拥有的公共放牧权，所以捣毁他的圈地并在那里继续放牧。[2]

大农非法圈地，同样遭遇暴力抵抗。白金汉郡威科姆庄园，约曼大农约翰·劳伦斯围圈了20英亩耕地，四周竖篱挖沟，将其变为他一人的专属牧场。而按照规定，一旦谷物收割以后，城镇居民有权在此放牧，所以劳伦斯广受诟病。领主温莎爵士、司祭长和管家察看了现场，命令劳伦斯拆除圈地。劳伦斯口头答应，实际上继续

---

[1] 参见 I. S. Leadam, *The Domesday of Inclosures, 1517-1518*, Vol. II, p.599。
[2] 参见 Roger B. Manning, "Patterns of Violence in Early Tudor Enclosure Riots", *A Quarterly Journal Concerned with British Studies*, Vol.6, No.2 (Summer, 1974), pp.124-125。

阻挠居民放牧，侵袭和驱逐放牧人、扣押进入圈地的牲畜等。结果，在市政当局鼓动下，居民们强行砍断、烧毁圈地树篱，并继续在劳伦斯圈占的土地上放牧。①可见圈地的过程是复杂的，大农单方面圈地往往很难达到目的。

　　大农圈地甚至会导致激烈冲突和人口减少。15、16世纪之交的一份圈地调查报告告诉我们，在白金汉郡的博得斯顿庄园，一个自由持有农圈占400英亩土地，导致4座房屋被推倒，60人被驱逐出家园，从前需要8部耕犁的土地，现在完全变成了养羊的牧场。②前面提及的伦敦商人夸尔斯圈地，使村庄人数下降了一半，引起一场不小的暴动。被驱逐的小农受到广泛同情，1607年，心怀不满的农民从四面八方聚集在夸尔斯的考特斯巴赫庄园，该庄园一度成为莱斯特郡示威农民的聚集点。一度"汇集男人、女人以及孩童达到5 000人"，推翻了一部分圈地篱笆。这些行为引起莱斯特郡官员关注，担心引起更广泛的治安问题，于是在6月6日竖起了一个绞刑架，用以警示那些发难的人。6月8日这个绞刑架被愤怒的人群推倒，不过没发生进一步的骚乱。③该案例表明，一些乡绅、商人和大农，在圈地中暴露出的贪婪、冷酷与封建领主无异，同样遭到愤怒小农的反抗。

四、领主凭据什么圈地？

　　无论如何，领主圈地、驱逐佃户是圈地运动中的一个典型画面，也是重要的史实。问题在于，领主凭据什么圈地？在圈地运动中有多大比例的佃农被驱逐，合法还是非法，圈地中暴力成分几何？

　　驱逐佃户是中世纪很少发生的事情，为什么此时发生了？一个

---

　　① 参见 Roger B. Manning, "Patterns of Violence in Early Tudor Enclosure Riots", *A Quarterly Journal Concerned with British Studies*, Vol.6, No.2 (Summer, 1974), p.125。
　　② 参见 William Page ed., *The Victoria History of the County of Buckingham*, Vol. 2, p.63。
　　③ 参见 Joan Thirsk, ed., *Agrarian History of England and Wales, 1500-1640*, Vol. IV, pp.234-235。

极其重要的历史前提是：佃农人身获得解放，几乎与此同时，土地和地租已经商业化或正在商业化，佃户的土地权利越来越被清晰地界定而具有时效性。一部分佃户土地获得自由产权或可继承保有权，大部分佃户土地因契约时效性而变成有期限保有地，租期届满，租约失效，便成为领主圈地的基本凭据，也是领主圈地的通常途径。

契约圈地

所谓契约圈地（enclosure by unity of possession），即领主利用土地契约的时效性圈占土地。曾几何时，佃农对领主世代效忠，同时其保有地也世袭占有，二者都曾是中世纪重要原则；可到中世纪晚期，佃农与领主的依附关系解体，封建保有地性质随之蜕变，土地不再是人身关系纽带，越来越变成归属明晰、可以转移的商品，于是时效性成为土地契约的普遍规则。[①]一旦租约期满，地产主可以与佃户商议续约，也可以让土地回到自己手里；或出卖或转租或圈地，全凭领主处理，不违反庄园习惯法，也不违反普通法。

值得注意的是，这里契约是关于土地的规定，而不是人的身份规定，此时生产者基本都是自由人。一块土地的归属和圈占，主要取决于土地的契约，而不取决于土地持有者的身份。从这个意义上讲，一个持有终身公簿保有地的公簿持有农，与一个持有30年租期的契约租地农没有多少区别。在实际生活中，即使一个意愿佃农也可能同时持有一块公簿保有地，或按照契约租地条件承租直领地和荒地。在不同类型土地上，他的法律权益是不一样的：如果他持有一块有继承权的公簿保有地，土地应该是安全的，然而这种法律保障仅仅限于这块土地上，也就是说，他在公簿保有地上享有的权利，不能避免他在意愿保有地上被驱逐的危险。

历史学家常常抱怨庄园档案中佃户身份模糊不清，原因即在于此，在这块土地上是安全的，在那块土地上不是安全的，驱逐的危

---

① 参见侯建新："圈地运动前英国封建保有地的蜕变"，《世界历史》2018年第1期。

险来自土地的性质而不是持有人的身份。如果一个佃农从意愿保有地上被驱逐了，完全是因为这块土地的性质。

按照契约规定，意愿保有地任凭领主随时收回，通常提前半年知会，一般情况下不会发生什么冲突，托尼认为甚至没有必要举例来证明意愿佃农被驱逐的可能性。1568年，在多穆尔翰庄园，领主将庄园土地承租给三位大农场主，如果农场主坚持，意愿佃农只得离开庄园土地，"他们仅仅是蹲在那里，如以往那样默默地承受着"。另一个案例发生在奈顿庄园，1554年，这个庄园整体承租给一位农场主，涉及六位意愿佃农可能被驱逐。关于是否遭遇抵抗，领主似乎胸有成竹，他说，一句话就足够了，他们是"他的意愿佃农"（his tenantry at wyll）[1]。也就是说，领主随时要回土地不成问题，不违背契约之规定。

在1583—1597年，星室法院详细记载了领主圈占意愿佃农土地的过程，发生在莱斯特郡西部思维普斯顿庄园。领主回收意愿佃农的土地没有发生什么阻碍，不过也不是完全没有补偿。第一桩，领主托马斯爵士收回了两个意愿佃农共80英亩土地，分别是威廉和阿诺德。作为补偿，威廉在单身期间每年得8英镑补贴；阿诺德被允许继续保留他妻子的一块土地，其妻死后，该地被领主收购并圈占，佃农阿诺德得到30英镑，购买了一块自由保有地。

第二桩，领主托马斯分别圈占另外三个意愿佃农的土地：21英亩来自海斯，领主给予了一些土地补偿；26英亩来自芬顿，借租给一处房舍，年租金10先令；另一处26英亩来自佃农西莱特，他有伤残，没有能力耕种土地，领主允许他继续留在原住房，并免费占有领主的一块圈地作为口粮田。领主围圈了上述佃农和其他人的土地，合并为120英亩新农场，转租给了一个叫奥顿的农场主。[2]

契约租地，与现代商业租地几乎没有什么不一样。凭据契约租约，领主可届时收回并围圈之。佃户在承租期间受到法律保护，领

---

[1] 参见 R. H. Tawney, *The Agrarian Problem in the Sixteenth Century*, p.283。
[2] 参见 L. A. Parker, *Enclosure in Leicester, 1485-1607*, pp.115-116。

主按照约定收回土地，同样受法律保护。承租者一般是小农，也有大租地农场主。如果说意愿保有地是习惯规定和商业契约混合物的话，那么契约租地则要简单得多。按照契约，土地出租的期限是明确的，租佃双方可以通过协商确定租期或者变动租期，在规定的租期内承租者的土地权利受到保护，一旦租约逾期，领主或地产主可以合法收回土地，成为领主圈地的重要契机。

契约租地形式在11、12世纪之交即已出现，作为庄园习惯保有地的补充形式，一般租期较长。进入中世纪晚期后大农场的长期租约仍然存在，一般情况下，契约租地则出现租期越来越短的趋势，一些地区几乎都是短期租户，通常是一年租期。[1] 契约租地产权明确，原租约失效后地产主可以续约，也可以圈地后再出租，与习惯租地相比，圈地中更少产生纠纷；另一方面，租约期满后佃农可以自由地离开土地，不再被强制劳动，离开后也不会被追捕。

发展趋势相当明显，契约租地农越来越多，16世纪成为三大佃农群体之一，到下一个世纪成为主体佃农，与市场经济同步发展。领主直领地和共用地是契约租地的重要来源。[2] 习惯租地也不断转化为商业性契约租地，一般说来领主总是鼓励世代承袭的保有地转变成有限期的契约租地，不断松弛的依附关系和市场经济的发展也鼓励这样的转变。1526年，布莱廷顿教区的领主文森特·珀尔继承庄园后，执意圈地，他扩张领主直领地，同时变更佃户的土地保有制（alter the conditions of tenancy），使之成为契约租地。一份调查报告显示，1544年领主围圈茅舍农保有地45英亩，因为租期已满，据此收回并围圈之。在1539—1596年，大约共有780英亩土地被围圈，其中不少更改了原公簿土地保有条件。使习惯租地变为契约租地，是领主圈地的重要手段。[3]

领主凭据契约圈地，却很难凌驾于契约之上，他不能随意更改

---

[1] 参见 Phillipp R. Schofield, *Peasant and Community in Medieval England, 1200-1500*, p.19。

[2] 参见 Joan Thirsk, *Tudor Enclosures*, p.6。

[3] 参见 Mary D. Lobel, ed., *The Victoria History of the County of Oxford*, Vol. 6, pp.62-64。

契约，租约有效期内尤其不能更改。这类案例不遑枚举，领主不能无视契约规定的时间表，只能等待。1515年，在萨默塞特郡阿布洛德庄园，领主将庄园直领地出租给了一个农场主，租期80年。显然这是一笔大生意，领主当然愿意立即兑现，可是所涉土地的原租约尚未终结，直领地还在一些小农手里，分散租种。于是领主和新承租者农场主只能等待，一直到这些小农租佃权失效，才能圈占这块签约的直领地。这个细节特别写进领主和农场主的最终协议里，强调此乃农场主承租直领地的条件之一。①

公簿持有农是16世纪佃农主体，他们中的大部分土地都可能成为领主合法围圈的对象。农奴制解体，当年的维兰成为公簿持有农，他们手里的公簿即土地契约副本，一方面确保契约规定期限内对土地的占有受法律保护；另一方面规定了土地租期的时间维度，这意味着他们与领主的依附关系也不是无限的。一部分公簿持有农仍然保留了世代继承权；但大部分是有期限的土地，到16世纪更为明显，有的三代继承，有的终身，有的仅数十年。他们仍被称为习惯佃农，然而商业原则已经渗透其中，这是一个新旧关系混合且不断分化的群体。

当公簿持有农土地权利失效时，领主和佃户进入更新租约过程，公簿持有农可能变为契约租地农，所以公簿持有农和契约租地农呈互为消长的趋势。领主也可能接管并圈占那块土地，公簿持有农不得不离开。1544年，萨默塞特郡的布拉德福德庄园佃户起诉领主，声称他们拥有保有地继承权，却被迫离开土地。领主辩称，这些公簿保有地并非都有继承权，一部分仅终身保有。国王法院派专员到该庄园搜集证词，可惜证词多有矛盾，最后还是求助于庄园档案。根据庄园档案，国王法院认定，一部分公簿持有农确实没有继承权，仅终身保有。"早先的原始记录支持了领主。"②国王法院做出判决，

---

① 参见R. H. Tawney, *The Agrarian Problem in the Sixteenth Century*, p.210。
② Alexander Savine, "English Customary Tenure in the Tudor Period", *The Quarterly Journal of Economics*, Vol. 19, Issue 1 (Nov., 1904), p.70.

判决的依据还是庄园法庭档案。庄园法庭档案保存着土地契约的原始记录,具有最后的权威性。

亨廷顿郡的一桩案例也支持了这一原则,领主圈地是否成立,最终取决于法庭对佃农土地权利的认定。1543年,一位来自雷普顿庄园佃农,在国王上访法院(Court of Request)①指控庄园领主约翰爵士,强行占有佃户土地(forcible entry upon the tenancies)。该庄园曾是拉齐姆修道院一部分,修道院解散后被国王授予了约翰爵士。约翰爵士答复道,所以驱逐他们是因为其不正式具备公簿持有农权利,他们其实是意愿佃农,意欲依国王"侵占诉讼法令"起诉之。为此,上访法院查阅了自理查二世时期(1377—1399年在位)以来的庄园档案,确认原告确属意愿佃农,土地是意愿保有地,据此给出判决,被告约翰的陈述属实,圈地成立。②很明显,圈地的依据在于原契约规定的土地权利。

另一个史例同样说明了领主圈地的凭据,不过这次是佃户胜出。1538年,领主爱德华伯爵的一封回信,送呈国务大臣托马斯手中,从中得知,爱德华伯爵驱逐了七个佃户,因而引起投诉。伯爵庄园叫埃尔斯米尔。国王法院不听伯爵的辩解,坚持找到被驱逐的佃户,仔细问询其保有地权利详情。遗憾的是,每个佃农的证词都承认他们的土地"没有公簿或者书面证明,而是在领主的'意愿下'(at pleasure)占有那块土地"。领主收回意愿保有地本没有什么争议,可是最后的判决却对领主不利,大概是出于对地方贵族政治斗争的需要。作者利达姆评论说,这样的判决结果"难以置信",显然是为了某种目的而"歪曲了法律"。作者表达的意思是明确的,正确判定的唯一凭据应该是土地契约。③显然,人们心目中圈地有合法和非法之区别,依据就是佃户既有的土地权利。

---

① 一种小衡平法院。

② 参见I. S. Leadam, "The Security of Copyholders in the Fifteenth and Sixteenth Centuries", *The English Historical Review*, Vol. VIII, Issue XXXII (Oct., 1893), p.688。

③ Ibid., pp.686-687.

由于商业原则的渗透，16世纪佃农土地权利的显著特点是，一方面土地权利更加确定，另一方面因领主佃户关系加入了时间条件，所以对土地性质和年限的约定更加严格。一旦原租约逾期，领主未必续约，通常变习惯租约为商业租约，按照市场行情大幅度提高租金，迫使佃户离开土地，从而获得圈地良机。这是对习惯租地和习惯地租而言。倘若原是商业租地，更是对地产主打开方便之门，租期约定乃商业租地应有之意。

庄园周围的荒地是共用地，它们不断被蚕食，因此佃农交给领主的租金，实际上是一种商业地租，可以定期更新租约。北安普敦第九代伯爵就是利用更新商业租约的机会，圈地渔利。在其所在的莱康菲尔德庄园，伯爵首先分割了剩余的共用地，其间"那些迎合领主心愿的佃户优先安排，……否则其租约被转让别人"[1]。下一步，更新租约，提高地租，是驱逐佃户更重要的机会："那些没有能力支付高租金者，其财物被强行抵押，如果没有能力赎回，他们将被驱逐。"伯爵倒也不是一味贪婪，一份书面文字中提到穷人，"他们可以如其所愿分割一块共用地"，这是对27位茅舍农的补偿。[2]领主利用商业租约的时效性，提高地租和驱逐佃户是残忍的，却不是违约、违法的。

领主与佃户之间也有协议圈地，协议圈地是契约圈地的延伸，且有越来越普遍的趋势。法定土地权利依然是协议圈地的基本依据，领主与佃户协商达成圈地的一致意见，是领主圈地的另一个重要渠道。都铎王朝中晚期，在政府和公共舆论压力下，领主圈地更加小心谨慎，尽力避免暴力，乐见协议圈地。例如，1582年，在莱斯特郡的塞丁沃斯庄园，领主威廉·布罗卡斯与自由持有农们达成圈地协议，给予佃农种种补偿，还允诺优惠地租。[3]

又例如，鲁本翰庄园，位于诺森伯兰郡边界，人口较多，1564

---

[1] Barbara English, *The Great Landowners of East Yorkshire, 1530–1910*, pp.182–183.
[2] Ibid., p.183.
[3] 参见 W. G. Hoskins, ed., *The Victoria History of the County of Leicester*, Vol. 2, p.203。

年，领主布鲁克爵士与自由持有农签下圈地协议，据此1600—1601年村庄部分土地变为牧场并围圈之，领主和相关佃户各得应有的一份。圈地调查委员会提供的信息表明，在圈地过程中，领主毁坏了三处农场，并将120英亩耕地转变为牧场。18位佃户围圈51英亩耕地并变为牧场，一位叫普特的佃农毁坏一处农舍，另外两位毁坏了两处农场。这样，总计171英亩的耕地被圈围成牧场，约占村庄面积的6%。耕地围圈的协议是这样的，以佃农16英亩对等领主15英亩的比例交换耕地，涉及部分领主直领地。此外，由于削减了共用地，一些茅舍小农被补偿了大约60英亩土地，所以圈地后"他们的生活还能过下去"。对茅舍小农的补偿，表明对茅舍农公共土地权利的承认。圈地实施之前，协议要在圈地委员会面前宣布。圈地过程是和平的。该村原有60户人家，圈地没有减少人口，1603年领取圣餐的人数记录证明了这一点。①

都铎时代晚期，在米德兰等圈地重点地区，领主与佃户协议圈地相当普遍。莱斯特郡史显示，罗金顿庄园的协议表明，领主一并围圈所有条田，再分配给佃农个人独自耕作。②又据该郡史记载，亚历山大·科夫爵士是两个庄园（巴克明斯特、西斯特恩）的领主，1597年，他与31个佃农达成协议，共同圈地。又如，蒂尔顿庄园领主蒂戈比爵士，在16个佃农的同意下圈地，圈地面积达1 335英亩。协议圈地越来越多，在莱斯特郡，1540—1640年至少完成了15次协议圈地，而二十年后协议圈地成为普遍方式。③协议的过程也是佃户与领主讨价还价的过程，一些案例表明，佃农包括一些小农，能够成功地维护自己的权利。

在其他地区也是这样，如牛津郡的布莱廷顿教区圈地，1623年签订协议，圈地有耕地也有荒地，从此荒地消失了，因此无地小农利益也要给予考虑。协议由三方签订，有领主约翰·伦瑟尔爵士、

---

① 参见 L. A. Parker, *Enclosure in Leicester, 1485-1607*, pp.136-138.
② 参见 W. G. Hoskins, ed., *The Victoria History of the County of Leicester*, Vol. 2, p.191.
③ Ibid., p.202.

持有土地的教士和15名佃农。圈地总面积785.5英亩，围圈后分配如下：478英亩归领主，192英亩归教区的教士，两名佃农分别获得60英亩和56英亩。剩下的土地由13名佃户依原土地权利分割。其中5人所获土地不足10英亩，显然他们是少地或无地的小农。①

16世纪中叶以后的五十年里，协议圈地方式似乎更规范了。圈地协议签订要在一个小组的监督下，该小组通常由五个仲裁员和两个勘测员组成，他们有义务根据"土地的数量、质量和每个人持有土地的权利"等因素，重新分配土地。作为补偿，有公共放牧权的茅舍农和穷人，都被补偿相应的耕地。在经过一个虚构的讼案测试后，协议最终由双方公开签署，并在衡平法院登记。因此在衡平法院和财务署（Exchequer）法院不难发现当年签署的圈地协议书。

1663年莱斯特郡的劳顿庄园圈地，留下来一份协议书，从中得知：领主获614.5英亩土地，教区长获81英亩，作为对失去庄园什一税的补偿，其他18位佃农共获359.5英亩土地。②在该郡的果阿比庄园，1676年5月3日，一份类似的协议书在领主、牧师和四个自由持有农之间签署，并经过两名独立财产评估人的见证和评估，根据该协议，翌年9月29日之前完成圈地。③如此种种，类似的协议不胜枚举。协议方式在一定程度上减轻了佃农的痛苦，并且为18世纪的议会圈地做出尝试。

当然，不论这里的"契约"还是"协议"，并非总是公平的，也不是现代意义上的契约和协议。佃户毕竟处于弱势一方，领主利用强势地位，欺负佃农情况时有发生。更有贪得无厌的领主利用农民的迟钝，签下虚假协议，然后又借助已签协议的法律效力，达到驱逐佃户的目的。牛津郡布莱廷顿教区圈地，就是一桩典型案例。前面提及的牛津郡布莱廷顿教区后任领主霍尔登，企图驱逐七名佃

---

① 参见 Mary D. Lobel, ed., *The Victoria History of the County of Oxford*, Vol. 6, pp.64-65。
② 参见 J. M. Lee and R. A. Mckinley, eds., *The Victoria History of the County of Leicester*, Vol. 5, London: Oxford University Press, 1964, pp.216, 218。
③ Ibid., p.17.

户，依据就是一份虚假的协议。遭驱逐的佃农起诉他，而霍尔登辩称那些佃户承认并签署了上述协议，根据协议，这些佃户自愿放弃其保有地上的利益，包括"休耕地、草地和牧羊共用地（sheep common）"。现存资料表明，这个协议很可能是领主欺骗佃户的结果。《维多利亚郡史·牛津郡》记载：

> 该教区的教士们形容领主霍尔登是一个"贪得无厌、贪婪成性的俗人"，"一个外来者，对他的佃户毫无怜悯，极端严苛……"。以后该地发生骚乱，与他的残忍和苛刻有一定关系，然而这些都无法阻止他的圈地，因为他手里握有与佃户签订的协议。①

法庭圈地

领主凭据法庭的判决而圈地即法庭圈地（enclosure by court）。法庭包括国王法院在内，判决圈地的依据仍然是习惯法认定的土地契约，也就是持有人的土地权利。土地变革时期的土地产权错综复杂，领主和佃户常常因圈地发生冲突，对簿公堂，通过法庭厘清双方的土地权利，并判定领主圈地是否成立。比照前述契约圈地，这实际上是从另一个方面反证领主圈地的依据。领主通过法庭认定，取得圈地的合法性，从而成为领主圈地的重要渠道；同时，以法定的佃农土地权利为基础，法庭也是抑制领主非法圈地的一道屏障。

该时期庄园组织趋向解体，庄园法庭越来越无力解决这类纠纷，趁此机会，意欲弹压地方贵族势力的王权积极介入，诸如普通法法院、星室法院和衡平法院等，逐渐替代日益衰落的庄园法庭。弗里德指出，面对被领主驱逐的危险，当时的佃农主动申请和投诉于国王法院，是因为他们相信借此力量对抗领主非法行为是有意义

---

① Mary D. Lobel, ed., *The Victoria History of the County of Oxford*, Vol. 6, p.64.

的，也就是说，在特定的条件下，国王法院在一定程度上保护了习惯佃农的土地权利。①当时国王的许多司法令状涉及土地诉讼。如果农民的诉求未能在庄园法庭得到公正审理，当事人可以申请托特令状（writ of tolt），将案件移至郡法院，再申请旁恩令状（writ of pone），将案件移至国王法院。这些令状成为王权削减地方司法权的有力手段。"国王的命令及其令状应当为每个人所遵守，如果这一点没有马上实现，第二道令状就会前来表达国王的惊讶和不满。他会不耐烦地询问缘何迟延，并要求受状人立即修正其行为：藐视王室令状就会引起刑事诉讼。"②

值得注意的是，王权逐渐介入地方事务，却没有简单地向地方推行普通法，而是将各庄园惯例保留下来，并大量纳入普通法当中。由于各地习惯差异颇大，普通法接纳习惯法同时不断否认各地不合理的庄园惯例。例如，普通法纠正了一些庄园反对公簿持有农转租持有地的惯例，宣布转租持有地在英格兰所有庄园都是合法的。③当然，国王法院主持仲裁领主和佃农之间土地产权争端，判案依据基本还是庄园习惯法，国王法院尊重庄园习惯法，同时也注意不同地区的平衡。

习惯法在逐渐调整，但在圈地运动中仍然具有生命力。有一桩发生在15世纪中叶前的案例：原告是杂货商的两个女儿，其土地继承权受到了另一位叫约翰·柯尔克的佃农挑战，而领主管家趁杂货商去世之机收回土地，并经领主同意将土地转给了柯尔克。原告起诉到国王法院，请求衡平法院承认她们对于父母宅地和保有地的权利，强调这些不动产是"按庄园惯例以公簿形式保有的"（held "by copie after custume of manoir"），"请求衡平法院传唤约翰·柯尔克及领主管家，并要求后者带上庄园法庭卷宗"。④可见作为判案依据，

---

① 参见 E. B. Fryde, *Peasants and Landlords in Later Medieval England*, p.240。
② 〔比〕R. C. 范·卡内冈：《英国普通法的诞生》，李红海译，第24页。
③ 参见 R. C. Allen, *Enclosure and the Yeoman: The Agriculture Development of the South Midlands, 1450–1850*, p.69。
④ 参见 E. B. Fryde, *Peasants and Landlords in Later Medieval England*, p.239。

庄园习惯法至关重要。

来自塞尔登协会法庭档案的一桩案例，从另一个角度证明了这个事实，人们对庄园法庭档案记载的土地权利如此认真，以至于为此发生讼诉。案例发生于1450年，一男子控诉，由于庄园法庭执事失职，自己被非法剥夺了继承权。案件涉及的土地是该男子母亲的公簿保有地，其领主是圣奥尔本斯修道院长。该男子声称，因修道院法庭执事人员疏漏，庄园法庭卷宗没有详细记下土地权利，可是佃户陪审团已确认该男子的土地继承人身份，法庭执事人员一再推脱，表明他隐藏了至关重要的证据。为此该男子请愿至衡平法院，希望国王法院颁布令状至领主，查验庄园法庭卷宗，还原事实真相。①对此，法律史学家萨文评论说，国王法院执法中，不是修改庄园习惯法，而是还原习惯法。法庭寻求的依据在载有原始记录的古拙的档案文件中，所以人们才那么认真。②国王法院审理土地诉讼案件，一旦发生争议，不是颁布国王法院律条或援引国王法院已颁布的律条，而是追踪到庄园，查取庄园档案中佃农土地权利记录，作为判案依据。

在法庭上，可以发现佃户胜诉案例。例如，艾尔斯威克庄园公簿持有农与庄园领主对簿公堂，争执的核心问题是其公簿保有地是否有继承权，最后也是查阅了庄园法庭案卷。好在庄园档案记录明确，据此法庭确认该佃户的儿子可以继承这块土地，领主不能收回土地围圈。③一些案例表明，即使土地已被围圈，法庭也可能做出与领主利益不一致的裁决，改变圈地的既成事实。例如，在沃德柯尔克庄园，领主萨维勒强行圈占共用地大约100英亩，村民甚为愤怒，认为领主践踏了村民共同体的权利。在全体村民的抗议下，1569年至1570年间王室颁布了废除领主圈地的法令，结果篱笆被推倒，共

---

① 参见 E. B. Fryde, *Peasants and Landlords in Later Medieval England*, p.239。
② 参见 Alexander Savine, "English Customary Tenure in the Tudor Period", *The Quarterly Journal of Economics*, Vol. 19, Issue 1 (Nov., 1904), p.69。
③ 参见 R. H. Tawney, *The Agrarian Problem in the Sixteenth Century*, pp.295-296。

用地重新开放。① 又如，大约1517年，案例发生在莱斯特郡，领主威廉圈地过程中毁坏了一些房屋，引起佃户不满，起诉至国王法院。法庭判决是：领主必须重建毁掉的房屋，并尽快付诸实施。判决执行后，法院派专人查验现场，并详细询问当事佃户房屋重建的情况。②

佃户并非每战必胜，维护土地权利的博弈是艰苦的。国王法院涉足保护公簿持有农大约始于15世纪中叶，正是1465—1471年间，发生于米德尔赛克斯郡的一桩案例，反映了公簿持有农早期的维权实践。原告是佃农金斯顿，控告领主吉本，来自托菲尔德霍尔庄园（Toyfield Hall）。涉案土地为一块宅地、一个花园和5.5英亩草地，涉诉土地保有人是佃农金斯顿已过世的父亲，他理应得到继承权。他的土地权利主张得到佃户陪审团支持，而领主吉本在法庭上不予接受，前后矛盾，引起衡平法院不满，"领主与原告对抗中处境不佳"。原档案没有留下完整的过程和结果，历史学家格雷对该案例的分析值得思考："本案中，控辩双方提交的一系列文字表明，衡平法院对待领主和佃户的态度较为公允。不过，如果领主想钻空子，大概有很多办法逃避，在这种情况下佃户通过庄园惯例确认真相、谋求公正的诉求，很难一帆风顺。"③

实际上，法庭上佃户往往是弱势一方。出自上访法院的案例表明，在关于公簿持有农土地权利的争讼中，领主携封建主之余威，总是力图使保有地商业化，扩大其在混合、模糊产权中的份额，进而为圈地创造条件；佃户一方则倾力抵抗，不肯退让。利达姆编辑出版了12卷塞尔登协会的法庭文本，下面关于公簿保有地还是契约租地争议案例颇为典型，表明了控辩双方不同的利益关切，也披露了国王法院与贵族领主的微妙关系。

这个案例来自亨廷顿郡的阿伯特利普顿庄园，1543年，佃户指

---

① 参见 Joan Thirsk, *Tudor Enclosures*, London: Routledge and Kegan Paul, 1959, p.7.
② 参见 L. A. Parker, *Enclosure in Leicester, 1485–1607*, pp.65–66。
③ E. B. Fryde, *Peasants and Landlords in Later Medieval England*, pp.239–240.

控领主以残忍手段夺走了他们的公簿，将习惯保有换成了40年租约（forty-year leases）。领主辩称，这些村民坚持自己保有地的公簿资格，不能成立，他们持有公簿只有短短的20年；他们其实是意愿佃农。佃农土地权利仍然是争执的核心。为此，国王上访法院派出两位专员进入庄园查询。可是羊皮纸上的证词相互矛盾，难以解开谜团。旋即，两位专员查阅庄园法庭档案。开启自理查二世时代以来的法庭档案，为他们提供了线索。该卷宗披露，当地公簿保有制最早出现在爱德华四世在位第21年（1481年），普遍推广则在亨利八世在位第26年（1534年），至今不到10年，据此法庭断定原告公簿资格授予时间短，不足以受到普通法保护，因此仍然认定为意愿佃农。看得出，法庭的意向比较苛刻，原告领主要求以40年契约商业出租取代公簿保有，法庭却要按照意愿地条件收回土地。迫于形势，佃农不得不向领主低头，接受有年限的契约租地，还好，土地没有被收回。四十年后领主可以合法地收回土地，或圈占或转租全凭其决定。

对此，英国史学家萨文说，"看上去，反而是领主最后挽救了这些佃户灭顶之灾"，并进一步评论说，上访法院声称仁慈地保护佃农利益，实际上"法院对于领主利益的态度是微妙的"。[1]作者显然在婉转地批评国王上访法院的公正性。国王法院的确有弹压贵族势力的倾向，不过，是否有时也偏袒贵族领主呢？看来不能一概而论。

一些领主挖空心思改变佃农保有地条件，从而名正言顺地达到圈占土地目的。可以设想，假若将有继承权的公簿保有地改为终身保有，或20年、10年保有，实际上无异于契约租地，几十年后或更短时间就回到领主手里。庄园法庭卷宗记载的农民保有地期限，也是土地权利有效期，"这一情况为农民保有地（tenements）增添了全新的法律意义"[2]。

---

[1] 参见 Alexander Savine, "English Customary Tenure in the Tudor Period", *The Quarterly Journal of Economics*, Vol. 19, Issue 1 (Nov., 1904), pp.68–70。

[2] E. B. Fryde, *Peasants and Landlords in Later Medieval England*, p.238.

达拉谟教会地产位于英格兰与苏格兰交界处，由于承担军事役务，长期享受低额习惯地租和土地继承权等惯例。现在教会领主执意把有继承权的习惯保有制转化为契约租佃制。1548 年，教会威胁将土地另租他人，原佃农必须支付相当于土地年收入 9—10 倍的金额，才能赎回。佃农拒绝，两次闹到了枢密院，1577 年枢密院法庭摆出两套方案，基本条件差不多，就是大幅度提升土地易主费，土地继承也附加条件，否则领主收回土地。地租随市场化而上涨，佃农的土地权利增添了有效期，存在被驱逐的危险，在这一过程中，有三户佃农失去土地。[①]

也有领主在法庭上的巧言令色，改变传统惯例的案例。1544 年，萨默塞特郡的布拉德福德庄园农民指控领主破坏庄园惯例，提高原本固定的易主费。领主狡辩道，佃户变耕地为牧场经营，改变了惯例，照此领主也可以改变土地易主费的惯例。结果法庭竟然接受了这样的逻辑，对提高易主费不持反对态度。不难发现，习惯法仍然是判案的依据，可是习惯法在逐渐弱化。[②]诺森伯兰郡也有相似案例。诺森伯兰郡安博庄园公簿持有农声称，依照惯例，佃户下一代应当继承其父土地，且土地易主费不能高于两年地租总额，然而法庭对佃户的要求持消极态度，强调"我们无法找到他们拥有土地继承权的证明"[③]。结果佃户败诉。也有农民在法庭上耍小聪明而得不偿失：埃克塞特庄园的佃户发伪誓自称是索克曼，即自由土地持有者，但很快谎言被揭露，被处以 30 先令的罚金。[④]

圈地运动期间，政府司法机构肯定发挥了作用，不过它的有效性遭到不少人怀疑。不少案例表明，国王法院议而不决，决而不行。

---

① 参见 Jean Morrin, "The Transfer to Leasehold on Durham Cathedral Estate, 1541–1626", in Jane Whittle, ed., *Landlords and Tenants in Britain, 1440–1660: Tawney's Agrarian Problem Revisited*, pp.122–127。

② 参见 Alexander Savine, "English Customary Tenure in the Tudor Period", *The Quarterly Journal of Economics*, Vol. 19, Issue 1 (Nov., 1904), p.70。

③ R. H. Tawney, *The Agrarian Problem in the Sixteenth Century*, p.295。

④ Ibid.

例如,北安普敦郡法恩登庄园村民与两代领主之间争讼,持续了30年,仍然不了了之:自1509年领主默尔索圈占一部分共用地,还围占一条供村民们通行的田埂,并饲养大量兔子毁坏村民谷物。遭村民指控后,王室委员会命令拆除围篱,可领主默尔索拒绝执行,相反,还继续扩大圈地。又,一份王室信函严禁抬高土地易主费,可他置若罔闻,坚持将易主费提高一倍。他还被指控过度砍伐共同体的公共林地等,为此国王星室法院组成一个地方委员会,强迫双方和解,结果不但没有解决问题还引发了更多的冲突。[①]

可见国王法院权威性不足,缺乏执行力度。法律渠道不畅通,也是引发暴力行为的一个重要原因。

非法圈地

非法圈地(wrong fully enclosure),有时又称为强制性圈地(enclosure by compulsory),即无视、践踏佃农土地权利,倚强凌弱,通常凭借强权和暴力非法圈地;关键是"非法"二字。这是完全负面意义的行为,是圈地运动的污点。"契约圈地""法庭圈地"和"协议圈地"一般是和平的,不排除在某些情况下出现暴力现象,或法庭强制行为,不过总的看是一种经济行为、契约行为,在合法范围内。领主非法圈地是超经济强制,是野蛮的和破坏性的,激起村民的怨恨,引起社会的广泛谴责,并为现代文明社会所不齿。虽然非法驱逐佃农现象不是圈地运动常态,但毕竟是圈地运动的重要一幕,再现中世纪领主冷酷一面,也暴露了早期资本的失范与贪婪。

这类圈地多发生在庄园共用地圈占。1509年,北安普敦郡法恩登庄园领主圈占部分共用地和霸占一条通道的行为,是非法的,也是野蛮的,所以村民控告后王室委员会下达了拆除围篱命令。该领主还暴力侵占一块原属佃农亨利·塞尔比的林地,带领八名武装人

---

① 参见 Roger B. Manning, "Patterns of Violence in Early Tudor Enclosure Riots", *A Quarterly Journal Concerned with British Studies*, Vol.6, No.2 (Summer, 1974), p.126。

员进入，因此遭到该佃户的指控。①

据《维多利亚郡史·兰开夏郡》记载，一些领主圈地几乎就是赤裸裸的掠夺。在兰开夏郡，格雷辛厄姆庄园和托廷顿庄园同属一个领主，1553—1554年，该领主强行圈占村庄的荒地，"残忍地剥夺了佃农们的公共放牧权"。由于不断遭到佃农抱怨，兰开夏郡副郡长任命了一个调查委员会，专事调查侵占荒地情况。②

仅以兰开夏郡为例，载入该郡史的领主强行圈占共用地，还发生在霍雷洛庄园、达尔文庄园以及后来伊丽莎白时期的瑞德庄园、沃斯顿、当哈姆和莫利庄园。此外，伍尔斯顿、博尔顿、皮克斯敦三个庄园的交界处，大约500英亩的荒地和沼泽地被领主侵占，因此1564年佃农们要求恢复这片公共牧场。稍晚一些，1601年，海顿庄园沼泽地也被领主强行圈占，此前曾有佃农围圈了部分沼泽地，现被领主强行拆除篱笆并驱逐了那个佃农。③

一直到16世纪末，不断有领主强行圈占共用地的情况发生。在拉特兰郡贝尔顿教区，领主强行圈占共用地并变为牧场，引发村民强烈不满。1599年领主竟然强行圈占敞田，再次遭到村民起诉。趁着条田暂时轮换成为休耕地时机，领主强行围圈13—14雅兰得土地，这些被强行夺走的大片土地，变成领主独占的草场，他人不能进入。佃农们无法像过去那样有序耕作。④

大面积耕地变牧场往往导致农业人口减少，这是拉特兰郡一些农民参加凯特起义的原因之一。起义前，萨默塞特公爵曾试图缓解农民的不满情绪，颁布了一项反圈地宣言，命令共用地必须重新开放，可很少生效，所以农民起义还是爆发了。⑤对于此地矛盾激化

---

① 参见 Roger B. Manning, "Patterns of Violence in Early Tudor Enclosure Riots", *A Quarterly Journal Concerned with British Studies*, Vol.6, No.2 (Summer, 1974), p.126。

② 参见 William Farrer and J. Brownbill, eds., *The Victoria History of the County of Lancashire*, Vol.2, London: Archibald Constable, 1908, pp.289-290。

③ Ibid., p.290.

④ 参见 William Page ed., *The Victoria History of the County of Rutland*, Vol. 1, p.222。

⑤ Ibid., p.223, note 9.

第九章　圈地运动

的原因，拉特兰郡史是这样解释的："拉特兰郡的共用地圈占给一些小农带来痛苦，因为拉特兰是一个纯粹的农业地区，没有工业城镇，失业的农民无处安置。"①拉特兰和前述兰开夏，位于英格兰中部，皆属圈地运动重点地区，《维多利亚郡史·兰开夏郡》证明，在这些地区领主强行侵占共用地的情况并不少见。②

《维多利亚郡史·莱斯特郡》记载了另一桩领主非法圈地：莱斯特东南部，诺斯利庄园的领主托马斯，"非法圈地和变耕地为牧场，导致整个诺斯利荒废"。1517年圈地报告称，"托马斯毁坏五所房屋，把另外六所房屋推倒变为茅舍，并将440英亩耕地圈围成牧场，毁坏12部耕犁，52人被驱逐"。③

发生在巴格拉夫庄园的圈地，显然也是一桩暴力非法圈地，而且有一定规模。王室圈地委员会的成员们指出，1500年11月6日，修道院院长约翰·彭尼在该庄园圈围216英亩耕地，将之变成牧场；摧毁五户住宅和两间农舍，同时将30人赶出家园。圈地面积是整个庄园的四分之一，接下来又圈围了庄园的剩余部分。翌年，即1501年10月领主彭尼又围圈了修道院所辖的另一个庄园柯克比马洛里，毁掉三户农宅，圈围了180英亩耕地变牧场，18人被驱逐，5张犁被弃置。二十三年后，该修道院院长非法圈地的行径遭到佃户们起诉，最后修道院院长被迫拆除围篱，复耕180英亩土地，并修复毁坏的三户住宅。法庭档案没有具体说明领主侵犯佃农合法权益的具体过程，然而领主败诉并被迫拆除圈地围篱的判决，足以证明领主属非法圈地，而且有明显的暴力行为。④法庭卷宗中常常有领主败诉因而中止圈地的记录，表明领主非法圈地并非总能得逞。

有时，领主还使用暴力威胁和欺骗手段，达到非法圈地目的。

---

① William Page ed., *The Victoria History of the County of Rutland*, Vol. 1, p.224.
② 参见 William Farrer and J. Brownbill, eds., *The Victoria History of the County of Lancashire*, Vol.2, pp.290-291。
③ 参见 J. M. Lee and R. A. Mckinley, eds., *The Victoria History of the County of Leicester*, Vol. 5, p.266。
④ 参见 L. A. Parker, *Enclosure in Leicester, 1485-1607*, pp.50-51。

16世纪中叶，苏塞克斯郡领主帕默从国王那里购得埃克莱斯登庄园，进入后就强占村民的一个公共牧场，继而把庄园一块共用地变为私家鱼塘，下一步则围圈佃户耕地。领主帕默骗取农民信任签下"合同"，以土地置换为名，实为掠夺良田。农民发现真相为时已晚，只得被迫离开原保有地，接受贫瘠土地，这块贫瘠土地没什么价值，面积还小了；佃农房屋也被强占。失去土地和房屋的农民没有获得任何补偿，沦为赤贫，不得不离开。一些大胆些的佃农拒绝服从，领主就雇用若干暴徒，手持棍棒闯入佃户家里，驱赶他们离开。领主帕默无耻地喊道："你们知道国王已经拆毁修道院吗？时候到了，现在该是我们这些绅士拆毁你们这些出身低贱人的房屋了！"很明显，领主仗势欺人，非法驱逐佃户。更卑鄙的是，领主利用欺骗性协议，好似佃户违约，害得他们投诉无门。[1]

1545年，佃户们起诉到星室法院，领主辩称，不否认他们是公簿持有农，并享有土地安全，但驱逐他们是因其撕毁合同。所谓"合同"就是那个欺骗性土地置换协议，可领主就是凭这个龌龊的狡计，佃户败诉。还好，原告可以在不同法庭起诉，嗣后一个佃户在上访法院再次指控领主，竟然幸运地胜出。[2]可见，领主贪婪狡诈，佃户也不是那么好欺负的。

无独有偶，在莱斯特郡诺克斯辛顿庄园，1611年一个佃农控告领主圈占他的耕地，也是使用置换土地的欺骗手段，待他发现受骗时，该领主就雇来一些无良歹徒充当打手，阻止他重返原来土地。[3]非法圈地显然受到法律制约，领主就制造假合同钻法律空子，外加暴力威胁，损人自肥。

领主非法圈地早已有之，在15世纪末叶衡平法院就有这样的案例记录。第一个案例发生在1486—1493年，原告是一位公簿持有

---

[1] 参见 William Page, eds., *The Victoria History of the County of Sussex*, Vol. 2, London: Archibald Constable, 1907, p.190。

[2] 参见 I. S. Leadam, "The Security of Copyholders in the Fifteenth and Sixteenth Centuries", *The English Historical Review*, Vol. VIII, Issue XXXII (Oct., 1893), pp.690-691。

[3] 参见 L. A. Parker, *Enclosure in Leicester, 1485-1607*, pp.126-127。

农，指控领主侵害其土地保有权。他所购土地的条件是终身保有，按此标准交纳土地易主费；接手土地后按时支付租税，还投入一些费用改善土地，结果竟无故被驱逐。

第二个案例时在1500—1501年，原告是一位寡妇，遭到领主的非法驱逐。她和丈夫联合保有一块土地，保有期限为夫妻二人终身（for their lives），也曾向领主支付了易主费10英镑。按照联合保有的原则，丈夫过世后妻子自动继承亡夫土地，可是，这位寡妇却遭到驱逐。她强调这是与"领主自己的授权相违背（contrary to his own grant）"①。

第三个案例情况与第一个案例类似。原告是一位终身公簿持有农，为此曾支付五英镑土地易主费。在诉讼书中原告强调他的土地权利被侵害，曾多次向领主申请退还易主费和改善土地的投入，退还一部分也可以，然而一点补偿也没有就被驱逐了。②

以上仅举几例，都属于领主非法圈地，也就是说，领主违反甚至践踏佃户的土地权利，非法暴力驱逐佃户的情况确实存在。这是圈地运动史上至暗一页，应给予严厉谴责。

强制行为未必非法，契约圈地、法庭圈地以及协议圈地都可能伴随对违约方的强制行为，但是与非法暴力圈地有本质性区别，二者不能鱼目混珠，混为一谈。令人遗憾的是，不少圈地运动的描述只摆现象，不论瑕瑜，往往道德痛斥淹没了双方土地权利的法律分析，圈地合法性和非法性辨认被有意无意地忽略，这一点正是圈地运动研究的盲点之一。一些原始文献本身就是残缺的，例如，《维多利亚郡史·伯克郡》记载道："人口减少最严重的圈地发生在该郡的弥尔顿，18人流离失所，马查姆和兰福德分别是12人。……被驱逐的村民最多的地方是福尔斯科特，三起圈地推倒三座农舍，导致29人流离失所……"③为什么发生这起圈地，是合法的还是非法暴力圈

---

① E. B. Fryde, *Peasants and Landlords in Later Medieval England*, p.240.
② Ibid., pp.240-241.
③ William Page ed., *The Victoria History of the County of Berkshire*, Vol.2, pp.206-207.

地？非常遗憾，资料没有交代事情的原委曲直和价值判断。倘若这样的记载发生在早年，似乎还可以谅解；如今学界已经普遍认定圈地运动是一场现代土地产权变革，还如此没有差别地描述圈地就不应该了。然而，在现当代作家笔下，人们仍然不难读到类似的表述。

以上，仅就我们掌握的资料看，领主圈地以合法圈地为主，契约圈地、法庭圈地以及协议圈地是通常的方式。领主非法暴力圈地确实存在，不过不是圈地的主要方式。暴力圈地是圈地运动的污点，却不是圈地运动的标识，事实上这种行为一直受到抵制和批评，并最终被圈地运动本身所抛弃。历史学家卡特勒指出，通常围圈共用地的方式有四五种，如协议圈地、购买有争议的产权、依据国王授予的特许状，另一方面就是靠强制和欺骗手段（by force and fraud）圈地，即非法圈地。强制性非法圈地仅是方式之一，难以证明是主流。[①]莱斯特郡是圈地重点地区之一，该郡郡史作者指出，"暴力圈地所占比例很小"，更多的是协议圈地，而且成为发展趋势，16世纪中叶以后，"领主与佃户之间的协议圈地越来越普遍"。[②]下一阶段的圈地走向"议会圈地"不是偶然的。

说到领主圈地，顺便对"圈地领主"概念做一简要说明。圈地的领主不是一个静止的概念，也就是说他们中相当一部分人已经不是原来意义上的封建庄园领主。如帕克指出的那样，"大多数圈地的庄园领主，其实是……新兴起的约曼和商人，他们从土地市场购置土地后成为乡绅，进而成为庄园领主"。所以当治安法官提交圈地者名单给调查委员会时，所谓的乡绅或庄园领主名单中，"隐藏了这样一个事实：不久之前他们还身处一个卑微的阶层"。[③]一些出现在圈地调查报告中的圈地者其实出身低微，甚至大多如此，例如莱斯特郡圈地报告提到的45个"领主"，只有11人来自一直拥有庄园的家

---

① 参见 W. H. R. Curtler, *The Enclosure and Redistribution of Our Land*, p.82。
② 参见 W. G. Hoskins, ed., *The Victoria History of the County of Leicester*, Vol. 2, p.202。
③ 参见 L. A. Parker, "The Depopulation Returns for Leicestershire in 1607", *Leicestershire Archaeological Society*, Vol. 23 (1947), pp.240-241。

族，其余都是圈地调查前70年间获得庄园的新领主。[1]

在实际生活中，乡绅和领主确有交叉。[2]这里再次印证了"大农－乡绅阶层"在圈地运动中的能动作用。这个新兴阶层有极大的张力，它是一支相对独立的力量，第三等级就是他们在议会的代表；在实际生活中又与庄园领主有一定的交叉和交融。

我们对本章归纳如下：

其一，"圈地"是历史上的第一次具有市场指向的土地确权运动，它将模糊土地所有制界定为排他性的私人产权，从而激励经济效率，颠覆中世纪的基础。经过数个世纪的积淀，社会深层结构发生了极为深刻的变化，其中土地市场化和农民的社会化是基础性的变量参数，圈地运动是这种变化的历史性总结。鉴于此，笔者强调指出国内学界鲜有提及的农民圈地：不仅领主、乡绅圈地，其实农民也在圈地，他们普遍地自发地整合分散条田，是圈地运动的重要组成部分。反过来，圈地运动使农民最终被剥离了庄园共同体，进一步扫清人身依附制的残余。蓓姬指出，"正是有了圈地，才使乡村依附制真正走到尽头"[3]，一语中的。

其二，笔者提出"大农－乡绅阶层"概念，认为他们是圈地运动最能动、最重要的推动力量。实际上，颇具经济实力、最先开拓农村资本主义雇佣经济的大农，更热衷于扩张土地、围圈土地，更急于摆脱共同体田制束缚。大农－乡绅阶层在圈地重点区域的圈地面积占当地全部圈地的一半以上，表明该阶层在两种经济社会模式的更替中扮演主角。他们也有非法圈地的残忍行为，同样遭到愤怒小农的反抗。

其三，笔者明确提出圈地合法性与非法性问题。依据法律规定

---

[1] 参见 L. A. Parker, "The Depopulation Returns for Leicestershire in 1607", *Leicestershire Archaeological Society,* Vol. 23 (1947), p.238。

[2] 例如，16世纪初叶北安普敦郡法恩登，庄园领主约翰·穆尔什就是一位乡绅（esquire），见 Roger B. Manning, "Patterns of Violence in Early Tudor Enclosure Riots", *A Quarterly Journal Concerned with British Studies*, Vol.6, No.2 (Summer, 1974), p.126。

[3] William Page ed., *The Victoria History of the County of Berkshire*, Vol. 2, p.208.

的土地权利圈地为合法，反之为非法。就我们掌握的资料看，领主圈地的通常方式是契约圈地、法庭圈地以及协议圈地，以合法圈地为主。领主非法暴力圈地确实存在，是赤裸裸的掠夺，暴露了早期资本的失范与贪婪，他们对失地小农造成的痛苦应受到道义上的谴责。不过"暴力圈地所占比例很小"。非法暴力圈地是圈地运动的污点，最终被圈地运动本身所抛弃。此外，本章界定了"圈地领主"的概念，他们中相当一部分人已经不是传统的封建领主，而是出身于大农、商人和乡绅的新兴阶层，该阶层既是一支相对独立的力量，又与庄园领主有一定的交叉和交融。

领主非法圈地受到佃农土地权利的抗拒，这种抵抗是有效的，具有震慑作用。圈地是自发的，但并非恣意妄为，相反，土地确权从来没有抛弃法律，村庄习惯法仍然富有生命力，是圈地也是反抗非法圈地的基本依据。不论庄园法庭还是国王法院，都将庄园档案中土地契约文字奉为最终的法律依据。16世纪中叶以后协议圈地越来越多，18世纪发展为"议会圈地"，乃是顺势而为，水到渠成。从基本层面上讲，圈地不是践踏土地权利，恰恰是明晰和确定土地产权的边界。

第十章　地权变革中的社会问题及对策

圈地运动是英国，也是欧洲封建经济社会长期演化的产物，是农民土地产权发展的重要节点。它改变传统田制和土地产权结构，颠覆了中世纪社会基础，荡涤着社会方方面面，关乎千家万户切身利益，不可避免地引发了一系列社会问题与争议。尽管都铎圈地运动已经过去四五百年，可是在欧洲内外，从学界到坊间，仍然不时提起它、议论它，岁月流逝未能完全平复关于"圈地"问题的争议，可见它与现代世界并非全无干系。许多争议涉及圈地引发的负面社会后果的话题，关于圈地运动功过是非的历史评价，仍有较大的探讨价值和空间。

本章主要回答三个问题：一是16世纪圈地规模究竟有多大，圈地变为牧场的比例有多高，有多少佃农被驱逐？哪种估计更接近历史真实？二是什么是非法圈地的主要屏障？圈地分为合法和非法，值得注意的是，抵制非法圈地的主要力量不是社会精英的道义谴责，也不是主张社会秩序的王国政府，而是佃户手里既有的土地权利。而且，圈地引发的社会冲突不是简单的领主与佃农两大阵营对垒，而是一幅相当错综复杂的历史画面。三是圈地引起的流民问题究竟有多么严重，在多大程度上影响了社会秩序？都铎政府如何由惩罚性的"血腥立法"，过渡到政府为主角的现代济贫福利制度？我们不仅需要翔实的案例分析，同时更需要数据支撑。

一、圈地规模以及多少佃户被驱逐

首先，我们简要回答16世纪圈地运动规模、圈地变牧场的比例以及多少佃户被驱逐等问题。

多少农业用地被围圈？

关于16世纪英格兰圈地规模，也就是多少农业用地被围圈，是一个颇有争议的话题。早期关于圈地的作品声名远播，其中托马斯·莫尔等人的观点最为著名，形成了根深蒂固的"圈地印象"：随着羊毛价格猛涨，养羊业有利可图，整个英格兰的土地都被领主圈占起来养羊，"使所有的地耕种不成，把每寸土都围起来做牧场，房屋和城镇给毁掉了，只留下教堂当作羊栏"。由于耕地变为牧场，大量农民被驱逐出土地，"在欺诈和暴力手段之下被剥夺了自己的所有……非离开家园不可"。[①]在社会层面，这些看法在很长一个时期占据主流，甚至被写进教科书。

可是在学术层面，至少在圈地运动的规模上，国际学界早已提出质疑。他们根据都铎政府的圈地报告以及19世纪末叶以来研究成果，认为这样的结论有悖于历史事实，以往的圈地规模被夸大了。

关于圈地规模研究的直接资料，主要来源于都铎政府的几次圈地调查报告，即1517年、1548年、1566年以及1607年实施并发布的调查报告。其中1517年、1607年的调查报告相对完整，被人们普遍使用；1548年和1566年圈地调查报告只留下一些零星记录，而且仅涉及两三个郡，利用价值有限，后来人们很少提起。比较而言，首推1517年的调查报告，其次是1607年调查报告，后者虽有不少缺项，却还能基本反映中部地区即圈地重点区域的情况，所以1517年、1607年圈地调查报告被人们反复引证。

[①] 托马斯·莫尔对都铎圈地的描述和控诉有很大影响，见〔英〕托马斯·莫尔：《乌托邦》，戴镏龄译，第21—22页。

第十章 地权变革中的社会问题及对策

正是以这两个调查报告为依据,19世纪末叶英国历史学家利达姆出版了《圈地末日审判》一书,开启了圈地运动的专业性研究的先河。[①]不久,美国历史学家盖伊根据都铎圈地调查报告,于20世纪初叶连续发布圈地长篇论文,[②]推算出整个圈地面积的比重,从而刷新了人们的"圈地印象"。可惜这一研究成果20世纪80年代才被介绍到中国学界,时隔七十年之久。[③]盖伊的结论是:从1455年到1607年,就所调查的24个郡而言,共圈地516 673英亩,仅占24个郡总面积的2.76%。[④]

表10-1 1455—1607年英格兰圈地面积(单位:英亩)

郡		1455—1484年	1485—1517年	1518—1577年	1578—1607年	1455—1607年总计	百分比
北部		2 866	5 789.5	11 579	5 789.5	26 024	0.58
西部		1 344.5	6 725.5	13 451	6 725.5	28 246.5	1.62
米德兰地区	A	1 050	5 628	11 256	5 628	23 562	1.23
	B	13 287	30 087	75 617	45 530	164 521	8.94
	C	13 442	34 518	72 059	37 541	157 560	8.45
	D	4 849	9 079.5	18 159	9 079.5	41 167	5.25
	总计	32 628	79 312.5	177 091	97 778.5	386 810	6.03
东部		6 441	15 448.5	30 897	15 448.5	68 235	1.72
南部		577.5	1 695	3 390	1 695	7 357.5	0.35
总计		43 857	108 971	236 408	127 437	516 673	2.76

资料来源:Edwin F. Gay, "Inclosures in England in the Sixteenth Century", *The Quarterly Journal of Economics*, Vol. 17, No. 4 (Aug., 1903), p.586。

---

① 参见 I. S. Leadam, *The Domesday of Inclosure, 1517-1518*, 2 Vols, 1897。
② 参见 Edwin F. Gay and I.S.Leadam, "The Inquisitions of Depopulation in 1517 and the Domesday of Inclosure", *Transactions of the Royal Historical Society*, Vol.14 (1900), pp.231-303; Edwin F. Gay, "Inclosures in England in the Sixteenth Century", *The Quarterly Journal of Economics*, Vol.17, No. 4 (Aug.,1903), pp.576-597; Edwin F. Gay, "The Midland Revolt and the Inquisitions of Depopulation of 1607", *Transactions of the Royal Historical Society*, New Series, Vol.18 (1904), pp.195-244。
③ 参见程西筠:"关于英国圈地运动的若干资料",《世界史研究动态》1981年第10期。
④ 参见 Edwin F. Gay, "Inclosures in England in the Sixteenth Century", *The Quarterly Journal of Economics*, Vol. 17, No. 4 (Aug., 1903), p.586。

盖伊提供的圈地规模数据，显然大大出乎人们以往对圈地运动的一般印象，为此盖伊解释说："……圈地运动是渐进的，是断断续续的。它绝没有那么普遍，也不是通常所描述的那么具有破坏性。"[①]他认为，圈占共用地刺激了一些地区的骚乱，不过其影响也不是那么激烈而广泛。圈地逐渐推行，它引起的贫困和抱怨也是逐渐聚集起来的，主要在圈地核心区即英格兰中部诸郡。他总结说："我们的数据，尽管存在不足，但它提醒人们不能夸大圈地的实际范围。"[②]

应该说，盖伊的结论代表了一些学者关于圈地运动实际状况的反思，尽管其原始数据不完备，覆盖地域过长，存在一定的风险，但毕竟以当时政府统计报告为基础，无论如何比16世纪小册子的情绪性的描述更有价值些。

盖伊的另一个贡献是，继利达姆之后，他用数据再次证明圈地主要发生在米德兰地区。他指出各地区圈地规模差异明显：中部地区圈地比例最高，达到8.94%，包括莱斯特郡、北安普顿郡、拉特兰郡和沃里克郡。中部以外地区的圈地比例很少接近中部，大部分都没有超过2%，圈地规模最小的北部和南部地区只有0.5%左右。需要说明的是，盖伊估算的数据不是圈地占农牧用地的百分比，而是占所在郡总面积的百分比。[③]

20世纪初盖伊的数据冲击了学界和社会的传统认知，得到了不少学者的呼应，也受到了人们的批评，尤其对盖伊的圈地比例概念，即"圈地面积"与"所在郡总面积"之比的方法，人们普遍不予认同。托尼很早就批评说："圈地所在郡总面积只是一个抽象的空间概念，除对地理学家以外都意义甚微。"[④]圈地比例应当是圈地面

[①] Edwin F. Gay, "The Midland Revolt and the Inquisitions of Depopulation of 1607", *Transactions of the Royal Historical Society*, New Series, Vol.18 (1904), p.234.

[②] Ibid.

[③] 参见 Edwin F. Gay, "Inclosures in England in the Sixteenth Century", *The Quarterly Journal of Economics*, Vol. 17, No. 4 (Aug., 1903), p.581。

[④] R. H. Tawney, *The Agrarian Problem in the Sixteenth Century*, p.264.

积与传统的"敞田"面积之比。马丁也指出,圈地运动后果的真实表达应是圈地与农业用地面积之比,而不是与所在地区总面积之比。按照当时经验,农业用地大约为国土面积60%,因此马丁认为盖伊2.76%的圈地数据实际是4.6%。[1]

不过人们的批评不止于此,一些学者认为,即使修正以后,盖伊的圈地数据仍然过低。20世纪颇有影响的历史学家托尼高度重视盖伊的研究成果,同时也是较早的批评者,除了上面提及的圈地比例的概念外,还批评盖伊还没有将当时地方圈地委员会漏报、瞒报的因素考虑在内,圈地调查委员会的活动往往处于领主监视之下。托尼提出质疑,却没有拿出自己的具体数据。[2]

围绕盖伊的圈地数据,不断有新见解和新成果发表。同时代的学者阿瑟·H.约翰逊基本赞同盖伊的结论,同时给予了一些修正,他认为历次圈地调查的数据可能都低于实际情况,所以1455—1607年圈地不止盖伊统计的统计范围。例如,1517年圈地调查委员会忽略了很多圈地,他们将一些所谓"有益"圈地——经村庄共同体认定非破坏性的圈地——不计算在内。此外,圈地可能被瞒报。海尔斯是1548年调查委员会成员之一,他认真记载了调查圈地时遇到阻碍的种种案例,获得真实的圈地资料不是没有困难。一些佃户被迫在法庭前发誓,否定圈地的事实;一些穷人出庭受到威胁。调查委员会本身也经常被欺骗。所以,约翰逊估计实际圈地面积不止盖伊统计的516 673英亩,而是744 000英亩,占圈地的郡总面积的3.6%,[3]按照马丁修正后的圈地比例相当于6%,比盖伊提高了近1.5个百分点。

20世纪80年代初,英国学者沃迪发表"英格兰圈地进程1500—1914年"一文,他的数据是都铎圈地643 469英亩,介于盖

---

[1] 参见 John E Martin, *Feudalism to Capitalism, Peasant and Landlord in English Agrarian Development*, p.134。

[2] 参见 R. H. Tawney, *The Agrarian Problem in the Sixteenth Century*, p.263。

[3] 参见 Arthur H. Johnson, *The Disappearance of the Small Landowner*, Oxford: The Clarendon Press, 1909, p.48。

伊和约翰逊的数据之间。沃迪关于16世纪圈地规模估计也是比较保守的，明显的区别在于，他认为1500年时圈地比例已经达到45%，到1600年圈地接近全国农牧用地一半。也就是说，他将16世纪以前圈地规模估算得较高，而16世纪圈地有限。他承认，"这是个粗略的估计"，不过证实了当时历史课本中的观点，即1600年英格兰大部分农牧用地仍处于条田状态。他还列出数百年圈地年表。[①]沃迪的圈地比例估算比较疏阔，跳跃性也大，权作参考。

如此看来，关于都铎时代圈地规模存在明显分歧，我们期待着史料的深度挖掘，也期待着更科学的统计方法，使圈地的总体数据评估得到进一步改善。

重点区域圈地规模研究能否取得突破？

在现有资料的基础上，能否先在区域性圈地规模研究上有所突破，从而改善总体评估的现状？在圈地核心区域米德兰研究方面已有学者做出尝试，历史学家马丁是其中一位。首先他按照农地占郡总面积60%的一般经验数据，推算出农牧用地总面积，以此而不是以国土面积作为圈地的对象。然后分两步调整盖伊的圈地数据：其

[①] 参见 J. R. Wordie, "The Chronology of English Enclosure, 1500–1914", *The Economic History Review*, New Series, Vol.36, No. 4 (Nov., 1983), p.502。此外，沃迪的圈地比例概念，前后似乎相互矛盾。文章前面强调是圈地面积与国土面积之比，然而结论部分好像变成了圈地与敞田面积之比。关于沃迪的各个时期圈地比例，参考他的列表：

时间	圈地百分比
1500年时已经圈占的土地	45
1500—1599年的圈地	2
1600—1699年的圈地	24
1700—1799年的圈地	13
1800—1914年的圈地	11.4
1914年时仍然存在的公地	4.6
	100

一，填补盖伊统计中缺失的1518—1577年的圈地面积，不是因为这个时段没有发生圈地，正好相反，其时如火如荼，唯一的原因是都铎政府缺失这个时段的统计报告，政府只提供了1485—1517年和1578—1607年两个时段的圈地统计报告，所以盖伊依据的圈地数据平白缺失59年，与都铎政府报告覆盖的61年时间维度几乎相当。据此，马丁的处理方式是将政府报告给定的圈地数据加倍，算作百余年都铎圈地的总面积。其二，为了填补盖伊数据中牧业用地圈占，同时补足当年圈地调查委员会因瞒报、漏报而损失的圈地数据，在第一个调整步骤的基础上再次加倍。最后得出结论：到17世纪初叶，米德兰地区圈地面积占农牧用地面积的21.1%，即约五分之一的土地脱离了敞田制。详见下表。

表10-2 马丁关于1485—1607年米德兰地区圈地数据

郡的名称	郡总面积（英亩）	耕地面积（英亩）	圈地面积（盖伊数据）（英亩）	圈地百分比（盖伊数据）	重新计算的圈地面积（英亩）	圈地所占可耕地面积的百分比
北安普敦	636 000	382 000	41 416	6.15	166 000	43.4
贝德福德	301 000	181 000	14 141	4.69	57 000	31.3
巴克斯	477 000	286 000	16 998	3.56	68 000	23.8
沃里克	576 000	346 000	15 067	2.61	60 000	17.4
莱斯特	530 000	318 000	18 070	3.41	40 000	12.6
林肯	1 691 000	800 000	20 286	1.20	81 000	10.1
亨廷顿	233 000	140 000	15 354	6.58	61 000	43.9
牛津	478 000	287 000	23 662	4.49	95 000	33.0
伯克	459 000	275 000	12 784	2.78	51 000	18.6
诺丁汉	531 000	319 000	8 940	1.66	36 000	11.2
总计	5 912 000	3 334 000	186 718	3.1（平均）	715 000	21.1（平均）

资料来源：John E. Martin, *Feudalism to Capitalism, Peasant and Landlord in English Agrarian Development*, p.135。

马丁的米德兰圈地比例数据值得参考，他的勇气可嘉，连续两次将盖伊数据翻倍，乍看起来有些草率，倘若深入把握这段历史便会感到并非无稽之言。马丁补充和调整了盖伊的数据，不过还是在盖伊研究的基础上推进的；他依自己估计补充了盖伊的数据，然而很难说避免了盖伊假设而带来的冒险成分。可以说，马丁数据是一个有价值的大胆假设；另一方面，其缺陷是缺乏实证研究的支撑。

倘若仍然聚焦圈地重点区域，能否另辟蹊径，采用更实证的研究方法，直接得到该地区某个代表性郡的圈地规模呢？一般认为米德兰是圈地重点区域，而莱斯特郡圈地规模具有一定的代表性，牛津大学帕克的博士论文就以《莱斯特郡圈地运动》（1485—1607年）为专题，并受到学界的广泛承认。

帕克以及前人研究成果，还有《维多利亚郡史·莱斯特郡》等文献提供了进一步研究的基础。帕克的研究不是重新解释都铎政府的圈地报告，相反，它独立于都铎政府的圈地报告，也独立于盖伊的数据。帕克根据英国公共档案馆、大不列颠博物馆、莱斯特郡档案室、莱斯特郡遗嘱登记处，以及牛津大学万灵学院保存的多份手稿进行研究，并聚焦于莱斯特地区，得出自己实证性的研究成果，显然更具实证性。

舍去帕克繁复的史实考证和推论过程，最后他提供的统计数据是：1485—1607年，在整个莱斯特郡的370个村庄中，大约三分之一的土地即118个村庄明显受到圈地运动的影响，而118个村庄中圈地程度也不一样，其中大约三分之一村庄的土地被完全圈围。[①]帕克的数据和解释都相当有分量，可惜他止步于此，没有试图对所涉猎的118村庄做出整体判断，更没有对整个莱斯特郡圈地做出判断。

笔者认为，可以沿着帕克给定的数据向前推半步，就可以对118个村庄圈地规模得出基本概念，应该没有任何风险：基于已知有三分之一村庄被完全圈围的事实，即使假定余下村庄圈地面积为零，

---

① 参见 L. A. Parker, *Enclosure in Leicester, 1485–1607*, p.189。

根据以上文献，莱斯特郡郡史编者的最后结论是："基于现有的证据，至1607年，估计至少有25%本郡内的农牧用地被圈占。这是相当可观的面积……至1640年，每三个村庄中差不多有一个完全被圈占。"①

按照该郡郡史编者的结论，从15世纪末叶至1607年，莱斯特郡至少有25%的土地被围圈；至1640年大约有33%的土地被围圈。莱斯特郡史的资料和帕克的研究都弥足珍贵，尤其难得的是二者殊途同归，数据相当接近，可相互质证。基于调整后的帕克关于莱斯特郡三分之一村庄即118个村庄的实证研究及其他文献，再结合莱斯特郡史有根有据的总体评估——它覆盖了三分之二村庄并受到更多实证研究支持，笔者认为，莱斯特郡圈地面积占农牧用地总面积可达25%左右。

莱斯特郡地处米德兰圈地运动核心地区，其圈地数据对16世纪英格兰圈地规模总体评估颇有价值。在圈地运动核心米德兰地区，当圈地风暴席卷四分之一传统敞田的时候，引发农民暴力和非暴力抵抗，可以得到解释；整个英格兰受到史无前例的震荡并引起政府和社会舆论广泛关注，也可以理解了。

就全国情况而言，各地差异明显，可以肯定地说，平均圈地比例与核心地区相比低得多。盖伊和约翰逊等人率先打破夸张甚至虚妄的"圈地印象"，功不可没，正如盖伊指出的那样，都铎时期圈地肯定不是那样广泛而激烈。不过，是否像他认为的那样圈地面积仅占百分之几？圈地运动毕竟影响了整个英格兰，开创了农业、农村和农民历史的新时代。

期待着史学界发掘更有说服力的数据和分析。就重点区域研究而言，笔者关于莱斯特的圈地比例估算，与马丁在盖伊研究基础上产生的、同为核心区即米德兰圈地数据（21.1%）相当接近，虽然两种数据通过完全不同渠道获得，相信是从不同角度逐渐靠近历史

---

① W. G. Hoskins, ed., *The Victoria History of the County of Leicester*, Vol.2, p.204.

原貌使然!

圈地用于牧羊?

长期以来,"圈地"总是与"养羊"连在一起,圈地真的主要用于牧羊(ship-farming)吗?非也。19世纪末叶利达姆的研究成果就明确否认了这一点。以史实和相关数据为依据,利达姆明确指出,很多圈地动机是为了更有效率地耕作,而那一时期的作者显然夸大了耕地变牧场的现象,错误地将其认作圈地运动的总方向。不能否认,国际市场对羊毛的需求推动了养羊业,并导致大片耕地变牧场,然而并非所有圈地都变成了牧场。深入观察一下就会发现,养羊业发展与地理环境密切相关。

沃里克郡圈地成为牧场的面积占该郡圈地总面积的86%,[1]这样的情况颇为少见,因为那里的地理环境更适合放牧而不适合耕作。16世纪旅行家里兰德(Leland)在1532—1536年的旅行日记中这样写道:"沃里克郡被埃文河分为南北两部分,北部是阿登森林区,土地大多是草地,不适宜农耕;南部是敞田地区,耕地肥沃。"[2]北安普敦郡西南部丘陵地带和北部高地,较大规模圈地并变为牧场相当地流行,一些农场主规模性地饲养羊群,如16世纪中叶弗斯利百户区,当地最大的羊群有2 500只,其他羊群规模为500只、2 000只、600只。[3]

1547年养羊数量统计中,该郡共养羊66 700只,[4]仅十七年后,至1564年,记录在案的羊群数量增加到173群(增长了54.5%),养羊数量也增加到69 980只(增加了4.9%)。[5]这些地区圈地往往伴随

---

[1] 参见 I. S. Leadam, *The Domesday of Inclosure, 1517–1518*, Vol. II, pp.390–391.
[2] Ibid., p.390.
[3] 参见 John Martin, "Sheep and Enclosure in Sixteenth-Century Northamptonshire", *The Agricultural History Review*, Vol.36, No.1 (1988), p.50.
[4] Ibid., p.44.
[5] Ibid., p.47.

第十章 地权变革中的社会问题及对策

那么118村庄的圈地比例也不低于33%。何况处于同一地区的、余下村庄的圈地不可能是零。帕克告诉我们，有文献证明余下村庄也有不同规模的圈地，"一些村庄在16世纪内经历了两或三次局部圈地"①，因此，我们完全有把握地推定，这118个村庄的圈地比例肯定高于33%——这是一个保守但相当肯定的结论。

整个莱斯特郡共有370个村庄，如果肯定118个村庄即莱斯特郡三分之一敞田的比例高于33%，而且是以村为统计单位，以实证方式获取的证据，那么无疑迈出了关键一步。倘若再获得类似或更大范围的信息和线索，可期待进一步靠近莱斯特郡圈地规模总体概况，岂不是一个鼓舞人的目标吗？

值得庆幸的是，笔者在《维多利亚郡史·莱斯特郡》发现了一桩既有依据又有价值的总体估算，可与调整后的帕克数据互为补充和印证。《维多利亚郡史·莱斯特郡》在汇集莱斯特郡圈地研究七项重要文献和研究成果的基础上，逐一记下了每个村庄圈地启动和完成的时间，并注明资料来源，共246个村庄，即覆盖了该郡村庄的近70%，是帕克数据来源的两倍以上。

笔者在《维多利亚郡史·莱斯特郡》附录上，发现了以表格形式呈现的莱斯特郡圈地年表及文献来源，该统计表以"莱斯特郡圈地（非议会法令记录）"为题，表明它不是议会文件也不是政府报告，而是来源于原始文献，或公认优秀的研究成果。它列出了长达整整六页统计数据，每一项数据都详细注明其文献来源，见表10-3。②

---

① L. A. Parker, *Enclosure in Leicester, 1485–1607*, p.189.
② 该表是长达六页统计数据表格的节选，表中所列信息，大部分来源于原始文献，也有公认的研究成果，诸如W. Burton, *The Description of Leicestershire*, First Published: London: Printed by William Jaggard, 1622, Second Edition: Lynn: W. Whittingham, 1777; J. Lee, *A Vindication of a Regulated Inclosure*, London: Printed by E. C. and are to be sold by Thomas Williams, 1656; J. Monk, *General View of the Agriculture of the County of Leicester*, London: Printed by J. Nichols, 1794; J. Nichols, *The History and Antiquities of the County of Leicester*, London: Printed by J. Nichols, 1795–1811; L.A. Parker, *Enclosure in Leicester, 1485–1607*, Ph. D. Thesis, London University, 1948. 统计村庄的数量达246个，每个村庄的资料来源可能有若干，表中均有列出，因篇幅原因上面表格只列出一项来源。

表10-3 莱斯特郡圈地年表及文献来源（节选）

村庄名称	首次圈地时间	完全圈地时间	资料来源（编纂者或作者及出版年代）
奥德比	…	12世纪结束之前	霍斯金斯，1950年
阿普比	…	1778—1780年	马歇尔，1793年
阿什比福维尔	…	1651年	《调解委员会诉讼记录》，1916年版
阿什比麦格纳	1600年	1653年之前	李，1656
阿什比帕尔瓦	…	1665年	原始手稿资料
阿斯顿富勒姆维尔	1579年	1601—1625年	帕克，1948年
阿特顿	…	…	《莱斯特郡考古协会汇刊》，1866年
艾尔斯通	1581年	…	帕克，1948年
巴克比	…	1601年之前	贝雷斯福德，1949年
巴克斯通	1597年	1612年之前	帕克，1948年
巴尔斯顿奇	1595年	1674年之前	蒙克，1794年；
巴罗-翁-索尔	…	1605年	贝雷斯福德，1949年
巴维尔	1596年	1625—1674年	蒙克，1794年
博曼诺尔	1542年	…	帕克，1948年
博蒙特莱斯	…	"旧圈地"	蒙克，1794年
毕比	…	1605—1629年	尼克尔斯，1785—1815年
贝尔格雷夫	1516年	1654年	大法官法院法令档案
贝尔顿	1595年	1625年之前	帕克，1948年
贝尔沃	…	1734年之前	尼克尔斯，1785—1815年
贝斯卡比	…	1538年之前	《莱斯特郡考古协会汇刊》1866年
比尔斯登	…	1653年之前	李，1656
比特斯比	…	1494年	霍斯金斯，1950年
比特斯维尔	…	1674年之前	贝雷斯福德，1949年
布莱比和康特斯索普	1627年	…	王室监护法院档案
布莱克福德比	1514年	…	帕克，1948年
布莱斯顿奇	1630年	1650年	尼克尔斯，1785—1815年
⋮	⋮	⋮	⋮

资料来源：W. G. Hoskins, ed., *The Victoria History of the County of Leicester*, Vol.2, pp.254-259。

着房屋毁坏、农业人口减少,一些大牧场所在地正是那些被荒废的村庄所在地区。这是真实发生的事情,不过只是发生在一部分地区,准确说只是发生在少部分地区。

还有一种观点认为,较大型圈地农场更容易转变为从事养羊业的牧场,因为决策人数少,更容易转变经营方向,而且一心攫取利润。听起来有一定道理,事实上也未必然。下面两组数据,可以回答上述问题。一组农场的数据,表明65个农场的农牧业结构,来自不同地区50个庄园,其中60%以上的农场的规模达到200英亩以上,见表10-4。①

表10-4 16世纪英国租地农场的农牧业结构(单位:英亩)

威尔特郡23个庄园和多塞特1个庄园中32个农场					
农场总面积	耕地	牧场	草场	封存地	不确定
8 812	4 390 (49.8%)	2 928 (33.2%)	754 (8.5%)	500 (5.7%)	240 (2.7%)
诺福克和萨福克13个庄园中16个农场					
农场总面积	耕地	牧场	草场	封存地	不确定
4 361	2 393 (55%)	1 707 (39%)	261 (6%)	—	—
南部和中部其他13个庄园中17个农场					
农场总面积	耕地	牧场	牧草场	封存地	不确定
3 691	1 519 (41.2%)	1 536 (41.6%)	512 (13.9%)	124 (3.3%)	—
总计(%)					
	耕地	牧场	草场	封存地	不确定
	49.2%	36.6%	9.1%	3.7%	1.4%

资料来源:R. H. Tawney, *The Agrarian Problem in the Sixteenth Century*, p.226。百分比和总计栏系笔者推算。

---

① 参见 R. H. Tawney, *The Agrarian Problem in the Sixteenth Century*, pp.212−213。

上述数据表明，较大型圈地农场也未必养羊，实际情况是谷物种植的土地和放牧的土地大约各占一半，畜牧业并没有占据优势。也就是说，圈地农场主并非总是牧羊者，那个时期的作者显然把耕地变牧场的比例夸大了。而一般农户手里的土地更不会主要用于牧羊，不论围圈地还是非围圈地。托尼同时提供了16个庄园农牧业用地比例，毋庸置疑，种植谷物的耕地占据绝对优势，高达87.7%。[①]总之，圈地的基本目的是为了明确土地产权，提高土地的使用效率，所以圈地后仍然用于谷物种植，少部分变成牧场。

多少佃户被驱逐？

与圈地规模和激烈程度紧密相连的另一个问题是，圈地期间有多少农民从土地上被驱逐？

都铎政府圈地调查报告提供了圈地运动造成破坏的数据，例如：1485—1517年荒废农舍数量1 745处；农民流亡数量6 931人。1578—1607年荒废农舍966处；农民流亡数量2 232人，这些带有个位数的数据给人留下印象。[②]不过，且不说调查过程中是否存在瞒报、漏报致使数据不实的问题，就公布的调查报告而言有明显的时段或地区信息缺失，尤其1517—1578年，长达六十一年农舍荒废和农民流亡的数据竟付之阙如。

在盖伊整理的都铎政府圈地调查报告的基础上，并根据每架铁犁或每犁地（ploughland）养活五口之家、一处宅院荒废相当于五人被迫离开土地的假设，约翰逊重新计算了离开土地的人口数量，从而调整和扩充了都铎政府报告，得出1455—1607年英格兰农业流失大约34 000人口的数据。例如，他将1578—1607年离开土地的人口估算为5 002人，而盖伊整理的都铎政府报告的数据是2 232人；又如1517—1578年的数据，以及1607—1637年的数据，都是约翰

---

① 参见 R. H. Tawney, *The Agrarian Problem in the Sixteenth Century*, p.226, table X.

② 参见 Edwin F. Gay, "The Midland Revolt and the Inquisitions of Depopulation of 1607", *Transactions of the Royal Historical Society*, New Series, Vol.18 (1904), p.233.

逊估算后添加上去的，使数据链更加完整，从而使得观测的时间维度延长至一百八十年。请看表10-5：

表10-5　约翰逊重新调整后的农业人口流失情况（1455—1637年）

1455—1485年（30年）	1485—1517年（30年）	1518—1578年（60年）	1578—1607年（30年）	1607—1637年（30年）	流失总人数34 262，即每三十年约5 000—6 000人
3 465人	6 931人	13 862人	5 002人	5 002	

资料来源：Arthur H. Johnson, *The Disappearance of the Small Landowner*, p.58。

这项统计告诉我们，在统计所及的一百八十年的圈地期间，农业人口共减少34 262人；即使假定人口减少都因圈地所迫，那么每三十年不过平均5 000—6 000名佃农被迫离开土地。盖伊在另一篇论文中指出，农业人口以每三十年7 000人甚至高达10 000人的频率被迫从他们的习惯土地上离开。[①]其实盖伊最后的数据与约翰逊的差不多，也就是说，英格兰平均每年有200—300人离开土地，表明农业人口流失的情况与人们的传统印象似颇有距离。对于这样的估算，历史学家卡特勒持肯定态度，他很早就指出，如果这些数据是正确的话，就不能说圈地运动期间农业人口减少非常严重，尤其是这样数量的人口减少大约发生在两个世纪里。[②]

对16世纪因圈地而流失人口进行量化估算，无疑是客观评估圈地运动负面影响的重要数据，由于可靠资料来源稀少，而且残缺不全，估算的难度极大，所以盖伊、约翰逊之后只有少数学者做出过尝试，且局限在个别地区。例如，20世纪50年代，古尔德的研究补充了林肯郡驱逐人口的数据，1607年都铎政府圈地委员会实际上调查了七个郡人口减少和圈地状况，但衡平法院只保留了六个郡的调查文献，林肯郡的资料丢失，所以盖伊所用的1607年的调查数据中不包括林肯郡。不过，林肯郡调查数据的摘要保存了下来，被古尔

[①] 参见Edwin F. Gay, "Inclosures in England in the Sixteenth Century", *The Quarterly Journal of Economics*, Vol.17, No. 4 (Aug.,1903), p.588。

[②] 参见W. H. R. Curtler, *The Enclosure and Distribution of Our Land*, p.116。

德发现。该文献编写于1608年9月底，大概是作参考手册之用，标题为"林肯郡圈地调查委员会人口减少调查简报"，藏存在大英博物馆的"凯撒档案"（Caesar papers）档案中，古尔德正是根据这部分资料推算出林肯郡被驱逐的人口数量。[①]该摘要分三个部分，分别是凯斯蒂文、林德赛和霍兰德三个地区的资料。遗憾的是房屋毁坏和圈地面积的具体数据都遗失了，但古尔德通过遗存的材料还是推测出农户房屋损害的数据：1578—1607年该郡农户房屋毁坏、空置或者变为茅舍的数量总计1 292户（包括凯斯蒂文地区260户、林德赛地区966户、霍兰德地区66户）。[②]古尔德的数据显然有相当的假设成分，权作参考。

20世纪80年代，马丁提供了重点地区部分时段的人口流失情况。马丁指出，在整个都铎时期，英格兰超过80%的圈地和人口减少记录发生在米德兰地区，在16世纪后半期，圈地行为更加集中于米德兰腹地，尤其是北安普敦郡、莱斯特郡和沃里克郡。在莱斯特郡，1578—1607年有圈地记载的67个教区中，51个教区人口减少，至少195户住宅损毁；在沃里克郡，郡内400个教区中有34个教区人口减少，至少113户房屋损毁；在北安普敦郡，118个教区中有358户住宅毁坏。[③]显然，即使同在圈地的核心地区，各郡的情况也不一样，在近三十年的时间里，莱斯特郡多数教区都发生了佃户被驱逐的现象，而沃里克郡却大相径庭，只有8%的教区发生农户流失。总的看，马丁关于16世纪后期该地区农业人口流失的数据不高，三十年内每个教区即村庄不过减少若干户，大概与该时期协议圈地逐渐流行有关。

[①] 虽然调查信息不全，尤其缺少人口等数据，但摘要文献本身完整地保存了下来。J. D. Gould, "The Inquisition of Depopulation of 1607 in Lincolnshire", *The English Historical Review*, Vol.67, No.264 (1952), p.392.

[②] 参见 J. D. Gould, "The Inquisition of Depopulation of 1607 in Lincolnshire", *The English Historical Review*, Vol.67, No.264 (1952), pp.392-396。

[③] 参见 John E. Martin, *Feudalism to Capitalism, Peasant and Landlord in English Agrarian Development*, p.136。

我们有理由相信，都铎时期圈地所驱逐的人口，特别是非法驱逐的人口相当有限，上述研究成果已经证明了这一点。都铎时代的土地变革基本是在法律轨道上推进的，非法暴力驱逐佃户不是普遍的，也不可能是普遍的。都铎王朝时代留下的一些论辩性的资料，不是没有价值，而是由于过于粗糙因而提供的信息有限，必须加以分析。例如一篇言及都铎时代的一段文字写道：佃农们放弃耕作，离弃耕犁，"短短几年内，500个铁犁就这么生锈了"，"在8 000英亩耕地中，近年仍然还种庄稼的土地不过一两百英亩"，等等。早有学者指出这些描述令人怀疑，所举事例也多是孤例，而非典型。"一些数字是武断的，甚至连勉强的猜测都算不上。"①

托尼指出，长期以来圈地运动的主流观点存在误区，不论托马斯·莫尔这样早期的理想主义者，还是稍后的学者弗朗西斯·培根，认为农业革命进程中大量人口被驱逐，都有违事实。托尼系统引证了盖伊关于驱逐人口的数据，不过对其精确度也提出了疑问。他认为无法判断当时到底占多大比例的人口被驱逐。②无论如何，被驱逐人口的量化分析仍然是不可替代的，我们期待着发现更多的数据来源，也期待着更有质量的分析和评估。

二、佃农抵抗及各类社会冲突

圈地运动是前所未有的土地产权变革，必然引起复杂的社会矛盾和冲突。抵制非法圈地的主要力量，凭借的是农民佃户手里既有的土地权利，以及捍卫该权利有效的法律渠道。贫穷小农的暴力反抗对非法圈地具有震慑作用，但其退回庄园经济的主张显然是乌托邦空想。圈地引发的社会冲突和产权纠纷远不止领主与佃农两大阵营对垒那样简单，实际上反对力量可能来自各个阶层，其间社会冲突和产权纠纷，形形色色，斑驳陆离。了解社会冲突的复杂性，有

---

① R. H. Tawney, *The Agrarian Problem in the Sixteenth Century*, p.261.
② Ibid., p.265.

助于更深刻地理解圈地运动。

佃农地权是抵抗非法圈地最重要屏障

圈地运动可分为合法圈地和非法圈地。合法圈地主要指契约圈地，即按照契约规定的土地权利实行圈地，或经过法庭，或经过协商。这是圈地运动的主流，参与者不仅包括大农、乡绅和领主，普通农民甚至小农也参与其间。非法圈地即通过暴力或欺骗手段掠夺性圈地，属于少数，受到民众和社会的谴责和抵抗。值得注意的是，抵制非法圈地的主要力量，不是来自社会精英（如托马斯·莫尔那样对圈地运动不问青红皂白的斥责），也不是主张社会秩序的国王政府，而是千千万万普通农民，凭借的是农民佃户手里既有的土地权利，以及捍卫该权利有效的法律渠道。

记载于庄园法庭卷宗里的佃农土地权利，为各类法庭所承认，从庄园法庭到国王法院无不以此作为判案依据。说到底，圈地是否合法、土地归属如何判定，取决于佃农的土地契约，不是领主甚或国王法院的强权和愿望所能左右的。也就是说，政府的保护，法院独立的法律程序和法律保障固然重要，然而更重要的是深深植根于社会生活中、千万农民实际拥有并行之有效的权利——它们记载于庄园档案中，其副本为每个佃户亲自持有。土地权利已有几分神圣的意味，尽管是部分的权利，却是不可剥夺的。它成为一种生活方式，有着极其广泛的社会共识，因此是领主非法圈地难以逾越的屏障。圈地中产生的土地纠纷和博弈，基本是法庭和法律范围内的博弈；一旦发生矛盾和冲突，人们——不论领主还是佃农，第一选择是法庭。他们诉诸法庭和法律，通常也能遵循法庭的判决，因此，凭借契约所规定的土地权利，是农民抵抗非法圈地的主要手段，也是有效手段。

持有土地的权利不一样，圈地中的际遇不同。16世纪英格兰农民主要分为自由持有农、公簿持有农和契约租地农。自由保有地最为安全，户主去世后土地由其后人继承，继承人可以永远持

第十章　地权变革中的社会问题及对策

有土地。[1]自由持有农的权利几乎无懈可击，实际上与小地产主（landowner）没有多少区别，领主奈何不了他们。圈地运动中，时有自由持有农抱怨他们的公共放牧权被剥夺；也有一些关于他们和圈地领主之间的诉讼，但总的来看他们没有遭受多少痛苦，人数也没有明显的变化，事实上，16世纪恰是自由地持有者发展的时期。

其次是契约租地，较少发生土地产权争端。它们本身就是游离于传统庄园经济之外的土地，主佃关系分明，租期明确，商业性特征越来越鲜明。承租者的权利受到法律保护，所以土地出租期内不得圈地，不论地产主还是领主都不能，只能等待租期届满，土地恢复原状后才能重新处置。16世纪30年代国王法院再次下达"租期内不可驱逐承租人令状"，以保障承租人的权利。[2]前述及许多例证已证明在租期内领主不能收回租地，也不能围圈，只能等待，否则即为非法圈地。这部分土地16世纪还被纳入普通法商业契约的保护范畴。一些契约租地农是大租地农场主，长期承租并对土地有较大的投入，实际上是有一定社会地位的农业资本家。当然，租约到期，他们须交还土地，除非领主同意续约，或经领主同意后买断土地。契约租地的权利时效性最为典型，适逢市场经济发展，该类型土地扩张最快，经过16世纪百年发展，至17世纪竟由少数变成村民的多数。

公簿持有农是16世纪佃农的主体，他们的土地产权最为复杂，发生争端的可能性最大。翻开这一时期的各类法庭案卷，涉讼土地大多是公簿地，可以证明这一点。有继承权的公簿保有地与自由保有地实际上相当接近，一旦陪审团的证词证明了这样的土地性质，或者这样的土地性质记载于庄园档案，他们在法庭诉讼中就是安全的，通常是领主败诉。不过该时期多数公簿地保有权是有期限的，他们仍被称为习惯佃农，然而商业原则已经渗透其中。16世纪早期，农场租期一般较长，多数是10年，有时长达60年，甚至是99年。

---

[1] 参见 M. Campbell, *The English Yeoman: Under Elizabeth and the Early Stuarts*, p.11.
[2] 参见〔英〕梅特兰：《普通法的诉讼形式》，王云霞等译，第138页。

但16世纪40年代以后，在东部，租期变短。每七年更新一次租约。在西部，租约期限以一代、两代或者三代为多，通常为三代，农民户主去世以后须确认或更新租约。在米德兰地区和北部，租约凭借合同（indenture），多为21年或三代人。如果土地到期后不能达成新的协议，土地持有权可能发生变化。①

不过，租约规定的时间里不可驱逐佃户，自15世纪中叶公簿持有农开始受到普通法保护。王室各类法院都受理公簿持有农申诉，不少公簿持有农凭据既有的土地权利抵制了领主非法侵权。前面圈地案件多有涉及，此不赘述。所以经济史学家艾伦指出，只有在土地租期届满的情况下，才会出现驱逐式圈地。②

共用地即荒地、林地和沼泽等，名义上属于领主，实际上每个村民都有放牧和使用的权利，而且世世代代享有这种权利。它的共用性最强，土地产权最为模糊，领主也最容易浑水摸鱼。1528—1530年，兰开夏郡的许多土地纠纷，皆因领主侵害共用地而被农民告上法庭。捍卫习惯权利是佃农反抗斗争的一面旗帜，他们反复申明几个世纪以来自己在共用地上一直具有放牧和利用其他资源的权利。③一些案例的判决不甚明了，一些案例显示佃农的抗争是有效的。威斯敏斯特法庭的圈地案例，描述了不再温顺的农民，即使被迫离开村庄，可他们"并不屈服，带着眼泪和悲愤，而且举起'古老习惯'予以抵抗"④。有时他们的抵抗具有暴力倾向，《维多利亚郡史·莱斯特郡》作者评论说，1549年反圈地农民骚乱不是偶然的。⑤

下面案例记载颇为生动，描述了村民与两代领主的斗争，有法庭抗争，也有暴力对抗，时间达三十多年之久。16世纪初，在北安

---

① 参见 Eric Kerridge, *Agrarian Problem in the Sixteenth Century and After*, p.47。
② 参见 R. C. Allen, *Enclosure and the Yeoman: The Agricultural Development of the South Midland, 1450–1850*, p.66。
③ 参见 W. Farrer and J. Brownbill, eds., *The Victoria History of the County of Lancashire*, Vol. 2, p.288。
④ Joan Thirsk, *Tudor Enclosure*, p.7。
⑤ 参见 W. G. Hoskins, ed., *The Victoria History of the County of Leicester*, Vol.2, p.193。

普敦郡法恩登庄园，村民起诉领主默尔索非法圈占共用地。法庭判决领主拆除围篱，可是领主两次拒绝。1529年，佃农们忍无可忍，聚集起来，暴力劈碎围圈地大门和门柱，旋即聚集60位村民，将树篱连根刨除。这次骚乱持续八天，"鸣钟、嚎叫、喧闹和暴力"。领主不甘罢休，竟然扣押村民的牲畜；村民则闯入共用地水塘，夺回牲畜，将其赶入领主的牧场，啃光青草。当领主欲驱赶牲畜到13英里远的另一个畜栏时，村民们从国王法院获得"夺回扣押物令状"，再次解救了牲畜。为指控领主，村民们筹集起20英镑诉讼费，这是一笔不小的现金，可见参与者不都是穷人。诉讼几经反复，星室法院、衡平法院等先后干预，都不能结束这场争端。[1]

而另一桩案例，村民则赢得胜诉，发生在赫斯本兹·博斯沃斯庄园。虽然领主圈占共用地达数十年之久，但村民团结一致，不屈不挠，最终迫使领主拆除围篱，恢复村民的公共放牧权。[2]佃农群体抵抗领主非法圈地的斗争既是顽强的，也是有效的。都铎王朝圈地晚期，协议圈地特别是共用地协议圈地越来越多，相关村民都从共用地消失中得到补偿，从一定意义上讲也是佃农群体抵抗斗争的结果。佃农土地权利是对抗领主非法圈地的有力屏障，不仅受到法律保护，也受到整个社会舆论的支持，因为他们的法律根植于社会。

贫穷小农的反抗

如果说"大农-乡绅阶层"是圈地运动最大的获益者，那么一部分贫穷的少地小农则是明显的受害者。一部分少地的佃农和茅舍

---

[1] 参见 Roger B. Manning: "Patterns of Violence in Early Tudor Enclosure Riots", *A Quarterly Journal Concerned with British Studies*, Vol.6, No.2 (Summer, 1974), pp.126–127。

[2] 莱斯特修道院位于两个庄园的交界处，修道院在其所辖的平斯莱德庄园，拥有6维尔盖特土地，坐落在一条小河的北岸，南岸则是一块约23英亩的牧场，1496—1502年，修道院院长彭尼圈围了这块土地，引起了相邻庄园赫斯本兹·博斯沃斯村民反抗。后者宣称该地是他们的共用牧场，修道院领主圈围是非法的。根据临近村庄居民的证词，两个庄园一向以小河为界。后来这场官司起诉到国王星室法院和普通法法院，持续近三十年之久，最后又到普通高等民事法院，终于获胜。领主被迫拆除围篱，23英亩土地重新变为共用地。见 L. A. Parker, *Enclosure in Leicester, 1485–1607*, pp.45–50。

农，对共用地的依赖程度很深，所以当共用地也被圈占的时候，这部分小农可能完全失去了生计。英国历史学家认为，参加暴力反抗的大多是乡村贫穷小农。惠特尔研究了王室赦免暴动人员名单，后者保存在王室令状档案中；同时，在诺福克郡季审法院记录中，作者找出了起义者的职业记录，其中64人还附有土地持有情况。这些档案资料表明：暴动人员大多是少地小农和工匠等，贫穷人口在起义队伍中所占比例最大。①

共用地的存亡对小农和茅舍农相当重要，因此他们反对围圈荒地的态度最坚决。例如，1593年，领主R.布里尔顿爵士排干了多哥莫尔沼泽地并圈占，引发当地小农暴力抵抗，长期不能平息。在奥斯维斯庄园，大规模围圈荒地同样遭到一些小农顽固阻挠。② 1535年6月，坎伯兰伯爵围圈了津格尔斯威克的共用地，引发伯爵与数百人冲突，后者聚集起来捣毁圈地。不久，相邻地区也发生了类似骚乱，结果82人被起诉，其中18人被监禁。③

贫困小农是暴力反抗圈地的基本人群，但领头人却不一定是他们。一桩典型的反圈地暴力事件起于牛津汉普顿盖伊庄园，该庄园只有七人交纳国王协助金，其余皆为免征人群，可见是个贫穷的村庄。领主文森特·巴里的父辈做羊毛生意致富，他本人继承庄园后就推动了圈地，结果引起1596年的一场骚乱。发起人是邻近庄园的巴塞洛缪·斯蒂尔，还有磨坊主理查德·布拉德肖在旁边帮腔，他们游走于邻近村庄，散布对圈地的不满。响应者大约有几十人，他们拿着长矛和剑，聚集在布莱廷顿的高地英斯洛山（Enslow Hill），暴力的目标是毁坏圈地并攻击圈地者。还计划去伦敦，争取那里学徒工人的支持。骚乱中，领主文森特·巴里及其女儿一并

---

① 参见Jane Whittle, *The Development of Agrarian Capitalism: Land and Labour in Norfolk, 1440–1580*, pp.216–222。
② 参见G. C. Baugh, ed., *The Victoria History of the County of Shrop*, Vol. 4, London: Oxford University Press, 1989, p.126。
③ 参见Roger B. Manning: "Patterns of Violence in Early Tudor Enclosure Riots", *A Quarterly Journal Concerned with British Studies*, Vol.6, No.2 (Summer, 1974), pp.128–129。

被杀害。此案震惊官方,对骚乱者采取了行动。在被拘留者中,汉普顿盖伊庄园五人,肯定是贫苦小农,被押送伦敦,一人被处以绞刑。

值得注意的是,地方官斯芒德斯事先曾提醒过领主巴里;案发后,当有人问询政府如何看待此事时,该地方官不是一味地斥责骚乱农民,而是考虑政府应该做什么,他说:"政府应当控制圈地……让穷人能够生存下来。"①这场骚乱惊动了议会,推动了1597年耕作法令通过,后者导致一些非法围圈起来的牧场复耕。

整个16世纪,在莱斯特郡,不断发生拆毁圈地篱笆的暴力活动。其中,1540—1607年间发生的三次暴力活动尤其具有威胁性。1549年和1553年萨默塞特公爵任命一个委员会,对圈地和人口减少情况实施调查,此后情势曾有所缓解,可是到1607年圈地运动再次达到高潮。关于1549年和1553年农民起义的历史记载不多,起义的具体地点也不清楚,仅有的记录是对10个起义者的惩罚,他们承认自己拆毁圈地篱笆的过失,愿意自己花钱重新修复篱笆。农民起义的原因可能是人们对政府制止非法圈地无效而感到失望,从而对整个圈地运动感到愤怒。②经过一段相对平静的时期之后,1600—1607年圈地运动再次达到高峰。七年间人们围圈的土地,几乎与之前五十年圈占土地一样多。1607年春,起义首先爆发于北安普敦,之后扩展到沃里克,愤怒的人群将一部分围圈的土地重新开放。起义没有扩散,只是地区性的,不过人们普遍对起义者抱有同情。③

最有影响的农民起义,当属1549年罗伯特·凯特领导的反圈地运动。这是继瓦特·泰勒起义后英国境内最大规模的农民起义,上万名城乡居民聚集起向国王请愿,两度攻占诺福克郡首府诺里奇市,持续四个月之久。起义者三次拒绝国王政府大赦,最后遭到军队镇

---

① Mary D. Lobel ed., *The Victoria History of the County of Oxford*, Vol. 6, p.157.
② 参见 W. G. Hoskins, ed., *The Victoria History of the County of Leicester*, Vol.2, p.200。
③ Ibid., p.204.

压，上千人在激战中被杀。凯特在伦敦受审，被绞死在诺里奇城堡。这次起义的范围有限，然而其影响远远超出诺福克。

罗伯特·凯特本是个富裕约曼，拥有土地，兼做皮匠，一个偶然事件使他参加了当地造反农民的队伍，并成为领袖。凯特与同村乡绅弗劳尔迪有怨，后者圈占共用地的篱笆被捣毁，怀疑凯特兄弟二人所为，于是花40便士打发雇工去捣毁凯特的圈地。可是，受雇于乡绅的这些人，非但没有去推倒凯特圈地的树篱，反而接受凯特劝导，反戈一击。[1]凯特显然胜人一筹，在报复那个乡绅前，先拆毁了自家在共用地上的圈地，表示同情穷人，反对非法侵占公共牧场，从而赢得了大家的欢迎和信任，纷纷加入义军。[2]凯特鼓励大家用生命保卫村庄共用地，许诺起义者过上好日子。[3]不可否认，历史事件的发生有着一定偶然因素，但从基本层面讲凯特起义反映了当时社会冲突的程度，否则何以登高一呼，从者上万！

16世纪中叶英格兰土地改革正处于痛苦的胶着状态，凯特起义绝不是孤立的，据爱德华六世时期的文献记载，该起义扩散到11个郡，包括与之相邻的拉特兰郡。从亨廷顿伯爵1549年9月12日的信件中可以感知当时反抗的气氛，抗议人群"遍布拉特兰各地"[4]。凯特领导的起义是动荡社会表象的一部分，偶发事件不过导火索而已。[5]据统计，1548—1549年发生过的小骚乱，全国大约有几十起之多。[6]甚至一些城市也发生了反对共用地围圈

---

[1] 参见Roger B. Manning: "Patterns of Violence in Early Tudor Enclosure Riots", *A Quarterly Journal Concerned with British Studies*, Vol.6, No.2 (Summer, 1974), p.122。

[2] 参见Julian Cornwall, *Revolt of the Peasantry 1549*, London: Routledge & K. Paul, 1977, pp.138-139。

[3] 参见Roger B. Manning: "Patterns of Violence in Early Tudor Enclosure Riots", *A Quarterly Journal Concerned with British Studies*, Vol.6, No.2 (Summer, 1974), p.122。

[4] William Page, ed., *The Victoria History of the County of Rutland*, Vol.1, 1908, p.223。

[5] 参见Diarmaid MacCulloch, "Kett's Rebelllion in Context", *Past & Present*, No. 84 (Aug., 1979), pp.36-59。

[6] 参见Amanda Claire Jones, *"Commotion time": The English Risings of 1549*, Ph. D, Thesis, University of Warwick, 2003, p.1。

的骚乱。①

16世纪末牛津郡再次爆发反圈地起义，部分小农的贫困是重要原因。1596年冬天，牛津郡的武装起义者计划攻击领主，抢劫粮食，拆毁圈地，不料消息泄露致使起义流产，起义首领被捕。审问中，起义者声称，希望通过破坏和拆除圈地来降低粮价。②一些农民生计陷于困境，引起社会上层人士忧虑，尽管领主诺里斯的武器和马匹被暴民劫掠，可是他还是请求议会对牛津郡西部的圈地加以制止。据《维多利亚郡史·牛津郡》记载，不少城镇充满穷人和抱怨情绪，一些人计划到伦敦游说，寻求更多的支持者，领头人是一个名叫斯蒂尔的木匠。③

1607年莱斯特郡起事，是最后一次小农反圈地暴动。据记载，在考特斯巴赫教区，"汇集起男人、女人以及孩童，人数达到5 000人"，他们推倒了圈地篱笆并重新开放共用地。不过起义没有蔓延。事实上，不论是考特斯巴赫，还是在北安普敦郡或者沃里克郡，"起义"（revolt）这种词都夸大了这一骚动的规模。是年6月6日，莱斯特郡在那里竖起了一个绞刑架，用以警示不法暴力分子，同时自治市开始训练军队，防备更严重的事态发生。6月8日这个绞刑架被愤怒的人群推翻，却没有出现更严重的后续事件。这次起义的结果之一是政府成立了圈地调查委员会，加强了对非法圈地的监控。④小农的暴力抵抗一定程度上威慑并抑制了领主非法圈地。

---

① 城镇同样发生反对围圈共用地的骚乱，如1549年5月6日林奇菲尔德城发生了一起暴动，当时城镇的钟声将人们聚集到博雷尔大街，宣称"每个城镇居民都要把自己的牲畜牵到这里来，共同重申公地的共有权"。显然，由于有市民圈围了共用地，城市总管动员大家参与对抗这些圈占公地的人。大约一百人拿着铁锹等工具冲入圈地，推倒树篱、填平沟渠。一些居民是在别人的威胁下参与的，如果不参加，他们的牲畜将被残害。Roger B. Manning: "Patterns of Violence in Early Tudor Enclosure Riots", *A Quarterly Journal Concerned with British Studies*, Vol.6, No.2 (Summer, 1974), pp.125-126.

② 参见William Page, eds., *The Victoria History of the County of Oxford*, Vol. 2, London: Archibald Constable, 1907, p.194。

③ 参见William Page, eds., *The Victoria History of the County of Oxford*, Vol. 2, p.195。

④ 参见W. G. Hoskins, ed., *The Victoria History of the County of Leicester*, Vol.2, p.204。另见Joan Thirsk, ed., *The Agrarian History of England and Wales, 1500-1640*, Vol. IV, pp.234-235。

反圈地者来自各个阶层

然而，圈地引发的社会冲突和产权纠纷，远不止小农与领主对抗那样简单。事实上，因圈地而起的许多冲突，不仅发生在佃农与领主之间，还发生在领主与领主之间、富裕农民之间、村庄共同体之间；农民个体与村庄共同体之间以及佃农间的冲突亦不少。而且，圈地的反对力量不仅来自贫穷小农，还可能来自其他阶层，甚至来自乡绅和领主。

在一些情况下，抵抗圈地的人群中不乏殷实农户。例如，16世纪末，牛津郡的布莱廷顿庄园更换了领主，原领主去世，其寡妻再婚，第二任丈夫霍尔登成为新领主。他野心勃勃，利用一份非正当的"协议"迫使佃户出售土地，从而驱逐七名佃户。被驱逐的佃户包括该村的富裕农民，不满情绪相当明显，影响了整个布莱廷顿教区。结果，以他们为核心聚集了附近上百名圈地反对者。他们在本地桥东的高地英斯洛山集会，威胁要劫掠领主宅邸，"拽开篱笆，填平壕沟"。让人意想不到的是，被驱逐的佃户也是抗议者之一，是原领主的儿子弗朗西斯·珀尔。原领主去世后其子弗朗西斯一度是该庄园领主，可母亲再婚后地权转移到第二任丈夫霍尔登手里，霍尔登将弗朗西斯·珀尔驱逐。① 原领主与妻子联合保有庄园，妻子现在又与新夫联合保有，所以第二任丈夫霍尔登成为新领主。

富裕村民乃至乡绅贵族反对圈地者并不罕见。一个叫埃利斯·米德莫尔的村民，可以指使十几个雇工，显然是一个大农。他连续犯罪入狱，都与破坏圈地有关。1524年，米德莫尔雇用一众劳工袭击吉鼎丽（Chiddingly）庄园的约翰·普拉迪，放火烧毁圈地树篱和房屋。1530—1532年，米德莫尔一伙12人不断受到星室法院指控，他们每晚不停地推倒、烧毁树篱，捣毁鸽房，扣押马匹，破坏鱼池和苍鹭饲养场。受其骚扰者至少有10个中等以上的地产主，包括一名乡绅。为此，米德莫尔被关押在伦敦塔一年，但一经获释

---

① 以上见 Mary D. Lobel, ed., *The Victoria History of the County of Oxford*, Vol. 6, pp.62–64.

他便重操旧业，在苏塞克斯继续煽动反圈地骚动。①

另一桩案例中，领头人是个呢布商。1534年9月的最后一天，在其带领下约克郡10个村民先是捣毁圈地，又将500头牲畜赶来放牧30天。拥有如此规模的牲畜群，显然拥有一定资产。袭击对象是乡绅特里斯特拉姆·泰希，一个租地农场主，后者从主教那获得租期40年的谷仓，八个围圈起来的牧场，三块不大的耕地，还有城外的三座果园。后来，这个呢布商发动了一场更大规模的破坏活动，将圈地的树篱和木桩拔得一干二净，旋即又赶来马和羊群啃光牧草。然而，派来调查案情的两位陪审员，却拒绝认定这是一起非法暴力活动。②

一些大规模的反圈地骚动是由贵族或乡绅发起的。查阅那一时期的星室法院档案，在43例圈地反抗活动中，农民挑头的有32例，具有规模小、范围孤立的特点，参与人数大多在30人以下，只有六例在百人以上。其余那些大规模的反圈地骚动，大多由贵族或乡绅发起，背后可能隐藏着复杂的权益角逐。例如，约克郡的蒙泰格勋爵，他召集400人，捣毁了乡绅埃德蒙·塔尔博特位于约克郡的圈地。另有大乡绅威廉·霍尔克罗夫特，先后派出300人和400人去拆毁圈地，后者由市政议员承租、位于切斯特城外的切斯特修道院附近。③

有时圈地反对者就是庄园领主。在卡索普庄园，村民们倒是积极主张圈地，领主小爱德华却顽固抗拒，后来在大农及村民的威胁下不得不答应，最后他竟因此忧郁而死，匪夷所思。当该庄园大农决心圈地时，小农和茅舍农抵制可以理解，然而"领主小爱德华明确反对圈地委实出人意料"。一则领主对圈地后土地市场化经营不感兴趣，他认为原来的庄园生活才是他们的生活。二则他听信社会

---

① 参见 Roger B. Manning, "Patterns of Violence in Early Tudor Enclosure Riots", *A Quarterly Journal Concerned with British Studies*, Vol. 6, No. 2 (Summer, 1974), p.128。
② Ibid., p.131.
③ Ibid., pp.127-128.

传言，迷信地认为圈地对领主并非幸事，小爱德华说："我能强烈地感觉到，圈地以后，我也没几天好日子了。"他提到几个圈占共用地的领主，不久都死了。大多数村民并不相信传言，所以对领主报以嘲笑。碰巧的是，建议领主圈地并负责此事的管家科尔森和一位圈地委员先后意外亡故，不久另一位圈地委员也病倒了。"这位委员担心悲剧在他身上重演，请求小爱德华允许他退出圈地工作，谁知退出后，这位委员竟然康复了。"这些都加重了小爱德华的心理压力，认为"上帝已经向他们（圈地者）展示了力量和不悦"。令人意外的是，小爱德华在重病八天后果真像他自己预言地那样去世了。这个领主至死都反对圈地。当然，领主的反对未能阻止该庄园圈地进程。[①]

圈地运动中的暴力冲突，还来自贵族乡绅等乡村上层之间的争端。例如，1535年12月和1536年4月，在约克郡附近的加尔特理斯森林地区，村民与圈占森林的两位爵士——托马斯·沃顿和托马斯·柯温——发生冲突。有暴力行为的村民被告上法庭，然而仅一人被认定有罪，因为一位乡绅陪审员极力阻挠起诉其他村民，尽管后者有确凿的暴力行为。很明显，该乡绅与村民反圈地活动有瓜葛。[②]有证据显示，大约四个月后，即1536年4月的小农骚乱，显然得到贵族达西（Darcy）的支持。最终，反对圈占森林的贵族占据上风，加尔特理斯森林法官命令拆除森林圈地。主张圈地的贵族柯温和沃顿爵士，试图在"大麦播种时节"召集80个佃户到威斯敏斯特请愿，然而在克伦威尔（T. Cromwell）的调解下，未能成功。[③]克伦威尔是亨利八世时期枢密院顾问、首席辅政。

有时，小农出现在圈地冲突现场，背后却是领主之间的利益较量。在德比郡查茨沃思庄园，表面上看，争端双方是农夫约翰·格

---

① 以上见 W. H. Hosford, "An Eye-Witness's Account of a Seventeenth-Century Enclosure", *The Economic History Review*, Vol. 4, No. 2 (1951), pp.216−217。

② 参见 Roger B. Manning, "Patterns of Violence in Early Tudor Enclosure Riots", *A Quarterly Journal Concerned with British Studies*, Vol.6, No.2 (Summer, 1974), p.129。

③ Ibid., p.129.

维斯与爵士威廉·卡文迪什，实质却是两个领主之间争夺土地产权。一方是卡文迪什爵士，另一方是该案中没有露面的领主沃克斯，后者出租牧场给农夫约翰，而这个围圈后的牧场有产权争议。一次，卡文迪什爵士赶来几匹马放牧，农夫约翰粗暴地驱逐对方的马匹并导致一匹马毙命。不久卡文迪什爵士又在牧场放牛，再次遭到约翰驱逐，牛也被驱赶进池塘淹死。卡文迪什爵士决定报复，聚集起自己的几个雇工，推倒该牧场栅栏，殴打约翰并放狗咬他。这起案件实质是两个领主因圈地产生地权冲突，他们才是该案真正的当事人。①

有时，圈地冲突双方不是个人，而是两个村庄共同体，这种冲突通常发生在两个村庄共享同一共用地的情况下。如果共用地同属于两个或多个村庄，随着人口增长和土地确权，争夺共用地的冲突无可避免。自16世纪中叶起，在威尔德沼泽地上的争执，就是因为这种境遇而发生，在此过程中，每个村庄都采用一种排他性政策。②

在许多情况下，反圈地暴力的受害者往往是"外乡人"（outsider），他们购买土地而跻身乡绅行列，成为被攻击对象。在星室法院75宗破坏圈地的暴力案例中，24例受害者是新近迁入的地产主或农场主，另有3例是来自外地的市民，其余多为本乡人和身份不详者，包括20例本地乡绅和14例普通佃农。③当时乡村人口迁徙率低，外来者不多，然而他们在反圈地受害者中却占据32%，这是不小的比例。例如，市民约翰·格里姆斯来自伦敦，1546年，他通过法律程序获得了塔福德郡的两个庄园，围圈了部分土地。四年后，因庄园一处林地和牧场是否属于共用地问题产生纠纷，所有圈地被毁，树篱和石墙被18名农民推倒。格里姆斯控告了暴力破坏者，但没有成功。

---

① 参见 Roger B. Manning, "Patterns of Violence in Early Tudor Enclosure Riots", *A Quarterly Journal Concerned with British Studies*, Vol.6, No.2 (Summer, 1974), pp.122-123。
② 参见 G. C. Baugh, eds., *The Victoria History of the County of Shrop*, Vol. 4, p.127。
③ 另有一例是教士，二例因涉及两个村庄共享公地而发生暴力。另外四例受害人身份不详。Roger B. Manning, "Patterns of Violence in Early Tudor Enclosure Riots", *A Quarterly Journal Concerned with British Studies*, Vol.6, No.2 (Summer, 1974), p.130。

又如，劳伦斯·迈勒海姆也是外乡人，他起初是个锡匠，后来升任掌管财务的大管家和郡守，自称"绅士"，在购买了科比·米斯珀顿庄园后，圈围了三个牧场。结果招致20个农民摧毁圈地，他们还赶来自己的牲畜放牧。尽管迈勒海姆成功地起诉了这些人，但还是挡不住他们继续破坏。①

　　为什么抗议圈地的行动中外乡人往往首当其冲？人们可能将原因归于村落生活闭塞，存在排斥陌生人的倾向。其实不尽然。当时英国社会已经迈入市场经济，否则不会排除万难率先开始圈地运动——土地要素通常最后走进市场。笔者认为，圈地运动中农民对外乡人的介入如此敏感，原因还在于英国乃至西欧乡村组织的特殊性。简言之，与其他文明中王国之下的村庄不同，这是一个以庄园-村庄共同体为租税单位的社会：密切协作的轮耕制、集体放牧制和共用地的普遍存在，表明马尔克共同体观念已经浸透于人们的全部生活。共用地制度，即土地为特定共同体范围内的成员所"共用"，这是有条件的共用，不是为所有人所"公用"。所以，他们对"外乡人"享用共同体资源格外敏感。多少世纪以来，他们一直明确地把村庄共同体以外的人"排除在资源利用以外"，圈地运动则是进一步在共同体内部界定土地权利，"限制局内人利用资源的强度"。②英国即将进入全新的历史时期，处于转型期的村民们却还保留着旧时思维模式，对局外人异常警惕。村民认为外乡人更为投机，对共同体的承诺也不可靠，而且"他们不懂或不关心当地惯例，比起长

---

　　① 外来的租地农场主更容易成为反圈地的暴力攻击对象，人们认为他们更投机，对共同体的承诺也更不可靠。约翰·格朗道尔在坎伯兰郡承租一农场，产权属于圣碧斯修道院。1549年10月和11月的几天里，乡绅约翰·斯凯尔顿雇了一伙人拆毁了圈地的树篱，并殴打了农场主的儿子。另，乡绅托马斯·史翠特围圈了承租的农场（属于赖斯利普修道院），使之成牧场。1549年的4月，16人捣毁了他的圈地。五天后，他们又回来砍倒了圈地的大门和门柱，转天，不顾阻拦又将牲畜赶到该牧场放牧。后来，故技重演，这些人又破坏了这个租地农场主的另一处圈地，还殴打了他的仆人。Roger B. Manning, "Patterns of Violence in Early Tudor Enclosure Riots", *A Quarterly Journal Concerned with British Studies*, Vol.6, No.2 (Summer, 1974), pp.130-131.
　　② 参见〔美〕道格拉斯·C.诺斯：《经济史上的结构与变革》，厉以平译，第85页。

居本地的土地持有人，他们得不到佃户或邻居乡绅的尊重"[1]，故此，外来的圈地农场主更容易成为暴力攻击对象。

小农反圈地活动的基本特征

大体说来，贫困小农是圈地的主要受害者，所以他们是圈地的主要反抗力量。而随着时间的推移，事情开始发生变化，尤其是1607年起义后，人们对于圈地逐渐形成社会共识。《维多利亚史·林肯郡》记载："1608年星室法院与当时的公共舆论趋同：在伊丽莎白统治末期，公众对圈地的态度已发生了改变……这是因为圈地所带来的实际变化。农民从乡绅那里了解到圈地的种种好处。"[2] 圈地运动从来都不是一帆风顺的，而此时这场土地产权变革已经度过了它最困难的时期，达到一个转捩点；再有，协议圈地已成为主要形式，圈地更加注重补偿原则，法律渠道也越来越规范。不过，小规模的骚乱仍不时发生，[3] 并且还将持续下去，应当对这种现象有所评价。

结合上述史实以及凯特起义提出的29条请愿主张，我们对小农反抗圈地活动的基本特征简要归纳如下：

首先，小农反圈地不反国王，且置反抗活动于宗教信仰之下。最大规模的反抗圈地的暴力行动当属凯特起义，而且这次起义留下了纲领性文字，这一纲领是以请愿书的形式呈现的。请愿（petition）是中世纪普遍采用的一种政治行为模式，用于向国王表达自己的不满和冤情，请求王权伸张正义。凯特起义军的29条请愿诉求，每一条都以"我们恳求陛下……"开头。可见农民军并不

---

[1] Roger B. Manning, "Patterns of Violence in Early Tudor Enclosure Riots", *A Quarterly Journal Concerned with British Studies*, Vol.6, No.2 (Summer, 1974), p.130.

[2] William Page, eds., *The Victoria History of the County of Lincoln*, Vol. 2, p.254.

[3] 小的骚乱还有一些，如1611年在格里姆斯顿，发生了骚乱。1617年在哈勒顿，因圈占20英亩共用地引起争执，由织工托马斯领导，"在莱斯特郡最近的骚乱中，他是破坏圈地的主要煽动者和代表"。见 W. G. Hoskins, ed., *The Victoria History of the County of Leicester*, Vol.2, p.204。

谋求推翻王权，而是请国王倾听他们的声音。当国王使节到起义军阵前时，义军中不断有人高呼"上帝保佑国王"[①]。凯特不接受国王大赦，因为他认为自己是请愿者，不是造反者，没有犯罪，他自信"正义和法律站在他的一边"。当他们被迫与王军兵刃相接时，凯特仍宣称他最能代表国王利益。[②]

而且，反抗者们普遍保持着对上帝的敬畏。他们主张："非自由的人都应该得到自由，因为上帝用他宝贵的鲜血才换来了所有人的自由。"[③]令人感兴趣的是，在农民军的请愿书中，有两款文字专门要求教区的《圣经》讲解质量应得到保障。他们请求年收入10英镑及以上的资深传教士，亲自"给他们教区中穷人子女讲授《教义问答》和《小祈祷书》等"，达不到相应水平的教士，"应被撤去圣职"，[④]可见他们的宗教信仰是认真的。

其次，反抗圈地的小农主张平等，要求限制资本。小农在抵抗圈地斗争中，普遍祭出保卫传统共用权利和习惯权利的旗帜。共用地制度是传统共同体的标志，习惯权利是共同体的灵魂，圈地对小农的冲击最大，使之成为村庄共同体的最后守卫者。1549年农民起事之际，凯特许诺起义者会过上好日子，鼓励他们"保卫自己的共用权利"（in defence of their common libertie），不惜押上自己的生命和财产。[⑤]其他小农反圈地暴动的目标也几乎都是保守的，而非革命性质的，诸如反对公共牧场和荒地被侵占或被单独保有等。[⑥]

农民军高举共用权利旗帜，有目共睹。不过，他们的共用权利

---

① Joseph Clayton, *Robert Kett and the Norfolk Rising*, London: Martin Secker, 1912, p.112; Frederic William Russell, *Kett's Rebellion in Norfork*, London: Longman, 1856, p.75.
② 参见 Joseph Clayton, *Robert Kett and the Norfolk Rising*, pp.112-114; Frederic William Russell, *Kett's Rebellion in Norfork*, pp.74-75。
③ 参见凯特29条请愿书第16条。Joseph Clayton, *Robert Kett and the Norfolk Rising*, p.263.
④ 参见凯特29条请愿书第8、20条。Joseph Clayton, *Robert Kett and the Norfolk Rising*, pp.261-263.
⑤ 参见 Roger B. Manning, "Patterns of Violence in Early Tudor Enclosure Riots", *A Quarterly Journal Concerned with British Studies*, Vol.6, No.2 (Summer, 1974), p.122。
⑥ Ibid., p.131.

主张既超出中世纪传统观念，也不与市场经济接轨。按照中世纪惯例，领主和佃农都享有共用地权利，可是凯特请愿书的第3条明确要求："任何庄园领主不得与平民共同享用共用地"；第11条重申这样的主张。同理，他们还反对领主自由购买和出租土地，视之为"违法"（第21条）。不仅反对领主，还反对那些突然冒出来的富人，具体说是那些快速聚集土地和资金的乡绅和领主。最后一条即第29条，索性规定所有年收入达40英镑者，不论领主、骑士、约曼还是乡绅，一律不得在共用地放牧牛羊，明显流露出一定的仇富心理，以及遏制资本积累的倾向。

同样，凯特的"平等"之剑不可避免地指向了市场价格，它要求多种地租（第5、6、14条）都按照亨利七世第一年的价格也就是固定价格支付。这样的要求反映了饱受竞争性地租之苦的佃农的愿望，另一方面也是欲将新兴市场经济倒退回中世纪庄园经济。资本主义竞争经济接受差异，并以此激励经济增长；农民义军捍卫传统权利的努力是可敬的，但他们的平等要求有无限蔓延趋向，更多的是反对差异性的竞争经济，这是美丽却难以实现的乌托邦理想。

最后，农民的抵抗具有一定合法性。反对非法圈地，农民通常先诉诸庄园法庭，如果庄园法庭和地方法庭不能解决，就上诉至国王法院。国王法院审案和裁决，主要还是依据习惯法或村法，甚至借助庄园陪审团。其时国王政府有若干平行的、不同的司法机构，可以接受以公簿持有农为主体的佃农个人或群体申诉。村民们经常共同筹集资金，用于法律诉讼，农民有条件也有可能通过法律手段来伸张正义。对此，本书前面已列举了大量案例，此不赘述。

即便反抗圈地的运动已经发展成大规模民众叛乱，其过程也是有节制的。他们通常有固定的程序和形式，在较大规模的抗议行动之前，领导者通常在教堂鸣钟聚众，高声向人们宣读国王发布过的拆除圈地的国命令，以使骚乱合法化。[①]如凯特在诺维奇城外聚集

---

① 参见Roger B. Manning, "Patterns of Violence in Early Tudor Enclosure Riots", *A Quarterly Journal Concerned with British Studies*, Vol.6, No.2 (Summer, 1974), p.133。

了上万名起义者,他们首先在一棵大橡树下提出若干诉求,代表义军向国王请愿。请愿书上共有三个署名,除凯特等二位农民军领导人外,还有诺维奇市市长托马斯·科德的名字,这是义军与市长谈判的结果。对峙过程中,国王曾三次大赦起义者,给予农民军一定承认,其实也是三次谈判妥协的机会。可惜农民军内部意见不一致,最后以双方兵戈相向、义军不敌王军而告终。

请愿书还包含一些建设性意见:统一王国的度量衡(第7条);开放所有的河流,一切人都有航行和捕鱼权利(第17条);被监护人应有婚姻自主权等。文件内容较为温和,视野较开阔,颇有参政者的姿态,这与起义者一定的合法地位相关。最后他们要求政府承担义军费用,每人每天四便士,并一再表明自己迫于情势,"不得不举行此次请愿",阐明请愿具有合法性。①

此外,反抗圈地活动的另一个特征是规模较小,地区性强。除了凯特起义,大多数骚乱的范围限于一个庄园之内,除非两个或以上庄园共享同一共用地。②从国王星室法院档案看,数十个反抗圈地骚乱的案例中,参加人数在30人以下的占70%以上,在百人以上的只有数例。从波及空间范围看,超出某特定庄园-村庄地域的仅有三例,其地理范围不过15英里,可见不仅规模小,影响范围有限,且分散、孤立。反而是那些由贵族、乡绅发起的捣毁圈地的暴力活动,规模和范围要大得多。

圈地引发的社会冲突极其复杂。圈地运动是欧洲历史上也是人类历史上第一次具有市场指向的土地改革运动,实质上是把具有共同体性质的模糊土地所有制界定为具有排他性的私人产权,从而激励经济效率。一部分小农对圈地尤其对围圈共用地的反抗,无疑引人注目。如同凯特起义请愿书所表达的,他们祭出保卫共用权利的旗帜,挥出"平等"之剑,显得颇为悲情。从道义上讲,反抗圈地

---

① 参见 Joseph Clayton, *Robert Kett and the Norfolk Rising*, pp.261-265。
② 参见 Roger B. Manning, "Patterns of Violence in Early Tudor Enclosure Riots", *A Quarterly Journal Concerned with British Studies*, Vol.6, No.2 (Summer, 1974), p.127。

的农民，作为村庄共同体一员，失去了世代享有的公共放牧权等权利，倘若未得到足够补偿，其反抗当然是合理的、正义的，所以能获得人们的广泛同情；但从其经济主张看，他们有退回中世纪庄园经济的倾向，明显是一种乌托邦空想，假如其得以实施，无疑会打断早期资本主义和市场经济起飞的势头。

三、流民问题与政府立法

随着生产率提高，农业产生剩余劳动力，英国出现了历史上第一次因市场经济发展而引发的劳动力迁徙，随之也出现失业和贫穷等社会现象，这大概是都铎时期流民问题的基本历史背景。此外，还有一些其他的特定原因。坎斯坦茨指出："英格兰的贫穷人口从历史上看并未突然急剧增加；然而16世纪贫穷问题的确更明显，并且当修道院解散，原先提供的免费救济和庇护所消失之后，逐渐成为一个公众关注的话题。"[①]延续百年的圈地运动无疑也是一个重要因素。在多种作用力推动下，一部分村民离开土地，涌向伦敦，涌向城镇。城镇工商业没有完全做好准备，一时难以提供相应的就业岗位；流入城镇的农民似乎也没做好准备，于是，就出现流民这类社会问题。

流民与社会犯罪

讨论这一问题，首先需要掌握当时流民群体的大致规模。长期以来，人们普遍认为16世纪英国流民问题相当严重，艾德洛特说："16世纪乞丐和流浪汉在英国人口中所占比例，比之此前和此后都大。"[②]这样的估计在多大程度上符合历史事实呢？

一定区域内大概确实如此，比如伦敦。这一时期伦敦流民情况最为典型，人口明显增长，很多人拥挤在狭窄、沉闷的房子里，其

[①] Constance C. Relihan, ed., *Framing Elizabethan Fictions: Contemporary Approaches to Early Modern Narrative Prose*, Kent: The Kent State University Press, 1996, p.18.

[②] F. B. Aydelotte, *Elizabethan Rogues and Vagabonds*, Oxford: Clarendon Press, 1913, p.3.

中有乞丐，还有情况更糟的人。[①]帕什利指出，这些新增加的流浪者，不少人曾是修道院佃农，由于亨利八世解散修道院，他们不得不流落街头。[②]而当时普遍的情况是怎样呢？詹姆士一世时期（1603—1625年在位），一个名叫斯坦莱的作家说，有些官员认为全国至少有八万流民。[③]还有人估计的数字更高。不过这些估计未见翔实的资料来源，缺乏依据。

实际上，目前还没有发现16世纪英国流民人数的准确数据。英国历史学家A. 贝尔指出："事实上，我们不可能获得流民人数确切数据，因为当时没有全国性人口普查，也没有失业人口登记。"[④]尹虹也指出，16、17世纪流民是一个极不稳定的群体，依生命周期和就业机会的变化，其身份随时可能改变；而且流民群体流动性强，在一个地方以流民乞丐面目出现，在另一个地方则成为身份不明的人，所以对一些笼统的估计数字须持谨慎态度。[⑤]这些分析颇有道理。

当时的某些官方正式报告值得重视。1569—1572年，来自18个郡的报告说，有750多名流民被捕。[⑥]1596年春，短短数月间，在约克郡的北来丁地区就有大约200名流民被捕。[⑦]16世纪90年代，萨默塞特郡治安法官爱德华·海克斯特呈递了一份报告给国务大臣威廉·塞西尔，该报告称："每个郡大约有300—400名流民，他们是闲荡的士兵和没有生计的健康人。"[⑧]据另一份报告推测，英格兰和威

[①] 参见 Lawrence Manley, *London in the Age of Shakespeare: An Anthology*, London: Croom Helm, 1986, p.185。

[②] 参见 Robert Pashley, *Pauperism and Poor Laws*, London: Longman Brown Green and Longmans, 1852, p.179。

[③] 参见 A. L. Beier, "Vagrants and the Social Order in Elizabethan England", *Past & Present*, No. 64 (Aug., 1974), pp.5–6。

[④] A. L. Beier, *Masterless Men: The Vagrancy Problem in England, 1560–1640*, London: Methuen & Co., 1985, p.15。

[⑤] 参见尹虹："近代早期英国流民问题及流民政策"，《历史研究》2001年第2期。

[⑥] 参见 A. L. Beier, *The Problem of the Poor in Tudor and Early Stuart England*, London and New York: Methuen, 1983, p.32。

[⑦] 参见 D. M. Palliser, *The Age of Elizabeth: England under the Later Tudors, 1547–1603*, London and New York: Longman, 1983, p.121。

[⑧] F. B. Aydelotte, *Elizabethan Rogues and Vagabonds*, p.172.

尔士的流民约有16 000—20 000人。当时每个郡还有30—40名吉普赛人。①这些来自政府的档案资料有一定真实性，不过残缺不全，即使一些数据是真实的，也不能令人信服地反映全局。

根据17世纪30年代全国逮捕搜查中治安官（constable）提供的资料，当代历史学家贝尔做了专题研究。各地治安官逮捕记录显示：1631—1639年，共有24 867人因流浪被判罪，这样算来平均每年2 763人。据此，根据各种比例关系，似乎可以尝试推导出我们所需要的流民总数，可是贝尔断然否定了这种可能性。他指出，使用这些数据得出流民人数将是误导性的，因为犯罪者中29%是惯犯，犯罪记录不止一次，也就是说犯罪流民的实际人数没有这么多；另一方面，存在记录遗失和不完整的情况，导致所有测算都变得不可靠。②贝尔的态度颇为谨慎，所以他没有给出流民数量的具体结论。

不过，人口史研究的领域透露出一缕曙光。当代历史学家米歇尔从事长时段人口史与人口迁徙史研究，以人口迁徙高潮时期的17世纪中叶为例，他认为，17世纪30年代总迁徙人口没有突破四万人，其统计范围是英格兰（蒙茅斯郡除外）；③据此，每年新增迁徙人口不过4 000人左右，这一数字可供参考。另一项杰出的英格兰人口史研究成果，由里格利和斯科菲尔德两位学者完成，研究时段涉及16—17世纪，1981年由哈佛大学出版社出版。作者汇集英格兰404个教区的登记册，利用教区档案中的人口出生、结婚和死亡数据，制作了370多万份统计表，重建英格兰人口史和迁徙史。虽然其研究依据仍然不是现代人口普查数据，不得不借助逆向推导法和一定程度的假设，不过可信度已显著提升，故而得到学界的广泛承认，参见表10-6。

---

① 参见 A. L. Beier, *Masterless Men: The Vagrancy Problem in England, 1560–1640*, p.15。
② Ibid.
③ 参见 B. R. Mitchell, *British Historical Statistics*, Cambridge: Cambridge University Press, 2011, p.76。

表10-6 英格兰总人口、平均每年迁徙人口和
迁徙率（1541—1696年）

年份	1541	1546	1551	1556	1561	1566	1571	1576
人口总数	2 773 851	2 853 711	3 011 030	3 158 664	2 984 576	3 128 279	3 270 903	3 412 722
平均每年迁徙人口总数	3 619	4 076	4 351	3 849	3 408	3 700	4 198	4 656
迁徙率（%）	0.13	0.14	0.14	0.12	0.11	0.12	0.13	0.14
年份	1581	1586	1591	1596	1601	1606	1611	1616
人口总数	3 597 670	3 805 841	3 899 190	4 011 563	4 109 981	4 253 325	4 416 351	4 509 865
平均每年迁徙人口总数	5 272	6 158	6 949	7 243	7 198	6 826	5 948	4 975
迁徙率（%）	0.15	0.16	0.18	0.18	0.18	0.16	0.13	0.11
年份	1621	1626	1631	1636	1641	1646	1651	1656
人口总数	4 692 975	4 719 684	4 892 580	5 058 102	5091725	5176571	5228481	5281347
平均每年迁徙人口总数	4 416	4 811	6 250	7 982	9 849	11 527	12 615	12 439
迁徙率（%）	0.09	0.1	0.13	0.16	0.19	0.22	0.24	0.24
年份	1661	1666	1671	1676	1681	1686	1691	1696
人口总数	5 140 743	5 067 047	4 982 687	5 003 488	4 930 385	4 864 762	4 930 502	4 961 692
平均每年迁徙人口总数	11 044	9 042	6 963	5 161	3 873	3 612	3 916	4 429
迁徙率（%）	0.21	0.18	0.14	0.1	0.08	0.07	0.08	0.09

资料来源：E. A. Wrigley and R. S. Schofield, *The Population History of England, 1541—1871*, Cambridge: Harvard University Press, 1981, p.528。表内迁徙率系笔者根据里格利等人的数据推出。

上表是英格兰总人口、迁徙人口和迁徙率统计。流民数量不会比迁徙人口更多，所以该表足以反映同时期流民规模和动态。从表中可以看出，在圈地运动渐进高潮后的一个半世纪的漫长岁月中（1541—1696年），英格兰的总人口和迁徙人口都没有出现突兀性增长，尽管这一时期经济社会发生了颠覆性变化。人口的增加明显一些，17世纪末人口相当于16世纪中叶的1.5倍，迁徙率却波澜不惊。比较醒目的数据不是出现在16世纪，而是在17世纪中叶，平均每年的迁徙人口于1646年首次过万，1651年达到顶峰12 615人，迁徙率0.24%，不久又恢复常态。根据上表推算，16世纪中叶至17世纪，英格兰平均每年迁徙人口6 261人，平均迁徙率为0.15%。坦白地说，里格利等人的研究成果仍未能直接回答都铎时期的流民数量问题，但它提供了观察和分析这一问题的长时段、基础性数据。迁徙率是一定时期、一定人口迁移数量与该地区人口数量之比，是一个较宽泛的概念，流民数据仅是其中的一部分。倘若我们接受人口史学家迁徙率的研究成果，那么就有理由认为，都铎时期的流民问题，显然被过度渲染了。

当然，具体到一些城市的个案调查，其严峻程度远远超出上述数据所显示的状况。在伊丽莎白时期的贫困人口调查的资料中，较为详细的报告来自1570年的诺里奇城，该资料显示，必须救济才能生存的人口有504名男人、831名妇女、1 007名儿童，约占该城人口的25%。又如1616年设菲尔德城的调查资料表明，全城2 207人中有725个乞食的穷人，这一比例就更高了。三人之中竟有一名乞丐，可参考，似不具有普遍意义。[①]

在首都伦敦，流民问题最为严重。整个16世纪，随着大批农村人口持续涌入，伦敦城市迅速膨胀。16世纪20年代初，伦敦人口大约七万，但到1600年时，它的人口很可能超过20万。对于伦敦全景的勾画，1588年有人写下这样不朽的诗句："可爱的泰晤士河啊，伴

---

① 参见 D. M. Palliser, *The Age of Elizabeth:England under the Later Tudors, 1547–1603*, p.122.

着我的歌声轻轻地流淌。"也有人有着截然相反的印象,一位外国使者认为这座城市臭气熏天,"是世界上最肮脏的城市"。英国历史学家阿萨·勃里格斯评论说,这样的抱怨有夸大之处,"但是人们对于这座城市有可能成为波及全国的犯罪、骚乱与疾病中心怀有恐惧感,倒是确实存在的"[1]。伦敦的人口流入不一定都是流民,但其数量一定不少。1594年,伦敦市长约翰·斯宾塞爵士估计,伦敦流民有1.2万人,约占城市人口的6%。[2] 这个数据不一定可靠,也不足以反映英国全国流民的平均状况,但还是显示出某些地区流民问题相当严重。

流民增多往往与治安恶化相关联,包括入室盗窃、拦路抢劫,甚至杀人越货。比如,从1559年起,埃塞克斯郡犯罪率急剧上升,16世纪60年代平均每年有38人被指控犯罪,70年代每年72人,80年代每年89人,90年代达到116人。相邻的苏塞克斯等地区也大致相当。[3] 1596年,萨默塞特郡治安法官爱德华·赫德斯特给财政大臣写信,报告该郡犯罪情况:"今年,因抢劫、偷窃或其他重罪,共处死40人,还有37人被鞭笞。此外,被大陪审团宣告无罪的有67人,被小陪审团宣告无罪的有45人;被暂缓投入监狱或保释的有183人,他们中大部分人都靠抢劫维持生活。"[4]

一名意大利人在游历英国后写道:"没有一个国家像英格兰有这么多小偷和抢劫犯,中午时候会好一些,其他时间单独行动都有危险,晚上外出尤其冒险,特别在伦敦。"英格兰一位大法官比较了英国与法国的犯罪情况,认为英国在一年里因抢劫和杀人罪被绞死的

---

[1] 〔英〕阿萨·勃里格斯:《英国社会史》,陈叔平等译,中国人民大学出版社1991年版,第154页。

[2] 参见F. B. Aydelotte, *Elizabethan Rogues and Vagabonds*, p.4。另据估计,1596年伦敦有将近1.6万穷人,与前者颇为接近。见Steve Rappaport, *Worlds within Worlds: Structures of Life in Sixteenth-Century London,* Cambridge: Cambridge University Press, 1989, p.168。

[3] 参见Sonia T. Banerji, *Sturdy Rogues and Wanton Wenches: Response to Vagrancy and Development of the Tudor Poor Laws, 1530-1597,* Honors Thesis, University of Richmond, UR Scholarship Repository,1995, pp.16-17。

[4] Arthur F. Kinney, *Rogues, Vagabonds, & Sturdy Beggars,* Amherst: The University of Massachusetts Press, 1990, p.15。

人数，比法国七年因同类犯罪被绞死的人数还要多。①当时英国经济水平明显高于法国和意大利，可见流民及犯罪增加的主要原因并不是经济问题。

可以发现，流民中不少人身强力壮却难以就业。当时手工业不甚发达，吸纳就业人数有限。波斯坦估计，即使中世纪晚期呢绒业最繁荣时段，其所需的全职工人占英国总人口比例也非常小。②那些失去土地进入城市的农民，一时找不到工作，往往被当作流浪汉惩罚，甚至遭牢狱之灾。

另一方面，确实存在不情愿就业的流民群体。"这些突然被抛出惯常生活轨道的人，也不可能一下子就适应新状态的纪律。"③在他们的观念中，农业是正业，而且他们习惯于一家一户的、由自己掌握的、懒散又艰苦的生活节奏，不能忍受新岗位的高强度、长时间工作的约束。有时，他们则是不适应或不屑于从事其观念中的卑微职业，如补锅匠、修鞋匠等，这些行当也的确被时人视为贱业，所以一些流民宁可选择流浪。

当时的英国社会普遍对流民持负面态度，认为他们躁动不安，不是努力寻找生计而是刻意规避工作。W. 哈里森称之为吸血虫；托马斯·亚当斯说他们宁可生病也不愿意工作；伯特·克劳雷谴责他们善于伪装，因此，只要他们有工作能力，就应强迫其从事劳作。④

1596年，前文述及的爱德华·赫德斯特，在写给枢密院的信中抱怨道：最近他抓到一名窃贼，该窃贼和其他人持续出入酒馆已经三周，在此期间，他们每晚都偷羊，并把偷来的20只羊全都消费掉。一次盗牛时他们被发现，与农民发生冲突，还砸坏了农民的耕犁。最后，该窃贼在一次巡回法院上被判死刑。⑤这个治安法官指出，

---

① 以上见 Arthur F. Kinney, *Rogues, Vagabonds, & Sturdy Beggars*, p.16。
② 参见 M. M. Postan, *The Medieval Economy and Society*, pp.244–245。
③ 〔德〕马克思：《资本论》（第一卷），中共中央马克思、恩格斯、列宁、斯大林著作编译局编译，人民出版社2018年版，第二十四章"所谓原始积累"，第843页。
④ 参见 A. L. Beier, *Masterless Men: The Vagrancy Problem in England, 1560-1640*, p.86。
⑤ 参见 Frank Aydelotte, *Elizabethan Rogues and Vagabonds*, pp.170, 173。

"这些有劳动能力的人"，正在破坏都铎王朝的社会秩序。现代史学家艾德劳特评论说："16世纪的流浪汉远不是怯懦的顺民，他们凶狠而狡诈，轻举妄动"，不少人对社会抱有很强的负面情绪，可以说是危险的人群。[①]因此，流民问题成为近代早期英国需要应对的重要社会问题。

从"血腥立法"到济贫制度

都铎王朝的流民政策，初期以惩罚性措施为主。15世纪末以后，英国连续颁布反对流浪和行乞的法令，特别对身强力壮的流浪者，给予严厉的法律惩处，颇有"血腥立法"色彩。1531年，亨利八世颁布《惩罚乞丐和流民法令》，根据身体状况等条件，发放乞食许可证，规定行乞范围。除此以外，任何身体健壮、能够劳动的人，一旦发现其在乞讨，即可将其逮捕，扒光上衣，绑在马车后面巡街，不停地鞭笞，直至其遍体鳞伤、血流不止。如1531年7月15日，在肯特郡河谷镇治安法官和几名证人的见证下，当局当众鞭挞一名强壮的乞丐，并驱赶他立即返回故乡，限14天内到达。[②]

严厉镇压流民法令的执行断断续续。1572年英国再次恢复严刑峻法，规定凡年龄在14岁以上的流民，一经抓捕，均施以鞭刑，并用烙铁灼穿耳朵，打上流民烙印，手段不可谓不残忍。第二次被捕的流浪汉或乞食者判处死刑，除非有第三者愿意收其为奴两年。第三次被捕者将获无可赦免的死刑。根据该郡议会记录，一名妇女因流浪而屡次被捕最终被绞刑处死：1576年2月6日，这个叫琼·温斯东的女性流民，被鞭打和烙印；7月26日，法庭再次发现她在流浪，因其丈夫保证带她劳动两年而免于死刑；可是10月3日，法庭又一次发现她四处游荡，所以最终将其送上绞刑架。米德塞克斯郡议会记录显示，1572—1575年，有44名流民被判烙印，8人被判强

[①] 参见 Frank Aydelotte, *Elizabethan Rogues and Vagabonds*, p.17。
[②] 参见 Richard Burn, *The History of the Poor Laws: With Observations*, London: Printed by H. Woodfall and W. Strahan, 1764, pp.29-30。

制劳动，5人被判绞刑。死刑犯多是屡教不改者，前述温斯东便是典型案例之一。①

到16世纪末，都铎政府对流民的严厉态度逐渐舒缓下来，相继废除对流民的死刑、监禁和烙耳等一系列血腥法令，不再把流民问题完全归咎于他们厌恶劳动等不端品行，而是认识到在新的历史条件下政府应该承担一定的社会职责。英国政府逐渐建立济贫制度，即系统性救济贫困并帮助有劳动能力的人就业。至此，英国的流民政策经历了由看重惩罚到注重感化和纾困以至帮助就业为主的历史过程。此前的济贫工作主要由教会和民间承担，从这一时期开始，救济贫民成为政府和社会的共同责任，政府直接介入济贫救困工作，并逐渐成为主要角色。政府以法律形式确认政府对贫困民众的责任，也体现了封建政府向现代政府的职能转换，在这一点上其意义超越了经济范畴。

在以往一系列济贫法令的基础上，1601年伊丽莎白一世颁布《济贫法》(The Poor Law)，主要包括以下内容：

首先，《济贫法》明确济贫是政府的重要职能。为此，教区设立济贫监督员，济贫监督员由教区居民定期推举产生，在治安法官协助下实施济贫工作。政府有责任向没有生活来源而有劳动能力的人提供生计，不仅帮助他们解决加工原料，如亚麻、羊毛等，还要保障加工后的产品销路，让商人或其他经济体持续从贫民手中购买成品，推向市场。对残疾人、老人、盲人等不能工作的人，则直接予以救济。法案内容还包括组织未成年人做些力所能及的工作，或充当学徒，或照料牲畜等。与此同时，对有能力而拒绝工作的贫民予以惩处，视情节轻重罚款，甚至送入感化院或监狱。关于治安法官的济贫职责，也作了严格规定，对工作不力者尤其是隐瞒济贫财政收支者，予以处罚乃至监禁。

其次，《济贫法》明确规定征缴济贫税，为济贫事业提供经济来

---

① 参见 Arthur F. Kinney, *Rogues, Vagabonds, & Sturdy Beggars*, pp.46-47。

源。教区内所有居民、神职人员等均负有纳税义务。治安法官定期举行会议，确定本教区的济贫征税率。对纳税困难户，经教区委员、治安法官以及季度会议的同意，可以减免或缓征。对无故不纳税者，可没收其财物或处以监禁，直到缴清全部税款。此外，对于居无定所的贫民，教区建造简易房屋供其居住。

以1601年颁布《济贫法》为标志，英国在西方国家中率先确立了国家济贫制度。这是第一部具有法律效力的济贫法案，表明政府对社会贫困问题负有责任，由此迈出了建立健全社会救济和社会福利制度的重要一步。该法为其后的济贫管理和济贫资金筹集原则奠定了基础，是文明社会重要的阶段性成果。①《济贫法》的颁布，意味着经过若干世纪发展，中世纪中期形成的道义上的生命权利元规则，至此发展为受法律保护的实定权利，所以它是近代早期政府立法方面取得的重要成就。托尼指出："它使得穷人不只在道德上，更是在法律上获得维持生存的权利，这是行将就木的中世纪向现代国家馈赠的最后也是最重要的遗产。"②

《济贫法》颁布的重要背景，是英国整体经济社会格局正在发生跨越时代的转型，传统的、相对固态化的农业经济正在向充满变数的市场经济转化。随着农村剩余劳动力向工商业城市转移，以及圈地运动、修道院解散等其他社会变动，英国政府适时采取新举措，出台《济贫法》，适应了新的社会秩序。该法令出台的另一个重要背景，则归于中世纪西欧社会形成的深厚的济贫传统文化。基督教博爱精神和广泛分布的教会组织，对于无数穷人苦难的纾缓，起到过无可替代的作用。随着历史发展，中世纪的制度与文化逐渐退出历史舞台，庄园-村庄共同体弱化，济贫义务承担者角色发生改换，济贫传统和习俗以新的方式延续下来。以往西方社会的政治权力与社会救济是分离的，自从《济贫法》颁布后，政府开始介入并成为社会济贫的主角。政府的介入有益于加强社会动员力和保障力，制

---

① 参见 George Nicholls, *A History of The English Poor Law*, Vol. I, London: John Murray, 1854, p.2.
② R. H. Tawney, *The Agrarian Problem in the Sixteenth Century*, p.266.

度性地开辟资金投入渠道,并推动政府自身职能现代化。

最后值得注意的是,《济贫法》以法律形式规定帮助失业人群寻找新的生计,这是中世纪济贫行为中所不曾出现的,在近代以前的其他文明中也不曾产生,体现了一种应对流民和贫困等社会问题的新思路。

然而,《济贫法》也带来了新的问题。尽管该法颁布伊始就注重区别无业可就的失业者和厌恶劳动的逃避者,并予以不同对待,但第一部《济贫法》颁发和实施后,不断有人抱怨:不少流民装病、偷懒,却无偿享受该法带来的社会福利。因此有人警告说,《济贫法》是善举,但同时可能成为一些人逃避正常劳动的避风港,助长一种本该被遏止的惰性。

《济贫法》问世数百年后,福利制度风行全世界,西方各国的社会福利尤其健全和发达;另一方面,其弊端也愈加显露,如低效率、高成本的"欧洲病"的流行等。这是西方国家由于社会福利过度发达而患上的一种"社会病",其消极影响表现为,经济主体缺乏积极性,经济低增长、低效率、高成本,侵蚀着西方企业的活力。由此观之,早年英国关于《济贫法》的那些议论,可视为对福利制度负面效应的最初警示。

圈地运动是亘古未有的土地产权变革,引起一系列社会问题和长时期的社会争议是必然的,也是相当复杂的。综上所述,本章得出如下结论:

其一,梳理了关于16世纪圈地运动规模和圈地破坏程度等以往研究成果,并提出笔者意见。20世纪初美国学者盖伊等根据都铎政府圈地报告推算出百分之几的圈地比例,以往广泛而激烈的"圈地印象"受到极大冲击,不过至今未达成广泛的共识。各地区的圈地运动极不均衡,能否先在重点区域圈地规模研究取得突破?在英国学者区域性研究成果的基础上,笔者结合《维多利亚郡史》等文献的相关数据,得出圈地中心地区莱斯特郡圈地比例达25%的结论。相信这个地区性数据,对英格兰圈地总体规模评估有重要参考价值。

另，本章对圈地运动期间驱逐佃农数量，以及圈地主要用于耕种而不是牧羊，做了学术分析和判断。

其二，抵制非法圈地的主要凭靠，是佃户手里既有的土地权利，以及捍卫该权利有效的法律渠道，因此佃农抵抗具有一定合法性和有效性。贫穷小农的暴力反抗，虽然规模小、地区性强，然而对非法圈地具有震慑作用，获得人们的广泛同情；但其退回庄园经济的主张显然是乌托邦空想，无疑会损伤资本主义经济起飞的翅膀。另一方面，圈地引发的社会冲突和产权纠纷斑驳陆离，远不止领主与佃农两大阵营对垒那样简单，实际上，圈地反对力量可能来自各个阶层，甚至包括乡绅和贵族领主。揭示社会冲突的复杂性，有益于更深刻地理解圈地运动一类的社会变革。

其三，由于农业生产效率提高以及圈地运动等因素，近代英国出现了历史上第一次因市场经济引发的劳动力迁徙以及失业、贫困和犯罪等社会现象。长期以来，人们普遍认为16世纪英国流民问题严重。当代学者依据教区档案做出的长时段人口史和迁徙史研究成果，为流民问题研究提供了基础性数据。16—17世纪英格兰人口和迁徙数量没有出现突兀性增长，最高迁徙率不过0.24%，不是发生在16世纪，而是在17世纪中叶。从全国范围看，都铎时期的流民问题大概被过度渲染了。当然，它在一定时期和区域内形成挑战性的社会问题。

其四，英国政府立法为应对流民、失业和贫穷等现代社会问题提供了较早的历史经验。都铎政府从野蛮的"血腥立法"，过渡到注重感化和纾困的济贫立法。以1601年颁布《伊丽莎白济贫法》为标志，英国在西方国家中率先确立国家济贫制度，确认政府对社会贫穷问题负有责任。该法表明，中世纪确立的"生命权利"元规则，已经从道义层面发展为受到法律保护的实在法，即公民权利，所以被认为是政府立法方面的重要成就；与此同时，在福利问题上也出现了新的社会陷阱和误区。

第三编　现代土地产权确立
（18—20世纪）

第十一章　英国现代土地产权率先确立

英国资本主义土地产权制度，是不论政治身份的单个人对土地、对自身劳动力的完全所有权。在中世纪，或者说在前资本主义英国，土地并不真正属于任何一个人，进入现代社会，土地产权才获得绝对性、排他性和永续性特征，并受到法律的严格保护。

经过长期博弈，并通过对封建采邑制的法律清算，17世纪中叶英国议会推出废除骑士领法令，这个法令有着长长的名称，原文是《关于废除监护法院、取消直属封臣骑士保有义务与废除优先购买权并以税收来补偿的法令》(An Act taking away the Court of Wards and Liveries and Tenures in Capite and by Knights Service and Purveyance, and for setlinga Revenue upon his Majesty in Lieu thereof)，可简称为《骑士领废除与补偿法》。[1] 该法令标志着历史翻过了一页，完全的土地私有制在英国率先实现国家立法；其后"议会圈地"主导下的土地确权实践，完全被纳入了法治轨道。欧洲列国先后跟进，诸如荷兰、法国、西班牙、德国、意大利，以及北欧国家等。其中18世纪末大革命催生下的法兰西土地变革，以及19世纪初叶启动的德意志自上而下土地变革，颇有典型意义，意味着绝

---

[1] 参见 The Statutes of the Realm, Vol. V, Buffalo: William S. Hein & Co., Inc., 1993, pp.259-266。

对私人土地产权制度在欧洲确立，从而为欧洲在现代世界的崛起奠定了坚实基础。

在前资本主义社会，土地模糊、混合产权是普遍存在的历史现象，几无例外。中世纪西欧土地制度被称为土地保有制，佃农依法占有土地，拥有一定的权利并受到法律保护，可在法理上，也在实际上，佃户和领主都不具有完全的土地所有权。因此，"所有权"这个概念，在16世纪以前的欧洲文献中很少找到例证。[①]一般认为完全的、绝对的私人财产权利形成于西欧，最早出现在英国。历史学家帕金（H. J. Perkin）指出，"绝对所有权（absolute ownership）这一英国独有的概念"，是在17世纪后期形成的，人们特别是土地贵族为之奋斗数个世纪之久。帕金认为，以往的私人财产权是不确定的、有条件的权利，因为"上帝、教会、国王、佃户以及穷人均可以提出权利主张"。经过长期的历史演化，导致绝对所有权出现，遂使英国从根本上不同于欧洲大陆国家。[②]

帕金的观点是正确的，不过他将绝对所有权的产生主要归于贵族，有些偏颇。还好，不少英国历史学家调整和丰富了帕金的观点，明格系统论述了乡绅对近代私有财产权形成的重要作用，并分析了个人财产权与自由体制的关系。[③]在这里，乡绅没有排拒富裕农民，事实上，他们一起构成农业资产阶级。英国绝对所有权理论于17世纪中叶在哈林顿和霍布斯的著作中出现，后又经洛克系统表述。

17世纪中期，完全土地财产权理论和立法最先在英国实现。英国土地确权立法，是现实社会生活的诉求，又是现实生活的先导。

---

① 参见 F. Pollock and F. W. Maitland, *The History of English Law before the Time of Edward I*, Vol. II, p.153, note 1。

② 转引自 Alan Macfarlane, *The Origins of English Individualism: The Family, Property and Social Transition*, pp.57–58。

③ 参见 G. E. Mingay, *English Landed Society in the Eighteenth Century: An Introduction to its Causes, Incidence, and Impact, 1750–1850*, London: Routledge, 2007, p.116。

一、现代土地产权立法

随着市场经济和市场经济主体的发展，法律上势必要求遗弃早已残破不堪的旧制度，最终挑战封建土地保有制本身。都铎时期的圈地运动，颠覆了中世纪土地产权关系的根基，无疑推进了这一进程，下一步，直接指向国家最高层面立法。以1660年议会最终颁布《骑士领废除与补偿法》为标志，在法律上逐步清算和废除封土封臣制度，确立完全的土地私有制。其间议会与国王无数回合的博弈，阴晴不定，讨价还价，历时近半个世纪，封土制下的多重所有制被产权明晰的私人所有权替代，模糊产权制度走向终结。土地确权立法，也为不久发生的"光荣革命"夯实了经济社会基础。

从《用益法》到《遗嘱法》

《用益法》（Statute of Uses）是英国现代产权发展史上的重要节点，其最初用意是为了规避上级领主或国王的采邑继承金及其他封建附属义务。后来它在法律程序上推动采邑私有化，始料未及。

采邑制即封建制，创始于8世纪。采邑封授，本是及身而止，以封君或封臣在世为限，任何一方死亡，这种关系即告结束。随着时间的推移，土地被封授以后，封君很难支配，也很难收回，强势君主查理曼时代就已出现采邑世袭的趋势。经过两百多年的发展，大约到11世纪中叶采邑世袭确定下来，并且受到法律保护，在法兰西，其时采邑本身就意味着一种世袭地产。所以，1066年封建制进入英格兰时，采邑就被认为可以继承，没有什么疑义。到12、13世纪，封建采邑进入市场已是不争事实，1290年英格兰颁布的《土地买卖法》承认采邑交易的合法性。[①] 按照英格兰法律，合法的地产交

[①] 参见 *The Statutes of the Realm*, Vol. I, p.106。

易限定在可继承的自由地产范围内,①可事实上,不少佃农的保有地甚至依附佃农的保有地也随之流入市场。②

采邑可以世袭和买卖,表明采邑保有人对地产占有程度的深化,倘若领主有侵权行为发生,采邑保有人可以对自己的领主诉诸法律。另一方面,在法理上,从封建采邑到个体私人地产,仍然有相当的路程。在领主面前,采邑保有人是佃户,承担着相应的封建义务。例如,封臣照例要交纳年租,封臣去世或地产转移时,还要交纳一笔继承金。如果封臣去世时后代尚未成年,封君对其后代婚姻及地产拥有监护权;如封臣无嗣或封臣犯有叛逆罪,封君有权收没采邑。显然,采邑还没有完全摆脱政治附属物的属性,还不是一块纯粹的地产。封臣一心追求采邑的全部产权,不甘心继续忍受封建义务盘剥,结果,"用益"制逐渐浮出水面。

最初,用益制是领主的法律顾问们挖空心思对付国王征缴的招式,他们发现,只要当事人临终时不是地产法律上的保有人,就可以规避继承金,国王无法夺走它,也无法干预土地继承者人选。所谓"用益",就是为了特定目的,土地保有人在保证自己收益的前提下将土地委托给他人的做法。

用益制结构不复杂,比方说,采邑保有人即委托人甲,将土地转移给受托人(feoffee)乙,乙依照甲私下吩咐的方式处置地产收益,受益人(feoffee to uses)是甲指定的第三者,也可以是甲本人。这样,甲指定的第三者在甲亡故后通过乙获得土地,同时规避了继承金。受托人通常是委托人信任的朋友,如律师、教士等,随着时间的推移,受托人往往发展为若干人组成的法人实体,从而成为永远不死的受托人。③不死受托人,使得国王或封君永远没有机会收取继承金,更无从实施监护权等封建权利。至此,委托后的采邑与采

---

① 参见 *The Statutes of the Realm*, Vol. I, p.106。
② 参见 M. M. Postan, *The Medieval Economy and Society*, 1972, p.157; E. A. Kosminsky, *Studies in the Agrarian History of England in the Thirteenth Century*, p.212。
③ 参见 S. F. C. Milsom, *Historical Foundations of the Common Law*, Toronto: Butterworths, 1981, p.211。

邑私有似乎没有多少差别。有趣的是，它不是强制和暴力，仅是一种法律设定。

17世纪中叶封建采邑制废除，然而用益制的理念、原则和运作方式并没有终结。近代蜚声世界的信托制，前身就是用益制，其发生作用的领域远远超越了财产范围，被众多法学名家评价为英国人在法律领域最伟大、最卓越的贡献。①

用益制最早的案例，通常用于赠送。1080—1087年拉姆西修道院档案，记载了土地保有人欧杜将其保有地用益授予修道院院长穆里尔，并规定在保有人欧杜离世后将该保有地及其用益一并授予圣方济各修士们。②12世纪有更多的用益案例被发现，这与贵族和骑士参加十字军有关。一方面，他们远离英国数年，因此需要有人照管自己的土地，并行使土地的权利；另一方面，确保十字军战士归来后能够全部恢复土地权利。土地产权分割概念的流行正当其时，在这里，十字军骑士被视为土地主人，留下负责照管土地的人同样被赋予权利，两类人在同一土地上拥有不同类型的权利。③13、14世纪，用益制在英格兰大致成形，到16世纪初叶已相当流行，土地用益在法理和实践上已处于比较确定的状态，实际上大部分封建采邑都以用益方式做了安排。

用益制强化了采邑保有人的权利。按照采邑保有人的意志，不仅可以生前指定继承人，还可以分割一部分地产收益，满足其余子女。例如，斯塔福德伯爵，卒于1386年，生前订立遗嘱，规定长子为继承人，附带条件为：伯爵离世后，继承人要代其履行义务，如支付女儿一份嫁妆，三个年幼儿子每人分得价值100英镑土地，每年还有100英镑津贴。同时特别规定，上述子女得到的津贴和土地，

---

① 参见 H. A. L. Fisher ed., *The Collected Papers of Frederic William Maitland*, Vol. III, Cambridge: Cambridge University Press, 1911, p. 272; W. S. Holdsworth, *A History of English Law*, Vol. IV, London: Methuen, 1924, pp. 407-408。

② 参见 W. S. Holdsworth, *A History of English Law*, Vol. IV, p.415。

③ 参见 Alastair Hudson, *Equity and Trusts*, London and New York: Routledge, 2015, pp.45-46, p.426; 另见 S. F. C. Milsom, *Historical Foundations of the Common Law*, p.200。

及身而止，离世之后要归还伯爵长子及其继承人。①

利用用益制，还可以指定土地未来性权益人，以期长远控制地产归属。例如，安东尼·米特福德规定长子及长媳为受益人，同时指定长子直系男嗣为下一代的产权继承人。②同样重要的是，采纳用益制，还可以规避采邑被上级领主罚没的风险。德文郡理查德·查德利爵士有四个儿子，长子克里斯托弗涉嫌犯罪，为了规避土地被罚没的风险，查德利爵士在1557年及时委托了家产，明确规定自己与妻子玛丽（克里斯托弗的生母）所生的男嗣皆为受益人。③此外，用益制还用于搪塞、逃避债务等。当然，用益制最通常的作用是规避继承金，既减掉一大笔负担，也撇清采邑的封建印记。

很显然，"用益"有损于封君，特别有损于王权，然而却在英国大行其道。一般封君兼具封君、封臣双重身份，其下级封臣规避捐税造成的损失，封君可以用同样的方式从上级封君得以补偿。可是国王是最大的封君，无处得到补偿。用益制得以流行，表明英国君主并非一手遮天，无所不在，他只能享有规定的权利，只要对方在程序上没有违反法律，明明自己吃了亏，也莫可奈何。国王对封臣采邑权利受到较为刚性的限制，甚至没有封臣允许，国王不能踏进他们的采邑，唯此这般社会条件，律师想出的招数方能奏效。很明显，用益制的推行，使得卦臣贵族受益，受益者还有发达起来的乡绅等。一般的采邑保有人，损益相当；唯独国王的收益单边流失，直接影响王室的财政收入。

然而，国王讨回"公道"并非轻而易举，以戴克勋爵用益案为例。戴克勋爵托马斯·范恩斯的采邑直接受封于国王，颇有地位，其地产分布在诺福克郡、肯特郡、埃塞克斯郡、苏塞克斯郡，年收益1 042

---

① 参见 Chris Given-Wilson, *The English Nobility in the Late Middle Ages: The Fourteenth-Century Political Community*, London: Routledge, 1996, p.144。

② 参见 William Cruise, *A Digest of the Laws of England Respecting Real Property*, Vol. I, London: Butterworth, 1935, pp.373-374。

③ 参见 James Spedding, Robert Leslie Eiils and Douglas Denon Heath, eds., *The Works of Francis Bacon*, Vol. VII, London: Longman, 1879, pp.617-636。

英镑17先令1便士。此外，他还与妻子联合持有一部分地产，年收益110英镑14先令10便士。①最晚到16世纪早期，范恩斯的地产大部分已委托给他人代为持有和管理，并规定范恩斯本人受益终身，亡故后其继承人受益。范恩斯1533年亡故时，遗产总额832英镑3先令3便士，继承人已届成年，按照委托规定顺利继承采邑，没有支付任何继承金。其时英王亨利八世当政，一代雄主，眼看用益制让他白白流失三分之二的真金白银，愤愤不平，决定诉诸法庭，追回欠款。诉讼历时两年，出人意料的是，被告一方借助下院力量，竟使国王败诉。②其时乡绅在下院的力量不可小觑，他们普遍认为采邑是保有人的私人地产。亨利八世听罢怒发冲冠，却一筹莫展。

借用"用益"方式，时常有世俗贵族地产流向教会，同样有损于王权利益。很早以来，就有采邑保有人因信仰而将部分地产捐赠教会，由于教会地产不履行世俗义务，所以这些地产自此摆脱王权控制，减损王室财政。为此，英国议会曾规定，未经国王特许，任何人不得向教会捐赠土地。③然而"用益"的设计可以规避这条禁令，有人继续献土地予教会却逍遥法外，难以追究。时值国王与教会关系紧张，王室愈发不快。再者，因"用益"产生的争执和诉讼不断，有明显上升趋势，也对国王法院形成压力。仅从15世纪前半叶看，大法官法院的诉讼案件数量大增，用益案件占到诉讼案总量的67%—70%。④由于上述种种原因，为调整法律与现实之间的尖锐矛盾，减少王室的财政流失，亨利八世于1536年推出《用益法》。

《用益法》的核心，是将用益权纳入普通法体系，从此，从普通法的目的、结构来讲，这种土地安排方式将被视为合法。⑤具体说来，《用益法》承认此前已经实行的用益契约，受益人的权利不仅没有

---

① 参见 James Gairdner, ed., *Letters and Papers, Foreign and Domestic, of the Reign of Henry VIII*, Vol.6, London: Published by Her Majesty's Stationery Office, 1882, No. 1590, p.649。

② 参见 Andro Linklater, *Owning the Earth: The Transforming History of Land Ownership*, London: Bloomsbury, 2013, p.19。

③ 参见 The Statutes of the Realm, Vol. I, p.51。

④ 参见 J. M. W. Bean, *The Decline of English Feudalism, 1215-1540*, p.171。

⑤ 参见 *The Statutes of the Realm*, Vol. III, p.540。

被剥夺，而且还给予其普通法的地位。业已在社会流行三四百年的不动产用益制，终于被纳入普通法轨道，名正言顺，其意义自不待言。实际上，15世纪晚期以来大部分采邑土地都处于"委托"之下，王室法令承认了既成事实；①土地产权市场化已是难以抗拒的社会潮流。

另一方面，该法着眼于仍处在王权控制下的采邑，企望借助此法，尽力阻止王室财政继续流失。1536年该法案颁布之前已经让渡的地产，不再追缴易主费、继承捐；然而，凡法令颁布后转为用益者，须向国王履行一定的义务。具体规定如下：其一，王室对用益地征收继承金，必要时实施监护权等封君附属权利；②其二，必须沿用长子继承制，任何遗嘱形式都是无效的；其三，同时颁布《土地登记法》（The Statue of Enrolments），照此，如若土地用益安排，须在威斯敏斯特的国王登记法院登记，方才生效。③

普通法对用益权的承认，不仅产生了新的土地权利形态，而且还丰富了土地权利的内涵和实践。例如，普通法第一次承认未来性的土地权益形式，也就是说，可以设定用益在未来某一时段转移给另一个人。《用益法》的作用是复杂的。尽管用益制与封土制南辕北辙，国王还是对已经转为用益性质的采邑予以承认，显然做出了妥协；但是，在未转为用益的那部分土地上，他仍然要求得到王权的那一份，与原来没有什么区别，虽然冠以"用益"的名头。况且，还坚持长子继承制、否认个人遗嘱的合法性等，引发反抗之声不断。

迫于压力，继《用益法》之后，亨利八世再次做出一些让步，四年后即1540年，颁布《遗嘱法》（The Statute of Wills）。后者是对《用益法》的调整和补充。该法首次明确规定，采邑保有人可以"按照他们的意愿和喜好"，将不动产或其他财产，通过遗嘱方式安排给任何人，而不问其目的。至此，延续数百年的采邑长子继承制

---

① 参见 J. Baker, *An Introduction to English Legal History*, p.320。
② 参见 *The Statutes of the Realm*, Vol. III, p.541。
③ Ibid., p.549。

走到尽头。《遗嘱法》规定骑士领保有地三分之二可按此规定实行，索克役保有地（Socage Tenure）则全部按此实行，索克役保有地产权具有更自由的性质。①

《骑士领废除与补偿法》

然而，从法律上最后终结封建采邑制度，还是一个世纪以后颁布的《骑士领废除与补偿法》。17世纪中叶的这部法令，清算了采邑上凝结的政治权力，彻底废除封建庄园制，第一次从法律上终止了人类历经数千年的土地模糊产权制度。《骑士领废除与补偿法》不是一夜之间降临的，其间经历长期、无数回合的较量。值得注意的是，权利主张者注重议会博弈和立法，将法律认可作为最终归宿。再者，注重市场原则的运用，货币补偿成为平衡双方权益的利器。17世纪上半叶，尽管国王在等级会议中仍大权在握，然而英国社会业已形成根深蒂固的法治传统，在下院与国王的对峙与冲突中，国王不能无视议员意愿，更不能跋扈自恣，协商和妥协成为这部土地法成功出台的重要因素。

在最终确立土地私有产权的议会博弈中，议会与国王在补偿金数额上经历了长时间的讨价还价。议会先声夺人，首先提出监护权问题，1604年，关于废除监护权等封建义务提案，第一次出现在下院议题中。《下议院声辩书》（Apology of the Commons）称："人民的声音即是上帝的声音。"② 1609年，下院发布请愿书，再次提出废除监护权，为此愿意每年向国王支付一笔固定的年金，表达了废除

---

① 索克役保有制是英格兰独有的保有形式，西欧大陆上只有骑士役保有制。索克役保有的负担更确定，而且"远离战场"。见 Roscoe Pound ed., *Readings on the History and System of the Common Law*, Boston: The Boston Book Company, 1913, p.580。波洛克和梅特兰也认为，索克役保有制是英国封建保有的形式之一。当时如果不是教役保有、军役保有或侍君保有，那么就是索克役保有，一种更自由的保有制。见 F. Pollock and F. W. Maitland, *The History of English Law before the time of Edward I*, Vol. I, p.291。

② Godfrey Davies, *The Early Stuarts, 1603-1660*, Oxford: Clarendon Press, 1937, pp.5-6; H. E. Bell, *An Introduction to the History and Records of the Court of Wards and Liveries*, Cambridge: Cambridge University Press, 1953, p.138.

监护权的强烈愿望。①国王詹姆斯一世没有断然回绝,却久久不能达成补偿协议。②

1610年下院向国王提出废除封建领地的一揽子议案,取消采邑继承金、监护权等一切封建附属义务,并提议签署一个总协议（great contract）,根据协议,一旦国王放弃以往的封建特权,可以从其他渠道得到补偿。议会出价每年10万英镑,而国王要求成倍增加,双方总是不能达成妥协。

在议会与国王马拉松式的谈判中,詹姆斯一世心生疑虑,担心放弃封建特权,最终会动摇君主制,于是提出更苛刻的条件,所以至内战（1642年）前一直没有结果。不过,乡绅占据优势的下院始终没有放弃争取自由财产权的斗争。与此同时,国王出售"监护权""婚姻权"的交易屡见不鲜,封君的"封建特权"越来越商品化。

此时完全私人土地产权的法律观念和理论已经形成,在一些地区和部分领域事实上业已实行,现在不过要获得国家最高法律的承认,最后抖落掉封建主义残存在财产权身上的碎片而已。

1660年,英国议会终于颁布了《骑士领废除与补偿法》。③该法宣布从此废除封建采邑制,切割了国王与封臣土地的任何联系,同时兼顾了封臣和国王双方利益。正如该法令长长的名称所显示的那样,立法者不仅废除骑士领保有制,而且还为国王安排一项新受益来替代,从而表达英国立法的"共和"特征。将这一时期英国政体称为"绝对君主制"或"专制王权",显然是不妥当的。

一方面,该法令宣布王权放弃先前的各种封建特权,从而使土地占有人获益,由此土地性质完成最后的蜕变:《骑士领废除与补偿法》从法律上终结了土地上依附的封建关系,也终结了重叠的财产关系,产生了唯一的所有人;土地自由转让、自由处置、收益独享,

---

① 参见 H. E. Bell, *An Introduction to the History and Records of the Court of Wards and Liveries*, p.139。议会表现出废除监护权的强烈愿望,见 H. E. Bell, *An Introduction to the History and Records of the Court of Wards and Liveries*, p. 138。

② 参见 H. E. Bell, *An Introduction to the History and Records of the Court of Wards and Liveries*, p.141。

③ 参见 The Statutes of the Realm, Vol.5, Buffcalo: William S. Hein & Co., Inc., 1993, pp. 259-266。

从而使土地所有权获得了纯粹经济的形式。完全土地私有权立法画上了完美句号。

有立必有破,国王方面弃权要点有二:其一,废除继承金。不论土地继承还是易手于他人,封君不再向封臣征收一笔款项以示封建附属关系,切割土地与封君的任何联系,不论经济的还是非经济的形式。其二,废除监护权等封建附属义务。土地个人私有,土地获得了完全的市场品格,至于谁是土地继承人,是否需要人监护,是土地所有人的个人行为,与封君完全无关,因此封君监护权、婚姻权等封建附属义务随之消失。至此,"封君""封臣"以及"骑士领"一类的称谓也被送进了历史博物馆。封建保有制下的采邑保有人,现在变成了事实上,也是法律上的"地产主"（land owner 或 estate owner）。封土封臣制度在英国已有六百多年历史,在欧洲大陆的时间更长,英国最先结束了封建土地保有制,从根本上动摇了欧洲传统君主制基础。国王弃权部分构成《骑士领废除与补偿法》内容的主体。

另一方面,何以补偿和替代（lieu thereof）国王在这场变革中的损失?该法令废除封建采邑制、监护法院等,同时明确表示"国王及其继承人或其他子嗣获取完整与充足的补偿与赔付"[①]。双方谈判的结果是,议会每年向王室提供10万英镑补偿金,后者通过增加税种的方式来筹集。征税范围为啤酒、麦芽酒、苹果酒、梨酒、蜂蜜酒、醋、白兰地、咖啡、茶、巧克力果子露等饮品,征税对象为上述饮品的生产商和零售商。为此成立新税种征收机构,制定相应政策,禁止商人借机抬高物价,把增税负担转嫁给普通消费者。[②]这笔补偿金,实际上由新兴资产阶级中的一部分人承担,其赎买权利的性质显而易见,它是地权变革的重要手段之一。显然,该法开辟了国家土地改革中诉诸法律以及货币赎买的先河。赎买原则表明,废除封建采邑制不意味着完全否认既往的土地习惯法,这样原则同样

---

① *The Statutes of the Realm,* Vol. V, p.261.
② Ibid., pp.262-263.

适用于农民佃户与一般封建领主的关系，圈地运动中许多案例证明了这一点。

17世纪中叶英国土地确权立法，大概是土地产权制度史上最重要的事件，从此，附有封建义务的封土（fief），理论上成为具有市场品格的私人财产，土地回归为纯粹的经济形式。土地产权变革的法律障碍被清除了，它是过去的法律总结，也是今后实践的前导。一场更大规模的、政府参与下的土地确权运动，注定彻底改变英国普通民众的生活和生活方式。

二、"议会圈地"

"圈地"从未停息，议会土地确权立法后，圈地运动则成为更为规范化和法律化的土地确权实践。先有社会生活和社会实践，后有法律确认；土地立法反过来规范社会生活，推动更广泛的社会实践，这就是"议会圈地"。[①] "议会圈地"与16世纪"都铎圈地"本质上一样，都是欧洲历史上，也是人类历史上第一次具有市场指向的土地变革运动，不同的是，议会圈地几乎完全在法律轨道上推进，减少了无序性和反复性，土地产权变革为英国进入现代化的快车道创造了重要条件。

16世纪都铎圈地运动，使英国一部分地区完成土地确权，在那里，无论田制、所有权基本单位，还是人们的思想观念和生活方式，都发生了重要变化。人类学家麦克法兰研究了一个教区牧师（1644—1683年）的日记，该牧师叫约瑟林（R. Josselin），也是一

---

① 参见 Gilbert Slater, *The English Peasantry and the Enclosure of Common Fields*, London: Kessinger Publishing, LLC, 2006; Arthur H. Johnson, *The Disappearance of the Small Landowner*, Oxford: Clarendon Press 1909; J. L. Hammond and Barbara Hammond, *The Village Labourer, 1760–1832*, London: Longmans, 1920; Michael Turner, *English Parliamentary Enclosure: Its Historical Geography and Economic History*, Folkestone: Dawson Publishing, 1980; R. C. Allen, *Enclosure and the Yeoman: The Agricultural Development of the South Midland, 1450–1850*, Oxford: Clarendon Press, 1992; G. E. Mingay, *Parliamentary Enclosure in England: An Introduction to its Causes, Incidence, and Impact, 1750–1850*, London and New York: Routledge, 1997.

名约曼。"他的日记描述了一种彻底、绝对、排他的私有土地产权状况。……他名下所有的土地，在事实上和在法律上，都是他个人的土地，而不是家庭共有的土地。"他的儿子桀骜不驯，约瑟林曾多次威胁要剥夺儿子的继承权，可见他有法律承认的遗嘱权。麦克法兰认为，约瑟林已经远离传统农民的经济范式。[①]显然，该教区已经完成土地确权，所以土地产权的基本单位不是庄园－村民共同体，甚至不是家庭，而是约瑟林本人。通过持续发展土地产权变革，农民和农村都在发生深刻的变化。

如果说两次圈地运动有什么不同的话，18、19世纪的议会圈地有更坚实的社会基础，有约瑟林这样的新式农民一批一批地涌现。16世纪圈地是自发的，形式参差不齐，没有既定的程序；议会圈地同样是自愿的，然而不能单独行动，一定要村庄共同体多数人同意，集体行动，一定有议会的介入，有一套既定法律程序。总体而言，两次圈地运动一脉相承。第二次圈地运动发生在国家土地立法之后，政府正式参与圈地运动，规定了圈地法定程序，保证圈地法案得到多数人同意等，是圈地行为的规范者和监督者；而圈地的决策者以及圈地运作过程的主角，始终是圈地当事人即土地产权人，从这个意义上讲，所谓议会圈地仍然是一场自下而上的土地产权变革运动。

首例议会圈地案件出现在1604年，最后一例则已进入20世纪初叶，但议会圈地集中发生在1750—1850年。议会圈地大致经过以下几个步骤。

村民形成共识，申请《圈地法令》

圈地申请人不是少数大地产权利人，也不是一部分村民，而是所涉村庄的大部分人。遵循同意原则，圈地首先要在村民内部形成共识，此乃圈地启动的第一步。一般以教区即村庄为单位提出议案，

[①] 参见 Alan Macfarlane, *The Origins of English Individualism: The Family, Property and Social Transition*, pp.62-63, 参阅中译本：〔英〕艾伦·麦克法兰：《英国个人主义的起源》，管可秾译，商务印书馆2008年版，第82—84页。

所以，是否圈地，要在相应范围的村民中讨论。有时，协商过程颇为漫长，甚至长达几年之久。一旦启动，圈地过程中的每个程序都会产生费用，例如，圈地四周需要筑篱或挖沟，还需要道路和排水等配套公共设施，当然还有律师费用等，整个算下来圈地成本相当高昂。

1800年英国农业委员会做了一项调查，涉及2 591个圈地案例，平均圈地面积为1 612英亩。其中记载了格洛斯特郡特利村庄的圈地成本，总圈地成本为1 650英镑，其中法律及程序费用497英镑，测量费用259英镑，圈地委员费用344英镑，圈围费用550英镑。相当于每英亩投入一英镑以上。[1]另，根据明格的圈地费用研究，成本更高，平均每英亩圈地费用达2英镑10先令到5英镑之间，而且逐年增长。又据特纳教授估算，平均圈地费用在1英镑4先令至2英镑10先令之间，还不包括圈地筑篱的工酬。[2]

如何筹集经费，圈地后能否带来足够回报，往往成为村民讨论的重要问题。例如，18、19世纪之交，在威尔特郡有个名叫韦斯特伯利的村庄，村民对于圈地以及圈地费用来源争论不休，历经八年才原则上达成一致。[3]反复协商，体现村民的同意权利，也减少了反复性，不过时间成本很高。村民形成圈地意向往往经历冗长的过程，绝非个例。圈地费用通常由土地产权人分摊，也有以出售共用地的方式筹集，上述韦斯特伯利村庄决定采取后一种方式。据记载，在一次村民会议上，该村对圈地费用来源达成一致——拍卖一部分荒地。

占几成村民同意圈地，按人数还是土地份额计，其时都有严格规定。依据议会要求，申请提案须附上所有当事人名单，标明每人土地的价值，以及他们的态度，或支持、或反对、或中立，一一标明并亲笔署名。提案要村民最后表决才能生效，值得注意的是，表决结果不是取决于当事者人数，也不是土地数量，而是土地价值之

---

[1] 参见 *General Report on Enclosures*, London: McMillan, 1808, pp.97–98, 329。

[2] 参见 G. E. Mingay, *Parliamentary Enclosure in England: An Introduction to its Causes, Incidence, and Impact, 1750–1850*, p.113。

[3] Ibid., p.59。

第十一章　英国现代土地产权率先确立

比。具体来说，圈地议案通过，须获得全部土地四分之三价值拥有者的同意，有时则要达到五分之四以上才能有效。人们更重视土地商业价值，而不是简单的土地面积，更不是简单的人数，表明当时英国村民观念和乡村市场化的程度——这是将土地市场价值与土地处置权之间形成一定关系。在一些教区，尽管有着众多小土地者反对，却不一定能够阻止圈地提案通过。

圈地倡导者们总是竭力地争取尽可能多的支持者。他们想出各种方式游说产权人，或在酒馆、餐馆召开演讲会，或在当地报纸上诉诸文字，主张圈地的好处。有人拟推动林肯郡的鲁德福德教区圈地，倡导者在《斯坦福信使报》上曾两度发文鼓动圈地。[1] 圈地期间除了法令性通告，还有大量的非官方游说活动，颇为耗时费力。[2] 显然，事关人们的切身利益，让不同权益当事人充分表态并都赞同圈地，实属不易。例如，上述韦斯特伯利村庄圈地倡导者是巴顿，当他千辛万苦终于争取到土地五分之四价值拥有者同意时，感慨非常，他说："你要是想折磨一个人，就让他倡导圈地议案。"在议案未获通过之前，他的经历和感受难以名状，希望、恐惧、焦虑、烦恼，五味杂陈。"我的脚已经磨烂，花钱如流水，虽然没像可怜的小戴维斯先生一样瞎了一只眼睛，可情况也好不了多少。"[3]

圈地得到足够多的产权人同意后，村庄还要与领主和教区主持人达成原则性协议。共用地系庄园地产，从源头上和名义上讲，庄园领主授自上级领主甚至国王，圈地后共用地被切割了、消失了，领主如何获得补偿？再者，以前每一块土地的产权人都要逐年缴纳什一税，标志着教会在土地上的权利，圈地后不再缴纳什一税，教会得到什么补偿？以往的契约和惯例并非无效，他们通常采用协商和经济手段，了断产权交叉缠绕的种种乱象，各得其所。

---

[1] 参见"Ludford, Lincolnshire, Intended Inclosure", *Stamford Mercury*, 25 February 1791, 1 April 1791。

[2] 参见 Steven Hollowell, *Enclosure Records for Historians*, Chichester: Phillimore, 2000, p.36。

[3] G. E. Mingay, *Parliamentary Enclosure in England: An Introduction to its Causes, Incidence, and Impact, 1750–1850*, p.60。

紧跟着，就是起草申请圈地提案（enclosure bill），一般须经专业律师之手。在上交提案之前，还有向议会请愿的程序，明确表达圈地愿望。典型的步骤如下：该教区土地权利人代表，手持《圈地请愿书》(The Petition)，呈送下院，当面公开宣读，声明本教区圈地之必要，且已经多数土地产权人同意，请求议会允许呈上圈地提案云云。随后，提案才被正式呈递。

接着，要在议会完成一系列法律程序，该提案须"经上下议院通过，最后才能获取圈地法令（enclosure act）。提案首先被送达下议院，经过"三读"，其间，专门委员会对圈地提案详细检视，议员就此质疑、辩论，也可以提出修正案。与此同时，议会对外开放，受理反对圈地者的请愿书（Petition against Bill），倾听不同声音，并核实情况。涉案教区村民，无论大小土地产权人，还是无地茅舍农，都可以向议会请愿，反对圈地。请愿可能产生修正案，也可能叫停圈地。经过"三读"审阅、纠错等程序，而后付诸表决通过。接着，便递交上院。上议院的审查，似乎更简单些，一般是附议式表态，如"同意议会下院通过的署名为'……'的圈地提案"，偶尔附上修正案。① 两院通过，并呈送国王签署，正式颁发圈地法令。

在议会审查圈地提案的整个过程中，坚持程序正义，保持公开透明，媒体随时跟踪报道，保证涉事相关人群的知情权和发声权。在审议过程中，议会接受相关个人及群体的种种抱怨和诉求，这些意见成为议员修正案的资源，也可能直接导致圈地提案流产。圈地提案向圈地法令的转化，并非每一桩都能成功。例如，1743—1845年，诺丁汉郡呈递171份圈地提案，133件获议会通过，另38件未通过，占比22%。② 有的郡未通过的比例更高，如1757—1843年，牛津郡共提交189件圈地提案，结果129件成功获准通过，60件被

---

① 参见 W. E. Tate, *The Enclosure Movement*, New York: Walker, 1967, p.102。
② 参见 W. E. Tate, "Members of Parliament and the Proceedings upon Enclosure Bills", *The Economic History Review*, Vol. 12, No. 1/2 (1942), p.70。

驳回，未通过率接近三分之一。[①]

反复协商，实施圈地

当提案成为圈地法令以后，圈地进入攻坚阶段。圈地村庄的所有土地产权人，先要推举公正的、有一定身份的人士组成圈地委员会，主持圈地事宜。委员会常常由若干乡村律师、牧师和约曼等人员组成，通常三名，分别代表着庄园领主、教会和其他土地产权人的利益。还有书记员和测量员各一名，须从外面聘请，避免涉及圈地利益。在全体村民大会上，圈地委员们宣誓就职，承诺恪守圈地法令，努力做到公正公平。

圈地法令具有严格的法律效力，圈地委员会不能逾越法令授权范围。具体到每一个步骤和具体做法，比如，按照圈地法令，以篱笆木桩作为地块之间界标，可这种标界易被闹事者破坏，倘若圈地委员会拟改为壕沟为界，它不能擅自变动，村民附议也无效，除非请求议会核准第二个圈地法令，授权改变。[②]圈地运动练就了一大批来自民间、谙熟法律的圈地委员，大量的议会圈地档案披露，他们大多数是称职的，工作小心而认真。一旦某个圈地委员的工作令人满意，在当地小有名气，便会经常受到聘请，一些人成为职业圈地委员，或大部分时间从事圈地工作。一些人由圈地调查员干起，逐渐成长为圈地委员，甚至成为资深圈地委员。比如爱德华·黑尔，作为圈地委员，参与了133次圈地，圈地面积达273 000英亩。另一位圈地委员约翰·德摩尔参与了135次圈地，面积达259 000英亩。[③]

圈地委员会要反复征求各方权利人的意见，仔细调查和核实土地情况，然后提出如何圈地的一揽子方案，以求被多数人所接受。

[①] 参见 W. E. Tate, "Members of Parliament and Their Personal Relations to Enclosure: A Study with Special Reference to Oxfordshire Enclosures, 1757-1843", *Agricultural History*, Vol. 23, No. 3 (Jul., 1949), p.214。

[②] 参见 G. E. Mingay, *Parliamentary Enclosure in England: An Introduction to its Causes, Incidence, and Impact, 1750-1850*, p.81。

[③] Ibid., pp.71-72。

为此，首先，每个产权人要提供财产状况书面材料，说明土地、住宅权利，共用地上享有的权利，以及保有地性质如自由保有地、公簿保有地还是契约租地等，务必诚实和详细。[①]其次，每个产权人同时提出自己圈地要求，如地块位置、土壤条件等。接下来，圈地委员会依据庄园档案，对申报清单逐一核实和取证。最后，根据土地权利人法定享有的土地权利，所交出土地的状况，并参考他的愿望，划出一块土地交付产权人，即为"圈地"。

如此圈地，可以理解为"置换"，就是将自己分散在条田里的土地集中起来，形成独家所有的方块田，并围圈之。面积可能有变化，但土地价值相值。圈地的另一层含义，可理解为土地权利"清算"，例如分割共用地后，共用性质的土地就变成属于自己那一份的私人土地财产。原来附着一些封建关系的混合土地产权，有可能变成单一产权，或者向自由产权迈进一步。例如，公簿保有地依照既定契约享有不同的权利，产权状况较复杂；圈地期间，按照有关规定，只要公簿持有农和领主协商一致，公簿保有地可以转化为自由保有地，不过，通常公簿地保有人要向领主交付一定的补偿。[②]所以，表面上圈地改变了敞田制，而本质是土地确权：经过协商，权衡利益，通过货币和土地补偿等，确定土地的唯一归属人。

值得注意的是，不论原土地状况的审核，还是新地块的划拨，每一个环节都有村庄其他产权人的参与，重要的决定要在村民圈地会议上通过，并随时公开信息。18世纪中叶，议会有明文规定，圈地会议必须公开举行。[③]有的地方还规定，必须在会议召开若干天之前广而告之，张贴在教堂大门上，或是刊登于当地报纸上。

一定不要对议会圈地有风平浪静的错觉。尽管有村民的参与，有法律程序，然而没有一场变革是田园诗般的，大凡涉及切身利益

---

① 参见 James Stewart, *How to Enfranchise Your Copyhold under the Copyhold Acts of 1841 and 1852*, London: V. & R. Stevents and G. S. Norton, 1852。

② Ibid.

③ 参见 Steven Hollowell, *Enclosure Records for Historians*, p.33。

的变革，冲突难免，因为总有一部分人受到损害，付出代价，甚至社会整体都要付出一定代价。多数人同意的原则，意味着少数人被否决，况且三分之二或五分之四的多数，不是人数而是土地价值之比，也就是说被否决的人数高于上述占比，他们付出的代价更大。我们看到有相当比例的圈地提案被议会否决而流产，这是抵制圈地力量的明证。反对的力量大多来自小农。首先，他们对共用地的依赖性较大，现在共用地被切割了，消失了，他们的损害首当其冲。如果他没有公共权利，得不到任何补偿，所受打击更大。其次，土地越少圈地成本越高，也是小农不欢迎圈地的原因。

一般说来小农抵制圈地，可是也不尽然，有时持有一定规模地产的农民也加入反对圈地行列。据记载，一个名叫帕内尔的农民，时有27英亩（约合180市亩）土地，他认为日子过得不错，不相信圈地后会更好。[1]让人们自由表达意见，就要付出一定的成本，小农阶层再加上一些不愿改变现状的人，抵制圈地的力量是可以想见的。一个名叫托马斯·考珀的圈地调查员，留下了一部详细的工作日记。他说，在威灵堡圈地期间，几乎每一步都会遇上不合作甚至敌对情绪和行为。例如拒绝表态和拒绝在圈地提案上签字，拖延丈量土地，辛苦编制的土地质量评估册和土地分配清册被偷盗，这些都会严重拖延圈地进程。

反对者甚至诉诸暴力。在西哈顿，人们的抗议曾经使第一个圈地提案流产；圈地提案通过并实施后，抗议者又在圈地上举行足球赛，拔除和烧毁圈地木桩栏栅，导致价值1 500英镑的损失。在另一个庄园维尔巴斯顿，抗议者索性在共用地上竖起障碍物，直接阻止圈地。[2]圈地是经过村民表决的，是合法的，然而不是没有反对意见，少数人的意见被多数人裹挟甚至发生不合法的环节，也未可知。

---

[1] 参见 J. M. Neeson, "The Opponents of Enclosure in Eighteenth-Century Northamphonshire", *Past & Present*, No.105 (Nov., 1984), p.119。

[2] Ibid., pp.118-122.

争议，甚至冲突时有发生，因此调解矛盾、化解冲突成为圈地委员会一项重要任务。1779年《伯克郡斯频教区圈地法案》，就记载了圈地委员化解矛盾的过程，他们依法展开调查，多方取证，做出裁决，尽量不损害任何一方的合法权利。[①]协商过程是艰难的，有一定的专业性，这是有经验、熟知乡村惯例和习惯法的委员受到欢迎的原因——土地要确权，田制要改造，但还要遵循以前的契约。原敞田上的每块土地都是有契约的，上面载有受习惯法保护并且实行上百年、数百年的土地权利，是圈地中重新安排土地的法律依据。圈地不产生新法律，只是圈地后形成的土地权利更加明晰，更具有排他性。

以共用地围圈为例。"议会圈地"期间，几乎每村都涉及共用地围圈，争议也最大。共用地很早就存在，是早期村庄共同体的产物。对于耕地之外的林地、荒地和沼泽地等，每个村民都有使用的权利，不过严格排除村庄以外的人使用，因此，是村庄共同体内"共用"，而不是"公用"，国内一般将其译为"公地"似有不妥。封建庄园时期，凡占有保有地的村民，都承担一份封建义务，都可以使用共用地，并因其封建义务不同在共用地上的权利也有所差别。圈地运动意味着，由村庄共同体本位进入个体为本位时代，既排斥村庄以外的人使用共用地资源的强度，也要限制本村庄内部使用共用地资源的强度，即在庄园-村庄共同体内明确个人土地产权的边界，因此分割共用地势在必行。

基于领主是名义上的共用地"所有者"，所以共有地分割首先是村民与领主之间的分割，通常的做法是双方利益都要得到承认。各地情况不一样，经过反复谈判与协商，一些地方的领主得到原共用地的1/17—1/8；村民依据先前的权利也得到相应的地块。[②]中世纪

---

① 参见 "An Act for... Inclosing... Speen in the County of Berks, 1779", *Private Acts 1702-1727 and Private Bills 1727-1814: A Table of the Statutes Public and Private, Passed Anno decimo novo. George III Regis*, p.6。

② 参见 *General Report on Enclosures*, London: McMillan, 1808, p.61。

第十一章 英国现代土地产权率先确立

共用权转化成近代私人财产权的过程中,没有完全背离历史、抛弃习惯法,相反,习惯法是土地安排的重要依据。

重新安排村庄的道路交通、排水系统等,是圈地的另一项重要内容,这些过程同样有村民参与,他们的意见将受到重视并纳入实施方案。总之,"圈地"体现了土地产权当事人的利益,而不是其他人的利益,也不是政府的利益和意志。

绘制《圈地裁定书》

圈地法案以法律形式确认圈地合法性,因此,圈地后的土地景况及补偿都有明确的记载,形成一份法律文件备查,圈地成果理所当然地受到法律严格保护。绘制圈地裁定书(An enclosure award),留下土地确权档案,这是议会圈地的最后一步。

一般圈地裁定书事无巨细,重点不一,通常记载着领主、教会和佃户各方人士圈地后得到的补偿,也记下村庄每个权利人在圈地后的土地位置、规模和权利;标明圈地后村庄的道路与格局,并附有数据和蓝图。圈地裁定书是若干年圈地的总结,是无数次协商、谈判的结果,向全体产权人公布,最终修订后绘制而成。例如,在米德尔塞克斯郡汉沃思村庄,从1800年到1803年三年期间,圈地委员会共主持召集了50多次协商会议,才终于完成圈地裁定书,成为一份法律文件。[①]

一份牛津郡S. 阿斯顿村庄圈地裁定书,记载了更丰富的信息,呈现1767年圈地后该村庄的蓝本。它详细记录了圈地前后每个村民土地数量变化,弥足珍贵。该数据来自圈地中三次土地调查,其中两次调查只涉及土地数量,一次调查同时涉及土地数量及其市场价值。该村庄圈地总计达988英亩。在原圈地裁定书中,土地计量单位使用雅得和雅兰得,在牛津郡,一般一雅得为四分之一英亩,一雅兰得为30英亩。引用此表格时,笔者一律换算为英亩表示,并将原计量数据

---

① 参见 G. E. Mingay, *Parliamentary Enclosure in England: An Introduction to its Causes, Incidence, and Impact, 1750–1850*, p.74。

附后，见表11-1。

表11-1　牛津郡S.阿斯顿村庄农民圈地前后土地变化（1767年）

姓名	圈地前土地	圈地后土地（英亩）	（杆）
S.科利尔	0.25英亩（1雅得）	0.5	11
T.索瑟姆	0.75英亩（3雅得）	1.5	12
T.格雷戈里	1.25英亩（5雅得）	2	1
W.索瑟姆	0.25英亩（1雅得）	0.5	14
C.佩罗特	0.25英亩（1雅得）	0.5	18
T.欣德	0.125英亩（1/2雅得）	0.25	17
S.惠特	一块土地（面积不详）		4
K.多默爵士	101.25英亩（$3\frac{3}{8}$雅兰得）和4块零散土地及共用权	63.5	29
同上	一片草地上的某些块土地	20	14
F.佩奇	15英亩（1/2雅兰得）及共用权	8.75	38
同上	某些块土地	2.25	11
Y.沃森	105英亩（$3\frac{1}{2}$雅兰得）及共用权	92.75	3
同上	22.5英亩（3/4雅兰得）	23.75	2
Y.克拉里	3.75英亩（1/8雅兰得）及共用权	3.25	4
R.乔治	30英亩（1雅兰得）及共用权	21.75	21
L.巴斯韦尔	135英亩（$4\frac{1}{2}$雅兰得）及共用权	84.25	6
J.兰利	75英亩（$2\frac{1}{2}$雅兰得）及共用权	56.75	26
Y.霍普克拉夫特	15英亩（1/2雅兰得）及共用权	12.5	16
R.福克斯	30英亩（1雅兰得）及共用权	25.5	30
T.福克斯	15英亩（1/2雅兰得）及共用权	8.5	25
W.温	78.75英亩（$2\frac{5}{8}$雅兰得）及共用权	50.25	0
同上	名为"W.雅德"契约租地上的0.25英亩（1雅得）土地	1.5	0
E.戴维斯	82.5英亩（3/4雅兰得）及共用权	53.5	7
J.戴维斯	22.5英亩（3/4雅兰得）及共用权	15.75	11
J.乔治	一处茅舍及"放牧奶牛的共用权"	1	23

资料来源：W. H. R. Curtler, *The Enclosure and Redistribution of Our Land*, pp.318-319。

从表11-1可发现，农民土地规模，圈地前后变化不大，在统计所及的农民土地中，圈地后面积增加者仅占四分之一，增加幅度有限，从0.25英亩到1.75英亩。相反，大多数村民地块都有不同程度的减少，从二三英亩到几十英亩不等。土地减少最明显的是K.多默爵士和L.巴斯韦尔，后者大概是个乡绅，他们原来分别有135英亩和101.25英亩土地，圈地后其土地面积都减少38%左右。从数据上看，不仅上述二人，该教区50英亩以上大户土地都有所缩减。一个重要原因是圈地费用昂贵，往往需要拍卖部分土地用于圈地费用。上述情况表明，村庄上层人士没有借土地变动之机兼并土地，欺压小农。

相反，土地略有增加的七人中，除一人原有20多英亩土地，其余都是一英亩左右的绝对小农。当然，不排除这种可能，一些小农因支付不起圈地费用而离开土地，另谋生计或漂流在外，因此不在统计范围之内。另外，此时人们更看重土地市场价值，表面上看乡绅L.巴斯韦尔和K.多默爵士土地较大幅度减少，但实际上他们土地的市场价值没有下降那么多。圈地后的土地价格可能成倍增长。

一般说来，18世纪议会圈地通常要经过以上若干步骤，与都铎圈地相比，议会圈地的法律程序完备性获得明显改善。

三、圈地补偿原则及其他

议会圈地如同17世纪颁布的《骑士领废除与补偿法》一样，一方面致力于单一的私人土地产权，另一方面奉行赎买或补偿原则，对因圈地而遭受的损失予以经济补偿。补偿的依据就是既有的契约，或者村庄通行已久的惯例。

S.阿斯顿村庄圈地裁定书的另一项数据，记载了圈地过程中对教会的补偿。每个村民也是基督教教民，所以，此前每一块土地的产权人都担负什一税义务。圈地，并不否认这项义务，所以拨付一定土地给教会，作为一次性补偿，从此结束什一税的历史；更重要的是，意味着排除了土地的教会权利。就这样，原来混合土地权利一项一项地被剔除，只保留单一权利。下面数据，进一步解释了圈地后大部分产权人的土地数量何以缩减——为赎买什一税豁免权，该教区共拨付400多英亩土地，在整个村庄圈地中占据相当大的比例。几乎所有产权人都为土地确权付出了巨大代价。

表11-2　牛津郡S.阿斯顿村庄（教区）什一税补偿情况（1767年）

该村教会附属地原有375英亩（12 1/2 雅兰得）	补偿：188.5英亩
为圈地而损失的什一税	补偿：156.5英亩
为以前圈地而损失的什一税	补偿：10英亩
给堂区主持人（原已有90英亩即3雅兰得）	补偿：77.75英亩
为伍藤区圈地而损失的什一税	补偿：1.5英亩，18杆

资料来源：W. H. R. Curtler, *The Enclosure and Redistribution of Our Land*, p.318.

在圈地过程中，封建保有制下的惯例和契约，是实行补偿的重要依据。村庄在共用地切割中，没有排除领主，相反，基于领主在原庄园法中的地位，不少村庄给予领主较大的份额。此时习惯佃农主要指公簿持有农，在支付领主一定费用后，一些公簿保有地变成了单一产权的自由土地，公簿持有农也变成自由持有者。也有公簿农更换契约后变成契约租地农，蜕掉了习惯佃农的外壳，与自由持有农一样，土地都更加市场化。

圈地前的商业租佃契约同样有效。议会圈地中，生产秩序和原租佃契约难免受到冲击，很可能使承租者蒙受损失。在这种情况下，新的土地产权人通常对原承租者做出货币补偿，主要不是同情之心，而是契约使然。在他们心目中，土地承租合同与习惯法一样，都具有法律约束力量，即使不得已终止合同，也要协商后做出赔偿，包括补偿承租者以往的劳动和资金投入。在1832年牛津郡卡弗沙姆教区圈地档案中，该教区圈地法案第28款特别提及"对圈地导致庄稼损害亦要补偿"，还提及对承租者施肥和耕地劳作做出补偿。[①]

[①] 参见"An Act for Inclosing lands in the Parish of Caversham in the County of Oxford, 1832", *Private Acts 1815-1834: A Collection of the Private Acts... Passed in the Second and Third Year of the Reign of His Majesty King William the Fourth*, Vol. I, p.54.

第十一章 英国现代土地产权率先确立

不少圈地法令还对茅舍农和其他穷人丧失的共用权给予补偿，同样表现了对村庄习俗和惯例的承认。按照法理，非村庄共同体成员即没有村庄共用权利的人，不能使用共用地，也不因共用地消失而获得补偿，实际上并非全然如此。据记载，一些教区也安抚了这些人，他们规定凡占有土地达20年以上者，不论土地性质和面积多寡，即使没有共用权，也可以因失去共用地而得到一份补偿。有的教区要求实际占有土地的时间更长，规定为50年。有历史学家指出，做出这样的补偿，不是依据法律而是遵从习俗，而习俗不同，结果也不一样。在一些情况下，村庄贫穷农民会被分配一定额度的共用地放牧，而在另一些地方，共用地禁止无偿放牧，需要支付租金。[①]

每一桩土地的切割与合并，每一项货币补偿和赔付，大都以法律为依据，或与惯例和习俗相关；另一方面，每一桩协议达成，都是各方艰苦谈判与协调的结果。关于小农受到的损害，历史学家冈纳的评估可参考，他说，小农作为个体大概被公正对待，但作为一个阶层遭受了苦难。[②]

总而计之，圈地的结果对小农最为不利。圈地费用昂贵，面积越小，相对成本越高：19世纪初，圈围一块10英亩土地需支出90英镑，5英亩份地60英镑，而2.5英亩费用竟高达40英镑。[③]所以，小农圈地费用比例高于一般土地产权人。一个3英亩小农圈地，颇为纠结：尽管圈地后的土地价格翻倍增长——由圈地前的30—40英镑地价上升到60英镑，可他先要支付40—50英镑圈地费，最后所得有限。如果他无法筹措这笔圈地费，一个可能的选择是，先将土地卖掉，拿着卖地所得，承租更多的土地；或者卖地后另谋生计，远走他乡。明格认为，后者是"最坏的案例"，"出卖土地给小农家庭

---

① 参见 E. C. K. Gonner, *Common Land and Inclosure*, London: Macmillan, 1912, pp.365-366。
② Ibid., pp.94-95, p.367.
③ 参见 G. E. Mingay, *Parliamentary Enclosure in England: An Introduction to its Causes, Incidence, and Impact 1750-1850*, p.119。

几代人带来痛苦和悔恨。这是小农圈地的代价"①。

圈地对于足无寸土的茅舍农，则更为不利，甚至是灾难性的。茅舍农没有法定的土地权利，按照习惯法不能从共用地消失中得到补偿，即使有所补偿也不足以抵消所遭受到的损害。有共用地在，一头奶牛、两只猪、几只家禽，他们就能生活下去。圈地后他们失去了生存的基础，沦为农场或工业雇佣工人，或寻觅生计无门而流落街头。难怪他们抱怨圈地毁了他们的生活，18世纪经常可以听到这样的抱怨。②在贝德福德郡的莫尔登，土地被圈围之后，农学家阿瑟·扬（Arthur Young，1741—1820年）来参访，一个农夫和几个茅舍农接待了他，声称圈地破坏性高于战争，将要毁灭整个英格兰。阿瑟·扬不解地问道："圈地到底让你们失去了什么呢？"回答是："在共用地被圈围之前，我们能养四头奶牛，但现在只能养一只鹅，你说我们失去了什么!?"③

综上所述，继17世纪中叶英国废除封建采邑制，议会通过立法形式确认土地私有产权，18世纪中叶后又经历了大规模的"议会圈地"，在实践上将土地私有产权扎根在英国乡村大地，结论如下：

其一，经过长期博弈，英国议会迫使国王不断妥协，继16世纪中期推出《用益法》与《遗嘱法》后，经过长期协商和谈判，1660年终于成功出台《骑士领废除与补偿法》，清算和废除封君封土制度，在英国率先终结了前近代社会普遍存在的混合、模糊所有权，确立完全土地私人财产权。该法令同时规定，议会每年向王室提供10万英镑补偿金，开创国家在土地改革中诉诸法律及货币赎买权利的先河。该法全称即《关于废除监护法院、取消直属封臣骑士保

---

① 参见G. E. Mingay, *Parliamentary Enclosure in England: An Introduction to its Causes, Incidence, and Impact, 1750–1850*, pp.119–120。
② 参见E. C. K. Gonner, *Common Land and Inclosure*, pp.362–364。
③ G. E. Mingay, *Parliamentary Enclosure in England: An Introduction to its Causes, Incidence, and Impact, 1750–1850*, p.131.

第十一章 英国现代土地产权率先确立

有义务与废除优先购买权并以税收来补偿的法令》，可简称为《骑士领废除与补偿法》，更忠实于该法原标题本意，表明该法既是巨大进步，亦是必要妥协的结果。赎买原则表明，终止封建采邑制不意味着全然废除既往的契约与惯例。这项原则同样适用于农民佃户与一般封建领主的关系，对维系一贯的法治传统和行将进行的"议会圈地"，具有积极的导向作用。

其二，在议会圈地运动中，土地产权人之间的协商始终是圈地过程的关键环节。从是否要求圈地，到圈地提案拟定和呈递，庄园多数土地产权人，既是直接参加者，也是最终决策者，而不是议会或政府官员。圈地提案是多数产权人的设想与规划，而不是政府规定。政府是村民圈地的规范者和监督者，而圈地当事人即土地产权人才是圈地运动的主角，因此，所谓"议会圈地"，从本质上讲仍然是一场自下而上的土地产权变革运动。

其三，先有社会生活和社会实践，后有法律确认；土地立法反过来又推动更广泛的社会实践，即议会圈地，反映了英国经验主义的立法模式。议会圈地与16世纪圈地一样，其根本动力来自于社会生活的强烈呼唤，要求将模糊混合的土地产权变为单一、清晰的私人财产权，创建有效投入和产出机制，创造更高的经济效益。不同点是，本次圈地纳入了议会提案流程，因此更加规范、更加公开和更具法律效力，不过圈地成本也更高。

圈地需要巨额投入，还要拨出大片土地赔付相关利益方，以至缩减圈地人的土地份额，可是多数村民还要选择圈地。他们宁可付出高昂成本，投入到无形的法律服务和权利安排上，也要获得属于自己的确定的土地权利。唯一的解释是，人们迫切要求完整的土地财产权——受法律保护的财产权，已经成为高度社会共识。

其四，议会在"议会圈地"中的重要作用毋庸置疑。政府正式参与圈地运动，制定圈地法定程序，圈地获得有效监督和规范，并使圈地成果成为法律的保护对象。政府的作用无可替代。明格指出，人们很难相信圈地法案制定和实施完全不受个人的压力，亦难相信圈地的结果对所有的利益方都完全公平，但协商以及必需的法律程序确实提供了一定程度的合理性和公开性。[①]圈地提案要历经议会"三读"，要经过上院、下院批准，国王签署印章方能生效。这不仅坚持程序正义原则，也为反对圈地请愿者表达意见留下时间和空间。圈地损害小农阶层并遭遇其抵抗，但总体说来，圈地是有序的，很少发生骚乱。

凡此种种，皆为现代土地变革的重要历史遗产。

---

① G. E. Mingay, *Parliamentary Enclosure in England: An Introduction to its Causes, Incidence, and Impact, 1750–1850*, pp.57–58.

第十二章　革命与变革：法国土地确权

法兰西是欧洲重要国家，大革命前，18世纪的法国依然是"旧制度"（ancien régime）下的一个传统农业国。农民仍然是人口中的绝大多数，达到90%以上，占有有限的土地，却承担着领主、教会和国王三重负担，土地和耕作者本身还未从封建依附关系中完全解放出来。农民、农业和农村变革成为法国告别中世纪的重要依据，也是欧洲大陆社会转型的显著风向标。

在很长的历史时期内，英法两国难分伯仲，此时却不然，无论土地产权、耕作模式、经济水平还是农民个体自由程度，都出现可见的落差。法国和欧洲大陆国家的政府代表和商人、学者纷纷到英国旅行考察，努力了解和效仿英国。法国土地产权变革固然受到英国影响，不过更是与18世纪末大革命紧紧相连，二者关系极为密切，很难离开法国大革命谈土地变革，反之亦然。这样的革命直接冲击欧洲主要国家，具有世界性的震撼力。法国学者托克维尔正是在这个意义上论述了法国革命，他的名著《旧制度与大革命》几乎与大革命一样广为人知，具有极为广泛的社会影响，至今不衰。

阿历克西·德·托克维尔（1805—1859年），法国历史学家、政治家，生活在19世纪上半叶，他的代表作《旧制度与大革命》主要讨论1789年法国大革命是如何发生的，以及法国革命特有的"狂暴性"和理想性的原因。托克维尔关于法国革命的一些论述颇为精彩，然而很遗憾，他关于法国农民土地产权及其与革命关系的推断，却令人难以苟同。他说，革命前"法国农民已经变为土地所有者（propriétaire）"，正是拥有了土地所有权，所以法国农民强烈仇恨封建权力。托氏的逻辑是，封建权力范围缩小了，它激起的仇恨反而更大，"摧毁一部分中世纪制度，就使剩下的那些令人厌恶百倍"。① 换言之，国王政府让渡了一部分权利反而惹来更大的麻烦，他说："最危险的时刻通常就是它开始改革的时刻。"②

姑且不谈他的理论逻辑，就其所说农民产权状况而言，明显不符合历史事实。关于18世纪法国农民土地产权的学术成果汗牛充栋，让我们避繁就简，开门见山，直接从托克维尔那个言之凿凿的历史推断谈起——大革命前法国农民果然已是小块土地所有者了吗？

18世纪法国农民保有地附着毋庸置疑的封建关系，所以土地不是自由产权；农民不能完全支配土地，反而因这样的土地受到非经济强制，严格说，一直到大革命前，不仅土地产权不完全，农民也不是完全的自由人。并且，18世纪晚期，庄园保有地上的封建特权有增无减，农民饱受苦难，是革命爆发的主要原因。法国革命重要的历史环节也证明，农民土地产权的确立过程，伴随着法国革命的不同阶段，为解决农民土地问题，大革命中先后上台的君主立宪派、吉伦特派和雅各宾派，无不发布土地法令。其间有进步也有反复，严格意义上讲，法国革命没有完全解决农民土地问题。现代土地产权的确立，一直延续到1804年《拿破仑法典》，甚至到1825年国王查理十世颁布补偿法令，才最后画上句号。令人感到意外的是，人们似乎接受了托克维尔关于革命前农民已是土地所有者的结论，迄今未见有人究问之。

为了探讨大革命前法国农民土地产权，首先需要观察18世纪法国乡村的基本状况。

---

① 参见〔法〕托克维尔：《旧制度与大革命》，冯棠译，商务印书馆1997年版，第71、73页。
② 同上书，第210页。

第十二章 革命与变革：法国土地确权

一、法国没有形成大农阶层

总体看，革命前的法国农村依然处于"旧制度"时代，农奴制基本瓦解，然而一些地区还保留着农奴制残余，如佃农不能完全自由地处置自己土地，甚至人身不能自由流动；如果孩子没有与其共同居住，他们去世后，土地要归还领主。一些庄园还保留着部分劳役制，诸如帮助领主收割庄稼，运输小麦、葡萄以及木材等。

农民负担加重

把法国农民和农业制度与已经解放的英国农民及农业制度作对照，这个做法业已成为一个传统，乔治·杜比认为这样做并非徒劳无益。在英国，18世纪土地私人产权基本明晰，资本主义农业已然确立，这与东欧和中欧农业制度形成对照。在后两个地区，特别是在易北河以东的普鲁士和东欧，贵族占有大部分土地，并对农民有直接的人身支配权，农奴制卷土重来。杜比说："法国看来处于两种体制之间，这里的领主制因其行将就木而更形苛刻。"① 在法国，典型庄园佃户地租通常是固定的，年贡保有农地租即是如此，他们受到习惯法保护，所以年贡保有农（censiers）又被称为习惯佃户。时值价格革命，通货膨胀又使地租的实际价值缩减，无疑有利于农民的积累和发展，一般说来，法国农民也经历了一个时期的普遍发展。不过，18世纪法国出现两种情况不同于英国。

其一，在英国，尽管有价格革命和商业地租上涨的压力，可是畏于习惯法，领主既不敢堂而皇之地提升习惯地租，也不敢贸然平添新税种，只得迂回加重佃农土地易主费，后者额度没有被习惯法严格规定。易主费即农民保有地继承或流转时交付领主的费用。法国则不然。"就整体而言，贵族的反应是强硬的，在村庄，领主设

---

① 〔法〕乔治·杜比主编：《法国史》（中卷），吕一民、沈坚、黄艳红等译，第807页。

法翻新'地籍'登记册，以图更为严格地征收那些古老的捐税"，因为在18世纪，"贵族的垄断地位反而更为强化了"。①除了加重土地易主费外，还巧立名目平添新租税。增加的新地租被称为"尚帕特"（champart），即按照庄稼收成比例扣留收获物，每个地方征收比率不同，大约1/12到1/6不等，在南方凯尔西省和鲁埃格省一些地方，该税竟然占去农民收入的25%，致使一些农民被迫放弃谷物种植。②又如，恢复业已废除的磨坊捐、烤炉捐等，增添摊税、市场税、打猎税、道路通行费、过桥费等，还要农民担负一些临时劳役。在许多情况下，这些税费总额超过地租。可见法国庄园习惯法对农民的保护力度弱于英国。

其二，在法国，即使习惯地租有时也不稳定，一些领主雇用律师，挖空心思，使习惯地租也在增长。比如1786年，勃艮第的索-塔瓦雷斯家族加倍征收一年的地租。③尽管法国也出现了集中一部分土地、雇用劳工的富裕农民，然而没有形成规模性的、改变乡村结构的富裕农民群体，所以农村劳动力被吸纳的空间有限。这样，在法国农村不是随着农民分化和土地集中产生大农以及大批独立劳工，而是出现越来越多的分成租地农（métayers）。

分成租地农是个重要的农村群体，他们完全没有土地产权，其所占村民比例和耕作土地面积超过年贡保有农。分成租地农与年贡保有农性质不同。他们不是按照庄园传统模式承租土地，而是离开自己原来的保有地，成为无地少地农民。分成租地农不是封建保有制下的习惯佃户，其土地关系自然不受习惯法保护，实际上相当于英国工资雇工或契约租地农，分成制形式不过是法国市场经济欠发达使然。分成租地农不是支付货币地租，而是按比例

---

① 参见〔法〕乔治·杜比主编：《法国史》（中卷），吕一民、沈坚、黄艳红等译，第809页。
② 参见P. M. Jones, *Politics and Rural Society: The Southern Massif Central, 1750–1880*, Cambridge: Cambridge University Press, 1985, p.162; Peter McPhee, *A Social History of France 1789–1914*, Basingstoke: Palgrave Macmillan, 2004, p.16。
③ 参见Peter McPhee, *A Social History of France, 1789–1914*, pp.27–28。

分割部分收获物给田主。在分成租地农中，相当一部分人来自庄园之外，这就是为什么大革命中分割共用地的时候往往排除他们。此外，法国还有一小部分身份非自由的底层农民。

18世纪法国绝大多数领主不居乡，主要时光消磨在巴黎等大城市，或者在离庄园不远的城镇。他们不关心地产经营和生产，租税征收交给包租商，如布罗代尔所说："若有一个敢作敢为和敢于创新的贵族，就有十至二十个贪图安稳、坐吃地租甚至麻木不仁的贵族。"[①]他们不屑于经营农业，却热衷于买卖土地投机生意，土地在他们手中，更多是一种财富储存和增值的形式。英国小农土地大多经过市场流向大农手里，由于法国没有形成大农－乡绅群体，没有能力大规模地接纳小农土地，形成资本主义农业，结果小农土地大多流向贵族手里。贵族或从事土地投机，或将土地再次转租给分散的无地小农，结果，对原有生产结构和社会结构没有什么触动。18世纪法国工场手工业、对外贸易和金融资本主义均有发展；法国农业也经受商品经济洗礼，农村经济亦有一定积淀和发展，却没有出现实质性的突破。

王权的盘剥

大革命前的法兰西，仍有一个权力几乎不受限制的国王，而且，还出现了更糟糕的情况，竟不顾上千年的西欧传统，王权之手直接伸进农民口袋。封建领主丝毫没有让渡封建特权，却逐渐远离乡村，放弃村庄管理职能，让位于外来的官吏。法国历史学家坦尼曾记载村民的失落心态，村民们常常回忆起昔日乡村领主"家长制"（paternalist）较为温情的一面，例如，在寒冬季节，一位贵族向自己领地上的妇女、孩子和老人发放羊毛和亚麻布，以备寒衣；或在领主门口堆起巨大的柴垛，日夜燃烧，供穷人取暖；或在暴风雨过

---

① 〔法〕费尔南·布罗代尔：《15至18世纪的物质文明、经济和资本主义》（第二卷），顾良译，生活·读书·新知三联书店2002年版，第309页。

后发放救济食品。①此情此景，一去不复返，当下村庄统治者已是新面孔。托克维尔不无正确地指出，18世纪的法国乡村，统治农民的不是领主，而是官吏，这种情况"为法国所仅有"：

> 在18世纪，教区（即村庄。——引者）的一切事务都由一些官吏主持，他们不是领地的代理人，也不再由领主选定；他们当中有些人是由该省总督任命，另一些人则由农民自己选举。分派捐税，修缮教堂，建造学校，召集并主持教区大会的，正是这些权力机构。它们监管公社财产，规定其用项，以公共团体名义提出并维持公诉。……所有教区官吏均隶属政府，或归中央政府统辖。领主几乎不再是国王在教区的代表，不再是国王与居民之间的中介人。在教区内执行国家普遍法律、召集民兵、征收捐税、颁布国王敕令……作为整体，贵族不再从事管理……这种现象在当时为法国所仅有。②

随着王权日趋强化，国王政府罔顾西方地方自治传统，官吏直接进入乡村，让每个村民都为"王室荣光"背负一份额外负担。最初法国王权对农民的直接征敛是临时性的，比如塔利税，本是战争期间临时举措，以后却成为常规税种。王权直接税大多实行包税制度，中间经包税商克扣，农民实际上缴纳的要多出规定的税额。国王政府先确定征税总额，经过财税区，再将税额分配到村庄，最终由村民分担。③此外，还有"人头税"，另一种王权的直接税。进入18世纪，王权税收有不断上涨趋势，据菲利普·霍夫曼统计，按实际价值计，16世纪中叶至18世纪30年代，人均

---

① 参见 Hippolyte Adolphe Taine, *The Origins of Contemporary France: The Ancient Regime*, New York: Henry Holt and Company, 1876, p.33。
② 〔法〕托克维尔：《旧制度与大革命》，冯棠译，第68—69页。
③ 参见 Pierre Goubert, *The French Peasantry in the Seventeenth Century*, Translated by Ian Patterson, Cambridge: Cambridge University Press, 1986, pp.197-198。

第十二章　革命与变革：法国土地确权

税额上涨近七倍。①

贵族的生活舞台转入城市，他们不再直接管理庄园，可是其封建租税特权一点没有减少，加之王权及地方官吏的介入与盘剥，农民生活和生产受到挤压的境况可想而知。那些陌生的征租催税的官吏，对农民更加粗鲁，毫无怜悯之心，农民称其委托人是"站着走的狼，一旦进入田园，最后一个苏都要叼走"②。王权对普通农民征缴捐税，无一遗漏，然而却明确宣布教俗贵族享有免税特权，实际上将他们的捐税叠加在农民头上。在18世纪晚期，农民实际上受到来自领主、教会和王权的三重压迫和盘剥，负担沉重，愈发抑制了农村中间阶层的形成。③

图 12-1　法国漫画

该图是1789年大革命后流行的漫画作品。左图，漫画家描绘了一个挂锄、负重的农民，他的劳动养活了僧俗贵族，讽喻旧制度的不平等。右图也是表达底层小农被压迫的苦难：一个瘦弱的男人四肢着地，手脚被铁链捆绑，眼睛被蒙住，嘴巴被缰绳堵住。

---

① 例如，16世纪60年代人均约0.4蒲式耳小麦，到18世纪30年代为2.6蒲式耳；16世纪60年代，巴黎建筑工及其家庭负担8天劳役，到18世纪20年代超过40天劳役。Philip T. Hoffman, "Taxes and Agrarian Life in Early Modern France: Land Sales, 1550–1730", *The Journal of Economic History*, Vol.46, No.1 (1986), pp.45, 49.

② Hippolyte Adolphe Taine, *The Origins of Contemporary France: The Ancient Regime,* p.52.

③ 参见 Peter McPhee, *A Social History of France, 1789–1914*, p.16。

427

所以，不论生产、生活还是消费水准，法国农民与英国农民都拉大了距离。英国农学家阿瑟·扬的《1787年、1788年与1789年法国和意大利游记》，曾记述他亲眼所见的法国农民生活状况：法国人很少吃肉，在波尔多地区莱拉克镇，一年只宰杀五头牛；而在英国，同等人口规模的城镇，平均每周就消费两三头牛。[1]在奥弗涅旅行时，阿瑟·扬与一农妇交谈。她手指弯曲变形，满脸皱纹，看上去六七十岁，但她说自己只有28岁。她及其家庭被繁重的农活和租税所累，生活窘迫。她说，她丈夫只有一小份土地、一头牛和一只瘦弱的小马驹，可是要缴纳繁重的塔利税，还要分别支付两个领主免役租（quit-rent）。[2]阿瑟·扬的记载是实证性见闻，可参考。

不能否认，在18世纪，法国的工场手工业发展迅速，其中采矿业、冶金业、奢侈品工业和纺织业最为明显。里昂的丝织品、阿尔萨斯的色布、巴黎的化妆品和服装等，在市场上享有盛誉，对外贸易也有大幅度的增长。不过，这样的手工业的规模和数量是有限的，且与农村经济没有密切联系，不足以影响整个法兰西经济。它们主要聚集于城市，而城市只占全国人口的六分之一。总体看来，这是一个受农村世界支配的旧经济制度，而农村依然处于糊口经济的沉重节奏之下。对大部分农民而言，18世纪没有给他们带来光亮，价格革命对于有剩余产品出售的大农有利，但对大部分艰难度日的小农造成沉重负担。再加贵族和王权的倒行逆施，农民的命运变得更加脆弱。

因此，笔者更接受法国历史学家坦尼的描述，他写道："大革命前的法国存在一种难以忍受的苦难，绝大多数的农民靠自己的双手不能养活自己，居民几乎只能以荞麦为生，光景好的时候则是黑麦和大麦制成的面包，由于苹果大量歉收，他们的饮品只有水，或者

---

[1] 参见 Arthur Young, *Travels in France and Italy During the Years 1787, 1788 and 1789*, Edited by Ernest Rhys, London: J. M. Dent & sons, ltd., 1915, p.56。

[2] 参见 Arthur Young, *Travels in France and Italy During the Years 1787, 1788 and 1789*, pp.159-160。

是以葡萄渣和水勾兑的饮料；而在葡萄产区，大多数葡萄农只能在农闲时节去乞讨面包。在朗格多克发生了大规模的逃离，在巴黎，乞丐多如蝗虫。"①1789年，在圣皮埃尔－勒－穆捷，可以听到农民的各种抱怨，不仅经济拮据，还有生活的种种非自由，他们不能依照自己的意愿遗赠土地，变换居住地，更不能随意选择自己的职业等。②

超经济权力膨胀，一定伴随着生产者个体权利弱化，并与生产效率形成反差。阿瑟·扬估算，18世纪下半叶，英国1英亩耕地可产28蒲式耳谷物，而法国仅为18蒲式耳；英国1英亩总产值为36英镑，法国只有25英镑。法国乡村道路状况恶劣，无法正常运输。在偏远地区，贫瘠的土地产量仅是种子的三倍，以致无法提供必需的粮食。③

二、农民土地权利缺失

托克维尔认为，大革命前，"法国农民已经变为土地所有者"，事实果然如此吗？

多数农民不是土地所有者

财产权是个人权利的重要标志，农民个体权利与土地权利相互依存，共同进退。时至18世纪下半叶，法国农村经济和农民个人土地产权没有明显的发展，占庄园主体地位的还是年贡保有农，"年贡"即每年向领主按时交纳的地租。年贡保有农又被称为免役租地农，起初他们每周提供定期劳役，后来代之以货币地租（间或交纳

---

① Hippolyte Adolphe Taine, *The Origins of Contemporary France: The Ancient Regime*, pp.335, 333.
② 参见 Sydney Herbert, *The Fall of Feudalism in France*, New York: Barnes & Noble, Inc., 1921, p.5。
③ 参见 Hippolyte Adolphe Taine, *The Origins of Contemporary France: The Ancient Regime*, p.339。

实物），年贡保有农类似于英国早年的维兰以及后来的公簿持有农。18世纪年贡保有农大约占有庄园耕地三分之一。[1]年贡保有农对其保有地拥有一定的支配权，土地可以转租，甚至可以继承和买卖，不过当发生土地易主的时候，佃户要向领主交纳一笔专款，即土地易主费。这笔费用与"年贡"一样，表明领主在这块土地上同样有一份权利，易主费数额如此之大，相对固定的年贡反而不是佃户的主要支出了。

土地易手后，领主权利并非到此为止，而是继续附着在转移后的土地上。倘若儿子继承该土地，继承人须继续履行佃户义务；如果进入市场，接手该土地，土地交易者同样要继续履行佃户义务，这样做并不改变交易者的身份，所以这个时期土地性质比人的身份更重要。土地继承和转移不改变土地的性质，除非经过特定的谈判，领主宣布放弃权利，卖断产权，从而达成新契约。也就是说，土地不因易手而消弭土地上的领主封建权利。

显然，如同习惯佃农的土地权利一样，庄园领主的土地权利同样受到封建法和庄园习惯法保护；这样的土地显然重叠着两种或两种以上的权利，因此封建保有地是混合、不确定的。佃农在保有地上有一份权利，一份比较稳定的权利，有一定刚性，倘若因此认为佃农是土地所有者，显然不符合历史事实，无论在法理上还是在实际生活中都是没有根据的。18世纪年贡保有农大约占农民总数40%，是一个不可忽视的比例。[2]除去极少数自由土地持有者之外，年贡保有农是最接近私人土地产权的农民群体，其他村民如分成租地农等则距之更远矣！

前资本主义社会土地产权都是模糊产权制度，无一例外，法国如此，英国曾经也是这样，直到圈地运动才终结模糊产权制度，明

---

[1] 参见 Søren Kjeldsen-Kragh, *The Role of Agriculture in Economic Development: The Lessons of History*, Copenhagen: Copenhagen Business School Press, 2006, p.133。

[2] 参见 J. H. Clapham, *The Economic Development of France and Germany, 1815–1914*, Cambridge: Cambridge University Press, 1968, pp.13–14。

确为单一的私人产权。从16世纪第一次圈地运动到19世纪议会圈地的完成，历经数百年，可见英国现代土地产权确立是一个漫长的过程。英国最早兴起农业资本主义，所以率先启动了这个过程：在农民经济普遍繁荣的基础上，15世纪就形成大农-乡绅阶层，他们一方面吸纳小农流失的土地，一方面承租甚至收购领主的直领地，形成强有力的乡村中间阶层。这个阶层要求更清晰的土地产权，势必挑战传统的庄园田制，这是圈地运动兴起，也是土地确权的根本原因。

在法兰西，由于各种社会条件的差异，个体农民没有创造出农产品普遍剩余和积累，没有大量农牧产品交易和流通，没有活跃的农民土地市场，也没有产生大农阶层。据福维尔（Foville）的估计，1789年，法国农民土地持有者约400万，参与农牧产品市场交易的农户数量最多60万，只有15%农民的生活过程与市场相连，绝大多数农户没有多少剩余产品可交易，仍是自给自足的小农。参与土地交易的农民就更少了，而且卖地的多，买地的少。[1] 尽管出现了一些从事商品生产的富裕农民，却没有形成有影响力的富裕农民群体，以及占有一定份额的、有影响力的农业资本主义经营方式。

在这样的情况下，小农出手的土地主要流入领主、商人、包税商、银行家和政府官员手里，后者并不投资农业资本主义，仅将土地视作财富储存方式和投资生息手段，是纯粹的"食利者"。难怪近年有学者对大革命前法国是否真正存在"资产阶级"提出质疑。[2] 结果，中世纪旧格局没有受到颠覆性冲击，而且，农民直接经营的土地总面积明显缩减，非但土地没有在大农手里集中起来，一般农民的土地反而更加碎片化，一部分农民完全失去土地。

大革命前，在普瓦图的坎布拉斯，60%—70%农民占有土地不

---

[1] 参见 Robert Forster, "Obstacles to Agricultural Growth in Eighteenth-Century France", *The American Historical Review*, Vol.75, No.6 (Oct., 1970), p.1604。

[2] 参见 Sarah Maza, *The Myth of the French Bourgeoisie: An Essay on the Social Imaginary, 1750–1850*, Cambridge: Harvard University Press, 2003, pp.14–40。

超过一公顷，只有20%农民占有一至五公顷。这些占有小块土地的农民在佛兰德、埃诺、阿尔图、皮卡迪、诺曼底、布列塔尼亦为数不少，并且有日益加剧的趋势。①北方各省农民土地缺失情况更为严重，在莫热斯，85%—90%农民占有土地不到一公顷，土壤贫瘠，不足以供养一个家庭。在下诺曼底，大多数仅占有几拜尺（perches，一拜尺相当于34—52平方米）耕地，以及一间茅舍和一小块菜园。②

还有一批无地农

土地短缺的农民不是少数，不仅如此，一部分农民完全没有土地。在卢瓦尔省的博斯与加蒂奈地区的13个村庄中，没有土地的农民达到24%，凡尔赛地区高达55.5%，再向北的亚眠地区则有21%。③革命爆发期间，下诺曼底省的一项统计表明，没有土地的农民达到一半左右。1790年，下诺曼底省80个教区10 777个农户，持有土地的农户6 439，占59.8%；没有土地的农户4 338，占40.2%。其中，一些教区无地农占据多数，例如圣-科隆伯教区，共有55个农户，其中45户没有土地，占81.8%；在叙尔教区，114个农户中有86户没有任何土地，占75.4%。④

下面这项数据是失地农的全国平均数据，具有更高的参考价值。法国革命爆发后，为了估计贫困人口数量以组织社会援助，国民议会启动了专项调查。1791年，税务官，也是法国著名化学家拉瓦锡⑤，向国民议会税务委员会提交了一份名为《法兰西的领土财富》的

---

① 参见 Frederic O. Sargent, "Feudalism to Family Farms in France", *Agricultural History*, Vol. 35, No. 4 (Oct., 1961), pp.194−195。
② 参见 A.Davies, "The Origins of the French Peasant Revolution of 1789", *History*, Vol.49, No.165 (1964), pp.26−27。
③ 参见 P. M. Jones, *The Peasantry in the French Revolution*, Cambridge: Cambridge University Press, 1988, p.9。
④ 参见 Jean Loutchisky, *La propriété paysanne en France à la veille de la Révolution*, Paris: Honoré Champion, 1912, pp.128−129。
⑤ 拉瓦锡（Albert Lavoisier，1743—1794年），法国著名化学家，近代化学的奠基人之一。1768年，他曾加入由国王直接管辖的税务机关，1794年，因其税务官身份被推上断头台。

报告，当年出版。根据该报告可知，当时法国约有2 000万农户，其中超过800万农户没有土地，无地农的比例达40%以上。① 这是当年公开的一个平均数据，着实令人吃惊！皮之不存，毛将焉附，农民连土地都没有，遑论土地上的产权？不知托克维尔何以得出革命前"法国农民已经变为土地所有者"的结论？拉瓦锡的数据得到现代历史学家的认同，例如历史学家勒费弗尔指出，无地农到处可见，一些地区的无地农所占比例超过一半，近海的佛兰德竟然达到75%。② 可以肯定地说，大量失去土地、贫困农民的生存危机，是法国革命爆发的极为重要的原因。

高比例分成租地农的涌现，从另一个方面证实法国无地农的大量存在，无地、少地农民是分成租地农的主要来源。收益分成制早已存在，到大革命前，小块土地分成租佃已成为法国最普遍、分布最广的土地经营方式。以土地肥沃的佛兰德为例，据估计，一农户维持生存，起码要占有五公顷土地，但佛兰德只有16%的农民达此标准，从全国来看，只有5%—6%达到此数。③ 为了生活，农民常常会另租一小块土地作为补充，而无地农则完全依靠这样的土地为生。旧制度晚期的法国农民大多是两种方式并存，这是小块土地分成租佃普遍存在的基础。它表明无地、少地农民大量存在，同时反映了法国农村经济货币化、市场化欠发达的状况，自然经济痕迹明显。所谓收益分成制，就是佃农以收获物不是以租金支付地租。出租人通常提供牲畜、农具和第一年的种子等，租佃者提供劳动力，后者一贫如洗的状况不言而喻。

显然，大革命之前，法国农民的土地附着大量封建义务和封建租税，它们是土地产权残缺的标志，只有废除这些封建义务，才能确立

---

① 参见 Albert Soboul, *La France à la veille de la Révolution: éconimie et société*, Paris: SEDES, 1974, p.236。

② 参见 Georges Lefebvre, *The Coming of the French Revolution*, translated by R. R. Palmer, New Jersey: Princeton University Press, 1976, p.132。

③ 参见〔法〕让·饶勒斯：《社会主义史·法国革命》（第一卷"国民议会"上册），陈祚敏译，商务印书馆1989年版，第263页。

真正现代意义上的土地私有产权。至于分成租地农，他们距离私人土地产权就更远了。综上所述，我们很难接受托克维尔关于革命前"法国农民已经变为土地所有者"的结论。可是在他的逻辑链条里，正是农民基本变为土地所有者，进而构成大革命爆发的前提。他说，为什么法国人民如此仇恨封建权利呢？"产生这种现象的原因，一方面是法国农民已变为土地所有者，另一方面是法国农民已完全摆脱了领主统治。无疑还存在其他原因，但是我认为这些乃是主要原因"；"对于一个坏政府来说，最危险的时刻通常就是它开始改革的时刻"，① 所以当农民获得一定权利，并废除一部分封建制度时，人们对剩下的封建部分常常抱有百倍的仇恨，更加不能容忍，于是大革命在法国爆发。托克维尔称革命前法国农民已是土地所有者，显然是历史事实的误判；上述推论逻辑上的合理性，同样令人怀疑。

事实上，不是法国贵族和政府向农民让渡了权利引发革命，而是革命前农民处境更糟糕使然！随着王权统治强化，农民土地权利出现一定程度的逆转，"18世纪法国农民的处境有时甚至比13世纪的农民处境更恶劣！"② 农民与领主、与王权，贵族与国王之间的矛盾越来越尖锐，现存法律规则和手段不足以提供相应的支持；社会对立激化了仇恨与暴戾情绪，不鼓励人们选择可能的法律渠道。结果，18世纪中叶以后暴乱和抗议连绵不绝，因为越来越多的贫苦农民不堪重负，如同坦尼指出的那样，大革命前的法国存在一种难以忍受的苦难，权利缺失，特别是土地权利缺失，以及此起彼伏的反抗和骚乱，形成巨大的"匪患恐慌"（fear of brigands），③ 最终催生了1789年法国大革命爆发。

历史的逻辑显然是这样的：不是因为农民获得了土地权利而变得更加仇恨，恰好相反，是因为农民土地权利缺失带来的巨大痛苦，

---

① 〔法〕托克维尔：《旧制度与大革命》，冯棠译，第71、210页。
② 同上书，见张芝联"序言"。
③ 参见 Hippolyte Adolphe Taine, *The Origins of Contemporary France: The Ancient Regime*, pp.335, 333; Georges Lefebvre, *The Great Fear of 1789: Rural Panic in Revolutionary France*, New York: Pantheon Books, 1973, pp.122-133。

甚或权利得而复失的愤怒和绝望，最终酿成大革命。很明显，不是农民获得一些权利，激起了更大的仇恨，而是统治者逆向而行，侵犯传统的权利边界，驱使生产者与土地所有权越来越远，积怨过深，导致大革命爆发。人们不难发现，革命的一个重要目标就是解决农民土地产权问题。农民揭竿而起，首先冲向领主宅邸，焚烧土地契约文据，颇具有象征性意义。一旦爆发，难免显得激烈，本来需要一点一滴完成的事情，现在要以突然方式实现，如同脱缰的野马，这样的变革肯定会呈现出与英国不一样的形式。

三、大革命与私人土地产权确立

农村危机诱发革命

18世纪法国与英国有种种不同，根本区别在于，一个多世纪前英国已经是宪制国家而法国不是。大凡成熟的政治制度，都不是孤立的，一定与一系列相应的社会条件以及广泛的社会共识密切相连。如果说英国已经实现了对最高权力的制约，那么权力制约肯定不仅表现在顶层，并且表现在社会各个层面和领域。在村庄，则是佃户对领主权力的制约。英国农民成功限制了领主过分盘剥，也限制了王权可能的侵夺，使自己的剩余产品不断积累，土地私人权利不断完善，依靠经营资本主义农业，形成乡村中间阶层，从而改变农村乃至整个社会结构。由于乡村生产者和经营者拥有较充分的权利和财力，并在18世纪成功地利用了它们，使得议会圈地和工业革命水到渠成，如期而至。

在法国，在繁荣的巴黎、凡尔赛和波尔多等大城市的背后，广大农村地区一直陷于贫困，没有形成新的经济生活，没有产生新的社会群体和新的社会关系；土地产权未能从附加给它的政治关系中摆脱出来，始终笼罩在封建特权的阴霾中。

事实上，法国农村没有形成新兴资本主义农业经济，没有产生市场利润的新型农场，因而没有像英国农村那样，在近代早期成为城乡流动资金的归属地。基于广大乡村很少有吸纳资金、创造农牧产业和原始工业利润的企业，所以，尽管法国城市工商业有所发展，一些商人、法官、律师等新生资产阶级也积累了一定货币，却很少有人投资工商业和农业。

结果，为非生产性消费打开大门。一些富人捐官买官，一心成为"穿袍贵族"；不是增创社会财富，而是争先效尤旧贵族，热衷于奢华挥霍的生活方式，与教俗贵族沆瀣一气，吸吮社会财富。对外战争屡战屡败，逐渐陷入财政危机，成为1789年7月大革命爆发的导火索，但深层原因是农村深刻的经济社会危机，要害是农民土地问题，因此大革命中农民群体的行为极为抢眼。

旧制度下贵族占有大量土地和财富，王权解决财政危机的直接途径是增加捐税，因此贵族和王权始终关系紧张。面对王权威胁，穿袍贵族把持的高等法院拒绝为新税登记，迫使路易十六重新召开尘封170余年的三级会议；与此同时，贵族推波助澜，乐见农民对国王的种种抗议和骚动，企图借助平民的愤怒情绪打压王权。然而，历史波谲云诡，这些被煽动起来的大众，特别是那些悲苦的无地农民，声讨国王，也没有放过贵族，实际上，他们首先冲向领主宅邸，攻击贵族城堡或焚烧地契，整个法国陷入动荡之中。毋庸置疑，土地永远是农民心上的头等大事，如同约翰·马科夫所指出的那样，摧毁领主保存的土地契约文件是农民骚乱的主要目标。[1]例如，1789年7月29日，梅麦侯爵城堡被袭击并烧毁，接下来的一周，愤怒的农民又摧毁了3座修道院，毁坏了11座城堡，闯入文书室，所有地契档案被销毁，登记册和法庭案卷被洗劫。又例如，7月31日，盖布维莱地区500名农民，袭击了米尔巴克修道院，烧毁了地契和藏书。[2]

---

[1] 参见 John Markoff, *The Abolition of Feudalism: Peasants, Lords, and Legislators in the French Revolution*, University Park: The Pennsylvania State University Press, 1996, p. 504。

[2] 参见 Hippolyte Adolphe Taine, *The Origins of Contemporary France: The French Revolution*, Vol. 1, Indianapolic: Liberty Fund, 2002, pp.87-88。

第十二章 革命与变革：法国土地确权

攻击领主宅邸，烧毁土地契约，以期迫使贵族领主放弃土地权利的案例，不胜枚举。在奥恩河西部，塞格里侯爵被迫逃亡，他被告知，如要保住城堡，必须签署放弃土地权利声明书。另一位伯爵瓦西也遇袭逃亡，土地契约被销毁，被迫宣称放弃土地权利。在色瑞，哈考特公爵宅邸遭到袭击。在奥兰穆森，侯爵亲眼目睹自己城堡被洗劫，全部土地文书在山谷里被付之一炬。①其时，国民议会被不断传来的骚乱和暴动报告所淹没，深感恐惧。国民议会代表巴雷尔（Barère）在其回忆录中写道，他永远不会忘记凡尔赛周围火烧城堡的情景，这类消息不绝于耳，还有其他可怕的报告。②大革命爆发的1789年7月，被称为夏季"大恐慌"（la Grande Peur）。

笔者认为，理解法国大革命，一定要充分体察当时法国农村和农民。那里的基本事实是，如前所述，将近一半农民没有土地，即使占有土地者，也没有自己完整的土地产权，多数是不足以维生的小块土地，租税负担沉重，积怨深重。这是法国革命的底色，势必深刻地左右革命走向；另一方面还要看到，法兰西是欧洲文明一部分，而且深受启蒙思想和美国革命的影响，从整个欧洲文明发展节奏看，此时土地产权变革已经有了时间表，土地确权势在必行，只是要打上法国特定的印记。

近代早期英国农村资产阶级已经生成，他们有能力按照法治轨道走下去，获取完整自由产权。法国农村几乎不存在中等阶层即农业资本家阶层，面对王权和领主的双重压迫，他们缺乏保护和更新习惯法的能力，难以像英国农民那样主要诉诸法律和法庭，间或使用货币赎买手段，以达到农业变革的目标。出于对旧制度绝望，法国农民不再承认习惯法，不承认依照习惯法生成的契约，包括社会关系契约和土地契约。所以，他们不是更生习惯契约，而是打翻旧世界；而仇恨和激情，又给暴力带来"合法性"。伴随着愤怒的农

---

① 参见 Georges Lefebvre, *The Great Fear of 1789: Rural Panic in Revolutionary France*, p.103。
② 参见 Michael P. Fitzsimmons, *The Night the Old Regime Ended: August 4, 1789, and the French Revolution*, University Park: The Pennsylvania State University Press, 2003, p.142。

民冲击领主宅邸和城堡，整个法国农村出现一波又一波贵族逃亡潮，形成夏季"大恐慌"，从而拉开法国土地革命的序幕。尽管这一幕持续时间不长，还是注定了法国模式的特征：一方面试图通过国民议会推动自上而下的社会变革；另一方面，变革往往被赋予暴民色彩，引起社会的动荡不安和变革的循环往复。

从君主立宪派到雅各宾专政

概括起来，法国大革命主要经历了君主立宪派、吉伦特派、雅各宾派和拿破仑帝国等几个阶段。每个阶段都有不同倾向的土地法令颁发，尽管历经曲折，最终还是确立了私人土地产权。

君主立宪派：革命前，以第三等级代表为主体，已经组成国民议会，并迫使国王承认。首先掌权的是君主立宪派，他们为缓解农村暴动等所造成的严重局势，试图做某种妥协。1789年8月，国民议会颁布若干法令，宣布废除封建制度，实际上是有条件地废除封建制。法令把封建制度分为两个部分，即附属人身的封建义务和附属土地的封建义务，前者无偿废除，后者则需要赎买。

属人的封建义务指劳役制，还有显示领主特殊身份的各种封建特权，如狩猎权、垂钓权，死灰复燃的磨坊捐、烤炉捐等，以及新增添的摊税、市场税、道路通行费等，都无条件予以废除，因为领主已没有保护职能。附属于土地上的租税，仍然有效，需要货币赎买方能废除。当时，劳役制等人身支配特权基本已不存在，只有少数地区还有残留，不过该法令重申人身自由不无意义，有利于从法律上巩固农民权利，清除人身奴役的痕迹。农民最关心如何赎买土地易主费、年贡等封建土地负担，事关农民土地产权。君主立宪派的赎买性补偿政策，既承认传统习惯法，又消弭土地的封建性，剪掉保有地的旧制度尾巴，不失为土地改革的重要选项。

怎奈法令规定的价格过高，与农民实际的支付能力不符，使该方案成为纸上空文。根据规定，如果赎买年贡地租，须支付该土地年产值20倍的金额；如果以实物形式赎买，须支付该土地产量25倍的谷物。土地易主费的赎买价格是实际费用的5倍。这个价格只有资产阶级才支付得起，大多数农民实际上无法通过这种方式获得土地产权。显然，可行性不足，更是政府诚意不足，遭到普遍反抗是可以预料的。农民纷纷在领主城堡前竖起绞架，抗议政府和领主，并警告那些去赎买封建权利的少数有钱人。所以，《八月法令》颁布后，赎买封建权利的人不多，农民依然要交纳各种封建租税，土地所有权问题基本没有得到解决。

吉伦特派：1792年吉伦特派掌控议会后，为了平息小农的不满，采取了比君主立宪派更激进的政策。其土地法令，仍然坚持以赎买方式废除封建租税，不过做出了一些不利于领主的决定。那就是，倘若领主要得到补偿，必须提供原始契据，以证明他在保有地上的权利，否则领主的权利自动废除。当领主能够提供足够的证据时，这些土地上所附着的封建义务依然得到承认，即承认领主封建权利的合法性。但是，出示原始地契文件要求不无苛刻，因为在革命初始阶段即1789年夏季"大恐慌"中，许多领主宅邸遭到攻击，土地契约早已被付之一炬；再者，由于年代久远，契约没有保存下来的不是个例。"由于很少有领主能证明这样的事情，因此这就为封建主义的棺木钉上了又一枚钉子。"①

一部分农民，主要是富裕农民赎买了土地封建权利；封建权利被允许一项一项地赎买，也减轻了一次性支付难度。但在更多的情况下，则是由于领主无法提供土地契约文件，事实上无偿废除了这部分农民的封建义务，农民成为实际上的土地所有者。旧制度时广为流传的"没有无领主的土地"（nul terre sans seigneur）格言，正在变得不合时宜。②越来越多的农民获得了完整的土地产权，尽管在法律程序上仍然不完善。吉伦特派掌权时间不长，但是它开创的一些先例对后来不无影响。

雅各宾专政：更激进的土地政策与恐怖统治。1793年，雅各宾俱

---

① P. M. Jones, *The Peasantry in the French Revolution*, p.91.
② Ibid., p.92.

乐部和巴黎人民联合举行起义，逼迫国民议会拘捕吉伦特派领袖，自此雅各宾派掌握政权。为了获得农民支持，雅各宾派通过国民议会颁布三个土地政策法令：其一，无偿废除旧日的一切封建贡赋和义务，包括大革命后曾经被承认的封建义务，要求领主三个月内交出封建文据和土地契约，责令焚毁之，违者处以五年镣铐监禁的徒刑。[①]其二，没收逃亡贵族的地产，并将其悉数出售，尽可能切割成小块土地，分期付款，鼓励小农购买，所得收归国民议会。依据上述两项法令，数以十万计农民变成小块土地所有者。其三，继吉伦特派分割共用地的法令后，继续敦促分割村庄周围荒地林地等共用地，在村民中按人头平分，未成年人也可分得一部分土地，暂由父母掌管，直到其14岁时归还本人。不属于本村共同体的分成佃农，不能参与共用地分割。

雅各宾派实行废除封建租税政策，在很大程度上解决了农民土地问题，使得个体农民经济在大革命中获得巨大发展。然而，不是没有代价：简单废除封建地租意味着抛弃了中世纪以来村民共同遵循的习惯法。习惯法规定的土地权利，不论领主权利还是世代农民土地权利，记载于庄园法庭档案中，历时上千年，在欧洲历史上具有不可替代的重要作用，与之断然切割，很难不损害欧洲文明中珍贵的法治传统。再者，现代产权是逐渐明晰权界的经济过程，最终摆脱封建附属物，获得纯粹的经济形式，否则，难免留下遗患。自此往后，各种非法行径如破堤洪水，汹涌而来，不言而喻。没有健全的法治环境，任何人的土地都可能不安全。

实行恐怖统治的雅各宾派，就是大革命中法国激进主义代表。掌权以前，雅各宾派就鼓动巴黎民众冲击监狱，胡乱杀死不少囚徒，掀起大面积的暴力行为，史称"九月屠杀"。执政后，面对贵族反抗和国外反法联盟威胁，雅各宾派实行战时总动员，采取更加严厉的手段。经济方面，强行征集物资，全面限价；宗教方面，关闭教堂，实行共和历法，推行"非基督教化"运动。政治更加严酷，如改组

---

① 参见 P. M. Jones, *The Peasantry in the French Revolution*, p.91.

革命法庭，加速审判，被送上断头台的有国王、贵族、投机商人、平民，还有各种政治反对派人士。甚至规定法庭无需证据，仅凭推理即可定罪。国民议会代表人人自危，民众也厌倦了流血，在1794年7月政变中，雅各宾派领袖罗伯斯庇尔等也被送上断头台。尽管法国大革命的口号是自由、平等、博爱，可是当革命越来越激进时，自由、平等和博爱观念却越来越淡漠，甚至丧失殆尽。

历经曲曲折折，几度血雨腥风，法兰西为其暴烈的方式付出代价，不过革命还是充当了现代土地产权落地的催生婆。仅就普通大众的财产权利而言，农民显然是受益者。农民土地上的封建特权被废除，年贡、土地易主费等土地租税被取消，以致自由土地产权近在咫尺，唾手可得。与此同时，共用地——封建采邑制的另一个重要组成部分，也改变性质，实现了土地确权，分割后的共用地大部分进入农民手里。

早在吉伦特派统治时期就发布法令规定，本年度庄稼收获后，立即将全部共用土地、森林和公共权益在村社全体村民中分割。继而，又宣布允许圈地，禁止强制性轮耕制，致力于土地私有化，将土地从传统村庄共同体的束缚下解放出来。1793年雅各宾派上台后，再次发布分割公地的法令。该法令将决定权交给村庄共同体，经过三分之一以上年满21岁的男女村民投票赞成，共用地就可以分割，所分割土地未来十年内不得出售。经济史学家普拉克（Plack）对法国20个省的统计，证实大革命促进了共用地的分割，例如奥兹省，在旧制度下很长时间里只有40个村庄的共用地被分割，然而，1793年之后就有109个村庄共用地被分割。[1]各个村庄分割的方式不一样，如泰齐耶尔村庄，一百多名村民分割了共用地，每块土地10—100公亩不等，平均每块地约为30公亩。[2]一些村庄一次性出售全部共

---

[1] 参见Noelle Plack, *Common Land, Wine and the French Revolution: Rural society and Economy in Southern France, c.1789–1820*, Surrey: Ashgate, 2009, pp.67–68。

[2] 参见Noelle Plack, *Common Land, Wine and the French Revolution: Rural Society and Economy in Southern France, c.1789–1820*, pp.134–135。

用地，所得现金由村庄共同体成员分享。虽然大革命期间没有普遍完成共用地分割，但是明显地推动了这一进程。

农民不仅得到了自己的土地产权，还从拍卖教会和逃亡贵族的土地中获益，扩大了耕作面积，为个体农民经济普遍发展打下基础。布洛赫指出，大革命使如此大量的土地投入市场，因而也巩固了小地产主的地位，许多贫穷的农民获得地块，从而巩固了自己的经济地位。连分成佃农也在竞争中获得了一块土地，由此上升到所有者阶层。[①]革命爆发后国民议会遇到财政困难，经投票决定没收教会财产，收归国有出售。为了鼓励农民购买，土地被分成小块出售，允许分期付款，首期可支付12%—30%不等，其余部分可分为12年偿还。

接着，自1792年开始，逃亡贵族、反革命分子和嫌疑犯的财产，也被纳入可出售的国有财产范围。国民议会同样做出优惠小农购买的规定，以获取农民的支持。为照顾无地或少地农民，法令还规定，在逃亡贵族遗留地产的村庄，占地不足一阿庞（arpent）的小农，每户可获约一阿庞（约为0.5公顷）土地，只需支付政府少许租金。也有一些地方政府没有听从国民议会指令，如多姆山省（Puy-de-Dôme）官员处置逃亡贵族土地时，没有分成小块出售。[②]

大革命期间，大约10%的土地从贵族和教会手里转出，进入土地市场。在这个过程中，谁是受益者？主要买方是有购买能力的资产者，但农民也有所得。晚近的区域性研究成果表明，农民购买力薄弱，多为小块土地交易，可买者众多。例如，塞诺内地区的桑斯县，土地购买者中有393位是资产者，914位是农民，资产者购地达2.015 559万坰，而农民不过1.125 406万坰。[③]

无论如何，相当一部分土地落入农民手里。当时的农业调查表

[①] 参见〔法〕马克·布洛赫：《法国农村史》，余中先、张朋浩、车耳译，第265页。
[②] 参见 P. M. Jones, *The Peasantry in the French Revolution*, p.159。
[③] 参见〔法〕雷吉娜·佩尔努：《法国资产阶级史：近代》（下册），康新文等译，上海译文出版社1991年版，第287页。

明，从1780年到1880年的一百年间，小地产的数量及其覆盖面积都有绝对增长。据估计，革命前，各地区农民土地所占面积20%—50%不等，全国平均值约为33%。到1884年，税收管理部门的统计表明，20公顷以下的小地产达到1 370万处，几乎占法国农业用地总面积的一半（48.78%）。[①] 土地来源于大革命对教俗贵族不动产的强制没收，然后通过市场转移到求购者手里，从而使耕者有其田，特别使种田大农积累起有一定规模的地产，拓宽了农业资本主义基础。

与此同时，圈地被允许，公共放牧权受到限制，土地所有者可以按照自己的意愿在自己的土地上耕作，打开了个人独立自主经营农业的大门。[②] 有人估计，农民因此受到激励而提高了小麦生产效率，仅以酒产量为例，1812年产量与大革命前相比，增加了三分之一。[③]

《拿破仑法典》

同样重要的是，自由土地给法国农民带来自由和独立的品格，祖国对他们说来不再是一个抽象的概念，而是与自己脚下的土地密切联系在一起，因而也给他们带来一份社会责任。正是这一信念鼓舞着千千万万法国农民，投身到抵抗欧洲封建联盟的战争中去，用自己的血肉之躯谱写拿破仑战争神话。耶拿之战中，勇猛的法国军队以少胜多，大败不可一世的普鲁士，令普鲁士国王大为震惊，以致成为德国土地产权变革的契机。普鲁士上层感叹道，出身农奴的普鲁士士兵无法抗衡自由的、拥有土地的法兰西农民子弟。[④]

1802年拿破仑上台后，即停止出售逃亡贵族土地，并将尚未出

[①] 参见 Peter McPhee, "The French Revolution, Peasants, and Capitalism", *The American Historical Review*, Vol. 94, No.5 (Dec., 1989), p.1267。

[②] 参见 Søren Kjeldsen-Kragh, *The Role of Agriculture in Economic Development: The Lessons of History*, p.135。

[③] 参见 Peter McPhee, *A Social History of France, 1789−1914*, p.100。

[④] 参见 Michael Tracy, *Government and Agriculture in Western European, 1880−1980*, London: Harvester Wheatsheaf, 1989, p.85; J. G. Cagliardo, *From Pariah to Patriot: The Changing Image of the German Peasant, 1770−1840*, Lexington: The University Press of Kentucky, 1969, pp.162, 166。

售的土地退还给逃亡贵族，意味着拿破仑调整了革命时期的土地政策，不仅主张农民的土地权利，对领主土地权利也给予承认。1804年《法国民法典》，即通称的《拿破仑法典》公布，确认了大革命以来的主要改革成果，但是排除了雅各宾派的一些激进政策。该法典重申大革命初期公布的《人权和公民权宣言》，规定成年男子政治上和法律上平等，私有财产受到法律的严格保护，特别提出著名的"私有财产神圣不可侵犯"原则，受到举世关注。

1814年，国王路易十八签署1814年宪章，确认《拿破仑法典》，确认购买"国有土地财产"人的土地权利，相当于承认大革命的主要成果。十一年后，再次回调贵族土地政策：1825年，国王查理十世颁布"关于补偿亡命贵族10亿法郎"的法令，赔付当年被强行没收土地的贵族和教士。一个流亡贵族，可以得到相当于他在革命前自己土地年收入20倍的赔款。查理十世显然延续了拿破仑的平衡政策，纠正暴力转移土地财产行为，正式承认农民和贵族都具有相应的、合法的土地权利。

这样，现代所有权从政治依附关系下完全解放出来，取得独立于政治关系的经济形式，一种纯粹的经济形式。正如霍兹沃斯指出的那样，"该权利对整个世界都有效，而不仅仅是原告针对被告的权利。这是现代所有权的原则"[①]。现代所有权对任何人都有法律效力，无论是昔日农奴，还是旧时贵族。至此，法国土地确权也就有了结果。从《拿破仑法典》到其后国王的两个法令，标志着19世纪上半叶法兰西现代土地所有权的最终确立。

其一，农民保有地残存的封建标记，或被一次性剪灭或渐次褪去，土地模糊产权正在被清晰的私人产权取替，法国农民越来越接近成为自己土地的所有者。注意，这种情况发生在大革命之后，而不是托克维尔所断言发生在革命之前。与此同时，村庄共用地即荒地、林地也开始被分割，成为农民个人地产的一部分。不论土地还

---

① W. S. Holdsworth, *A History of English Law*, Vol. VII, London: Methuen, 1925, pp.462, 458.

是土地上耕作的生产者，基本都从人身政治关系的阴影下，也从狭隘村庄共同体的束缚中解放出来。

其二，在大革命中，相当一部分农民购买了没收教会的和逃亡贵族的土地。这些土地源于大革命，然而农民购买土地却是市场行为，是自由土地，无可厚非。农民不同程度地扩大耕作规模，并且自由耕作、自主经营，逐渐进入现代小块土地所有制阶段。

其三，法国革命也付出了沉重的代价。暴烈的方式，激进主义的土地政策，意味着抛弃了中世纪以来村民共同遵循的习惯法，与之断然切割，相当于与法律脱钩，显然损害了法律的连续性和神圣性。尽管19世纪上半期逐渐从法律上做了调整和纠偏，然而民族心灵的伤害，岂能时过境迁，了无伤痕？大革命后，半个多世纪以来法兰西政权更替不已，社会长期动荡不安，充满曲折与反复，是否与此有关！

第十三章　自上而下变革：德国土地确权

英国是土地产权变革原创性的先行者，影响深远。由于法国在欧洲大陆的地位，以及大革命后拿破仑对欧洲封建君主的征战，法国土地变革对欧洲大陆的影响更直接，更具有冲击力；对此与其毗邻的德意志感受极为深刻。普鲁士政治家西奥多·冯·肖恩（Theodor von Schön）说道："法国大革命为我们这个时代所共有，那就是要求变革土地所有权的性质，成为人们的普遍要求。这样的变革没有任何人的力量能够阻挡。"[①]

1806年，在耶拿之战中普鲁士惨败于法军，引起普鲁士上层震撼，深感出身农奴的普鲁士士兵，无法抗衡法兰西军队，他们是拥有土地和自由的农民的子弟，难以战胜。这一认识，成为推动普鲁士土地变革的重要契机。翌年10月普鲁士国王颁布土地变革的第一道敕令——《关于放宽土地所有权、自由使用不动产以及改善村民个人状况的敕令》，又称《十月敕令》（Oktoberedikt）。自此启动了德国自上而下的土地变革，历经半个多世纪，基本获得成功。《十月敕令》揭开了普鲁士农业改革的序幕，并且带动了整个德意志，深刻影响和改变了中欧地区。

德意志土地变革方式与法国不同，更有别于英国。19世纪德意

[①] E. E. Rich and C. H. Wilson, eds., *The Cambridge Economic History of Europe*, Vol. V, London: Cambridge University Press, 1977, p.620.

志土地产权改革由各个邦国主持，自上而下推动。长期以来，德意志帝国境内邦国林立，互不隶属，被形容为"马赛克"。而且，德国东部和西部明显不同，甚至大相径庭。东部主体是普鲁士，正是这个普鲁士最终统一了德国，给整个德意志打上深深的烙印。笔者认为，基于普鲁士特殊的历史地位，需要驻足观察，才能深入感知普鲁士，从而全面认识德国土地产权变革。

普鲁士与德国西部，与西欧有着不同的历史文化和风格，不能按照一般西欧国家的概念来理解它。它与西部有联系又如此不一样，源于不同的历史文化传统，以致被英国历史学家形容为"复合体"（composite state）。[①]诸如德国近代早期出现的"农奴制再版""容克"贵族等重要、特殊的历史现象，并未在西部发生，却与普鲁士密切相连。迅速崛起的普鲁士，率先实行土地确权变革，成为德意志变革的先导，其土地改革方式被后人称为"普鲁士道路"。离开普鲁士就无法理解德意志，也无法理解德意志土地变革。

正如温克莱（H. A. Winkler）在《近代欧洲土地所有权与权力》一书中指出的那样，舍去普鲁士就无法完成德意志帝国历史的描述，他说："撰写没有苏格兰的大不列颠历史，或是撰写没有南方的美利坚合众国历史，都比撰写没有易北河以东地区的德意志帝国历史要容易得多。"[②]下面，先对普鲁士起源和文化，以及它碾压群雄、称霸德意志乃至欧洲的进程，做一简要回顾。

一、普鲁士兴起

"普鲁士"本在欧洲文明之外

易北河，中欧主要航运水道之一，延绵千余公里，注入北海。

[①] 参见〔英〕玛丽·富布卢克：《剑桥德国史》，高旖嬉译，新星出版社2017年版，第73—74页。

[②] R.Gibson and M. Blink Horn, eds., *Landownership and Power in Modern Europe*, London: Harper Collins Academic, 2002, p.100.

在中世纪，易北河是地理分界线，还是德意志东西部经济社会的分界线，大抵也是欧洲东西部的分界线。20世纪70年代，国际学界有一次关于欧洲各国封建主义向资本主义过渡问题大辩论，美国学者布伦纳特别指出易北河东西两岸文化传统之不同，他认为，由于这样的不同，东部地区没有形成强大的村社组织，以致农民没有有效的自我保护能力，基于东西部佃户与领主力量对比不同，导致东西两岸形成不同的社会进程。[1]历史学家如此关注易北河地理分界线，曾引起国际学界的热烈讨论。

9世纪初，查理曼帝国崛起，逐渐将原有的文化中心从地中海移向较荒僻的西北欧：古典文明以地中海为中心，而欧洲则以西北欧为中心，并逐步迁延至大西洋。法兰克王国将欧洲边界逐渐向东推进，征服许多异教徒斯拉夫人和立陶宛人的土地，勃兰登堡就是查理曼在征服中建立，以保卫他的东部边境。

打开《钱伯斯世界历史地图》，不难发现，9世纪中叶东法兰克王国的东部边界止于易北河——易北河自南向北流入北海，东法兰克王国沿易北河上游西岸而居。[2]换言之，易北河曾是查理曼帝国东部边界河，查理曼离世后，帝国一分为三，易北河又成为东法兰克王国即德意志的边界。显然，易北河是查理曼帝国，也是早期德意志的边界河，对岸才是"普鲁士"，所以，"普鲁士"最初与德意志人无关，不属于日耳曼-基督教文明圈。普鲁士早期的历史，是一部边缘地区的历史。

普鲁士人属于印欧人种的波罗的海语族，与斯拉夫人接近。13世纪之前，普鲁士是欧洲不多的非基督教地区。信奉天主教的波兰人与之相邻，曾几次试图征服，一直未果。普鲁士人并非单单的战争受害者，相反，波兰等时常遭受野蛮普鲁士人袭扰和破坏。13世纪上半叶，

---

[1] 参见 Robert Brenner, "Agrarian Class Structure and Economic Development in Pre-industrial Europe", *Past & Present*, No.70 (Feb., 1976), pp.30-75.
[2] 参见《钱伯斯世界历史地图》，杨慧玫译，生活·读书·新知三联书店1981年版，图36："843年查理曼帝国在凡尔登的分裂"。

受命于教宗的条顿骑士团介入这场征服,①注定改变这块土地的命运。经过数十年艰苦的拉锯战,条顿骑士团终于在13世纪下半叶占领了普鲁士全境,在教宗和德皇的支持下,条顿骑士团团长从此成为普鲁士统治者。一百多年后,即15世纪初,骑士团又被波兰-立陶宛联军击败,普鲁士成为波兰的臣属之地,被敕封为波兰治下的普鲁士公国。总之,所谓普鲁士,不论独立时期,还是在条顿骑士团统治下,都与德意志没有直接关系,直至15世纪初,普鲁士仍然在德意志疆域之外。

真正的转折点,发生在1618年的一桩婚姻,普鲁士公爵与德意志霍亨索伦家族联姻。霍亨索伦家族的约翰·西吉斯蒙德(John Sigismund,1572—1619年),是勃兰登堡边地侯、德意志选侯之一,也是普鲁士公爵的女婿。由于普鲁士公爵无嗣而终,女婿西吉斯蒙德继位,将其统治范围扩大,一跃成为勃兰登堡-普鲁士选侯,正式形成了普鲁士与德意志的政治联系。三十年战争结束时,选侯征服了东部波美拉尼亚等地,并趁机摆脱了对波兰的臣属关系。

普鲁士成为"复合政体"

进入德意志帝国范围内,这个偏居帝国东北一隅,土地贫瘠,被称为"欧洲沙坑"的蕞尔小邦,竟逐渐步入德意志权力中心。到18世纪中叶七年战争时期,普鲁士业已形成与德意志最强大邦国奥地利争霸的局面。普鲁士何以至此?原因多多,合适的统治者人选、政策的连续性,还有其优越的海口通商条件等,都不可忽视。

然而一些学者更多地关注普鲁士内部的政治架构,英国学者玛丽·富布卢克认为:"从专制主义统治者的角度来看,一些明显的弱势反而是优势,因为弱小的城市和贫穷的贵族更容易被控制和利用,对中央集权的反抗也相对较少。"②普鲁士君强民弱的专制主义倾向,

---

① 条顿骑士团,以日耳曼人为主,在12世纪末期第三次十字军东征中成立。它把骑士生活方式和修士生活方式结合起来,是政教合一的共同体。团长由选举产生,任期终身。行政议事会由团长、总管及骑士首领等人组成,拥有最高决定权。

② 〔英〕玛丽·富布卢克:《剑桥德国史》,高旖嬉译,第74页。

显然与其历史和民族文化传统不可分割。从种族上讲，长期以来普鲁士的主流族群不是日耳曼人，也不是罗马人，而是原住民波罗的海语族，被条顿骑士团和波兰征服后，斯拉夫人、立陶宛人等不断涌入。伴随垦殖移民，易北河西岸的日耳曼人也进入该地区，然而不论语言文化还是人口结构都不占主流地位。在德意志东部，德语不是他们的统一语言，斯拉夫语占有明显优势。富布卢克指出：

> 当1701年普鲁士大公成为德皇敕封的"国王"时，"其臣民是斯拉夫人，他们既不说德语，也不遵循任何德意志天主教和罗马人的文化传统"，与德意志西部领地相比，"在文化和经济上彼此大相径庭。因此，勃兰登堡－普鲁士所代表的不是一个如英格兰般的'单一的'政体，而是一个'复合的'政体，并由文化传统、社会经济结构和政治体制都互不相同的领地组成。……德语并非他们的统一语言，波兰语和立陶宛语等斯拉夫语在东部地区明显占有优势。虽然这份家业起初并不乐观，但霍亨索伦家族在17世纪和18世纪还是成功建造起了一个强大的集权国家，并一直主导着德意志的事务，直到二战结束被废除"。①

普鲁士起步于军力的快速增强。17世纪中叶，普鲁士受到三十年战争刺激，一俟战争结束，旋即着手系统地强化军备和王权。完全不同于西欧传统，不是王权联手农民平抑贵族，而是与容克贵族沆瀣一气，压榨农民，从而获得军队的财政资源。最重要的举措，是普鲁士统治者与容克贵族达成协议，时在1653年。一方面，纵容容克领主压迫农民，行使警察权等，甚至实行第二次农奴制；②另一方面，容克领主则同意选侯征收"军事税"，保障邦国有足够的军费。利用这笔资金支持，普鲁士实行征兵制，实施严格的职业训练，建立起德意志第一支常备军。常备军当时在欧洲鲜有所闻。

---

① 〔英〕玛丽·富布卢克：《剑桥德国史》，高旖嬉译，第73—74页。
② 参见 R. Gibson and M. Blink Horn, eds., *Landownership and Power in Modern Europe*, p.103.

在城市，普鲁士直接向城市征收消费税，城市代表制度逐渐消失，城市不再自治，而由选侯任命的官吏直接发号施令。与此同时，吸引容克贵族进入军界，使其地位显赫，融入专制国家。不久，容克与普鲁士军队结成不解之缘，三分之一以上的贵族是现役或退役军人。好斗的、难以控制的贵族成为普鲁士王国的支柱。凭借这支常备军，普鲁士积极地向帝国提供军队；作为交换，1701年，普鲁士大公被德皇敕封为"普鲁士国王"（King in Prussia），勃兰登堡－普鲁士公国更名为"普鲁士王国"。

普鲁士国王弗里德里希·威廉一世热衷于军队建设，被后人称为"士兵国王"。不仅有常备军，他还组织农民军事训练，组成资源雄厚的后备军。很快，一支令人生畏的军队崭露头角。有容克庄园经济的支持，普鲁士巨大的军费开销成为可能。事实上，国家财政收入大部分用于军队开支，人们说，在普鲁士，"国家在军队中"，而不是军队在国家中。普鲁士军营中，鼓吹盲目服从，军官可以任意鞭挞、虐待士兵。18世纪中叶当这位"士兵国王"去世时，这个人口不多的小邦国已经拥有欧陆第四位的强大军队。

图13-1 "士兵国王"弗里德里希·威廉一世以军立国的军国主义训练

普鲁士土地变革自1807年起，至19世纪中期大体完成，借助土地变革焕发的士兵斗志，使普鲁士称雄德意志，对外，则四处征伐。1866年大败奥地利，将其势力排斥在德意志之外；在随后爆发的普法战争中，让法兰西国王成为阶下囚。1871年普鲁士统一德意志，建立"德意志帝国"。德意志帝国仍属邦联制，保留了各邦国一定的自治权，不过德意志皇帝、首相均由普鲁士国王、首相兼任。与此同时，普鲁士也完成了工业革命，国民总产值迅速增长，不仅是军事强国，也成为经济强国。

从普鲁士进入帝国境内——其统治者通过政治联姻成为勃兰登堡-普鲁士大公，到敕封为"普鲁士国王"，再到1871年统一并称帝整个德意志，在两个多世纪的时间里，普鲁士迅速崛起。前已述及，一些学者将其主要归于普鲁士历史与文化传统，以后又被进一步归纳为"普鲁士精神"。普鲁士精神被认为涵盖五个方面，这就是专制主义、军国主义、国家主义、重商主义和宗教宽容，普鲁士精神又被称为"波茨坦传统"。[①] 也有学者认为普鲁士18世纪实施了一系列的改革，其统治有"半集权、半官僚、半专制、半启蒙"的性质。[②]

普鲁士的历史遗产相当复杂，常使人迷惑。不能否认普鲁士精神与普鲁士崛起的内在联系；同时也要看到普鲁士精神造成德意志历史之痛，以及给欧洲及整个人类带来灾难性的后果。普鲁士精神如同古罗马雅努斯头像一样表现出两面性。"二战"后，人们用"尸体纪律"这个贬义词描述他们的"盲目服从"，"尼伯龙根式的忠诚"（Nibelung loyalty）成为批判普鲁士精神的主题；另一方面，现代德国呼吁保守普鲁士精神中的基本美德，如忠诚、信用、清廉和勤勉等。

以上，德意志社会大背景分析，特别是普鲁士兴起及其复合政体的形成，有助于理解18世纪德意志东部社会，最终有助于理解普鲁士以及德意志自上而下变革的社会环境。

---

① 参见孟钟捷：《德国简史》，北京大学出版社2012年版，第70页。
② 参见〔英〕玛丽·富布卢克：《剑桥德国史》，高旖嬉译，第92页。

二、东西部农村异同

西部农村状况

在18世纪,广袤的德意志大地上矗立着大大小小的邦国,各个邦国情况各异,不存在统一的德意志国家。前已述及,以易北河为界,德意志东、西部的差异明显,乡村经济亦然。我们先从德意志西部地区说起。德意志在易北河以西的领土又大致分为两个主要区域:西南德意志,主要包括莱茵河流域的巴登、普法尔茨和符腾堡地区;西北德意志,主要包括下萨克森、威斯特伐利亚和石勒苏益格地区。

土地改革之前,易北河以西德国佃农地位、土地产权、佃农与领主关系等,大体上与法兰西相似。

第一类农户是所谓自由土地持有人(相当于freeholder),他们有着比较完整的土地所有权,接近于土地所有者,不过18世纪初期这类农民数量不多,只有靠近北海的沿海地区以及易北河和威悉河的沼泽地区有自由土地持有者。[1]

第二类佃农最普遍,居主体地位,他们是身份自由的世袭佃农,类似法国年贡保有农。他们稳定地占有土地,其地租以及一些封建义务基本固定下来,并以文字方式记录在案。佃农每年交纳一定数量的货币,称为免役租(cens)。

例如,在布伦瑞克-沃芬比特庄园,大约四分之三的农民属于这类佃户,他们保有土地,同时交纳一定货币地租以及一些实物。[2] 在黑森-卡塞尔,也是如此,习惯法使货币地租无法任意增加,随着通货膨胀,到18世纪末地租额已经相当有限。由于家庭继承,农民持有地频繁分割,导致佃农的封建义务一片混乱,在过去的几个世

---

[1] 参见 Bas J. P. van Bavel and Richard W. Hoyle, eds., *Social Relations: Property and Power*, Turnhout: Brepols Publishers, 2010, p.229。

[2] Ibid., p.233.

纪中造成了巨大的账簿问题（bookkeeping problem）。一些小农地租似乎成了象征性礼物，如在霍姆博格镇周围，一些农民每年送给领主半只鸡或八分之一只鸡作为免役租，还用鸡蛋作为炉灶税。①在德意志西南部，也流行实物方式支付免役租，诸如家畜、家禽或者蜂蜜、酒水等，不过在西北部，大多以货币方式交纳。当然，作为教民，他们还要交纳什一税。

第三类则是一定数量的契约租地农，属于商业性承租，土地有期限。契约租佃农在西南部的哥廷根-格鲁宾哈根（Göttingen-Grubenhagen）更普遍。②个别地方仍有依附性较强的任意保有农，或类似农奴身份的佃户，数量很少。

到18世纪，西部德国土地的90%为农民的保有地，随着通货膨胀的加快，固定地租在萎缩，但是不意味着农民总负担减轻。③当土地继承和流动时，佃农须交纳的保有地易主费是不固定的，领主趁机加码；此外，与法国一样，领主还额外增加一些新税种，如烟囱税、鸽笼税等。

还与法国相似的是，庄园以外的政治势力直接伸进农民口袋敛财。④法国是王权，在德国则是大小邦国统治者，后者根据农民土地多少征税，而贵族领主享有免税或减税特权。那么，这个时期农民总负担占农民总收入的多少呢？据杜普莱西斯估计，农民的总负担

---

① 参见Gregory W. Pedlow, *The Survival of the Hessian Nobility, 1770-1870*, New Jersey: Princeton University Press, 1988, pp.116, 122. 来自六个村庄的74名农民，上交领主免役税包括：6.5只鹅、10.5只小鸡、56只公鸡，以及52个鸡蛋。见该书p.122, note 52。

② 参见Bas J. P. van Bavel and Richard W. Hoyle, eds., *Social Relations: Property and Power*, p.233。

③ 参见〔美〕罗伯特·杜普莱西斯：《早期欧洲现代资本主义的形成过程》，朱志强、龚晓华、张秀明译，辽宁教育出版社2001年版，第217页。另，在汉诺威和布伦瑞克，农民保有土地比重接近80%，在巴伐利亚农民土地比例超过90%。见Diedrich Saalfeld, "The German Peasantry on the Eve of the French Revolution", *History of European Ideas,* Vol.12, No.3 (1990), p.354。

④ 据F. W. 亨宁估算，在布伦瑞克，农民收入23%—26%被邦国政府征收，在汉诺威，情况也差不多。见T Robisheaux, "The Peasantries of Western Germany, 1300-1750", in T. Scott, ed., *The Peasantries of Europe: From the Fourteenth to the Eighteenth Century*, London and New York: Longman, 1998, p.136。

占其收入的四分之一或三分之一。①另据罗森那估算，西部农民负担总量占其收入的25%—40%，其中在符腾堡，负担总量占农民收入的28%—34%。②此外，一些地方无地农的比例在上升。至于在农民封建义务总量中，是领主还是邦国政府加给农民的负担更多，不同地区差别明显。据罗比斯估计，在西北德意志，农民负担中的60%来自邦国政府，30%来自贵族，10%来自教会，③可参考。

东部的农奴制再版

德意志东、西部乡村最重要的差别，是领主直领地经营方式不同，佃农身份地位不同。在易北河以西，可以看到"支配德国西部农村生活的是密集的村庄，分散的农民保有地"④，领主大地产稀少；而易北河以东，领主直领地仍然保留在领主手里，多数在100公顷以上，还拥有森林和狩猎场，并大量地使用佃户劳役。东部农民生活状况要更悲惨些，大部分地区出现第二次农奴制，或称"农奴制再版"，即农民重新被束缚在领主直领地上服役。

领主的称谓也不一样，东部称为"容克"（Junker），原意是德意志贵族的幼子（Junge Herren），即不能继承土地的非长子，中世纪时，跨过易北河进入普鲁士拓土殖民，成为庄园领主，然而容克领主治下的佃户，如前所述，大多却是斯拉夫人。这是容克称呼的由来。普鲁士首相俾斯麦本人就是一个容克领主出身。中世纪晚期至近代早期，容克领主既不像英国那样将直领地承租给大农、乡绅，产生资本主义租地农场，也不像法国和德意志西部那样将其切割出租，形成大批"分成制佃农"或契约租地农，而是为谋求国际市场

---

① 参见〔美〕罗伯特·杜普莱西斯：《早期欧洲现代资本主义的形成过程》，朱志强、龚晓华、张秀明译，第217页。
② 参见 Werner Rösener, *The Peasantry of Europe*, Trans. by Thomas M. Barker, p.119。
③ 参见 T. Robisheaux, "The Peasantries of Western Germany, 1300-1750", in T. Scott, ed., *The Peasantries of Europe: From the Fourteenth to the Eighteenth Century*, p.136.
④ 〔英〕约翰·哈罗德·克拉潘：《1815—1914年法国和德国的经济发展》，傅梦弼译，商务印书馆1965年版，第47页。

利润重新强制佃户劳役，领主直接经营大地产。

容克领主以强权著称，其亲自操刀的大地产经济，是易北河以东德意志乡村的重要标志，称其为容克庄园，不无妥当。容克庄园在16世纪就流行起来，17世纪达到高峰，这就是所谓"第二次农奴制"，或称为乡村"社会再封建化"。[①] 本来农奴制已经瓦解，地租也基本稳定，可是在新的历史条件下，劳役制竟然大杀回马枪。

易北河以东的德意志庄园与西部差别如此之大，以致东、西部庄园的称谓都不一样。易北河以西庄园称为"Grundherrschaft"，本意是一般性庄园；易北河以东被称为"Gutsherrschaft"，字面意思是"好庄园"，姑且忽略其标榜的价值判断，从中可获知这样的庄园不同于西部的庄园，也不同于西欧一般性的庄园。至此，人们不禁要问，东部容克领主何以倒行逆施，而且那么热衷于劳役制大地产经济？

答案并不简单。一般说来，是社会大环境即基础性条件使然。前面我们追溯了普鲁士的历史与文化渊源，倘若对此有所理解，就不会对普鲁士庄园的选择感到意外了。普鲁士与西欧传统文化颇有差异，它是一个"复合政体"，而且是非西方文化占优势的复合政体。在那里，统一的语言不是德语，而是斯拉夫语，主要居民是斯拉夫等民族；而且，一个强大的集权国家主导着东部德意志的事务，这是容克威权得以维持的文化和政治背景。容克还受到波兰贵族阶级的深刻影响，发展出一种种姓心态，一方面对普鲁士国王毫不质疑地顺从；另一方面对自己治下的异族佃户却格外严厉，所以容克领主及普鲁士王国的超经济强制明显高于西欧。国际商机的降临，使得封建超经济强制与国际商业资本结合，权力变得更加炙手可热！

那个时段国际贸易提供了巨大商机——规模性谷物出口可攫取丰厚利润，靠近波罗的海的地理位置又提供了便利条件，直接刺激普鲁士重返劳役制。从16、17世纪以来，易北河以东地区的农业变

---

① 参见 R. Gibson and M. Blink Horn, eds., *Landownership and Power in Modern Europe*, p.101。

得极度商业化和极具出口导向,这不是因为该地区经济比西部更发达,相反,恰好因为它是"边缘地区"。按照沃勒斯坦的理论,资本主义发生不是孤立的,而是由"中心地区"(西欧、北欧),"半边缘地区"(南法、意大利和西班牙),以及提供农产品和金银通货的"边缘地区"(东欧和拉丁美洲殖民地)共同组成的"世界经济体系"。① 随着西北欧资本主义发展,城市人口对粮食需求旺盛,国际市场粮价随之上扬,地理位置优越的普鲁士贵族又握有对外贸易垄断权,极大地刺激他们从事低成本、人身依附性强的大地产经营,不惜再版农奴制。他们将下等谷物留给农民做口粮,强行将上等小麦和木材输出国外,并且换回他们渴望的消费品,如西欧的酒水、服饰等商品,不论年景好坏,总能从中渔利。所得利润,又可以支持扩大军备,因而"再版农奴制"成为普鲁士的不二之选。

迫使佃农重返劳役制,在17世纪达到高峰。普鲁士王国与容克领主联手强化对农民的统治,一反西方领地自治和地方自治传统。在普鲁士,该时期很少有像德意志西部那样的自治村庄,村民没有权利参加乡村公共事务管理,庄园和地方政权几乎完全掌握在容克领主手里。领主与佃户之间,等级身份不同,还有种族身份差异。易北河以东的农民大多是被征服的斯拉夫人,因此容克领主的统治更加野蛮,具有专制主义倾向。② 当然,后者的强悍也可以从前者的软弱中得到解释。领主统治的强化,使日耳曼农民也逐步沦落到与斯拉夫农民相差无几的地位。

随着容克大地产的扩张,领主需要越来越多的劳动力,因此佃户劳役不断增加,不仅恢复了每周劳役制,而且劳役的天数也在增加。佃农被迫每周提供三至五天的劳役,在极端情况下,如在石勒苏益格-荷尔斯泰因东部,全份地佃农几乎大部分时间都要为领主

---

① 参见 Immanuel Wallerstein, *The Modern World System I: Capitalist Agriculture and the Origins of the European World Economy in the Sixteenth Century*, New York: Academic Press, 1974。

② 参见〔美〕施亨利:《十八九世纪欧洲土地史纲》,郭汉鸣编译,上海社会科学院出版社2016年版,第87页。

劳作，还要提供耕牛犁队。[1]在东普鲁士，也有类似的记载：农民每周至少要为领主服役三天，有时甚至多达五到六天。[2]佃农的儿子还被迫到领主家内服役三年，报酬很低。佃户本人更是不得离开土地，不能到城镇就业，结婚必须得到领主同意。

同时，农民还要承担来自邦国政府的税收。土地税（Kontribution），从三十年战争期间开始征收，士兵驻扎费（Kavallerieged）从1717年征收。此外，经地方议会授权，还征收炉灶税（Hufen-Giebelschoss）等，用于为邦君偿付债务。下面是1745—1820年，斯塔维诺（Stavenowers）地产上各类佃农平均每年的纳税情况，管窥一斑。

表13-1 斯塔维诺佃农平均每年向邦君纳税情况（1745—1820年）
货币单位：塔勒尔（talers）、格罗申（groschen）和芬尼（pfennings）

村庄与佃农类型	土地税	士兵驻扎费	炉灶税	炉灶附加费	总计
格劳维茨村					
全份地农民	9.4.6	3.1.0	0.21.0	0.6.1	13.8.7
半份地农民	5.3.5	2.12.2	0.12.0	0.3.6	8.7.1
茅舍农民	1.12.9	1.10.4	0.12.0	0.1.0	3.12.1
麦瑟孔村					
半份地农民	4.18.4	2.8.8	0.12.0	0.5.10	7.20.10
普米斯林村					
全份地农民	9.4.6	3.15.0	0.18.9	0.6.2	13.20.5
半份地农民	6.3.0	2.18.0	0.18.9	0.4.1	9.19.10
布鲁森村					
全份地农民	9.2.2	3.14.4	1.6.0	0.6.1	14.4.7

资料来源：W. W. Hagen, *Ordinary Prussians: Brandenburg Junkers and Villagers, 1500-1840*, Cambridge: Cambridge University Press, 2002, p.209. 塔勒尔、格罗申、芬尼为德意志地区使用的旧币，币值依次减小。9.4.6即9塔勒尔4格罗申6芬尼。

---

[1] 参见 Markus Cerman, *Villagers and Lords in Eastern Europe, 1300-1800*, New York: Palgrave Macmillan, 2012, p.78。杜普莱西斯指出，16世纪以后东德农民的劳役不断加重，到17世纪初叶已经增长到每周三天劳役。见〔美〕罗伯特·杜普莱西斯：《早期欧洲现代资本主义的形成过程》，朱志强、龚晓华、张秀明译，第103页。

[2] 参见 W. H. Bruford, *Germany in the Eighteenth Century: The Social Background of The Literary Revival*, Cambridge: Cambridge University Press, 1935, p.109。

我们对这一时期的货币单位价值不甚明了，一个富裕农民财产清单可提供一点线索：用于犁耕的挽畜，1匹马估价为11塔勒尔，1头公牛10塔勒尔。①从表13-1可知，一个全份地农民每年纳税总额达10塔勒尔以上，相当于1头公牛，可见邦君加在农民头上的负担委实不轻。

农民受到领主和王权的双重盘剥，由于劳役制复辟，东部农民所受的人身压迫更重一些。不仅如此，东部农民的地权也受到更大的挤压。容克扩张地产，一方面通过市场购置土地，另一方面利用租地法律的时效性，收回佃农持有地。18世纪80年代，在波美拉尼亚，容克贵族借口当地人口增加，将终身保有地变成短期租约。18世纪晚期，在博伊岑堡，所剩不多的可继承保有地，也被转变为期限租约，甚至短期租约。②封建世袭保有地转变成商业化的限期租地，是市场经济发展的表现，也附有容克领主的强制性因素。封建性领主经济与资本流通方式结盟，是易北河东岸经济的重要特征，在这里，资本流通对人身束缚中的农民，无异于雪上加霜。另外，容克深受地产投机生意诱惑，他们购置地产，同时也出卖土地，其地产往往是城市投机商的吸纳对象，所以18世纪容克贵族大地产有缩减趋势。

即使在容克领主的黄金时代，德意志东部农民重返奴役制也并非一路坦途。近年有学者研究表明，一些地区的村庄依然保持了一定的独立性，例如东波美拉尼亚的一些村庄，上层农民头面人物在公共事务中活跃，有一定的实力制约贵族领主，从而避免村庄共同体遭受过分的侵害。③随着时间推移，农民的抵抗能力有一定发展，

---

① 参见 Guy Stanton Ford, "The Prussian Peasantry before 1807", *The American Historical Review*, Vol.3, No.3 (Apr., 1919), p.373。

② 参见 S. A. Eddie, *Freedom's Price: Serfdom, Subjection, and Reform in Prussia, 1648-1848*, Oxford: Oxford University Press, 2013, p.118。

③ 参见 Kirby David, *Northern Europe in the Early Modern Period: The Baltic World, 1492-1772*, London and New York: Longman, 1990, p.35。

就东部的大多数地区而言，容克领主的盘剥并非完全不受限制。①某种程度的"再版"是事实，然而历史不可复制，不可能完全倒退回去。一个重要的变化是，与西部地区一样，市场经济在发展，一批家境殷实的富裕农民已经出现，乡村结构在悄悄地发生变化。

一个富裕农民的遗产清单披露：他拥有若干耕畜，其中四五匹马，每一匹马估价11塔勒尔；两头公牛，每一头价值10塔勒尔。还有两头奶牛，各种家禽和农具，1770年估值为50塔勒尔，1800年价值为75塔勒尔。②这里还没有估算他的地产及其价值。他们的地产也达到一定的规模，例如，在乌克马克村庄，富裕农民地产平均70—120英亩不等，一般还有两三个雇工或家仆。③

富裕农民所占的比例亦值得关注，据统计，至18世纪末，在东普鲁士，有61 000份农民家庭持有地，其中13 000份是自由农民经营的，个中多为富裕农民，④大约占农民持有地总份数的22%，这个比例不算低。自由农民、富裕农民群体以及乡村共同体均有所发展，虽然普鲁士农民经历了第二次奴役，然而其所受压迫低于东欧国家农民，更低于俄罗斯农民。

东部农村发展

大约到1800年以前，德意志东部乡村发生了一些变化。

其一，农奴制的束缚放松，劳役减轻，逐渐代之以货币地租和雇工劳动。有数据表明，易北河以东容克领主大地产上使用的佃农劳役逐渐消减，以致主要劳动力已是雇工。以1800年博伊岑堡领地为例，它共有13块地产，其中9块地产耕作几乎全部由工资雇工承

---

① 参见 Philip G. Dwyer, *The Rise of Prussia, 1700–1830*, London and New York: Routledge, 2001, p.114。

② 参见 Guy Stanton Ford, "The Prussian Peasantry before 1807", *The American Historical Review*, Vol.24, No.3 (Apr., 1919), p.373。

③ 参见 Christopher Clark, *Iron Kingdom: The Rise and Downfall of Prussia, 1600–1947*, London: Penguin Group, 2006, p.162。

④ Ibid., p.162。

担，其余4块地产将近一半的工作量也由雇工完成，总的看来，封建劳役已不构成大地产的主要劳动力。[1]1750年的时候，勃兰登堡大地产，42%的农民要提供中等或繁重的封建劳役（每人每年至少60天劳役），三十年以后，这一比例减少到22%。[2]

其实早在17世纪就出现用货币赎买劳役，或者赎买大部分劳役，剩余劳役用零星时间完成，这样算下来，每年劳役不过几天或十来天。1713年，东普鲁士的斯坦诺特地产，当地最大的地产之一，原来日常耕作主要依靠劳役，经农民讨价还价，将劳役降低到每周两天，并支付一些货币。[3]劳役逐渐由货币支付，一般从富裕农民开始，德怀尔指出，一位拥有80英亩土地的富裕农民，不会亲身服役，而是派遣自己的仆工或雇工代替他。[4]18世纪西里西亚王室地产上的一名官员说："除了个别地方，农奴制已经不存在。"[5]农奴制的本质是人身役使，强制劳役制消失表明农民正在获得第二次解放。

其二，随着土地市场化，商业契约租地农逐渐增多。在普鲁士控制的西里西亚地区，1577年契约租地农仅占全体村民的5%，到1787年占52%，数量上超过保有农。[6]土地承租期或长或短，短则几年，长则终身，不过都是有期限的，他们与田主不是人身依附关系，而是平等契约关系。对于农民而言，这种形式使他们具有选择的自由，可以与领主讨价还价，当租约到期之时，也可以自由离开

---

[1] 参见P. Kriedte, *Peasants, Landlords and Merchant Capitalists: Europe and the World Economy, 1500–1800*, p.112。

[2] 参见Philip G. Dwyer, *The Rise of Prussia, 1700–1830*, p.122。

[3] 参见Edgar Melton, "The Decline of Prussian *Gutsherrschaft* and the Rise of the Junker as Rural Patron, 1750–1806", *German History*, Vol. 12. No. 3 (1994), p.342。

[4] 参见Philip G. Dwyer, *The Rise of Prussia, 1700–1830*, p.113; R. M. Berdahl, *The Politics of The Prussian Nobility: The Development of a Conservative Ideology, 1770–1848*, New Jersey: Princeton University Press, 1988, p.35。

[5] Edgar Melton, "The Decline of Prussian *Gutsherrschaft* and the Rise of the Junker as Rural Patron, 1750–1806", *German History*, Vol. 12. No. 3 (1994), p.338。

[6] 参见〔美〕罗伯特·杜普莱西斯：《早期欧洲现代资本主义的形成过程》，朱志强、龚晓华、张秀明译，第202页。

或者重新谈判租约。

最后一个明显的变化，就是雇工队伍明显增长，与此同时，无地、少地农民有增无已。劳役的减少，以工资雇工的增加为替代，二者相互消长。大地产经济本来就面向国际市场，雇工经济不断替代强制劳役，表明大地产经济资本主义化的走向。

不过，与英格兰不同，普鲁士农业资本主义的发展，不是依靠富裕农民－乡绅阶层，而是以容克贵族为载体，后者与王权关系密切，这注定了普鲁士－德意志自上而下的改革路径。相比之下，农民群体庞大并相对软弱，不论个体权利还是经济实力，都不尽如人意。即使进入19世纪，整体说来多数农民在经济上不能完全独立维持生计。据统计，以普鲁士为例，东普鲁士能够完全独立生存的农民占42%，波美拉尼亚占35%，勃兰登堡占26%，帕德伯恩占21%，西里西亚仅为8%。整个普鲁士平均为39%。[1] 人数众多的小农在扣除家庭饮食、各项封建租税后，所剩不多。[2] 很明显，生产者以及诸生产要素被压抑，农业需要变革，核心问题是土地产权要彻底挣脱中世纪的最后罗网。

与英、法等西欧诸国相比，德意志启蒙运动起步晚，但取得的成果却毫不逊色，尤其是在哲学、文学、教育和音乐等文化领域，诞生了许多不朽的人物和杰作。各个邦国内也做了一些政治和经济方面的改革，可是德意志的政治体系仍然支离破碎，封建关系盘根错节。外力的刺激变得重要起来，富布卢克认为，该时期德意志"真正的政治变革，其主要推动力并非来自内部，而是来自外部，来自法国大革命"[3]。土地产权变革亦如是。

---

[1] 参见Toni Pierenkemper and Richard Tilly, *The German Economy during the Nineteenth Century*, New York and Oxford: Berghahn Books, 2004, p.48.

[2] 参见Markus Cerman, *Villagers and Lords in Eastern Europe, 1300–1800*, pp.114–117.

[3] 〔英〕玛丽·富布卢克：《剑桥德国史》，高旖嬉译，第91页。

三、德意志私人土地产权确立

普鲁士土地变革

普鲁士是德意志农民土地产权变革的先导,而普鲁士土地变革与一场战役相关,那就是1806年的耶拿之战。在那次战役中,普鲁士大败于当时勇猛的法国军队,被迫签订割地赔款的《提尔西特条约》,还要为拿破仑后续进军提供人马和资金。这次战役深深触动了普鲁士统治者。一个说法是,"一个奴隶不会关心国家",时人深感出身农奴的普鲁士士兵无法抗衡自由的、拥有土地的法兰西农民子弟,因此应当给予农民更多的关注。[①]

政府决心推动农业产权变革,还与农民拒服劳役骚乱不断有关。由于容克领主热衷于投机生意,庄园债务不断上升,容克庄园体系渐次陷入严重困境。深受亚当·斯密市场经济思想影响的普鲁士改革派人士,希冀农民获得更多自由,拥有自己的土地,使国家得到更好的财源和兵源。基于上述种种原因,普鲁士王国政府迈出了改革步伐。

变革启动于耶拿之战的第二年,从1807年起,持续半个多世纪,相继由两位普鲁士首相、开明派贵族施泰因和哈登贝格领导,被称为施泰因-哈登贝格改革(Stein-Hardenberg reforms)。这是关于政治、财政、工业和军事的一系列改革,其中包括土地产权制度变革。后者目标不无明确,即通过法律渠道和货币赎买手段,切割农民与土地、与领主的超经济联系,获得属于自己的完全的土地产权;同时结束农奴制,清算封建特权,补偿贵族的经济利益,使改革有序推进。整个行动自上而下实施,可称为"普鲁士模式"或"普鲁士道路"。

---

① 参见Michael Tracy, *Government and Agriculture in Western European, 1880–1980*, p.85; J. G. Cagliardo, *From Pariah to Patriot: The Changing Image of the German Peasant, 1770–1840*, pp.162, 166。

首先了解一下变革前地权分布情况。据估计，到1800年，从属于贵族的家庭数量大致为54 000户，大概构成总人口的1%。大约11%的普鲁士土地为贵族所有并经营；有4.5%的土地为普鲁士王室所有；4.5%的土地为资产阶级所有，即掌握在城市和商人基金会手里；剩下的80%土地由农民占有并耕作。在这80%的土地上，容克领主拥有各种法定封建权利，导致了农民劳役及捐税义务。[①]在农民占有并耕作的那部分土地上，有领主权利，也有农民权利，标示着传统的模糊产权制度，土地改革过程，就是封建权利和义务被清算和移除过程；也是明晰、单一的土地私人产权形成过程。施泰因主持普鲁士第一阶段改革，其指导观念相当明确，他认为土地所有权性质变革是时代的要求，没有任何人力所能阻止。

1807年10月9日，普鲁士国王颁布土地变革第一道敕令——《关于放宽土地所有权、自由使用不动产以及改善村民个人状况的敕令》，即《十月敕令》。这道法令，旨在废除束缚农民的农奴制，终止贵族阶层对土地的垄断。18世纪的普鲁士贵族仍然拥有对土地的巨大控制力。敕令宣布"地产自由"，每个普鲁士居民都有资格拥有任何形式的不动产，土地自由交易和抵押，不受任何限制，为此还提供了多种形式的贷款。据此，通过市场渠道，农民和市民可以获得容克领主地产，容克贵族也可以得到非贵族土地，任何人都可以迁入城市，从事工商业。敕令规定，在普鲁士境内，自1810年圣马丁节起，废除一切庄园农奴制，从此只有自由人。

人们普遍认为，《十月敕令》标志着新普鲁士的诞生。此前，不论农民，还是市民和贵族，皆有固定身份，世代承袭，不得改变，也不得迁徙。《十月敕令》取消了人的身份属性，最大受益者当属占人口绝大多数的农民，从此他们可以选择职业和居住地，有自由迁徙的权利，有不经领主允许便可结婚的权利，还有自由买卖土地的权利。施泰因希望通过这样的变革，促进土地产权人形成中间阶层，

---

① 参见 R. Gibson and M. Blink Horn, eds., *Landownership and Power in Modern Europe*, p.104。

并成为国家稳定的基础。《十月敕令》力图从法律上终结旧时代，为中下层社会的活力释放开拓了宝贵空间。

不过，《十月敕令》更多是法律上、观念上的文件，在关键环节上缺乏付诸实践的举措。换言之，它主张废除农奴制，同时认为原契约规定的义务继续有效，没有提供解决这对矛盾的途径。所以，农民和贵族都不无茫然，容克贵族尤其激烈反对，他们认为失掉的东西没有得到补偿，即使自诩解放农民模范的王室领地也不能避免这样的纠结。

笔者以为，如果人们了解到土地改革仓促上马，该法令发布于普鲁士战败的第二年，对于这样的矛盾就多了一些理解。法令提出了土地变革的目标和原则，如何操作显然未经反复推敲，更没有像英国那样，地权清算经过农民与领主长期的谈判和博弈。土地变革是极其复杂的工程，须有破、有立、有保留，即破除原人身依附关系和超经济的义务，确立单一的私人土地产权，保留相关土地契约的法律效力。从这个意义上讲，敕令尊重原契约的态度不无道理，倘若土地产权变革坚持在法治轨道上推进，就不能无视既有的契约、合同和惯例。中世纪的土地财产无不是模糊产权制度，欧洲土地上附着的"权利束"尤为典型，而且每份权利都有一定刚性。在市场经济大潮涌动下，演进为现代单一的土地产权是大势所趋，然而哪一方的权利不应该有所主张呢？！

事实上，敕令发布后，两厢都不消停，各自坚持相应的权利。容克贵族表示强烈不满，施泰因首相受到巨大压力，不得不黯然去职。农民方面则因领主拖延实施敕令而奋起反抗，各地农民拒服劳役、向国王请愿甚至聚众起义，此起彼伏。不过，目标已经明确，自由深入人心，改革需要更具有操作性的平衡方案。

哈登贝格出任首相后，1811年颁布了《关于调整领主与农民关系的敕令》，该敕令鼓励庄园佃农赎买封建义务，成为完整的土地产权所有人，并提出解决上述矛盾的框架性方案。它宣称，该敕令对王室领地、容克庄园和教会领地一律有效，也就是说，不论哪一种类型的庄园，佃农和领主的土地权利均被承认：佃户可以将保有地转为私人地产，不过由于贵族领主一方将失去地租以及其他权利，因此佃户要付出一定的代价，须一揽子赎买原来的封建义务。一般以货币补偿，也可以退让一部分土地。

根据契约，佃户对土地的权利不一样，因此补偿给领主的数额也不一样：例如，可世袭继承土地持有者，要将其全部保有地的三分之一割让给领主；非世袭继承土地持有者，则要割让保有地的二分之一给领主。①保有地涵盖耕地、草地、畜牧场和林地等。当然，也可以完全用现金偿付。按照敕令，一旦双方达成协议并兑现承诺，留在农民手里的土地，就成为农民的私有土地财产，从此免除封建义务，而领主应满足于此，不再提出任何异议。不久，1816年又有一个补充法令，将赎买封建义务农户的范围做了进一步的限定。一是所赎买的持有地必须早已在庄园法庭登记，二是该农户必须拥有牛马一类的挽畜，大概考虑到赎买土地后的经营能力，也可能是容克坚持的结果，因为领主经济很难一下子离开佃农劳役。

赎买封建义务是自愿行为，赎买者需提出申请，经过双方协商，还须履行一系列法律程序。由于战争逼近，许多地方未及执行而拖延下来；另一方面，战后经济不景气，农产品价格下跌，一些刚刚拿到土地产权的小农经营艰难，不得不又抛售土地，而接手者多为原来的领主。局部的反复是难免的。

1821年政府又推出《共用地分割条例》，加快了土地确权的步伐。其中规定了许多细则，例如，持有庄园保有地的佃户才有资格分割共用地，如同一般西欧庄园规定一样。此后又出台一系列法令，规范土地确权和赎买的各个环节。一些争执时有发生，地权纠葛和法庭诉讼更是司空见惯，不过整体而言，土地产权变革的推进是有序的，没有出现大的反复和规模性冲突。大凡出现争议，均由政府下属的一个被称作"总委员会"的特别机构，从中协调和仲裁。该

---

① 参见 S. A. Eddie, *Freedom's Price: Serfdom, Subjection, and Reform in Prussia, 1648–1848*, p.196.

机构1817年建立，在其数十年工作期间，处置了大量诉讼案例。

到19世纪中叶，绝大部分土地产权，不论领主的还是一般农民的，都已确定。地权确立明显改善了农民与政府关系，由于王国获得农民支持，普鲁士在1870年普法战争中大获全胜，并建立起德意志帝国。这次战争使普鲁士王国完成德意志统一，并且取代了法国在欧洲大陆的霸主地位。鉴于普鲁士土地变革以及与农民关系的调解，在之前发生的1848年革命中，德国东部农民（除西里西亚外）趋于中立和表现消极，也就变得容易理解了。

1850年推出《赎买法》，这是继续扩大改革成果的法令，标志着普鲁士土地产权变革进入收官阶段。[①]该法令放宽了土地确权农民的申请范围，缺少挽畜的小农不再被拒绝，任何农民都可以申请，只要交纳相应的赎买金，即可以解除封建义务，获得大小不等的土地产权。同时，与以前相比，农民交纳赎买金的份额也有所下降，而且，可以采取分期付款方式，因为高额赎金很难一次性付讫，小农也没有多少土地可切割。不少农民偿付赎买金的时间持续许久，大部分持续到19世纪70年代，有的付清本息已到第一次世界大战。至于封建残余的存在和影响，延续时间更长，例如小部分意愿佃户（tenants-at-will）长期不能摆脱与容克领主的依附关系，直到19世纪末，他们依然可以被合法地召唤去为村社完成某项劳役。

不过，普鲁士价值观延绵不已，大概是更严重的问题。普鲁士精神的消极面，像魔鬼阴魂一样缠绕着德意志，这是后话。

德意志土地变革主要特征

德意志西部土地产权变革，与普鲁士相比，显然有些差异。由于东、西部德意志历史背景和社会结构不同，也由于农民地位、土地权利以及与领主关系的差别，西部土地确权过程中农民付出的代价更少一些，同时行动更分散，进展也更缓慢一些。土地确权的时

---

① 参见R. Gibson and M. Blink Horn, eds., *Landownership and Power in Modern Europe*, p.102。

间段差不多,大致都告竣于19世纪中叶;相比而言,西部德意志完成的时间迟后一些,1848年革命对西部的影响更大些。

东、西部土地产权变革相似的地方更多,主要特征如下:

其一,农民获得或逐渐获得完整的土地产权,通常采用了适度补偿原则。东部和西部都是在当地邦国政府推动下,自上而下实行有节奏、有目标的土地确权;都实行了赎买政策,相当一批农民获得了自己的土地,同时给予领主相应的补偿,包括给教会什一税的补偿,结果双方都得到了完整的土地私人产权。关于赎买条件的确定,远不是风平浪静,一锤定音,农民与领主、与政府经过一番较量甚至反复较量。西部农民抵抗尤其坚韧,这也是变革拖延半个多世纪之久的重要原因。在德意志西部,有的邦国政府还代替农民偿付部分赎金,这是抵抗和谈判的结果。例如,根据符腾堡邦国1836年法令,农民赎买土地权利仅支付三分之二补偿金,其余部分政府代为偿付。在巴登,政府代付五分之一补偿金,用于什一税的买断。在德意志西部的另一个邦国拿骚,政府也为村民买断什一税,相当于全部补偿金的八分之一。①

在土地确权中实施经济补偿原则,在16世纪英国圈地中最先付诸实践,是17世纪议会土地立法的重要组成部分,在其后"议会圈地"中被更普遍地采用。在欧洲大陆上,政府主导下的土地确权中严格实行经济补偿原则,德意志独具特色。它基于这样的双重考虑:一方面,土地产权变革是对传统政治关系和经济关系的否定,不仅使"土地自由",也使"农民解放",唯此才能使生产者和土地释放出应有的能量;另一方面,使用经济补偿原则,承认原有的土地契约和惯例,意味着一定程度在法律轨道上推动土地确权,也意味着在一定程度上将土地产权变革看作一种经济行为。德意志自觉和不自觉地选择了一条渐变的道路,通过法律的和补偿的手段达到目标。

中世纪财产权是经济概念,更是权力和政治概念,现代财产所

---

① 参见 J. Blum, *The End of the Old Order in Rural Europe*, New Jersery: Princeton University Press, 1978, p.392。

有权则是逐渐抖掉封建主义残存在它身上的碎片,最终取得了纯粹经济的形式。法国学者亨利·勒帕日指出:"个人所有权并不是原始掠夺的结果,并不是有一个享有特权的社会阶层有一天通过掠夺擅自赐给自己一个权利,继之又不得不和越来越多的臣民分享这个权利。"现代所有权是在经济力作用下逐渐产生的,也可以说,是"某种契约性发展的结果"。[①]用经济的、法律的手段实现土地确权,较大程度地减少和规避了社会动荡,降低了改革成本,有益于社会良性积累和持续发展。

其二,改变了土地产权结构,初步形成了以私人地产为基础的农业资本主义经营模式。在土地变革中农民丧失了一部分土地,西部农民主要以货币形式支付缺失的地权,东部农民主要以切割土地形式支付。无论如何,德国农民毕竟第一次获得了自己的土地,真正成为土地的主人,也成为自己劳动力的主人。统计资料显示,耕作一定规模土地并拥有两匹马或三头牛以上的大农,其户数与变革前不相上下。土地变革使成功的农民成为发迹的农场主,他们有足够的钱从容克领主那里赎买土地权利,扩大自己的资本主义经营。从而,使市场经济在农业领域获得广泛突破。

到19世纪末,容克中的大部分人转变为农业资本家,土地已是商业性土地,劳动力已是工资劳动者;后者从市场招聘,来自不同的村庄,甚至不同的国度。也可能是失去土地的小农,但眼下他们只为工资而劳动,他们是贫穷的,却是独立而自由的。德国自19世纪40年代就基本形成了农业工人队伍,自由雇佣劳动逐渐取代了中世纪的劳役制。土地确权中小农阶层受到损害,他们中不少人加入了雇佣工人队伍。

其三,随着土地变革推进,农业经济明显增长,支持了工业革命,工农业平行发展,对普鲁士乃至德意志崛起和统一具有基础性的促进作用。统计数据表明,在1816—1849年,普鲁士农业投入成

[①] 参见〔法〕亨利·勒帕日:《美国新自由主义经济学》,李燕生译、王文融校,北京大学出版社1985年版,第63页。

本在下降，同时农业资本存量、农业总产值、农业增加值、农业年均净投资等，都在成倍增长。[①]19世纪中叶以后，许多容克和富裕农民地产开始使用农业机械和化肥，同时投资乡村工业和城市工业，一些制酒、制糖等乡村工业成为容克-富裕农民经济的支柱之一。这个时段的经济发展显然与土地产权变革密不可分。一部分小农为改革付出代价，不过，由于农业经济和工业经济的普遍发展，大体说来，农民的生活不是恶化，而是不断得到改善，所以没有发生大规模的骚乱。

其四，德意志自上而下的土地变革，存在明显的缺陷。在相继发动了土地产权变革和工业革命后，普鲁士迅速崛起，成为欧洲强国之一，1871年普法战争后成为欧陆霸主，然而普鲁士及其主导下的德意志并没有实现政治现代化。王权不受议会约束，被英国著名学者安德罗·林克雷特称为"一个完全缺失民主资源的现代国家"[②]。普鲁士王国许诺个人财产不可侵犯，个人财产不得被查封，除非执行正当法律程序；1871年德意志帝国起草的宪法也宣布，德国人有权利拥有固定的住所，有权利做生意、担任公职、获得财产等。不过，这些属于实在法权利，它们仅被表述为公民权利。安德罗·林克雷特指出："德国缺少有关个人自然权利（天赋人权）的任何观念，不管是通过拥有个人财产，抑或是作为构成国家的宪法基础，事实证明这是致命的缺陷。"他认为，容克塑造出服从权威的乡村文化，并以其构筑国家的政治结构，这最终导致了震惊世界的大悲剧。"德国民主遭到失败的原因是，在国家工业化之前没有确立个人权利的制度。"[③]

与英国等西欧国家相比，德意志是迟到的现代化国家。在德意志占据主导地位的普鲁士，农民进入19世纪后才逐渐获得人身解

---

① 参见 Peter Mathias and M. M. Postan, eds., *The Cambridge Economic History of Europe*, Vol. VII, Part I, pp.388-396, table 82, 83, 84, 85.
② 〔英〕安德罗·林克雷特：《世界土地所有制变迁史》，启蒙编译所译，上海社会科学院出版社2016年版，第279页。
③ 同上书，第291—292页。

放,比英国农民相差几个世纪,欠账多多。由于历史的、地理的和种族的种种原因,个体和个体经济独立性不足,抵抗强权的传统和力量薄弱,这是发生第二次农奴制的根本原因。不过,普鲁士毗邻西方,并逐渐与德意志西部交汇成为一个复合政体,统治层有一定弹性和眼光,所以,当受到外界某些强烈刺激——如惨败于法国军队的时候,能够痛定思痛,明智地让渡一些权利。又如容克贵族有条件地让渡土地权利给农民,推动了土地产权在内的一系列改革。所以,自上而下推进的变革取得成效,有目共睹。

虽然变革在制度层面获得一定的成功,可是不意味着改变了观念,改变了深层次的权利关系结构。显然,普鲁士模式背负着沉重历史包袱,它可以在一个时期和在一定范围内取得成功,却很难行稳致远。历史证明,现代土地确权、工业革命等所要求的基本条件,不论物质的还是观念的,隐性的还是显性的,最终都需要一一得到满足。

尾 论

下面，是完成全书写作后的一点思考、一点比较。这里，关于土地产权问题的跨时空、跨地域的历史比较，除欧洲外，还关涉古希腊罗马文明和中华文明，希望在比较中发现真谛。敝帚自珍，愿与读者诸君分享。

人类古代世界先后存在着数十种文明，多数完结了，消失在历史的长河里；少数保留下来，大约有七八种，构成当今世界的精神版图。所有这些文明，在古代世界都有着不同的模式和独特的发展轨迹；另一方面它们又具有同一性。不论蕞尔城邦国家，还是大一统的强大王权统治，甚或戎马倥偬的军事帝国，外表千姿百态，内在社会关系却有深刻的同一性，那就是人的依附关系。基于这样普遍的社会关系，势必衍生出一些相似的社会制度，诸如农民土地模糊产权制度。农民与土地，在古代世界是永不谢幕的重要角色。

所谓模糊产权制度，即指产权界限不明确，弱势一方控制权缺乏保障的土地制度，它相对于现代产权而言。制度性变化出现在近代，根源却在前近代，从这个意义上讲，前近代历史解读变得重要起来。下面，笔者拟表述三层意思。其一，土地私有制并非古已有之，土地混合所有制曾在不同文明、不同地区普遍存在，表明古代世界的同一性。其二，这不是说各种文明没有差别，也不是说所有的差别都没有意义，某些差异不能不察，可能决定了以后不同的发展前景，预示了近代早期大分流。欧洲同样经历了土地模糊产权制度，只是欧洲最先终结了它；越来越明晰的私人产权逐渐替代封土制度下的混合产权，是欧洲中世纪社会发展的结果。其三，从客体转向主体，从欧洲封建制"准契约关系"到"准独立个体"，对欧洲率先摆脱人的依赖关系、建立完全私人产权，做一点历史溯源。

一、古代世界土地模糊产权制

揖别蛮荒时代，人类进入文明社会，出现私人财产和私人财产观念，不过，它们都是有限度、有范围的，并与特定的社会身份密切相关。与之相联系的则是人身自由权利缺失，不论东西，概莫能外，虽然缺失程度有所差异。

古希腊开启古典文明，人们普遍认为雅典城邦公民有一定的自由和土地权利，不过这种自由和权利皆与城邦公民身份绑定，一旦丧失这样的身份，顿呈云泥之别，与外邦人甚或与奴隶无异。殊不知，伯里克利时代，雅典大约有人口25万—30万人，其中有公民权的成年男性只有6万人！奴隶约10万人，其他为女性和外侨。[①]这样的社会里，多数人生命都朝不保夕，遑论不受侵犯的私人财产权？显然，"身份社会"与完全的私人财产制度，如水之火不相容。著名的凯法鲁斯（Cephalus of Syracuse）是外邦人，他需要纳税，却不能拥有土地，[②]可见身份比财产更重要。亚里士多德对古希腊社会做过这样的描述，"不能认为每一位公民属于他自己，而要认为所有公民都属于城邦，每个公民都是城邦的一部分"[③]。希腊世界不断提起的一个革命口号是"重新分配土地"，这恐怕是最明显的对个人财产权

---

① 参见 Walter Scheidel, Ian Morris and Richard P. Saller, eds., *The Cambridge Economic History of Greco-Roman World*, Cambridge: Cambridge University Press, 2007, p. 45。
② 参见 M. I. Finley, *The Ancient Economy*, p.48。
③〔古希腊〕亚里士多德：《政治学》，颜一等译，第267—268页。

的侵犯。①

古罗马亦没有本质区别。很长时间内，罗马城邦实行一种公有体制，凭据公民身份可以获得一份土地，被称作"份地"，在那块土地上，城邦公民和城邦国家都有一定权利。到共和国中晚期，个体财产权有所扩张，产生所谓的"公民法所有权"（dominium ex iure Quiritium，简化成 dominium），号称对有形物质的完全法律权力，自由处置，具有一定的排他性。然而在实践中，主张对某块土地拥有"公民法所有权"者，不止一人，时常发生争端，为此罗马法有一专门术语描述这种情形，即"双重产权"（dominium duplex）。②更重要的是，城邦国家权力并未退位，往往以某种公共福祉的名义强制征用、购买个人土地，帝国晚期强制行为越发频繁。

例如，公元前42年，屋大维为安置17万名退役老兵，他夺取了16个城市的土地，没有给予任何补偿。古罗马历史学家阿庇安说："士兵们横行霸道地侵犯他们的邻人，他们夺取了比所给予他们的份地更多的土地，并且选择了最好的土地。"意大利人不堪忍受，纷纷向屋大维抱怨，但屋大维为了自己的权位镇压了暴动，并坚持把抢夺来的土地分配了。③然而，这些落到退役老兵手里的土地，依然是不安全的，产权也不完整，也就是说，罗马人从未突破古代世界传统的地权制度。

后来，罗马法的"所有权"，被划分为"拥有""占有""使用""收益"，向罗马法所有权概念注入了现代因素。不过，这项改造罗马法的成果，是由中世纪晚期西欧注释法学派完成的，体现了欧洲封建社会的发展诉求，是日耳曼人的贡献。在整体淹没个体的古罗马社会里，难以追求完整的私人产权。

古代世界另一个杰出文明——中华文明，同样不具有完全的私

---

① 参见〔英〕D. M. 刘易斯等编：《剑桥古代史》第六卷：公元前4世纪，晏绍祥等译，中国社会科学出版社2020年版，第594页。
② 参见 Adolf Berger, ed., *Encyclopedic Dictionary of Roman Law*, Philadelphia: American Philosophical Society, 1953, p.442。
③ 参见〔古罗马〕阿庇安：《罗马史》，谢德风译，商务印书馆1976年版，第431页。

人产权。长期以来，人们把商鞅变法中"除井田，民得卖买"解释为土地私有制确立，甚至写进教科书，但越来越多的学者提出异议。实际上，随着井田制逐渐瓦解，早在战国时期，各国就普遍实行了授田制。近年来大量战国秦汉简牍出土，愈加证明按户授田的"授田制"普遍存在。①人们关于授田制有不同看法，诸如"国家土地所有制""地主土地所有制"和"自耕农土地所有制"等，②但都说明了土地产权的多重性，却无法证明授田制下单一的土地私人产权。授田制即王朝直接向农民授田，且有期限；相继而来的是编户制——保障王授之田的租役征收。秦汉授田制、三国时期屯田制以至后来的占田制、均田制等，都体现了中央王朝对全国土地的统辖与控制。

编户制同时也是整套的人身管控制度。户籍中详细载明户主的姓名、年龄、住所、财产、人口等，以后还增加了肤色、身高等信息。与之相连，是什伍连坐之法。五家为伍，十家为什，不准迁徙，相互监督，相互检举，否则十家连坐。"不告奸者腰斩，告奸者与斩敌同赏。"③"编户齐民"制，剪除贵族、长老等社会成分，所有人统统都是国君治下子民，齐，乃无差别之意，所谓"六合之内，皇帝之土；……人迹所至，无不臣者"④。皇权直接控制全国劳力和土地，黎民百姓人身和土地最终依附于皇权，必要时，皇权可以褫夺任何一个臣民土地，甚至生命。

不过，如将古代中国土地制度完全归为"王有"或"国有"，也有不妥之处，因为确实还存在其他成分所有。实际上，在那块"授田"上，还存在着耕作者权利，他独立占有土地，独立劳作，而且有一定处置土地的权利，诸如可以买卖、转租和传承土地。当然土

---

① 涉及授田制的出土简牍主要有：睡虎地秦墓竹简、银雀山汉墓竹简、张家山汉简之《二年律令》、四川青川秦木牍等。
② 较近的相关研究成果，可参见晋文："睡虎地秦简与授田制研究的若干问题"，《历史研究》2018年第1期；臧知非：《秦汉土地赋役制度研究》，中央编译出版社2017年版，第一、二、三章。
③〔汉〕司马迁：《史记·商君列传》（卷六十八），线装书局2006年版，第301页。
④〔汉〕司马迁：《史记·秦始皇本纪》（卷六），线装书局2006年版，第32页。

地买卖"不得过本制"①，出现户主逃亡、绝嗣等情况，土地将被收回，重新进入授田程序。两宋以后，土地交易限制减少，买卖不无频仍，不过没有因此改变土地的性质。不论继承人还是购地者，必须继续承担土地赋役，因为土地承载着人身依附关系，土地买卖仍然不能消弭之。土地的身份特征，同样适于官绅的地产，从秦汉的名田制，到清朝中期权臣和珅的万顷良田，一般无二，一样不是纯粹的私人财产，而与身份攸关。总而言之，将古代中国土地归为模糊、不确定的产权制度更符合历史事实。

小农的土地权利不可否认，可是比照土地上高高耸立的皇权，它只是低度产权。即使承平岁月，也是"有田则有租，有家则有调，有身则有庸"②，与其说他们是"自耕农"，毋宁称其为郡县制下的"编户农"更妥当。③况且，小农土地权利极不稳定，法律保障性不足，当王朝末期社会动荡之时，尤其不安全。强权威胁来自皇权，还来自地方上"官户"即官绅。他们本是皇权倚重的社会精英，不乏"股肱之臣"，所谓君与士大夫共治天下，然而二者之间亦有结构性矛盾，一些"权势大家"贪赃枉法，总盘算着利用权力多分一杯羹。有人恶性兼并土地，且"影隐腴田"，拖欠钱粮。明天启年间，吏部尚书顾秉谦贪污纳贿，被掘出窖藏银四万余之巨，却还拖欠"户下应输各年钱两一千四百二十四两"④；大学士董其昌"膏腴万顷，输税不过三分"⑤。有人还非法收受"诡寄"或"投献"的土地和佃户，吞噬本该归属朝廷的巨量赋役。

而朝廷国库的所有亏空，最后都转嫁到编户农头上，结果，一

---

① 〔唐〕杜佑撰：《通典》卷二《食货二》，王文锦等点校，中华书局1988年版，第31页。
② 〔唐〕陆贽撰：《翰苑集》卷二二，上海古籍出版社1993年版，第217页。
③ "自耕农"一词来自近代欧洲，本义指所有土地并直接经营它（owner-occupied）的农夫，实际上已是产权明晰的近代小地产主了，用于古代中国农民属概念误植。详见侯建新：《现代化第一基石》，天津社科院出版社1991年版，第九章。
④ 《明实录》附录04《崇祯长编》，中华书局2016年版，第1480—1481页。
⑤ 〔明〕佚名：《民抄董宦事实，丛书集成续编》第278册地类，台北：新文丰出版公司1989年版，第91页。

尾 论

些小农宁愿将平素钟爱的土地弃如敝屣，以逃避猛于虎的苛政。逃亡者越多，留下的编户农的赋役越重，于是流民队伍像滚雪球似的无法阻止，以致严重威胁中央王朝。据胡如雷考证，在那个时期，农民中佃户最多，而参加流民队伍的却远较编户农为少，此点有力地证明，编户农在经济上比佃农更不稳定。[1]编户农的土地权利之脆弱由此可见一斑。

欧洲也曾经历上千年的人身依附关系和土地模糊产权制度。5世纪中叶罗马帝国覆亡，文明主体变更，有着不同文化传统的日耳曼蛮族入主欧洲，永远改变了这块土地的政治格局。以法兰克王国为代表，国王政府软弱，权力分散，查理曼死后社会更加动荡不安，充溢着暴力和无序；外部还有伊斯兰世界和北欧海盗等严重威胁。查理曼的继承者们无法保持统一的中央政权，各地权贵只能尽其所能进行自卫，这样，催生了一种地方防御体系，它就是欧洲封建制。

在社会上层，是领主－附庸关系，或称封君－封臣关系，一种以采邑为纽带的个人效忠关系。不同于中国古代官僚制度中的"君臣"关系，欧洲的"封臣"没有官员的含义，而是愿意为领主服军役且被领主所接受的人。当武装的封臣围绕在国王身边的时候，底层村社村民也将自己分别置于各类领主的保护之下。[2]那个时期，人们最急切的需要是安全，哪怕领主是残暴的，哪怕要付出自由的代价。

在欧洲封建制度下，村民中相当一部分人成为依附佃农，不得不委身于领主，以获得庇护：人成了领主的人，原来的份地变成庄园保有地。一方面，在这块土地上，领主拥有"领主权"（seignory），据此征缴租役，实行强制劳役；还迫使佃户承担其他一些义务，诸如保有地继承、转移时要经领主允准，并交纳一定捐税；佃户不能自由迁徙，不能自主寻找生计，不能自主指定保有地继承人，甚至结婚也要领主批准等。

---

[1] 参见胡如雷：《中国封建社会形态研究》，生活·读书·新知三联书店1979年版，第132页。

[2] 参见 F. W. Maitland, *The Constitutional History of England: A Course of Lectures*, p.57。

另一方面，在佃农耕作的土地上，佃户也拥有一定权利，称作"保有权"。他们可以转移土地，以至买卖和出租土地，由于受到庄园习惯法保护，佃户对土地的保有是稳定的。在社会上层，封君很难染指封臣的采邑；在社会下层，领主剥夺佃农土地亦属不易，同样要经过规定的法律程序，很少成功，所以庄园档案中极少有佃户土地被剥夺的记录。司法程序中，土地保有权受到格外重视，12世纪中期教会法学家提出著名的"归还原则"（cannon redintegranda）：在确定谁是最合法的权利主张者之前，先保证保有者恢复原来的土地。国王法院通常将保有权诉讼置于优先地位。所以，在中世纪法律文献中，几乎所有的土地诉讼案件都是以法定"保有"为依据，很少找到"所有权"这个概念，[①]也就不必感到惊奇了！

每一块土地上往往不止两种权利，一般说来，由于土地层层分封，不仅有佃农和领主权利，还有领主的领主权利，乃至国王权利，被称为"土地权利束"（bundle of rights）。土地在阶梯形的结构中为由下至上不同等级的人所共同"持有"，国王也不例外。法律史学家辛普森说，法学家从来不认为国王拥有全国土地，即使在王室领地上，国王也不拥有全部产权。[②]柯里强调指出，在这种情况下，"个体不能拥有土地本身，而只是拥有一份权利在那块土地上"[③]。梅因、梅特兰、麦克法兰等著名学者都先后论述了中世纪模糊、混合产权制，麦克法兰总结道："封建主义的主要特点是所有权的奇特混合。"[④]

上溯日耳曼部落时期历史，同样没有纯粹、明确、单一的财产

[①] 参见 F. Pollock and F. W. Maitland, *The History of English Law before the Time of Edward I*, Vol. II, p.153, note。

[②] 参见 A. W. B. Simpson, *A History of the Land Law*, pp. 47-48。

[③] J. M. Currie, *Economic theory of Agriculture Land Tenure*, Cambridge: Cambridge University Press, 1981, p.169, note 1.

[④] Alan Macfarlane, "The Cradle of Capitalism: the Case of England", in Jean Baechler, John A. Hall & Michael Mann, eds., *Europe and the Rise of Capitalism*, Oxford: Blackwell, 1988, pp.194-195；并参考〔英〕梅因：《古代法》，沈景一译，第170页；F. W. Maitland, *The Constitutional History of England*, p.153。

权利。梅因对日耳曼早期财产史研究做出了杰出贡献，他指出："真正古代的制度很可能是共同所有权而不是个别的所有权，我们能得到指示的财产形式，则是些和家族权利及亲族团体权利有联系的形式。"①

二、欧洲最先终结了模糊产权制

古代世界里，"自由"是稀罕物。在欧洲，同样存在屈辱与压迫，同样存在自由权利缺失；可是，那样的生活未能循环无端地复制下去。人身自由权利和私人财产权利在中世纪欧洲生根、成长，是一体两面的历史过程。美国制度经济学家康芒斯指出："直到1689年的革命把统治权和财产分开以后，这种权利（私人财产权）才在英国生效。只要统治者对臣民的生命财产有任意处置的权力，就不可能存在什么不可侵犯的财产权。"②

为什么欧洲在理论上、法律上和实践中率先确立完全私人土地产权？私人所有权不是暴力掠夺的结果，也不是工业社会的产物——欧洲私人财产权最早确立于中世纪晚期近代早期，距工业革命还有一个世纪。私人土地产权乃社会长期积淀、演化而来，因此，其孕育和诞生的谜底在中世纪。不少学者将其追溯到欧洲封建关系中独有的契约因素，后者构成其土地关系中最重要特征，从而推动土地制度走向单一、排他性的土地产权。

与古代世界的其他文明相比，中世纪欧洲土地产权个性特征，主要表现在三个方面：

其一，比之领主的权利，附庸或佃农的权利是弱势、低等级的，却是不可剥夺的。臣民拥有权利观念，成为社会共识，并融进法律性的社会规则里。正是在这个意义上，密尔松等中世纪法律史学家认为，封建习惯法的核心概念不是财产，而是相互间的权利义务关

---

① 〔英〕梅因：《古代法》，沈景一译，第147页。
② 〔美〕康芒斯：《制度经济学》（下册），于树生译，商务印书馆1981年版，第11页。

系。①欧洲封建制是压迫穷人的制度，不过，即使在农奴制最残酷的时期，佃户也没有完全丧失权利，领主很少能恣意妄为，生杀予夺。因此，这样的封建制不完全属于意志和权力范畴，而是在双方对立关系中保持了一定张力。

其二，臣民权利是相对独立的，所以法律最高权威既成为必要又变得可能，并能在法律框架下产生了有效博弈和抵抗。臣民可以凭借这样的权利抵抗贵族领主甚至国王，结果，统治者的专横和盘剥受到阻抑，虽然并非总能成功，却弥足珍贵。乡村中间阶层借势而起，逐渐成长为第三等级，在议会中与僧俗贵族成鼎足之势，使得等级博弈进一步程序化、制度化。对此，时人大概不以为意，甚至习焉不察，可是回放在历史长河的比较视野中，人们发现这一秉性不仅独特，而且至关重要。伯尔曼指出："可分财产权的概念或在同一块土地上多重权利享有者的概念，并不是一个西方独有的概念。然而，西方封建财产产权体系在其有关各种对抗的权利的相互关系的概念上却是独一无二的。"②欧洲私人土地产权演进路线图，正是从这里起步。

其三，鉴于上面两点因素，在欧洲土地模糊产权制中领主无法形成绝对的支配地位。封君和封臣，领主和佃农，人身有份，贵贱有等，却不构成绝对的差别，强者难以予取予夺，弱者亦非"人为刀俎，我为鱼肉"之辈。布洛赫说得相当明确，他认为多重土地财产权中，没有绝对的权力，他说："……重叠的物权等级制强加在所有的土地上，在这种物权范围内一切都同样得到遵守，没有任何一项法权对平民财产具有绝对的居支配地位的性质。"③

统治者权力的任意性是否事实上受到限制？封建地租变化是个晴雨表，它与佃农个体权利有效性成反比关系。

---

① 参见 S. F. C. Milsom, *The Legal Framework of English Feudalism*, 1976, p.24.
② 〔美〕哈罗德·J. 伯尔曼：《法律与革命》（第一卷）：西方法律传统的形成，贺卫方等译，第307页。
③ 〔法〕马克·布洛赫：《法国农村史》，余中先、张朋浩、车耳译，第147—148页。

在西欧大部分地区，地租一旦确定下来，就受到习惯法保护，很难改变。中世纪习惯地租几乎成为固定地租的代名词。一方面，地租固定可以保证领主的收入，维持庄园秩序；另一方面，防止领主过分侵夺，被称为保护农民经济的"防波堤"。对封建主而言，抬高地租被认为如同人拔着自己头发想离开大地一样不可能。在一二百年间，物价上涨，生产效率提升，地租却不变或基本不变，实际上在萎缩，佃农得到实际利益不可小觑！① 土地增值成果大部分流进农民口袋，促进小农经济普遍繁荣，成为培育市场经济的沃土。有证据显示，中世纪晚期西欧大部分地区，个体农民生产、收入和消费获得了普遍发展。在那里，佃户个体可以积累资金，购买土地，扩大持有地，一部分成为资本主义农场主，从而改变整个乡村社会结构，开拓了新前程。

中世纪欧洲酿造的成果，到中世纪晚期势必释放出巨大能量，从而改写古代世界的规则。以英国为例，随着佃农人身解放，佃户中公簿持有农越来越多，并受到国王法院保护；与此同时土地也悄悄踏上蜕变之旅。原封建保有地性质逐渐蜕化为产权边界清晰、租期确定的商业或半商业性土地；习惯地租的堤坝也被市场大潮淹没，迫使习惯地租和地价不断趋向市场价格，为庄园经济画上句号。习惯地租曾经助力市场经济繁荣，后者发展起来却将其反噬，而这一切都归于长期的日积月累的生活演化，看似波澜不惊，实则春潮涌动，历史正在翻开新的一页。土地模糊产权制度就是这样被终结。它不是暴力的产物，也不是近代资本主义的馈赠，恰好相反，现代产权制度是新时代开启的重要条件。到中世纪晚期，私人产权已然孕育成形，继而发生的圈地运动，不过是让腹中婴儿呱呱坠地的助产婆而已。

经过一个时期的发展，在新的社会条件下，所有权最终从政治

---

① 托尼评论说："如果一个佃农的地租能够200年或250年保持不变，只需把自己保有地获利的1/5、1/6甚至1/18上交即可，这样的状况连现代农场主也会嫉妒不已。" R. H. Tawney, *The Agrarian Problem in the Sixteenth Century*, p.120.

依附关系下完全解放出来，取得独立于政治关系的经济形式。一块土地上重叠着不同等级人的权利，曾是中世纪普遍现象，但到17世纪下半叶，最先在英格兰，继而在西欧、北欧、南欧和中欧的大部分国家，法庭上原告声称对土地拥有绝对的权利，这是人类历史上从未发生过的私有制。马克思指出："这样，土地所有权就取得了纯粹经济的形式，因为它摆脱了它以前的一切政治的和社会的装饰物和混杂物，简单地说，就是摆脱了一切传统的附属物。"[①] 霍兹沃斯也指出这是一个具有深远意义的重大变化："普通法已经开始将所有权（ownership）视作绝对权利，该权利对整个世界都有效，而不仅仅是原告针对被告的权利。这是现代所有权的原则。"[②]

三、"准独立个体"：欧洲文明史的标尺

"人是万物的尺度"，黑格尔认为这是一个伟大的哲学命题，其实，何尝不是一个伟大的历史学命题？！把认识对象由客体转向主体，才能从更深层次上完成对特定历史问题的探究。为什么欧洲土地模糊产权制被废止，最终要归结于西欧群体和个体及其秉持的价值观念。从历史长时段看，他们诉求的阶段性目标不是没有变更：佃农曾极力维护稳定的习惯地租，可是当摆脱习惯地租可获取更多自由和更高利润的时候，冲垮习惯地租堤坝的基础力量还是他们，中坚农民和乡绅阶层尤其重要。具体目标是可变的，始终不变的是保护他们自己既有的权利，并不断伸张之。财产权是个人权利的一部分，说到底，个体发展是土地私人产权史的标尺，也是欧洲文明的标尺。

历史告诉我们，欧洲新纪元胚胎的形成比通常认为的更早。西欧民族在采纳和改造古典的、犹太的、基督教的以及日耳曼自身传

---

① 〔德〕马克思：《资本论》（第三卷），中共中央马克思、恩格斯、列宁、斯大林著作编译局编译，人民出版社2018年版，第697页。
② W. S. Holdsworth, *A History of English Law*, Vol. VII, p.458.

统某些元素的基础上，经历数百年痛苦的文化互动与磨合，形成与上述文明有关联却在本质上有别于它们的文明，一种崭新的文明。欧洲文明是日耳曼人入主欧洲，尤其创建封建制以来长期社会积淀和社会共识的产物。

8、9世纪欧洲封建主义产生，是欧洲文明先声，它与其后逐渐确立的欧洲文明元规则遥相呼应，致力于构建一种原创性的政治、社会和经济秩序。欧洲封建制的核心是领主附庸关系。一方面，领主与附庸关系是等级关系，人身依附关系；另一方面，领主附庸双方都必须履行相互的权利和义务，忠诚是双向的。倘若一方没有履约，另一方可以解除关系，被称为"撤回忠诚"，换言之，领主可以抛弃违约附庸，附庸亦可离弃恶劣的领主。布洛赫说："附庸的臣服是一种名副其实的契约，而且是双向契约。如果领主不履行诺言，他便丧失其享有的权利。"①

不过，笔者更倾向称之为"准契约关系"②。一则封建契约毕竟不是现代契约，缔约双方不是平等的；一则虽然是不同等级之间的不平等约定，然而却对双方都有实质性约束力，且受到法律保护，因此称为准契约关系。基于这种契约因素酿成的政治关系，在推动人类社会从"身份"到"契约"的转变中，迈出关键一步。在"准契约关系"特定的历史条件下，出现了权利（right）与权力（power）的抗衡，这是人类历史上第一次有序并可传承博弈成果的较量，不仅发生在议会和社会上层，也发生在乡村和城镇，甚至发生在行会、商会、大学等各种共同体，充溢在社会生活的方方面面。

如果说欧洲封建关系是准契约关系，那么，在这种关系的背后一定站着与之对应的主体，也就是与道相应、与法相契的个体。如何历史性地评估这样的个体呢？

---

① Marc Bloch, *Feudal Society: Social Classes and Political Organization*, Vol.2, London: Routledge, 1965, p.451.
② 〔加〕查尔斯·泰勒：《市民社会的模式》，冯青虎译，载邓正来、〔英〕J. C. 亚历山大编：《国家与市民社会》，第12页。

独立个体（individual）即摆脱各种人身依附关系的个体，是资本主义时代的个体。中世纪的个体不是独立个体，然而与日耳曼部落时代的个体相比，与古希腊罗马文明或其他文明中的个体相比，已发生突破性的变化。他们是不成熟的独立个体，是成长中、过渡状态的独立个体。笔者以为，称他们为"准独立个体"，更恰当地表达他们个体成长状况，也更合理地解释他们所创造的生活方式。实际上，只有"准独立个体"才能创建"准契约关系"；而"独立个体"则与"现代契约关系"契合，否则即使一时出现，也不能承续。

中世纪是欧洲文明发酵期、肇始期。从中世纪早期封建主义及"准独立个体"产生，到中世纪中期欧洲文明元规则生成、欧洲文明诞生，[①]再到近代启蒙运动、私人土地产权确立等，其精神谱系一脉相通。独立个体的成长亦世代相承。

当代法学家庞德将探索的目光投向更远的年代，他认为领主附庸关系可以追溯到日耳曼人部落时代。他说："塔西佗告诉我们，关系的观念为日耳曼制度所独有。"[②]它是欧洲封建社会法理的原始圭臬。无论私法还是公法，西方法学家习惯于用领主和附庸相互权利义务关系类推，庞德指出："我大胆地说'封建法'，也许应称为'日耳曼法'。"庞德比较了罗马法和日耳曼法的父权家长制，他指出，罗马法强调家长"意志"，而日耳曼法强调家长与家庭成员之间"保护和依从关系"，后者对封建社会组织的基本法律理念的影响极为深刻。显然欧洲的精神脉络深受古代日耳曼人影响。庞德说：

……如果把罗马法和日耳曼法做比较，我们立刻就会感到这两种制度对待同一问题处理的不同。这些区别在很大程度上取决于它们各自使用"意志"（will）和"关系"（relation）作

---

① 参见侯建新："中世纪与欧洲文明元规则"，《历史研究》2020年第3期。
② Roscoe Pound, *The Spirit of the Common Law*, Francestown: Marshall Jones Company, 1921, p.27.

尾 论

为基本概念所致。可以比较罗马家长权，即一家之主的权力与相对应的日耳曼家庭父权制度。罗马制度在法律上十足地一边倒，家长在家庭内至高无上，只享受权利而不承担义务，他承担的义务都在家庭之外。另一方面，日耳曼的制度被看作一种保护和依从关系，但这种依从并不是因为父权家长的权利，而是因为这种关系，实现其所包含的保护目的。另外，日耳曼家长权利由这种关系衍生而来，是一种行使其保护义务的、对抗世界的权利。……因此它成为封建社会组织的基本法律理念。①

读罢庞德的比较分析，我们惊讶于野蛮的日耳曼人社会"关系"理念之独特和周延，进而对欧洲封建制原始特征、基本法理不再感到突兀——契约因素在其后的发展似乎是应有之义。总之，契约关系因素源远流长，它始终以个体为载体，并经历了依附关系下的非独立个体和准独立个体，以及独立个体这样的历程。

欧洲独立个体历史溯源，不是笔者创见，实际上，欧洲学者早已用实证方式描述个体发展历史足迹。麦克法兰将英国"独立个体"追溯至13世纪，他用庄园档案资料证明，"他们在地理和社会方面高度流动着，在经济上是'理性的'、以市场为导向追逐实利的，在亲属关系和社会生活中是以自我为中心的"。②戴尔认为，英国自13世纪开始从共同体本位逐渐转向个人本位。③近年则有西登托普新作《发明个体》问世，他从独立个体发生、发展角度，阐述欧洲个体精神史以及中世纪研究的现代价值。④

为什么中世纪欧洲农民能够稳定地保有土地，并对任何"侵占"

---

① Roscoe Pound, *The Spirit of the Common Law*, pp.26-27.
② 参见 Alan Macfarlane, *The Origins of English Individualism: The Family, Property and Social Transition*, p.163。
③ 参见 Christopher Dyer, *An Age of Transition? Economy and Society in England in the Later Middle Ages*。
④ 参见 Larry Siedentop, *Inventing the Individual: The Origins of Western Liberalism*, Cambridge: The Belknap Press of Harvard University Press, 2014。

其土地的人甚至他的领主都享有一种诉权？为什么习惯地租几乎成为固定地租代名词，有效地抑制领主贪欲，创造了小农经济普遍繁荣，遂使农业成为欧洲资本主义最早策源地？以至西欧国家先后抖掉土地产权外衣上的封建关系碎片，终结土地模糊产权，率先确立完整的私人土地产权并与古代世界分流？凡此种种，都可以从欧洲中世纪史中得到启示。

参考文献

一、史料

"An Act for Inclosing lands in the Parish of Caversham in the County of Oxford, 1832", *Private Acts 1815-1834: A Collection of the Private Acts... Passed in the Second and Third Year of the Reign of His Majesty King William the Fourth*, Vol. I.

"An Act for... Inclosing... Speen in the County of Berks, 1779", *Private Acts 1702-1727 and Private Bills 1727-1814: A Table of the Statutes Public and Private, Passed Anno decimo novo. George III Regis.*

Baugh, G. C. ed., *The Victoria History of the County of Shropshire*, Vol. 4, London: Oxford University Press, 1989.

Baker, J. H. & S. F. C. Milsom, *Sources of English Legal History*, London: Butterworths, 1986.

Burton, W., *The Description of Leicestershire*, First Published: London: Printed by William Jaggard, 1622, Second Edition: Lynn: W. Whittingham, 1777.

Calendar of State Papers Domestic, Domestic Series, London: Her Majesty's Stationery Office, 1856-1872.

Chronological Table of the Statutes: 1235-2012, Vol. 1-3, London: Stationery Office, 2013.

Cobbett, William, *Parliamentary History of England, from the Earliest Period to the Year 1803*, Vol.1-36, London: Printed by T. C. Hansard, 1806-1820.

Crossley, Alan ed., *The Victoria History of the County of Oxford*, Vol. 10, London: Oxford University Press, 1972.

Cruise, William, *A Digest of the Laws of England Respecting Real Property*, Vol.

I, London: Butterworth, 1935.

D'Ewes, Simonds, *The Journals of All the Parliaments During the Reign of Queen Elizabeth*, Shannon: Irish University Press, 1682.

Douglas, D. C. and, G. W. Greenaway, ed., *English Historical Documents*, Vol. II, London: Routledge, 1981.

Ellis, Sir Henry, *A General Introduction to Domesday Book*, Vol.II, London: G. Eyre & A. Spottiswoode, 1833.

Farrer, William and J. Brownbill, eds., *The Victoria History of the County of Lancashire*, Vol. 2, London: Archibald Constable, 1908.

Gairdner, James ed., *Letters and Papers, Foreign and Domestic, of the Reign of Henry VIII*, Vol.6, London: Published by Her Majesty's Stationery Office, 1882, No. 1590.

General Report on Enclosures, London: McMillan, 1808.

Given-Wilson, Chris, ed., *The Parliament Rolls of Medieval England, 1275–1504*, Vol.1–16, Woodbridge and London: The Boydell Press and the National Archives, 2005.

Henderson, Ernest F., *Select Historical Documents of the Middle Ages*, London: George Bell, 1912.

Hollowell, Steven, *Enclosure Records for Historians*, Chichester: Phillimore, 2000.

Hoskins, W. G. ed., *The Victoria History of the County of Leicester*, Vol. 2, London: Oxford University Press, 1954.

Hughes, P. L. and J. F. Larkin, *Tudor Royal Proclamations*, Vol. II, New Haven and London: Yale University Press, 1969.

Journal of the House of Commons: Volume 1–7, London: His Majesty's Stationery Office, 1802.

Lee, J. M. and R. A. Mckinley, eds., *The Victoria History of the County of Leicester*, Vol. 5, London: Oxford University Press, 1964.

Lee, J., *A Vindication of a Regulated Inclosure*, London: Printed by E.C. and are to be sold by Thomas Williams, 1656.

Lobel, Mary D. ed., *The Victoria History of the County of Oxford*, Vol. 5, London: Oxford University Press, 1957.

Lobel, Mary D. ed., *The Victoria History of the County of Oxford*, Vol. 6, London: Oxford University Press, 1959.

"Ludford, Lincolnshire, Intended Inclosure", *Stamford Mercury*, 25 February 1791, 1 April 1791.

Monk, J., *General View of the Agriculture of the County of Leicester*, London: Printed by J. Nichols, 1794.

Nichols, J., *The History and Antiquities of the County of Leicester*, London: Printed by J. Nichols, 1795-1811.

Page, William ed., *The Victoria History of the County of Berkshire*, Vol. 2, London: Archibald Constable, 1907.

Page, William ed., *The Victoria History of the County of Buckingham*, Vol. 2, London: Archibald Constabl, 1908.

Page, William ed., *The Victoria History of the County of Nottingham*, Vol. 2, London: Constable and Company Limited, 1910.

Page, William ed., *The Victoria History of the County of Rutland*, Vol. 1, London: Archibald Constable, 1908.

Page, William eds., *The Victoria History of the County of Lincoln*, Vol. 2, London: Archibald Constable, 1906.

Page, William eds., *The Victoria History of the County of Sussex*, Vol. 2, London: Archibald Constable, 1907.

Page, William, ed., *The Victoria History of the County of Oxford*, Vol. 2, London: Archibald Constable, 1907.

Rothwell, Harry ed., *English Historical Documents*, Vol. III, London: Routledge,1996.

Stephenson, Carl and Frederick George Marcham, eds., *Sources of English Constitutional History: A Selection of Documents from A.D.600 to the Present*, New York: Harper & Brothers, 1937.

Thatcher, Oliver J. and Edgar H. McNeal, *A Source Book for Medieval History*, New York: Charles Scribner's Sons, 1905.

The statutes of the Realm, Vol. I, Buffalo: William S. Hein & Co., Inc., 1993.

The Statutes of the Realm, Vol. III, Buffalo: William S. Hein & Co., Inc., 1993.

The Statutes of the Realm, Vol. V, Buffalo: William S. Hein & Co., Inc., 1993.

TNA（The National Archive）

    C 78 Chancery and Supreme Court of Judicature, Chancery Division: Six Clerks Office and successors: Decree Rolls

    DL 44 Duchy of Lancaster: Special Commissions and Returns

E 301　Court of Augmentations: Certificates of Colleges, Chantries and Similar Foundations

E 302　Exchequer: Augmentation Office: Particulars of Concealments

E 305　Court of Augmenta tions: Deeds of Purchase and Exchange

E 309　Exchequer: Pipe Office: Enrolments of Crown Leases

E 310　Court of Augmentations, and Exchequer, Pipe Office: Particulars for Crown Leases

E 321　Court of Augmentations and Court of General Surveyors: Legal Proceedings

STAC 1-13　Court of Star Chamber: Proceedings, Edward VI

Tomlins, T. E. and John Raithby, ed., *Statutes of the United Kingdom of Great Britain and Ireland*, Vol.1-29, London: Printed by G. Eyres and A. Strahan, 1804-1869.

Tusser, Thomas, *Five Hundred Points of Good Husbandry*, London: Allen & Co., 1812.

Williams, C. H. ed., *English Historical Documents*, Vol. V, London: Routledge, 1967.

Young, Arthur, *Travels in France and Italy During the Years 1787, 1788, 1789*, Edited by Ernest Rhys, London: J.M. Dent & Sons, Ltd., 1915.

二、专著与论文

Abel, Wilhelm, *Agricultural Fluctuations in Europe from the Thirteenth to the Twentieth Centuries*, London: Routledge, 1980.

Adkin, B. W. *Copyhold and Other Land Tenures of England*, London: Estates Gazette, 1911.

Allen, R. C., *Enclosure and the Yeoman: The Agricultural Development of the South Midland, 1450-1850*, Oxford: Clarendon Press, 1992.

Anderson, Perry, *Passages from Antiquity to Feudalism*, London: NLB, 1974.

Ault, W. O., *Open-Field Farming in Medieval England: A Study of Village By-Laws*, London: Allen and Unwin, 1972.

Ault, W. O., "Village By-laws by Common Consent", *Speculum*, Vol. 29, No. 2 (1954).

Ault, W. O., "By-Laws of Gleaning and the Problems of Harvest", *The Economic*

History Review, Vol.14, No.2 (1961).

Ault, W. O., "Open-Field Husbandry and the Village Community: A Study of Agrarian By-Laws in Medieval England", *Transactions of the American Philosophical Society*, Vol. 55, No. 7 (1965).

Aydelotte, F. B., *Elizabethan Rogues and Vagabonds*, Oxford: Clarendon Press, 1913.

Baechler, Jean, John A. Hall and Michael Mann, eds., *Europe and the Rise of Capitalism*, Oxford: Blackwell, 1988.

Bailey, Mark, *The English Manor, c.1200–c.1500*, Manchester: Manchester University Press, 2002.

Baker, J., *An Introduction to English Legal History*, New York: Oxford University Press, 2019.

Ballard, Adolphus, *The Domesday Inquest*, London: Methuen & Co., 1906.

Barber, Richard, *The Knight and Chivalry*, New York: Charles Scribner's Sons, 1970.

Bavel, Bas J. P. van and Phillipp R. Schofield, eds., *The Development of Leasehold in Northwestern Europe, c.1200–1600*, Turnhout: Brepols, 2008.

Bavel, Bas J. P. van and Richard W. Hoyle, eds., *Social Relations: Property and Power*, Turnhout: Brepols Publishers, 2010.

Beier, A. L., *The Problem of the Poor in Tudor and Early Stuart England*, London and New York: Methuen, 1983.

Bean, J. M. W., *The Decline of English Feudalism, 1215–1540*, New York: Manchester University Press, 1968.

Beier, A. L., Masterless Men: *The Vagrancy Problem in England, 1560–1640*, London: Methuen & Co., 1985.

Bennett, H. S., *Life on the English Manor: A Study of Peasant Conditions, 1150–1400*, Cambridge: Cambridge University Press, 1937.

Beresford, M. W., "Glebe Terriers and Open Field Leicestershire", in W. G. Hoskins ed., *Studies in Leicestershire Agrarian History*, Leicester: Leicestershire Archaeological Society, 1949.

Berdahl, R. M., *The Politics of The Prussian Nobility: The Development of a Conservative Ideology, 1770–1848*, New Jersey: Princeton University Press, 1988.

Blum, J., *The End of the Old Order in Rural Europe*, New Jersery: Princeton

University Press, 1978.

Blum, Jerome "The Internal Structure and Polity of the European Village Community from the Fifteenth to the Nineteenth Century", *The Journal of Modern History*, Vol. 43, No. 4 (Dec., 1971).

Bolton, J. L., *The Medieval English Economy, 1150-1500*, London: J. M. Dent and Sons, 1980.

Bonnassie, Pierre, *From Slavery to Feudalism in South-Western Europe*, Cambridge: Cambridge University Press, 1991.

Bracton, Henry de, *On the Laws and Customs of England*, Vol. II, Cambridge: Harvard University Press, 1977.

Brenner, Robert, "Agrarian Class Structure and Economic Development in Pre-Industrial Europe", *Past & Present*, No.70 (Feb., 1976).

Broad, John, *Transforming English Rural Society: The Verneys and the Claydons, 1600-1820*, Cambridge: Cambridge University Press, 2007.

Brucker, Gene A., *People and the Communities in the Western World*, Vol. I, Homewood: Dorsey Press, 1979.

Burn, Richard, *The History of the Poor Laws: With Observations*, London: Printed by H. Woodfall and W. Strahan, 1764.

Burns, J. H. ed., *The Cambridge History of Medieval Political Thought, c.350-1450*, Cambridge: Cambridge University Press, 1988.

Campbell, M., *The English Yeoman: Under Elizabeth and the Early Stuarts*, New York: A. M. Kelley, 1968.

Carlyle, R. W. and A. J. Carlyle, *A History of Medieval Political Theory in the West*, Vol. III, New York: Barnes & Noble, 1903.

Cipolla, C. M., *Before the Industrial Revolution, European Society and Economy, 1000-1700*, New York: Methuen & Co Ltd, 1976.

Clapham, J. H., *The Economic Development of France and Germany, 1815-1914*, Cambridge: Cambridge University Press, 1968.

Clark, Christopher, *Iron Kingdom: The Rise and Downfall of Prussia, 1600-1947*, London: Penguin Group, 2006.

Clay, Christopher, "Life leasehold in the Western Counties of England, 1650-1750", *The Agricultural History Review*, Vol. 29, No.2 (1981).

Clayton, Joseph, *Robert Kett and the Norfolk Rising*, London: Martin Secker, 1912.

Coke, Sir Edward, *The Complete Copy-holder*, London: E. Flesher. etc., 1673.

Coleman, Janet, *A History of Political Thought: From the Middle Ages to the Renaissance*, Oxford: Blackwell Publishing Ltd., 2000.

Coulborn, Rushton ed., *Feudalism in History*, Princeton: Princeton University Press, 1956.

Coulton, G. G, *The Medieval Village*, Cambridge: Cambridge University Press, 1926.

Craster, H. H. E. ed., *A History of Northumberland*, Vol. 9, London: A. Reid, 1909.

Currie, J. M., *Economic Theory of Agriculture Land Tenure*, Cambridge: Cambridge University Press, 1981.

Curtler, W. H. R., *The Enclosure and Redistribution of Our Land*, Oxford: Clarendon Press, 1920.

Dawson, Christopher, *Progress and Religion: An Historical Inquiry*, Washington. D.C: The Catholic University of America Press, 2001.

Digby, K. E., *An Introduction to the History of the Law of Real Property: With Original Authorities*, Oxford: Clarendon Press, 1875.

Duby, Georges and Robert Mandrou, *A History of French Civilization*, New York: Random House, 1964.

Duby, Georges, *Rural Economy and Country Life in the Medieval West*, London: Edward Arnold, 1968.

Duby, Georges, *The Early Growth of the European Economy: Warriors and Peasants from the Seventh to the Twelfth Century*, Ithaca: Cornell University Press, 1978.

Dwyer, Philip G., *The Rise of Prussia, 1700–1830*, London and New York: Routledge, 2001.

Dyer, Christopher, *Everyday Life in Medieval England*, London: The Hambledon Press, 1994.

Dyer, Christopher, *Lords and Peasants in a Changing Society, the Estates of the Bishopric of Worcester, 680–1540*, Cambridge: Cambridge University Press, 1980.

Dyer, Christopher, *Making a Living in the Middle Ages: The People of Britain 850–1520*, New Haven: Yale University Press, 2002.

Dyer, Christopher, *Standards of Living in the Later Middle Ages: Social Change* in England, c.1200–1520, Cambridge: Cambridge University Press, 1991.

Dyer, Christopher, "The English Medieval Village Community and Its Decline", *Journal of British Studies*, Vol. 33, No. 4 (Oct., 1994).

Eddie, S. A., *Freedom's Price: Serfdom, Subjection, and Reform in Prussia, 1648–1848*, Oxford: Oxford University Press, 2013.

English, Barbara, *The Great Landowners of East Yorkshire, 1530–1910*, New York: Harvester Wheatsheaf, 1990.

Faith, R. H., "Peasant Families and Inheritance Customs in Medieval England", *Agriculture History Review*, Vol. XIV (1966).

Farnhill, Ken, *Guilds and the Parish Community in Late Medieval East Anglia, c.1470–1550*, New York: York Medieval Press, 2001.

Finley, M. I., *The Ancient Economy*, Berkeley: University of California Press, 1973.

Finnis, John, *Natural Law and Natural Rights*, Oxford: Oxford University Press, 2011.

Fisher, F. J. ed., *Essays in the Economic and Social History of Tudor and Stuart England in Honor of R. H. Tawney*, Cambridge: Cambridge University Press, 1961.

Ford, Guy Stanton, "The Prussian Peasantry before 1807", *The American Historical Review*, Vol.3, No.3 (Apr., 1919).

Fordham, Montague, *A Short History of English Rural Life from the Anglo-Saxon Invasion to the Present Times*, London: George Allen, 1916.

Fouracre, Paul, "Marmoutier and Its Serfs in the Eleventh Century", *Transactions of the Royal Historical Society*, Sixth Series, Vol.15 (2005).

Freedman, Paul H. and Monique Bourin, eds., *Forms of Servitude in Northern and Central Europe: Decline, Resistance, and Expansion*, Turnhout: Brepols Publishers, 2005.

Fryde, E. B., *Peasants and Landlords in Later Medieval England*, Gloucestershire: Sutton Publishing, 1996.

Gay, Edwin F. and I. S. Leadam, "The Inquisitions of Depopulation in 1517 and the Domesday of Inclosure", *Transactions of the Royal Historical Society*, Vol.14 (1900).

Gay, Edwin F., "Inclosures in England in the Sixteenth Century", *The Quarterly Journal of Economics*, Vol.17, No. 4 (Aug.,1903).

Gay, Edwin F., "The Midland Revolt and the Inquisitions of Depopulation of 1607", *Transactions of the Royal Historical Society*, New Series, Vol.18 (1904).

Gibson, R. and M. Blink Horn, eds., *Landownership and Power in Modern Europe*, London: Harper Collins Academic, 2002.

Gies, Frances and Joseph, *Life in a Medieval Village*, New York: Harper & Row, 1990.

Given-Wilson, Chris, *The English Nobility in the Late Middle Ages: The Fourteenth-Century Political Community*, London: Routledge, 1996.

Given-Wilson, Chris, *The Royal Household and the King's Affinity: Service, Politics and Finance in England, 1360–1413*, London: Yale University Press, 1986.

Gould, J. D., "The Inquisition of Depopulation of 1607 in Lincolnshire", *The English Historical Review*, Vol.67, No.264 (1952).

Gonner, E. C. K., *Common Land and Inclosure*, London: Macmillan, 1912.

Goody, Jack and Joan Thirsk and E. P. Thompson eds., *Family and Inheritance: Rural Society in Western Europe, 1200–1800*, Cambridge: Cambridge University Press, 1976.

Gray, H. L., *English Field Systems*, Cambridge: Harvard University Press, 1915.

Hall, G. D. G. ed., *The Treatise on the Laws and Customs of the Realm of England Commonly Called Glanvill*, Oxford: Clarendon Press, 1965.

Hansen, Inge Lyse and Chris Wickham, eds., *The Long Eighth Century*, Leiden: Brill, 2000.

Harrison, J. F. C., *The English Common People: A Social History from the Norman Conquest to the Present*, London: Croom Helm, 1984.

Harrison, William, *Elizabethan England: From "A Description of England"*, edited by Lothrop Withington, with introduction by J. Furnivall, London: Walter Scott, 1876.

Harvy, P. D. A. ed., *The Peasant Land Market in Medieval England*, Oxford: Clarendon Press, 1984.

Hatcher, John, "English Serfdom and Villeinage: Towards a Reassessment", *Past & Present*, No.90 (Feb., 1981).

Herbert, Sydney, *The Fall of Feudalism in France*, New York: Barnes & Noble, Inc., 1921.

Herlihy, David ed., *The History of Feudalism: Selected Documents*, London: Macmillan, 1970.

Hilton, R. H., *Bond Men Made Free: Medieval Peasant Movements and the English Rising of 1381*, London and New York: Routledge, 2003.

Hilton, R. H. "A Crisis of Feudalism", *Past & Present*, No. 80 (Aug., 1978).

Hilton, R. H., "Freedom and Villeinage in England", *Past & Present*, No. 31 (Jul., 1965).

Hilton, R. H., *The Decline of Serfdom in Medieval England*, London: Macmillan Press, 1969.

Hilton, R. H., *The English Peasantry in the Later Middle Ages*, Oxford: Clarendon Press, 1975.

Holderness, B. A., *Pre-Industrial England: Economy and Society, 1500–1750*, London: J. M. Dent & Sons Ltd, 1976.

Holdsworth, W. S., *A History of English Law*, Vol. III, London: Methuen, 1923.

Holdsworth, W. S., *A History of English Law*, Vol. IV, London: Methuen, 1945.

Holdsworth, W. S., *A History of English Law*, Vol. VII, London: Methuen, 1925.

Holdsworth, W. S., *A Historical Introduction to the Land Law*, Oxford: Clarendon Press, 1927.

Hollister, C. Warren and Bennett, Judith M., *Medieval Europe: A Short History*, New York: McGraw Hill Company, 2002.

Homans, G. C., *English Villagers of the Thirteenth Century*, New York: Russell& Russell, 1960.

Hoskins, W. G., *The Midland Peasants: The Economic and Social History of a Leicestershire Village*, London: Macmillan, 1957.

Hoskins, W. G., *Essays in Leicestershire History*, Liverpool: Liverpool University Press, 1950.

Hosford, W. H., "An Eye-Witness's Account of a Seventeenth-Century Enclosure", *The Economic History Review*, Vol. 4, No. 2 (1951).

Howell, Cicely, *Land, Family and Inheritance in Transition: Kibworth Harcourt, 1280–1700*, Cambridge: Cambridge University Press, 1983.

Hudson, John, *Land, Law and Lordship in Anglo-Norman England*, Oxford: Clarendon Press, 1994.

Huggett, Frank E., *The Land Question and European Society since 1650*, London: Thames and Hudson LTD, 1975.

Hyams, Paul R., *King, Lords, and Peasants in Medieval England: The Common Law of Villeinage in the Twelfth and Thirteenth Centuries*, Oxford: Clarendon Press, 1980.

Janin, Hunt, *Medieval Justice: Cases and Laws in France, England and Germany, 500–1500*, Jefferson: McFarland, 2004.

Jarrett, Bede, *Social Theories in the Middle Ages, 1200–1500*, London: Frank Cass & Co. Ltd., 1968.

Joan, Thirsk, ed., *The Agrarian History of England and Wales, 1500–1640*, Vol. IV, Cambridge: Cambridge University Press, 1967.

Johnson, Arthur H., *The Disappearance of the Small Landowner*, Oxford: Clarendon Press, 1909.

Jones, P. M., *The Peasantry in the French Revolution*, Cambridge: The University Press, 1988.

Jones, P. M., *Politics and Rural Society: The Southern Massif Central, 1750–1880*, Cambridge: Cambridge University Press, 1985.

Kern, Fritz, *Kingship and Law in the Middle Ages*, New York: Harper & Row, 1970.

Kerridge, E., *Agrarian Problems in the Sixteenth Century and After*, London: Allen and Unwin, 1969.

Kerridge, Eric, "The Movement of Rent, 1540–1640", *The Economic History Review*, New Series, Vol. 6, No. 1 (1953).

King, Edmund, *England, 1175–1425*, London: Routledge and K. Paul, 1979.

Kinney, Arthur F., *Rogues, Vagabonds, & Sturdy Beggars*, Amherst: The University of Massachusetts Press, 1990.

Kjeldsen-Kragh, Søren, *The Role of Agriculture in Economic Development: The Lessons of History*, Copenhagen: Copenhagen Business School Press, 2006.

Kosminsky, E. A., *Studies in the Agrarian History of England in the Thirteenth Century*, Oxford: Blackwell, 1956.

Kriedte, P., Peasants, *Landlords and Merchant Capitalists: Europe and the World Economy, 1500–1800*, Warwickshire: Berg Publishers Ltd, 1983.

Leadam, I. S., *The Domesday of Inclosure, 1517–1518*, 2 vols, London & New York: Longmans, Green and Co., 1897.

Leadam, I. S., "The Security of Copyholders in the Fifteenth and Sixteenth Centuries", *The English Historical Review*, Vol. VIII, Issue XXXII (Oct.,

1893).

Lefebvre, Georges, *The Great Fear of 1789: Rural Panic in Revolutionary France*, New York: Pantheon Books, 1973.

Lennard, Reginald, *Rural England, 1086–1135: A Study of Social and Agrarian Conditions*, Oxford: Clarendon Press, 1959.

Levett, A. E., *Studies in Manorial History*, Oxford: Oxford University Press, 1963.

Lipson, E., *The Economic History of England*, Vol. I, London: A. & C. Black, LTD., 1929.

Loyn, H. Royston, and John Percival, *The Reign of Charlemagne: Documents on Carolingians Government and Administration*, London: Edward Arnoldn, 1975.

Macfarlane, Alan, *The Origins of English Individualism: The Family, Property and Social Transition*, Cambridge: Cambridge University Press, 1979.

Maine, Henry Sumner, *Village-Communities in the East and West*, London: John Murray, 1876.

Maitland, F. W., *Domesday Book and Beyond: Three Essays in the Early History of England*, Cambridge: Cambridge University Press, 1907.

Maitland, F. W., *The Constitutional History of England: A Course of Lectures*, Cambridge: Cambridge University Press, 1908.

Manning, Roger B., "Patterns of Violence in Early Tudor Enclosure Riots", *A Quarterly Journal Concerned with British Studies*, Vol.6, No. 2 (Summer, 1974).

Markoff, John, *The Abolition of Feudalism: Peasants, Lords, and Legislators in the French Revolution*, University Park: The Pennsylvania State University Press, 1996.

Martin, John E, *Feudalism to Capitalism, Peasant and Landlord in English Agrarian Development*, London: The Macmillan Press, 1983.

Martin, John, "Sheep and Enclosure in Sixteenth-Century Northamptonshire", *The Agricultural History Review*, Vol.36, No.1 (1988).

Mate, Mavis E., "The East Sussex Land Market and Agrarian Class Structure in the Late Middle Ages", *Past & Present*, No. 139 (May, 1993).

Mathias, Peter and M. M. Postan, eds., *The Cambridge Economic History of Europe*, Vol. VII, Cambridge: Cambridge University Press, 1978.

McFarlane, K. B., *The Nobility of Later Medieval England*, Oxford: Oxford University Press, 1973.

McIlwain, C. H., *The Growth of Political Thought in the West*, New York: The Macmillan Co., 1932.

McPhee, Peter, *A Social History of France, 1789–1914*, Basingstoke: Palgrave Macmillan, 2004.

Miller, Edward and John Hatcher, *Medieval England: Rural Society and Economic Change, 1086–1348*, London: Longman, 1978.

Miller, Edward ed., *The Agrarian History of England and Wales, 1348–1500*, Vol. III, Cambridge: Cambridge University Press, 1991.

Milsom, S. F. C., *Historical Foundations of the Common Law*, Toronto: Butterworths, 1981.

Milsom, S. F. C., *The Legal Framework of English Feudalism*, Cambridge: Cambridge University Press, 1976.

Mingay, G. E., *English Landed Society in the Eighteenth Century: An Introduction to its Causes, Incidence, and Impact, 1750–1850*, London: Routledge, 2007.

Mingay, G. E., *Parliamentary Enclosure in England: An Introduction to its Causes, Incidence, and Impact, 1750–1850*, London and New York: Routledge, 1997.

Mitchell, B. R., *British Historical Statistics*, Cambridge: Cambridge University Press, 2011.

Mitteis, Heinrich, *The State in the Middle Ages: A Comparative Constitutional History of Feudal Europe*, Amsterdam: North-Holland, 1975.

Musson, Anthony and W. M. Ormrod, *The Evolution of English Justice: Law, Politics and Society in the Fourteenth Century*, Basingstoke: Macmillan, 1999.

Musson, Anthony, *Medieval Law in Context: The Growth of Legal Consciousness from Magna Carta to the Peasants' Revolt*, Manchester: Manchester University Press, 2001.

Nederman, Cary J., "Property and Protest: Political Theory and Subjective Rights in Fourteenth Century England", *The Review of Politics*, Vol. 58, No. 2 (Spring, 1996).

Neeson, J. M., "The Opponents of Enclosure in Eighteenth-Century

Northamphonshire", *Past & Present*, Vol.105 (Nov., 1984).

Nichols, J., *The History and Antiquities of the County of Leicester*, London: Printed by J. Nichols, 1795-1811.

Oakley Francis, *Natural Law, Laws of Nature, Natural Rights: Continuity and Discontinuity in the History of Ideas*, New York: The Continuum International Publishing Group Inc., 2005.

Palliser, D. M., *The Age of Elizabeth: England under the Later Tudors, 1547-1603*, London and New York: Longman, 1983.

Parker, L. A., "The Depopulation Returns for Leicestershire in 1607", *Leicestershire Archaeological Society*, Vol. 23 (1947).

Parker, L. A., *Enclosure in Leicester, 1485-1607*, Ph.D. Thesis, London University, 1948.

Parkinson, C. Northcote, *The Evolution of Political Thought*, New York: The Viking Press, 1964.

Pennington, Kenneth, "The History of Right in Western Thought", *Emory Law Journal*, Vol. 47, (Winter, 1998).

Petit-Dutaillis, C. E., *The French Commune in the Middle Ages*, Amsterdam: North-Holland Pub. Co., 1978.

Plack, Noelle, *Common Land, Wine and the French Revolution: Rural Society and Economy in Southern France, c.1789-1820*, Surrey: Ashgate, 2009.

Plucknet, Theodore, *A Concise History of the Common Law*, Boston: Little, Brown and Co., 1956.

Pollock, F. and F. W. Maitland, *The History of English Law before the Time of Edward I*, 2 Vols, Cambridge: Cambridge University Press, 1968.

Pollock, F., *The Land Laws*, London: Macmillan, 1896.

Pollock, F. and R. S. Wright, *An Essay on Possession in the Common Law*, Oxford: Clarendon Press, 1888.

Poole, Austin L., *From Domesday Book to Magna Carta, 1087-1216*, Oxford: Clarendon Press, 1958.

Postan, M. M. ed., *The Cambridge Economic History of Europe*, Vol. I, Cambridge: Cambridge University Press, 1966.

Postan, M. M., *Essays on Medieval Agriculture and General Problem of the Medieval Economy*, Cambridge: Cambridge University Press, 1973.

Postan, M. M., *The Medieval Economy and Society*, Berkeley and Los Angeles:

University of California Press, 1972.

Pound, Roscoe, *The Spirit of the Common Law*, Francestown: Marshall Jones Company, 1921.

Pound, Roscoe ed., *Readings on the History and System of the Common Law*, Boston: The Boston Book Company, 1913.

Pounds, N. J. G., *The Medieval Castle in England and Wales: A Social and Political History*, Cambridge: Cambridge University Press, 1990.

Reynolds, Susan, *Kingdoms and Communities in Western Europe, 900–1300*, Oxford: Clarendon Press, 1997.

Raftis, J. A., *Tenure and Mobility: Studies in the Social History of the Medieval English Village*, Toronto: Pontifical Institute of Mediaeval Studies, 1964.

Ralph, V. Turner: "The Royal Courts Treat Disseizin by The King: John and Henry III, 1199–1240", *The American Journal of Legal History*, Vol. 12, No. 1 (Jan., 1968).

Rappaport, Steve, *Worlds within Worlds: Structures of Life in Sixteenth-Century London*, Cambridge: Cambridge University Press, 1989.

Rich, E. E. and C. H. Wilson, eds., *The Cambridge Economic History of Europe*, Vol. V, London: Cambridge University Press, 1977.

Rigby, S. H., *English Society in the Later Middle Ages*, London: Macmillan, 1995.

Rogers, J. E. T., *A History of Agriculture and Prices in England*, Vol.1, Oxford: Clarendon Press, 1866.

Rowse, A. L., *The England of Elizabeth: A Structure of Society*, London: MacMillan, 1950.

Rösener, Werner, *The Peasantry of Europe*, Translated by Thomas M. Baker, Oxford: Blackwell, 1994.

Sabine, G. H., *A History of Political Theory*, New York: Dryden Press, 1973.

Savine, Alexander, "English Customary Tenure in the Tudor Period", *The Quarterly Journal of Economics*, Vol. 19, No.1 (Nov., 1904).

Schofield, Phillipp R., "Tenurial Developments and the Availability of Customary Land in a Later Medieval Community", *The Economic History Review*, Vol. 49, No. 2 (May, 1996).

Schofield, Phillipp R., *Peasant and Community in Medieval England, 1200–1500*, New York: Palgrave Macmillan, 2003.

Scott, T. ed., *The Peasantries of Europe: From the Fourteenth to the Eighteenth Century*, London and New York: Longman, 1998.

Searle, E., *Lordship and Community: Battle Abbey and its Banlieu, 1066–1538*, Toronto: Pontifical Institute of Mediaeval Studies, 1974.

Seebohm, Frederic, *The English Village Community: Examined in its Relation to the Manorial and Tribal Systems and to the Common or Open Field System of Husbandry*, Cambridge: Cambridge University Press, 2012.

Shogimen, Takashi, *Ockham and Political Discourse in the Late Middle Ages*, Cambridge: Cambridge University Press, 2007.

Siedentop, Larry, *Inventing the Individual: The Origins of Western Liberalism*, Cambridge: The Belknap Press of Harvard University Press, 2014.

Sigmund, Paul E., *Nicholas of Cusa and Medieval Political Thought*, Cambridge: Harvard University Press, 1963.

Simpson, A. W. B., *A History of the Land Law*, Oxford: Clarendon Press, 1986.

Skinner, Quentin, *The Foundations of Modern Political Thought*, Vol. I, Cambridge: Cambridge University Press, 1978.

Slater, Gilbert, *The English Peasantry and the Enclosure of Common Fields*, London: Kessinger Publishing, LLC, 2006.

Smith, R. M. ed., *Land, Kinship and Life-cycle*, Cambridge: Cambridge University Press, 1984.

Stubbs, William, *The Constitutional History of England: In Its Origin and Development*, Vol. I, Oxford: The Clarendon Press, 1903.

Taine, Hippolyte Adolphe, *The Origins of Contemporary France: The Ancient Regime*, New York: Henry Holt and Company, 1876.

Tate, W. E., *The Enclosure Movement*, New York: Walker, 1967.

Tate, Joshua C., "Ownership and Possession in the Early Common Law", *The American Journal of Legal History*, Vol. 48, No. 3 (Jul., 2006).

Tawney, R. H., *The Agrarian Problem in the Sixteenth Century*, New York: Harper & Row, 1967.

Thirsk, Joan ed., *The Agrarian History of England and Wales, 1500–1640*, Vol. IV, Cambridge: Cambridge University Press, 1967.

Thirsk, Joan ed., *The Agrarian History of England and Wales, 1640–1750*, Vol. V, Part II: Agrarian Change, Cambridge: Cambridge University Press, 1985.

Thirsk, Joan, *Tudor Enclosures*, London: Routledge and Kegan Paul, 1959.

Thirsk, Joan, "The Common Fields", *Past & Present*, No. 29 (Dec., 1964).

Thompson, James Westfall, *Economic and Social History of the Middle Ages: 300–1300*, Vol. II, New York: Ungar, 1959.

Tierney, Brian, *The Idea of Natural Rights: Studies on Natural Rights, Natural Law, and Church Law, 1150–1625*, Cambridge: Wm. B. Eerdmans Publishing Co., 2001.

Tierney, Brian, *Religion, Law, and the Growth of Constitutional Thought, 1150–1650*, Cambridge: Cambridge University Press, 1982.

Tierney, Brian ed., *Authority and Power, Studies on Medieval Law and Government Presented to Walter Ullmann on his seventieth birthday*, Cambridge: Cambridge University Press, 1980.

Titow, J. Z., *English Rural Society, 1200–1350*, London: Allen and Unwin, 1969.

Tracy, Michael, *Government and Agriculture in Western European, 1880–1980*, London: Harvester Wheatsheaf, 1989.

Trevor-Roper, Hugh, *The Rise of Christian Europe*, London: Thames & Hudson, 1966.

Tuck, Richard, *Natural Rights Theories: Their Origin and Development*, Cambridge: Cambridge University Press, 1978.

Turner, Michael, *English Parliamentary Enclosure: Its Historical Geography and Economic History*, Folkestone: Dawson Publishing, 1980.

Vinogradoff, Paul, *English Society in the Eleventh Century*, Oxford: The Clarendon Press, 1908.

Vinogradoff, Paul, *Villainage in England: Essays in English Mediaeval History*, Oxford: Clarendon Press, 1968.

Whittle, Jane ed., *Landlords and Tenants in Britain, 1440–1660: Tawney's Agrarian Problem Revisited*, Woodbridge: Boydell Press, 2013.

Whittle, Jane, *The Development of Agrarian Capitalism: Land and Labour in Norfolk, 1440–1580*, Oxford: Oxford University Press, 2000.

Whittle, Jane, "Individualism and the Family-land Bond: A Reassessment of land Transfer Patterns among the English Peasantry, c. 1275–1580", *Past & Present*, No. 160 (Aug., 1998).

Wood, Diana, *Medieval Economic Thought*, Cambridge: Cambridge University Press, 2002.

《盎格鲁－撒克逊编年史》，寿纪瑜译，商务印书馆2004年版。

〔英〕阿尔芒，克里斯托弗主编：《新编剑桥中世纪史》（第七卷），侯建新等译，中国社会科学出版社2022年版。

〔意〕阿奎那，托马斯：《阿奎那政治著作选》，马清槐译，商务印书馆1982年版。

〔法〕阿利埃斯，菲利浦等主编：《私人生活史Ⅰ：古代人的私生活》（从古罗马到拜占庭），李群等译，三环出版社、北方文艺出版社2007年版。

〔法〕阿利埃斯，菲利浦等主编：《私人生活史Ⅱ：肖像》（中世纪），洪庆明等译，北方文艺出版社2007年版。

〔英〕安德森，佩里：《从古代到封建主义的过渡》，郭方、刘健译，上海人民出版社2000年版。

〔英〕巴克，厄奈斯特：《希腊政治理论——柏拉图及其前人》，卢华萍译，吉林人民出版社2003年版。

〔英〕巴勒克拉夫，杰弗里主编：《泰晤士世界历史地图集》，生活·读书·新知三联书店1982年版。

〔英〕贝内特，亨利·斯坦利：《英国庄园生活：1150—1400年农民生活状况研究》，龙秀清等译，侯建新审校，上海人民出版社2005年版。

〔英〕伯恩斯，J. H.主编：《剑桥中世纪政治思想史》（下册），郭正东等译，生活·读书·新知三联书店2009年版。

〔美〕伯尔曼，哈罗德·J.：《法律与革命：西方法律传统的形成》（第一卷），贺卫方等译，法律出版社2008年版。

〔英〕波斯坦，M. M.主编：《剑桥欧洲经济史》（第一卷），郎立华等译，经济科学出版社2002年版。

〔法〕布罗代尔，费尔南：《法兰西的特性：人与物》（上册），顾良、张泽乾译，商务印书馆1997年版。

〔法〕布罗代尔，费尔南：《15至18世纪的物质文明、经济和资本主义》（第一卷），顾良、施康强译，生活·读书·新知三联书店2002年版。

〔法〕布罗代尔，费尔南：《15至18世纪的物质文明、经济和资本主义》（第二卷），顾良译，生活·读书·新知三联书店2002年版。

〔法〕布罗代尔，费尔南：《文明史纲》，肖昶等译，广西师范大学出版社2003年版。

〔法〕布洛赫，马克：《法国农村史》，余中先、张朋浩、车耳译，商务印书馆1997年版。

〔法〕布洛赫，马克：《封建社会》（上、下卷），张绪山等译，商务印书馆2004年版。

〔法〕布瓦松纳，P.：《中世纪欧洲生活和劳动（五至十五世纪）》，潘源来译，商务印书馆1985年版。

〔法〕杜比, 乔治主编:《法国史》(全三卷), 吕一民、沈坚、黄艳红等译, 商务印书馆2010年版。

〔美〕杜普莱西斯, 罗伯特:《早期欧洲现代资本主义的形成过程》, 朱志强、龚晓华、张秀明译, 辽宁教育出版社2001年版。

〔奥地利〕弗里德里希·希尔:《欧洲思想史》, 赵复三译, 广西师范大学出版社2007年版。

〔英〕富布卢克, 玛丽:《剑桥德国史》, 高旖嬉译, 新星出版社2017年版。

〔德〕格茨, 汉斯·维尔纳:《欧洲中世纪生活》, 王亚平译, 东方出版社2002年版。

〔法兰克〕格雷戈里:《法兰克人史》, 寿纪瑜、戚国淦译, 商务印书馆1981年版。

〔英〕哈德森, 约翰:《英国普通法的形成》, 刘四新译, 商务印书馆2006年版。

〔英〕哈林顿, 詹姆士:《大洋国》, 何新译, 商务印书馆1981年版。

〔法〕基佐:《欧洲文明史——自罗马帝国败落起到法国革命》, 程洪逵、沅芷译, 商务印书馆2005年版。

〔比〕卡内冈, R.C.范:《英国普通法的诞生》, 李红海译, 中国政法大学出版社2003年版。

〔爱尔兰〕凯利, J.M.:《西方法律思想简史》, 王笑红译, 法律出版社2010年版。

〔英〕拉蒙德, 伊等著:《亨莱的田庄管理》, 高小斯译, 商务印书馆1995年版。

〔法〕勒华拉杜里, 埃马纽埃尔:《蒙塔尤》, 许明龙、马胜利译, 商务印书馆1997年版。

〔法〕勒帕日, 亨利:《美国新自由主义经济学》, 李燕生译, 北京大学出版社1985年版。

〔英〕林克雷特, 安德罗:《世界土地所有制变迁史》, 启蒙编译所译, 上海社会科学院出版社2016年版。

〔德〕马克思:《资本论》(第一卷), 中共中央马克思、恩格斯、列宁、斯大林著作编译局编译, 人民出版社2018年版。

〔德〕马克思:《资本论》(第三卷), 中共中央马克思、恩格斯、列宁、斯大林著作编译局编译, 人民出版社2018年版。

〔英〕麦克法兰, 艾伦:《英国个人主义的起源》, 管可秾译, 商务印书馆2008年版。

〔英〕梅特兰:《普通法的诉讼形式》, 王云霞等译, 商务印书馆2010年版。

〔英〕梅因:《古代法》, 沈景一译, 商务印书馆1996年版。

〔美〕摩尔，巴林顿：《专制与民主的社会起源：现代世界形成过程中的地主与农民》，王茁、顾洁译，上海译文出版社2012年版。

〔英〕莫尔，托马斯：《乌托邦》，戴镏龄译，商务印书馆1996年版。

〔美〕诺斯，道格拉斯等著：《西方世界的兴起》，厉以平、蔡磊译，华夏出版社1999年版。

〔比利时〕皮朗，亨利：《中世纪欧洲经济社会史》，乐文译，上海人民出版社1964年版。

〔意〕奇波拉，卡洛·M.主编：《欧洲经济史》（第一卷），徐璇译，商务印书馆1988年版。

〔意〕奇波拉，卡洛·M.主编：《欧洲经济史》（第二卷），贝煜、张菁译，商务印书馆1988年版。

〔汉〕司马迁：《史记·商君列传》（卷六十八），线装书局2006年版。

〔英〕斯密，亚当：《原富》（上册），严复译，商务印书馆1981年版。

〔美〕施亨利：《十八九世纪欧洲土地史纲》，郭汉鸣编译，上海社会科学院出版社2016年版。

〔美〕施密特：《基督教对文明的影响》，汪晓丹等译，北京大学出版社2004年版。

〔古罗马〕塔西佗：《阿古利可拉传、日耳曼尼亚志》，马雍、傅正元译，商务印书馆1959年版。

〔美〕汤普逊：《中世纪经济社会史》（上、下册），耿淡如译，商务印书馆1997年版。

〔法〕托克维尔：《旧制度与大革命》，冯棠译，商务印书馆1997年版。

〔美〕沃勒斯坦，伊曼纽尔：《现代世界体系》（第一卷），尤来寅等译，高等教育出版社1998年版。

〔古希腊〕亚里士多德：《亚里士多德选集：政治学卷》，颜一编，颜一、秦典华译，中国人民大学出版社1999年版。

〔古希腊〕亚里士多德：《政治学》，颜一等译，中国人民大学出版社2003年版。

丛日云：《西方政治文化传统》，吉林出版集团2007年版。

侯建新：《农民、市场与社会变迁——冀中11村透视并与英国乡村比较》，社会科学文献出版社2002年版。

侯建新：《社会转型时期的西欧和中国》，高等教育出版社2005年第二版。

侯建新：《现代化第一基石——农民个人力量增长与中世纪晚期社会变迁》，天津社会科学院出版社1991年版。

侯建新：《资本主义起源新论》，生活·读书·新知三联书店2014年版。

胡如雷《中国封建社会形态研究》，生活·读书·新知三联书店1979年版。
霍韬：《再与王浚川尚书》，《霍文敏公文集》卷七上《书》。
冀昀主编：《尚书·益稷》，线装书局2007年版。
厉以宁：《资本主义的起源——比较经济史研究》，商务印书馆2003年版。
马克垚：《西欧封建经济形态研究》，人民出版社2001年版。
潘吉星主编：《李约瑟文集：李约瑟博士有关中国科学技术史的论文和演讲集（1944—1984）》，辽宁科学技术出版社1986年版。
巫宝三主编：《欧洲中世纪经济思想资料选辑》，傅举晋、吴奎罡等译，商务印书馆1998年版。
臧知非：《秦汉土地赋役制度研究》，中央编译出版社2017年版。
赵文洪：《私人财产权利体系的发展——西方市场经济和资本主义的起源问题研究》，中国社会科学出版社1998年出版。
赵文洪，张菊红，侯建新：《所有制形式的演进与社会变革》，社会科学文献出版社2016年版。

索 引

A

《爱德华三世统治镜鉴》 30, 32
《百户区卷档》 65
《大宪章》 30, 56, 63, 65, 68—70, 143
《格拉提安教令集》 21, 26
《济贫法》(1601年) 387—389
《米兰敕令》(《康拉德二世封建法令》)(1037年) 63
《末日审判书》 65, 73—74, 82, 85—86, 94, 151—154, 224
《拿破仑法典》 422, 443—444
《骑士领废除与补偿法》 393, 395, 401—403, 415, 418—419
《圈地裁定书》 413
《圈地法令》 405
《十月敕令》(1807年) 446, 464—465
《赎买法》(1850年) 467
《土地买卖法》(1290年) 66, 144, 395
《维多利亚郡史》 389
《遗嘱法》 395, 400—401, 418
《用益法》 395, 399—400, 418
阿奎那 15—16, 503
阿拉伯人 36, 38—39, 44, 192

奥卡姆的威廉 24—30

B

保有地 5, 77, 82, 90, 93—96, 98, 100—101, 113, 120—121, 127—129, 131—133, 136—138, 140—141, 145, 157, 162—163, 168—169, 202—203, 210, 212, 215—218, 221—222, 224, 226—241, 243, 248—250, 252—253, 255—257, 262—267, 269—270, 278—280, 283—286, 289—291, 293—294, 303—305, 307, 310—312, 316—317, 321, 323—327, 331—335, 340, 362—363, 396—397, 401, 410, 412, 416, 422—424, 430, 438—439, 444, 454—455, 459, 466, 477, 481
保有地继承 137—138, 266, 326, 423, 477
保有农 423—424, 429—430, 453—454, 461
北欧海盗 36, 58, 72, 477
边地农 152—153, 224
编户农 476—477
编户制 475

索　引

补偿原则　375，415，468

C

采邑　3，5，31，33—35，42—47，54，57—59，61—66，69—72，82—83，96，120，126—127，130，150，169，301，393，395—403，418—419，441，478

查理·马特　38，42，44—45

查理曼帝国　45，448

敞田制　4，82，87，89，97—99，108—109，139，196—197，199，208—210，263，276，278，282，294，297，308，351，410

撤回忠诚　53—54，483

臣服礼　46—47，49，54

城堡　39—40，47，57，64，69，112—113，230，321，368，436—439

程序权利　17

持有农　94，132—135，155—156，162，165，203，210，215，222，224—239，247—249，256，260，262—266，268，270，278，284，293，298，306—307，310—313，317—318，320—323，326—330，332—334，336，340—341，362—364，377，410，416，430，481

储蓄率　183—184

次属封臣　59，152

村规　3，89，107，109—110，170

村民会议　88，104—105，107，111—112，406

村头　102—103，107

村庄共同体　4—5，7，78—81，86—90，95，98—101，103—108，110—117，120，149，199，209，218，265，280，283，289，297—298，349，370，373—374，376，379，388，405，412，417，441—442，445，459，507

D

大法官法院　133—134，354，399

大垦荒　196，200，210，293

大农　102，147，165—166，202，234，237，241，247，257—258，261，275，282，287—288，290，299—312，314—318，320—322，324—325，343—344，362，365，370—371，423—425，428，431，435，443，455，469

大农-乡绅阶层　275，300，303，306，309—310，312，317—318，320—321，343，365，431

大总管　102，202，227

丹麦法区　36，155

丹麦金　36，72，73

德意志　25，35，54，58—59，64，82，91，93，102，104，105，107，135，156，161，179，188，193，199，203，205，261，302，393，446，—450，452—453，455—456，458，462—463，467—470

抵抗权　28，30，32，51—53，55

地租飙升　251，272

东法兰克王国　35，448

都铎王朝　328，361，365，386，395

独立个体　148，218，473，482，484—485

盾牌钱 73
夺回之讼 123

F

法定占有权
法国大革命 95, 421, 434, 437—438, 441, 446, 462
法兰克王国 12, 34—35, 38, 42, 44, 52, 57, 84, 448, 477
法兰西（法国） 3, 20, 35—36, 39—40, 47, 49, 54—55, 57—58, 60, 62—64, 75, 82, 85, 88, 91, 93, 96, 99, 102, 107, 109, 115—116, 135, 139, 141, 151, 156, 161, 178—179, 182, 185, 191, 199—200, 204—205, 207, 302, 393, 395, 421, 425, 428, 431—432, 437, 441, 443—446, 452—453, 463, 503
法律程序 23, 73, 112, 123—124, 128, 177, 212, 214, 253—254, 267, 290, 299, 317, 362, 373, 395, 405, 408, 410, 415, 420, 439, 466, 470, 478
法人 112, 114—115, 396
法庭案卷副本 133, 229, 231—232
法庭圈地 331, 337, 341—342, 344
方济各会 24, 25
非法圈地 282, 321, 331, 337, 339—345, 361—363, 365, 367, 369, 377, 390
非家内土地转移 140, 216
分成租地农 424—425, 430, 433—434
份地 15, 47, 90—91, 93—95, 97—99, 102, 120, 137, 144, 169, 171, 174, 206, 208, 217, 254, 301, 303, 304, 417, 455, 457—459, 474, 477
封臣 3, 33—34, 36, 40—50, 52, 54, 58—60, 62—64, 66—69, 73, 75, 77, 82—83, 120, 125—127, 131, 134, 152, 253, 321, 393, 395—396, 398, 402—403, 418, 477—478, 480
封建法 33, 35, 50, 54, 63, 69, 71, 73, 96, 127—128, 169, 430, 484
封建契约 47, 49—50, 53, 116, 120, 176, 253, 279, 285, 483
封君封臣关系 33, 40, 45, 48—49, 83
附庸 2—3, 5, 33, 35, 41—55, 58—67, 71—72, 75, 77, 82—83, 120—121, 125—127, 151, 169, 477, 479, 483—484
富裕农民 110, 146, 184, 189, 227, 239, 257—259, 261, 275, 284, 287, 300—301, 305—307, 370, 394, 424, 431, 439, 459—462, 470

G

格拉提安 21—22, 26, 123
公簿保有地 133, 202—203, 216, 222, 224, 227—236, 239, 248—249, 264, 269—270, 290, 294, 323, 326, 333—335, 363, 410, 416
公簿持有农 133—135, 202—203, 210, 215, 222, 224—239, 247—249, 260, 262—264, 266, 268, 270, 278, 284, 293, 306, 310—311, 318, 323, 326—327, 332—334, 336, 340—341, 362—364, 377, 410, 416, 430, 481
公簿保有权 135, 229, 230
公共放牧 97, 107, 121, 208, 292, 294,

300, 307, 321, 330, 338, 363, 365, 379, 443

共同体 4, 5, 7, 11, 12, 29, 78—81, 86—91, 95, 98—101, 103—117, 120, 129, 149, 160, 164, 170, 177, 196, 199, 208, 209, 218, 231, 233, 240, 243, 244, 261, 265, 266, 280—283, 285, 289, 296—298, 300, 301, 333, 337, 343, 349, 370, 373, 374, 376—379, 388, 405, 412, 417, 440, 441, 442, 445, 449, 459, 460, 483, 485, 509, 511, 517

共用地 4, 77, 80, 82, 91, 94—96, 100, 101, 104, 105, 107, 114, 135, 221, 226, 231, 261, 265, 266, 283, 289, 293, 294, 296—299, 312, 316, 317, 325, 328, 329, 331, 333, 337—340, 342, 348, 364—366, 368, 369, 372—378, 406, 407, 410—412, 416—418, 425, 440—442, 444, 466, 511

古代世界 472—474, 479, 481, 486

古典文明 10, 17, 448, 473

管家 15, 76, 78, 102—103, 105—107, 110, 114, 121, 129, 168—169, 175, 204, 244, 253, 256, 259, 261, 269, 293, 321, 332, 372, 374

贵族 3—4, 23, 30—31, 33—34, 38—39, 44—45, 47, 55, 57—59, 61, 64, 66—71, 73—76, 86, 99, 120, 127, 152, 158, 167, 169, 189, 192, 199, 203—205, 241, 244, 258, 261, 283, 286, 302, 309, 319—320, 327, 331, 334—335, 370—372, 378, 390, 394, 397—399, 423—428, 434, 436—438, 440—445, 447, 449—451, 454—457, 459, 462—466, 471, 475, 480

H

行会 5, 59, 116—117, 388, 483

合法圈地 276, 282, 342, 344, 362

婚姻捐 160—161, 167, 230

货币地租 77, 143—145, 174—175, 197, 226—227, 238, 254, 256, 258, 301, 424, 429, 453, 460

J

基督教 10, 12—17, 19, 22, 24—25, 56, 58, 116, 155, 157, 173, 193, 199, 388, 415, 440, 448, 482, 505

吉伦特派 422, 438—441

济贫制度 386—388, 390

继承捐（死手捐） 94, 137—138, 160—162, 167, 266, 400

加洛林王朝 57, 63, 120, 200

监护权 396, 400—403

教会 10, 12, 14, 20—24, 27, 29—30, 45, 52, 56—57, 64—65, 68, 72—73, 108, 116, 122—123, 131, 135, 137, 146, 151, 157—158, 169, 181, 197, 204—205, 259, 264, 269, 318—319, 336, 387—388, 394, 399, 407, 409, 413, 415—416, 421, 427, 442, 445, 455, 465, 468, 478

教会地产 65, 146, 259, 264, 336, 399

教会法 20—23, 27, 29, 122—123, 131, 135, 478

经济补偿 290, 415, 468

旧制度　59, 210, 239, 395, 421—423, 426—427, 433—434, 436—439, 441, 505

军役　3—4, 30, 45, 47—48, 50, 63, 73, 401, 477

君主立宪派　422, 438, 439

郡法院　111, 112, 131, 164, 332, 511

K

卡佩王朝　57

凯特起义　338, 368, 375, 378

克洛维　12

垦荒地　196, 200, 203, 206, 240, 261, 263—265, 293

垦荒运动　20, 170, 196—197, 199, 200, 205, 210, 240, 293

L

劳役地租　144, 184, 256

劳役量　162, 169, 172—175, 256

劳役折算　114, 174—175, 256, 258, 301

劳役制　139, 162, 173—174, 207, 231, 258, 261, 423, 438, 456—457, 459, 461, 469

联合保有　139, 210—212, 214, 218, 341, 370

临终交付　212, 218, 512

零碎圈地　292—293, 295—296, 300, 309, 319

领主　2—6, 31, 33—35, 38—55, 57—64, 66—67, 72—73, 75—77, 79, 81—89, 91—106, 108—116, 120—121, 123—135, 137—139, 141—149, 151, 153, 156—166, 168—179, 183—184, 193, 197, 199, 201—207, 209, 213, 221—222, 225—227, 229—244, 247—250, 252—253, 255—269, 271—273, 275, 278, 280, 282—288, 290, 292—295, 297—299, 301, 303, 305—308, 310—311, 313, 316—346, 349, 361—367, 369—373, 377, 390, 394—396, 398, 404, 407, 409—410, 412—413, 416, 419, 421, 423—431, 434—440, 444, 448, 450, 453—461, 463—469, 477—481, 483—484, 486

领主附庸关系　35, 41—42, 44—46, 48—49, 53—55, 58, 60—61, 67, 75, 83, 483—484

领主经济　147, 257, 260, 301, 459, 466

领主圈地　287—288, 299, 318—320, 322—323, 325, 327—328, 331, 333, 338, 342, 344, 372

领主权　3, 4, 66, 82, 93—94, 100, 112—113, 120, 148, 168, 174—176, 234, 265, 430, 435, 440, 464, 477—478

流民问题　345, 379—380, 383—384, 386—387, 390

鲁菲努斯　22—23, 26

轮耕制　4, 89—90, 120, 198, 208, 282, 289, 292, 294—295, 374, 441

罗马法　19, 21, 30, 61—62, 122, 124—126, 148—149, 156—158, 474, 484

罗马法复兴　21

M

马尔克 5, 83, 87, 116, 150, 169, 176, 374

蛮族 2, 11—13, 21, 33, 35, 42, 58, 124—125, 169, 477

蛮族法典 12—13

茅舍农 95, 152—153, 171, 202, 224, 236, 293, 298, 311, 316, 325, 328—330, 365—366, 371, 408, 417—418, 458

米歇尔·维利 28

N

年贡保有农 423—424, 429—430, 453

农场主 136, 147, 184, 204, 226, 236—237, 239, 254, 256, 258—259, 262, 272, 291, 309, 318, 322, 325—327, 357, 359, 364, 372, 374—376, 469, 481

农民服饰 189

农民圈地 283, 288, 290, 293, 296—297, 300, 319, 321, 344, 414

农奴 6, 40, 55, 59, 87—88, 93—94, 102, 106, 115, 121, 128—130, 133, 137, 144—145, 148—151, 155—157, 159—160, 162—170, 173—179, 185, 196, 200, 207, 215, 222, 228, 231, 255, 267, 318, 327, 423, 443—444, 446—447, 450, 454—457, 460—461, 463—465, 471, 480

农奴解放 167, 196, 200

农奴制再版 179, 447, 455

农业资产阶级 276, 304, 322, 394

奴隶 13, 19, 23, 45, 148, 150, 152, 154—156, 159, 463, 473

O

欧洲封建制 2—3, 5—6, 33, 35, 41, 43, 48, 53, 54—55, 61, 67—68, 83, 115—116, 119, 121, 127, 148, 198, 280, 287, 473, 477, 480, 483, 485

欧洲文明 1, 2, 11, 17, 33, 51—52, 55, 82, 192, 198—199, 221, 251, 437, 440, 447, 482—484, 504, 506

P

陪审团 70—71, 89, 106, 112, 114, 129, 132, 164, 194, 245, 254, 269, 322, 334—335, 364, 378, 386

普鲁士 423, 443, 446—452, 455—458, 460—465, 467, 469—471

普鲁士精神 452, 467

普通法 23, 112, 127, 130—134, 216, 223, 229—230, 232, 234, 244—246, 248—249, 253—254, 285, 324, 333, 336, 364—366, 399—400, 482, 504—505

Q

骑士领 42—44, 64—65, 85, 393, 395, 401—403, 415, 418—419

契约圈地 324, 327, 329, 332, 338, 342—343, 345, 363

契约租地 136, 222, 224—225, 233, 236—249, 261—265, 267—268, 270, 279, 294, 312, 318—319, 322, 324—327, 336—337, 364, 410,

513

414，416，424，454—455，461
契约租地农 136，224—225，233，236—239，243—245，248，261，263，265，279，312，318—319，322，324，326—327，364，416，424，454—455，461
迁徙率 375，383—384
迁徙税 207
亲兵制 12，42
穷人的权利 17，26
圈地 4，90，94—95，101，135，161，205，209，216—217，221—222，224，226，237，248—249，251—253，258，262，267，273，276—277，279—285，287—290，292—304，306—324，326—333，335—336，338—380，384，390，393，395，404—420，430—431，435，441，443，468，481
圈地补偿原则 415
圈地提案 407—408，411，419—420
圈地调查报告 289，294，323，344，347—348，359
圈地委员会 314，317，319，322，330，340，350，360，409—410，412—413
圈地运动 4，94—95，101，135，161，205，209，216—217，221—222，224，248—249，251—253，262，267，277，279—285，287—290，294，297，301—302，304，306，311，317—320，322，324，333，338—340，342—350，353，356—357，359—360，362—364，367—369，373，375—376，380，384，389—

390，395，404—405，409，412，419，430—431，481
权利令状 123—124

R

日耳曼传统 10
日耳曼人 11—13，33，35，41，52，87，98，116，251，253，449—450，474，483—485
容克贵族 450—451，459，462，464—465，471

S

萨利克法 13
赡养协议 141—143，186—187，189
商业地租 202，207，243，257，263—271，273，276—277，286，311，329，423
少数人权利 10，30
神法 21—22
生命权利 17，389
圣·奥古斯丁 14
拾穗权 109
使徒贫困 24，26
誓约 60，67—68，88
授田制 475，506
赎买自由 157，177
斯拉夫人 448，450，455，457
苏瓦松花瓶 12

T

塔利税 160，426，428
塔西佗 11—12，42，484，505
特许状 47，113，129，151，177，207，

232, 294, 343

田制 4, 81—82, 87, 89, 91, 93, 97—101, 108—109, 139, 162, 169, 196—197, 199, 201, 208—210, 218, 221, 237, 264, 277, 279—280, 283, 295, 297—298, 301—302, 309—310, 345—346, 352, 404, 410, 412, 431, 475—476, 506

条顿骑士团 449—450

条田 4—5, 82, 89—91, 96—99, 107—108, 114, 164, 208—209, 283—284, 288, 290—293, 295—299, 301—302, 304, 309, 311, 316, 330, 339, 344, 351, 410

同侪审判 89, 106

同意权利 17, 406

土地保有权 119—121, 124, 131, 138, 215, 229, 249, 264, 342, 478

土地产权变革 1, 94, 197, 258, 304, 343, 362, 376, 390, 404—405, 419, 421, 437, 443, 446—447, 462—463, 465—468, 470

土地模糊产权 1, 94, 221, 401, 444, 472—473, 477, 480—482, 486

土地私有制 393, 395, 472, 475

国王法院 34, 69—70, 114, 122, 124, 130—134, 139, 158, 210, 216, 235, 244—246, 249, 328, 332—336, 338, 345, 363—364, 366, 378, 399, 478, 481

V

维京人 36—38, 72

维兰 103, 113—114, 128, 133, 145, 149, 151—161, 163—168, 171, 176—177, 179, 195, 213, 215, 224, 228, 230—232, 240—241, 248, 257, 264, 285, 327, 430

委身制 58

W

王权 2—4, 30—31, 33—34, 56—60, 66—68, 71—74, 76, 111, 120, 127, 131—133, 158, 201, 244—245, 303, 333, 377, 398—400, 402, 425—428, 434—437, 450, 454, 459, 462, 470, 472, 478

王室领地 58, 65, 71, 73, 75, 77, 113, 178, 244, 256, 268, 286, 311, 321, 465, 478

王室令状 131—132, 333, 367

X

习惯地 183—184, 231, 251—259, 263—270, 273, 276—280, 285—287, 329, 337, 423—424, 481—482, 486

习惯地租 183—184, 231, 251—259, 263—270, 273, 276—280, 285—287, 329, 337, 423—424, 481—482, 486

习惯佃农 108, 113, 224, 239—240, 244, 248, 253, 256, 263—265, 267, 285, 292, 294—295, 327, 333, 365, 416, 430

习惯法 3, 11—12, 22, 41, 49, 55, 77, 88, 94, 98, 101, 107—108, 112, 114, 121, 126, 128—129, 133—134, 138, 162, 168—170,

176，184，210—211，213，225，231—232，234—235，238，240，243—245，247，249，253—256，258，262—263，265—268，276，279—280，284—287，294，324，332—334，337，345，378，403，412—413，416，418，423—424，430，437—438，440，445，453，478—479，481

贤人会议　4，73

现代产权制度　118—119，481

乡村组织　5，78—79，81，86，106，112，115—116，375，506

消费水平　185，188

效忠礼　47

协议圈地　297—298，300—301，315—317，329—331，338，342—343，345，362，366，376

协助金　47，73，367

新近侵占之诉　123，126，131

新垦区　177，197，205—207，209

新兴城市　196，200

休格西奥　26，27

血亲继承　137—139

血腥立法　346，387

Y

雅各宾派　422，438，440—441，444

耶拿之战　443，446，463

一般地租　266—268，271，273，276，279—280

依附农　103，137，144，150—151，155，157，160，162，168，169，223，228，236，240

遗嘱　137—138，140，157—158，212—215，217—218，313，353，395，397，400—401，405，418

遗嘱流转

以色列文明

议会君主制　61

议会圈地　316，331，343，345，393，404—405，409—410，412—413，415—416，418—419，431，435，468

易北河　37，58，205，423，447—448，450，453，455—457，459，460

易主费　140，160—162，216，232—233，235，265—273，275—276，280，337—338，342，400，423—424，430，438—439，441，454

意愿保有地　236—237，241，263，325—326，328—329

意愿佃农　236—237，324—325，328，336

饮食革命　188

英格兰（英国）　1，4—6，20，25，30—31，36，43，54，58，60，63—66，68，70，72—75，82，84，87，90—91，93—94，97，100，102，108，111，113，124—125，133—135，141，151，153—155，165，170，175，178—183，191，195，199—202，204，206，210—211，221，224—228，230—231，234，237—238，244—245，251—252，255—256，260—262，266，269，275，281，282，284，287，303—304，333，337，340，347—351，356，359—361，364，369，380，382—384，386，395，397，401，418，450，462，

516

482

用益制 396—397, 398—400

元规则 17, 389, 483—484, 506

原罪 15

约曼 166, 184, 239, 269, 272, 276, 283, 296, 302—304, 307, 309, 318—319, 321, 323, 343, 369, 378, 404, 409

Z

长子继承制 211—212, 400

整合条田 290—291, 293

直领地 77, 82, 85, 89, 93, 96—99, 102—103, 106—107, 113, 115—116, 145, 146, 147, 160, 162, 169, 173, 174, 225, 234, 237—241, 243—244, 249, 259—266, 268, 276, 297, 300, 302, 307—309, 311, 325—327, 330, 431, 455

直属封臣 44, 59—60, 66, 73, 152, 393, 418

中间阶层 73, 227, 235—236, 262, 285, 303—304, 311—313, 321, 427, 431, 435, 464, 480

中世纪城市 5, 89, 116—117

中世纪大学 117

周工 160, 162, 169, 171, 173—174, 257, 267

主体权利 10, 20—21, 23—28, 30, 32

庄园 2—5, 7, 31, 33—34, 40, 44, 55, 57—59, 61, 65—67, 70—72, 75—87, 89, 91—113, 115—116, 120—122, 127—129, 131—147, 150—151, 154, 156—158, 161—166, 168—177, 179—182, 184, 196—197, 199, 201—203, 205—211, 216, 218, 221—222, 224—245, 248—249, 253—273, 276—288, 291—300, 303, 305—320, 322—331, 333—345, 358—359, 363—365, 366—368, 371—375, 378—380, 390, 401, 405, 407, 409, 410—412, 416, 419, 422—425, 427, 429—431, 440, 451, 453—457, 463—466, 477—478, 481, 485, 503

庄园案卷 142, 232

庄园-村庄混合共同体 79, 81, 100, 107, 115

庄园法庭 5, 55, 97, 102, 104—106, 108, 112, 129—131, 134, 137—138, 142, 144—145, 158, 164, 168, 170, 176, 201—203, 210—211, 226, 228—229, 232, 236, 239—240, 244—245, 254—255, 269—270, 272, 283, 285, 291, 295—296, 298—299, 322, 328, 333—334, 336—337, 345, 363, 378, 440, 466

庄园经济 85, 128, 173—174, 205, 240, 259, 262, 276, 278, 280, 287, 362, 364, 378, 380, 451, 481

准独立个体 473, 482, 484, 485

准契约关系 50, 473, 483—484

自耕农 182, 475, 476

自然法 15, 21—26, 178

自然权利 17, 20—22, 24—28, 470

自卫权利 17

自由保有地 132—133, 162—163, 216, 224, 226—227, 236, 238, 248—249, 266, 271, 291, 306, 308, 312, 318, 325,

517

364, 410
自由持有农　94, 132, 135, 155—156, 162, 165, 224—227, 230, 237—238, 248, 257, 266, 271, 294, 299, 308, 312—314, 318—319, 322—323, 330—331, 364, 416
自由劳动　196—197, 200—201, 205, 207, 210, 248

自治　57, 59, 81, 87—89, 99, 104, 116—117, 198—199, 209, 225, 281, 314, 370, 426, 451—452, 457
自治城市　57
租地农场主　47, 204, 226, 239, 254, 258—259, 262, 272, 322, 326, 364, 372, 375